绍兴县财政税务志

绍兴县财政税务志编纂委员会 编

方志出版社

图片在版编目（CIP）数据

绍兴县财政税务志. 2003-2013/绍兴县财政税务志编纂委员会编. --北京：方志出版社，2017. 12
ISBN 978-7-5144-2880-3

Ⅰ. ①绍… Ⅱ. ①绍… Ⅲ. ①地方财政-概况-绍兴县-2003-2013②地方税收-概况-绍兴县-2003-2013 Ⅳ. ①F812. 755. 4

中国版本图书馆CIP数据核字（2018）第001184号

绍兴县财政税务志（2003-2013）

编　　者：绍兴县财政税务志编纂委员会
责任编辑：王　品

出 版 人：冀祥德
出 版 者：方志出版社
地址　北京市朝阳区潘家园东里9号（国家方志馆4层）
邮编　100021
网址　http://www.fzph.org
发　　行：方志出版社图书经销中心
电话（010）67110500
经　　销：各地新华书店
印　　刷：浙江新华印刷技术有限公司

开　　本：889×1194　　1/16
印　　张：38. 5
字　　数：874千字
版　　次：2017年12月第1版　　2017年12月第1次印刷
印　　数：0001-2500册

ISBN　978-7-5144-2880-3　　定价：360. 00元

绍兴市柯桥区地方志编纂委员会

顾　问：沈志江　吴　晓　孟柏干

主　任：赵如浪

副主任：姚国海　祝静芝

成　员：吴国建　李亚根　章金尧　孙尧富　王炳豪　冯文华　蒋建国
李兴成　祝安钧　何鸣雷　方幼美　娄东寅　何其洪　沈关祥
俞园娟　陈　方　余建林　钱建明　陈立根　张国生　李卫龙
马建刚　邱松定　陈广见　谭　科　钱清华　傅　超　金阿根
陆晓巍　寿志平　尹伟梁　黄锡云

《绍兴县财政税务志（2003～2013）》编纂委员会

顾　问：喻光耀　胡传林

主　任：余建林
胡连华

副主任：吕铁辉　张　军

委　员：（以姓氏笔画为序）
王永岳　毛　勇　方　荣　孙正祥　孙勇军　朱志炎　江　波
华永伟　李　华　李清华　宋朝忠　邵伟国　张　鸿　来建祥
季须俭　单红明　周雪峰　胡小苟　赵忆怀　姚敏智　姚斌辉
倪永亮　徐志方　徐利忠　徐姗萍　高翔宇　黄爱琴　韩　强
潘国海

《绍兴县财政税务志（2003～2013）》编纂委员会办公室

主任（兼）：吕铁辉

张　军

副主任：韩　强　姚斌辉

成　员：孙正祥　朱志炎　黄爱琴

《绍兴县财政税务志（2003～2013）》编纂人员

主　编：余建林

采编（审）：（以姓氏笔画为序）

马志良　马传浩　王茂良　王解裕　毛国森　包关云　冯迎军
祁建庆　孙正祥　朱志炎　朱建中　朱鲁君　李国梁　李燕青
杨　青　吴文龙　余慧岭　沈　涛　沈海标　张　扬　张　剑
张国斌　张栋栋　张维黎　陈　伟　陈　鉴　陈晓伟　邵学生
范月珍　罗紫萍　金　成　金　铭　郑　英　单金华　孟茂坤
胡立滨　胡国祥　茹筱剑　钮　勇　俞灵刚　洪煜峰　姚才荣
姚斌辉　倪　钟　倪长江　倪先楚　倪灵东　钱水清　翁　坚
徐　霆　徐建桥　凌志明　唐伟明　贾筱珂　龚宇峰　黄东方
黄泽锋　黄爱琴　章伟彪　屠国海　韩　强　韩燮明　鲁红英
蔡慧红　谭耀勤　潘伟盈　潘建卫　潘建明

图　照：曾晓琴　俞华良　沈浩根

编　审：陆　杨

终　审：何鸣雷

柯桥区财政地税局领导班子
2016年11月1日

柯桥区国家税务局领导班子
2017年1月18日

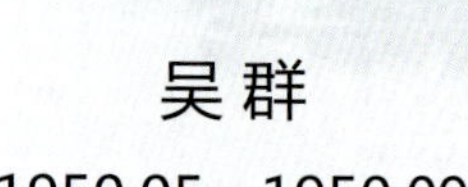

吴 群

1950.05～1950.09

杨玉坤

1950.09～1951.05

吴如贵

1951.08～1954.05

丁兆本

1954.05～1954.11

刘新福

1956.05～1958.06

1961.10～1968.03

1972.01～1986.12

刘锡忠

1958.06～1960.01

谢书祥

1959.12～1968.03

茹关钧

1986.12～1990.07

叶剑

1990.07～1998.01

胡传林

（国税局）

1994.09～2006.05

鲍永明

1998.01～2002.12

宋天平

2002.12～2010.07

胡连华

(国税局)

2006.05～

王炳豪

2010.07～2011.11

喻光耀

2011.11～2015.09

余建林

2015.09～

2016年6月17日，召开《绍兴县财政税务志（2003～2013）》审稿工作会议，区财政地税局、区国家税务局各分局（所），机关科（室），直属单位领导（代表）50余人参加会议。

2017年4月13日,《绍兴县财政税务志（2003～2013）》编纂委员会办公室成员合影。

左起：黄爱琴　孙正祥　韩强　吕铁辉　张军　姚斌辉　朱志炎

2012年6月29日，财政部综合司副司长汪义达（左五）到绍兴县调研财政经济运行情况。

2007年4月13日，农业部副部长范小建（前排左一）到绍兴县调研农信担保工作。

2008年5月29日，浙江省政协副主席楼阳生（前排左四）率省农发办相关人员考察国家级农业综合开发建设项目—湖塘丰里畈0.5万亩山区中低产田改造。

2012年10月25日，中纪委宣教室教育处处长陈江华（左一）到绍兴县国家税务局调研“廉政文化进机关”课题。

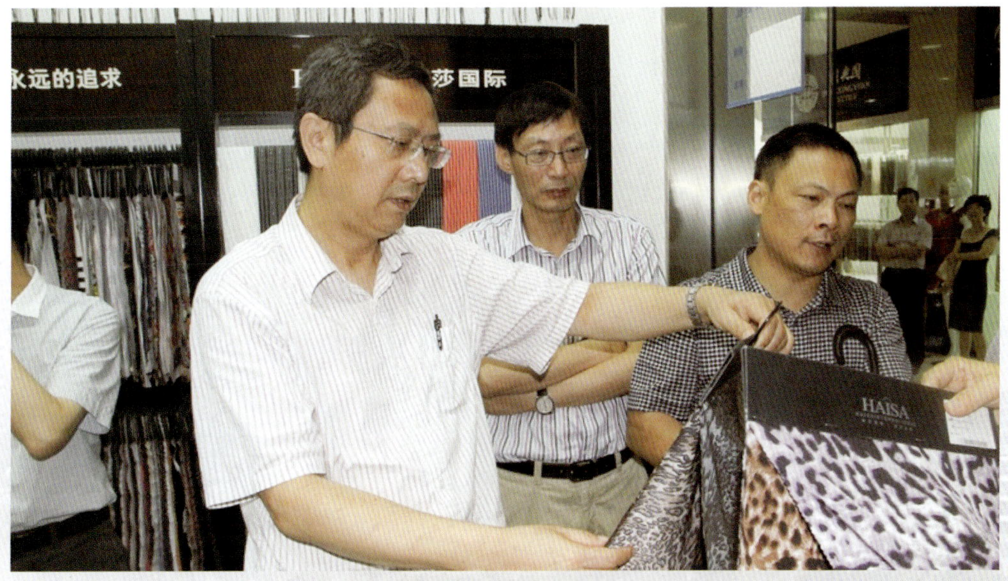

2012年7月29日，财政部科研所所长贾康（左一）到绍兴县作经济形势专题调研。

2013年3月8日，国家税务总局征管和科技发展司副司长杨培峰（右三）到绍兴县国家税务局专题调研中国轻纺城市场税收管理及网络发票应用工作。

2013年5月23日，国家税务总局收入规划核算司司长杨元伟(左一)到绍兴县调研生产企业出口情况。

2006年12月8日，浙江省国家税务局局长钱宝荣(左六)到绍兴县国家税务局调研税收管理创新和队伍建设课题。

2011年10月13日，财政部信息网络中心应用处处长刘晓东（中）到绍兴县财政地税局调研信息化建设。

2011年11月23日，浙江省国家税务局局长周广仁（右三）到绍兴县国家税务局调研办税大厅及轻纺市场。

2004年12月10日，浙江省地方税务局常务副局长单美娟（中）到绍兴县财政地税局调研地税征收工作。

2005年7月29日，浙江省地方税务局副局长钱子辉（左三）到绍兴县地方税务局了解税务检查信息。

2008年4月1日，浙江省国家税务局副局长邢幼平（左二）到绍兴县国家税务局调研办税大厅工作。

2009年6月5日，浙江省国家税务局副局长乐国定（右二）到绍兴县国家税务局调研有关企业经营状况。

2003年12月16日，浙江省财政厅副厅长傅钱生（中）到绍兴县局检查党风廉政建设责任制落实情况。

2010年5月5日，浙江省地方税务局副局长王平（左四）考察绍兴县财政地税局财税陈列室。

2012年5月9日，浙江省国家税务局纪检组组长张松青（右二）到钱清分局调研。

2011年1月10日，浙江省国家税务局总经济师金星(左三)到绍兴县国家税务局调研国税征收工作。

2012年11月28日，浙江省地方税务局总会计师徐敏俊（左三）到绍兴县财政地税局调研亩产税收课题。

2013年4月25日，浙江省国家税务局总审计师范国丰（左二）到绍兴县国家税务局考察自助办税服务区。

2011年7月8日，绍兴市财政地税局局长阮坚勇（右一）到绍兴县财政地税局检查指导民主评议行风活动。

2013年2月20日，绍兴县委副书记、县长徐国龙（主席台右五）参加全县国税工作会议。

2013年2月21日，绍兴县委副书记、县长徐国龙（右三）参加县财政地税系统干部大会。

2005年1月10日，在新落成大楼举行绍兴县财税系统新老局领导谈财税发展座谈会后合影。

前排左起：高国平/宋天平/沈建辉/潘培富/茹关筠/刘新福/叶剑/胡传林/沈元坤
后排左起：徐志方/徐利忠/沈祖卫/陈宝祥/李纪生/胡吕海/邢玉清

2003年2月15日，召开绍兴县财政地税系统干部大会暨表彰大会。

2003年6月27日，绍兴县财政地税局举办党的十六大知识竞赛。

2004年 7月 9日，绍兴县国税局干部作风纪律教育暨行政许可法实施动员大会。

2004年11月11日，召开绍兴县完善县镇财政管理体制工作会议。

2005年1月31日，召开绍兴县财政地税局保持共产党员先进性教育活动动员大会。

2005年3月22日,在局三楼会议室召开绍兴县国家税务局创建“学习型国税机关”动员大会。

2005年7月14日，召开绍兴县国家税务局保持共产党员先进性教育活动总结大会。

2006年10月14日，在柯桥鉴湖中学召开绍兴县财政地税系统第二届职工运动会。

2006年11月30日，召开绍兴县财政地税局第三届"十佳岗位能手"考评会。

2007年2月11日，在局机关三楼会议室召开全县国税系统干部大会。

2007年4月27日，绍兴县国税局干部举行登山比赛。

2007年8月22日，在福全分局召开绍兴县财政地税系统深化“群众满意基层站所”创建活动现场会。

2008年4月10日，绍兴县国家税务局、地方税务局联合开展现场税法咨询活动。

2008年5月15日，县国税系统246名干部职工向汶川大地震开展捐款活动。

2008年7月23日，绍兴县财政地税局举行半年度工作会议暨中层干部读书会。

2008年10月26日，参加全市国税系统第三届运动会的县国税局代表队载誉合影。

2009年9月22日，开展“国税文化建设活动月”系列活动，以“迎国庆 爱国税 促和谐”主题开展红歌赛。

2011年6月29日，绍兴县财政地税局举行庆祝建党九十周年暨红色经典诗文朗诵比赛。

2011年7月24日，绍兴县财政地税局举行中层后备干部竞争性选拔考试。

2011年 9月 13日，绍兴县财政地税局中层以上干部赴绍兴市警示教育基地开展警示教育。

2012年4月，在滨海召开全县“亩产税收论英雄 促进企业集约节约用地”座谈会。

2012年8月31日，召开绍兴县财政地税系统第四次妇女代表大会。

2012年9月29日，绍兴县财政地税局在财税大楼门口举行迎国庆节升旗仪式。

2012年11月3日，绍兴县财政地税系统举行业务考试。

2012年12月20日，绍兴县国家税务局开讲“幸福水乡文明人”道德讲堂。

2013年4月25日，绍兴县国家税务局举办税收政策解读会暨企业所得税汇算清缴会议。

2013年5月4日，绍兴县财政地税局举办“讲道德事 做文明人”主题演讲比赛。

2009年10月23日，绍兴县国家税务局退休干部在大香林景区欢度重阳节。

2012年10月17日，绍兴县财政地税局离退休干部在杭州西溪湿地公园欢度重阳节。

浙江绍兴瑞丰农村商业银行股份有限公司，2013年度实缴税费42360万元。

浙江明牌珠宝股份有限公司，2013年度实缴税费20393万元。

索密克汽车配件有限公司，2013年度实缴税费17186万元。

会稽山绍兴酒股份有限公司，2013年度实缴税费17136万元。

绍兴市金地申兴房地产开发有限公司，2013年度实缴税费15994万元。

绍兴电力局柯桥供电分局，2013年度实缴税费14436万元。

绍兴金绿泉置业有限公司，2013年度实缴税费12735万元。

浙江中国轻纺城集团股份有限公司，2013年度实缴税费11422万元。

浙江天马热电有限公司，2013年度实缴税费11303万元。

浙江塔牌绍兴酒有限公司，2013年度实缴税费10194万元。

2006年1月4日，绍兴县召开首次慈善工作会议。

绍兴颐乐园

2009年11月4日，绍兴县召开新型农村合作医疗工作会议。

公安局“进社联巡 上路联勤”活动

2009年7月18日，绍兴县人力资源和社会保障局举行劳动就业服务现场。

2004年，全县359个行政村全部开通公交（客运）班车，提前3年完成县党代会提出的“村村通公交”实事目标。

镇级文化广场

2013年6月，污水处理提标改造工程二期气浮项目建成投运。

2006年10月22日，首届中国纺织服装品牌影响力传媒大奖颁奖典礼暨品牌影响力高峰论坛在柯桥举行。

2009年10月25日，中国柯桥国际纺织品纺博会（秋季）开幕式。

2010年9月21日，绍兴县柯桥城区招商推介会在杭州举行。

2010年11月20日，绍兴县举行蓝天国际影城暨天虹百货入驻蓝天商业中心签约仪式。

2010年12月17日开业的绍兴柯桥万达广场

浙江三力士橡胶股份有限公司

浙江花为媒集团有限公司

浙江塔牌绍兴酒有限公司

柯桥国贸区夜景

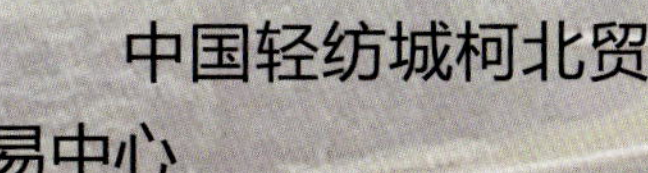

中国轻纺城柯北贸易中心

轻纺城物流中心

绍兴县博物馆

绍兴县图书馆

蓝天大剧院

2006年10月10日，绍兴小百花越剧团建团20周年纪念大会在县行政中心举行。

鲁迅中学（柯桥）

柯桥中学

浙江工业大学之江学院柯桥校区

2007年12月7日，召开由中央媒体采访人员参加的绍兴县财政支持医疗卫生事业发展汇报会。

2009年12月，绍兴第二医院挂牌“浙江大学医学院附属第一医院绍兴分院”。

绍兴县中心医院

2009年 6月 1日，绍兴县中医院从齐贤搬迁至柯桥笛扬路（原第四医院）试运行。

绍兴第二医院平水分院

2008年3月20日，全国旅游发展“创业创新”战略研讨会暨绍兴县旅游推介会在县行政中心举行。

2013年9月26日，会稽山龙华寺落成暨佛像开光庆典法会。

位于齐贤镇羊山石佛、羊山石城

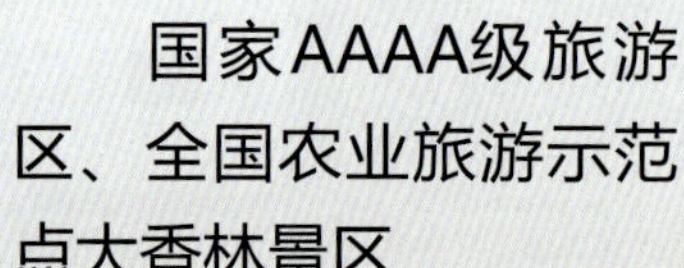

国家AAAA级旅游区、全国农业旅游示范点大香林景区

国家AAA级旅游景区王坛香雪梅海

稽东千年香榧林，2012年通过国家AAA级旅游景区考核验收。

陶宴岭古道

乡村游

国税局齐贤分局办公楼

国税局平水所办公楼

全国税务系统
先进集体
人事部　国家税务总局
二○○五年七月

工人先锋号
中华全国总工会

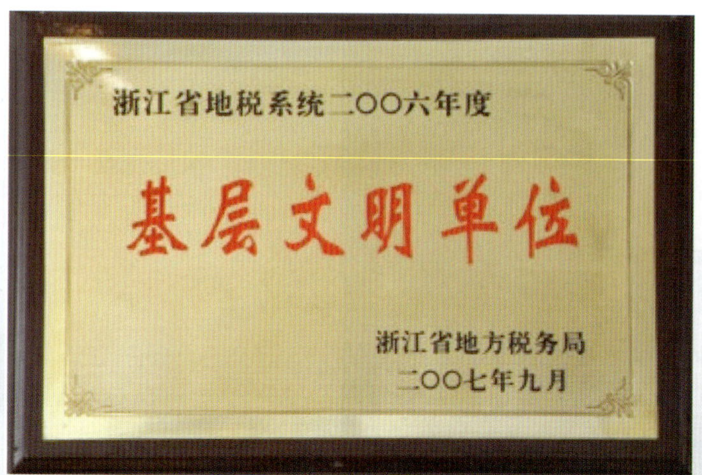
浙江省地税系统二〇〇六年度
基层文明单位
浙江省地方税务局
二〇〇七年九月

二00六年度
青年文明号
浙江省地方税务局
共青团浙江省委员
二00七年七月

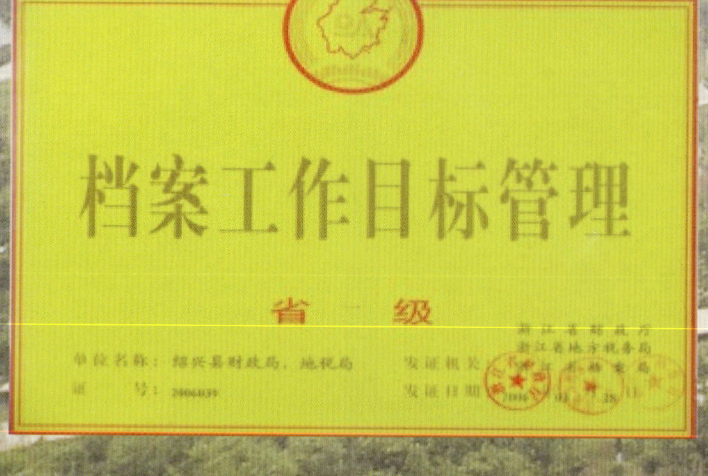
档案工作目标管理
省一级

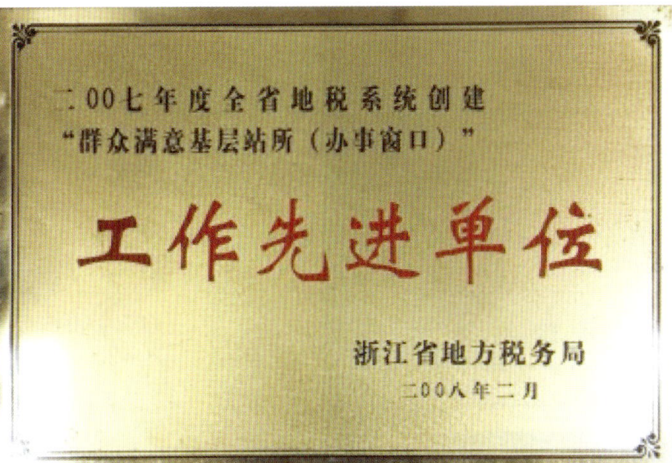

二0一0年度绍兴市财政地税系统

行风建设示范窗口

绍兴市财政局
绍兴市地方税务局
二0一一年一月

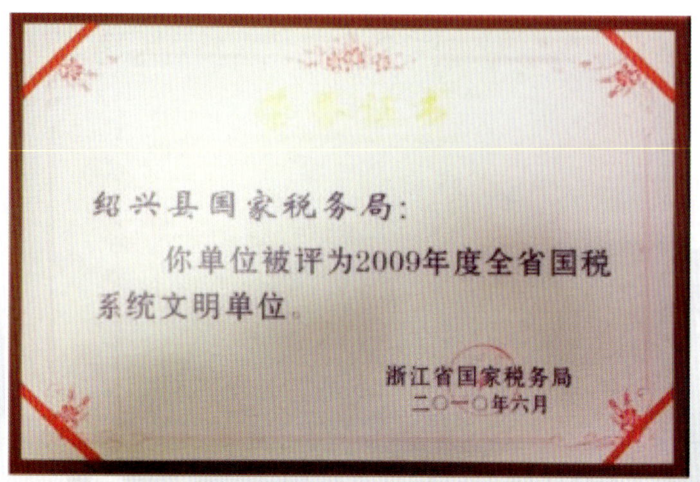

绍兴县国家税务局：

你单位被评为2009年度全省国税系统文明单位。

浙江省国家税务局
二〇一〇年六月

全省国税系统

示范办税服务厅

浙江省国家税务局
二〇一二年五月

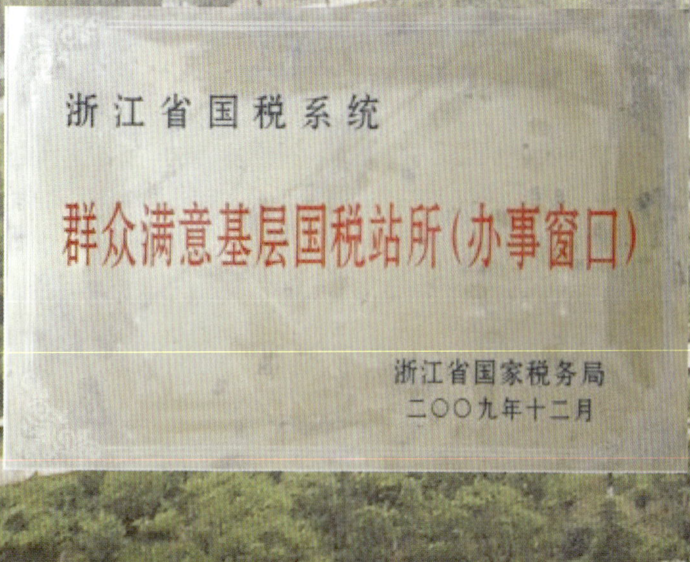

浙江省国税系统

群众满意基层国税站所（办事窗口）

浙江省国家税务局
二〇〇九年十二月

青年文明号

共青团浙江省委
浙江省国家税务局
二〇一二年十二月

浙江省廉政文化“进机关”

示范点

中共浙江省纪委　中共浙江省直属机关工委
浙江省农办　浙江省经信委
中共浙江省委教育工委　浙江省国资委
浙江省文明办　浙江省妇联

二〇一三年二月

二〇〇七年度

青年文明号

共青团绍兴市委

二〇〇八年六月

二〇一〇年度

县十佳群众满意基层单位

中共绍兴县纪委
绍兴县人民政府纠风办
二〇一一年一月

绍兴县财政地税局机构辖区分布示意图

（2013）

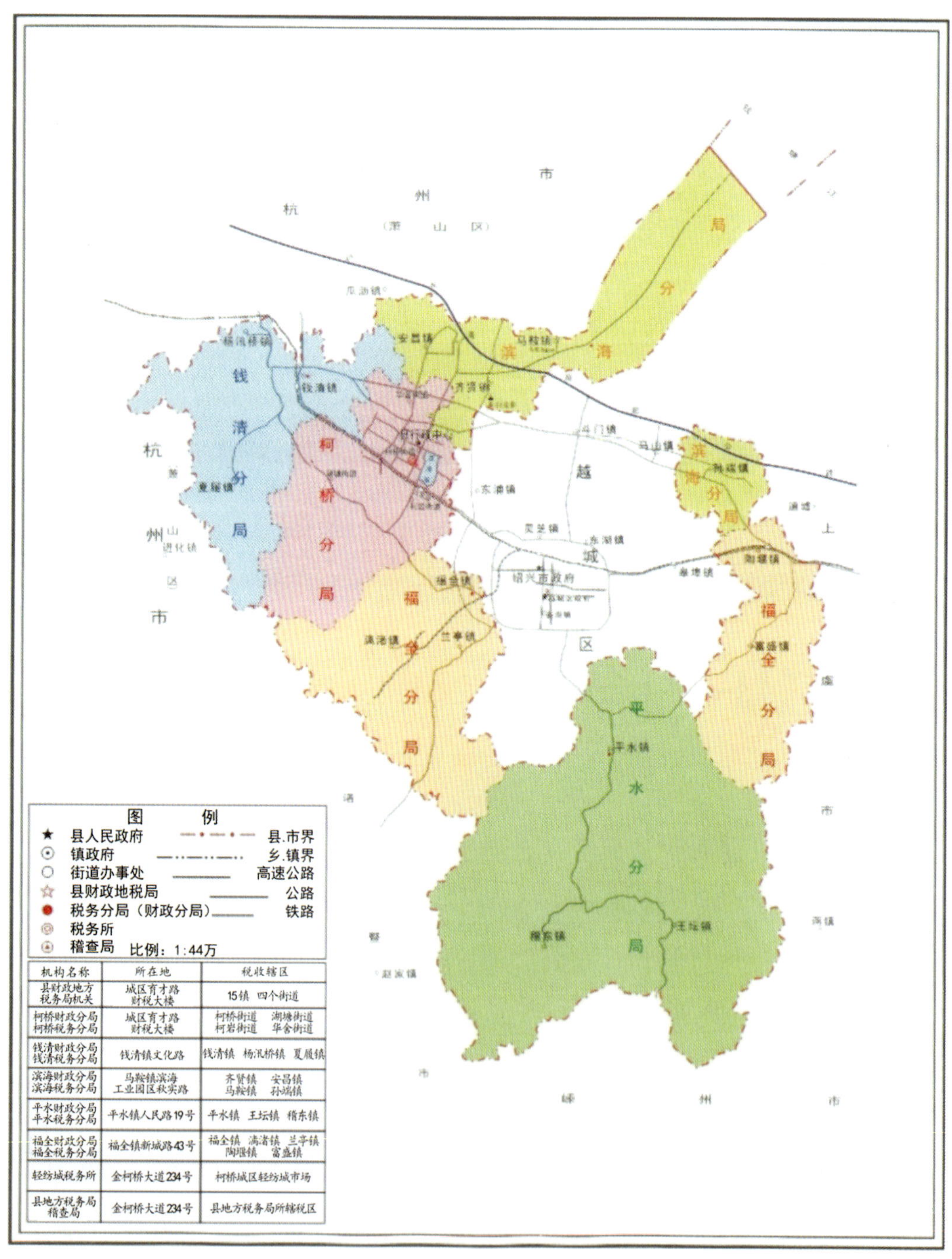

机构名称	所在地	税收辖区
县财政地方税务局机关	城区育才路财税大楼	15镇 四个街道
柯桥财政分局 柯桥税务分局	城区育才路财税大楼	柯桥街道 湖塘街道 柯岩街道 华舍街道
钱清财政分局 钱清税务分局	钱清镇文化路	钱清镇 杨汛桥镇 夏履镇
滨海财政分局 滨海税务分局	马鞍镇滨海工业园区秋实路	齐贤镇 安昌镇 马鞍镇 孙端镇
平水财政分局 平水税务分局	平水镇人民路19号	平水镇 王坛镇 稽东镇
福全财政分局 福全税务分局	福全镇新城路43号	福全镇 漓渚镇 兰亭镇 陶堰镇 富盛镇
轻纺城税务所	金柯桥大道234号	柯桥城区轻纺城市场
县地方税务局稽查局	金柯桥大道234号	县地方税务局所辖税区

绍兴县国家税务局机构辖区分布示意图

（2013）

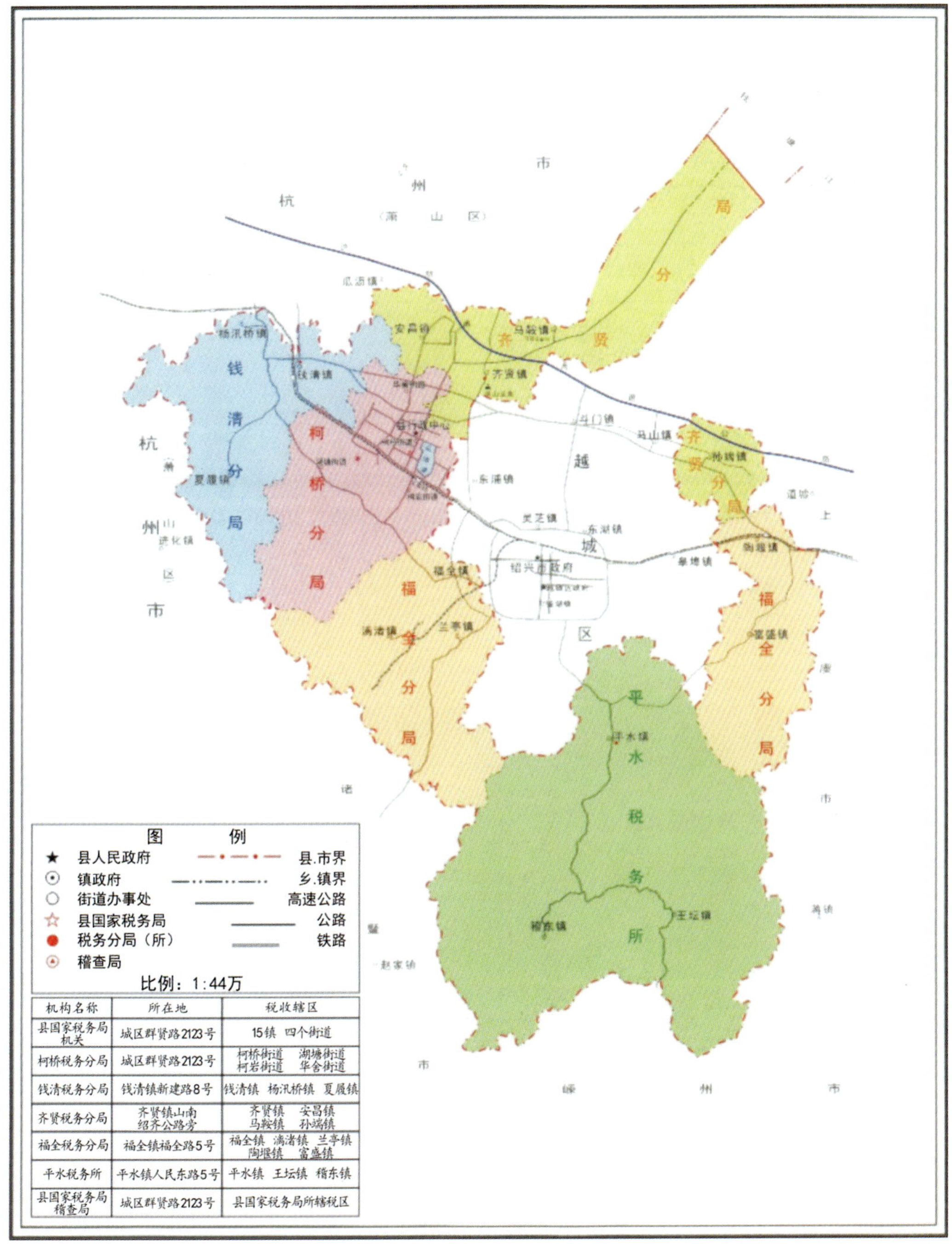

机构名称	所在地	税收辖区
县国家税务局机关	城区群贤路2123号	15镇 四个街道
柯桥税务分局	城区群贤路2123号	柯桥街道 湖塘街道 柯岩街道 华舍街道
钱清税务分局	钱清镇新建路8号	钱清镇 杨汛桥镇 夏履镇
齐贤税务分局	齐贤镇山南绍齐公路旁	齐贤镇 安昌镇 马鞍镇 孙端镇
福全税务分局	福全镇福全路5号	福全镇 漓渚镇 兰亭镇 陶堰镇 富盛镇
平水税务所	平水镇人民东路5号	平水镇 王坛镇 稽东镇
县国家税务局稽查局	城区群贤路2123号	县国家税务局所辖税区

2003～2013年绍兴县财政收入、支出显示图

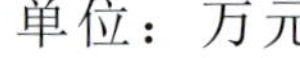

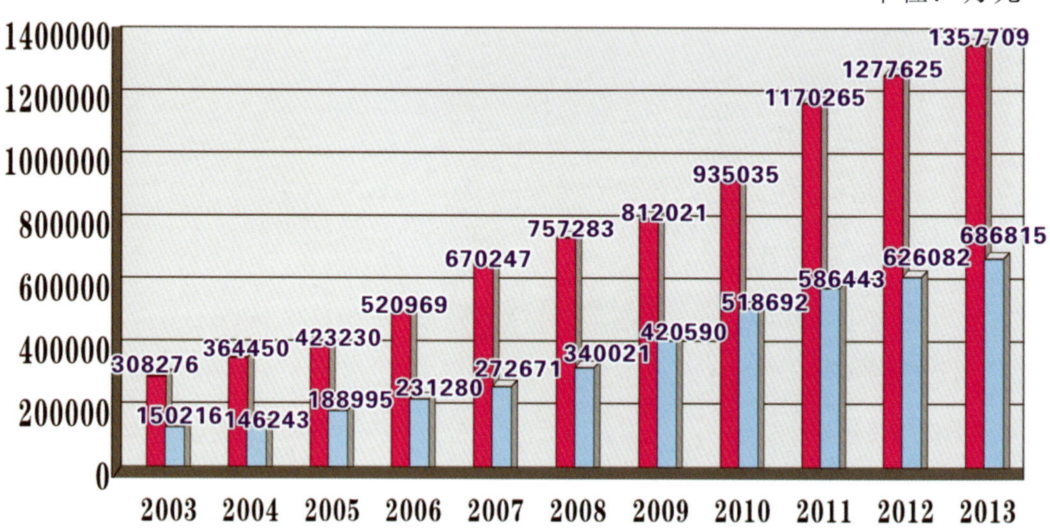

收入
支出

序一

《绍兴县财政税务志(2003～2013)》,历经三年编修,现已付梓成书,可喜可贺。这是一部全面记述绍兴县财政税务改革发展的专业志书,是财税文化建设又一重大成果,是财税系统史上的一件大事,对保存财税历史文献、探究财税工作得失、规划未来发展具有十分重要的意义。

财政税务是政府履行职能的财力基础和宏观调控的重要经济杠杆。10多年来,绍兴县财政税务部门紧紧围绕党委政府的决策部署,始终坚持依法治税、科学理财、高效履职、迎难而上,全力以赴完成各项目标任务,为地方经济发展、社会进步、城市建设、民生改善作出了很大贡献,取得了丰硕成果。继1989年绍兴县多次进入全国"十大财神县(市)"之列后,2003年,以财政总收入30.8亿元的实绩,在全国最发达县(市、区)排名第8位,2005年,在全国百强县评选中绍兴县由十位晋九位,2011年,全县财政总收入首次突破百亿元大关,成为了浙江省内突破百亿元大关的第5个县(市),2013年,财政总收入达到135.77亿元,是2003年的4.4倍,年均增长率达到16%。10多年来,随着财政实力的不断增强,支出结构也不断优化,财税调控职能不断增强,规范化法治体系、标准化服务体系逐步构建,干部队伍素质持续提升,10多年来,共荣获省级以上荣誉228项,其中国家级荣誉7项。

修志以存史,知史而鉴今。2003年至2013年,正是绍兴县财税事业发生大变革、实现大发展的重要时期。《绍兴县财政税务志(2003～2013)》运用大量事实和数据,分层次、多角度地反映了这一时期绍兴县财税改革发展轨迹和理财治税历程,这对总结经验、发扬成绩,进一步做好财税工作大有裨益,同时对接轨县志财税内容、接续首部财税志书以及接通区级财税史脉有着十分重要的作用。

《绍兴县财政税务志(2003～2013)》在编纂过程中,得到区史志办的大力支持和精心指导,财政税务系统干部职工也倾注了满腔热忱,积极提供第一手资料,这些都为志书的圆满完成奠定了基础。特别是具体负责编志人员和志稿审核人员,勤奋耕耘,斟字酌句,默默无闻,乐于奉献,才使这部志书,得以如期与读者见面。为此,借出版之际谨致谢意。

习近平总书记指出"历史是最好的教科书"。正所谓,"一志在手,方可洞烛历史;志可存史,旨在薪火相传"。希望财政税务干部不仅要认真读志,更要用志,做到以史为鉴、古为今用;希望财政税务干部借助这部志,激发前赴后继、奋勇争先的动力,推动财税事业不断向前,谱写更加辉煌的篇章!

绍兴市柯桥区财政局
绍兴市柯桥地方税务局 局长 余建林

二〇一七年四月

序二

编史修志，乃中华民族之传统。绍兴素称文化名地，文人辈出，故修志工作也优于各地；财税部门修志，在历任领导重视下，与时俱进，顺势而为。这次《绍兴县财政税务志(2003～2013)》编纂，正值绍兴县综合实力腾飞发展、城市化水平加速提升、社会事业全面进步之时，实属合时、合理、合情之举。志书经过数年采编、审核，今天终于付梓出版，如愿以偿。这是全区财政税务系统干部协作努力的结果，是绍兴县财税史的又一重大成果，值得称赞庆贺。

绍兴县财税历史源远流长，绍兴县财税工作业绩卓著。绍兴县国家税务局在县委、县政府领导的关心和重视下，在社会各界的关心支持下，秉承为国聚财、为民收税使命，加强依法治税力度，创新创优征管手段，国税收入稳步提高，服务经济发展成效明显，各项工作成绩喜人。坚持依法征税，税收收入稳步增长，实现经济税收协同增长，2003～2013年组织国税收入504.8亿元，占全县同期财政总收入的58.72%，办理出口“免抵退”税619.9亿元，是1989～2002年“免抵退”税的29.18倍。深化税源专业化管理模式，税收征管提质增效，“营改增”顺利启动，新旧税制平稳转换。全面优化纳税服务，在全省率先推行24小时自助办税，纳税人满意度不断提高。注重队伍建设，不断提升国税形象，全面创建学习型机关，每年开展读书节活动，深入开展党建、人才、文化、平安四项建设，各项工作取得显著成绩，连续多年获得省国税局集体嘉奖和集体三等功荣誉。10年历时虽短，但硕果累累，能将信息集聚、经典入志，必能让后人有史可鉴，感悟励志，读志增能，续谱新篇。

修志问道,以启未来。《绍兴县财政税务志(2003～2013)》,是财税系统第二部财政税务专业志,承前启后,意义非凡。志书以实事求是的观点,采集财税史料精华,运用志体记述方法,比较全面、翔实地记述了财税发展历史,同时,也从一个侧面反映了全县经济、社会改革发展的历程,集聚了财税工作中的许多宝贵经验,寓真实性、知识性、资料性和科学性于一体。对未来柯桥区经济、社会的发展,对柯桥区国税事业的发展,必将起到良好的借鉴和启示作用。

《绍兴县财政税务志(2003～2013)》编纂,得到区史志办的精心指导,全区国税系统干部、职工给予极大的关心支持,显现出"众手成志"的良好氛围,编辑人员以修志立志、耕耘史海、精心谋划、孜孜不倦的工作精神,为编修出"资治、存史、教化"精品志书,做出了积极贡献,借出版之机谨表谢意。今天是昨天的发展,历史是今人的借鉴。新志之成,既是修志告一段落,又是用志的开始,众人成志之后更待众人用志。衷心期望绍兴县财税志书能为柯桥区全体财税干部所用,从而进一步了解绍兴县财税历史,更加热爱财税工作,为新时期的柯桥区财税事业谱写新的篇章。

绍兴市柯桥区国家税务局

局长　胡连华

二〇一七年四月

凡　　例

一、《绍兴县财政税务志(2003～2013)》为专业志书。以马克思列宁主义、毛泽东思想、邓小平理论、“三个代表”重要思想、科学发展观、习近平新时代中国特色社会主义思想为指导,坚持辩证唯物主义和历史唯物主义的立场、观点和方法,运用资料、考订史实,坚持存真求实原则,全面、客观、系统地记述绍兴县10多年来财政、税务发展的历史状况。

二、记述上限,原则上与首版县财税志书2003年相接。为完整记述事件所需,少数记述适当上溯;下限记述至2013年年末(撤县设区),为正确地衔接相关内容,大事记讫于2015年年底。

三、本志使用规范的现代语体文记述,兼用编年体与纪事本末体,横排门类,纵述史实。事以类从,纵横结合。属财政内容,按志体要求单独记述;属税务内容,分国税、地税叙述,以彰其实。

四、志书采用述、志、记、图、照、表、录等7种体裁,分章、节、目三个层次展开,志首设序、概述、大事记,中设专志28章,后设附录,后记以志为主,述而不论。

五、记述中所用专名专词首次用全称,括注简称,后用简称。

六、志中纪年,一律用公元纪年,涉及币制和度、量、衡单位,货币以人民币为本位,以“元”为单位,度、量、衡单位的标准,一般按法定计量单位。文字记述中的数据有的完整反映,有的则简略到整数;表中的计量标准,则在表上方注明。

七、史料主要采自绍兴县财政地税局和绍兴县国家税务局档案室档案资料、县局《财税信息》、领导讲话、历年财政总决算和税收计会统、人事统计年报,引用各科室、各分局提供的有关资料及有关财税文件汇编,来源广泛。志书所载记述,一般不注明出处、依据;少数调查采访资料,经考证鉴别后载入。

八、县域范围和行政区划经历变化,按市县调整之县境记载,对行政上有领属关系的事物,不受县域限制。机构、行政区、官职的称谓用原称,必要时加注现称。历史地名适当加注今地名。为保存历史本来面目,减少折算困难,各项统计数据均按当时行政区范围编列。

目　　录

概 述

一

绍兴县地处杭州湾南岸，绍兴市北部，会稽山北麓，东与上虞市（县级）、越城区接界，东南和西南分别与嵊州市（县级）、诸暨市（县级）毗邻，西和西北部与杭州市萧山区接壤，北部濒海，腹部横亘越城区，全县介于北纬29°42'01"，东经120°16'52"～120°44'58"，东西宽45.45公里，南北长57.5公里，周边长407.45公里。2000年9月，绍兴县人民政府迁址柯桥，柯桥古镇由镇而城，绍兴县的发展由此翻开了崭新一页，把打造国际纺织中心、江南水乡名城作为新的目标。2003年，绍兴县下辖15个建制镇4个街道。359个行政村，77个居委会，年末总人口为70.16万人，区域土地面积1114.86平方公里。2013年11月（撤县建区），辖12个镇4个街道，251个行政村，107个居委会，人口64.29万人，区域土地面积1066.2平方公里，绍兴县财政、税务机构亦根据县市机构设置而沿革。2003年，全县实现国内生产总值272亿元，人均生产总值38787元，是全国平均水平的4.7倍，在浙江省名列第一位。当年完成工业产值883亿元，实现工业产品销售收入861亿元，财政总收入30.83亿元，是全国的“财神县”之一。城镇居民人均可支配收入13506元，农村居民人均纯收入6887元。自营出口23.67亿美元，纺织品外销率达到48%，自营出口位居浙江省第一位，在全国最发达县（市、区）排名中由2002年第十位跃居第八位。经济的发展，改革开放的深入，也有力地推进了各项事业的发展，绍兴县先后被评为全国村镇建设先进县，全国教育工作先进县，全国农村卫生工作先进县，全国体育工作先进县，全国计划生育优质服务先进县。绍兴县是国家生态示范区，正大力实施生态县建设，努力把绍兴县建设成为城镇乡村环境优美、江南水乡景观特色明显、人与自然和谐相处、社会文明进步的经济强县。2013年，全县实现国内生产总值1068.66亿元，人均生产总值166219元。当年完成工业产值4112.41亿元，实现工业产品销售收入4015.05亿元，财政总收入135.77亿元，城镇居民人均可支配收入44821元，农村人均纯收入24173元。自营出口108.47亿美元，分别比2003年增长2.93倍、3.29倍、3.66倍、3.66倍、3.40倍、2.32倍、2.51倍、3.58倍，纺织品外销率达到93.3%，自营出口位居浙江省第三位。2013年，绍兴县连续第6年进入全国县域经济基本竞争力十强县（市）；第4次获

“中国全面小康十大示范县”称号，连续第6年位居全省城乡统筹水平综合评价各县(市)首位。

绍兴县财政局、绍兴县国家税务局、绍兴县地方税务局认真贯彻执行党的方针政策，围绕县委县政府“建设走在前列的经济强县、建设转型升级的示范基地、建设现代开放的魅力新城、建设宜居乐业的幸福水乡”的主要目标，牢记职业使命，忠于岗位职守，勤政廉政，创新创优，在促进地方经济发展和社会进步中，发挥了依法治税、集聚财力、科学理财、服务经济的作用，为全县经济腾飞、社会文明、人民安康做出了积极的努力。

二

财政，是立国之基，强国之本。有财才有政，财兴则政兴。纵观绍兴县10多年来经济、社会及各项事业的发展，离不开财政这个关键枢纽，财政已成为各级政府履行职责的重要保证。1989年，绍兴县就成为全国财政收入超3亿的8个财神县之一，后又多次进入全国“十大财神县(市)”之列；2003年，绍兴县财政总收入达到308276万元，在全国最发达县(市、区)排名中居第8位，2005年，在绍兴县举办的全国强县论坛上，绍兴县在全国百强评选中从排名第十晋级第九。2011年，全县财政总收入突破百亿元大关，是浙江省突破百亿元大关的第5个县(市)。2013年，全县财政总收入达到1357709万元，是1953年建立县级财政时3058.7万元的443.9倍；是1978年8056.7万元的168.5倍；是2003年308276万元的4.4倍。县预算内财政总支出686815万元，是1953年建立县级财政时320.3万元的2144.3倍，是1978年1949.5万元的352.3倍；是2003年150216万元的4.57倍。

财政兴盛源于体制改革。从1953年起，绍兴县建立独立的一级财政。在60年的历程中，经历了分类分成(1953～1958年)、总额分成(1959～1962年)、固定上缴超收比例分成(1963～1977年)、收支包干增收分成(1978～1979年)、划分收支分级包干(1980～1987年)、收入递增包干(1988～1993年)、分税制(1994～)等体制改革。在各时段财政体制的改革发展中，绍兴县遵循“比重适当、集散有度、收支合理、使用得当”的16字方针，坚持量入为出、量力而行的原则，加强收支管理。特别在改革开放后，绍兴县财政围绕“突出转型升级、致力科学发展”主题，强化预算外资金管理改革，实现政府性资金全面纳入预算管理，部门预算、非税收入、绩效管理等改革逐步深入，形成了“运行有序、管理规范、约束有力、科学高效”的财政管理新机制，实现财政“持续、健康、平稳”发展，发挥好财政“支撑、引导、保障”职能，拓展和发挥公共财政职能作用。

财政收入源于经济发展。财政收入主要来源税收，税收又紧赖于经济发展，而经济发展也需要财政反哺支撑。党的十一届三中全会后，绍兴县大力发展社队企业，呈现出县办、社办、队办、个人办的四轮驱动局面。1983年，全县社队企业(1984年3月起改为乡镇企业)发展到2801户，比1977年的1061户新增1740户，增长62.1%；征税5507万元，比1977年的4435万元新增1072万元，增长19.5%；社队企业工商税收占全县工商税收比例，从1977年的8.8%上升到1983年的38.1%。全县企业在国家的减免税政策（1984～1993年减免工商各税及基金83569.6万元）、财政扶植政策（1980～2003年，县财政用于企业挖潜、改造、科技三项费用达46600万元；1998～2003年，累计拨付24080万元财政资金用于外经外贸出口奖励、补助）；出口货物退免税政策（2003～2013年办理出口"免抵退"税619.9亿元，是1989～2002年"免抵退"税的29.18倍）等优惠措施的推动下，呈现出技术改造、转型升级、扩大联营、拓展外贸的好势头，企业发展再次进入快车道驱动。同时，房地产业的迅猛崛起，也促进了税收（基金）大增（1978～2013年全县房产税20356.4万元，契税51438万元）。经济的持续发展，使全县财政总收入出现了三个高速增长时期：1979～1983年，年均递增18.4%；1999～2003年，年均递增24.2%。2004～2013年，年均递增17.86%。均超过各时期"五年计划"的年均递增数。2003～2013年，绍兴县财政总收入8597110万元，其中工商各税收入7908921万元，占全县财政总收入的92%，为全县财政收入的主要来源。全县上缴中央、省财政的增值税、消费税和所得税为4048879万元，占财政总收入的47.10%，为平衡中央、省级财政做出了贡献。

各业发展源于财政惠及。从上世纪80年代始，绍兴县经济、社会及各业快速发展，这其中离不开财政对各业的惠及。长期以来，县财政部门，坚持"取之于民，用之于民"和"量入为出，收支平衡"原则，坚持"保重点、促发展、惠民生"的理财理念，通过精细管理、高效运作、全程监督等措施，不仅使财政发挥了促发理财的直接作用（支出比例反映了各业发展变化），而且对绍兴县经济的持续发展，起到了"四两拨千斤"的推动效应。2003～2013年，绍兴县预算内财政总支出4168048万元，占财政总收入8597110万元的48.48%。各类支出中，支援"三农"类支出436023万元，占财政总支出的10.46%，全县重视对农业的投入，每年按法定比例增长，重点扶持农产品深加工、农业产业化和优质高产农业基地、中低产田改造等效益农业和农业综合开发项目，加强标准海塘、城市防洪、海涂抢险等水利基础设施项目建设，促进全县农业和农村的现代化建设；工、交、商事业类支出418189万元，占总支出的10.03%；文教、科学、卫事业费类支出1333560万元，占总支出的31.99%；怃恤、社救、福利事业费类支出156788万元，占总支出的3.76%；社会保障经费支出146359万元，占3.51%，确保下岗失业人员、弱势群体和离退休人员的基本生活，实施历史遗留的失土农民参加被征地农民养老保险、被征地农民养老保险与基本养老保险并轨、低基数补缴等三项社保政策；城市维护费支出（含社区事务支出）446545万元，占总支出的10.71%，加大对城市基础设施投入，健全配套服务工程，确保新县城和全县重点项目建设等资金的需要；节能、环境保护补助支出68469万元，占总支出的1.64%；价格补贴支出16840万元，占总支出的0.40%。

随着财政收入的增长，投入经济、社会建设的资金亦随之增加。在县委县政府鼓励企业转型升级、产业集聚的政策引导下，加上利于民营企业发展之诸多政策措施出台，得以厚基企业，藏富于民，民间资金增多，经济建设加速，进而拓展与涵养财源，促成财政增收与经济增长的良性循环。

三

税收,是富民之本,惠民之源。税收是凭借国家政治权力依法向纳税人强制征收而取得的一种固定收入。中华人民共和国成立后,工商税制从多种税、多次征的复税制,修正为简化税制,后又演变为多种税、多环节、多层次的调节税制。建国初期,农业税收居财政收入重要地位,以后,国营企业收入一度占财政收入较大比重。1956年对资本主义工商业的社会主义改造基本完成后,绍兴县税源构成起了变化,锡箔业已基本淘汰,盐业因管理体制变化而减少,酒类、茶叶、烟叶生产一度因与粮食生产有关,经历了曲折的发展过程,工商税收比重逐步提高,农业税收比重逐步下降。1984年起,结合第二步利改税,全面改革工商税制,建立以流转税和所得税为主体的税收体系。至1993年末,绍兴县按国家规定征收的工商税收共32种。1994年1月,工商税制进行了建国以来规模最大、范围最广泛、内容最深刻的改革,税种由32个减少到18个,绍兴县境内开征16个。分税制财政体制于此实行,中央与地方两套税务机构应时组建。1997年9月,绍兴县国、地税机构进一步分设,分别履行各自职责。绍兴县国家税务局负责全县中央税收、中央地方共享税收和个别地方税收的征管;绍兴县地方税务局负责全县地方税收及有关的费、基金的征管。2001年1月起,绍兴县开征车辆购置税。2006年1月1日起,全县停止农业税征收。2008年1月起,贯彻实施《中华人民共和国企业所得税法》,全县停征外商投资企业和外国企业所得税。2010年1月起,全县契税、耕地占用税由县财政局划归县地方税务局征管。2012年12月起,绍兴县纳入全国"营业税改征增值税"试点范围,全县交通运输业和部分现代服务业由征收营业税改为征收增值税。2013年8月起,"营改增"扩大试点内容,全县广播影视业也由征收营业税改为征收增值税。年末,绍兴县征收的税种为15个(增值税、营业税、消费税、个人所得税、企业所得税、城市维护建设税、车船税、房产税、资源税、城镇土地使用税、印花税、土地增值税、车辆购置税、契税、耕地占用税)。

税收征收管理,是维护税收法规尊严、实施依法治税的具体应用。20世纪90年代起,绍兴县税务部门普遍建立起纳税申报制度、推行税务代理制度、推进税收征管计算机化的进程、建立严格的税务稽查制度,税收征管模式实现"征、管、查"三分离;实行网络操作,实施科学高效现代化的税收征管,全面建立起"以申报纳税和优化服务为基础,以计算机网络为依托,集中征收、重点稽查"的税收征管新格局,网上申报、网上验证、网上稽核、网上服务的现代化征管手段已成为税务工作的主要平台。2003年至2013年,绍兴县税务机关更以"公开、公平、公正"为执法要求,贯穿于税收征收、税务稽查,使执法的公信度、管理的认可度大为加强;税务环境得到优化,以办税大厅为平台,以科技兴税为导向,以纳税人办事需求为标准,创新、创优了诸如"六个所有""纳税人之家""一窗式服务”“自助办税服务”等许多服务项目;广大税务工作者,牢固树立“服务就是税源”的理念,应用“五心级”优质服务,创办《绍兴县财税与会计》杂志,开展“四贴近”服务活动,开展“进村入企大走访”,使征纳关系形成新型的良性互动。

2003~2013年,全县累计征收工商税收收入7908921万元,占同期累计财政总收入8597110万元的92%。其中征收增值税3776925万元,营业税1116209万元,消费税35066万元,企业所得税1464468万元,个人所得税455837万元,其它税收1060416万元。

四

绍兴县财税部门,在促进和服务全县经济、社会发展同时,注重了自身建设,并在软硬件上得到了较快发展。绍兴县财税机构,随着市、县行政区域的调整、划变、撤建而实施变革,依据时势和任务需要,增减相应机构。其间,由于财税体制和机构编制的改革,内设机构、派出机构、直属机构及事业单位变化较大,人员增加较多,且有部分机构及领导职级得到升格,使执法管理更具权威性,优化服务更现及时性。财税设施配置完备,局机关建有设施完整的办公大楼和纳税人办税服务厅;各分局也均建立起地域适宜、功能齐全的办公楼及办税服务厅。财税队伍发展,在新形势下不仅数量稳中有增,而且结构渐趋高学历、知识化、年轻化状态,为开创财税事业新局面奠定了组织基础。至2013年年底,县财政地税局干部人数为328名(比2003年的261人增加67人),其中国家公务员240名,占干部总数73.2%;党员259名,占干部总数的79.0%;大学本科以上学历280人,占干部总数85.4%,45岁以下中青年干部201人,占干部总数的61.3%。县国家税务局2013年干部人数为253名(比2003年的238人增加15人),其中国家公务员242名,占干部总数的95.7%;党员196名,占干部总数的77.4%,大学本科以上学历170人,占干部总数的67.2%,45岁以下中青年干部137人,占干部总数的54.2%。财税干部专业化程度逐步提高,专业职称报考形成氛围。2003年至2013年,县财政地税局干部报考并获得中级以上职称165人(次),其中经济类63人,会计类49人,税务类12人,其他类41人;县国家税务局干部获得中级以上职称34人(次),其中经济类19人,会计类11人,税务类4人。

绍兴县财政地税局党工委、绍兴县国家税务局党组,十分注重干部队伍的思想、业务、作风、廉政建设,以追溯财税文化渊源、研发财税精神、创建学习型税务机关为切入点,紧跟党和上级的决策部署,紧密结合聚财理财、税收服务的工作任务,紧扣干部职工的思想实际,开展了一系列富有成效的思想政治工作活动。县财政地税局围绕贯彻党的十六大、十七大、十八大精神,结合财税工作实际,有重点地设计并开展多项主题教育,增强了“把发展作为执政兴国的第一要务”的认识,增进了干部职工“廉洁自律树形象,艰苦奋斗促跨越”的进取意识;增强了对“高举旗帜、科学发展、创业创新”内涵的理解,增进了打造“活力财税”“规范财税”“和谐财税”的创新意识;增强了党的十八大历史意义、历史地位、历史作用的认识,增进了打造“财政速度”,服务科学发展的责任意识。县国家税务局,围绕贯彻党的十六大、十七大、十八大精神,以打造学习型国税机关为目标,深入推进“党建、人才、文化、平安”的四项工程建设,有形有实地举办了六届“与好书同行”为内容的“读书节”活动;开展“勤政廉政,走在前列”主题教育,增进了干部职工“热爱国税、忠于国税、奉献国税”的责任意识。

县财政、国税、地税局,还以正面的激励机制,组织和引导干部开展党务、行政、财税系列的单位、个人创先争优活动。2003年至2013年,获得“全国税务系统先进集体”“巾帼文明示范岗”“青年文明号”“工人先锋号”等国家级荣誉12项(次);获得“干部教育培训先进集体”“基层文明单位”“青年文明号”“巾帼文明示范岗”“质量管理先进单位”“群众满意站所创建先进单位”“廉政文化‘六进’示范点”“管理创新工作集体嘉奖”“单项工作先进”等省级集体荣誉243项(次)。同时,在系统内开展“十佳能手”“双十佳”“十佳国税标兵”评选,为财税干部弘扬正气、培植正能量、树立精气神注入了新的活力。

财税系统广大干部职工,正以党的十八大精神为职业引向,以新状态适应新常态,以改革为动力,创新工作,乐于担当,优质服务,收税理财,勤政廉政,为全面建成小康社会、实现民族复兴的中国梦做出贡献。

大事记

绍兴县财政地税局

2003年

1月1日起,全县停止征收农林特产税。

同日起,全县残疾人就业保障金由绍兴县地税局征收。

同日起,原由绍兴县管辖的齐贤镇15个村划转绍兴市管辖,15个村有关地税(基金、费)征收由县地税局划转市地税局管辖。

3月12~14日,国家税务总局地方税司司长赵兴玉一行3人在省局税政处劳晓峰处长陪同下到绍兴县地税局进行地方税调研。

同月24日,绍兴县地方税务局局长宋天平到任。

3月,全县贯彻实施国务院《关于全面推进农村税费改革试点工作的意见》。

同月,福全征管局办税服务厅被全国城镇妇女“巾帼建功”活动领导小组授予2002年度国家级“巾帼文明示范岗”称号。

5月16日,柯桥财政分局更名为直属财政分局;直属财政分局更名为福全财政分局;钱清财政所更名为钱清财政分局;齐贤财政所更名为齐贤财政分局;平水财政所更名为平水财政分局。

6月13~14日,省农业综合开发专项工作验收小组对全县2002~2003年度7只国家农业综合开发项目进行验收并获通过。

7月1日,《绍兴县会计人员工作考核办法(试行)》施行。

9月8日,绍兴县财政局被确定为全省金财工程首批试点单位。

10月11日,省农村税费改革工作专项检查组到绍兴县检查工作,听取全县税费改革工作情况汇报,实地抽查福全镇的峡山、富强村10户农民的政策落实情况。

11月18~19日,浙江方圆标志认证中心通过县地税局ISO9000质量管理体系的认证。

同月26日,省地税局总会计师劳晓峰到绍兴进行基层县市局2004年地税工作思路调研,县地税局副局长徐志方参加调研并作汇报。

12月16日，省财政厅副厅长傅钱生在市财政局纪委书记房紧陪同下到绍兴县局检查党风廉政建设责任制落实情况。

同月23日，金铭被国家税务总局授予全国税务系统信息化建设先进工作者荣誉称号。

2004年

1月1日起，全县对种养业免征农业税。

同日起，全县失业保险基金由绍兴县地税局征收。

同月7日，省地税局副局长单美娟一行在市局副局长潘旺明的陪同下到绍兴县局进行节日慰问。

2月9日，召开全县财政地税系统干部大会。局长宋天平作题为《众志成城　全力以赴　努力实现高起点上的新跨越》报告。县委副书记、县长冯建荣参加会议并作讲话。

同月10日，《绍兴县财政税务志》编纂起动，县财政地税局与县国税局联合组成编纂委员会，下设编志办公室，在县财政地税局集中编写。

2月，县地税局贯彻国家税务总局《税务行政复议规则(暂行)》。

3月12日，绍兴县地方税务局轻纺城所成立。

4月16日，绍兴县地税局直属征管局更名为绍兴县地税局柯桥税务分局，福全、齐贤、钱清、平水征管局分别更名为绍兴县地税局福全、齐贤、钱清、平水税务分局。

同月30日，县财政、地税局机关从柯桥鉴湖路29号租用的工商银行办公地点搬迁至柯桥育才路新建的财税大楼。

5月17～21日，财政部驻浙江专员办到绍兴县局进行税收政策执行情况检查。

10月1日起，县财政局应用“金财工程——‘财政预算编制’系统”，成为全省财政系统首批11个试点县市中较早应用该系统的县市。

同月17日，绍兴县财政地税系统首届职工运动会在绍兴县鲁迅中学体育场召开。运动会组成11个代表队，236名运动员参加比赛，比赛项目有球类、棋类、田径等6大类。

12月10日，省地税局常务副局长单美娟到绍兴县局调研地税工作。

2005年

1月1日起，全县实行“分类管理、收支挂钩、确定基数、超收分成、短收赔补、贡献奖励”的镇(街)财政体制，期限为三年。

2月1日，召开全系统干部职工大会。局长宋天平作题为《坚定信心　团结拼搏　迎难而上稳中求进　确保全县财政地税工作的可持续发展》报告。

3月1日起，全县贯彻执行财政部新的《会计从业资格管理办法》。

同月11日，县委县府召开全县财政税收工作座谈会，市委常委、县委书记徐纪平作讲话，县委副书记、县长冯建荣作工作报告，县人大、政协及有关领导就做好财税工作提出要求，局长宋天平在会上作中心发言。

同月14日，召开“财政工作优质服务年”动员大会，局长宋天平作动员报告，在全系统推进财政工作优质服务。

4月22日，县地税局在柯桥瓜渚湖西岸公园举办“地税之夜”文艺晚会。

5月24日，绍兴县地方税务局齐贤税务分局更名为绍兴县地方税务局滨海税务分局，原征管任务不变。

6月6日，齐贤财政分局更名为滨海财政分局。

同月29日，局长宋天平随副县长孟柏千赴财政部汇报绍兴县出口退税工作，并邀请财政部领导参加绍兴县举办的强县“经济论坛”。

7月29日，省地税局副局长钱子辉到县局就国家税务总局对绍兴县企业进行税务检查情况作了解。

7月，绍兴县被列为全省4个农村综合改革试点县（市、区）之一，其中安昌镇、杨汛桥镇和平水镇作为试点镇。

8月17日，局长宋天平随县长冯建荣赴宁波市鄞州区参加浙江省第一次地方财政收入8亿元（老口径）县（市）会议。

同月23日，县地税局柯桥税务分局荣获全国税务系统先进集体。

9月17～18日，在绍兴县举办的“2005年中国最发达县域经济论坛”上，绍兴县在全国百强评选中以十晋九。

同月20日，经浙江省档案局、省财政厅、省地税局考核组考核，县局综合档案室管理省一级达标，以98分的高分通过达标验收。

11月8日起，全县首次对住房贷款实行财政贴息。

同月22～25日，国家税务总局税收征管工作“十一五”规划暨征管改革工作研讨会在绍兴县富丽华大酒店召开。

12月17日，召开绍兴县财政地税局领导干部述廉评廉大会。

是年起，县财政局应用“金财工程——‘集中支付’和‘集中核算’”管理子系统，实现对全县财政资金支付全过程监控。

2006年

1月1日起，第十届全国人大常委会第十九次会议决定，废止《中华人民共和国农业税条例》，全县停止农业税征收。

同日起，县财政局应用“金财工程——‘财政综合办公平台’”。

2月8日，召开全县财政地税系统干部大会。局长宋天平作题为《认清形势　坚定信心　负重奋进　善作善成　努力开创全县财政地税工作新局面》的报告。县委副书记、县长冯建荣专门为会议发来贺电，常务副县长盛秋平到会并作讲话。

4月1日起，绍兴县地税局、国税局在县行政审批服务中心设立国、地税税务登记联合办证窗口，联合办理税务登记。

同月20日,绍兴县地方税务局在柯桥明珠广场举办“税月之歌”税收宣传主题文艺晚会。

同月28日起,绍兴县地税局增设规费管理科。

5月1日起,县地税局贯彻执行《关于开征地方教育附加的通知》,全县开征地方教育附加。

同月26日,省财政厅党组成员、厅纪检组长金慧群到绍兴县财政局调研农税征管和农业综合改革工作。

同月30日,财政部企业司副司长周来振、省财政厅副厅长罗石林到绍兴县财政地税局调研指导工作。

5月,绍兴县财政、地税局启动“政府收支分类”改革工作。成立由局长任组长、分管副局长任副组长的“政府收支分类”改革领导小组,举办由镇(街)、开发区、县机关各部门财务负责人及会计参加的“收支分类”改革培训班,动员部署改革实施方案,做好数据转换等前期准备工作。

6月26日,省审计组对绍兴县财政局就县长任期经济责任财政工作部分进行审计。

7月2日起,县地税局税友2006对外办理涉税业务,“因特网办税服务系统”启用,“一户通”电子缴税系统实时扣税。

同月25日,省财政厅沈继宁副厅长到绍兴县调研政府采购领域治理商业贿赂工作。

9月18～20日,农业综合开发项目国家验收组对绍兴县农综项目进行抽查验收,局长宋天平、副局长胡小苟陪同。

9～10月,绍兴县财政地税系统第二届职工运动会在鉴湖中学开幕,局党工委书记、局长宋天平致开幕词。本届运动会共设乒乓球、羽毛球、篮球、钓鱼、登山、拔河、五子棋、中国象棋、集体跳绳等13个项目。

9月,“浙江税务征管信息共享应用系统”在全省国、地税系统上线运行,全县国、地税联合办证走向信息化、网络化。

10月13日,县委书记徐焕明到绍兴县财政地税局调研指导,局班子成员及有关科室领导参加调研活动。

同月21日,2006中国(绍兴)国际纺织品博览会举行。省地税局副局长袁晓燕、市财政(地税)局局长梁建华应邀参加开幕式。

12月30日,县地税局首次开展个人年所得12万元以上纳税人自行申报工作。

同月31日,全县财政总收入首次突破50亿元大关,收入达到520969万元。

12月,贯彻财政部“对从事会计工作30年以上的人员颁发荣誉证书”决定。县局主管会计部门开展调查摸底,审核把关,推荐上报符合条件的会计人员207名。

2007年

1月1日起,贯彻实施《中华人民共和国车船税暂行条例》。国务院1986年发布的

《中华人民共和国车船使用税暂行条例》废止。

同日起，经国务院批准的《关于印发政府收支分类改革方案的通知》实施，绍兴县执行新的政府收支分类科目体系，包括收入分类、支出功能分类和支出经济分类体系。

2月5日，市局副书记陈建光、调研员叶剑到绍兴县局慰问。

同月12日，召开全县财政地税系统干部大会，局长宋天平作《坚持科学发展观　以规范管理为抓手　努力谱写绍兴县财政地税工作新篇章》的报告。县委副书记、县长冯建荣与县委常委、常务副县长陈吉安参加会议，冯县长在会上讲话。

2月，柯桥税务分局办税服务厅、预算会计核算中心同时被中华全国妇女联合会、全国妇女“巾帼建功”活动领导小组授予“巾帼文明岗”荣誉称号。

4月1日，县财政局建立农民“补贴网系统”，纳入“金财工程”。

同月9日，政府换届，宋天平继续任绍兴县财政局局长。

同月13日，农业部副部长范小建到绍兴县调研农信担保工作，省农业厅厅长程渭山，县领导冯建荣、陈吉安，局领导宋天平、胡小苟陪同。

5月30日，县局召开财政ISO质量管理体系试运行动员大会，导入财政ISO9001：2000质量管理体系。

6月1日起，县地税局实行“基本医疗保险费、基本养老保险费、工伤保险费”三费合征。

7月1日起，县地税局税友2006上线运行，各模块应用正常。

同月5日，市局局长阮坚勇到绍兴县局调研“民主评议基层站所暨创建‘群众满意基层站所’”工作和上半年财税工作。

同月25～26日，局长宋天平赴平湖市参加全省第二次地方财政收入8亿元县（市）会议和全省部分市县财政地税局长座谈会。

8月15日，市局副局长潘旺明到绍兴县局调研地税工作。

同月28日，绍兴县财税系统第三次妇女代表大会召开。选举产生第三届妇委会委员。姚敏智任妇委会主任，张妙娟任妇委会副主任。

10月17日，县局召开“双十佳”干部表彰暨先进事迹报告会。

同月29～30日，杭州万泰认证中心对绍兴县财政局财政ISO9001：2000质量管理体系进行认证，监审合格，在全省财政系统中率先通过ISO9001：2000标准认证。

同月31日，绍兴县会计学会第五届会员代表大会召开。大会选举第五届理事会理事，审查并批准第四届理事会的工作报告和《绍兴县会计学会章程》的修改。局长宋天平当选为会长，并作《与时俱进，开拓创新，全面促进我县会计学会事业健康发展》的报告。

11月15日，吕铁辉任县财政（地税）局党工委副书记、纪工委书记。

同月25日，由绍兴县局承办的2007年“全市财税系统健身运动会田径比赛暨闭幕式”在鲁迅中学举行，绍兴县局获团体总分第一名和组织奖。

是年,县地税局依托“税源间接控管”平台,建立起“纳税人异常税源关注”平台和10个分行业“税负预警指标体系”,全县地税形成“一个体系、二个平台”的税源监控新模式。

2008年

1月1日起,县地税局实施《中华人民共和国企业所得税法》,1994年国务院颁布的《中华人民共和国企业所得税暂行条例》废止。

同日起,新一轮镇(街)、开发区财政体制实施,对镇、(街)财政体制分成划分为基数内分成、超收分成和专项分成三部分,并对基数和分成比例进行调整,实施期限三年。

同月25日,召开全县财政地税系统干部大会。局长宋天平作《深入贯彻科学发展观 发挥财政地税职能作用 促进全县财政地税事业又好又快发展》的报告。县委副书记、县长冯建荣为大会发来贺电,县委常委、常务副县长陈吉安参加会议并讲话。

3月1日起,县地税局完成纳税人新旧开票软件切换,新版“电脑版发票软件”全面推广。

4月1日,全县预算外资金支出全部纳入“金财工程”指标管理系统。

6月1日起,全县实行“基本医疗保险费、基本养老保险费、工伤保险费、生育保险费、失业保险费”五费合征。

7月1日起,国家金库绍兴县支库、绍兴县地方金库从绍兴市区迁址柯桥,结束一级财政一级金库两地办公的局面。

8月12日,省人大常委会委员、财经委副主任委员钱宝荣到绍兴县调研,局长宋天平就全县财政预算执行情况、财政支持地方经济和预算管理制度改革等情况作汇报。

同月27日,中国人民银行杭州市中心支行党委副书记、副行长兼国家金库浙江省分库、浙江省地方金库副主任李虹一行到绍兴县调研地方金库运作情况。

12月4～5日,全省财政系统人教工作会议在绍兴县召开,绍兴县局在会上交流介绍财税文化建设、老干部管理服务工作经验。

是年,县政府推进预算改革,整合各项政府性资金。分别按一般预算、政府性基金预算、社保基金预算、国有资产经营收益预算、其他政府性资金预算等五类进行编制,实行全面预算管理。

2009年

1月20日,市局局长阮坚勇、副局长房紧到绍兴县局慰问。

2月2日,召开全县财政地税系统干部大会。局党工委副书记、副局长胡小苟作题为《认清形势 积极应对 奋发有为 攻坚克难 努力促进全县经济社会和财政地税事业平稳较快发展》的报告,县委副书记、县长冯建荣到会讲话,县人大常委会副主任章生建出席会议。

同月7日,绍兴县财政局(绍兴县地方税务局)被浙江省委、浙江省人民政府授予省级文明单位。

3月1日起，县地税局新版“电脑版普通发票开票软件”应用，同时建立县地税局、分局分析平台，县级以上重点税源企业纳入监控。

同月17日，召开“全县财政地税系统深入学习实践科学发展观活动”动员大会，局领导作动员，县指导组领导提出指导意见，全系统干部职工参加会议。

3月，滨海税务分局办税服务厅被中华全国妇女联合会、全国妇女“巾帼建功”活动领导小组授予“巾帼文明岗”荣誉称号。

4月3日，市局局长阮坚勇率市局预算、计财、办公室等有关处(室)负责人就深入学习实践科学发展观在钱清分局进行调研。

同月22日，市局副局长潘旺明到绍兴县局调研企业分离发展服务业工作情况。

5月18~22日，财政部驻浙江专员办到绍兴县调研乡镇财政建设情况。

同月26日，王炳豪任县财政(地税)局党工委书记。

6月2日，省地税局常务副局长单美娟到绍兴县局调研，局领导及有关科室人员参加座谈会。

同月5日，市局局长阮坚勇到绍兴县局调研组织收入、企业分离发展服务业和双服务工作开展情况。

同月9日，省财政厅副厅长薛小杭到绍兴县调研中小企业融资问题，听取解决相关工作介绍，实地考察浙江宝纺印染有限公司和浙江南方控股集团有限公司，充分肯定绍兴县积极应对金融危机、支持中小企业发展中所做的工作和取得的成绩。

同月16日，财政部检查组到绍兴县局检查财政资金安全管理工作情况。

7月8日，王炳豪任绍兴县财政局副局长。

8月3~7日，全省部分市县财政地税局长座谈会与培训班在绍兴县举行(县局协助承办)，局党工委书记王炳豪参加会议及培训。

同月4日，省财政厅厅长、省地税局局长钱巨炎和省地税局常务副局长单美娟等一行在绍兴县调研经济税收工作。

11月7日，在鲁迅中学举办全县财政地税系统第三届职工运动会。本届运动会共设男子定点投篮、女子呼啦圈、三人四脚跑、夹球接力跑、集体跳绳、拔河等6个项目。

同月17日，省财政厅纪检组组长金慧群到绍兴县财政地税局考察纪检工作，局分管领导及机关有关科室人员参加座谈会。

12月，绍兴县出台“新版政府非税收入征管信息系统运行实施方案”。

是年，全县深化预算管理改革，根据资金类别和管理需求，分别编制一般预算、政府性基金预算、社保基金预算、国有资产经营收益预算等四类预算，并将所有县级部门预算(草案)全部提交县人代会审议，在预算改革向纵深推进取得突破。

2010年

1月1日起，全县契税、耕地占用税由县财政局划归县地税局征管。

2月22日，召开全县财政地税系统干部大会，县委副书记、县长孙云耀作《切实发挥

财政地税职能作用　更好服务经济社会发展大局》的讲话，党工委书记王炳豪作《振奋精神　攻坚克难　努力开创全县财政地税工作新局面》的工作报告。

3月16日，绍兴县机构编制委员会批复，县审计局代管的绍兴县政府性投资项目审核中心划转到县财政局下属的绍兴县财政项目预算中心。

4月1日，绍兴县"会计网"开通，成为全县会计人员服务平台。

5月5日，浙江省财政厅党组成员、省地税局副局长王平考察绍兴县局财税陈列室，副局长王炳豪陪同考察。

6月18日，宋天平任县财政(地税)局党工委书记；王炳豪任县财政(地税)局党工委副书记。

7月1日起，县府办、财政局、民政、交通、林业等5个部门及民政局下属3个二级单位，实行"国库集中支付制度改革"试点，全县逐步实现会计集中核算向国库集中支付的转型。

同月6日，王炳豪任县财政局局长。

8月13日，王炳豪任绍兴县地方税务局局长。

9月1日，绍兴县启用行政事业单位新版"浙江省事业单位(社会团体)资金往来结算票据"。

同月6日，王炳豪任县财政(地税)局党工委书记。

10月1日，全县贯彻实施财政部、国家税务总局、住房和城乡建设部联合下发的《关于调整房地产交易环节契税个人所得税优惠政策的通知》。

12月，绍兴县财政税务志编纂委员会编纂的《绍兴县财政税务志》由中华书局出版发行。

是年，县财政局实行综合预算新改革，拓展编制社会保障基金预算、国有资本经营收益预算，实现所有政府性基金的全面预算管理，将预算外资金纳入预算管理，试行绩效预算编制，对100万元以上预算项目，实行绩效目标管理。

2011年

1月1日起，全县实行"分灶吃饭、自主安排、自求平衡"的镇(街)财政体制，实行期限为3年。

同月13日，绍兴县财政局(绍兴县地税局)机构调整，撤销预算科(税政科)、国库科、财政监督科，成立预算局、预算执行局、财政监督局，新设乡镇财政管理科、信息化管理科、农业综合开发办公室、规费管理科、纳税服务科，会计管理科更名为会计科，绩效评价科更名为绩效管理科，设立绍兴县预算编制中心，为局下属全额拨款事业单位。

2月12日，县局召开全系统干部大会，局长王炳豪作《解放思想　服务中心　锐意改革　奋发有为　努力促进全县财政地税事业又好又快发展》的工作报告，县委副书记、县长孙云耀到会并讲话。

3月30日，绍兴县财政地税局召开"财税信息化推进年"活动大会暨信息化管理员培训班，预算科、信息中心和滨海分局相关人员作表态发言。

4月15日，县局召开全系统党风廉政暨行风效能建设工作会议，局党工委书记、局长王炳豪作《坚定清醒　奋发有为　为全县财政地税事业的科学发展提供坚强保障》的报告。

4月，省委创先争优活动第四次督查点评工作组，到县财政地税局检查柯桥分局办税大厅，查看创先争优活动相关资料，听取相关汇报。

4~6月，县财政局金财工程一体化系统和预算会计核算软件系统衔接贯通，上线运行。

5月1日，全县313家预算单位、19个镇（街道）、126个社团应用新版“政府非税征管信息”软件，启用“财政基础信息动态管理系统”软件。

同月3日，县财政地税局开展“激扬青春、共创精彩税月”首届财税青年风采大赛，全系统61名青年干部报名，21名干部进入决赛。经过初赛、决赛，评出一等奖1名、二等奖3名、三等奖5名，业务风采奖3名，才艺风采奖3名。

6月1日，县局“新版FOA及公文处理系统”软件和“财税通办公助手”软件投入使用，完成局机关（包括直属单位）及6个基层分局（所）共7个单位的流程配置。

同月8日，县委常委、县纪委书记王浩萍到县财政地税局检查指导，听取局长王炳豪、党工委副书记纪工委书记吕铁辉工作汇报，并提出指导意见。

同月30日，“绍兴地税—纳税服务工作室”博客网站开通，设有最新政策、纳税服务、税务动态、政策解答、12366热点问题、税收优惠、会计研究、其他等8个栏目。

7月8日，绍兴市财政地税局局长阮坚勇到绍兴县局检查指导民主评议行风活动，听取县局民主评议行风活动汇报，检查柯桥分局办税服务厅“在岗”“在行”“在状态”情况及硬件设施。县局局长王炳豪、党工委副书记吕铁辉、副局长徐志方参加。

8月30日，全县窗口单位和服务行业创先争优座谈会在县财政地税局召开，县委常委、组织部部长姚国海、副部长吴国建分别听取财税、交通、人保等8家窗口单位创先争优情况汇报，并在局党工委副书记吕铁辉的陪同下检查柯桥分局办税服务大厅。

9月1日起，全县贯彻实施全国人大新修订的《个人所得税法》及国务院新修订的《实施细则》和国家税务总局的一系列配套政策。

10月10~12日，全省政府非税收入征管信息系统第二期培训班在柯桥举行，绍兴县财政局在会上作先进县市经验交流发言。

同月13~14日，财政部信息网络中心应用处处长刘晓东到绍兴县局调研信息化建设，省财政厅信息中心主任李军陪同，县局局长王炳豪、副局长赵忆怀作调研内容汇报。

11月1日，全省地税系统第一批“金税工程——税友龙版”上线运用，绍兴县地税局属试运行应用单位之一。

同月9日，绍兴县财政局局长喻光耀到任。

同月18日，喻光耀任财政(地税)局党工委书记。

同月23日，市财政地税局党委书记、局长阮坚勇和市局党委副书记、纪检组长陈建光到绍兴县财政地税局，就近期行风效能建设和重点工作进行座谈，听取县局党工委书记、局长喻光耀汇报。

12月12日，代县长徐国龙到绍兴县财政地税局调研财政地税工作，县局班子成员分别作汇报发言。

同月31日，全县财政总收入突破百亿元大关，达到1170265万元，是省内突破百亿元大关的第5个县(市)。

2012年

1月1日起，全县贯彻实施《中华人民共和国行政强制法》。

同月31日，喻光耀任绍兴县地方税务局局长。

2月2日，召开全县财政地税系统干部大会。党工委书记、局长喻光耀作《务实创新谋发展　奋发有为争一流　积极推动全县财政地税事业再上新台阶》工作报告，县委副书记、代县长徐国龙到会并作讲话。

3月8日，县政府换届，喻光耀继续任绍兴县财政局局长。

同月15日，绍兴县财政税务学会第五届会员代表大会召开。县国税局局长胡连华致开幕词，县地税局副局长徐志方代表第四届理事会作工作报告，会上修订学会章程，选举产生绍兴县财政税务学会第五届理事会，县财政局局长、县地税局局长喻光耀当选会长，县国税局局长胡连华当选常务副会长。喻光耀作《求真务实　开拓创新　为财税事业健康发展再添新采》的报告。

同月16日，召开全局党风廉政暨行风效能建设工作会议。局党工委书记、局长喻光耀作《转变作风　优化服务　提升效能　为全县财税事业平稳较快发展提供坚强保障》的报告。

同月30日，省地税局常务副局长单美娟到绍兴县开展亩产税收试点工作调研，听取绍兴县地税局关于“亩产税收论英雄　促进企业节约集约用地”的情况汇报。副县长胡国炜、蔡于革参加。

4月23日，绍兴县财政项目预算审核中心、绍兴县财政票据管理中心、绍兴县财政国库集中支付中心、绍兴县预算编制中心为承担行政职能的事业单位，绍兴县财税计算机信息中心、绍兴县国有资产管理服务中心明确为从事公益服务的事业单位。

同月26日，浙江省农发办主任赵国瑛带领相关拍摄组到绍兴县农业综合开发项目现场进行拍摄工作，对绍兴县实施农业综合开发项目、建设现代农业园区的成果表示肯定。

5月4日，省政府副秘书长、办公厅主任王晓峰到绍兴县开展财税形势调研，听取相关领导保持财税稳定增长的工作举措及建议。同时召开由8家重点企业参加的企业家座谈会，实地考察中国轻纺城集团股份有限公司。

5月，绍兴县会计学会和财税学会联合创办的《绍兴县财税与会计》出刊。

6月29～30日，财政部综合司副司长汪义达到绍兴县调研财政经济运行情况，县领导孙君、诸剑明，财政局长喻光耀等陪同调研。

7月5日，县局召开“学习贯彻县委全体(扩大)会议精神暨中层干部读书会”，局领导及全体中层干部、中层后备干部参加会议。局党工委书记、局长喻光耀在会上就“召开读书会的背景、对担当的理解、担当应持有的态度”等问题作辅导发言。

7月29日，财政部科研所所长贾康带队到绍兴县开展经济形势专题调研。走访了中国轻纺城集团股份有限公司，调研了对该公司特色经营模式的看法。此外还实地考察中国轻纺城东升路市场，在经营户中了解当前经济形势和外贸纺织业发展趋势。

8月20日，省农发办许锡田副主任带队的专家组对绍兴县申报的“孙端沿塘畈中低产田改造项目”实地考察，县局农发办、孙端镇分管领导陪同考察。

同月28日，全县财政地税系统第四次妇女代表大会召开，县妇联主席方慧琴、局党工委副书记吕铁辉出席大会并讲话。选举产生第四届妇委会委员。徐姗萍任主任，姚敏智任副主任。

9月24日，国务院农村综合改革办公室主任王卫星带队的调研组一行到绍兴县，就深化农村综合改革，加强农业公共服务工作进行调研。

11月15日，绍兴县会计学会第六届会员代表大会召开，选举产生第六届理事会，审查并批准第五届理事会工作报告和《绍兴县会计学会章程》修改，县会计学会第六届理事会第一次会议上，喻光耀当选为会长，赵忆怀、王宝焕、毛勇当选为副会长。

同月27日，全县镇财政规范化建设推进会在兰亭召开，19个镇(街)授牌成立财政所。

同月28日，浙江省地税局总会计师徐敏俊到绍兴县地税局调研亩产税收工作。

12月1日起，经国务院批准，浙江省等8省(直辖市)为营业税改征增值税试点地区，绍兴县属试点范围。全县交通运输业、现代服务业由征收营业税改为征收增值税。

同月6日，县财政局增设财务总监室，委派的县级政府性融资平台财务总监为正股级。

2013年

1月1日起，全县贯彻实施新《事业单位会计制度》。

同月30日，县财政地税局办公室增设“财税调研室”。

2月21日，全县财政地税系统干部大会召开，局长喻光耀作《凝心聚力　创新实干　勇于担当　高效履职　努力开创全县财税事业科学发展新局面》的报告，县委副书记、县长徐国龙到会并作讲话。

4月11日，县局召开财税系统党风廉政暨行风效能建设工作会议。会议总结2012年党风廉政和行风效能建设工作，传达县纪委会议精神，部署2013年党风廉政和行风效能建设主要任务。会上，向21名特邀监察员和特约监督员颁发聘书。

4月,绍兴县地税局柯桥税务分局,被中华全国总工会命名为“工人先锋号”称号。

6月8日,召开“提三力、促发展”活动推进会,局长喻光耀就狠抓“执行力、服务力、担当力”建设的意义、措施及要求作动员,7名代表作交流发言,县委办、组织部、宣传部相关领导和12名企业代表参加会议,县委常委、副县长刘晓清到会讲话。

8月1日起,“营改增”扩大试点内容,全县广播影视业也由征收营业税改为征收增值税。

同月7日,省局总会计师徐敏俊到绍兴县开展“走亲连心”调研。对绍兴县局取得的成绩表示肯定,对下半年“组织收入、管理创新、服务大局、服务企业”等内容提出要求。

9月8~9日,财政部副部长、国务院医改办副主任王保安率国务院医改督查组,到绍兴县调研基层医改政策落实情况和公立医院改革情况,实地考察华舍街道、安昌镇等社区卫生服务中心,对绍兴县基层医改给予充分肯定。省财政厅厅长钱巨炎、副厅长魏跃华及部分市县财政局相关人员参加调研。

同月17日,县局表彰“十佳财税干部”和“优秀财税干部”。严炜、李伟俊、李铁锋、陆幼敏、陈晓伟、周志康、钮勇、倪一群、唐伟明、章晓燕为绍兴县财税系统首届“十佳财税干部”荣誉称号;马玲娣、潘国海等50名干部为绍兴县财税系统首届“优秀财税干部”荣誉称号。

11月1日起,《绍兴县志(1990~2013)》编纂工作实施,县财政局、国税局、地税局根据承编任务分工,组织人员编纂《财政税务资料长编》。

同日,县财政地税局启用FOA档案管理模块,使其具有档案搜索、档案借阅等功能。

同月6日,省地税局总经济师丁丹到绍兴县调研2014年工作思路,走访了解企业经营状况,征求纳税人意见、建议,听取分局及科室干部对纳税服务的想法与建议,对今后“组织收入、纳税服务、‘个转企’、发票管理”等工作提出要求。

同月8日,绍兴县财政局更名为绍兴市柯桥区财政局(挂“绍兴市柯桥区国有资产管理委员会办公室牌子”),其内设机构相继改称。

12月31日,“浙江省绍兴县地方税务局”更名为“绍兴市柯桥地方税务局”,其下属的稽查局、税务分局也相应更名。

2014年

1月1日起,全区实施“财权与事权相对等、自主与统筹相协调、激励与协调相促进、服务与监管相结合”为原则的镇(街)财政体制,实行期限为三年。

1月24日,召开柯桥区财政地税系统干部大会。大会以文艺演技的全新形式,通过总结、表彰、展望三个篇章回顾2013年工作。同时表彰先进,确定2014年工作主题、方针及措施。

4月11日,区财政地税局联合浙工大之江学院举办第一届大学生税收政策讲坛,解读自主创业税收优惠政策。

5月22日，召开全区乡镇财政管理工作会议。听取齐贤、杨汛桥、兰亭等3个财政所的交流发言，局党工委书记、局长喻光耀传达区长徐国龙的讲话精神，并就如何做好乡镇财政工作作讲话。

6月1日起，全区电信业由征收营业税改为征收增值税。

6月9日，柯桥区会计学会、柯桥区书法家协会在柯桥行政中心大厅联合主办"诚信守法——柯桥区会计法宣传月书法展"，众多书法爱好者参观此次活动。

同月18日，国家税务总局财产行为税司副司长杨遂周到区局开展农村集体建设用地流转调研。

7月2日，年度第一次财税行政执法与司法协作联系会议召开，区公安局、检察院、法院等单位及区地税局和区局稽查局参加。会议对上半年来税收执法中遇到的典型案例、疑难问题、欠税追缴协作等进行商讨，并就防范执法风险、依法行政、法律效果、经济效果和社会效果提出建议和意见。

8月6日，市局纪检组长陈建光、副局长詹超到柯桥区局调研指导派驻纪检组织"三转"工作，听取党工委书记局长喻光耀、党工委副书记吕铁辉和纪检组长徐姗萍汇报，对区局上半年党风廉政和行风建设、落实"两个责任"予以肯定。

9月10日，区局纪检组组织全系统中层干部到区行政中心一楼大厅观看反腐倡廉图片展。

10月13日，组织全区财税系统25名优秀青年进行"创新促发展　青春勇担当"主题演讲，展现青年干部爱岗敬业、奋发有为、充满活力的精神风貌。

11月22日，举办财税系统趣味运动会。全系统11个党(总)支部253名运动员参加12个单项的比赛。滨海分局党支部、局机关第一支部、直属分局党总支分别荣获团体第一、二、三名。

12月10日，省财政厅厅长兼省地税局局长钱巨炎到柯桥区调研地方产业发展情况。实地考察宝业集团下属车间、公司、展厅和浙江绍兴索密克汽车配件有限公司等单位；对企业通过"机器换人"提高自动化、智能化程度给予肯定，并要求企业不断提高自主创新能力，推动工业化与信息化深度融合，在科技创新等方面走在前列。区委区府领导、区财政地税局领导陪同调研。

同月31日止，柯桥区完成全年财政总收入145.09亿元，比上年增长9.4%，完成公共财政预算收入82.01亿元，完成年度预算100.2%。

2015年

2月10日，召开全区财政地税系统干部大会。喻光耀局长作《以新状态适应新常态　以新作为引领新发展　再谱柯桥财政地税事业新篇章》的报告。

4月11日，区局团总支组织青年干部开展"青山绿税·低碳同行"骑行宣传活动，拉开第二十四个税法宣传月序幕。

6月1日，根据《绍兴县志（1990～2013）》承编任务分工，区财政局、国税局、地税局负责承编的总字数9.2万《财政税务资料长编》编纂完成，上报区史志办。

同月30日，滨海分局办税服务厅安装发票自助领购机，实行国、地税联合服务，方便纳税人领购国税发票。

7月1日，区财政局、地方税务局、区国家税务局决定编纂《绍兴县财政税务志（2003～2013）》，承接首版《绍兴县财政税务志》，编纂人员开始编纂。

同月29日，区长阮建尧带队调研"基金小镇"核心区块选址，对轻纺城创意园实地踏看，听取产业基金管理委员会办公室工作汇报。党工委书记、局长喻光耀陪同调研。

8月3日，省财政厅党组成员、省金控公司董事长杜祖国一行到柯桥区考察指导省产业基金与柯桥区政府产业基金合作对接工作。区长阮建尧介绍柯桥区经济社会发展情况，区财政局局长喻光耀汇报区产业基金筹备投资运营情况。

8月17日，余建林任区财政（地税）局党工委书记。

9月24日，区财政地税局召开党风廉政建设主体责任集体约谈会。局党工委书记余建林就"抓党风廉政建设的重要性，要真懂真信真明白；落实党风廉政建设主体责任，要真抓真管真担当；坚持把纪律规矩挺在前面，要做到抓早抓小抓苗头"等内容作了阐述。

9月28日，余建林任绍兴市柯桥区财政局局长。

9月，柯桥区产业基金出资28亿元成立全省规模最大区域合作基金。

10月，区财政全力保障"智慧天网"建设，主要用于智能交通系统和社会视频监控系统建设，涉及道路交通安全、治安监控等，全方位助力"平安柯桥"建设。

11月，承办全国《财政总预算会计制度》修订工作座谈会，推进预算管理制度改革。

11月30日，余建林任绍兴市柯桥地方税务局局长。

12月31日止，全区完成全年财政总收入160.5亿元，同比增长4.3%，完成一般公共预算收入97.85亿元，同比增长7.7%，高于全市平均1.9个百分点，同口径增长12.0%，仍领先全市。

是年，柯桥地税局被授予全省征管综合工作突出单位、全省纳税服务工作嘉奖单位、全省支持浙商创业创新促进浙江发展工作成绩突出单位；区财政局财政项目预算审核中心被评为全省财政系统先进集体。

绍兴县国家税务局

2003年

1月1日起，原由绍兴县管辖的齐贤镇七里江等15个村划转越城区管辖，其15个村的国税征管由县国税局划归绍兴市国税局管辖。

同月25日，召开全县国税系统干部大会。局党组书记、局长胡传林作《与时俱进

改革创新　全面推进我县国税事业再上新台阶》的报告。

2月25日,浙江省国税局局长钱宝荣考察绍兴县国税局信息化建设工作,听取县局局长胡传林关于《纳税人涉税事项网上预审批》《出口退税单证齐全网上预申报》两个系统开发运行汇报,并观看两个系统的现场演示。

4月29日,县局实现全县防伪税控系统全覆盖,防伪税控系统推广户数达到3024户。

5月1日起,县局实行征税无纸化和应用"涉税事项网上预审预批系统"。

5月,经省国税局、省档案局验收,认定绍兴县国税局综合档案达到档案管理省二级标准。

6月23~24日,县国税局通过万泰认证中心ISO年度监督审核。

11月25~26日,绍兴县国税局主办在柯桥召开的苏浙沪16县(市、区)第36次国税信息交流会议,省国税局副局长乐国定、市国税局副局长张绿芬、绍兴县副县长孟柏干到会作重要讲话。

12月23日,县国税局被授予全国税务系统信息化建设先进单位。

是年,全县国税收入首次突破20亿元大关,达到200095万元,完成年度计划的112.02%。

2004年

1月1日起,国务院《关于改革现行出口退税机制的决定》施行,全县出口退税超基数部分由中央负担改为中央与地方共同负担,负担比例为中央75%,地方25%。

2月8日,召开全县国税系统干部大会,局党组书记、局长胡传林作《振奋精神,团结拼搏,务实创新,开拓进取,努力开创绍兴县国税事业新局面》的报告。

同月10日,《绍兴县财政税务志》编纂起动,县国税局与县财政地税局联合组成编纂委员会,并派人参与编纂。

3月,县国税局联合县公安局、地税局开展以打击虚开增值税专用发票和偷税违法犯罪活动为重点的"利剑"行动。

4月,县局实施"个体税收管理信息系统"方案,全县1.5万户个体户基础信息录入"个体定额核定系统",实行计算机综合管理。

6月17日,县国家税务局从柯桥鉴湖路31号国税大楼迁址群贤路2123号新办公大楼。

7月20日,中共绍兴县国税局机关党委换届改选,机关党委会有7人组成,党委书记金建伟,副书记李纪生、祝德康。

9月1日起,县局启用新版"国税内部审批系统"。

11月,全局应用"重点税源动态评估分析系统""所得税亏损企业台帐系统""生产性出口企业委托加工管理台帐系统""金税工程数据采集分析软件"和"定额与销售比对软件""金税稽核数据采集计算机辅助管理系统"等国税征管软件。

12月1日,县局税收执法责任制计算机自动考核系统和执法监察信息管理系统运行。

是年,县局办税服务大厅和稽查局分别通过国家级青年文明号和省级“文明单位”的复检。

是年,绍兴县国税局综合档案经省国税局、省档案局验收认定,达到档案管理省一级标准。

2005年

1月1日起,贯彻国务院《关于完善中央与地方出口退税负担机制的通知》,中央与地方出口退税负担比例由75∶25调整为92.5∶7.5。

同日起,县国税局接收车辆购置税征收工作,不再委托县交通稽征部门代征。

同月30日,召开全县国税系统干部大会。局党组书记、局长胡传林作《振奋精神提升能力推进全县国税事业持续发展》的报告。

3月1日,国家税务总局会同公安部等部门组成“绍汇”专项检查工作组,从全国各地抽调80多名国税干部,对全市部分企业进行专项检查,其中市区16户,绍兴县48户。

5月19日,浙江省国税局局长钱宝荣到绍兴县国税局调研税收收入工作。

6月1日,县国税局新征管模式运行,局机关内设9个科室,下设1个直属机构(稽查局)、1个事业单位(信息中心)、4个税务分局和1个税务所。

同日起,CTAIS2.0版在县国税局上线运行。

11月1日起,全省“统一网上安全申报系统”在全县推广应用。

同月22～25日,国家税务总局税收征管工作“十一五”规划暨征管改革工作研讨会在绍兴县召开。

是年,绍兴县国家税务局办税服务厅继续被认定为2005年度全国税务系统“青年文明号”单位。

2006年

1月24日,县局召开全县国税系统干部大会。局党组书记、局长胡传林作《全面落实科学发展观,努力开创全县和谐国税新局面》的工作报告。县委副书记、县长冯建荣,县委副书记孙云耀和常务副县长盛秋平到会,冯县长在会上讲话。

4月1日起,与地税局实行联合办理税务登记证。联合办证实现一个场地(县行政审批服务中心)、一套证件、一个税号、一次收费和违章处理、一个信息系统处理。

5月1日起,全县车辆购置税(汽车类)征收工作由市国税局划转县国税局征管。

同月30日,胡连华任绍兴县国家税务局党组书记、局长。

7月,县国税局丁一宾被国税总局评为综合征管软件2.0版推广应用先进个人。

8月8日,县委副书记、县长冯建荣、常务副县长盛秋平和副县长孟柏干到县局调研全县国税工作。

同月18日,省国税局总会计师张松青到绍兴县国税局调研信息化工作。

9月1日，县国税局开发的“增值税专用发票认证结果清单网上打印系统”投入使用，并在全市国税系统推广应用。

11月10日，县局召开特邀行风监察员及特约税收监督员座谈会。

12月5日，县国税局邀请全市国税系统创建学习型国税机关巡回演讲组到局演讲，全系统选派180余人代表参加演讲会。

同月8日，省国税局局长钱宝荣，在市国税局局长朱关烈、绍兴县县长冯建荣和县委副书记孙云耀陪同下，到绍兴县国税局调研管理创新、队伍建设等事项，钱局长对县国税局工作给予充分肯定，并对组织收入、依法治税、管理创新、队伍建设等方面提出要求。

2007年

2月11日，召开全县国税系统干部大会。县局党组书记、局长胡连华作《坚持科学发展、构建和谐国税，努力实现我县国税事业又好又快发展》的工作报告。县委副书记、县长冯建荣，县委常委、常务副县长陈吉安到会，冯县长在会上讲话。

同月26日，国家税务总局进出口司司长马林，在省国税局副局长臧耀民陪同下，到绍兴县国税局调研出口退税管理与服务工作。

4月10日，县局召开党风廉政建设暨行风建设工作会议。县局领导、各科室（单位）负责人、特邀行风监察员、特约税收监督员参加，纪检组长董志根作工作报告，局党组书记、局长胡连华作讲话。

5月17～22日，市国税局党组书记、局长朱关烈到县局蹲点调研，走访基层单位及局机关，听取县局领导和部门负责人工作汇报，对县局及各单位工作给予肯定。

6月6日，县委副书记、县长冯建荣到县国税局调研国税收入。

同月12日，省国税局纪检组长张松青在市国税局纪检组长夏伟等陪同下到县国税局考察民主评议基层站所（办事窗口）暨创建群众满意基层站所（办事窗口）活动开展情况，实地踏看评议和创建工作软硬件建设情况，听取县国税局关于评议及创建活动情况汇报。

7月3日，市委党风廉政建设检查组由市纪委党风办主任韩达明带队对县国税局党风廉政建设责任制落实情况进行检查。检查组听取县局工作汇报，并到办税服务厅和齐贤税务分局进行实地检查。

8月，县国税局开展评选“十佳国税标兵”活动。活动从规范执法、工作效率、业务技能、服务态度、清正廉洁、自身形象、工作业绩等方面进行评选。

9月11日，举行“读书月”活动启动仪式，利用9～10月时间在全系统开展以“与好书同行”为主题读书月活动。

11月23日，市国税局局长朱关烈到县局调研2008年工作思路。

12月，县局机关增设机关党委办公室（简称机关党办）。

是年，县国税局开展“以规范执法为前提、以优化信息资源为途径、以纳税人满意为标准、以提高管理效益为目标”的“管理创新年”活动。

2008年

1月1日起,县国税局贯彻实施《中华人民共和国企业所得税法》。1994年1月颁布的《中华人民共和国企业所得税暂行条例》和1991年7月的《中华人民共和国外商投资企业和外国企业所得税法》停止执行。

2月16日,召开全县国税系统干部大会,县局党组书记、局长胡连华作《深入学习贯彻党的十七大精神,努力开创全县国税事业新局面》的工作报告。

3月21日,县局召开党风廉政建设暨行风建设工作会议,局中层以上干部及行风特邀监察员、特约税收监督员参加会议,局党组成员、纪检组长董志根代表局党组作工作报告。

4月1日,省国税局副局长邢幼平在市国税局局长朱关烈陪同下到县国税局调研,对县局办税服务大厅和钱清分局作了重点考察。

5月19日,省国税局副局长张国钧在市局副局长王国泉陪同下到县国税局调研“行业监控建模”工作。

6月,县局开展以“读书明智、创业创新”为主题的首届“读书节”活动。

7月1日起,县局在办税大厅推行“一柜通”服务。

8月13～14日,全省国税系统部分县、市、区局长会议在绍兴县召开,省国家税务局局长钱宝荣、副局长邢幼平、乐国定和总经济师金星出席会议,县局局长胡连华参加会议。

10月26日,全市国税系统第三届运动会在绍兴市第一中学举行,绍兴县国税局代表队以238分的总成绩一举夺得团体总分第一名。

11月11日起,县国税局推行“一窗统办”办税新模式,同时配置“智能排队叫号系统”。

12月1日,市国税局党组书记、局长项家能到绍兴县国税局调研2009年工作思路。

2009年

1月1日,贯彻实施修改后的《中华人民共和国增值税暂行条例》《中华人民共和国消费税暂行条例》,增值税由生产型转型改革为消费型。

2月5日,召开全县国税系统干部大会,局党组书记、局长胡连华作《坚定信心、知难而进,努力推动全县国税事业又好又快发展》的工作报告。县委副书记、县长冯建荣,县委常委、常务副县长陈吉安,县人大副主任章生建,县政协副主席吴越到会,冯县长在会上讲话。

3月23日,召开“学习实践科学发展观活动”动员大会,局党组书记、局长胡连华作动员报告。县纪委常委、县委“学习实践活动指导(督导)组”第三组组长韩洪江到会并作指导性讲话。

4月23日,市国税局副局长陈香云到县局调研“企业境外投资税收服务与管理”工作,深入企业进行实地调研。

6月5日,省国税局副局长乐国定在市国税局局长项家能陪同下到县国税局开展调研。

8月20日,绍兴县政协副主席、政协社法委主任蔡金标率县政协社法委及九三学社委员到县局作工作调研。

9月2日,省国税局党组成员、总经济师金星在市国税局局长项家能陪同下,到县国税局开展企业所得税工作调研。

同月11日,县委副书记、代县长孙云耀到县国税局调研国税税收收入情况。

同月12日,县局在县文化馆举行"国税文化建设活动月"开幕式暨红歌颂祖国合唱比赛,县局党组书记、局长胡连华致开幕词。

10月20日,全省国税系统管理创新总结表彰会在绍兴县召开。省国税局领导钱宝荣、邢幼平、乐国定、藏耀民、张国钧、金星、崔成章出席会议。绍兴县国税局因税收管理创新工作突出,在会上被浙江省国家税务局授予集体三等功荣誉。

同月28日,县人大副主任章生建到县国税局调研国税税收收入情况。

11月10日,县局在三楼会议室举行"文化建设活动月闭幕式暨我与国税共成长"演讲比赛。

同月20日,市国税局局长项家能、副局长张绿芬到县局开展2010年工作思路调研,听取县局领导关于明年工作思路汇报。

12月,县国税局实施机构改革,局机关内设人教科、办公室、监察室、机关党办、政策法规科、纳税服务科(含办税服务厅)、收入核算科、征收管理科、税源管理一科、税源管理二科、税源管理三科、税源管理四科12个科室,撤销计划财务科。

2010年

1月1日,县国税局简化调整涉及审批事项19项,简并纳税人报送资料。

2月24日,召开全县国税系统干部大会,县局党组书记、局长胡连华作《服务科学发展,共建和谐国税,为推动全县经济社会科学发展率先发展再作贡献》的工作报告。县委副书记、县长孙云耀到会并在会上讲话。

3月30日,县局召开党风廉政建设暨行风建设会议,县局领导、中层以上干部、行风特邀监察员、特约税收监督员参加会议。县局纪检组长董志根作《创新制度,狠抓落实,努力推进我县国税系统党风廉政建设和反腐败工作》报告,县局党组书记、局长胡连华在会上讲话。会上与各科(室)、单位、分局(所)负责人签订2010年度党风廉政建设(行风建设)和行政执法责任书。

4月1日起,县局办税服务厅实现刷卡缴税,纳税人持"银联"标识的银行卡,即可刷卡缴税,取得扣税、完税凭证,无需支付手续费。

5月11日,市国税局局长项家能,在县局局长胡连华、副局长单红明陪同下,到福全分局开展税收工作调研。

6月10日,省国税局党组成员、副局长乐国定在市国税局局长项家能陪同下到县局开展税收征管工作调研。

同月23日,省国税局党组书记、局长钱宝荣到绍兴县国税局调研,考察纳税人自助认证发票和自助领购增值税专用发票全过程,对“24小时自助办税服务”项目予以充分肯定。

同月29～30日,市局党组书记、局长项家能到县国税局钱清、齐贤分局调研。

同月,县局开展以“学习引领生活”为主题,“购好书、读好书”为内容的第三届“读书节”活动。

7月22日,绍兴县委副书记、县长孙云耀到县国税局调研。

8月11日,以省国税局巡视办主任何国华为组长的巡视组,到县局征求对市局领导班子意见建议。

9月13日,市局党组书记、局长朱关烈到县国税局进行调研。

同月26日,绍兴县人大副主任章生建到县国税局调研。

10月13日,全市国税系统“实践国税核心价值观”先进事迹宣讲团到县国税局巡回宣讲。副局长金建伟、单红明及办公楼内全体干部职工参加报告会。

同月21日,浙江省文明单位考评组到县国税局考评省级文明单位创建工作,听取县局创建工作汇报,实地考察办公环境和办税服务厅建设,对县局文明创建工作予以肯定。

11月3日,市国税局副局长陈香云就“十二五”时期信息化建设到县国税局专题调研。

同月24～25日,市国税局局长朱关烈、总会计师金东海到县国税局调研“十二五”时期国税工作和2011年工作建议及当前经济形势等方面探讨,征求对市局工作意见和建议。

12月9日,省国税局总会计师崔成章到县局调研,听取县局出口退税专项检查情况汇报。市局局长朱关烈、副局长张绿芬陪同。

12月,县国税局参加编纂的《绍兴县财政税务志》由中华书局出版发行。

2011年

1月10日,全市国税系统推广“行业模型分析程序”现场会在绍兴县举行。市局征管处、进出口处、信息中心负责人,各县(市)局征管科、税源管理三科、信息中心负责人参加现场会,实地参观绍兴县局演示,并要求各县(市)局学习、推广绍兴县局经验。

同日,省国税局总经济师金星率纳税服务处负责人一行在市局局长朱关烈、副局长王国泉的陪同下,到绍兴县局调研国税征收工作,就“24小时自助办税服务区”建设进行专题座谈。听取县局汇报后,总经济师金星肯定“24小时自助办税服务区”作用,并要求继续总结完善。

2月24日,召开全县国税系统干部大会,局长胡连华作《开拓创新,锐意进取,不断开创全县国税事业科学发展新局面》的报告。县委副书记、县长孙云耀，县人大副主任章生建到会，孙县长在会上讲话。

3月，继续组织开展“读书节”活动，以“读廉政书、写廉政文、上廉政课、看廉政片、建廉政点、家庭助廉”为主要内容，激发干部参与廉政文化活动热情。

4月14日，全省国税“稽查选案系统软件”推广会议在绍兴县举行。会上，绍兴县国税局开发的“稽查选案系统软件”作了推广。

4月，绍兴县国税局被中共浙江省委、浙江省人民政府授予“浙江省文明单位”。

5月4日，市局副局长陈香云到县局考察“个体税收社会化管理平台”建设工作。

7月6日，县人大副主任章生建到县局调研税收收入工作。

8月19日，绍兴县个体税收社会化管理平台领导小组在县国税局召开会议。会议由局长胡连华主持，县委副书记、县个体税收社会化管理平台领导小组组长孟柏干出席会议，副县长蔡于革参加。会上，县国、地税局分别汇报前阶段工作情况及下步打算，孟柏干组长对下阶段工作提出要求。

10月16日，县国税局开发的(具有自助开票、自助申报、自助认证、免填单系统及表单资料打印等功能)“纳税人自助服务平台软件”投入使用。

11月23日，省国税局局长周广仁，副局长王小平、支瑶瑶到绍兴县国税局调研。听取县局情况汇报，走访绍兴原色数码科技有限公司和浙江省意梦缘科技有限公司，考察中国轻纺城老市场。

11月，市局副局长占志勇到县局调研、指导工作。

12月，市国税局局长朱关烈、副局长陈香云、总会计师金东海到县局调研2012年工作思路。

2012年

2月6日，召开全县国税系统干部大会，局长胡连华作《稳中求进，奋发有为，努力谱写绍兴国税事业科学发展新篇章》的报告。县委副书记、代县长徐国龙，副县长蔡于革到会并在会上讲话。

3月8日，省国税局副局长乐国定带领“三考核两服务”工作组到县国税局开展延伸检查，市国税局局长朱关烈陪同检查。

同月20日，县局召开机关党委换届大会，192名党员参加会议。金建伟代表第三届机关党委作工作报告，选举产生新一届机关党委委员会和机关纪律检查委员会，县局党组成员、纪检组长季承武当选为新一届机关党委书记。

同月，结合读书节，开展争创省级“廉政文化进机关示范点”活动，以丰富多彩的廉政文化活动，满足干部职工的精神文化需求。

4月19日，市国税局党组书记、局长朱关烈在绍兴县国税局领导陪同下到绍兴县浙江天圣控股集团有限公司等企业走访、座谈，了解企业生产经营情况和转型升级中存在的问题和困难，征询对国税部门优化纳税服务、规范税收执法等方面的要求和期待。

5月9日,省国税局纪检组长张松青到绍兴县国税局钱清分局调研纪检监察工作。市局局长朱关烈、副局长陈香云,县局局长胡连华、纪检组长季承武陪同调研。

6月18日,县国税局召开“税收执法(廉政)风险防控”专题讲座。特邀国家税务总局进修学院教研室主任郭勇平教授主讲,县局领导及全体干部参加。

7月10日,县局召开团工委换届大会,有12名团员或保留团籍的党员参加。会议选举产生新一届团工委员会,孟伟巍当选为新一届团工委书记。

同月,县人大副主任濮如松、绍兴县副县长刘晓清、普布顿珠一行到县国税局调研。

8月28日,绍兴县县长徐国龙到县国税局调研国税工作,局长胡连华汇报收入情况。徐县长肯定国税工作同时,提出要为县委县政府进言献策、加强税收征管、完成目标任务等要求。

10月25日,中纪委宣教室教育处处长陈江华在省纪委宣教室副主任包永根、绍兴市纪委常委王荣彪等陪同下,到县局调研“廉政文化进机关”工作,处长陈江华一行实地察看县局廉政文化环境布置及“庆国庆、促廉洁”书画摄影作品展览,听取县局关于廉政文化建设工作汇报,对县局廉政文化建设工作给予肯定。

11月14日,县局召开“从事税务工作三十年人员”表彰大会。会上宣读《绍兴市国家税务局关于表彰全市国税系统从事税务工作三十年人员的决定》,县国税局表彰在职人员52人,退休人员7人,市国税局人教处处长、县局领导为表彰人员颁奖。

同月19日,市国税局局长朱关烈、纪检组长卢景山到县局调研2013年工作思路。县局汇报2013年国税工作面临形势、采取措施及突破方向,并向市局提出意见和建议。

12月1日起,绍兴县纳入全国“营业税改征增值税”试点范围,全县交通运输业和部分现代服务业由征收营业税改为征收增值税。

同月31日止,县国税局全年组织税收收入首次突破70亿元大关,达到71.92亿元(含调库),同比增长5.55%。

2013年

1月10日,县国税局完成“营改增”试点首期申报,全县“营改增”试点纳税人准期申报率达99.77%,“营改增”试点首期纳税申报圆满完成。

2月20日,召开全县国税工作会议,局长胡连华作《深入学习贯彻党的十八大精神 努力开创绍兴县国税事业新局面》的报告,县委副书记、县长徐国龙,县委常委、副县长刘晓清到会,县长徐国龙在会上作讲话。

3月8日,国家税务总局征管和科技发展司副司长杨培峰专题调研中国轻纺城市场税收管理及网络发票应用工作,总局征管和科技发展司处长翁泉惠、省局征管和科技发展处处长朱维贞、市局副局长陈香云、县局副局长毛勇等陪同调研。

4月25日,省国税局总审计师范国丰一行到县国税局调研,实地考察自助办税服务区、车购税自助申报情况。

5月23日,国家税务总局收入规划核算司司长杨元伟到绍兴县调研生产企业出口情况，省局总审计师范国丰，收入规划核算处处长沈加潮、副处长张懿瑛陪同调研。

6月8日，绍兴县国税局举行第六届读书节启动仪式暨道德讲堂第二讲，局长胡连华在启动仪式上作共同感受读书快乐的讲话。

9月8日，举行主题为“悦读阅美、提升自我”的第六届读书节闭幕式，全系统以“书香滋润我们的生活”为口号，形成“读书强素质，学习促发展”的基本理念。

11月1日起，《绍兴县志（1990～2013）》编纂工作实施，县国税局根据承编任务分工，组织人员参与编纂《财政税务资料长编》。

同月8日，撤销绍兴县，设立柯桥区，原绍兴县孙端镇、陶堰镇、富盛镇划归越城区，其区域范围国税纳税人划归绍兴市国税局管辖。

同月15日起，县国税局驻区行政服务中心平水分中心窗口运行，解决平水、王坛、稽东南部三镇纳税人办税事宜。

12月4日，市国税局局长朱关烈、纪检组长卢景山到县国税局调研2014年工作思路，听取有关意见建议。

2014年

1月7日，因行政撤县建区，撤销浙江省绍兴县国家税务局，设立绍兴市柯桥区国家税务局，其下属机构也相应变更。是日，绍兴市柯桥区国家税务局挂牌。

2月11日，召开全区国税工作会议，局长胡连华作《稳中求进　改革创新谱写柯桥国税科学发展新篇章》报告。

4月28日，区国税局实施全国首批“财税库银横向联网电子退更免税”试点，实现电子收入退还书当日开具、当日到账要求。

5月14日，省国税局总审计师范国丰到区国税局就电子退更免试点运行情况进行调研指导。

6月5日，国家税务总局征管和科技发展司副司长陈洧、人民银行国库局副局长田文雄到区国税局调研财税银库电子退税试点工作。省国税局副局长乐国定、人民银行杭州支行副行长李虹陪同。

7月4日，区国税局第七届读书节启动，主题是“知行合一、实现自我”。

7月22日，区国税局领导班子党的群众路线专题民主生活会召开。省局党组副书记、副局长王小平，省局第三督导组、省局有关处（室）负责人，市局党组书记、局长朱关烈，人教处负责人全程参加民主生活会。

9月17日，省国税局纪检组长张松青到区国税局考察“廉政风险管理信息系统”试运行工作。充分肯定区局前阶段试运行工作，并对下阶段工作提出具体要求。

11月4～6日，全省国税系统2015年政策法规工作思路座谈会在柯桥区局召开，省国税局总会计师王平参加座谈会。

12月10日，区国税局机构设置变动，撤销税源管理三科、税源管理四科，设立纳税评估科，进出口税收管理科（进出口税收管理分局）。

同月16日,市局党组书记、局长朱关烈,市局纪检组长卢景山到柯桥区国税局调研。

12月31日止,区国税局全年累计完成国税收入77.25亿元,其中:完成增值税55.10亿元,消费税0.46亿元,企业所得税19.10亿元,车辆购置税等2.59亿元,分别比上年增长7.7%,8.0%、2.2%、11.1%、-1.9%,全年办理出口退税89.48亿元、增长7.8%。

是年,区国税局稽查局严厉打击"骗取出口退税和发票违法犯罪活动",获省国税局集体嘉奖。

2015年

2月10日,召开全区国税工作会议,区局党组书记、局长胡连华作《适应新常态　展现新状态　努力实现柯桥国税事业新发展》的工作报告,区委副书记、区长阮建尧到会并在会上讲话。

3月1日起,扩大消费税征收范围,对全区电池业、涂料业开征消费税。

同月12日,国家税务总局督查组到柯桥区,就小微企业税收优惠政策、出口退(免)税管理规范、纳税服务规范、涉税中介监管、国地税合作、绩效管理、"巩固深化拓展"活动等税收落实情况开展督查。在听取汇报、测评、查看工作台帐、踏看办税服务厅、抽查部分企业、与企业负责人座谈后,对全区税收工作落实情况表示肯定。省国税局副局长崔成章陪同督查。

4月15日起,区国税局对出口退免税企业实行分类管理办法。通过评审,对出口企业进行差异化出口退税申报受理和退税管理。

6月1日,根据《绍兴县志(1990～2013)》承编任务分工,区国税局参与承编的《财政税务资料长编》编纂完成,上报区史志办。

同月8日,全区国税系统开展"三严三实"专题教育,局党组书记、局长胡连华对专题教育活动进行动员部署。

同月25日,区国税局以"书韵国税"为主题的第八届读书节启动。

7月1日,柯桥区国税局机关党委在全省国税系统党建工作会议上,作为唯一县(市、区)局作大会经验交流。

同日,《绍兴县财政税务志(2003～2013)》编纂起动,区国税局组织人员参与编纂。

同月2日,区国税局率先在全国实施"出口退税无纸化管理"试点,制定试点工作方案、任务书、时间表、路线图和责任人。

9月,区国税局实施小微企业"银税互动"业务,推出"税易贷"服务项目,助力小微企业健康发展。

10月30日,召开全区国、地税合作第一次联席会议。以国、地税各自优势,拓展合作项目,区国、地税联席会议成员参加会议。

11月24日,市国税局局长朱关烈到区国税局调研,对柯桥国税工作成绩予以肯定,对下一年工作思路作了点评。

12月31日止，区国税局全年组织税收收入75.18亿元，落实出口退税95.93亿元，分别是2010年的1.35倍、1.57倍。

是年，区国税局被柯桥区委区政府评为区机关部门一等奖单位；被区纪委、区纠风办授予"'企业评部门、群众评行风'先进单位"；"24小时自助办税服务"被省纪委、省监察厅、省纠风办评为全省行风建设争优奖；创建群众满意基层站所中实现省、市、区三级"满堂红"。

第一章　财政体制

绍兴县县级财政建立后，依据各个时期的财政体制，以履行和完善县级财政管理职能为根本点，与时俱进地实行改革，从高度集中到分级包干，体制几度变革。1994年起，实施分税制财政体制，并不断进行完善，如中央调整地方所得税增量分成比例、超基数出口退税由中央财政负担改为中央与地方共同负担、实行营业税改征增值税试点等财政体制改革，到2013年，从税种、事权、收支、分配比率等内容，明确中央、省与县的权责。同时，县对乡镇（街道）实施“权责利相结合、财权和事权相统一的乡镇（街道）分税制财政体制”。

第一节　县级财政体制

2003年，绍兴县继续实施1994年国务院颁布实施的《关于实行分税制财政管理体制的决定》，全县实行中央与地方分税制的财政管理体制。

根据1994年分税制规定，到2013年，绍兴县一般公共财政预算收入(2007年政府财政收支分类改革前，称绍兴县地方财政收入)主要有营业税、城镇土地使用税、房产税、车船税（2007年前为车船使用税）、印花税、农业税（2004年起无收入，2006年起停征）、耕地占用税、契税、土地增值税、资源税、城市维护建设税等地方税收收入和中央与县共享收入增值税、企业所得税、个人所得税按规定比例的分成收入以及排污费收入、教育附加费收入、地方教育附加收入（2006年5月1日起开征，之前为征收农村教育事业费附加）等专项收入，罚没收入和利息收入等其他收入。

根据中央与地方事权划分支出原则，绍兴县财政支出项目主要有一般公共服务、国防、公共安全、教育、科学技术、文化体育与传媒、社会保障和就业、医疗卫生、节能环保、城乡社区、农林水、交通运输、资源勘探电力信息、商业服务业、国土资源气象、住房保障、粮油物资储备等事务支出和其他支出共18项（2007年政府财政收支分类改革前，全县财政支出项目主要是行政管理费支出，公、检、法、司支出，部分武警经费支出，企业的技术改造和新产品试制经费支出，支农支出，城市维护建设经费支出，文化、教育、卫生等各项事业费支出，价格补贴支出及其他支出）。

“分税制”体制调整完善

2003年1月起,中央调整地方所得税增量分成比例,中央与地方所得税增量分成比例从各分成50%,调整为中央分成60%,地方分成40%。同时调整所得税返还补助,绍兴县所得税返还补助从2002年的12671万元调整为2003年起的17855万元。

2004年1月1日起,中央实行出口退税由中央与地方共同负担的新机制,改变以前出口退税全部由中央财政负担的体制。新机制以2003年出口退税实退指标为基数,属于基数部分的退税额,继续由中央财政负担,超基数部分应退税额由中央与地方分别按75%、25%的比例共同负担,绍兴县的出口退税负担比例为25%,地方负担部分按照"谁出口,谁承担"原则,分别由省、市、县(市)各级财政负担。同年10月,县财政局启用省财政厅设计开发的金财工程——财政预算编制系统软件,全县各部门预算经过单位上报、财政审核、单位再修改、财政再审核四个环节,使预算数据精确度得到保证,可直观反映主管部门及下属单位的整体收支情况。是年,浙江省财政厅对储蓄存款利息个人所得税预算管理明确为全省所有储蓄存款利息所得性质的收入征收的个人所得税,地方分享部分就地缴入国库,作为省级预算收入。

2005年1月1日起,因出口退税超基数增量部分改由中央与地方按75%、25%共同负担,地方财政负担过重,国务院决定调整超基数部分退税额的中央与地方出口退税负担比例,中央与地方负担比例由75%：25%调整为92.5%：7.5%。各县(市)出口退税基数维持原省核定数不变,绍兴县的出口退税负担比例调减至7.5%,从是年起,出口退税实行中央统一退库,年终中央和地方清算的退税方法。同年,绍兴县实施以公共财政为重点、"镇财县理"为内容的财政管理体制。

2008年9月,浙江省人民政府在确定市、县(市)财政收支基数前提下,规范省、市、县(市)收支范围和收入分成办法。绍兴县收入范围按属地规定为中央和省级以外的收入,包括增值税25%部分、企业所得税和个人所得税40%部分、营业税、城建税、房产税、城镇土地使用税、土地增值税、耕地占用税、契税等及绍兴县各项非税收入。支出范围为绍兴县一般公共服务、公共安全、教育、科学技术、文化体育与传媒、社会保障和就业、医疗卫生、环境保护、城乡社区事务、农林水事务、交通运输、工业商业金融事务等事务支出及县级其他支出。(注:财政收入、财政支出、财力基数以2007年财政收支决算为基础确定)。完善"两保一挂"政策,建立分类分档激励奖补措施,全省各市县分为欠发达地区、发达地区和较发达地区两大类,绍兴县被划为全省发达和较发达地区类,实施两档激励政策,绍兴县属发达地区和较发达地区类的第一档。10月9日起,全县按财政部要求对个人储蓄存款利息所得暂免征收个人所得税。同年,县政府推进预算改革,整合各项政府性资金,分别按一般公共预算、政府性基金预算、社保基金预算、国有资产经营收益预算、其他政府性资金预算等5类进行编制,实行全面预算管理。

2009年,全县深化预算管理改革,根据资金类别和管理需求,分别编制一般公共预算、政府性基金预算、社保基金预算、国有资产经营收益预算等4类预算,并将所有县级部门预算(草案)全部提交县人代会审议。

次年,综合预算改革有新突破,拓展编制社会保障基金预算、国有资本经营收益预算,实现所有政府性基金的全面预算管理,并将预算外资金纳入预算管理,试行绩效预算编制,对100万元以上预算项目,实行绩效目标管理。

2011年,全县推进公共财政管理改革,初步搭建起预算编制、执行、监督"三位一体"的管理运行模式,围绕"预算一个盘子"细化预算编制。

次年12月1日起,经国务院批准,浙江省等八省、(市)对提供交通运输业和部分现代服务业的单位和个人进行营业税改征增值税试点,绍兴县属试点范围。试点期间,营业税改征为增值税收入仍归属地方财政收入,也不计入中央对试点地区增值税和消费税税收返还基数,因试点产生的财政收入变化,由中央和试点地区按各自财政体制相关规定分享或分担。到年底,全县营业税改征增值税收入为47万元,第二年为5708万元,均归属绍兴县地方财政收入。

2013年11月,撤销绍兴县,设立绍兴市柯桥区,柯桥区财政体制由省管改为绍兴市管,绍兴市委、市政府确定,柯桥区财政体制保留此前省财政确定的分税制财政体制,由绍兴市对柯桥区实行具体结算。同时绍兴县原所属孙端、富盛、陶堰等3镇划归绍兴市越城区,其财政体制也归属绍兴市本级财政管理。

"分税制"体制结算实绩

2005年,绍兴县年度地方财政决算收入为201336万元,税收返还收入41956万元,一般预算转移支付补助合计100352万元(包括增值税和消费税税收返还收入41956万元,所得税返还收入17855万元,一次性出口退税补助23536万元,其他补助17005万元),上解支出78794万元,其中体制上解44989万元(包括地方财政增收上解20661万元和原体制包干上解24328万元)。

表1-1

2005年度绍兴县财政体制结算情况一览表

单位:万元

项　目	金　额	项　目	金　额
一、地方财政决算收入	201336	5、各项专项追加补助	6874
减:1、专项收入	4129	6、各项结算及其他补助	5367
2、农业税、钱清电厂收入	1652	(1)固定结算项目补助	2573
2005年地方财政体制收入	195555	(2)"两保一挂"发展奖励	1034
2002年调整后地方财政体制收入	92248	(3)"两保一奖"个人奖励	258
2005年地方财政收入当年增收额	103307	(4)罚没收入体制结算	903
2005年当年增收上缴(按规定比例)	20661	(5)矿产资源补偿费	66
二、税收返还收入	41956	(6)其他补助	533
1、2005年税收应返还收入	46304	四、上解支出	78794

续表1-1

项　目	金　额	项　目	金　额
(1)2005年上划两税收入	163371	1、地方财政增收上解	20661
(2)2004年税收返还基数	44621	2、固定上解	43667
(3)2004年上划两税基数	145120	(1)原体制包干上解	24328
(4)上划两税增长率%	12.58	(2)二项定额上解	626
(5)税收应返还收入	46304	贡献奖	344
2、税收返还增加额上缴省	4348	外贸出口退税上解	282
1993年税收返还基数	24564	(3)2002年增收上解	18713
上缴比例%	20	3、出口退税超基数上解	12457
三、一般预算转移支付补助合计	100352	4、其他上解	2009
1、上划"增值税、消费税"净返还补助	41956	(1)垫付粮食挂账贴息结算上解	67
2、上划"所得税"基数返还补助	17855	(2)省属监狱、劳教经费分级负担扣缴结算上解	163
3、出口退税补助(一次性)	23536	(3)预算周转金扣款	127
4、免抵未调库归还收入(第二次)	4764	(4)2005年上划收入上解	1652

2003～2013年，全县地方财政收入累计为4548525万元，上缴中央两税（增值税、消费税）收入累计2863441万元，上缴中央所得税收入累计1185438万元，上解支出累计1536617万元（其中体制上解累计1068858万元），预算内补助累计1210991万元（其中增值税和消费税税收返还收入累计534720万元，所得税返还收入累计196405万元，各项追加补助累计47009万元，其他补助累计432857万元）。

表1-2

绍兴县分税制体制结算情况统计表（2003～2013）

单位：万元

年度	地方财政收入	上缴增值税消费税	上缴所得税	上解上级支出	其中：体制上解	预算内补助合计	增值税消费税税收返还收入	所得税返还收入	各项追加补助	其他补助
2003	135362	136723	36479	53848	53222	69479	39604	17855	3892	8128
2004	170992	145120	48343	60615	39250	76440	40610	17855	7174	10801
2005	201336	163371	58522	78794	44989	76816	41956	17855	6874	10131
2006	256531	198741	65698	90314	43667	80383	44362	17855	7192	10974
2007	327923	261040	81285	110630	44628	86989	48072	17855	9949	11113
2008	385212	273954	98117	126913	99921	100229	48713	17855	11928	21733

续表1-2

年度	地方财政收入	上缴增值税消费税	上缴所得税	上解上级支出	其中:体制上解	预算内补助合计	增值税消费税税收返还收入	所得税返还收入	各项追加补助	其他补助
2009	435832	279701	96488	146953	109619	113067	48988	17855	0	46224
2010	517568	287231	130236	166125	125643	134097	49344	17855	0	66898
2011	637690	342910	189665	211671	148762	143078	51928	17855	0	73295
2012	704424	378088	195113	238997	172290	156359	60216	17855	0	78288
2013	775655	396562	185492	251757	186867	174054	60927	17855	0	95272
合计	4548525	2863441	1185438	1536617	1068858	1210991	534720	196405	47009	432857

2003～2013年,绍兴县累计财政总收入8597110万元,其中地方财政收入累计4548525万元,占财政总收入52.91%;增值税、消费税和所得税上缴上级财政累计4048879万元,占财政总收入的47.10%;地方财政支出累计4168048万元。

表1-3

绍兴县财政收入、上缴上级财政和财政支出情况统计表(2003～2013)

单位:万元

年度	财政总收入	地方财政收入	地方财政收入占财政总收入%	上缴上级财政数	上缴数占总收入%	地方财政支出
2003	308276	135362	43.91	173202	56.18	150216
2004	364450	170992	46.92	193463	53.15	146243
2005	423230	201336	47.57	221894	52.43	188995
2006	520969	256531	49.24	264438	50.76	231280
2007	670247	327923	48.93	342325	51.07	272671
2008	757283	385212	50.87	372071	49.13	340021
2009	812021	435832	53.67	376189	46.33	420590
2010	935035	517568	55.35	417467	44.65	518692
2011	1170265	637690	54.49	532575	45.51	586443
2012	1277625	704424	55.13	573201	44.86	626082
2013	1357709	775655	57.13	582054	42.87	686815
总计	8597110	4548525	52.91	4048879	47.10	4168048

注:表内上缴上级财政数栏为上缴的增值税、消费税和所得税按规定比例上缴中央财政数。

第二节　乡(镇)财政体制

绍兴县1985年起建立乡(镇)财政,同时规定主要职责、范围和任务。1994年起,中央“分税制财政体制决定”实施,全县乡(镇)同时实施“权责利相结合、财权和事权相统一的乡(镇)分税制财政体制”,并不断调整完善。

“划分税种、比例分成、支出包干”体制

2003年,继续实行2002年政策,即“划分税种、比例分成、支出包干、一定三年”的镇、街财政体制,实施税收返还、“两保两联”(即确保当年财政收支平衡、确保农村税费改革镇级必须支出的前提下与县对镇财力转移支付相联系、与县对镇收入贡献奖励政策相联系)和农村税费改革转移支付。

收入范围为参与体制分成收入和专项收入,其中参与体制分成收入分镇级收入、共享收入。镇级收入为各镇(街)行政区域范围内的各类企业、个体工商户等(中央、省、县级收入除外)由县国、地税局征收的企业所得税、个人所得税、城建税、土地增值税、城镇土地使用税、车船使用税、房产税、印花税及其他税收。共享收入为各镇(街)行政区域范围内的各类企业、个体工商户由县国、地税局征收的营业税作为县镇(街)共享收入。专项收入为农业税和契税收入。

支出按各镇(街)财政支出的包干项目共13项,有农业事业费(乡镇经管员经费)、农机事业费(乡镇农机管理站补助)、水产事业费(乡镇水产技术辅导员补助)、农村农技推广和植物保护费(乡镇农科站补助)、文化事业费(乡镇文化站和专职文化干部经费)、教育事业费(乡镇管学校办学经费)、卫生事业费(乡镇卫生院和防治防疫、妇幼保健等补助)、计划生育事业费(专职干部经费和农村独生子女补助)、抚恤社救事业费、村镇规划事业费、其他事业费(村镇规划助理员由财政负担部分补助费)、行政支出(乡镇政府经费)。包干项目以2002年度预算数剔除专项支出为基数。

镇(街)级收入除上缴中央、省后全部留镇,共享收入实行县镇(街)按比例共享,其中营业税以上年实绩为基数,上缴中央、省后县镇8∶2分成(湖塘、兰亭、漓渚、孙端、陶堰、夏履按7∶3分成)。镇(街)专项收入分成政策,农业税按收入实绩40%分成,契税收入按收入实绩10%分成。镇(街)税收返还政策,对营业税上年基数县镇8∶2分成(其中湖塘、兰亭、漓渚、孙端、陶堰、夏履等6镇按7∶3分成)基础上,对当年营业税收入超过上年基数部分按留县部分的70%(湖塘、兰亭、漓渚、孙端、陶堰、夏履等6镇80%)给予税收返还。

2004年11月11日,针对下年度起乡(镇)财政体制调整,专门召开完善县镇财政管理体制工作会议。

2004年11月11日,召开绍兴县完善县镇财政管理体制工作会议。

表1-4

2003年度绍兴县19镇(街道)财政体制分成结算情况一览表

单位:万元

结算项目	金　额	结算项目	金　额	结算项目	金　额
A、一般镇财政体制结算	-	B、特殊政策镇财政体制结算	-	六、两保两联结算	18
一、营业税收入基数	11667	一、财政包干基数	-	1、上年参与体制分成收入基数	2932
二、2003年收入实绩	37536	1、三年平均收入基数	789	2、当年收入比上年增长率	141
(一)镇级收入	22462	2、三年平均分成基数	1786	3、在编公务员人数	210
1、其它税收	9592	3、支出基数(2001年)	2802	4、按1500元计奖	20
2、企业所得税	12870	4、既得利益	53	5、县财政补助	14
(二)共享收入	14256	5、定额补助基数	2013	6、按1200元计奖	5
(三)专项收入	2205	二、2003年收入实绩	10346	7、县财政补助	3

续表1-4

结算项目	金　额	结算项目	金　额	结算项目	金　额
三、分成小计	21547	1、参与体制分成收入实绩	2543	8、按800元计奖	2
(一)镇级收入分成	17969	2、外资企业所得税	64	9、县财政补助	-
(二)共享收入分成	1927	3、农业税收入实绩	221	七、特殊政策镇财政体制分成合计	7813
(三)税收返还	1651	4、2001年其他一次性专项收入	506	C、2003年镇财政体制分成合计	40456
四、按10%统筹风险基金	1925	三、财政体制分成	4609	1、税费改革县财政转移支付	916
五、专项结算小计	3104	四、专项分成	2309	2、上年福利企业专项补助	-
(一)收入贡献奖	2247	其中:收入贡献奖	199	3、其他补助	625
其中:两保两联计奖	28	城建资金分成	336	4、2003年政府本级补助	146
(二)其他专项分成	857	农业税、契税分成	69	5、2003年教师增资专项补助	936
其中:农业税分成	354	工改补助	1366	D、2003年镇财政可用资金总计	43079
六、一般镇财政体制分成	32643	五、收入递增以奖代补	877	E、2003年决算找补	11885

“分类管理、收支挂钩、超收分成”体制

2005年1月1日起,实行“分类管理、收支挂钩、确定基数、超收分成、短收赔补、贡献奖励”的财政体制,期限为三年。全县镇(街)按照事权与财权相匹配的原则,重新核定镇级政府的事权和财政支出基数。镇级政府支出范围包括行政支出、教育事业、农业、水利、村镇建设、计划生育、民兵训练、民政优抚、公共卫生、社区服务、科技普及等支出;城建、交通、教育、卫生等基础设施建设支出;对企业经济扶持政策的兑现支出;其他支出。同时新体制对镇级支出基数的定额和项目进行重新设定,分为人员支出基础、基本发展资金及机动财力三部分,其中前两项为镇级固定财力。同时规定对柯桥、湖塘、华舍、柯岩等4街道,实行与镇有所区别的过渡性财政管理体制,在比照镇财政管理体制执行后,提取其机动财力的一部分,作为街道统筹发展基金,专项用于县城建设、管理、维护的资金需要。是年,拟定“以公共财政为重点、‘镇财县理’为内容”的财政管理体制改革和实施“镇债镇还,限期清偿历史债务、严格控制新债”为内容的化解镇级债务方案,完善《镇级财政综合预算管理办法》及财务、基本建设管理等配套措施。

次年1月1日起,县政府制订的《关于进一步理顺县对镇(街道)、开发区财政体制的补充意见》施行,对柯桥、湖塘、华舍、柯岩4个街道继续实行过渡性财政体制,在比照镇财政体制结算的基础上,提取街道机动财力的一部分,统筹用于城市公益性、基础性基本建设项目支出,统筹比例柯桥街道55%、华舍街道50%、柯岩街道45%、湖塘街道0%,并对柯桥开发区(齐贤镇)、滨海工业区(马鞍镇)与镇(街)一同实行“分类管理、收支挂钩、确定基数、超收分成、短收赔补、贡献奖励”的镇(街)财政体制,其收入基数以2004年参与体制分成收入实绩基础上增加8%。对参与体制分成收入超过8000万元的镇(街道)、开发区,对超收部分,按8%的比例给予特别贡献奖,统筹用于区域内各项社会事业。

2007年,完善镇(街)财政体制,对开发区收入基数以2004年参与体制分成收入实绩基础上增加16%。

“保障民生、发展优先、区别对待、权责对等”体制

2008年1月1日起,实施“保障民生、发展优先、区别对待、权责对等”为基本原则的新一轮县对镇(街)、开发区财政体制,期限三年,各镇(街道)、开发区收入,按属地管理原则划分,包括在区域范围内的各类企业、个体工商户所缴纳的税收收入。税务门征(代征)、审批中心窗口征缴的各类税收收入由征收机关依照属地原则分解为镇(街)、开发区收入。各镇(街)、开发区支出保障,确保上级规定的机关事业工作人员工资的发放和办公经费等政权正常运作经费,确保社会保障、公共卫生的需要,确保农业、科技等法定支出及新农村建设、文化建设、环境保护、社会治安、平安建设等方面的财政开支,并量力而行搞好镇属学校基本建设和公益性、基础性建设。县对镇、(街)财政体制分成,分为基数内分成、超收分成和专项分成三部分,其中基数内分成以2006年至2007年镇(街)地方财政收入实绩平均以16%、24%不等比例再按80%计算基数内分成,超收分成以2006年至2007年镇(街)参与体制分成实绩平均递增率分别为0%、15%、18%计算超收分成,专项分成分增值税、契税和耕地占用税三项,其中增值税专项分成对象为钱清镇、杨汛桥镇、福全镇、兰亭镇、平水镇和柯岩街道及柯桥经济开发区、滨海工业区等新型城镇(街道)、开发区。具体结算以2006年至2007年的增值税实绩平均数为基准数,从2008年起每年递增18%作为当年基数,当年超过增值税基数的县留成部分实行全额分成。并对镇(街)政权正常运作和公共财政基本保障经费由县财政予以保障。

2009～2010年,按照大稳定、小调整的要求,县对镇、街道部分项目进行调整,农村义务教育办学经费、低保支出全部上划县级财政承担,适度调整镇(街)分成基数递增率和东部3镇财政体制,对乡镇人员及办公经费、合作医疗等民生支出,安排一定固定财力给予保障前提下实施分成:基数内分成,一般镇按16%分成,山区镇以上两年地方财政收入实绩平均县留成部分的32%分成;超收分成,非山区镇每年递增12%或15%,山区镇实行财政收入基数零递增率,超基数全返;专项分成,山区镇实行50%分成,其他镇20%和30%的分成;转移支付,山区镇比例在60%～80%之间,个别项目实行全额转移支付,其他镇比例在40%～50%之间,其中2009年,转移支付安排上重点向南部山区和经济相对薄弱镇(街)倾斜,全年共补助镇(街)基本公共服务均等化及民生项目经费

10229万元。

“分灶吃饭、自主安排、自求平衡”体制

2011～2013年，全县镇（街）实行“分灶吃饭、自主安排、自求平衡”体制，收入按属地原则确定，各类税收和教育费附加（指扣除10%上缴省后其余90%部分）纳入财政总收入和地方财政收入，参与体制分成收入为各类税收（包括增值税、企业所得税、个人所得税、营业税〈建筑房地产营业税除外〉、城市维护建设税、房产税、印花税、车船税、城镇土地使用税、土地增值税、资源税、房产契税等）的县留成部分。镇（街）人员办公经费、民生支出经费和基本发展资金为固定财力，三年不变。超收分成以2009～2010年参与体制分成收入实绩平均额为基准数，2011年起逐年递增为收入基数，由县财政局每年按体制规定确定，递增率为0%、12%和15%三类，超基数部分100%分成，未达到收入基数但超过上年收入基数部分16%分成，未超过上年收入基数的，不予扣减，按固定财力予以保证。土地契税、耕地占用税为专项分成，分别按镇（街）类型以20%、30%、50%分成，并完善转移支付制度。对解困企业、印染行业集聚企业产生的税收收入不纳入参与体制分成收入，不纳入当年收入基数，具体根据县委、县政府相关政策另行专项结算分成，建筑房地产营业税仍按县与镇（街）各半分成。

全县新一轮镇街财政体制实行分类管理。杨汛桥镇、马鞍镇（滨海工业区）实行全收全支财政体制，即在出口退税地方负担自行承担的前提下，对其当年地方财政收入实绩减除教育费附加90%后的县留成部分实行全额分成；柯桥街道和华舍街道实行城区街道财政体制；其余16个镇（街道）、开发区按发达镇（含柯桥街道〈开发区〉、钱清镇、福

2011年10月19日，召开绍兴县镇街开发区财政工作会议。

全镇、兰亭镇、平水镇、安昌镇、齐贤镇、柯岩街道、湖塘街道9个镇(街道、开发区),一般镇(含孙端镇、夏履镇、漓渚镇、陶堰镇4个镇),山区镇(含富盛镇、王坛镇、稽东镇3个镇)等三类进行分类管理。按属地原则确定财政总收入(含各类税收和教育费附加)和地方财政收入,对土地契税、耕地占用税收入实行单独的结算方式,保障镇级收入持续稳定增长;同时除由县级承担的教育事务外,重点保障城乡就业、社会保障、公共卫生等事务支出,以及公益性、基础性建设等支出。完善分成政策:在实行乡镇财政供养人员全额保障的基础上,按各镇常住人员人均60元的标准,对属于基本公共服务均等化范畴的民生支出给予全额保障;对镇(街)、开发区税收收入基数部分,按收入规模给予一定比例奖励,超基数部分实行全额分成;每年给予中心镇500万元的建设培育定额补助。加大转移支付,重点用于欠发达镇基础设施项目、社会事业发展、生态环境保护等公共服务领域,按项目专项补助形式,弥补欠发达镇政府在提供公共服务时的财政收支缺口,保证不同经济发展水平的镇(街)在享受基本公共服务上基本均等。

2011年,县财政在转移支付安排上重点向南部山区和经济相对薄弱镇(街)倾斜,全年补助镇(街)基本公共服务均等化及民生项目经费4.09亿元,比上年增长46.5%。

2012年,各镇、街道全部成立财政所,加大东南部6镇转移支付力度,促进城乡统筹发展。

2012年11月27日,召开全县镇财政规范化建设推进会。

2013年，完善"分灶吃饭、自主安排、自求平衡"体制，加快乡镇财政和乡镇公共服务平台建设。

体制分成结算

2003～2013年，全县镇(街)预算内体制分成收入(其中2008～2013年，齐贤镇和马鞍镇分别含柯桥开发区、滨海工业区的分成收入)累计1020381万元，占同期地方财政收入4548525万元的22.43%。

表1-5

镇(街道)财政体制分成收入情况统计表(2003～2013)

单位：万元

镇(街)	2003	2004	2005	2006	2007	2008
柯桥街道	3665	4277	2626	3861	8377	5532
柯岩街道	2220	2769	2495	3259	4663	5654
湖塘街道	1256	1710	1719	1933	2802	3081
华舍街道	2109	2671	1879	2935	3421	5178
安昌镇	1649	1847	2401	3306	4473	2694
齐贤镇	2179	2491	2399	3103	4396	11123
马鞍镇	1588	1751	2033	3095	3559	11506
孙端镇	1009	1063	1677	1566	2092	1831
钱清镇	2703	3116	3365	5570	6957	5751
杨汛桥镇	8518	11886	7451	3472	2646	3675
夏履镇	947	1676	1958	2434	2318	1595
漓渚镇	941	1134	1420	1577	1715	1255
福全镇	1988	2093	2272	3358	4944	4056
兰亭镇	1040	1177	1498	1909	2680	2660
陶堰镇	830	1171	928	1224	1521	1012
富盛镇	1856	1749	1179	1246	1447	1325
平水镇	3104	4905	2658	2873	3644	3656
王坛镇	1522	2065	1639	1826	1767	1742
稽东镇	1331	1575	1506	1642	1695	1468
合　计	40455	51126	43103	50189	65117	74794

续表1-5

镇(街)	2009	2010	2011	2012	2013	总 计
柯桥街道	5178	5168	6767	7071	7377	59899
柯岩街道	8749	8831	11325	8845	8495	67305
湖塘街道	3964	3720	3248	3361	3229	30023
华舍街道	5002	13270	6366	6770	7171	56772
安昌镇	3527	3512	4017	4134	4175	35735
齐贤镇	10789	20163	22144	22441	14765	115993
马鞍镇	11957	22683	50883	47860	38252	195167
孙端镇	2417	2750	2967	2486	2099	21957
钱清镇	7639	7730	12030	8094	10269	73224
杨汛桥镇	9709	10646	14319	17592	19105	109019
夏履镇	1843	2446	3641	3537	4183	26578
漓渚镇	1683	2190	2565	2869	2749	20098
福全镇	3491	3663	6845	6784	6580	46074
兰亭镇	3557	3860	4868	5309	5000	33558
陶堰镇	1595	2016	1701	1557	1714	15269
富盛镇	1438	1793	2543	2903	3069	20548
平水镇	4647	5908	6675	5504	7276	50850
王坛镇	1837	1930	2393	2975	3456	23152
稽东镇	1664	1780	2039	2112	2348	19160
合 计	90686	124059	167336	162204	151312	1020381

注:2008年起,马鞍镇包括滨海工业区的分成收入;齐贤镇包括柯桥开发区的分成收入。

第二章　财政收入

财政收入是国家为实现其职能,利用货币形式集中的一部分社会产品。财政收入的多少与国家的政治制度、经济运行情况密切相关。党的十一届三中全会后,绍兴县经济社会发展步入快车道,财政收入规模不断扩大,全县实现财政收入"持续、健康、平稳"发展,为绍兴县的经济和各项事业发展,提供了坚实的财力基础。2003年以来,全县财政收入分预算内收入和预算外收入两部分,预算内收入主要来源于工商税收收入,预算外收入主要来源于非税收入。

第一节　预算内财政收入

预算内财政收入是各级政府依法筹集资金、组织课征的收入,为政府履行职能,满足社会公共需要所提供的财力保障。包括税收收入、企业收入、其他收入、地方自筹收入和专项收入,以税收收入为主要组成部分。改革开放以来,绍兴县贯彻执行中央实行的积极财政政策和稳健的货币政策,强化经济增长的稳定性和可持续性,收入规模实现新突破,个体私营企业异军突起,工商税收在财政收入中比重大幅上升。2003～2013年期间,全县工商税收收入平均占财政总收入的92%,成为财政收入支柱;而农业税(包括农业税、耕地占用税和契税)在财政总收入中的比例下降,2003～2013年累计收入降到平均只占财政总收入的5.05%;企业收入类由于财政补亏等因素,2003～2013年累计出现负数。

2003年,绍兴县财政总收入达到308276万元,在全国最发达县(市、区)排名中居第8位。2005年,在绍兴县举办的全国强县论坛上,绍兴县在全国百强评选中以十晋九。2006年,全县财政总收入520969万元,是2002年财政总收入240538万元的2.17倍,年均递增21.72%。

2009年,在全球金融危机大背景下,全年完成财政总收入812021万元,比上年增长7.2%,财政收入在逆境中保持平衡增长。

2011年,全县财政总收入突破百亿元大关,是省内突破百亿元大关的第5个县(市)。2013年,全县财政总收入达到1357709万元,是2003年全县财政总收入308276万元的4.4倍,年递增率为17.86%。县地方财政收入占财政总收入比重由2003年的

43.91%提高到2013年的57.13%。

收入来源

2003~2006年,绍兴县财政总收入来源分为5个大类21个项目。其中企业收入类有国有资本经营收入、其他收入,农业税类有农业税、农业特产税、耕地占用税、契税,工商税收类有增值税、营业税、企业所得税、外商投资企业和外国企业所得税、个人所得税、城镇土地使用税、房产税、车船使用税(车船税)、印花税、土地增值税、资源税、城市维护建设税,“两费”收入类有排污费、教育费附加,其它收入类有其它收入。

随着《中华人民共和国农业税条例》废止,2006年起,全县停征农业税和农业特产税,收入来源减少到5个大类20个项目。

2007年1月1日起,国务院批准的《关于印发政府收支分类改革方案的通知》实施,绍兴县执行新的政府收入分类科目体系。全县公共财政预算收入来源由税收收入(包括营业税、增值税、企业所得税、个人所得税、城市维护建设税、契税、耕地占用税和其他地方各税)、非税收入(包括排污费收入、教育费附加收入和其他收入)和改革退库三部分组成(为便于统一比较,志书编纂中仍采用原收入分类方法)。

2008年起,全县停征外商投资企业和外国企业所得税,外商投资企业和外国企业改征企业所得税,收入来源为5个大类19个项目。

到2013年,绍兴县财政总收入来源分为5个大类18个项目。其中企业收入类有国有资本经营收入、其他收入。农业税类有耕地占用税、契税,工商税收类有增值税、营业税、企业所得税、个人所得税、城镇土地使用税、房产税、车船使用税(车船税)、印花税、土地增值税、资源税、城市维护建设税,“两费”收入类有排污费、教育费附加,其它收入类有其它收入。

财政总收入

2003~2013年,全县财政总收入8597110万元。其中企业收入类-18752万元,

表2-1

绍兴县财政总收入示意图(2003~2013)

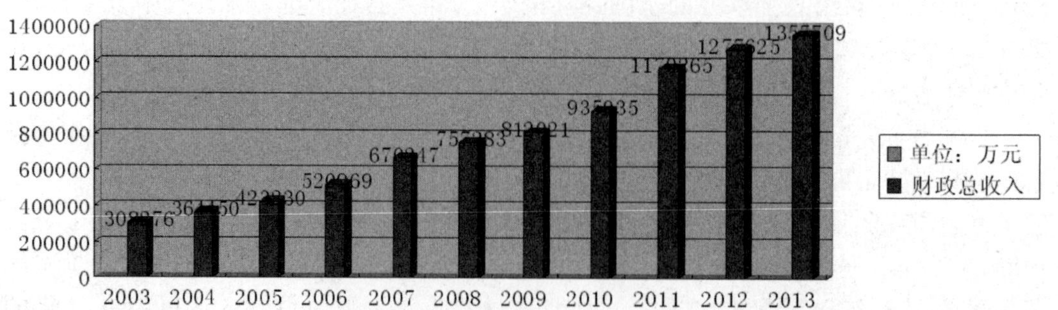

占-0.22%；工商各税收入7908921万元，占92.00%；农业四税（农业税、农业特产税、耕地占用税、契税下同）收入434373万元，占5.05%；其它收入141332万元，占1.64%；“两费”（排污费和教育费附加的简称，下同）收入131236万元，占1.53%。

表2-2

绍兴县预算内财政收入情况统计表（2003～2013）

单位：万元

年度	财政总收入	企业（国有资本经营）收入		工商各税收入		农业“四税”收入		其他收入（含罚没收入）		“两费”收入	
		金额	占总收入（%）	金额	占总收入（%）	金额	占总收入（%）	金额	占总收入（%）	金额	占总收入（%）
2003	308276	-15000	-4.87	291415	94.53	19847	6.44	6444	2.09	5570	1.81
2004	364450	242	0.07	338210	92.80	16372	4.49	6941	1.91	2685	0.74
2005	423230	0	0	392501	92.74	16367	3.87	10233	2.42	4129	0.98
2006	520969	0	0	483360	92.78	17300	3.32	13035	2.50	7274	1.40
2007	670247	2776	0.41	622085	92.81	20106	3.00	14101	2.10	11179	1.67
2008	757283	2435	0.32	683684	90.28	48187	6.36	12055	1.59	10922	1.44
2009	812021	1952	0.24	733885	90.38	49601	6.11	13623	1.68	12960	1.60
2010	935035	-4830	-0.52	855652	91.51	59036	6.31	10656	1.14	14521	1.55
2011	1170265	-2027	-0.17	1079283	92.23	61712	5.27	12748	1.09	18549	1.59
2012	1277625	-3100	-0.24	1175065	91.97	66261	5.19	19051	1.49	20348	1.59
2013	1357709	-1200	-0.09	1253781	92.35	59584	4.39	22445	1.65	23099	1.70
合计	8597110	-18752	-0.22	7908921	92.00	434373	5.05	141332	1.64	131236	1.53

企业（国有资本经营）类收入　1984年，撤市恢复绍兴县后，县属国营企业甚少，企业收入占财政收入的比重骤降。粮食企业财务下放后，亏损剧增，全部企业收入不足填补粮食企业亏损的窟窿。粮食企业和其他国有企业亏损，可以通过收入退库和财政支出两种形式处理，绍兴县根据财政收入状况和财政体制规定，采取收入退库办法。

2006年起，企业类收入主要为国有资产有偿使用收入和国有资本经营收入。

2003～2013年，全县企业收入（国有资本经营）类为-18752万元，占总收入的-0.22%。

农业“四税”类收入　2003～2013年，全县农业“四税”类收入434373万元，占同期全县财政总收入的5.05%。其中农业税1081万元（2002年起农业特产税停征，2004年起农业税停征），耕地占用税80221万元，契税353071万元。

表2-3

绍兴县预算内"农业四税"收入情况统计表(2003～2013)

单位:万元

年 度	占总收入%	合 计	农业四税			
			农业税	农业特产税	耕地占用税	契 税
2003	6.44	19847	1081	停征	7739	11027
2004	4.49	16372	停征		6301	10071
2005	3.87	16367			1696	14671
2006	3.32	17300			2688	14612
2007	3.00	20106			1266	18840
2008	6.36	48187			4082	44105
2009	6.11	49601			9819	39782
2010	6.31	59036			4184	54852
2011	5.27	61712			15245	46467
2012	5.19	66261			18974	47287
2013	4.39	59584			8227	51357
合 计	5.05	434373	1081	0	80221	353071

工商税收类收入 工商税收是全县财政收入的最主要来源,2013年占财政收入的比重达到92.35%,最高年份2003年曾达到94.53%。

2003～2013年,全县预算内工商税收收入7908921万元,占同期财政总收入92%。其中增值税3776925万元,营业税1116209万元,消费税35066万元,企业所得税1519415万元,个人所得税455837万元,其它税收1005469万元。

表2-4

绍兴县预算内工商税收收入情况统计表(2003～2013)

单位:万元

年 度	增值税	营业税	消费税	企业所得税	个人所得税	其它税	合 计	占总收入(%)
2003	180112	33271	1638	40315	20005	16074	291415	94.53
2004	190968	45459	1893	61798	18773	19319	338210	92.80
2005	214636	50895	2395	75595	21943	27037	392501	92.74
2006	261384	67688	2704	82414	27083	42087	483360	92.78
2007	344528	83877	2644	100668	34808	55560	622085	92.81
2008	361076	86389	3149	123520	40008	69542	683684	90.28

续表2-4

年　度	增值税	营业税	消费税	企业所得税	个人所得税	其它税	合　计	占总收入(%)
2009	368940	103241	2996	121740	39073	97895	733885	90.38
2010	377756	135613	3914	167870	49190	121309	855652	91.51
2011	451924	152741	3967	251078	65030	154543	1079283	92.23
2012	498057	161878	4581	260713	64475	185361	1175065	91.97
2013	527544	195157	5185	233704	75449	216742	1253781	92.35
合　计	3776925	1116209	35066	1519415	455837	1005469	7908921	92.00

其他类收入　包括规费收入、公产收入、各类性质的罚款收入、追回赃款和赃物变价收入、国家资源管理收入、杂项收入、国有企业承包退库、国有土地有偿使用收入等。隶属关系原属于中央、省和市(地)、县按固定比例分成的收入也属之。2003～2013年，全县其他收入141332万元，占同期全县财政收入总额的1.64%。

“两费”类收入　根据当时管理支出需要，并经上级同意开征的费。

排污费收入1982年起开征，属县级预算收入，用于治理环境污染的专项资金。

教育费附加收入1986年7月起征收，当时作为部门预算外资金管理，1990年8月起纳入预算管理。从1997年1月起，教育费附加收入，省、市参与分成，其中省财政28%，市财政8%，县财政64%。省财政28%部分由国库直接划解，就地入省国库；市财政的8%部分由县财政专项上缴。2007年起，调整省与县分成比例，改为上缴省10%，县留用90%，市不再参于分成。

2003～2013年，全县预算内财政“两费”收入131236万元，占同期全县财政收入总额的1.53%。

表2-5

绍兴县预算内“两费”收入情况统计表(2003～2013)

单位：万元

年　度	“两费”收入		合　计	占总收入比例(%)
	教育费附加	排污费		
2003	1600	3970	5570	1.81
2004	1985	700	2685	0.74
2005	3195	934	4129	0.98
2006	5975	1299	7274	1.40
2007	9079	2100	11179	1.67
2008	9522	1400	10922	1.44

续表2-5

年 度	"两费"收入		合 计	占总收入比例(%)
	教育费附加	排污费		
2009	10012	2948	12960	1.60
2010	12321	2200	14521	1.55
2011	18019	530	18549	1.59
2012	18148	2200	20348	1.59
2013	19201	3898	23099	1.70
合 计	109057	22179	131236	1.53

地方财政收入

全县地方财政收入有营业税、城镇土地使用税、房产税、车船使用税(车船税)、印花税、土地增值税、资源税、城市维护建设税、农业税(2004年起停征)、契税、耕地占用税、教育费附加、排污费等地方税、费(基金)和增值税、所得税等共享税分成收入组成,除共享税外,全县地方税费收入主要由县地税局负责征收。

2003~2013年,全县地方财政收入4548525万元,其中税收收入4294681万元,占同期地方财政收入94.42%。

表2-6

绍兴县地方财政收入情况统计表(2003~2013)

单位:万元

年 度	2003	2004	2005	2006	2007	2008
增值税	45028	47742	53659	65346	86132	90269
营业税	33271	45459	50895	67688	83877	86389
企业所得税	13697	21123	26815	26939	33525	41300
外商(外资)企业所得税	2429	3596	3423	5756	6742	8108
个人所得税	8002	7509	8777	10833	13923	16003
资源税	16	34	210	579	599	573
城建税	7248	8205	10716	14210	16519	17613
房产税	6109	6901	9174	12758	15394	19820
印花税	2128	3379	4783	7024	8506	9389
城镇土地使用税	234	293	909	3616	4519	9694
土地增值税	0	302	730	3311	9382	10631
车船使用税(车船税)	339	450	517	593	643	1823
农业税	1081	0	0	0	0	0

续表2-6

年　度	2003	2004	2005	2006	2007	2008
耕地占用税	7739	6301	1696	2688	1266	4082
契　税	11027	10071	14671	14612	18840	44105
国有企业计划亏损补贴	-15000	242	0	0	2776	2435
滞纳金罚没收入	6037	5806	9197	8860	10873	7146
专项收入	5570	2685	4129	7274	11179	10923
其他收入	407	894	1035	4444	3228	4909
合　计	135362	170992	201336	256531	327923	385212

续表2-6

年　度	2009	2010	2011	2012	2013	合计
增值税	92235	94439	112981	124550	136167	948548
营业税	103241	135613	152741	161878	195157	1116209
企业所得税	39458	51666	72091	86055	79630	492299
外商(外资)企业所得税	9238	15482	28340	18230	13852	115196
个人所得税	15629	19676	26012	25790	30180	182334
资源税	392	511	435	496	338	4183
城建税	18463	22958	33301	32909	36068	218210
房产税	24781	23924	30553	39143	44561	233118
印花税	9003	13534	14377	14292	15689	102104
城镇土地使用税	27679	35981	42212	46625	61457	233219
土地增值税	16306	22919	31884	48840	54725	199030
车船使用税(车船税)	1271	1482	1781	3056	3903	15858
农业税	0	0	0	0	0	1081
耕地占用税	9819	4184	15245	18974	8227	80221
契　税	39782	54852	46467	47287	51357	353071
国有企业计划亏损补贴	1952	-4830	-2027	-3100	-1200	-18752
滞纳金罚没收入	8701	8282	3249	15679	0	83830
专项收入	12960	14809	19438	21029	23099	133095
其他收入	4922	2086	8610	2691	22445	55671
合　计	435832	517568	637690	704424	775655	4548525

注:外商(外资)企业所得税一栏2003~2007年为外商(外资)企业的外商投资企业和外国企业所得税收入,2008~2013年为外商(外资)企业的企业所得税收入。

国税收入

绍兴县国税收入由中央税、中央与地方共享税等税收收入组成，一般由绍兴县国家税务局征收入库。

2003~2013年，全县征收国税收入5048210万元，占全县财政总收入8597110万元的58.72%。其中增值税3858506万元、消费税35066万元、车辆购置税173761万元、金融业营业税147万元、外商投资企业和外国企业所得税55063万元、个人银行存款利息所得税35911万元、企业所得税889756万元。

表2-7

绍兴县征收的中央税、中央与地方共享税收入情况统计表(2003~2013)

单位:万元

年度	增值税	消费税	车辆购置税	金融业营业税	外商投资企业和外国企业所得税	存款利息个人所得税	企业所得税	合计	约占财政总收入(%)
2003	183102	1638	交通部门代征	147	6072	4181	4955	200095	64.91
2004	194631	1893		停征	8990	4792	9734	220040	60.38
2005	218762	2395	519		8757	5483	16711	252627	59.69
2006	265955	2704	6781		14389	6983	28605	325417	62.46
2007	350324	2644	14011		16855	7584	30146	421564	62.90
2008	366806	3149	14508		停征	4380	64682	453525	59.89
2009	375029	2996	19928			1927	83502	483382	59.53
2010	390200	3914	28502			312	132904	555832	59.45
2011	462875	3967	30533			173	183840	681388	58.23
2012	510374	4581	32175			65	172027	719222	56.29
2013	540448	5185	26804			31	162650	735118	54.14
合　计	3858506	35066	173761	147	55063	35911	889756	5048210	58.72

注:以上各税系绍兴县国税局征收。2003~2004年由市、县交通稽征部门代征的车辆购置税不统计在内。

第二节　预算外财政收入

改革开放后，全县预算外资金收入科目不断增加、调整，分类逐步规范。至2007年，绍兴县财政部门统筹考虑非税收入(预算外收入也称非税收入)、经营收入和其他各项收入情况，实行非税收入与部门支出安排彻底脱钩。2011年1月起，全县预算外资金收入全部纳入预算管理。

预算外资金总收入

2003～2013年，全县预算外资金总收入为5705055万元。其中行政事业性收费收入378905万元、其它预算外收入217194万元、财政预算外收入48426万元、政府性（财政）基金收入4676397万元、乡镇预算外资金收入384133万元。

表2-8

绍兴县预算外资金收入情况统计表（2003～2013）

单位：万元

年 度	行政事业性收费收入	其它预算外收入	财政预算外收入	政府性（财政）基金收入	乡镇预算外资金收入	合 计
2003	43133	233	48426	项目未设	39073	130865
2004	27316	3924	项目停设	17839	48010	97089
2005	26655	1162		79104	36817	143738
2006	30773	21735		30635	55385	138528
2007	44711	60298		565164	59247	729420
2008	50691	81433		482237	30886	645247
2009	48665	29106		417622	29427	524820
2010	45088	10294		1130519	62608	1248509
2011	20122	654		799628	8836	829240
2012	26306	2502		560397	7172	596377
2013	15445	5853		593252	6672	621222
合 计	378905	217194	48426	4676397	384133	5705055

注：2004年起社会保险基金收入不计入，另单独统计。

财政预算外收入 2003年，全县财政预算外收入为48426万元，其中附加收入1971万元、残疾人保障基金收入1142万元、水利专项资金收入4690万元、农村教附费收入13869万元、基本养老保险基金收入21441万元、基本医疗保险基金收入5313万元。2004年起，财政预算外收入项目取消，改设政府性（财政）基金收入项目。

政府性（财政）基金收入 2004年起，设立政府性（财政）基金收入项目，原部分财政预算外收入项目归入该类，主要有公用事业附加收入、国有土地出让金、地方水利建设基金、农村教附费收入、残疾人保障基金等专项资金。

2004～2013年，全县政府性基金收入4676397万元，包括城市（镇）公用事业附加29878万元、其它收入173901万元、残疾人就业保障基金22842万元、水利专项资金177233万元、农村教育附加费收入48750万元、地方教育附加收入73182万元、国有土地出让金收入4009717万元、政府住房基金收入2456万元、国有土地收益基金126414万元、农业土地开发资金12024万元。

表2-9

绍兴县政府性(财政)基金收入情况统计表(2004～2013)

单位:万元

年度	公用事业附加收入	其它收入	残疾人保障基金收入	水利专项资金收入	农村教育事业费附加	地方教育附加收入	国有土地出让金收入	政府住房基金收入	国有土地收益基金收入	农业土地开发资金收入	合计
2004	0	0	0	0	17839		0	0	0	0	17839
2005	2562	42155	1772	8984	20219	未开征	3412	0	0	0	79104
2006	2910	0	1642	11051	10692		4340	0	0	0	30635
2007	2975	31320	1096	14477		8448	506848	0	0	0	565164
2008	3309	17187	1816	16082		8261	435582	0	0	0	482237
2009	3321	813	2113	15937		8538	364670	0	20116	2114	417622
2010	3008	1032	2688	23339	停征	10726	1043584	0	42711	3431	1130519
2011	3335	37673	4763	28731		12307	682530	768	27153	2368	799628
2012	3851	21784	6656	28045		12044	470496	1219	14697	1605	560397
2013	4607	21937	296	30587		12858	498255	469	21737	2506	593252
合计	29878	173901	22842	177233	48750	73182	4009717	2456	126414	12024	4676397

注:2006年农村教育附加费收入包括6～12月地方教育附加收入。

乡镇预算外自筹资金收入 绍兴县乡镇财政预算外自筹资金(以下简称自筹资金),是全县财政预算内、外资金以外相对独立的自有资金。绍兴县乡镇财政建立后,逐步纳入乡镇财政管理,随着农村经济的日益繁荣,其自筹资金收支已具相当规模。

2003～2013年,全县乡镇预算外自筹资金收入384133万元,其中农村教育事业费附加收入39089万元、农业发展基金收入1799万元、城镇配套设施费收入3261万元、乡财政集中企业利润收入6052万元、企业上缴管理费收入569万元、其它收入231858万元、乡镇自筹统筹收入101434万元、计划外生育费收入71万元。

表2-10

绍兴县乡镇预算外自筹资金收入情况统计表(2003～2013)

单位:万元

年度	农村教育事业费附加	农业发展基金	城镇配套设施费	乡财政集中企业利润	企业上缴管理费	其他收入	乡镇自筹统筹收入	计划外生育费	合　计
2003	10731	1799	2868	4804	569	17372	868	62	39073
2004	15559	停征	0	0	取消	27926	4525	0	48010
2005	12799		0	0		19379	4639	0	36817
2006	停征		393	1248		48739	4996	9	55385
2007			0	0		58585	662	0	59247
2008			0	0		17342	13544	0	30886
2009			0	0		19835	9592	0	29427
2010			0	0		0	62608	0	62608
2011			0	0		8836	0	0	8836
2012			0	0		7172	0	0	7172
2013			0	0		6672	0	0	6672
合　计	39089	1799	3261	6052	569	231858	101434	71	384133

社会保险基金收入

社会保险基金是一项特殊的专项基金,实行专款专用,任何地区、部门、单位和个人均不得挤占、挪用,也不得用于平衡财政预算。从2004年起,绍兴县社会保险基金单独设类反映(原在财政预算外资金反映),社会保险基金内容主要由企业职工基本养老保险基金、失业保险基金、城镇职工基本医疗保险基金、工伤保险基金、生育保险基金、居民社会养老保险基金、居民基本医疗保险基金等社保基金组成。

2004～2013年,全县社会保险基金收入1827436万元,其中企业职工基本养老保险基金收入1164428万元、失业保险基金收入72745万元、城镇职工基本医疗保险基金收入365803万元、工伤保险基金收入57326万元、生育保险基金收入19960万元、居民社会养老保险基金收入49486万元、居民基本医疗保险基金收入97688万元。

表2-11

绍兴县社会保险基金收入情况统计表(2004～2013)

单位:万元

项目 年度	企业职工养老保险基金收入	失业保险基金收入	职工基本医疗保险基金收入	工伤保险基金收入	生育保险基金收入	居民社会养老保险基金收入	居民基本医疗保险基金收入	合　计
2004	21411	885	6768	944	101	无统计数据	无统计数据	30109
2005	31900	1106	8103	1169	121	无统计数据	无统计数据	42399
2006	39333	1283	10918	1161	501	无统计数据	无统计数据	53196
2007	54799	1459	21591	2348	492	无统计数据	无统计数据	80689
2008	79101	8934	78365	9663	4381	无统计数据	无统计数据	180444
2009	89106	6145	31249	4623	2150	无统计数据	无统计数据	133273
2010	100813	8892	36768	6969	2347	无统计数据	无统计数据	155789
2011	140379	11900	46176	8144	2758	无统计数据	30682	240039
2012	286243	15552	59835	10690	3542	23514	19931	419307
2013	321343	16589	66030	11615	3567	25972	47075	492191
合　计	1164428	72745	365803	57326	19960	49486	97688	1827436

第三章　财政支出

绍兴县建立地方财政后,财政支出随财政收入增加而增加,并体现“取之于民,用之于民”的政策原则。财政支出,主要作用于发展生产、繁荣经济、建设现代化城镇,不断提高人民的物质文化生活。改革开放后,绍兴县财政预算经历一系列改革,主要有预算管理体制改革,对行政事业单位实行“预算包干”,部分自收自支事业单位实行企业化管理,以国库单一账户体系为基础、资金缴拨以国库集中收付为主要形式的财政国库改革等。全县财政支出分预算内和预算外两条渠道。

第一节　预算内财政支出

地方预算内支出,是全国总量分配中的一个组成部分,在各级地方财政可用资金内进行。县级凡需要预算资金安排的预算支出,都通过县级国库拨付。

绍兴县财政支出,主要用于全县行政管理、公共安全、社会保障、支持发展各项社会事业、支持经济建设等方面。2003年,绍兴县按照“集中资金、保证重点”的原则和“城市会战年”建设资金的需要,多渠道筹措资金,加大城市基础设施、城市管理和社会事业建设等支出力度,并科学、合理调度财政资金,确保有限的财力优先用于保障民生支出。2005年,县财政确保曹娥江大闸、清水河道整治等水利工程建设,确保“三馆一广场”、教育“四项工程”、农村公共卫生等重点文教卫事业支出。2006年,实施政府预算收支科目分类改革,体现公共财政的架构和关注“三农”(农业、农村、农民)理念。2007年,提出和落实“学有所教、劳有所得、病有所医、老有所养、住有所居、困有所助”的“6个所有”民生计划。2008年,用于民生方面财政支出近19亿元,成为全国民生改善最快的地区之一。2010年,全年一般预算中用于民生支出35.33亿元,同比增长21.7%,占财政支出的三分之二以上,主要围绕公共服务均等化行动计划要求,重点保障就业、教育、住房等10方面重点实事工程建设的配套资金,促进民生工程实施。2011年,完善社会保障体系,加大社会事业投入,促进城乡统筹发展。2013年,推进基本公共服务均等化,使公共财政惠及全县人民,支持公立医院和基层医疗机构改革,落实公共卫生服务、基本药物零差价、基层医疗卫生机构债务化解资金,全年预算内财政总支出为686815万元,是2003年预算内总支出150216万元的4.57倍。

预算内总支出

2003～2013年,全县预算内财政总支出4168048万元。

其中:支援农业类支出436023万元,占10.46%;工、交、商事业类支出418189万元,占10.03%;文教、科学、卫事业费类支出1333560万元,占31.99%;其他部门事业类支出160611万元,占3.85%;忧恤、社救、福利事业费类支出156788万元,占3.76%;行政管理费支出412192万元,占9.89%;公、检、法、司支出312880万元,占7.51%;其他支出259592万元,占6.23%;社会保障经费支出146359万元,占3.51%;城市维护费支出(含社区事务支出)446545万元,占10.71%;节能、环境保护补助支出68469万元,占1.64%;价格补贴支出16840万元,占0.40%。

表3-1

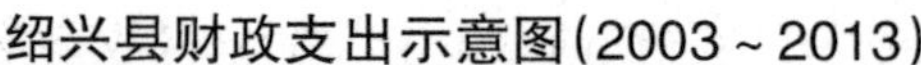

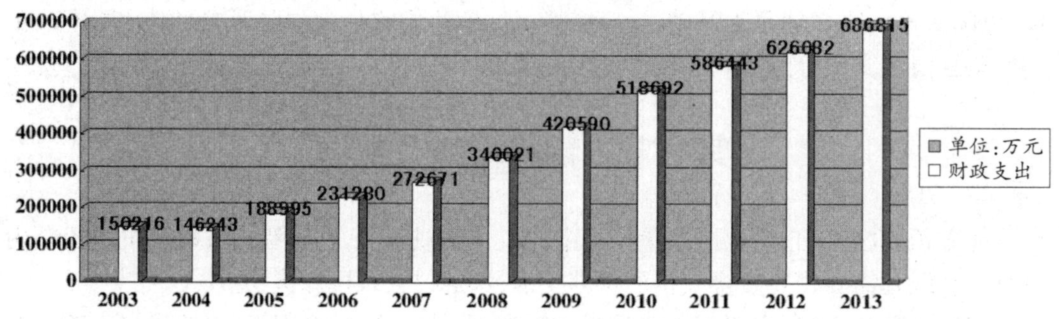

表3-2

绍兴县历年预算内财政支出情况统计表(2003～2013)

单位:万元

年度	合　计	支援农业支出	工商交事业费	文教科卫事业费	其他部门事业费	忧恤社救事业费	行政管理费	公检法司支出	其他支出	城市维护费(城乡社区事务)	价格补贴及费用	社会保障经费	节能环境保护
2003	150216	11811	30224	39979	8857	2687	13599	10325	11386	18150	211	694	2293
2004	146243	13571	12596	47465	8942	4315	14795	13590	12946	12748	200	4586	489
2005	188995	15112	24413	55832	9314	5135	15958	17261	26276	11143	200	7651	700
2006	231280	23007	18803	67389	13728	7077	21374	21347	31930	17070	424	7213	1918
2007	272671	23962	11062	86567	15104	5300	32222	26052	22548	34760	1954	9127	4013
2008	340021	34631	14906	106809	16791	13848	32390	27437	23489	47478	3631	12930	5681

续表3-2

年度	合　计	支援农业支出	工商交事业费	文教科卫事业费	其他部门事业费	优恤社救事业费	行政管理费	公检法司支出	其他支出	城市维护费（城乡社区事务）	价格补贴及费用	社会保障经费	节能环境保护
2009	420590	43716	52359	133289	14556	20630	42633	29680	13693	51454	2341	10039	6200
2010	518692	53669	52682	155828	15271	15057	50379	39797	44865	57027	2193	23498	8426
2011	586443	64958	67998	190086	18522	25060	59164	39819	31905	59216	336	18824	10555
2012	626082	71085	67326	209201	19239	24978	63050	43818	21731	63432	2447	26405	13370
2013	686815	80501	65820	241115	20287	32701	66628	43754	18823	74067	2903	25392	14824
总计	4168048	436023	418189	1333560	160611	156788	412192	312880	259592	446545	16840	146359	68469
占总支出比例%		10.46	10.03	32.00	3.85	3.76	9.89	7.51	6.23	10.71	0.41	3.51	1.64

支出分类

全县预算内财政支出主要分支援农业类、工交商事业费类、文教科学卫生事业费类、其他部门事业费类、忧恤社救事业费类、行政管理费类、公检法司支出类、其他支出类、社会保障经费类、城市维护费（含社区事务支出）类、节能环境保护补助类和价格补贴及费用等12类支出项目。2007年1月1日起，国务院批准的《关于印发政府收支分类改革方案的通知》实施，全县执行新的政府支出分类科目体系，主要分一般公共服务、国防、公共安全、教育、科学技术、文化体育与传媒、社会保障和就业、医疗卫生、节能环保、城乡社区事务、农林水事务、交通运输、资源勘探电力信息、商业服务业等事务、国土资源气象等事务、住房保障、粮油物资储备事务和其他等18项支出科目（为便于统一比较，财税志编纂仍采用原财政支出分类）。

农业类支出　此类支出分农业事业费支出、支援农村生产（合作）资金支出、农业综合开发支出三大项。1994年，分税制财政体制实施后，县财政确保预算内财政支农支出法定增长，重点实施以农业有效投入，调整产业结构和加强农业基础建设为抓手的农业经济政策，全县对农业的投入增加，另外，财力宽裕的乡镇也将部分机动财力支持农业。

2003年，县财政支出重点支持农业综合开发、防汛农业生产基础设施以及农业社会化服务体系建设。

2004年，重点投放围海、“千库保平安工程”、河道整治等水利工程和农业结构调整、科技兴农建设。

2005年，确保曹娥江大闸、清水河道整治等水利工程建设支出。

2006年，重点扶持农业基础设施建设、农业龙头企业培育、绿色生态农业发展、科技兴农，以及清水河道、百村示范千村整治等工程。

2007年起,绍兴县财政每年安排1亿元专项资金,重点用于河道整治及绿化、山区小流域治理、山塘水库维修、山区农民饮用水等"新时期治水工程"建设。到年底,县财政预算内支农总投入为104410万元,支出增长19.9%,其中安排农村建设专项资金5000万元,用于绿色生态农业建设,实施政策性农业保险财政补贴,帮助农民防范和化解农业产业风险。

2008年,县财政预算内支农总投入为149438万元,支出增长43.12%,其中财政重点实施以农业有效投入、调整产业结构和加强农业基础建设,全年共拨付现代农业、新时期治水工程和新农村建设投入1.5亿元。

2009年,县财政积极做好"家电下乡""汽车摩托车下乡"等拉动内需,促进农村消费,推进小康新农村建设,投入3159万元用于支持农民公寓建设。次年,财政支持做优现代农业,保障口门治江围涂、防洪排涝河道整治等农业重大工程建设。

2011年,推进农业综合开发土地治理项目和农业产业化项目建设,兑现村级公益事业"一事一议"财政奖补资金。次年,县投入2.52亿元,推进现代农业发展、平原绿化、美丽乡村等建设。

2013年,落实中央农村综合改革示范区、"美丽乡村"、环境综合整治等农业农村建设资金8.05亿元。

创建美丽乡村后的——棠棣

2003～2013年，全县支援农业类支出436023万元，占同期财政总支出10.46%。其中农业事业费支出286370万元，支援农村生产资金支出138018万元，农业综合开发支出11635万元。

表3-3

绍兴县预算内财政支农资金支出情况明细表（2003～2013）

单位：万元

年　度	农业事业费支出	其中：林业事业费支出	支援农村生产支出	其中：小型农田水利补助	农业综合开发支出	合　计
2003	3847	112	6464	0	1500	11811
2004	6594	205	5177	4305	1800	13571
2005	6737	512	6575	6435	1800	15112
2006	9829	918	10157	9942	3021	23007
2007	11334	893	12084	11228	544	23962
2008	23108	1664	11242	11242	281	34631
2009	32850	2770	10020	8841	846	43716
2010	36590	3049	16582	13064	497	53669
2011	40045	3818	24485	7045	428	64958
2012	53996	8426	16769	7127	320	71085
2013	61440	8444	18463	4417	598	80501
合　计	286370	30811	138018	83646	11635	436023

工交商业类支出　工业主要用于产业结构调整、印染产业集聚升级、为中小企业提供财政融资担保、拨付企业技改资金、科技创新等项费用；交通主要用于道路（桥梁）和公交事业建设，期间实现村村通公交；商业主要用于商业网点补助，外经外贸贴息奖励，支持招商引资和商贸服务等第三产业，发展现代服务业。

2003年，预算内工交等支出2.3亿元，比上年增长37.2%，主要用于企业技改、产业升级、外向型经济发展和交通（桥梁）建设。

2004年，支出用于支持高新技术产业培育，纺织共性技术创新、科技成果转化及奖励、企业信息化试点等，全年共拨付企业自营出口、技改创新、品牌战略等扶持奖励资金7358万元。投入3009万元，用于建设县、乡、村公交事业，提前三年实现村村通公交。

2005年，以全县“外贸转型年”和“产业升级年”为抓手，拨付企业自营出口、技改创新、品牌战略等扶持奖励资金达7358万元。

2006年，支持商贸服务等第三产业发展，支持招商引资、企业科技创新以及开放型经济发展。

2007年，推进市县公交一体化，对中高档公交车起步价调整、老年人优待乘车、公交IC卡优惠进行财政补贴。

2008年，设立6600万元专项资金用于“品牌大县”建设、“131”行业龙头企业创建、扶持中小企业及现代家庭工业。

2009年，加大对现代服务业发展、纺织产业提升发展、新兴产业培育、节能减排、自主创新等方面支持力度。

2010年，一般预算中重点用于支持工业结构调整优化、印染产业集聚升级、做大现代服务业等支出比上年增长38.1%。

2011年，充分发挥财政资金“四两拨千斤”引导作用，支持服务业发展，推动企业分离，支持股权投资类企业发展，一般预算中用于与经济转型升级相关的支出达8.32亿元。

2012年，兑现转型升级政策资金7.92亿元，重点用于支持传统优势产业改造升级、战略性新兴产业加快培育和生产性服务业发展，推进省级特色工业设计基地建设，促进浙商、越商和轻纺城布商回乡投资和创新创业。

2013年，财政支持经济转型升级，助退企业“轻装上阵”，设立个转企“绿色通道”和企业投资项目审批专窗。

2003～2013年全县工交商业类支出418189万元，占同期财政总支出10.03%。

文教科学卫生事业费类支出 该类支出是财政预算支出的大类，分两大项(即科学事业费单独列项)7个支出科目。其中教育、卫生占全类支出的76.43%。绍兴市、县行政区划调整后，图书馆、文管会、妇保医院、卫生进修学校、体育场所、少年宫等划归市属，县级文化设施需补缺重建，投入大量资金。

2003年，主要用于支持社区医疗卫生服务中心建设。2004年，则用于落实教育现代化政策，提高山区教师补贴，免除四个山区镇学生免缴杂费政策，对校舍建设和设备添置等教育条件改善。

2005年9月28日落成的绍兴县图书馆

2005年，财政投入“三馆一广场”(图书馆、文化馆、博物馆、明珠广场)建设资金1224万元。

2006年，落实城乡义务教育免收学杂费政策，支持教科文卫事业发展。

2007年，财政继续加强教育、卫生事业保障，提高义务教育中小学日常公用经费保障水平，完善义务教育中小学教师工资保障机制，建立农村义务教育学校教师工作补贴制度，实施新一轮新型农村合作医疗制度，支持发展社区卫生事业，缓解居民看病难问题。

2008年9月，绍兴县“越国文化博物馆”陈列布展装修工程完工，工程由县财政全额拨款，并使用了部分国债转贷资金。

2009年，财政促进公平教育改革、完成医药卫生体制改革，完善新型农村合作医疗制度。

2010年，积极参与医药卫生体制改革，全年用于医疗卫生的一般预算支出达3.2亿元。2011年，健全基层医疗卫生服务体系建设，支持县、镇、村医疗卫生资源统筹配置试点和国家数字卫生项目样板示范区建设。

2012年，设立1500万元发展专项资金支持文化产业发展，落实公共文化设施免费开放政策，支持“文化低保工程”及“广电低保工程”。

2013年，支持公立医院和基层医疗机构改革，落实公共卫生服务、基本药物零差价。

2003年至2013年，全县文教科学卫生事业费类支出1333560万元，占同期财政总支出的31.99%。其中教育事业费支出773713万元，卫生事业费支出253522万元，分别占文教科学卫生事业费类支出的58.01%、19.01%。

表3-4

绍兴县文教科学卫生类支出情况明细表（2003～2013）

单位：万元

年度	合计	文教卫生事业费	其中							科学事业费
			文化事业费	文物事业费	教育事业费	卫生事业费	体育事业费	广播事业费	其他事业费	
2003	39979	34731	1508	129	25174	3403	63	1339	3115	5248
2004	47465	40551	1681	166	31692	4393	81	510	2028	6914
2005	55832	46203	1462	301	33616	7158	121	539	3006	9629
2006	67389	55098	1170	1170	38208	9721	163	361	4305	12291
2007	86567	74236	4766	631	55771	12232	118	568	150	12331
2008	106809	90905	4276	1864	61381	20692	299	2128	265	15904
2009	133289	112618	4382	1692	75396	27521	165	1897	1565	20671
2010	155828	130723	6896	1107	87980	31925	617	1409	789	25105
2011	190086	159657	6434	1708	110353	37827	683	1278	1374	30429
2012	209201	175901	7258	1182	120952	42385	696	1050	2378	33300
2013	241115	203408	9909	1366	133190	56265	854	1005	819	37707
合计	1333560	1124031	49742	11316	773713	253522	3860	12084	19794	209529

教育事业费　教育事业费是文教科卫事业类中的一个最大支出项目,同时又是财政预算支出的最大项目。2003~2013年全县累计支出773713万元,占同期地方预算总支出的18.56%。

教育经费一直由国家全包,实行"以县为主"的教育经费财政保障机制,纳入财政预算,即使是私立、或是民办转公办的学校,教师报酬、教育基础设施,也依赖国家补助,落实城乡义务教育阶段免收杂费政策,提高中小学校公用经费保障水平,财政安排的教育事业费逐年持续增长,并开展广泛的社会集资,拓宽财路。主要项目有扶持校办企业开展勤工俭学,筹措"普及九年制义务教育基金",征收城市教育费附加,征收农村教育附加费(地方教育附加),社会集资,分级办学,乡镇(村)自筹改善本地教育基础设施资金,多次调整学杂费收费标准(九年制义务教育只收杂费,不收学费)。

教育事业费支出项目众多,实际发生的支出"项"级科目有中等专业学校经费、职业学校经费、中学经费、小学经费、幼儿教育经费、成人高等教育经费、普通业余教育经费、教师进修及干部培训费、民办教师补助费、其他教育事业费等。

教育事业费中的"人员经费",是指教育事业费各项开支中的工资、补助工资(含民办教师补助),职工福利费,离退休人员经费,人民助学金,主要副食品价格补贴。未统计在内的还有精简职工生活困难补助,职工教育经费,在编人员的临时生活补贴等。教育事业费中属"人员经费"的支出占比较大,增速加快的原因之一是人员增长快,公办教师2003年6068人,2013年末达到7199人,比2003年增加1131人,增长18.64%。离退休人员经费增加,2003年预算内"人员经费"用于离退休人员经费1780.78万元,占全部人员经费总额的12.15%。再是补贴标准提高,教师工资标准提高,补贴项目增加频率加速,可用资金向人员经费倾斜,优先保障人员经费落实,事业、行政单位根据国家规定调整工资,增加补贴(奖金)。对于教师享受的特殊待遇——教龄津贴、中、初等学校班主任津贴和提高教师10%工资标准等。地方自定的几项奖励措施、补贴项目,主要有岗位责任制奖励、山区海涂补帖、岗位补贴,可从学校勤工俭学及预算外收入、经费包干结余中列支。

教育基本建设是与教育事业费平行的一项支出科目,过去每年均有安排,实行分级包干体制后,国家无拨款,地方财力自行安排的改建、重建、新建项目,全部绕开基本建设科目进行(不占基建额度,不报基建支出),事业经费和基本建设支出混淆。

2003年,全县财政累计投入7031万元,用于教育校舍建设和设备购置。次年,落实教育现代化政策,对4个山区镇学生免缴杂费。

2005年,完善全县统筹、以县为主、分级办学、分级管理的义务教育管理体制,实施高中向县城集中,初中向镇集中,小学向集镇和中心村集中的原则进行学校网点调整。次年秋季起,义务教育中小学生免除杂费。对象为经绍兴县教育局或上级教育行政部门批准的城乡义务教育阶段学校就读的学生。免费标准为全县初中学生免杂费130元/生·学期;小学生免杂费100元/生·学期,全年免杂费金额累计1189.9万元。

2007年起,县财政深化义务教育经费保障机制。义务教育阶段学校日常公用经费标准提高到小学每人每年340元、初中每人每年420元,除免学杂费外的公用经费继续由财政承担;巩固校舍基建维修长效机制,安排校舍维修专项资金800万元,按实际维修面积的经费定额补助到校;完善义务教育中小学老师工资保障机制;安排250万元新设立学校保安、接送车等学生安全管理专项资金;建立农村义务教育学校老师工作补贴制度。次年,全面实施"以县为主"的教育经费保障机制,将义务教育全面纳入公共财政保障范围。2009年起,强化教育经费保障机制,全县近10万名初中、小学学生实行免费教育。

2011年起,绍兴县率先实施学前三年免费教育,对符合条件的3~5周岁幼儿学前保教费由县财政按生均每年最高不超过2000元的标准给予补助,建立县、镇两级共同分担的公办幼儿园生均公用经费保障机制。

2013年9月,由财政支持的概算总投资10.7亿元,可容纳在校生规模8800人的浙江工业大学之江学院建成并举行开学典礼,到年底,在校学生1843人,累计有200余名教师在校园任教。

2013年9月22日,浙江工业大学之江学院柯桥校区举行落成典礼。

2003~2013年,全县用于修建教育用房的经费115464万元,占同期教育经费773713万元的14.92%。

表3-5

绍兴县预算内教育事业费支出情况明细表(2003～2013)

单位:万元

年　度	2003	2004	2005	2006	2007	2008
教育事业费	25174	31692	33616	38208	55771	61381
修(建)房费用	5326	6054	5717	4523	5264	9246
年　度	2009	2010	2011	2012	2013	合计
教育事业费	75396	87980	110353	120952	133190	773713
其中修(建)房费用	13062	15184	14460	15311	21317	115464

卫生事业费、计划生育事业费　2003～2013年,全县两项支出289883万元,其中卫生事业费支出包括县级医院、镇(街)卫生院(医院)补助,防治防疫经费和妇幼保健支出,爱卫会经费、合作医疗补助支出;县第二、第四医院(县中心医院)、中医院改造、重建,引进现代器械设备支出;各镇(街)卫生院(医院)改扩建、新建支出;期间安排防治"非典"疫情专项经费,医院、卫生院实施基本药物制度、药物实行"零差价",完成公立医院、社区卫生服务机构等公共卫生医疗体制改革,化解基层医疗债务等支出。

2003年,主要是对"非典"疫情,安排专项经费,保证"非典"病毒的防治防疫需要。

2005年,保障农村公共卫生支出和城乡医疗保障。

2007年,财政支持新一轮新型农村合作医疗,支持发展社区卫生事业,缓解居民看病难问题。次年6月,绍兴县中心医院成立,签约收购民营绍兴华宇实物资产,实施第四轮合作医疗等,县财政均给予支持。随后的2009年,财政又安排1680万元,开展农民健康体检。

2010年2月起,绍兴县19家基层卫生院全面实施基本药物制度,所有药物实行"零差率",县政府出台《关于完善绍兴县基层医疗卫生机构政府投入政策的意见》,以"分级负担、核定收支、绩效考核"为原则,核定全县基层医疗卫生机构政府总投入,根据基层医疗机构的医疗收入、非人力成本、人力成本、年度收支节余、基金付费管理、财务会计管理和资产管理等七方面经济目标进行绩效考核,考核结果与财政补助挂钩。

2011年,县、镇两级投入近1.5亿元,支持基层医疗卫生机构改革,提高新型农村合作医疗财政补助标准,支持县、镇、村医疗卫生资源统筹配置试点和国家数字卫生项目样板示范区建设。次年,财政继续投入1.9亿元,在全省率先完成公立医院、基层社区卫生服务机构、村卫生室的公共卫生医疗体制改革工作,投入2.5亿元用于新型农村合作医疗。2013年,又投入财政资金5.63亿元,完善基层医疗机构和公立医院改革,落实公共卫生服务、基本药物零差价、基层医疗卫生机构债务化解。

2003～2013年,共支出卫生事业费253522万元。

计划生育事业费在财政经费分配中,有所侧重,增速较快。计划生育手术虽作政策性照顾，低于同类手术收费标准，但医疗服务总体收费标准依然不断提高，2013年达到634万元。配备基层计划生育专职干部、建立计划生育宣传指导站，扩大编制，增添必要设备，新建计划生育指导站的工作用房，改善工作条件，都增加经费开支，此项经费先后列医疗卫生事业费、文体广播事业费等项目，从2007年起又改列一般公共事务支出项目，基于统计比较，仍归入卫生事业费。

2003～2013年，计划生育事业费共支出36361万元。

表3-6

卫生事业费、计划生育事业费支出情况明细表（2003～2013）

单位：万元

年度	合　计	卫生事业费	其　中					计划生育事业费	其　中	
			医院经费	卫生院经费	防治防疫事业费	妇幼保健费	其他卫生事业费		手术减免费	其　他
2003	4381	3403	411	1228	579	115	1070	978	82	896
2004	5381	4393	404	1894	583	135	1377	988	183	805
2005	8331	7158	760	2292	699	137	3270	1173	352	821
2006	11507	9721	569	2176	1145	155	5676	1786	144	1642
2007	14690	12232	1011	3052	1236	165	6768	2458	92	2366
2008	24049	20692	1000	3185	1514	243	14750	3357	274	3083
2009	31444	27521	3221	5529	1358	249	17164	3923	336	3587
2010	36522	31925	1945	9009	4747	379	15845	4597	362	4235
2011	43274	37827	1653	10533	6604	33	19004	5447	382	5065
2012	47230	42385	3578	15808	4805	493	17701	4845	376	4469
2013	63074	56265	7019	21304	4699	463	22780	6809	634	6175
合计	289883	253522	21571	76010	27969	2567	125405	36361	3217	33144

其他部门事业费支出　包括工商管理事业费、税务事业费、统计事业费、审计事业费、财政事业费和其他部门事业费等事业费支出。其中涉及人员经费的仅是工商管理和税务事业机构人员，其它均系业务费、设备购置费等支出。

2003～2013年，其他部门事业费支出全县累计160611万元，占同期财政总支出的3.85%。

表3-7

绍兴县其他部门支出情况明细表(2003~2013)

单位:万元

年　度	财政事业费	税务事业费	工商管理事业费	审计事业费	统计事业费	其他部门事业费	合　计
2003	50	4180	1384	202	105	2936	8857
2004	247	4654	1046	219	256	2520	8942
2005	535	1129	1266	357	225	5802	9314
2006	344	2418	4158	255	295	6258	13728
2007	2941	4153	5872	461	470	1207	15104
2008	1730	5975	5932	720	624	1810	16791
2009	2346	5624	5150	798	638	0	14556
2010	3008	5214	5281	912	856	0	15271
2011	4408	6515	5404	1175	1020	0	18522
2012	3522	8854	5141	910	812	0	19239
2013	3566	9146	5751	942	882	0	20287
合　计	22697	57862	46385	6951	6183	20533	160611

抚恤、社救福利事业费支出　此类经费逐步增长。绍兴市县分设后,在城区建立的若干处民政事业机构,如福利院、福利工厂、火葬场、收容遣送站和殡仪馆等上划市属,县需要则要新建,均列入县财政支出。享受抚恤、社救事业费定额补助的对象,执行国家统一补助标准,绍兴县对烈属、因公牺牲军人家属、病故军人家属,比规定标准增加补助,在乡伤残军人比规定抚恤金标准按不同等级增加每月10元~20元,复员军人每月增加补贴10元~27元,并扩大复员军人享受人数范围,对烈属、因公牺牲、病故军人无固定收入的直系亲属,因体弱多病给予适当的医疗经费补助,实行城乡低保保障制度,对城镇退伍军人实施安置保障等扩大社救支出项目。

2003~2013年抚恤、社救福利事业费累计支出156788万元,占同期财政总支出的3.76%。

表3-8

绍兴县预算内优恤、社救事业费支出情况明细表(2003～2013)

单位:万元

年度	合计	优恤事业费	其中		社会救济福利事业费	其中			自然灾害救济费	其他民政事业费
			伤残牺牲病故抚恤费	其他抚恤经费		农村社会救济	城镇社会救济	其他救济经费		
2003	2687	288	0	288	1935	854	855	226	101	363
2004	4315	299	75	224	2362	876	1235	251	65	1589
2005	5135	562	199	363	2885	1127	1452	306	63	1625
2006	7077	609	217	392	2897	1555	875	467	40	3531
2007	5300	1143	249	894	2668	1200	1236	232	13	1476
2008	13848	3081	1192	1889	8811	7206	1002	603	1310	646
2009	20630	1256	339	917	16738	10802	2963	2973	25	2611
2010	15057	1600	405	1195	6327	2694	2716	917	300	6830
2011	25060	2492	372	2120	9643	5127	2044	2472	10	12915
2012	24978	2609	190	2419	9452	6914	2538	0	70	12847
2013	32701	4046	549	3497	13460	6774	1352	5334	25	15170
合计	156788	17985	3787	14198	77178	45129	18268	13781	2022	59603

行政管理费支出　行政管理费是预算支出中的一项重要内容,分为行政支出(人大经费、政府机关经费),党派团体补助支出(党派补助费、政协经费、人民团体补助费),此外还有一些外事活动支出,在预算支出中未单独立项,附列入各有关项目中。

2008年起,按照"控、压、保"思路,压缩会议、招待、差旅、公务用车等一般性财政支出,行政管理费支出比例有所下降。次年,一般公用经费比上年压缩5.1%,其他工作经费比上年减少8312万元。2013年,控制行政经费和一般性支出,压缩三公经费和会议费,行政管理费比上年下降0.37个百分点。

2003～2013年,行政管理费支出412192万元,占同期财政总支出的9.89%。

表3-9

各阶段绍兴县行政管理费支出情况明细表(2003~2013)

单位:万元

年　度	预算内总支出	行政管理费支出	年平均支出	占预算支出%
2003~2007	989405	97948	19589.6	9.90
2008~2012	2491828	247616	49523.2	9.94
2013	686815	66628	66628.0	9.70
合　计	4168048	412192	37472.0	9.89

注:2008~2012年比2003~2007年占比稍高,主要原因是人员经费增长等不可比因素所至。

公检法司支出　公检法司支出是预算支出中的一项重要内容,包括公安支出、检察院支出、法院支出和司法行政支出。

公检法司机构视作政府序列部门,财务管理亦并为一体,到上世纪80年代末,才从行政管理费中析出,单独设类。

2006年以后,打造"平安柯桥",支持平安创建系列活动,健全公共安全财政应急保障机制等,加强"公、检、法、司"类支出资金保障。

2008年,制订《绍兴县突发公共事件财政应急保障专项预案》,切实保障全县公、检、法、司经费支出。

2010年,财政安排科技强警专项资金,配合支持世博会、世合赛等重大活动,做好安保工作,保障重大活动顺利进行。

2010年3月26日,举行警力投入保世博、迎世合倡议仪式。

2003~2013年,全县公、检、法、司支出312880万元,占同期财政总支出的7.51%。分阶段支出变化如表:

表3-10

各阶段绍兴县公检法司(公共安全)支出情况明细表(2003~2013)

单位:万元

年 度	预算内总支出	公检法司支出	年平均支出	占预算支出(%)
2003~2007	989405	88575	17715.0	8.95
2008~2012	2491828	180551	36110.2	7.25
2013	686815	43754	43754.0	6.37
合 计	4168048	312880	28443.6	7.51

城市维护费支出 预算内城市维护费来源有三方面(预算外亦有专门渠道),包括财政预算内安排,地方机动财力用于城市维护费部分,开征城市维护建设税的全部收入。

城市维护费全部用于县辖范围内大小集镇。县分配的经费向柯桥、钱清、齐贤等重点集镇倾斜。各乡镇(街道)城建税以外的分成收入和自筹资金,加上县专项补助,几种资金合起来,用于集镇建设。

2003年,开展"城市会战年"建设,加大对城市基础设施投入,城市维护费支出大幅度增长,到年底,全县城建支出18150万元。次年,财政累计投入重点建设项目资金达72797万元。2005年,城建支出达11124万元。

2008年,加大对县城基础设施建设投入,健全配套服务工程,此项支出全年达到47478万元,占当年预算支出的13.96%。

2012年,财政支持城乡统筹,进行公益性和基础性项目建设,以及美丽乡村和城乡环境卫生整治工程以及城镇污水处理和城区活水工程。

2003~2013年,城市维护费(城乡社区事务)累计支出446545万元,占同期财政支出10.71%。

价格费用补贴 是指关系国计民生的几种重要商品,发生进销倒挂的差价由国家给予补贴的特殊财政负担,全县有定购粮预购定金贷款贴息、超储费用补助,其他粮油物资储备补贴等。

国家储备粮油费用补贴包括定购粮预购定金贷款贴息、超储费用补助、国家储备粮油费用等。按省下达资金项目列报,但前后年度下达形式不甚规范,有省级主管部门绕开财政直拨县粮食局,也有财政以其他项目下达。按照中央、省、市、县各级政府对战略储备粮油的政策要求,绍兴县粮食收储公司为指定县级粮食储备单位,承担全县应急用粮,国家储备粮油费用补贴,均系上级财政专项拨款转作支出。地方补助粮食商业的费用,远超此数额,在企业经营亏损渠道弥补,2007年起,该类主要是储备粮油轮换差价补贴、储备粮油利息费用补贴和扶持性(含人员)补贴等粮油事务支出,2008年全县轮换的早籼谷、粳谷、进口小麦合计11884吨,财政补贴合计120万元。

其他方面的价格补贴一般是地方政府自定的节日供应物资的差价,另外还包括其他粮油物资储备等支出。

2003～2013年,价格类补贴16840万元,占同期财政预算内总支出的0.40%,其中:国家储备粮油费用补贴13432万元,其他补贴3408万元。

表3-11

绍兴县财政价格补贴及储备粮费用明细表(2003～2013)

单位:万元

年　度	2003	2004	2005	2006	2007	2008
国家储备粮费用及补贴	211	200	0	0	1181	1889
其他价格补贴	0	0	200	424	773	1742
合　计	211	200	200	424	1954	3631
年　度	2009	2010	2011	2012	2013	合计
国家储备粮费用及补贴	2072	2193	336	2447	2903	13432
其他价格补贴	269	0	0	0	0	3408
合　计	2341	2193	336	2447	2903	16840

社会保障经费支出　2003年,继续构建公共财政,支持"六个所有",财政支出向社会保障,促进就业等民生工程倾斜,社保经费支出呈上升趋势。

2004年,财政为全县低保户最低生活保障提标扩面、失地农民养老、农村五保户和城镇"三无"对象集中供养等政策提供资金保障。

2007年,完善城镇老年居民生活保障制度,统筹城镇老年居民生活保障基金,对符合条件的老人给予每人每月220元生活保障待遇。是年,实施农村困难群众住房救助制度,全年县财政安排100万元救助资金,对不宜实行集中供养的农村五保户、农村最低生活保障家庭中的无房户和住房困难户、因灾倒房户以及县人民政府规定的其他困难家庭实行农村困难群众住房救助,采取新建、改建、扩建、修缮、置换和租用等方式实施救助。

2008年,落实老年居民老有所养政策,建立农村老年居民养老保障和生活补助制度,实现城乡社会养老保险全覆盖,提高城乡最低生活保障标准,积极推进残疾人共享小康工程。次年,向全县16457名老人发放长寿老人补贴1053万元,城镇低保、农村低保标准月人均分别提高到340元、240元。

2010年,县财政部门围绕公共服务,重点保障就业的配套资金落实,配合社保部门发放全县12万人的养老金,参与"社保一卡通"实施,保障25万人换发社保新卡。次年起,行政事业单位的离退休人员支出也归入社会保障项目,其中2011～2013年行政事业单位的离退休人员支出29055万元，占同期该类支出70621万元的41.14%。

2012年，投入2.7亿元用于城乡老年人生活补贴和节日慰问，全年拨付0.91亿元用于失业保险、就业保障和社会养老服务体系建设。

2003～2013年，全县预算内社会保障经费支出146359万元，占同期财政总支出的3.51%。

其他支出　其他类支出属于上述类别以外的各项支出，包括地震灾后恢复重建支出，金融监管等事务支出，援助其他地区支出，国土资源气象等事务支出，国债还本付息支出，住房保障支出等另星、暂时性支出。

2003～2013年，全县预算内其他类支出累计259592万元，占同期财政支出的6.23%。

第二节　预算外财政支出

预算外资金支出概况

2003～2013年全县预算外资金支出5484304万元，其中行政事业费支出380897万元，其它支出194504万元，财政预算外资金支出43880万元，政府性基金支出4474685万元，乡镇预算外资金支出390338万元。

表3-12

绍兴县预算外资金支出情况统计表（2003～2013）

单位：万元

年　度	行政事业费支出	其他支出	财政预算外资金支出	政府性基金支出	乡镇预算外资金支出	合　计
2003	43151	12261	43880	项目未设	35909	135201
2004	27048	5788	2004年起入政府性基金项目	604	4525	37965
2005	22824	10525		72102	36043	141494
2006	33167	27062		34650	53371	148250
2007	47373	46808		384360	50341	528882
2008	52990	86729		566006	52843	758568
2009	46914	2883		394938	32845	477580
2010	56394	1922		1022714	101887	1182917
2011	18156	170		785923	8675	812924
2012	18453	209		564916	7226	590804
2013	14427	147		648472	6673	669719
合计	380897	194504	43880	4474685	390338	5484304

财政预算外资金支出 2003年,全县财政预算外资金支出43880万元。其中工交商业支出134万元,支农支出3893万元,文教科卫事业支出11313万元,社会保险基金支出26754万元,其他支出1786万元。2004年起,财政预算外资金支出项目取消,改列政府性基金支出项目。

政府性基金支出 2004年起,设政府性(财政)基金支出项目,主要是原财政预算外支出内容,至2013年,全县政府性基金支出4474685万元。其中农林水事业支出190062万元、文教卫事业支出87647万元、城乡社区支出953457万元、其他支出3243519万元。

表3-13

绍兴县政府性(财政)基金支出情况明细表(2004～2013)

单位:万元

项目 年度	农林水事业支出	文教卫事业支出	城乡社区支出	其他支出	合　计
2004	–	–	–	604	604
2005	7198	17784	42040	5080	72102
2006	11784	16262	4962	1642	34650
2007	16920	9130	353051	5259	384360
2008	14428	8999	536753	5826	566006
2009	15339	6591	3039	369969	394938
2010	36712	6062	3466	976474	1022714
2011	20629	6697	3155	755442	785923
2012	30571	4440	3215	526690	564916
2013	36481	11682	3776	596533	648472
合　计	190062	87647	953457	3243519	4474685

乡镇预算外资金支出 2003～2013年,全县乡镇财政累计预算外支出390338万元,其中2003年乡镇财政预算外支出35909万元,是乡镇预算内支出47599万元的75.44%。乡镇预算外支出分项目包括支援农业支出3797万元、文教卫生事业类支出15566万元、社会救济福利支出3735万元、行政(事业)支出113344万元、交通事业费支出5344万元、其他(基本建设)支出248552万元。

表3-14

绍兴县乡镇预算外资金支出情况明细表(2003～2013)

单位:万元

<table>
<tr><th>项目
年度</th><th>农业支出</th><th>交通事业支出</th><th>文教卫生事业支出</th><th>社会救济福利支出</th><th>行政(事业)支出</th><th>其他支出</th><th>合　计</th></tr>
<tr><td>2003</td><td>1731</td><td>1913</td><td>10961</td><td>270</td><td>12762</td><td>8272</td><td>35909</td></tr>
<tr><td>2004</td><td colspan="4" rowspan="2">无数据</td><td>4525</td><td>无数据</td><td>4525</td></tr>
<tr><td>2005</td><td>22527</td><td>13516</td><td>36043</td></tr>
<tr><td>2006</td><td>757</td><td>1941</td><td>1747</td><td>2066</td><td>18201</td><td>28659</td><td>53371</td></tr>
<tr><td>2007</td><td>1309</td><td colspan="3">无数据</td><td>13315</td><td>37026</td><td>51650</td></tr>
<tr><td>2008</td><td>无</td><td>1490</td><td>2858</td><td>1399</td><td>42014</td><td>3773</td><td>51534</td></tr>
<tr><td>2009</td><td colspan="5" rowspan="5">无数据</td><td>32845</td><td>32845</td></tr>
<tr><td>2010</td><td>101887</td><td>101887</td></tr>
<tr><td>2011</td><td>8675</td><td>8675</td></tr>
<tr><td>2012</td><td>7226</td><td>7226</td></tr>
<tr><td>2013</td><td>6673</td><td>6673</td></tr>
<tr><td>合　计</td><td>3797</td><td>5344</td><td>15566</td><td>3735</td><td>113344</td><td>248552</td><td>390338</td></tr>
</table>

社会保险基金支出

社会保险基金是一项特殊的专项基金,实行专款专用,按照国家规定的项目和标准支出,任何部门、单位和个人不得以任何借口增加支出项目和开支标准。2004年起,社会保险基金支出单独设类反映(原在财政预算外资金支出反映),支出内容主要有企业职工基本养老保险基金支出、失业保险基金支出、城镇职工基本医疗保险基金支出、工伤保险基金支出、生育保险基金支出、居民社会养老保险基金支出和居民基本医疗保险基金支出等项目。

2004～2013年,全县社会保险基金支出934709万元,其中企业职工基本养老保险基金支出466908万元、失业保险基金支出24596万元、职工基本医疗保险基金支出230770万元、工伤保险基金支出37942万元、生育保险基金支出18561万元、居民社会养老保险基金支出48018万元、居民基本医疗保险基金支出107914万元。

表3-15

绍兴县社会保险基金支出情况统计表(2004～2013)

单位:万元

年度＼项目	企业职工养老保险基金支出	失业保险基金支出	职工基本医疗保险基金支出	工伤保险基金支出	生育保险基金支出	居民社会养老保险基金支出	居民基本医疗保险基金支出	合　计
2004	21411	885	6768	944	101	无	无	30109
2005	31900	1106	8103	1169	121			42399
2006	39333	1283	10918	1161	501			53196
2007	16658	199	9970	1020	510			28357
2008	22113	6255	59070	8570	3290			99298
2009	28056	251	16290	2223	1594			48414
2010	32588	194	19784	2618	1993			57177
2011	40038	1286	26908	4598	2837		33794	109461
2012	109639	4520	32855	6820	3183	22657	36895	216569
2013	125172	8617	40104	8819	4431	25361	37225	249729
合　计	466908	24596	230770	37942	18561	48018	107914	934709

第四章　财政信用与投融资管理

财政信用包括政府以债务人身份取得的国债收入和财政有偿资金等，财政有偿资金又包括财政周转金和有偿使用的其他专项资金。财政周转金是由财政部门管理，按照有偿使用原则周转使用的财政资金，是财政参与经济、支持生产、涵养财源、开展促产增收的一项工作。改革开放后，全县发展财政信用，建立周转金制度。

地方各级预算，按照量入为出、收支平衡的原则编制，不列赤字，由于地方政府不存在市场化融资的体制渠道，故成立集融资、建设和经营、债务偿还为一体的城市投资公司作为融资平台，代替政府进行直接或间接融资，实现地方政府市场化融资的目的。财政投融资通过国家信用方式把各种闲散资金、特别是民间闲散资金集中起来，统一由财政部门掌握管理，采取直接或间接贷款方式，支持企业或事业单位发展生产。绍兴县财政信贷具体由县财政局实行资金、业务统一管理。

第一节　财政有偿资金

财政支农周转金

财政支农周转金，是国家财政运用财政信用形式支持农业生产和农村经济发展的有偿资金。1981年8月，根据财政部《关于加强财政支农周转金使用管理的暂行规定》，绍兴县设立支农周转金基金，以“农业贷款”形式发放，无偿支援列预算支出，1985年起，由无偿改有偿借用，提高资金使用效果，促进农业生产发展。

财政支农周转金的资金来源，有当年预算内安排的各种支农资金，地方机动财力安排的支农发展生产专项资金，支援农村合作组织发展生产的各项支农资金，上级财政部门借入的资金，收取的资金占用费、逾期占用费和其他用于支农的有偿资金。发放对象主要是为发展农业生产（养殖、种植）的农村经济合作组织、农村专业户等，采用择优扶持。

支农周转金按规定运行，农村各类经济组织和农民有能力办的项目，鼓励先用自有资金，支农周转金作补充或起引子作用，受援人一般须有总投资额30%～50%的自有资金，产、供、销落实，产品适销对路；资金支援对象以内涵发展为主，用于现有项目挖潜、革新、改造，且财务管理和会计核算健全。使用周转金须签订借用合同，明确经济责任。

绍兴县财政局不断创新财政支农资金管理机制,建立公平、公正、规范的支农资金分配机制,规范财政支农资金分配程序,推行专家评审制度和项目公示制度;建立以结果为导向的资金管理使用机制,根据财政支农资金使用绩效评价的指标体系,做好项目支出预算绩效考核工作,将考核结果作为财政支农专项资金分配的依据;建立激励约束并重、奖惩结合、奖罚分明的考核机制,并将考核结果与支农资金分配挂钩。

2003年,绍兴县支农财政资金重点支持农业综合开发、防汛抗灾基础设施以及农业社会化体系建设。是年,绍兴县投资400万元,建设王坛镇丹家家鸡种鸡种苗中心,获得中央财政补助资金80万元,省级财政补助资金30万元,银行贷款20万元,自筹资金270万元。

次年1月1日起,绍兴县贯彻实施《浙江省财政农业专项资金管理规则实施办法》和《浙江省用于农业土地开发的土地出让金使用管理办法》,对农业土地开发资金纳入财政预算,实行专项管理。农业土地开发包括土地整理和复垦、宜农未利用地的开发、基本农田建设以及改善农业生产条件的土地开发。是年,争取省财政补助农业项目、林业项目45个,补助资金906万元,水利项目13个,补助资金1292万元。

2005年,绍兴县实行订单粮食价外补贴政策,凡订单合同内的粮食,财政每50公斤给予5元的订单补贴和1元的种子补贴,并对粮食订单数量在5000公斤以上、信誉好的种粮大户发放不超过售粮款50%的预购定金;同年,继续贯彻粮食直补政策,对种植面积20亩(含20亩)以上的种粮大户在省定补贴每亩10元基础上,县财政每亩再配套补助10元。是年,全县财政资金重点扶持特色生态农业和休闲观光农业建设、山区农民饮用水工程及重要山塘水库的除险加固、小流域治理等农村水利基础设施建设。

次年,绍兴县加强对农业综合开发产业化经营项目财政有偿资金管理,及时回收到期有偿资金,全年共发放财政有偿资金1156万元,按期回收委托到期项目财政有偿资金1395万元,按时归还到期省以上财政借入项目资金228万元,所发放的委贷资金无企业逾期返还,回收率100%。是年,全县财政资金确保粮食生产及安全,拨付落实粮食直补、粮食储备,以及粮食应急预案周转粮补贴。

2007年8月1日起,县财政部门对全县大中型水库移民后期扶持项目资金使用管理实施县级报账制。全年全县农机具购置以奖代补资金由中央补贴资金120万元,省级财政拨付70万元,县财政配套70万元等三部分组成。到年底,全县有6镇11村的河道疏浚土方152760立方米,县财政发放河道疏浚以奖代补资金76.38万元。是年,实施政策性农业保险财政补贴,帮助农民防范和化解农业产业风险,建立全县农民补贴网,确保种粮农户补贴政策落实到位。

次年,实施省财政厅印发的《关于做好财政支农资金整合工作的指导意见》,县财政局全年共整合支农资金220万元,其中蔬菜项目40万元、淡水养殖120万元、竹产业60万元。是年,县财政部门对全县"农民补贴网络"数据进行汇审,全年发放粮农综合直补、种粮大户直补、早稻普惠制补贴资金共计1865.95万元。

2009年,绍兴县安排2200万元专项资金用于稳定粮食生产,提升菜篮子工程和发展农业主导产业,同时发放种粮农户综合补贴1495万元。全年县财政局"在全国小型农田水利重点县建设中"整合财政资金1372万元,全县形成项目科学安排、投向重点突出、使用规范高效的支农资金管理运行机制。

次年,绍兴县制订《强农惠农资金专项清理和检查的实施意见》,明确涉农资金清理检查的内容、方法、步骤和要求,清理核实惠农补贴发放情况和涉农项目资金使用情况,将县财政、发改、民政、劳动社保、农办、农业、粮食等19个部门纳入自查范围,10个镇(街)纳入重点检查范围,并从财政、审计、监察等部门抽调人员,组成4个检查组,开展重点检查,检查结果认为被查单位对强农惠农资金都能按国家有关政策规定使用和管理,没有发现违规问题。年末统计,全县粮食种植面积249233.11亩,每亩补贴64.30元,共计补贴1602.57万元。

2010年8月11日,召开绍兴县强农惠农资金专项清查工作汇报会。

2011年,全县加强涉农专项资金管理,编制农业重点项目扶持导向目录,对农业农村发展相关的三大领域11个重点项目的政策依据、财政扶持标准进行明确,全县建立起省级财政支农项目库管理员队伍。

次年,县财政局在继续应用省级财政"支农资金项目管理信息系统"基础上,开发县级财政“支农资金项目管理信息系统”,完善资金管理制度。

2013年5月,《绍兴县财政支农专项资金管理细则》施行。全县整合财政涉农专项资金,从“美丽乡村建设专项资金”中安排资金,加快土(林)地流转。从“清水工程专项资金”中安排种养殖业污染治理资金和为农业两区建设服务的水利基础设施建设资金。

财政信用资金

财政信用资金,是把县财政结余资金和间歇资金,利用财政信贷机构,开展融资活动,缓解中小企业融资难、贷款难等问题,从而广辟财源,增加税收收入。

至2003年末,绍兴县财政信用公司、绍兴县浙兴经济投资公司、绍兴县浙越经济实业公司、绍兴县越财经济实业公司、绍兴县宏穗经济实业公司等共计委托投资1400万元,长期投资1047.3万元,引进资金4462万元。其中绍兴县财政信用公司长期投资922.3万元,委托投资1400万元,引进资金3262万元;绍兴县浙兴经济实业公司引进资金1200万元;绍兴县越财经济实业公司长期投资125万元。

2003年,绍兴县向上级争取各类企业扶持资金3900多万元,用于企业的产业升级、自营出口。拨付企业挖潜革新改造资金和科技三项费用1.21亿元,出口贷款贴息、补助、引资奖9080万元。同时,全县设立财政专项资金,支持企业技改和外向型经济发展,全年拨付企业挖革改资金、科技3项费用12140万元。到年底,县财政部门通过财政周转金清理,司法诉讼等手段直接回收资金953.4万元,通过核实账户和公开拍卖,回收资金929.9万元。

次年,县财政部门继续做好财政周转金清理扫尾工作,当年回收借款5万元,并与省财务公司进行债务清算,对已诉讼未结案的再联系处理,对抵债实物资产进行公开拍卖,回收资产200.5万元。全年县财政部门争取省财政厅对绍兴县浙江远东化纤集团有限公司等6家企业制造业基地建设财政专项补助资金350万元,全部拨付到企业。全县安排财政专项补助资金1800万元,用于村村通公交工程建设,其中县财政对稽东、王坛、平水、富盛4个镇补助60%,对孙端、陶堰、湖塘3个镇(街)补助45%,对漓渚、兰亭、夏履3个镇补助40%,对其他镇(街)均按35%补助。是年,县财政局对财政资金实行银行“协定存款”,全年协定存款产生的利息收入1300万元,实现财政资金保值增值。

2005年3月,全县贯彻实施《浙江省财政周转金呆账处理补充办法》,对全县财政周转金借款呆账进行清理整顿处理,还对财政资金账户进行全面清理,优化财政性资金存款方式,继续推行和扩大财政性资金“协定存款”范围,全年新增利息收入3503万元,实现财政资金保值增值。年末,绍兴县被列为全省小企业贷款风险补偿县(市),全省列入小企业贷款风险补偿县(市)共56个。

次年,县财政兑现出口规模企业奖励、加工贸易奖励、摊位补贴等项目,全县有269家外贸企业受益,奖励金额1210万元。

2007年11月,县财政局通过绍兴县国有资产投资经营有限公司,完成对绍兴县大香林建设投资有限公司的增资,这次注资为3000万元,使绍兴县大香林建设投资有限公司注册资本达到5000万元，全部为国有资产。是年，县财政局先后出台《绍兴县建设先进制造业基地财政专项资金管理暂行办法》《绍兴县中小企业专项扶持资金使用管理暂行办法》《关于加快现代服务业发展的政策意见实施办法》等规范性文件，使财政资金申报、管理、使用安全规范。

次年7月，省财政厅组织中介机构和专家组对绍兴县外国政府(外债)贷款项目绍兴污水治理总工程的二期工程——意大利全生化延时爆气工艺进行绩效评估，评估认定绩效等级为优。同月，县财政局加强周转金清理，按照一户一档分类清理原则，以账面财务数为依据，对30户企业的资料进行核对，并与绍兴县中国轻纺城“两湖开发建设有限公司”、绍兴县柯桥街道签订房屋拆迁货币补偿协议，对原浙江大年行服装有限公司的抵债厂房进行处置。

2009年，绍兴县投入4.7亿元，对发展现代农业、工业结构调整、企业节能减排、发展服务业、自主创新等方面的引导投入；设立1.33亿元专项资金，推动工业转型升级，支持纺织产业提升，引导企业技改和研发；设立5000万元服务业专项资金，支持商贸、旅游业发展，培育金融、保险、研发设计、中介服务、会展物流等现代服务业；支持以“611”建设为载体的总部楼宇经济，向上级争取各类补助资金5554万元，促进经济持续平稳发展；全年通过土地出让金县级净收益、政府性基金、财政预算内安排等渠道共筹集投入财政资金9.46亿元，保证重点项目建设推进。

次年1月，总投资8000万元的绍兴县华通医药有限公司医药仓储物流建设项目和总投资3.98亿元的一期中国轻纺城仓储物流中心建设项目获中央及省财政专项资金650万元扶持。同年，县财政统筹预算内外财力5.92亿元，支持工业结构调整优化、印染产业集聚升级、发展现代服务业，设立9000万元服务业专项资金，支持商贸、旅游业发展，推动轻纺城“二次”创业。

2011年，县财政通过土地出让金、财政预算内安排等渠道，筹措重点建设专项资金12亿元，重点支持杭甬客运专线、萧甬铁路城区高架及水利、教育、卫生、环保、文化等公共基础设施建设。

次年10月，县财政局制订《绍兴县企业经济转型升级财政专项资金管理暂行办法》，对工业有效投入的适用对象、范围与扶持方式作了界定，并规定申报程序、资金监管和绩效评价。全年县财政兑现转型升级政策资金7.92亿元，重点用于支持传统优势产业改造提升、战略性新兴产业加快培育和生产性服务业加快发展。到年底，县财政局对14家商贸服务企业的财政补助和4家公交公司的“公交补贴”开展政策兑现前检查监督，共核减资金457万元。

2013年，县财政部门对企业新增生产设备实行设备财政贴息，驻集聚区的印染企业，符合先进工艺技术、节能环保要求的，按新增生产设备投资额一次性贴息15%；对购置县内装备制造企业生产的成套生产性设备达到200万元及以上的县内企业给予一定补助。

第二节 政府投融资和信用担保

政府投融资

地方政府投资项目融资平台公司,指由地方政府及其部门和机构等通过财政拨款或注入土地、股权等资产设立,承担政府投资项目融资功能,并拥有独立法人资格的经济实体。通过举债融资为地方经济和社会发展筹集资金,地方政府融资平台包括不同类型的城市建设投资公司、城建开发公司、城建资产经营公司等企事业法人机构,主要以经营收入、公共设施收费和财政资金等作为还款来源。

2003年11月,绍兴县财政解决2000万元的融资及全额贴息,支持全县粮食储备仓建设。次年,县经济技术担保公司和县农信担保公司为全县29户中小企业提供融资担保6044万元。

2005年,贯彻省政府《关于加强地方政府债务管理的通知》,绍兴县人民政府出台《关于进一步加强政府性债务管理的通知》,全县实施"镇债镇还,限期清偿历史债务、严格控制新债"为内容的化解镇级债务的实施方案。次年,绍兴县对镇(街)、开发区及政府直属投资公司的政府性债务管理进行调查摸底,编制单位债务偿还资金平衡方案,调整制定开发区及政府直属投资公司主要财务指标和债务统计报表,健全完善政府性债务预警管理系统。出台政府性债务管理办法。

2007年,按月通报全县政府债务余额情况,及时准确预测债务偿还规模与进度,完善偿债机制,采取盘活闲置资产、增收节支等措施,逐步清偿历年债务,控制新增债务,降低债务风险。

2008年10月18日,全市第一家获批的专为中小企业和"三农"服务的小额贷款公司绍兴县汇金小额贷款股份有限公司正式营业,由县水务集团、县兴明染整有限公司、浙江亚太集团有限公司等10家法人单位股东共同发起设立,注册资本2亿元。经营范围为办理各项小额贷款以及中小企业发展、管理业务,旨在服务中小企业,促进"三农"发展。是年,绍兴县做好政府性债务预警和分析,按月收集县级开发区、政府性直属投资公司、镇(街)的财务基础资料,通报全县政府债务情况,探索财政资金存放银行评价激励办法,提高财政资金调度管理水平,实现资金保值增值。同年,在拓宽企业融资渠道中,县财政安排专项资金,对企业首次直接上市、借壳上市和上市公司增发融资的,分别给予200万元、100万元、50万元的奖励。

2009年,绍兴县争取公益性、基础性国债补助资金1841万元,发行地方政府债券2亿元。发放省、县二级风险补偿资金趋势良好,银行新增小企业贷款累计数占全省的2.09%,省、县二级补偿金占全省累计发放额的2.11%,均大于全省小企业贷款风险户均比。

次年,贯彻国务院《关于加强地方政府融资平台公司管理有关问题的通知》精神,绍兴县健全地方政府债务规模和风险预警机制，加强政府性债务管理，完成地方政府债务及融资平台清理工作，对政府性债务进行分析，有效防范财政风险，并完善负债率、债务率、偿还率等风险监测指标体系，形成“总额控制、逐年消化、计划管理、运转高效”的地方政府举债融资机制。到年底，绍兴县财政争取地方政府债券2.3亿元，通过预算安排，资金调度、平台融资等多种方式筹集重点建设资金9.2亿元，保障杭甬客运专线、口门治江围涂、防洪排涝河道整治等县内重大工程建设。

2011年，省政府核定绍兴县地方政府债券收入为1.5亿元，其中三年期1.1亿元、五年期0.4亿元，主要用于保障性安居工程、医疗卫生文化教育、交通基础设施等方面。是年，绍兴县新增永利小贷、富邦小贷2家小额贷款公司，县内累计有3家小额贷款公司，年末贷款累计发放74.85亿元。次年3月，绍兴县汇金小额贷款公司设立袍江分公司，开创省内小贷公司异地经营的先河。是年，全县新增“华联”“贤盛”“日月”“宏泰”“兴发”5家小贷公司，到年底，全县小贷公司开业的有8家，全年小贷公司累计发放贷款110.66亿元。年末县财政局被省财政厅授予全省地方政府性债务管理工作先进单位。

2013年9月，绍兴县有政府投融资平台8个，下属政府投融资公司24家，主要以市政建设为主的城建投资公司和以交通建设为主的交通投资公司为代表，融资债务总额的67%来源于银行贷款，其他来源仅占33%。是年，县财政局出台财务总监管理办法，先后向8大融资平台派驻财务总监，负责政府投资项目融资平台财务工作的日常监督和管理，防范政府性债务风险。至年末，绍兴县化解基层医疗卫生机构基建债务，县财政专户专门筹集基建债务化解资金1910.01万元。全县国有企业新增融资142.99亿元，净增融资66.74亿元，实施土地融资抵押。

信用担保

2003年4月，解决全县农业龙头企业向外融资需要，成立绍兴县农信担保公司。公司性质为县国有资产投资经营有限公司投资组建的国有独资公司，注册资本1500万元，担保范围为全县辖区内，经工商行政管理机关核准登记的以高新技术引进、成果转化、技术改造、产品开发、环境保护、生态农业、内外贸易等符合国家产业政策及财政金融政策的中小企业的项目或业务。公司最高担保额在金融部门的认可下，控制在资本总额的六倍以内，或在农信担保公司净资产的五倍以内。被担保人的担保额，每笔一般在人民币100万元以下，同一个被担保人累计担保金额一般控制在150万元～300万元，最高不超过500万元人民币。到年底，绍兴县农信担保公司为王坛舜越绿色食品有限公司、稽东山娃子农产品开发有限公司等10家农业龙头企业提供担保2430万元；县经济技术担保公司（2000年8月成立）为30多家中小企业提供经济担保，担保总额达到11326万元。

次年，绍兴县经济技术担保公司和绍兴县农信担保公司为29户农业企业和山区个私经营户担保49笔业务，贷款担保额3287.8万元；为中小企业提供经济技术担保1亿元，其中为调整产业结构、支持非纺企业担保占59.21%，为园区企业购地建厂融资担保占12.72%,为解决企业流动资金担保占28.07%。

2005年4月,县农信担保公司、县农村合作银行和稽东镇政府联合,为稽东镇14户农户提供148万元的家庭工业小额贷款担保。绍兴县农信担保公司和绍兴县经济技术担保公司,全年分别为全县中小企业提供农信担保77笔计2646万元,经济技术担保25笔计12620万元。

次年,绍兴县创新担保机制、化解农业综合开发资金风险的具体做法和实践效果,得到省委副书记周国富肯定,批示全省各地借鉴。2007年,县财政局会同社保局和金融机构出台《绍兴县小额担保贷款实施办法》,全县开拓农信担保业务,全年累计担保27笔,担保金额2970万元。是年,绍兴县经济技术担保有限公司、绍兴县索密克信用担保有限公司,经国家发展和改革委员会、国家税务总局批准,对按以地市级(含)以上人民政府规定的标准取得的担保和再担保业务收入,自主管税务机关办理免税之日起,三年内免征营业税。

2007年,按照“农户自愿参保、政府补助推动、保险公司市场运作”原则,在全县范围内开展农村住房保险,全县共参保农户188602户,参保率为100%,总保费为188.6万元,其中保户承担55.81万元,省财政承担56.58万元,县财政承担76.21万元。

2008年,县财政安排450万元专项资金,对经县经贸局备案登记管理、注册在县域内、在县内开展业务的民营或会员制担保公司,按其月均贷款余额1%以内进行风险补偿。

2009年3月,绍兴县组建县级担保公司。4月上旬两大开发区和5个新型城镇的政策性担保公司成立。财政出资5000万元,出资比例占担保公司注册资金45%,实行国资相对控股、其余由企业参股的办法。对县政府各项经济政策可奖励给企业的资金,在5万元及以上的不再直接以现金方式奖励,作为该企业的股本金全额划转到担保公司。同时,县财政安排500万元专项资金,继续对经县经贸局备案登记管理、注册在县域内、在县内开展业务的民营或会员制担保公司,按其月均贷款担保余额1%以内进行风险补偿。建立小企业贷款风险补偿资金制度,安排300万元专项资金,与省级小企业贷款风险补偿资金按省规定匹配。全年为企业担保24笔,担保金额3116万元。

次年,绍兴县完成政策性农村住房保险总保费185.92万元,县财政承担75.04万元,参保农户185922户,参保率达到100%。

2011年6月,绍兴合生创展担保有限公司成立,注册资本5000万元,成为《融资性担保公司管理暂行办法》颁布后全市首家新设的融资性担保机构。8月,工业和信息化部下达2011年中小企业发展专项资金计划,其中中国轻纺城担保有限公司获得230万元资金补助,10月,国家开发银行浙江省分行同意中国轻纺城担保有限公司为绍兴市第二期“银政保”结构化小企业集合贷款项目参与单位。

次年,全县继续开展农村住房保险工作,全年共有参保农户180011户,参保率为100%,总保费182.11万元,其中保户承担54万元,省财政承担54.63万元,县财政承担

73.48万元。

2013年，绍兴县富邦小额贷款公司联系县林业局，组织专家对开发种植香榧园项目进行资产评估，根据资产总值，办理林地流转使用权及林木所有权抵押登记手续，全年发放贷款100万元，林地流转使用权抵押在全县金融系统贷款担保方式上尚属首次。到年末，绍兴县国有资产管理部门审批62笔（计91.68亿元）国有公司对外担保。

第五章　财政管理

改革开放后，绍兴县改革财政资金管理办法，先后进行国库集中支付、综合预算、预算外资金管理、非税收入管理等项改革，全县财政建立起“收入一个笼子、预算一个盘子、支出一个口子”的管理模式，形成“运行有序、管理规范、约束有力、科学高效”的财政管理新机制。财政管理包括财政监督、预算外资金管理、财政票据管理、社会审计等内容。

第一节　财政监督

财政监督贯穿于财政、财务管理中，依据国家法律法规和财政经济政策，对经济活动当事人，在分配和再分配过程中，对各种活动和行为进行定期或不定期的监督检查。

监督机构

1985年起，各乡（镇）设财政总会计，负责各乡（镇）财政管理。1999年4月起，绍兴县财政局内设有财政监督科，具体负责财政监督事宜。

2006年12月，绍兴县财政局内新设绩效评价科，负责全县财政支出绩效评审。

2007年3月，建立绍兴县财政支出绩效评价专家库，根据《绍兴县财政支出绩效评价专家管理暂行办法》，经过报名、审核、公示三个阶段，在报名的50余名高级人才中遴选出33名德才兼备的候选人，建立门类齐全、结构较为合理的绩效评价专家库。

2009年，绍兴县建立“县镇联动、以镇为主”的财会监管运行机制，各镇（街）、开发区和18个相关部门参与。

2010年12月，绍兴县财政机构设置进行调整，撤销预算科（税政科）、国库科、财政监督科，成立预算局、预算执行局、财政监督局。初步搭建起预算编制、执行、监督三位一体的财政管理运行模式，搭建起“三个子”（即预算一个盘子、支出一个口子、收入一个笼子，下同）的公共财政管理组织框架。

2012年12月，绍兴县各镇（街）成立财政所，加强各镇（街）财政管理。同年，全县实施财务总监制度，对全县政府投资项目融资平台及下属政府项目投融资公司派驻财务总监，对融资平台及下属投融资公司实施监督检查。

2013年6月，根据《绍兴县政府投资项目融资平台财务总监管理办法（试行）》规定，县财政局向县建设局、轻纺城建管委、鉴湖—柯岩旅游度假区管委会、县交通运输局等单位的全县8大投融资平台派驻财务总监。同年12月,因撤县设区,绍兴县财政局更名为绍兴市柯桥区财政局,原下属财政监督机构也相应更名。

制度规定

2003年,绍兴县继续贯彻执行财政部颁布的《财政部门内部监督检查暂行办法》。同年,县财政局制订《绍兴县基本建设财务管理实施细则》,对政府性投资基建项目从立项审批到竣工决算进行全过程财务监督。

次年,贯彻实施《浙江省财政监督工作规程(试行)》和《浙江省财政行政执法检查和行政处罚实施办法》,同年,贯彻实施省财政厅等部门转发财政部等《关于推动农村集体财务管理和监督经常化规范化制度化的意见》的通知。

2005年,全县贯彻实施《财政违法行为处罚处分条例》。

次年,贯彻实施财政部颁发的《财政检查工作办法》。是年,绍兴县出台《绍兴县财政支出绩效评价办法》《绍兴县财政支出绩效评价实施意见》《绍兴县财政支出绩效评价指标体系》《绍兴县财政支出绩效评价内部协调工作制度》《绍兴县财政支出绩效评价专家管理暂行办法》等文件。

2007年3月,全县贯彻实施财政部印发的《国有土地使用权出让收支管理办法》,全县土地出让收入由县财政部门负责管理,并建立相应的专用存款账户核算,纳入政府基金预算管理,县国土资源管理部门负责具体征收。全县对土地出让以镇(街)为单位按宗建档,开发应用土地出让金管理软件,对土地出让金实行全额纳库管理。是年,县财政局推进“镇财县理”工作,加强对镇(街)财政收支的预算审核,按全县财政收支预算安排及财力增减情况,优化镇级财政支出结构,加强镇(街)建设项目立项审批资金来源审核,明确资金来源,严格控制镇(街)举债建设。

次年,绍兴县政府办公室制订《绍兴县财政支出绩效评价管理办法(试行)》施行。对预算管理的财政性资金支出实施绩效评价,全县建立项目单位、主管部门和财政部门三级绩效评价体系,开展对免费义务教育、农村劳动力素质培训工程、农村公共卫生服务等项目资金的绩效评价,并由专家对评价报告的真实性和合理性进行质量评议。是年,绍兴县出台《进一步加强政府性资金预算管理意见》,明确资金管理范围,所有政府性资金收入全部纳入财政统管,所有政府性资金支出全面纳入预算管理,严格实行“收支两条线”;整合各项政府性资金,分别按一般预算、政府性基金预算、社保基金预算、国有资产经营收益预算、其他政府性资金预算等5类进行编制,实行全面预算管理。12月,县财政局制订《关于规范行政自由裁量权工作的通知》。

2009年,绍兴县深化预算管理改革,全县实现所有政府性资金全部纳入财政统管范围,所有政府性资金支出全面纳入预算管理,建立绩效评估结果与部门预算编制相挂钩的联动机制,所有县级部门预算(草案)全部提交县人代会审议。

次年5月,《绍兴县财政局财政监督内部协调工作制度》施行,对财政监督检(调)

查、绩效目标申报审核和项目计划的编制、实施、反馈和结果等环节作出规定。是年,全县社会保险基金、国有资本经营收益、预算外资金和政府性基金纳入预算管理,试行绩效预算编制。

2011年1月1日起,县财政局贯彻实施《浙江省财政行政处罚自由裁量权指导意见》和《浙江省财政行政处罚自由裁量权执行标准》。同年,县政府出台《政府投资项目审核监督暂行办法》及实施细则。

次年,县政府制定《关于进一步加强镇财政规范化建设的意见》,做好人员配备、乡镇财政资金监管、镇级"三个子"财政管理改革。

2013年7月,县政府印发的《绍兴县预算绩效管理办法(试行)》实施,规定预算绩效管理包括预算绩效的目标设立管理、预算绩效跟踪管理、预算绩效监督管理和预算绩效监督成果的应用等四个方面。预算绩效管理遵循统一领导,分级管理;程序规范,有序推进;公正透明,强化责任的三个原则。并与预算管理同步进行,推进预算管理科学化、精细化水平。全县成立预算绩效管理工作领导小组,并把预算绩效管理列入县对部门的年度工作岗位目标责任制考核,由财政部门具体负责全县预算绩效管理的组织、指导、协调、监督和考评工作。

监督检查

财政监督检查主要以财政资金涉及项目、税收财务、单位财务收支等内容,由财政部门组织或牵头实施。

2003年,全县开展政府基建投资项目管理状况调查和县重点工程财务情况检查,全年共评审项目投资估算、设计概算、招标标底等307个,总送审造价494763万元,核减27730万元。

次年,县财政局对县级重点工程开展财务检查,对"概算超估算、预算超概算、决算超预算"等"超投资""超标准"工程,在未批准前不予签署资金来源审查意见,不予标底审核,不予批复竣工财务决算,避免"三超"工程、"三边"工程和"钓鱼"工程的发生。全年共评审工程造价项目312个,总送审造价399255万元,评审后核减38142万元。

2005年,县财政部门强化政府性基建源头管理,参与项目可行性研究论证和设计方案评审,优化设计、节约资金;由专业人员参与对招标文件和施工合同造价条款的审查,合理控制投资。是年,绍兴县实施招投标项目跟踪管理,范围为政府性建设工程项目和政府采购项目,其中工程建设项目为总投资概算在1000万元以上或单次招标预算在500万元以上的;中标价下浮幅度较大的绿化、场外工程;竞争相对不足的交通、水利工程;建设行政主管部门要求实施准入限制的项目。跟踪管理内容分场内和场外两个阶段进行。跟踪中发现乙方和中介机构有不良行为和违法违规行为的,按有关法律法规和规定进行查处。全年共评审工程造价项目244个,总送审造价24.9亿元,核减2亿元。

次年,对8户事业单位开展财务监督检查,其中7户单位有财务不规范等问题,全年共评审工程造价项目240个,总送审造价23.18亿元,评审后核减1.03亿元。

2007年,县财政部门实施监督检查11户,有问题9户,违规金额16.53万元。其中专项资金检查7户,有问题6户;会计信息质量检查2户,有问题1户;年度财务收支检查2户,有问题2户,违规金额16.53万元。

次年,县财政部门加强对重点建设资金审核,减少资金拨付环节。全年实施检查31户,有问题13户,违规金额557.66万元。其中财务收支检查3户,有问题2户;专项资金检查26户,有问题9户,违规金额557.66万元;会计信息质量检查项目2户,有问题2户。是年"绍兴县公共交通有限公司会计信息质量检查"案卷,在全市财政地税依法行政案卷评比中获三等奖。

2009年,全县实施财政监督检查23户,有县财政部门实施财政监督检查18户,有问题13户,违规金额930.56万元。其中专项资金检查12户,有问题9户,违规金额160.08万元;年度财务收支检查6户,有问题4户,违规金额770.48万元。

次年,对54个项目开展财政检查,其中"小金库"重点检查项目16个;实施财政监督检查5户,有问题5户,违规金额418.72万元。其中专项资金检查3户,有问题3户,违规金额207.52万元;年度财务收支检查2户,有问题2户,违规金额211.20万元。

2011年,实施财政监督检查18户,有问题15户,违规金额1050. 41万元。其中专项资金检查3户,有问题2户,违规金额35.50万元;会计信息质量检查8户,有问题7户,违规金额45.69万元;年度财务收支检查7户,有问题6户,违规金额969.22万元。

次年,县财政局探索财政监督科学选案办法,实施检查项目18个,其中财政监督检查调查项目12个,会计监督检查6个。是年,开展公务用车治理,对58个单位170辆违规车辆处置,89个单位公务用车重新定编。

2013年,实施检查项目16个,其中财务收支检查7个,会计信息质量检查5个,专项资金检查4个,均存在不同程度问题。

绩效管理

财政绩效管理,是指财政部门对财政拨款的专项资金项目在完工后进行的审核评价。评价小组由财政局财政监督局(科)牵头,会同项目主管单位领导、有关质检部门、审计中介机构组成评价小组。

评价主要从资金使用的专项性、合理性、准确性、效益性等内容进行查核评价。评价以对项目工程的实地察看、项目财务审核、项目效益座谈等形式实施,肯定成绩,找出问题,提出整改意见。评价结果以百分制分值确定优秀、良好、合格档次,个别难以评价的则不明确档次。

2005年,县财政局对全县大额专项资金使用情况通过调阅财务账册进行检查分析评价,推行《财政专项资金绩效评价建议书》,建立财政专项资金绩效评价体系。

次年,全县遴选中介机构和成立专家库、选择4家事务所入选省级中介库,建立30人的县级专家库,作为开展绩效评价的技术支持。是年,根据省厅部署,县财政局完成

2003年度至2005年度全县促进就业再就业专项资金、集中供养机构建设专项资金等财政支出的绩效评价工作。

2007年起,绍兴县实施财政支出绩效评价,建立项目单位、主管部门和财政部门三级评价体系,完善专家库建设,制订绩效评价联席会议制度,开展新型农村合作医疗资金等专项绩效评价,对部门预算100万元以上的项目进行绩效评价。

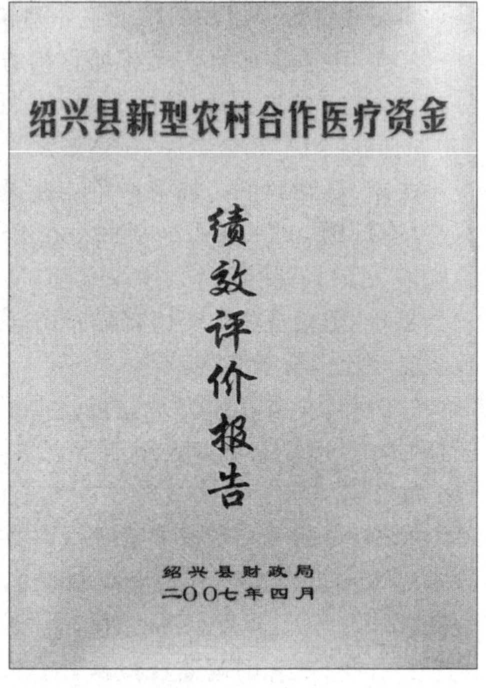

2007年4月,绍兴县财政局对绍兴县新型农村合作医疗资金进行绩效评价。

次年,县财政部门组织开展对免费义务教育、千万农村劳动力素质培训工程、农村公共卫生服务等项目资金的绩效评价,并由专家对评价报告的真实性和合理性进行质量评议。

2009年,全县评审项目49个,其中财政部门组织评审13个,涉及财政资金2亿多元。

次年,对100万元以上预算申报项目,实行绩效目标管理,全年评审项目104个,其中财政部门重点评审项目16个,其他部门和项目单位评审项目88个。

2011年,全县完成财政支出绩效评价99个,其中财政部门评审15个,部门单位自评84个。是年,确定"数字城管项目"等4个项目开展绩效目标管理试点。

次年5月,县财政局举办中介机构参与财政绩效评价工作业务培训,内容为绩效评价工作流程、评价方案编制、评价报告撰写以及评价过程中应关注重点事项。同年,绍兴县建立绩效目标管理、跟踪监控、结果应用的绩效评价机制,选择16个部门的39个项目开展财政支出绩效目标评审。是年,有64户经审批同意报废资产3901万元。

2013年,对涉村奖补资金、涉企经济政策资金、清水工程和水利工程、城市专项资金等4大类195个项目实行网上绩效监控,涉及资金19亿元。其中组织会计师、税务师事务所等8家中介机构对14个财政资金投入项目进行绩效评价。同年,对全县52个部门上报的项目绩效目标申报情况进行汇总审核,涉及资金647458万元。

2007~2013年,绍兴县财政部门组织实施绩效评价项目92个,评审项目计划投入金额351722万元,实际投入金额334501万元,评审结果确定为优秀项目28个,良好项目50个,合格项目14个。

表5-1

财政部门绩效评价情况一览表(2007～2013)

单位:万元

评价年度	评审项目计划投入额	评审项目实际投入额	评审项目(个)	其　中		
				合格(个)	良好(个)	优秀(个)
2007	31403	32033	18	9	1	8
2008	15315	15316	4	0	0	4
2009	111925	112208	13	0	5	8
2010	34104	39551	16	1	9	6
2011	18526	14275	15	1	12	2
2012	24382	24618	12	3	9	0
2013	116067	96500	14	0	14	0
合　计	351722	334501	92	14	50	28

第二节　预算外资金管理

预算外资金是指各部门、各单位根据法律、法规和财政、财务制度的有关规定,收取、提留并使用的不纳入国家预算的资金。

专项清理　政策规定

长期以来,绍兴县对各单位私设“小金库”等违反财经纪律的行为严加管理,并多次开展清理检查。

2004年,县财政局对行政事业性收费项目和收费编码重新进行确认和核定,分两批召开《浙江省行政事业性收入项目统一编码目录(2003版)》项目更替业务培训,全县142个行政事业单位财务主管或会计,预算外资金财政专户联网银行参加新收费系统的业务培训,并对新收费项目重新核定865个,从2004年4月1日起,各执收单位均须使用新收费编码。

2005年,县财政部门对行政事业性单位非独立核算经营性收入,专门设计“政府非税收入转账凭单”,对用税务票据收取的经营性收入,当天用“转账凭单”缴入财政专户,实行统一核算和管理。

次年5月,县政府制订的《关于进一步加强国有土地使用权出让金征收管理工作的通知》实施,明确财政部门是土地出让金收入的主管机关,土地出让金必须全额上缴财政,列入预算,专项用于城市基础设施建设、土地开发和其他专项支出。

2007年,绍兴县统筹考虑部门政府非税收入、经营收入和其他各项收入,实行部门非税收入与部门支出安排彻底脱钩,加强和完善部门预算监督管理。

次年,绍兴县财政部门出台《绍兴县非税收入管理办法》和《进一步加强政府性基金预算管理意见》,将所有政府性资金收入全部纳入财政统管,所有政府性资金支出全面纳入预算管理,严格“收支两条线”,实现“一个笼子”管理,完善非税收入征管体系,实行收支彻底脱钩,对预算外资金财政专户的单位政府非税收入结余在核实基础上,全额上缴财政统筹安排。是年,县财政部门对行政事业性收费开展全面清理,全县有18个部门的74项收费暂停征收,7个部门13项收费减免或缓缴。

2009年6月,对全县行政事业单位开展“小金库”专项治理。主要检查2007～2009年8月期间,有否私设“小金库”问题,分部门单位自查、自查“回头看”和重点检查三个阶段,从6月中旬开始,到9月基本结束。全县312家党政机关和事业单位(其中行政机关92家,事业单位220家)开展自查及“回头看”,自查反映出2个单位的2起“小金库”情况,违法金额455980元,均按规定进行整改处理。重点检查阶段,由县纪委、财政局、审计局等单位抽调16位业务骨干组成4个重点检查组,对36家党政机关、事业单位进行重点检查,发现一些“小金库”现象。有些部门单位工会,把一些超出《工会法》规定收入来源的收入(如房租收入、向下属单位摊派收入、主管局拨入收入)缴入工会,用于弥补经费不足和房屋修理维护、职工活动、考察旅游、业务招待、离退休人员福利等支出;有的单位的学会(协会)、食堂除正常会费收入和合理范围内弥补食堂经费不足的资金外,也有类似问题;还有一些单位的非税收入、房租收入等经营收入未纳入非税收入管理和缴入财政专户等情况。

次年,对国有及国有控股企业、社会团体开展“小金库”专项治理,全县79家国有及国有控股企业、160家社会团体自查,对31家单位进行重点检查。同年,《浙江省政府非税收入管理条例》施行(政府非税收入包括行政事业性收费等原预算外资金收入),《浙江省预算外资金管理条例》废止。

2011年,对2009～2010年的“小金库”专项治理组织复查,抽查35家单位,聘请中介机构参与检查。在复查中,全县共发现11个部门单位存在“小金库”12个,其中党政机关和事业单位私设“小金库”9个,违规金额250.1万元;国有及国有控股企业中私设“小金库”1个,违规金额35.94万元;社会团体中私设“小金库”2个,违规金额26.25万元。主要问题是有的单位房租收入、废旧物资收入、赞助费收入、下属单位上缴收入等未纳入单位财务核算;有的非税收入未纳入非税收入管理;还有的虚开票据、虚列支出等问题,对查出的问题均按规定进行了处理。是年,全县预算外资金管理的收入全部纳入预算管理,收支彻底脱钩。同年,还对全县各行政事业单位2010年度非税收入征缴情况从收入管理、财政票据管理、财政业务管理、预算执行情况等方面进行绩效考核,县公安局、县工商局、县法院等10个单位为优胜单位,有5位同志评为征管先进个人。

次年,全县建立政府非税收入收缴情况报告制度和建立政府非税收入重点费源监管机制,对全县121家非税征收单位开展调查,通过单位自查、重点抽查等方式,加强非税收入监管。

2013年，县财政部门制定《财政非税收入缴银行代理业务年度综合考评办法》，实行数据信息“三方”(单位、银行、财政)实时合一。

票款分离 收支两条线

2003年，全县继续对预算外资金实行“单位开票、银行代收、财政统管”的管理形式，所有收费全额上缴财政部门设立的预算外资金财政专户，拨款时根据年初核定的预算支出计划进行核拨。

次年，县财政部门把好银行账户开设、审批和日常监督关，一家单位只能在财政部门指定银行开设一个“基本存款账户”(支出户)，严禁单位在“基本存款账户”外开设其他账户，已进入预算会计核算中心的单位取消基本户，由中心统一核算。

2005年，全县非税收入收支两条线管理向非税收入收支脱钩管理转变。次年，全县调整非税收入项目和收费编码，完善分离征收办法。

2007年7月1日起，根据上级要求精神，绍兴县土地出让金纳入基金管理，收入全额缴入国库，支出通过地方政府基金预算列支，实行“收支两条线”管理，并以镇(街)为单位，对土地出让金实行按宗建档。次年，全县所有政府性资金收入全部纳入财政统管，所有政府性资金支出全部纳入预算管理，严格实行“收支两条线”，实现“一个笼子”管理。

2009年，全县对非税收入实行“统筹管理”，深化非税收入“收支两条线”管理，完善非税收入收支体系。次年，绍兴县完善收支彻底脱钩的非税收入管理体制，规范政府非税收入退付和往来款拨付，全县预算外财政专户资金全额上缴财政统筹安排。2011年8月，绍兴县政府非税收入实行执收单位开票、商业银行代收、财政部门监管的执收方式。

2012年，县财政部门对国有土地出让公告、合同签订、土地出让金收缴等实行全过程监管。2013年，县财政局与国土局建立商业土地出让金收缴联系制度，掌握非税收入情况。

专户存储 计划管理

2003年，绍兴县对有预算外收入单位全部实行财政专户管理，全年财政专户收入45900万元，支出50133万元。随后年，县财政局对预算单位非税收入执收部门和单位的银行账户进行再清理，对保留的165个执收单位的银行账户建立起银行账户信息档案，进行动态管理。

2005年10月1日起，设立“绍兴县土地出让金财政专户”，用于土地出让金的专项存储和清算，全县范围内所有土地出让金收入全额纳入“绍兴县土地出让金财政专户”管理，由国土局管理转为财政专户管理。是年，对行政事业单位保留的银行账户建立档案，实行账户定期监督检查，到年末，检查清理政府非税收入执收部门和单位银行账户581户。次年起，全县实行控制预算单位银行账户办法，取消账户19个。

2007年9月起，全县财政资金专户核算管理和预算单位开立账户的审批职能统一调整到县财政局国库科管理。次年起，对全县非税收入实行计划核定、收支脱钩、分成结算、支出管理等四方面管理措施。

2009年起,全县推广应用新版政府非税收入征管信息系统,完善非税收入征管。次年,全县实施预算外资金分类纳入一般预算和政府性基金预算。

2011年1月起,政府非税收入纳入综合财政预算,收入分成通过国库、财政专户、财政结算账户上解和下拨。8月,绍兴县启用新的罚没收入解缴模式,取消"绍兴县罚没收入财政专户"(过渡户)。

次年,全县对非税收入征收计划按前三年平均数,结合预计增长率进行核定。

2013年,绍兴县调整政府非税收入纳入预算管理方式,对具有专款专用性质且不宜纳入公共财政预算的资金纳入政府性基金预算管理;对国有资本经营收入的纳入国有资本经营预算管理,并梳理执收项目,调整会计科目,使各项政府非税收入按级次和规定科目缴入国库。

2003～2013年,全县预算外资金专户累计收入725042万元,预算外财政专户累计支出729181万元。

表5-2

预算外资金财政专户管理情况一览表(2003～2013)

单位:万元

年　度	2003	2004	2005	2006	2007	2008
财政专户收入	45900	36369	32731	56636	110427	150038
财政专户支出	50133	32836	33549	60349	94528	140590
年　度	2009	2010	2011	2012	2013	合计
财政专户收入	87400	118272	29528	34112	22629	725042
财政专户支出	82807	160203	27051	25888	21247	729181

第三节　财政票据管理

行政事业性收费票据,是国家机关、事业单位和政府委托机构履行或代行政府职能,向管理服务对象实施行政事业收费时,开具的收款凭证,是单位财务收支的法定凭证和会计核算的原始凭证,是财政、物价、审计、税务等部门进行检查监督的重要依据。

管理机构

县财政局设有综合科和财政票据管理中心,负责全县财政票据管理。实行财政票据管理中心岗位职责制,核定各单位月票据使用量,结报验旧换新,以票核费,收入纳管,对各单位的收费、票据、上缴专户等情况进行监督,通过计算机设置票据管理程序,按票据类型和票据进出库情况,分单位对票据审批、领购、使用、结报、库存等进行分类记录和统计。实行政务公开,票据管理政策、制度、办事程序和纪律上墙公布,接受社会监督。全县实行以计算机管理为依托,以网络管理为基础,对所有用票单位,收费项目,票据类型,票据数量等基本数据,录入计算机,实现数据共享。

管理规定

2003年,绍兴县继续执行省财政厅印发的《浙江省行政事业性收费票据管理暂行办法》,全县使用的财政票据分为统一票据和专用票据两大类。统一票据样式为四联单,专用票据分为定额票据和非定额票据两种,各单位在向县财政局领购收费票据时,须持省及以上权限部门批准的收费文件,县物价部门批准的收费许可证,申请办理票据准购证和票据管理员证,各镇统一由镇财政总会计任票据管理员,并申请办理票据准购证。票据准购证的颁发,结合预算外资金专户管理办法进行,收入以独立核算单位为一个票据购领单位,收入由主管部门集中上缴财政专户的,以主管部门为一个票据购领单位,单位凭票据准购证、票据管理员证、会计证办理收费票据购领手续。由省级主管部门统一的票据,各业务部门向省级主管部门申领前,到县财政局领取"申领表",经县财政局审核同意后,方可购领,领购后,再向县财政局登记、结报。

票据结报实行向谁购领向谁结报的办法。直接向县财政局购领的,同县财政局结算,向主管部门购领的,同主管部门结报,由主管局汇总再向县财政局结报,镇所属行政事业单位统一向镇财政结报。票据实行定期结报,用量大的每月结报,用量较少的单位2个月结报,实行"以旧换新,票款同行"的结报办法,各收费单位在购领票据时,须持前次购领并已使用的收费票据存根联和财政记账联,连同结报单和票面所收金额,向主管部门和县财政局结报。收费票据存根联经县财政局核销后,由单位按照会计档案管理的有关规定妥善保管,未经县财政局批准,不得擅自销毁。社会团体会费收入使用"浙江省社会团体会费收据",行政事业单位发生的往来款项使用"浙江省行政事业单位往来款收据"。

次年7月1日起,全县执行省财政厅印发的《浙江省财政票据管理暂行办法》,同时停止执行《浙江省行政事业性收费票据管理暂行办法》。全县财政票据分为非税收入票据和其他财政票据。非税收入票据分为通用票据和专用票据,用于纳入政府非税收入管理的各种财政性资金的收缴;其他财

2004年11月26日,在局二楼大会议室召开绍兴县财政票据换版工作会议。

政票据是指除非税收入票据和法律、法规规定必须使用税务发票外,依据国家有关规定和财务规范管理需要而设定的票据。财政票据由省财政厅统一监(印)制,实行不定期换版制度。县级收入的非税收入票据和单位使用的其他票据,由县财政部门发放;镇(街)使用的财政票据由镇(街)财政统一到县财政部门办理;派出机构或非独立核算单位使用财政票据,由主管单位统一到县财政部门办理。单位凭浙江省财政票据购领证购领票据,实行"凭证购领、限量供应、核旧换新"购领办法。财政票据按购领发放关系结报核销,实行向谁领购向谁结报、谁发放谁核销的办法。

2005年9月起,对全县学校收费票据购领实施购领申报制和存量备查制,即先由县教育局统一口径,以一个学校作为一个购票主体(包括各乡镇、街道)对总的在校学生进行统计,提出需购领的学校教育收费票据一个学年的需求量,同时对存量的票据进行盘存,统计出新的票据购领量,对需供票时间也进行明确。

2006年1月1日起,县财政局制订的《绍兴县财政票据管理暂行办法》施行,对票据管理岗位实行票据保管发放、核销审验、稽核监督"三分离",建立工作流程,公开办事指南,规范操作程序。次年7月1日起,绍兴县全面启用新版财政票据,绍兴县财政局采取宣传解释、票据清理、管理培训等3项措施确保财政票据换版进行。

2008年,县财政局对全县226家行政事业单位,74个社团旧版票据进行结报和核销。随后的2009年7～12月,对财政票据管理、使用情况开展专项检查,整个检查分为单位自查、重点抽查和落实整改三个阶段,检查对象为全县行政机关、事业单位和社团组织,着重查处伪造、使用、报销虚假财政票据行为,促进全县财政票据规范化、制度化管理。

2010年9月1日起,全县启用新版浙江省行政事业单位(社会团体)资金往来结算票据,并出台《资金往来结算票据使用管理暂行办法》,明确单位填开"资金往来结算票据"时,按照核准的项目和范围,列明业务事项,严禁"资金往来结算票据"与其他财政票据、税务发票互相串用。

2011年1月1日起,重新明确非经营性收入收款收据的使用范围为拨补经费、科研经费、赔(退)款项及其他一些零星非经营服务性收入等。

2013年9月,绍兴县医疗票据换版,县财政局为此专门召开县级医院、乡镇卫生院财务负责人会议,就医疗票据的种类、联次、适用范围及换版工作安排进行布置和培训。同年,县财政局对镇(街)财政票据实行全方位管理,主要建立票据领用、缴销登记等管理制度,实行专人保管,按"凭证领购、验旧领新、定期限量"的办法,强化票据源头管理,出具"绍兴县乡镇(街道)开发区财政票据使用一览表",便于日常对照。

第四节　社会审计

组织机构

2003年,绍兴县社会审计组织主要由中兴会计师事务所有限公司、兴业会计师事务所有限公司、宏泰会计师事务所有限公司、东方税务师事务所有限公司和益地税务师事务所有限公司等社会中介机构组成。2005年2月，绍兴县通达税务师事务所有限公司设立，兼备参与社会审计服务职能。2013年11月，绍兴中兴税务师事务所有限公司新设审计服务部。会计、税务类中介机构变革及业务开展，受财政、税务部门相关科室的管理监督。

审计检查

2000～2004年，东方税务师事务所审计业务收入1464.33万元。其中2004年审计服务业务收入超千万元，达到1021.06万元。

2005年2月至2008年，浙江通达税务师事务所有限公司为7611户(次)企业的年度所得税汇算清缴鉴证，清缴鉴证业务收入1569万元。

2008～2012年，绍兴益地税务师事务所有限公司参与“百村示范、千村整治”工程项目的绩效评价，整治工程项目总投入资金33676万元，其中财政投入14109万元，项目评价结果为良好。

2011年及以前的县级水利重大工程延续项目，由绍兴兴业会计师事务所进行绩效评价，项目总投入资金46040万元，全部使用财政资金，绩效评价结果为良好。

次年，县财政部门聘请中介机构参与财政扶持资金的兑现审核，参与对163个项目核减设备投资申报金额11.59亿元，节约财政资金1808万元，核减率为18.1%；参与基本建设财务核算，审核项目203只，核减1.97亿元；对29个村级“一事一议”项目开展投资评审工作，压缩投资计划250万元；对14家商贸服务企业的财政补助和4家公交公司的公交补贴开展政策兑现前检查监督，共核减资金457万元；到年底，全县5家会计师事务所，审计业务收入1967万元，占业务总量的88.6%，出具审计报告4504份。

2013年，县财政局出台《委托中介机构审核项目积分管理试行办法》，对中介机构参与财政监督业务进行考核，促进中介机构提高审核质量。全年县财政局委托中介机构对全县2012年度“工业有效投入”和“创新型企业”共121只项目进行审核，两项目合计申报金额20.08亿元，核减4.13亿元，平均核减率为20.57%，另对70家企业申报淘汰落后产能进行核定，企业申报淘汰落后产能净值44069.31万元，中介核定净值12286.17万元，核减31783.14万元，核减率为72%。至年末，绍兴东方税务师事务所有限公司全年审计服务收入2154.08万元，比2004年增长1.11倍。

2003～2013年，绍兴中兴税务师事务所有限公司为8059户企业所得税汇算清缴及地方税费结算鉴证，其中接受某建设有限公司委托，对其一房地产项目进行土地增值税清算鉴证，核实应缴土地增值税1亿多元；为129户出具财产损失税前扣除、企业清算等各项专项鉴证及咨询服务，其中受某集团股份有限公司委托，对其一子公司股权转让损失2.1亿元进行专项鉴证，得到税务机关认可。

第六章　行政事业财务管理

改革开放以来，绍兴县财政管理体制经历了“分灶吃饭”和“分税制”两个历史阶段，全县行政事业财务管理也随同经历“预算包干”“综合预算”的发展过程。随着财务管理体制改革的不断深入，绍兴县财政局在执行各项财务管理制度、办法、规范支出管理等方面，进行了许多探索。在行政事业单位全面实施预算内外收支统一管理上，实现了较为规范、有序的“综合预算”。

第一节　管理形式

县级行政事业单位财务，是为实现县政府行政机关及农业、教、科、文、工、交、商等事业工作任务而形成的以预算资金的分配、领拨、使用为主要内容的资金运动及其所体现的以县政府为中心的经济关系。财务管理的任务是合理安排资金，支持行政、事业单位工作的顺利开展。

制度规定

2003年，县财政部门继续贯彻执行财政部颁发的《财政总预算会计制度》《事业单位会计准则(试行)》《事业单位会计制度》和《行政单位会计制度》等一系列新预算会计制度及相关的财务规则，全县不再分全额单位、差额单位和自收自支单位，实行行政财务与事业财务分开核算，统一管理。改革后的预算会计分为财政总预算会计、事业单位会计、行政单位会计。参与预算执行的国库会计、收入征解会计(包括税务会计、农业税征解会计)和基本建设拨款会计等，其预算会计主体包括政府以及各类行政事业单位，会计核算方式由过去的收付记账法改为借贷记账法。

次年4月起，县财政部门对全县行政事业单位的银行账户开立、变更、撤销，实行审批、备案制度，并建立预算单位银行账户信息档案。

2005年，绍兴县财政部门加强对行政事业单位往来款项管理，规范预算外收入退付和往来款拨付办法，对单位往来款采用“票款分离”形式，实行“收支两条线”管理。是年，县财政局对部门事业发展和建设支出，分轻重缓急安排项目，对部门和单位组织的各项收入及安排的各项支出纳入综合财政预算。

次年，县财政局对部门预算提出要求，细化具体的预算项目和相应的政府收支分类科目,完善部门预算编制方法,升级应用“金财工程—预算编制软件”,实行综合预算法;对财政预算内拨款、财政专户核拨资金和其他收入都列入部门预算收入,统筹安排部门预算支出,优先确保基本支出,合理安排项目支出。全年行政事业性支出按预算定额标准足额安排好政府机构正常运作经费,按照“控、压”思路,压缩会议费、招待费、差旅费和公务用车费用等一般性财政支出。

2007年5月,县政府出台《关于改进和加强县级机关部门(单位)公务用车管理的试行意见》,对县级党政机关、县直属事业单位、县国有企业配备用于公务活动的车辆配备、购买和使用作出规定。同年10月,绍兴县财政局通过ISO9001质量管理体系认证,梳理、优化和再造财政工作流程,实行财政资金精细化管理。是年,实施部门预算改革,将部门预算经费划分为六大类,统筹考虑政府非税收入、经营收入和其他各项收入,实行部门非税收入与部门支出安排脱钩。第二年,按照“事先审批、事中监督、事后上报”要求,强化专项工作经费管理。

2010年9月,县财政局(县控办)联合县纪委、县监察局制订《关于进一步加强公务用车控购工作的意见》,对公务用车控购的原则、标准、对象及程序作进一步规定,严禁通过下属单位和企业购置公务用车,严禁占用下属单位和企业车辆,严禁用其他方式违规购车。

2011年,绍兴县财政局制订的《绍兴县集中核算账户资金管理办法》试行,全县实施国库集中支付改革预算单位169个,占全县预算单位89%,出台国库集中支付银行代理综合考评办法。

次年4月,贯彻执行财政部颁布的《事业单位财务规则》,对全县事业单位增加事业单位决算编制,统一预算内外收支管理。是年,绍兴县深化综合预算改革,正式启用“预算基础动态管理系统”,规范财政供养人员和基础信息管理,对预算单位基本支出及预算调整进行实时监控。

2013年1月1日起,绍兴县贯彻执行财政部重新修订印发的《行政单位会计制度》《事业单位会计制度》,进一步规范全县行政、事业单位会计核算。同年5月,县财政局对全县县级预算单位的270余名财务人员分3期进行《行政单位财务规则》《事业单位会计制度》和相关财务政策和财政资金用款计划、支付管理、个人公务卡报销常见操作等内容进行培训。是年,县财政部门重新梳理预算编制、执行、监督业务流程,健全工作运行机制,发挥“三位一体”财政组织体系的优势,完善公共预算编制管理,出台《绍兴县县级部门结余资金管理办法》,清理部门历年财政结余,盘活存量资金。

经费管理

国家对行政支出实行保证必需、励行节约、讲求效益的原则。县财政局在执行中坚持费用开支标准管理,公用经费中开支较大的差旅费、会议费,均按省统一标准和县补充规定执行,各单位均制订审批程序,寓财务监督于经费计划、使用、报支的全过程。2003年,全县行政事业单位继续实施在零基预算和综合财政预算基础上,人员经费按标准、公用业务经费按定额的原则编制支出预算,同时对山区镇实行综合财政管理。

人员经费 2003年,绍兴县对国家工作人员继续实行国家公务员制度,同时实施相配套的工资改革制度,对非公务员仍实行原工资制(全县对事业单位人员工资执行不同类型工资制和工资标准。在工资构成中,分“固定”和“活的”两部分,按全额拨款、差额拨款和自收自支三种类型单位确定工资收入。7月1日起,全县调整机关事业单位人员工资标准和增加离退休人员离退休费,机关行政人员职务起点工资标准由100元至850元分别提高到130元至1150元,其他职务工资档次标准相应提高。

2006年7月1日起,实行公务员工资制度改革和事业单位工作人员收入分配制度改革。对公务员实行新的职级工资制,将原来由职务工资、级别工资、基础工资和工龄工资四项调整为职务工资和级别工资,新的职务工资设18个档次,其中领导职务分10个档次,非领导职务分8个档次。新的级别工资由原来15个级别调整为27个级别,每个级别又分为6～14个档次,共设279个工资档次,公务员晋升职务后,从晋升职务的次月起执行新任职务的职务工资和相应的级别工资。公务员按年度考核结果晋升级别工资,按年度考核累计5年称职的,从次年1月1日起在所任职务的对应级别内晋升1个级别。按年度考核累计2年称职的,从次年1月1日起在所任级别对应工资标准内晋升1个工资档次。事业单位实行新的岗位绩效工资制度,岗位绩效工资由岗位工资、薪级工资、绩效工资和特殊岗位津贴补贴4部分组成,其中岗位工资和薪级工资为基本工资,岗位工资分专业技术岗位、管理岗位和工勤技能岗位,事业单位工作人员正常增加薪级工资以年度考核为依据,凡年度考核结果为合格以上等次的可从次年1月起增加1级薪级工资。是年,县财政局会同有关部门,贯彻执行《关于严肃纪律加强公务员工资管理的通知》,以中共绍兴县委财经工作领导小组办公室的名义印发《关于规范镇(街道)、开发区历史形成的津补贴、奖金、福利发放的通知》、由县府办转发县房改办、县财政局《关于发放在职干部(职工)住房补贴的实施意见》、县人事局会同县财政局印发《关于岗位目标责任制考核奖和津补贴、奖金、福利发放有关问题的通知》等文件,规范和完善全县行政事业单位工作人员的工资、津贴、补贴、福利等的发放。

2007年,绍兴县对公务员津贴、补贴发放进行清理,全县实行“四统一”管理(即统一政策,保留中央、省、市统一规定的项目,清理和取消部门自行发放的补贴、福利;统一标准,对年度岗位目标责任制考核奖发放等明确合理规范的标准;统一核算,单位所有财务由县预算会计核算中心进行核算;统一发放,对工奖和暂时保留的补贴、福利,由县预算会计核算中心统一发放),并进行相关业务培训。

次年1月1日起,全县公务员津贴补贴按省监察厅、省财政厅、省人事厅对《绍兴县规范公务员津贴补贴实施方案》的批复精神实施,全县对公务员管理对象、参照、依照公务员管理对象的在职及离退休人员的津贴补贴实行集中统一发放,发放的各项津贴、补贴必须由组织或人事部门审核批准,未经审批不得发放。是年7月1日起,全县镇(街)、开发区公务员津贴补贴也进入县预算会计核算中心专户集中发放。

2012年7月起，对符合条件的112家行政机关及参公事业单位进行公积金缴交基数调整，调整后，全县机关行政单位人均月缴存额约为1140元，比调整前人均提高约220元／月。9月，县委组织部、县人力社保局与县财政局联合制订《进一步规范机关工作人员工资收入管理工作的实施意见》，规范工资收入发放项目，全年收入按发放周期分为按月、按年和其他三大项，其中地方性津贴由原先的17项合并为生活性补贴和工作性津贴两项，并对各类假期期间、部队转业干部、受处分处罚人员、年度考核情况、新参加工作人员、在职人员职务变动、带薪学习等情况的待遇作了统一明确。

2013年，县会计核算中心运用工资发放平台，将全县纳入集中支付的各预算单位的编制外合同制职工以工种进行分类，掌握各预算单位的编制外合同制职工进出及工资增减变动。

公用经费　绍兴县行政事业单位公用经费主要包括公务费、修缮费、设备购置费、业务费、业务招待费、其他费用。公务费主要有办公费、邮电费、水电费、公用取暖费、工作人员差旅费、器具设备车船保养维修费、机动车船燃料费、保险费和养路费、用车费、会议费、场地车船租赁费等。

2003年，对行政事业单位公用经费中开支较大的差旅费、会议费，按省统一标准和县补充规定执行，各单位均制订审批程序，严格对经费计划、使用、报支全过程实行监督。全县开展行政事业单位资产核查，有144户县级行政事业单位进行产权登记，对53个部门142个单位历年来资产盘盈及报损进行核查，并对县级机关及镇(街)小汽车重新核编，共定编280辆，缺编73辆。到年底，全县行政事业单位公用经费(包括行政管理费及公检法司)支出年人均为5.39万元(包括交通工具购置费、办公设备购置费、修理费等)。

次年8月1日起，全县对行政事业单位公务车辆实行IC卡定点加油，将原来绍兴市石化公司、省石化公司零售公司两本手工加油卡合并为一张IC卡，统一标准、统一结算，全部手续由县会计核算中心代办，至年末，全县行政事业单位共办理358部车辆，改变原签字加油方法，有效节约财政资金。

2006年，县财政局与县招标办联合下发《关于绍兴县政府采购办公用纸实施协议供货制的通知》，对办公用纸的政府采购作出规定，行政事业单位、社会团体所需的文件、报表、账册、信笺、小册子、书刊等各种印刷物，须在定点的3家以上单位进行询价，确定承印单位。是年，根据油价持续上涨，全县提高车辆公用经费定额标准。

2007年5月，县政府印发《关于改进和加强县级机关部门(单位)公务用车管理的试行意见》，对单位工作用车配备严格实行价格、排气量“双控”，对车辆更新、报废统一按规定程序办理，继续进行车辆定点保险和维修，鼓励在岗工作人员自行解决交通用车，并给予适当交通补贴，列入财政预算管理。10月，县作风建设年活动领导小组办公室对党政机关公务用餐作出重申和规定：党政机关下基层调研或从事其他公务活动，应在镇(街)或单位食堂用餐，招待实行快餐或便餐制，中餐不得上酒，对各镇(街)、开发区也要及时规范公务用餐的相应规定。至年底,县局对全县58个部门重新定编车辆为431辆,有13个新增单位定编车辆21辆。

次年,全县压缩行政事业单位的其他专项经费和会议费、招待费等支出。加强大型会议专项经费控制,县级大型单项会议(包括人代会、政协会议等)、由县承办的省市大型单项会议以及节会等项目须按申报书规定的要求,提供真实、完整、准确的项目申报材料,做到"立项有依据、计算有标准"。

到2009年,绍兴县厉行节约,全县行政事业单位一般公用经费比上年压缩5.1%,各部门其他工作经费比上年减少8312万元,减幅达25.1%。次年,全县党政机关公用经费预算压缩5%,会议费、接待费、公务用车和出国经费实现零增长。

2011年8月,绍兴县预算单位公务卡改革配套制度出台,主要内容为"银行授信额度、个人持卡支付、单位报销还款、财政实时监督"。县财政局制定《关于预算单位公务卡有关事项的通知》,并选择县交通局、县民政局等25家预算单位开展单位公务卡使用试点,公务卡主要办理单位的水电费、电话费、煤气费、养老金等费用的托收业务及个人所得税、公积金的缴交业务,到年底,全县累计发卡257张。

2011年8月起使用的公务卡

次年,首次对全县行政事业单位2013～2014年的会议、培训、车辆保险和出差接待实施政府采购,规范行政事业单位会议费、培训费和差旅费等预算标准,推行会议定点采购制度和会议经费谁主办谁承担原则管理,对会议费实行分类分档限额管理,按特殊、一类、二类、三类等会议分类,对一至三类会议标准为400元、300元、260元,各单位举办培训班的,按每人每天不高于120元的标准开支场地租费、资料、组织等培训费用,差旅费实行凭据报销与定额包干相结合的办法,交通费和住宿费按职级分档列支,伙食补助费每人每天省外50元、县及绍兴市区外省内30元、绍兴市内所属其他县(市)为20元,公杂费分别按市外出差、市内各县(不包括绍兴县)出差每人每天30元和15元限额内凭据报销。是年,全县实现预算单位个人公务卡全覆盖,个人公务卡主要支付单位差旅费等日常公务消费,预算单位工作人员每人可申领一张,设置一定的透支额度,一般不高于5万元,县财政部门还制订《绍兴县预算单位公务卡强制结算目录》,全县累计发行个人公务卡5400多张。

2013年1月1日起,绍兴县全面推行公务卡强制结算制度,结算目录包括办公费、差旅费、公务接待费等17个大项,到11月止,全县办理个人公务卡8535张,办卡率达87.32%,累计发生个人公务卡支出报销金额1886.27万元,公务卡使用比例为31.4%,现金报销支出金额较同期下降3214.62万元,下降幅度为43.82%(全年现金支出下降44.2%)。绍兴县规定县公共资源交易中心负责政府采购定点,确定鉴湖大酒店、富丽华大酒店、天马君澜大酒店等10家饭店和香湖生态、芝塘湖福林山庄等2家农庄为2013~2014年度全县行政事业单位会议、培训、出差接待定点饭店。各定点饭店须按集中采购中标结果分类承接会议、培训,中标价格为最高限价,折扣率为最低折扣率。同时,完善公务支出标准体系和会议、接待等定点采购操作办法,明确公务车辆保险定点采购,并把县教体局、县水利水电局、县交通运输局等5个部门的预算方案报人大进行专题审议,至年底,全县"三公"经费、会议费支出比上年下降24.5%。

第二节　绍兴县预算会计核算中心

2000年12月,绍兴县人民政府成立绍兴县预算会计核算中心,核定编制人员30人,人员从县财政局内部和县机关各部门选调,也面向社会招考,工作人员挂靠县财政局,其编制、组织、人事、工资关系均在绍兴县预算会计核算中心,从本质上消除会计与单位之间的附属关系。2001年年底,全县所有行政机关部门及部分事业单位的财务核算均进入县预算会计核算中心。

制度规定

2003年12月,县预算会计核算中心对进预算会计核算中心的单位主办会计建立例会制度,以加深各单位财会业务的交流和沟通,实行每月票据催报制度和票据互审制度,坚持数据双备份和异地备份制度,加强财务数据的完整性和安全性。2004年2月起,全县乡镇教师统发范围扩大,除原有工资外,县以上的补贴、医保、住房公积金,也由县财政统发到个人账户。随后县预算会计核算中心推出"拒付理由通知书"及"会计凭证规范建议书",对不符合财务规定的票据用书面形式陈述拒付理由并提出规范建议。

2005年3月起,县财政部门推行县级机关财务预警提醒制度,县预算会计核算中心分别为各核算单位设定银行存款预警限额。当某核算单位的银行存款接近预警限额时,县预算会计核算中心就填写"财务预警提醒表",具体说明该单位的经费使用情况,并对部分单位进行季度行政成本运行分析,把分析结果送各部门单位领导,促使加强行政成本控制。同年,国库集中支付在不改变集中核算与单位资金使用权限的前提下,对单位各项零星开支实行一定限额下的财政授权支付。

次年,县会计核算中心设计县机关部门新旧"政府收支科目对照表",全面开展政府收支分类改革新旧科目预算执行数据转换工作。同时,还导入ISO质量标准体系管理,推进核算中心的规范化、科学化和制度化。

2007年1月起,县预算会计核算中心全面启用“指标管理”模块,财政预算指标下达后,后台会计根据预算分经常性经费和专项经费逐项录入“指标管理”,与前台报销系统形成联动,前台报支超过设定指标,报销系统将不予受理,使“指标管理”精确、及时和方便。

2008年,县财政强化行政事业单位专项工作经费管理,加强对项目支出用款计划的科学管理,合理控制财政资金现金流量,全年财政支出进度基本与时间同步。次年,县会计核算中心对纳入统一核算的各部门专项资金,严格执行事先审批、事中监督、事后上报的管理模式,提高财政资金使用的规范性。全面推行二级预算单位财政资金直接拨付和做好县机关部门专项工作经费统计工作。

2010年7月1日起,绍兴县确定县政府办、财政局、民政、交通、林业等5个部门及民政局下属3个二级单位,实行国库集中支付制度改革试点。县财政局成立国库集中支付试点领导小组,设立绍兴县财政国库集中支付中心,具体承担国库集中支付业务,同时,出台《国库集中支付管理制度改革方案》等一系列规范性文件,逐步实现会计集中核算向国库集中支付的转型。到次年7月止,全县有114家预算单位实行国库集中支付制度。

2013年,全县镇(街)和政府投资项目财政性资金也实施国库集中支付改革,并选择钱清镇作为改革试点先行一步。

核算实务

2003年12月,全县进入会计核算中心的单位有79家126账套。

次年,县预算会计核算中心统计,推出“拒付理由通知书”及“会计凭证规范建议书”,全年共拒付不符合规定的票据195笔,拒付金额391.3万余元,发出规范建议书14份。同年,全县外经、外贸奖励补贴由县预算会计核算中心统一拨付到各受奖单位,共计拨付奖励金额992.9万元,有21个乡镇(街道)的186家外贸企业受益。是年,县会计核算中心对纳入核算的71家单位的2105名在职人员医疗保险个人负担部分在工资中的扣除额与县医保中心进行核对。

2005年4月,绍兴县会计核算中心完成2004年度会计档案归档整理工作,共整理各类会计凭证、账册、报表1764卷。

次年,县会计核算中心拒付不规范业务支出92笔,拒付金额179.78万元,发出经费预警提醒书17份。是年,县会计核算中心完成2005年度财务档案的归档整理,共计会计凭证、账册、报表1812卷。

2007年4月,预算会计核算中心完成纳入中心核算单位2006年度会计档案的整理、归档工作,共归档各类会计凭证、会计账册、会计报表2060卷。是年,县财政部门先后分三批将61个实行“四统一”管理的部门纳入会计核算集中审核,共移交各类工会、协会、学会及下属单位账户142套,分批进行银行账户清理后纳入核算中心管理。

次年7月,县会计核算中心会同预算科和财监科对部分教育专项经费进行检查,重点抽查“2007年秋季中小学国家免费教科书退费专项”和“财经学校、县职业教育中心的实训基地补助经费”两个专项资金的使用情况。

2012年3月，县财政局对全县教育系统及省垂直管理的75家预算单位实行国库集中支付并对其进行培训，至此，全县有276个预算单位纳入国库集中支付改革范围，共审批、开设预算单位零余额账户261个。

2013年11月，县会计核算中心整合系统平台，实现支付系统数据生成会计凭证的功能，通过事业单位会计科目转换工具，实现新旧会计科目的自动转换。

第三节　基本建设财务管理

基本建设财务管理，与生产经营中的财务活动和行政事业单位经费管理活动相比，具有项目审批严格、资金用途专项、调拨手续严密、结算期限较长等明显不同的特点。

管理机构

1999年4月起，绍兴县财政局内设财政投资预决算评审咨询中心，负责政府性投资项目的评审。2002年1月起，县财政局内设经济建设科，负责全县基本建设财务管理。2008年3月，绍兴县政府投资项目审核中心建立，负责政府性投资项目管理，由县政府委托县审计局代管。2010年3月起，县审计局代管的绍兴县政府性投资项目审核中心，成建制划转县财政局下属的绍兴县财政项目预算审核中心，负责全县基本建设投资项目审核工作。

制度规定

2003年6月，县财政局制订实施《绍兴县基本建设财务管理实施细则》。全县以财政预算内、外综合财政预算安排的基本建设资金，政府性负债建设资金，转让、出售、拍卖国有资产、经营权所得资金，其他财政性基本建设资金投资的基本建设项目，由县财政局审查其项目的计划性、合理性、正确性。对基建账户未进入县预算会计核算中心进行核算的项目，建设单位应在银行开设基本建设项目专用账户，按规定向财政局申拨资金。县财政局按“基本建设年度支出计划、基本建设年度支出预算、基本建设程序、项目建设进度及各种资金来源的同比例匹配到位”的原则拨付建设资金，并按投资额的5%保留工程余款，经工程竣工验收合格、竣工财务决算审批后结清余款。项目资金专项专用，不能混用、挪用，逐步实行财政直拨支付制度。2004年起，县财政对县级基本建设项目资金进行财政直接拨付试点。

2005年，县财政部门强化政府性基建源头管理，参与项目论证和设计方案评审，参与招标文件和施工合同造价条款审查，加强对建设单位管理费及各种规费等其他费用的评审管理，评审重点由事后评审向事前、事中评审转移。2006年，对全县医疗卫生单位基本建设和设备购置提供财政贴息，并启动“公共卫生服务信息系统”建设。2007年，县级财政扩大直接拨付试点范围，县财政参与基本建设各阶段程序化管理，并对工程招标标底、投资估算、设计概算、竣工结算进行审核，参与投资计划调整审查、设计变更和超投资管理。

2008年,绍兴县实施政府性重点建设项目“代建制”管理和资金财政直接拨付试点,县财政加强对重点建设资金审核,减少资金拨付环节,提高财政资金的使用效益。

2011年,制定《绍兴县政府投资项目审核监督暂行办法》及实施细则,明确审核监督职责,实行限额监督管理。对单项20万元以上工程变更和500万元以上拆迁项目,采取自行审、专家会审和中介委托等方式进行审核监督;对单项20万元以下工程变更和500万元以下拆迁项目由项目主管部门或镇街(开发区)负责审批,报县财政局等相关部门备案。此外,还建立抽查监督制度,对审核监督以外的政府投资项目,采取相关部门共同参与的抽查比例为10%的定期抽查方式,强化违纪责任追究。

次年,实行以资金监管为中心,以项目前期管理、概算控制、政策处理及规范拆迁监管为重点,加强政府投资项目资金财务监管,对财政性资金安排500万元以上建设项目进行督查,检查面不低于90%,并通报检查结果。

2013年8月1日起,绍兴县选择县教育体育局、县交通运输局政府性投资项目实施国库集中支付试点,对试点单位政府投资项目财政性资金中的工程采购支出、货物和服务采购支出及单笔支付在10万元(含)以上的其他支出,通过财政零余额账户实行财政直接支付。同年,绍兴县财政部门启动镇(街)财政国库集中支付制度改革,并选择钱清镇作为试点。

审核评审

县财政部门主要通过对基本建设工程项目投资估算、设计概算、招标标底合同的评审,对建设单位政府工程招标、政府工程施工合同、工程造价、工程竣工决算的审核以及对拆迁搬迁补偿项目、工程变更投资和政府采购清单等的审核实施对基本建设投资的监督管理。2003～2013年,全县累计评审单位工程造价项目1166个、审核政府工程招标文件和政府工程施工合同等2049只、审核工程变更投资合同和政府采购清单532份(宗)。累计总送审价362.35亿元,经审核后核减18.54亿元,核增1.77亿元。

表6-1

绍兴县基本建设项目财政审核情况统计表(2003～2013)

单位:亿元

年度	审核评审数量情况	总送审价金额	核减金额	核增金额
2003	评审投资估算、设计概算、招标标底等合同307只	49.48	2.77	–
2004	评审柯海大道、经济适用房等单位工程造价项目312个	39.93	3.81	–
2005	评审单位工程造价项目244个	24.90	2.01	–
2006	评审单位工程造价项目240个	23.18	1.02	–
2007	评审单位工程造价项目263个	40.08	2.62	–
2008	审核建设工程竣工决算52个	10.90	0.91	0.03

续表6-1

年度	审核评审数量情况	总送审价金额	核减金额	核增金额
2009	评审单位工程造价项目55个、评审工程政府采购清单149宗	2.10	0.10	-
2010	审核拆迁项目评估、搬迁补偿合同103只；审核政府工程标底预算合同191只；审核工程招标文件145只；审核政府工程施工合同92只；审核工程变更投资合同292份。	31.64	0.98	0.14
2011	审核拆迁项目评估报告24只、审核政府工程标底预算合同208只、审核政府工程招标文件186只、审核政府工程施工合同49只、审核工程变更投资合同14份。	38.37	1.34	0.44
2012	审核拆迁项目评估报告48只、审核政府工程标底预算合同155只、审核政府工程招标文件128只、审核政府工程施工合同41只、审核工程变更投资合同38份。	53.06	1.77	0.73
2013	审核拆迁项目评估报告15只、政府工程标底预算合同161只、审核政府工程招标文件142只、审核政府工程施工合同54只、审核工程变更投资合同39份。	48.71	1.21	0.43
合计	审核工程造价等项目1166个、审核政府工程招标文件等2049只、审核工程变更投资合同等532份。	362.35	18.54	1.77

第四节　乡镇财政财务管理

管理机构

2003年，全县继续实施镇（街）财政总会计制度，全县从事镇（街）财政管理工作有65人（包括列入公务员编制人员），负责具体镇（街）财政财务管理，并受当地财政分局（所）业务管理。同年5月起，县财政局分别在柯桥、钱清、福全、滨海和平水设财政分局，负责所辖地区镇（街）财政财务管理事务。2012年11月起，全县各镇（街）完善财政财务管理机构设置，先后成立财政所，配强财务人员，具体负责镇（街）财政财务管理，保障镇（街）财政实施监管工作必要的人力、经费和工作条件。

2012年11月27日，在兰亭举行全县镇（街）财政所授牌仪式。

财务制度

2003年,县政府对各镇(街)财政收支提出要求,在严格执行“预算法”同时,坚持和加强综合财政管理能力,发挥镇(街)经济特色和优势,发展镇(街)级经济,培养财源。在支出上要求统筹兼顾,量入为出,调整支出结构,加强资金管理,提高资金使用效益。县财政局加强镇(街)预算编制的指导,进行镇(街)预算编制试点,界定明确镇(街)财政收入预算级次。次年,镇(街)人大审议制度得到完善。县财政部门调整和划分县、镇(街)两级政府的事权与财权,制定财力集中办法和转移支付制度,增强县级财政的调控能力。

2005年,全县推进农村综合改革试点,县财政局牵头组织和指导安昌镇完成农村综合改革试点,并拟定“以公共财政为重点、镇财县理为抓手”的财政管理体制改革实施方案及“镇债镇还,限期清偿历史债务、严格控制新债”为内容的化解镇级债务的实施方案,修订和完善《镇级财政综合预算管理办法》。

次年起,由县财政局下属各财政分局协助所属镇(街)编制收入预算,镇(街)级财政预算草案(包括预算调整方案)在提交镇(街)级人大会议审议前,必须先由县财政局进行业务审查,重点审查“吃饭”资金、法定支出、社会公共事业支出,以及公益性、基础性建设支出。在此基础上,建立起镇(街)级财政财务内控制度,镇(街)财政总会计不得兼任单位会计,镇(街)级财政预算编制、执行、调整和决算接受镇级人代会的监督。

2007年,县财政局按照“保障民生、发展优先、区别对待、权责对等”四原则,制定新一轮县对镇街、开发区财政体制方案。对镇(街)、开发区的财权、事权进行重新界定,修订完善县对镇街、开发区的财政分成政策。

2008年,绍兴县深化“镇财县理”办法,县财政部门按月收集镇(街)财务基础资料,以强化对镇(街)财政业务指导与监督。次年起,县政府进一步完善镇(街)财政管理体制、制定镇(街)财政管理考核办法(考核办法从财政综合管理,收入级次划分,报表体制结算及其他财政管理工作等方面进行分类分条考核,指导督促财政分局对镇(街)财政财务的考核管理)、强化对镇(街)财政总会计业务培训、加强财政级次核定调整考核等四项措施加强镇(街)财政财务日常管理。采取县财政加大镇(街)一般转移支付力度,完善财政转移支付制度,在转移支付安排上重点向南部山区和经济相对薄弱镇倾斜。

2010年起,全县镇(街)财务核算实行联网,进行实时查询和监控。是年,贯彻《浙江省财政厅关于印发切实加强乡镇财政资金监管工作的实施意见的通知》,全县镇(街)、开发区所有财政资金纳入监管范围,考核财政资金使用绩效。建立财务内控制度,规范银行账户开立,严格执行财务审批“一支笔”制度和公共物品政府采购制度,严禁私设“小金库”,县财政进一步加强对镇(街)财政财务管理和业务指导。

2012年,全县贯彻落实省政府印发的《关于进一步加强乡镇财政建设的意见》和省财政厅制定的《关于开展乡镇财政管理规范化建设的通知》精神,以健全乡镇财政机构和队伍的要求,从机构设置、人员配备、资金监管等方面规范管理。至年末,绍兴县各镇

(街)挂牌成立财政所,并建立健全镇(街)财政资金监管工作机制,镇(街)所有财政资金纳入监管范围,特别加强对直接或间接补助到农民的财政资金的监管。2013年起,绍兴县全面推进镇(街)财政规范化建设,完善镇(街)财政主要业务流程,建立健全考核办法、业务轮训和巡查抽查制度。是年,完成镇(街)财政和镇(街)公共服务平台建设,实现财政资金就近监管、财政服务就地就近提供。

第七章　企业财务管理

企业财务管理是财政管理的重要组成部分，其核心是搞好国家与企业的分配关系，通过贯彻执行财政政策、财务制度和财政专项资金使用制度以及建立完善现代企业制度等方面进行管理。

第一节　财务管理

制度规定

2003年，绍兴县先后出台《关于加强开发区和政府直属投资公司工奖考核管理的若干意见》和《关于加强开发区和政府直属投资公司财政财务管理的若干规定》，进一步规范政府直属投资公司财务管理。

次年，贯彻省财政厅《关于实施企业财务快报改革工作的通知》。是年，县财政部门以全县"外贸转型年"和"产业升级年"为动力，综合运用财政贴息、奖励、经济担保等多种手段，支持自营出口企业、高新技术企业和全县规模型企业的发展，提供招商引资保障。

2005年1月起，全县贯彻实施财政部颁发的《小企业会计制度》。次年2月起，全县贯彻落实财政部发布的39项"企业会计准则体系"，内容涵盖主要会计业务，与国际会计通行标准趋同。

2007年，贯彻财政部颁布的《金融企业财务规则》。是年，对涉企、涉粮等财政补贴资金先后制定《绍兴县建设先进制造业基地财政专项资金管理暂行办法》《绍兴县中小企业专项扶持资金使用管理暂行办法》《关于加快现代服务业发展的政策意见实施办法》等规范性文件，并在资金申报、审核、拨付等工作程序上导入ISO9000内部管理体系。会同县经贸局、县科技局、县三产局等资金归口单位对企业申报材料、资金拨付、资金使用进行跟踪监督、专款专用，防止截留或挪用。

2009年，制定《关于进一步推进企业分离发展服务业工作意见》及《企业分离服务业专项考核办法》，规定全县有关企业根据产业发展规律及产业分工，可将生产流程中的一个或几个具有生产性的服务环节从原企业中分离出来，设立独立的法人企业，以促进企业及相关行业的工业技术进步、产业升级和生产效率提高。绍兴市地税局分配绍兴县地税局企业分离发展服务业的任务当年为35户，实施结果为48户，超额完成市局下达的目标任务。同年,县财政局汇编发放《企业财会管理百例》1700多册,发至1000多家规模以上企业及集团企业。

2011年,绍兴县出台《商贸服务业发展政策细则》(下简称细则),明确营业用房须属商业用地性质新建筑竣工后第一次投入使用,项目须具有一定资质的中介机构出具专项审计报告可获取奖励,并对首次使用商业用房、总部经济园建设、“611”建设、企业做大做强和提升改造等奖励项目建立备案制度,在装修、入住、投资前向商务局备案。《细则》对投资额的奖励更规范慎重,同时对政策项目进行事前备案考察、事中资料和实地审核、事后追踪问效。

次年,实施财务总监制度,对全县重点国有或国有控股企业实行派驻财务总监,对重点企业财务实施监督检查。

2013年2月,县政府出台《关于明确绍兴县政府投融资平台财务总监职责(试行)的通知》,要求派驻的财务总监做到参与不干预、到位不越位、寓监督于服务中的工作原则做好派驻企业的财务监督工作。同年,县政府出台《关于进一步促进个转企工作的若干意见》,据此政策符合产业政策导向且规模较大、拥有自主知识产权或品牌的个体工商户均可转型升级为企业。全县符合产业政策导向的是指制造加工、文化娱乐、住宿餐饮、轻纺贸易、商场超市、创意研发等行业的个体工商户,较大规模是指设立金额或投资金额在50万元以上;或经营场所面积达到300平方米以上;或雇工人数常年在8人以上;或年产值200万元以上或工业性年销售额100万元以上、商业服务性年销售额(营业收入)180万元以上;或已经税务部门核定为一般纳税人资格的个体工商户。至年末,全县个体工商户转型为企业的共776家。

人员工资列支

企业工资薪金在计税工资标准限额内按实际支付计算。对原实行“工效挂钩”工资办法的企业,实行“一挂一低于”办法,准于税前扣除,即工资总额与企业应纳税所得额挂钩浮动,企业应纳税所得额增长,工资总额上浮,反之,工资总额下浮;同时,企业工资总额绝对增长额必须低于企业应纳税所得额绝对增长额,浮动比例控制在1∶0.6至1∶0.8以内。经县“工挂办”审核,企业当年实际发生的工资支出额低于“一挂一低于”办法核定的工资总额,在计算应纳税所得额时,其当年实际发生的工资支出额准予全额扣除。企业当年实际发生的工资支出额高于“一挂一低于”办法核定的工资总额部分,在计算应纳税所得额时不得扣除,应作相应的纳税调整。

原实行“工效挂钩”工资办法的企业改组改制后,是实行“一挂一低于”办法或改按执行计税工资办法,由企业自主选择确定,并报主管税务机关备案。改制企业选择实行“一挂一低于”办法的,以原实行工效挂钩办法最后一年剔除当年实际发生工资支出额的企业应纳税所得额和企业实际发放的工资总额为浮动基数。

2006年1月1日起,国有及国有控股企业报经有关部门批准仍可继续执行工效挂钩办法,其他企事业单位或者组织除国家另有规定外,一律执行计税工资政策。

2008年1月1日起,《中华人民共和国企业所得税法》及其实施条例施行,其中规定企业发生的合理的工资薪金支出,准予扣除,包括基本工资、奖金、津贴、补贴、年终加薪、加班工资,以及与任职或者受雇有关的其他支出。对工资支出合理性的判断,主要包括雇员实际提供了服务,报酬总额在数量上是合理的两个方面,实际操作中主要考虑雇员的职责、过去的报酬情况,以及雇员的业务量和复杂程度等相关因素,同时还要考虑当地同行业职工平均工资水平。

工资附加费列支

依法建立工会组织的企业,每月可按全部职工工资总额的2%向工会拨缴工会经费;企业职工福利费、教育经费分别按工资总额的14%、1.5%计提。

从2004年起,停止企业提取贴农金(农业发展基金)政策,对不建工会的乡镇企业终止计提文体费。

2006年起,企业所得税纳税人税前扣除的职工工会经费、职工福利费、职工教育经费分别按计税工资总额的2%、14%、2.5%据实扣除。

2008年1月1日起,根据《中华人民共和国企业所得税法》及其实施条例规定,企业发生的职工福利费支出,不超过工资薪金总额14%部分准于扣除。

固定资产

全县企业固定资产折旧,按从投入使用月份的次月起计提折旧;停止使用的固定资产,从停止使用月份的次月起停止计提折旧。固定资产在计算折旧前应当估计残值,残值比例统一按原价的5%确定。

固定资产计提折旧的最低年限是房屋、建筑物为20年,机器、机械和其他生产设备为10年,电子设备、火车和轮船以外的运输工具以及与生产经营有关的器具、工具、家具等为5年。

允许实行加速折旧的企业或固定资产主要有电子、化工、医药等生产企业的机器设备;促进科技进步、环境保护和国家鼓励投资项目的关键设备,以及常年处于震动、超强度使用或受酸、碱等强烈腐蚀的机器设备;外购的达到固定资产标准或构成无形资产的软件,加速折旧采用余额递减法或年数总和法。

企业的固定资产修理支出可在发生当期直接扣除,对固定资产改良支出,如有关固定资产尚未提足折旧的可增加固定资产价值,如已提足折旧可作递延费用,在不短于5年内平均摊销。企业以融资租赁方式租入的机器设备,折旧年限按租赁期限和国家规定的折旧年限孰短原则确定,但最短不短于3年。

2006年1月1日起,企业用于研究开发的仪器和设备,单位价值在30万元以下的,不作固定资产管理,可一次或分次计入成本费用;单位价值在30万元以上的,作固定资产管理,并允许其采取双倍余额递减法或年数总和法实行加速折旧。

其他规定

主要有招待费、捐赠、社保基金、清凉饮料费等列支问题。

招待费 企业业务招待费可按全年销售(营业)收入净额的一定比例计算据实扣除。业务招待费全年销售(营业)收入净额在1500万元以下的,不超过销售(营业)收入净额的5‰;全年销售(营业)收入净额超过1500万元的,不超过该部分的3‰。2008年1月1日起,企业发生的与生产经营活动有关的业务招待费,按照发生额的60%扣除,且扣除总额全年最高不得超过当年销售(营业)收入的5‰。

捐 赠 企业将存货、固定资产、无形资产或有价证券等用于捐赠,应分解为按公允价值视同对外销售和捐赠两项业务进行所得税处理。企业通过非营利的社会团体、国家机关向教育、民政等公益事业和遭受自然灾害地区、贫困地区的捐赠,在年度应纳税所得额3%以内部分准予扣除。2008年1月1日起,企业通过公益性社会团体或县级以上人民政府及其部门,用于《中华人民共和国公益事业捐赠法》规定的公益事业的捐赠,在年度利润总额12%以内部分,准予在计算应纳所得额时扣除。

社保基金 企业按规定标准提取并应向地税部门缴纳的社保基金(包括养老基金、医疗基金、工伤基金、生育基金和失业基金)准予在缴纳企业所得税前扣除,对应由职工个人负担(由企业代扣代缴)部分不得在税前扣除。

清凉饮料费 企业在职职工按规定标准发放的夏季清凉饮料费准予列入企业成本费用。2003年,企业高温作业工人每人每月120元;非高温作业工人每人每月100元;一般工作人员每人每月95元。发放时间为4个月。2006年起,在职职工夏季清凉饮料费发放标准为高温作业工人每人每月160元、非高温作业工人每人每月130元、一般工作人员每人每月110元。发放时间为4个月。2008年1月1日起,《中华人民共和国企业所得税法》实施,企业按规定标准发放的夏季清凉饮料费允许在税前扣除。

第二节 扶持企业发展

现代企业改制

2003年,县轻纺城大酒店、县外贸集团等7家县属企业完成改制。这年,全县财政登记外商投资企业336户,总资产345亿元,净资产102亿元,企业主营业务销售收入174亿元,出口销售收入56亿元,净利润389亿元。

2004年,全县国有及年产品销售收入500万元及以上非国有工业企业完成工业现价产值951.24亿元,产品销售收入926.73亿元,利润总额41.15亿元。这年,县信用联社和稽山宾馆相继改制,轻纺城家电市场和咸亨大酒店实施国有股退出。全年,全县财政登记外商投资企业442户,总资产462亿元,净资产127亿元,企业主营业务销售收入243亿元,出口销售收入72亿元,净利润4.7亿元。

2005年,全县规模以上工业企业达到899家,比2004年增加121家,其中产品销售收入超亿元的企业193家,超10亿元及以上的企业22家,超20亿元的企业5家,超60亿元1家。全县上市企业累计达到8家,企业管理创新在全县面上不断推广。

次年,全县有外商投资企业564家,资产总额670亿元,利润总额760亿元,实际投资总额240亿元,实际利用外资110亿元,实缴税收23亿元。

2007年8月,全县有外商投资企业564家,占全市外商投资企业总数的25%,在县级单位兴办外商投资企业名列全省第一,全县外商投资企业资产总额为670亿元。同年,县财政局通过绍兴县国有资产投资经营有限公司,完成对绍兴县大香林建设投资有限公司的增资,注资3000万元,公司注册资本达到5000万元,为国有独资。

次年,县财政部门引导扶持创业创新,激励经济转型升级,支持新型企业培育,发展现代服务业,县财政对当年度完成股份制改造或境外上市所需的并购重组的,每家奖励10～20万元,全县完成直接上市1家、再融资1家、并购重组3家、股份制改造1家,专项奖励330万元。

2009年,开发"绍兴县企业监测预警平台",对1000多家规模以上企业及集团企业实施财务风险预警,形成以销售环节、生产环节、投融资环节、财务比率和重大事件等5方面信息为重点,以"突增""突减""突发"的三突分析为核心的财会监管指标及评估方法体系,对企业可能出现的财务风险做到早预知、早发现、早防范。县政府继续鼓励企业"零增地"技改、上市融资、并购重组。发展服务业,实施企业主辅分离、发展总部经济和现代物流业,全县有52户企业实施分离,从工业企业中分离企业购销环节,成立电子商务公司,从工业企业中分离物流业,建立物流基地。

次年,全县87家企业实施二、三产分离,涉及商贸、物流、建筑安装、科技研发设计等行业,分离企业全年实现营业收入8.3亿元,产生地方税费2992万元,其中营业税1391万元。

2011年,全县又有11户行业龙头企业实施分离,涉及商贸、物流、建筑安装、科技研发设计等行业,分离实行项目化管理。这年,县地税局出台促进股权投资类企业发展工作方案,全县共有投资近88亿元,6户企业申报入库股权投资类税收1.1亿元。

次年4月,绍兴县纺织工业创意设计基地被列入全省12个特色工业设计基地之一,经县政府批准,由县财政局出资,以县国有资产投资经营有限公司名义,投资1000万元设立绍兴县纺织工业设计管理服务有限公司,为纺织工业设计咨询服务。同年,中国轻纺城完成并购重组,再融资14.76亿元,"明牌珠宝"和"精工钢构"发行公司债券分别为10亿元和7亿元。"会稽山绍兴酒""华通医药"向中国证监会发行审核委员会递交上市申请。"剀利包装""龙华精细"完成股改。这年,全县新增股权投资类企业19家,注册资本14.34亿元,年末,全县有股权投资类企业56家,注册资本合计49.14亿元,对外投资项目77个,投资总额32.12亿元。是年,县地税局在促进浙商、越商和轻纺城布商回乡投资和创业创新中,全年引进浙商回归项目32个,当年到位资金46.2亿元,入库税款4.7亿元,县地税局被省地税局评为支持浙商创业创新先进单位。

表7-1

绍兴县上市公司基本情况一览表(2003～2012)

股票名称	上市时间	上市地点	所在镇(街)
宝业集团	2003年6月30日	香港(H股)	杨汛桥镇
精工钢构	2003年6月买壳	上海(A股)	华舍街道
浙江展望	2004年2月18日	香港(H股)	杨汛桥镇
JISHAN(稽山)	2004年5月10日	新加坡(红筹)	福全镇
精工科技	2004年6月25日	深圳(中小板)	华舍街道
三力士	2008年4月25日	深圳(中小板)	柯岩街道
YHL(洋毫)	2009年3月20日	澳大利亚	平水镇
四海股份	2009年6月买壳	深圳主板	安昌镇
SHU(绅花)	2009年7月30日	澳大利亚	杨汛桥镇
亚太药业	2010年3月16日	深圳(中小板)	柯桥街道
明牌珠宝	2011年4月22日	深圳(中小板)	福全镇

2013年4月,县财政局完成对2012年度全县外商投资企业的财政年检,全县批准登记外商投资企业630家,财政年检外资企业560家,收集审核财政部要求上报的2012年度外商投资企业财务报表541套。全年全县确定20家重点企业进行跟踪服务,注重上市后备企业管理,加强涉企财政补助资金的监管。到年底,“天耀光电”“鸿能光电”和“中非织造”3家企业完成股改。“三力士”和“精工科技”企业并购,金额分别为4100万元和4000万元,债券融资56.32亿元。“优创科技”向中国证监会发行审核委员会递交首发上市申请。“金蝉布艺”“天耀光电”等7家企业在浙江股权交易中心挂牌。全年新增股权投资类企业3家,注册资金1.65亿元。全县累计股权投资类企业59家,注册资本合计50.79亿元,对外投资项目82个,投资总额33.60亿元。

财政扶持企业

2003年,县财政在全县企业的产业升级和自营出口中,共拨付企业挖革改资金、科技三项费用12140万元,出口贷款贴息、补助、引资奖9080万元,向上级争取各类企业扶持资金3900多万元。次年,县财政共拨付企业自营出口、技改创新、品牌战略等扶持奖励资金共7358万元。2005年,县财政对全县工业重点建设项目财政补贴739万元,节能专项补助资金204万元,拨付自营出口奖励、非纺和服装名牌新产品奖励、中小企业国际市场开拓、出口商品贴息等外向型经济扶持2909.91万元。

次年7月,浙江蓝天实业集团、浙江永通染织等7家企业,富丽华大酒店等8个项目,获2005年度商贸服务业财政专项奖励370万元。同年,县政府对2005年度获得中国名牌产品、中国驰名商标、国家免检产品、浙江省名牌产品、浙江省著名商标、绍兴市农产品商标和参与国家(行业)标准和省级地方标准的50家企业进行奖励,合计奖励资金554万元。

2007年,县财政对全县定型机废气整治专项资金全部发放到位,发放奖励金额547万元,治理301台,涉及到11个镇(街)、开发区。次年,县财政局向58个生产性设备投入(500万元以上)的技改项目发放预兑现补助资金总额1852万元。对企业当年生产性设备投入500万元以上的工业项目,按当年度项目实际设备投资额的2%以内进行贴息,其中对不新增用地面积、企业内部"零土地"技改的工业项目,按当年度项目新增实际设备投资额的3%以内进行贴息。

2009年,全县设立1.33亿元专项资金,推动工业转型升级。设立4500万元服务业专项资金,支持商贸、旅游业发展。是年,向上级争取各类补助资金5554万元。2011年,县财政又设立2.9亿元工业转型专项资金,推动工业转型升级,支持纺织产业提升。投入8972万元服务业专项资金,支持商贸、旅游、服务业发展。

2012年,县财政鼓励浙商投资,对浙商企业在绍兴县投资兴办经备案(核准)的工业项目,固定资产投资达到5000万元、5亿元、10亿元或实到外资500万元美元、2500万美元、5000万美元的,分别按当年度项目实际完成生产性设备投资额4%、5%、6%内给予奖励。同时设立2.65亿元专项资金,推动工业转型升级,促进企业节约集约发展;设立1.4亿元服务业专项资金,推进轻纺城二次创业,支持商贸、旅游业做强做大。

2013年,县财政部门实施创新驱动战略,助推转型升级。全年累计拨付经济转型升级资金7.83亿元,重点用于现代服务业发展、传统纺织业改造提升。

第三节　家电下乡活动

家电下乡,是中央为服务"三农"、扩大内需,对农户购买的家电下乡产品财政给予适当补贴而实施的政策。实施补贴对象为具有农业户口的人员,在经有关部门确认备案的网点购买家电下乡产品,可申报财政补贴,财政补贴的标准为产品销售价格的13%。浙江省实施期限从2009年2月1日~2013年1月31日,暂定四年,绍兴县按中央和省规定全面落实。

组织实施

2009年4月起,绍兴县成立绍兴县家电下乡工作领导小组,县财政部门在银行设立家电下乡补贴专户,设立专岗专人专用设备做好家电下乡补贴工作,并采取"家电下乡销售网点代办申报,邮政储蓄银行柯桥支行审核确认并兑付"的方式,全县共备案79家销售网点。家电下乡补贴审核兑付程序开始实行"镇(街)财办审核,县财政局兑付"的方法。为方便农民兑付,从6月起,采用"镇(街)财办审核并直接兑付"(即镇级审核、镇级兑付)的办法,在农民提出补贴申请的15个工作日内,补贴资金兑现到位。

2011年6月20日，召开家电下乡、以旧换新监管工作专题会议。

下乡成效

2009～2012年，绍兴县家电下乡、汽车摩托车下乡和家电以旧换新共财政补贴11529.09万元，其中家电下乡129015台，财政补贴4097.08万元；汽车摩托车下乡17174辆，财政补贴3163.17万元；家电以旧换新107117台，财政补贴4268.84万元。

表7-2

绍兴县家电、汽车摩托车下乡财政补贴情况统计表（2009～2012）

单位：万元

年　度	家电以旧换新（台）	财政补贴金额	家电下乡（台）	财政补贴金额	汽车摩托车下乡（辆）	财政补贴金额	合计财政补贴
2009年	0	0	12180	395.53	3492	733.35	1128.88
2010年	31808	939.84	31611	942.55	9213	2010.82	3893.21
2011年	58828	2861.00	27070	849.00	2667	309.00	4019.00
2012年	16481	468.00	58154	1910.00	1802	110.00	2488.00
合　计	107117	4268.84	129015	4097.08	17174	3163.17	11529.09

第八章　农业财务管理

长期以来，绍兴县财政把支援农业放在重要位置，在财政支出、支农资金不断增长的同时，多方筹集资金支持粮食生产、造田整地、兴修水利、造林绿化、实施农业综合开发和发展特色农业，并在农业产业化建设、推进社会主义新农村建设方面提供了大量资金。在农业财务管理上贯彻实施国家农业企业财务制度和会计制度，正确处理国家、企业和个人三者分配关系。2003～2013年，绍兴县预算内支援农业支出资金达436023万元，占总支出的10.46%。

第一节　农业企业财务管理

企业概况

2003年，全县有销售额5000万元以上农业龙头企业23家，实现销售收入21.88亿元，利润12317万元，占全县农业企业销售收入的67.39%和利润的51.75%。其中年销售额超过亿元的农业龙头企业11家。年末，绍兴天天田园集团有限公司、绍兴利康食品有限公司被评为市级农业龙头企业先进单位。

2008年，浙江中大饲料（油脂）有限公司、浙江科盛饲料股份有限公司、浙江亚太粮食批发交易市场有限公司、浙江鸿华茶厂、浙江天天田园控股集团有限公司、绍兴县和兴茶厂、浙江绍兴中国轻纺城果品蔬菜批发市场有限公司、绍兴利康食品有限公司、绍兴县绿源水产开发有限公司、浙江绿洲生态股份有限公司被评为全县10强农业龙头企业。

2013年，全县年销售收入5000万元以上的农业龙头企业46家（其中国家级1家、省级6家、市级37家），实现产值销售收入108.12亿元，利润5.36亿元。

2003～2013年，绍兴县农业企业累计产值930.32亿元，销售收入887.47亿元，利润41.10亿元，平均产值销售率为95.39%，平均销售利润率为4.63%。其中农业加工企业累计产值598.44亿元，农业加工企业销售收入567亿元，农业加工企业利润25.78亿元，平均产值销售率为94.75%，平均销售利润率为4.55%。

表8-1

绍兴县农业企业主要财务指标情况明细表(2003～2013)

单位:亿元

年度	农业企业户数	农业企业产值	农业企业销售收入	产值销售率(%)	农业企业利润	销售利润率(%)	其中					
							农业加工企业户数	农业加工企业产值	农业加工企业销售收入	产值销售率(%)	农业加工企业利润	销售利润率(%)
2003	343	34.48	32.47	94.17	2.38	7.33	147	20.94	20.10	95.99	0.80	3.98
2004	338	42.37	40.57	95.75	2.42	5.96	162	27.41	26.14	95.37	0.94	3.60
2005	322	50.89	48.29	94.89	2.31	4.78	152	30.97	26.46	85.44	0.97	3.67
2006	304	60.17	57.51	95.58	2.44	4.24	146	35.54	33.76	94.99	1.08	3.20
2007	310	72.12	69.42	96.26	3.02	4.35	146	42.86	40.80	95.19	1.68	4.12
2008	301	85.82	82.71	96.38	3.08	3.72	150	54.94	52.27	95.14	1.94	3.71
2009	299	95.56	91.29	95.53	3.65	4.00	147	63.55	60.69	95.50	2.49	4.10
2010	301	108.31	101.74	93.93	4.47	4.39	148	71.57	66.76	93.28	3.09	4.63
2011	297	119.26	112.08	93.98	5.13	4.58	146	80.30	74.98	93.37	3.67	4.89
2012	290	127.71	123.35	96.59	6.05	4.90	143	85.70	83.41	97.33	4.45	5.34
2013	248	125.11	120.32	96.17	6.15	5.11	124	84.66	81.63	96.42	4.67	5.72
合计		930.32	887.47	95.39	41.10	4.63		598.44	567.00	94.75	25.78	4.55

注:2013年不包括陶堰、孙端、富盛三镇数据。

财务制度

2003年,全县农垦企业及养鱼场继续执行与国际接轨的《农业企业财会制度》。县国有农场(公司)的固定、流动资产按照国家财政信贷制度进行管理,绍兴县国有农场流动资金由财政拨款和银行贷款组成。同年,绍兴县农口企事业以独立经济核算的企业或事业单位为纳税人,就地缴纳企业所得税,县税务机关每年对全县农口企业进行年度所得税汇算清缴,对农口企业的经营收入、成本费用、利润等进行检查核实。次年,全县贯彻执行财政部颁发的《农村企业会计核算办法》及一些具体的会计核算办法。

2005年7月1日起,县财政局贯彻实施《浙江省农民专业合作社会计核算办法(试行)》。次年,全县贯彻财政部发布的39项企业会计准则和48项审计准则,均从2007年1月1日起执行。2007年,全县贯彻实施财政部颁布的《农民专业合作社财务会计制度(试行)》和新修订的《企业财务通则》。

2008年,全县贯彻实施财政部印发的《企业内部控制基本规范》。同年,全县规范对农产品初加工企业享受企业所得税优惠,包括粮食初加工、园艺植物初加工、畜禽初加工等涉农企业所得税优惠政策。次年,县财政局建立农业专项资金定期督促检查、重点抽查、专项审计、绩效评价等监管机制,农业企业财务制度再次完善、规范。

2010年,绍兴县实施财政支农政策培训工程。首轮培训采取分税区集中面授的方式,全县有423名农村财会人员参加培训,培训内容有财政支农惠农政策、操作程序和方法、涉农法律法规、农村集体经济组织会计和财务管理等。

2011年1月1日起,县国、地税局贯彻实施国家税务总局发布的《关于实施农、林、牧、渔业项目企业所得税优惠问题公告》,对享受所得税税收优惠的农、林、牧、渔业项目参照《国民经济行业分类》的规定标准执行,对限制和淘汰类的项目,不得享受所得税税收优惠。是年8月,县财政局举办农业财政资金财务会计辅导培训班,各镇(街)财政总会计、代理站会计和各农口部门会计、省级农(林)业龙头企业财务总监参加培训,内容为重要支农政策,通报支农资金检查发现的问题和农业财政资金的管理和使用。是年,县财政局规范农业专项资金管理,实行项目管理制度,完善资金拨付流程,强化资金监督检查,建立农业专项资金绩效评价制度。

2013年,绍兴县规范合作社财务制度,建立"合作社+基地+农户"运作模式和合作社利益分配模式,引导农民进行高效农业示范建设,实现大户联合、资源整合,推进产业化发展、集约化经营。是年,绍兴县对中央菜篮子项目资金、中央现代农业资金和中央森林抚育项目资金等中央资金实行报账制财务管理方式。

第二节　农业事业财务管理

财政支农资金分为支援农村生产支出,农业、林业、水利、气象等部门事业费支出两类。前者为直接支援农村专项资金,后者为发展农业生产提供必须的事业经费,包括中央、省、市、县、镇财政安排的资金和政府性筹资,具体有用于支援农村生产支出资金、农林水事业费中专项用于支农项目的资金、农业发展基金、水利建设基金(包括水利建设专项资金)、耕地开垦基金以及农业综合开发等财政性资金。

制度规定

2003年,农林水气事业费仍分别设置农垦、农场、农业、畜牧、农机、林业、水利、水产、乡镇企业、气象、土地资源和土管事业费等12个分项。支援农村生产支出分设小型农田水利、水土保持、支援农村合作生产组织资金、农技推广、植物保护补助、农村造林和林木保护、农村水产补助、发展粮食生产专项资金等9个分项。在资金安排上贯彻"以农业为基础"方针,除县财政预算安排外,省每年拨给部分专款,用于调整全县农村产业结构,推广农业科技成果,改善农业基础条件。9月起,所有农业专项资金项目,均进行可行性研究和评估论证;农业财政资金管理,确定专人负责,项目承担主体也须明确管理使用责任。

次年起,全县执行《浙江省财政农业专项资金管理规则实施办法》,对农业专项资金实行分类管理，立项实行专家评审制度，推行项目公示制度和绩效评价制度。

2005年，在农村综合改革过程中，县财政局拟定“以公共财政为重点、镇财县理为抓手”的镇（街）财政管理体制改革实施方案，以及“镇债镇还，限期清偿历史债务、严格控制新债”为内容的化解镇级债务的实施方案。次年，绍兴县财政建立住房发展资金，由县财政预算资金和住房公积金管理机构上缴的住房资金部分净收益组成，专项用于个人商业性住房贷款贴息。

2007年起，绍兴县财政除对农技推广中心、畜牧兽医局、水产技术推广站和林业技术推广站等给予经费保障外，每年还安排农技推广专项经费150万元，用于首席农技推广专家开展课题研发、村级农技员补助和农技推广表彰奖励。

2009年1月起，对支农资金按项目申报、项目筛选、项目实施、项目验收、绩效考评等程序再求规范操作。

2011年1月1日起，县政府出台的《关于明确县对镇（街道）、开发区财政管理体制的通知》实施，进一步明确各镇（街）、开发区应承担农村新社区建设及农林水等各项社会事业发展的法定支出。是年，县财政局制定《绍兴县财政农业专项资金管理办法》和《关于建立健全长效机制加强财政支农资金管理办法》。次年，县政府制订《关于进一步加强镇财政规范化建设的意见》，做好镇（街）财政人员配备、乡镇财政资金监管、镇级“三个子”（即预算一个盘子、收入一个笼子、支出一个口子）财政管理改革等工作。

2013年，全县对涉农项目开展常态化审计检查。督促强农惠农政策进一步落实到位，同时还开展对村级代理会计和涉农项目业主财务人员的财会专业培训。

三农支出

2003年，财政加大对农业的支持力度，全年预算内支出达11811万元，比上年同期增长17.33%，重点支持农业综合开发、防汛抗灾基础设施以及农业社会化体系建设。

次年，预算内资金重点投放围海、“千库保平安工程”、河道整治等水利工程和农业结构调整、科技兴农和农业社会化服务体系建设。绍兴县全年向省争取农业资金2298万元，其中争取省农税局业务经费补助100万元，争取省财政补助农业项目和林业项目45个，补助资金906万元，水利项目13个，补助资金1292万元。

2005年，落实生态效益补偿基金制度，全县有229518亩省级（国家）公益林，林农28700户，除省财政补4元／亩外，县财政另配套补4元／亩，全部列入财政预算，全年共安排144万元。是年，县财政安排100万元培育农庄经济，通过制订示范农庄建设标准和考核办法，评选出10个示范农庄，给予每个农庄10万元的以奖代补资金。

次年，县财政加大对新农村建设的扶持力度，支持农业发展，重点扶持特色生态农业和休闲观光农业建设，支持“清水河道”工程、山区农民饮用水工程及重要山塘水库的除险加固、小流域治理等农村水利基础设施建设。参与做好农业农村重大政策改革工作，落实粮食增资直补，维护和增进农民利益，保障储备粮仓储和轮换资金，确保粮食生产及安全。实施农业综合开发，推进科技兴农。这年起，对种粮农民柴油、化肥等农业生产资料增支实行综合补贴,全县补贴资金155.03万元。对全年水稻、油菜复种面积20亩以上(含20亩)的大户和管理完善、运作规范、社员30户以上的粮食专业合作社社员,杂交水稻制种农户(以下简称粮油种植大户),按实际种植面积,在省财政给予每亩10元的补贴(合作社内水稻、油菜复种面积20亩以上的粮油大户不重复享受直接补贴)的基础上,县财政再给予每亩10元的补贴。上述对象实际种植省、县确定的优质水稻品种面积,再给予每亩5元的良种补贴(合作社内水稻、油菜复种面积20亩以上的粮油大户不重复享受直接补贴)。

2007年,由绍兴县舜越绿色食品有限公司承建的绍兴县青梅标准化推广示范项目被推荐为省财政农业科技示范项目,建设王坛镇东村青梅示范基地5000亩,示范辐射绍兴县王坛镇及周边稽东镇、嵊州市谷来、上虞市丰惠等乡镇青梅生产1.5万亩,新增就业岗位500个以上。

次年,县财政设专项补助资金4229万元,用于示范村创建、农村垃圾收集处理、生活污水治理、畜禽排泄物治理、村庄绿化、土地流转、移民下山、农民公寓、村级物业用房、县报村创建等十大项目,共涉及17个镇(街)的170个村。

2009年,绍兴县入选浙江省中央财政小型农田水利建设重点县(全省共10个)。到年末,全县财政预算内"农林水事务"支出4亿多元,比上年增长26.2%。全县有36个农业生产经营组织和693个农户购置农业机械934台,总购置金额2737.46万元,共获得农业机械购置补贴资金768.60万元。

2011年,县财政投入3800万元用于全县35个村进行污水治理建设,对17个镇(街)区域范围内的生活垃圾、公厕改建进行整治。对自来水改造等公益性基础设施配备建设补助,按接入户数,每户补助1000元,全年完成杨汛桥、福全、兰亭、夏履和马鞍等5镇17个村(居委会)供水管网,受益6100户近2万人口。创建绿化示范村活动等新农村建设,全年新增平原绿化面积12258亩,新增省级森林村庄3个,市级森林村庄11个,县级森林村庄40个。

次年,县财政引导浙商企业做强做优农业主导产业,对新列入省级现代农业综合区、主导产业示范区、特色农业精品园并通过验收的,每个分别奖励30万元、10万元、10万元,对当年新获得国家级、省级农业龙头企业(示范性农民专业合作社)称号的,分别奖励20万元、10万元。年末全县新列入省级现代农业综合区、主导产业示范区、特色农业精品园并通过验收的分别为1个、4个、7个,新获得国家级、省级农业龙头企业(示范性农民专业合作社)称号分别为1个、2个。这年,县财政投入专项资金2.3亿元、镇(街)统筹1.3亿元用于美丽乡村环境整治,选择柯岩、漓渚等4个镇(街)为美丽乡村精品区综合整治示范点,并启动31个美丽乡村示范区建设,年末创建市美丽乡村先进乡镇2个,市美丽乡村精品村4个,市级环境整治示范村6个,155个村通过"洁净乡村"示范村和优胜村考核。是年,全县农资综合直补受益农户75314户,补贴面积21.51万亩,每亩补贴数为113.30元,每亩补贴比上年提高47.5%,全县共补贴资金2324万元。

2013年10月，全县建立农业面源污染治理长效奖补机制，全年安排2100万元专项资金用于畜禽养殖污染、渔业面源污染及种植业污染治理，全县清养关停养殖场394个，拆除各类养殖棚舍232785.82平方米，渔业面源污染治理24832亩。针对预防H7N9禽流感疫情，对4月份以来孵化苗禽数量5万只以上给予一次性补助2万元。对持有效种畜禽生产经营许可证的种禽场给予生产维持性补贴。鼓励企业活禽收储，县财政优先安排农业龙头企业贴息收购加工、冷藏冷冻，全年家禽总饲养量567.25万羽，出栏378.14万羽，年末存栏189.11万羽，禽蛋产量13191.7吨。

2003～2013年，绍兴县预算内财政支农资金支出436023万元，其中农业事业费支出286370万元，支援农村生产支出138018万元，农业综合开发项目支出11635万元。

表8-2

绍兴县预算内财政支农资金支出情况明细表(2003～2013)

单位：万元

年　度	农业事业费支出	其中林业事业费支出	支援农村生产支出	其　中		农业综合开发支出	合　计
				小型农田水利补助	农技推广植物保护		
2003	3847	112	6464	0	337	1500	11811
2004	6594	205	5177	4305	872	1800	13571
2005	6737	512	6575	6435	140	1800	15112
2006	9829	918	10157	9942	124	3021	23007
2007	11334	893	12084	11228	76	544	23962
2008	23108	1664	11242	11242	0	281	34631
2009	32850	2770	10020	8841	1179	846	43716
2010	36590	3049	16582	13064	1233	497	53669
2011	40045	3818	24485	7045	2756	428	64958
2012	53996	8426	16769	7127	1307	320	71085
2013	61440	8444	18463	4417	1031	598	80501
合　计	286370	30811	138018	83646	9055	11635	436023

第三节　农业综合开发资金使用管理

农业综合开发资金，是指纳入农业综合开发项目总投资计划内的各种资金。包括中央财政投入资金、省财政投入资金、市县镇财政配套投入资金、农业综合开发专项贷款、农村集体和农民自筹资金、企业自身积累投入资金以及经过法定手续筹集投入的其他资金。资金使用范围为土地治理项目、产业化经营项目、科技示范推广项目等。

管理制度

绍兴县农业综合开发项目资金，实行专户储存、专人管理、专账核算、专款专用。土地治理项目财务管理实行县级核算制，对产业化经营项目财政无偿资金，实行县级报账制，产业化经营项目财政有偿资金，实行银行委贷制。县财政局机关农业综合开发办公室(简称农发办)，负责具体农业综合开发管理工作，实施农业综合开发项目申报、计划编制、审核批准、项目实施、考核验收等制度。

2004年10月，绍兴县对"国家农业综合开发土地治理项目"首次采用公开招投标形式，标的为"兰亭镇栅溪畈改造中低产田项目"工程，有37家建筑公司参加报名，由县公证处进行现场公证，在绍兴县招投标中心完成招投标。

2005年起，对农业综合开发项目实行"三制"管理(即公示制、招标制、监理制)，其中公示制，即在项目申报前，县局农发办将农业综合开发的有关政策进行公示，告知项目所在镇(街)政府和有关企业立项条件及申报程序，项目批准下达及完工后，将项目建设地点、建设内容、投资额等基本情况在项目区范围内公示；招标制，即对土地治理项目主要工程实行公开招投标，由原来项目所在镇(街)自行招标改为由县招投标中心进行公开招投标；监理制，即委托有专业资质的监理单位对项目工程进行全过程工程监理，并对一些涉及公共安全的工程、桥梁、水库等工程委托第三方质量检测机构进行质量检测。是年4月，王坛镇东村畈山区小流域农业生态工程公开招投标，项目总投资工程造价为320.75万元，由8家水利资质三级以上的建设单位投标，最后中标价下浮19.8%，节约项目资金63.51万元。次年3月，贯彻实施《浙江省农业综合开发资金和项目管理实施办法》。

2007年1月1日起，省财政厅制定的《浙江省农业综合开发财务管理实施办法》施行，规定农业综合开发财务管理原则是：以农业综合开发资金投入控制项目规模，按项目管理资金；农业综合开发资金实行专户存储、专人管理、专账核算、专款专用；实行财政无偿资金县级报账制。分财务计划管理、资金筹集管理、资金使用和支出管理、工程成本管理、资产管理、负债管理、净资产管理、财务监督、财务报告和财务分析。全年绍兴县以山区小流域治理和平原中低产田改造为重点，改善农业生产基本条件、提高农业综合开发生产能力和可持续发展能力为基点，建立农业综合开发项目库。

2008年6月，贯彻实施财政部颁发的《农业综合开发财政有偿资金管理办法》和浙江省财政厅印发的《浙江省农业综合开发财政有偿资金管理实施细则办法》《浙江省国家农业综合开发资金和项目管理办法》。次年4月，全县贯彻实施《浙江省农业综合开发财政有偿资金呆账核销和延期还款实施办法》和《浙江省农业综合开发省财政贴息资金管理办法》。

2010年7月，对全县农业综合开发资源进行调查，在调查基础上，向省农业综合开发办公室上报待开发土地治理面积13.9万亩、待扶持农业龙头企业和专业合作社40家。

2011年,绍兴县实施"财政农业项目立项联合评审制度"和规范统一项目"验收制度"。次年,制定施行《绍兴县县级农业综合开发土地治理项目实施细则》。全年绍兴县农业综合开发重点抓项目、资金、内部规范化、标准化管理,开发应用支农项目专项资金信息管理系统,实现所有农业项目信息系统全覆盖,提高支农资金项目和资金管理水平。2013年,全县农业综合开发实行项目库制度、专家评审制度、项目公示制度、工程招标制度、工程监理制度、县级财政报账制度、项目审计制度、项目竣工验收制度等8项制度,构建起"规范、高效、廉洁"的农业综合开发管理工作新平台。

开发实施

绍兴县农业综合开发工作,围绕建设社会主义新农村的目标和要求,坚持以农民增收、农业增效为目的,面向现代农业、改造传统农业,以改善农业生产条件为根本任务,重点抓项目、资金、内部规范化、标准化管理,创新和完善农业综合开发项目资金使用的事前、事中、事后监督和项目工程建设的事前、事中、事后控制的工作制度。

项目计划　2003年,绍兴县批准立项的农业综合开发项目有漓渚塔田畈万亩改造中低产田项目、富盛镇乘凤畈改造中低产田项目等2个土地治理项目和绍兴利康食品有限公司的淡水鱼深加工项目、绍兴县大地园艺有限公司的漓渚花木示范种植项目、绍兴县福景达农业有限公司的畜禽产品加工交易综合市场农业生产服务项目、绍兴县新景天园林绿化公司的林木种苗繁育基地等4个多种经营项目,计划总投资3150万元,其中省以上财政资金投资1058万元,县、镇财政配套资金投资379万元,银行贷款745万元,企业、村群众自筹资金968万元。

次年,绍兴县兰亭镇栅溪畈改造中低产田项目,列入国家农业综合开发土地治理项目,项目总投资585万元,其中中央财政资金172万元,省财政资金138万元,县财政配套资金155万元,村群众筹资投劳120万元;绍兴县浙江科盛饲料有限公司的绿色饲料添加剂加工开发项目,列入国家农业综合开发计划,计划投资1200万元,其中中央财政资金150万元,省财政资金120万元,县财政配套资金30万元,银行贷款600万元,企业自筹资金300万元。

2005年,全县农业综合开发国家立项2个,计划总投资1430万元,其中县以上财政投入817万元。具体有土地治理项目1个,王坛东村畈山区小流域农业生态工程项目,列入国家农业综合开发计划,项目总投资580万元,其中中央财政资金160万元,省财政资金150万元,县财政配套资金155万元,镇、村集体及群众筹资投劳115万元。产业化经营项目1个,计划总投资850万元,即浙江中设药用植物开发公司的铁皮石斛栽培种植项目。

次年,绍兴县国家立项的农业综合开发实施项目5个(2个为土地治理项目、3个为产业化经营项目)。2个土地治理项目有陶堰悬渡畈8400亩中低产田改造和稽东车竹畈4300亩中低产田改造项目组成,计划总投资1406万元,其中省以上财政资金781万元,县财政配套资金391万元,镇村自筹和村民投工投劳234万元,计划投资新建机耕桥

9座,泵站27座,机耕路21.36公里,灌排水U型渠道34.56公里,新建溪流护岸8公里,拦河坝13座等一大批农业基础设施工程,推广测土配方施肥和吊瓜高产栽培技术等农业科技新品种、新技术、新肥料项目19项;3个产业化经营项目为绍兴县绿源水产品开发有限公司承建的中华草龟生态养殖项目、浙江中大饲料有限公司绿色环保饲料生产线项目、浙江古月茶业有限公司无公害绿茶生产线项目组成,计划总投资20950万元,其中财政资金456万元。

2007年,绍兴县立项国家级农业综合开发建设项目3个(包括土地治理项目2个,产业化经营项目1个),省级农业综合开发建设项目1个(产业化经营项目1个)。其中土地治理项目2个,为湖塘丰里畈0.5万亩山区中低产田改造和漓渚黄山畈0.5万亩小流域农业生态工程项目,计划总投资1653万元,其中中央财政资金投入430万元,省财政资金投入500万元,县财政配套投入465万元,镇、村自筹资金95万元和项目区农民投工投劳163万元,投资新建机耕桥19座,机耕路15.72公里,灌排水U型渠道12.28公里,新建溪流护岸20.3公里,堰坝22座223米,配套渠系建筑物2286处。种植农田防护林100亩,改良土壤8000亩,推广农药减量增效、富硒增产技术、农田保护性耕作栽培技术、花卉苗木新品种等农业科技项目15个,良种覆盖率98%以上,项目区开展现代农业技术培训12期,培训农民2000多人次;产业化经营项目2个:中央财政贴息的产业化经营项目为绍兴至味食品有限公司绿色天然中高档酱油米醋果蔬水产品加工项目,计划总投资7000万元,其中固定资产投资6100万元,建设中国酱文化博物馆和4条年产4万吨的生产流水线,中央财政无偿贴息资金117万元;省级财政贴息项目为绍兴县两溪茶厂茶叶无公害产业基地生产线改造项目,计划总投资2380万元,扩建茶叶清洁化生产线20条,年产茶叶18万担,省财政无偿贴息资金60万元。

次年,王坛孙岙畈5000亩小流域农业生态工程被列入国家农业综合开发土地治理项目,计划总投资924万元,其中中央财政资金255万元,省财政资金255万元,县财政配套投入261万元,镇、村自筹资金50万元和项目区农民投工投劳103万元;计划投资新建机耕桥9座,机耕路5.4公里,衬砌灌排渠道4.85公里,新建溪流护岸10.2公里,新建堰坝20座160米,配套渠系建筑物等农业基础设施工程,营造防护林带70亩,改良土壤4000亩,建设项目区防洪标准为5年一遇以上。

2009年,全县国家立项的农业综合开发项目4个,计划总投资3848万元,其中中央财政资金投入675万元,省财政资金投入645万元,县财政配套投入555万元,镇村自筹投工投劳263万元,银行贷款200万元,企业自筹1510万元。具体有土地治理项目2个,即孙端皇甫畈1.1万亩和陶堰工农畈1万亩中低产田改造项目,计划总投资1838万元,其中中央财政资金525万元,省财政资金525万元,县财政配套资金525万元,镇村自筹资金105万元和项目区农民投工投劳折资158万元,计划投资新建机耕桥12座,机耕路35.47公里,衬砌灌排渠道45.28公里,建造泵站44座等;产业化经营项目2个,即绍兴县大中畜牧有限公司年产22000头生猪养殖扩建项目和绍兴县金三禾园艺有限公司300

亩观赏植物设施栽培扩建项目，计划总投资2010万元，其中中央财政资金150万元，省财政资金120万元，县财政配套资金30万元，银行贷款200万元，企业自筹1510万元。同年，绍兴县富盛、齐贤2个万亩粮食高产样板区、高产技术示范区被列入省农业科技示范推广项目，获得省补助资金15万元。

次年，全县国家立项的农业综合开发项目3个（湖塘夏泽畈山区中低产田改造项目、绿源水产开发有限公司750亩虾鳖混合养殖扩建项目和福景达农业有限公司3万头生猪繁育场扩建及饲料收购2034万元流动资金贷款贴息项目），计划总投资4529万元，其中中央财政资金投入505万元，省财政资金投入440万元，县财政配套投入410万元，镇村自筹投工投劳95万元，银行贷款2379万元，企业自筹700万元。具体为湖塘夏泽畈山区中低产田改造项目，计划总投资1295万元，其中中央财政资金400万元，省财政资金400万元，县财政配套资金400万元，镇村投劳折资95万元；绿源水产开发有限公司750亩虾鳖混合养殖扩建项目和福景达农业有限公司3万头生猪繁育场扩建及饲料收购2034万元流动资金贷款贴息项目，计划总投资3234万元，其中中央财政投入无偿资金105万元，省财政投入无偿资金40万元，县财政配套资金投入10万元，银行贷款2379万元，企业自筹700万元。

2011年，全县立项农业综合开发项目5个。有富盛山河畈万亩中低产田改造，计划总投资1280万元，其中中央财政资金400万元，省财政资金400万元，县财政配套资金400万元，镇村投劳折资80万元，项目实施区域涉及富盛镇辂山、夏葑、倪家娄、乌石4个行政村，计划新建机耕桥21座，机耕路12.46公里，灌溉泵站28座145.54千瓦，灌排渠道1.34公里，灌溉渠道8.8公里，渠系建筑物1073处，营造农田防护林56亩，推广甬优12等水稻良种及科技示范5项，培训农民500人次。浙江中大油脂有限公司大豆收购流动资金贷款、绍兴县两溪茶厂茶叶收购流动资金贷款和浙江科盛饲料有限公司饲料收购流动资金贷款列入农业综合开发财政贴息项目范畴，获得省级以上财政贴息资金补助285万元。百合新品种及优质高效切花生产技术示范与推广科技项目列入国家农业综合开发科技项目，在漓渚镇棠一村建立示范基地200亩，周边推广面积500亩，培训农户和合作社成员200人次，优化县花卉种植结构，获得省级以上财政资金补助75万元，县级财政配套资金38万元。

次年，绍兴县立项的农业综合开发项目2个。绍兴县稽东廿里牌0.55万亩山区小流域农业生态工程，计划总投资960万元，其中中央财政资金300万元，省财政资金300万元，县财政配套资金300万元，村群投劳折资60万元，项目计划新建溪流护岸5.64公里，拦河坝13座，渠道4.77公里，机耕路6.2公里，防护林40亩，改良土壤2000亩，科技推广4项，农技培训200人次。王坛王吞畈项目，计划总投资199万元，工程建设资金由历年上级农业综合开发奖励资金列支，项目计划新建防洪堤310米，渠道518米，机耕路620米，实施后，区域内防洪标准提高到20年一遇，保护基本农田700亩，村级经济效益可年节本减灾增收11.5万元。

2013年,绍兴县国家立项的农业综合开发项目6个。土地治理项目1个即沿塘畈中低产田改造项目,涉及农田9200亩,计划总投资1472万元,其中省以上财政资金920万元,县财政配套资金552万元,计划新建灌溉泵站35座,衬砌渠道18.64公里,机耕路16.99公里,机耕桥14座,防护林21.36亩,科技推广3项,农技培训400人次;科技推广项目1个即单季晚稻甬优12高产高效技术示范推广项目,示范面积1200亩,项目总投资68万元,其中省以上财政资金42万元、县财政配套资金21万元,项目单位自筹5万元,项目通过“五统一”(统一供种、统一栽培、统一病虫害防治、统一测土配方施肥、统一机械化作业)措施,示范区亩产758公斤,比常规晚稻增效83.7万元;产业化经营补助项目1个,为绍兴县15万羽浙东白鹅种苗养殖扩建项目,计划投资115万元,其中省以上财政资金45万元,县财政配套5万元,合作社自筹资金65万元;产业化经营流动资金贷款贴息项目3个,分别为绍兴御茶村茶叶收购流动资金贷款贴息项目贴息49万元、绍兴县润露绿色食品有限公司蜂蜜收购流动资金贷款项目贴息23万元,绍兴越渔水产品有限公司水产品收购流动资金贷款项目贴息47万元,合计获得省以上财政贴息资金119万元。

2003~2013年,绍兴县农业综合开发计划投入资金53666万元,其中财政资金14621万元,自筹资金22461万元,银行贷款16584万元,用于计划土地治理项目13182万元,产业化经营项目40303万元,科技推广项目181万元。

表8-3

农业综合开发资金计划投资情况明细表(2003~2013)

单位:万元

<table>
<tr><th>项目
年度</th><th>财政资金</th><th>其中:县财政资金</th><th>自筹资金</th><th>银行贷款</th><th>计划投入合计</th><th>土地治理</th><th>产业化经营项目</th><th>科技推广项目</th><th>计划投入合计</th></tr>
<tr><td>2003</td><td>1437</td><td>379</td><td>968</td><td>745</td><td>3150</td><td>990</td><td>2160</td><td rowspan="8">无</td><td>3150</td></tr>
<tr><td>2004</td><td>765</td><td>185</td><td>420</td><td>600</td><td>1785</td><td>585</td><td>1200</td><td>1785</td></tr>
<tr><td>2005</td><td>817</td><td>187</td><td>313</td><td>300</td><td>1430</td><td>580</td><td>850</td><td>1430</td></tr>
<tr><td>2006</td><td>1628</td><td>411</td><td>13228</td><td>7500</td><td>22356</td><td>1406</td><td>20950</td><td>22356</td></tr>
<tr><td>2007</td><td>1572</td><td>465</td><td>4601</td><td>4860</td><td>11033</td><td>1653</td><td>9380</td><td>11033</td></tr>
<tr><td>2008</td><td>771</td><td>261</td><td>153</td><td>无</td><td>924</td><td>924</td><td>无</td><td>924</td></tr>
<tr><td>2009</td><td>1875</td><td>555</td><td>1773</td><td>200</td><td>3848</td><td>1838</td><td>2010</td><td>3848</td></tr>
<tr><td>2010</td><td>1355</td><td>410</td><td>795</td><td>2379</td><td>4529</td><td>1295</td><td>3234</td><td>4529</td></tr>
<tr><td>2011</td><td>1598</td><td>438</td><td>80</td><td rowspan="3">无</td><td>1678</td><td>1280</td><td>285</td><td>113</td><td>1678</td></tr>
<tr><td>2012</td><td>1099</td><td>300</td><td>60</td><td>1159</td><td>1159</td><td>无</td><td>无</td><td>1159</td></tr>
<tr><td>2013</td><td>1704</td><td>578</td><td>70</td><td>1774</td><td>1472</td><td>234</td><td>68</td><td>1774</td></tr>
<tr><td>合　计</td><td>14621</td><td>4169</td><td>22461</td><td>16584</td><td>53666</td><td>13182</td><td>40303</td><td>181</td><td>53666</td></tr>
</table>

实施效果 2003年6月,浙江省农业综合开发办公室组织有关专家验收小组,对绍兴县2000~2002年国家立项的农业综合开发项目安昌白洋畈、福全铜锣畈、柯岩白塔畈中低产田改造及兰亭解放畈优质粮食基地等4个土地治理项目和浙大庆盛草业种植项目、绍兴县无公害中华养殖项目、绍兴县商品猪养殖项目等3个多种经营项目,进行实地检查验收。7个项目3年内实际总投资5516.46万元,完成计划的101%,其中土地治理项目2061.60万元,完成计划的100.6%;多种经营项目3454.86万元,完成计划的101%。同年,漓渚塔田畈万亩中低产田改造项目计划总投资495万元,完成计划投资的30%;绍兴利康食品有限公司淡水鱼深加工、漓渚花木示范种植项目、畜禽产品加工交易综合市场农业生产服务项目和林木种苗繁育基地等4个多种经营项目计划总投资2160万元,完成计划的50%~70%。项目建成后,农业综合生产能力提高,农田排涝标准从5年一遇提高到10年一遇,在先进适用农技和农业机械的配合应用下,项目区每年新增粮食生产能力1479万公斤;农业产业化进程推进,年提供种用仔猪755头,出栏肉猪10000头;农村经济得到发展,农村集体和农民经济收入增加,仅土地治理项目每年可增收720万元,多种经营项目每年新增产值296万元,利润9.2万元。

次年,完成6个国家综合开发项目,计划总投资3150万元,实际完成3597.69万元,完成计划114.2%,其中省以上财政资金1058万元,县、镇财政配套资金379万元,银行贷款745万元,企业自筹资金1265.39万元,村群众筹资投劳150.3万元。具体项目有漓渚镇塔田畈万亩中低产田改造项目,实际投资459.30万元,其中省以上财政资金280万元,县、镇财政配套资金140万元,村集体、群众自筹资金75.30万元;富盛镇乘风畈万亩中低产田改造项目,实际投资495万元,其中省以上财政资金280万元,县、镇财政配套资金140万元,村集体、群众自筹资金75万元;绍兴利康食品有限公司淡水鱼深加工项目、绍兴县大地园艺有限公司漓渚花木示范种植项目、绍兴县福景达农业有限公司畜禽产品加工交易综合市场农业生产服务项目、绍兴县新景天园林绿化公司林木种苗繁育基地4个多种经营项目,实际总投资2607.39万元,完成计划的120.7%,其中省以上财政资金498万元,县财政资金99万元,银行贷款745万元,企业自筹资金1265.39万元。6个项目完成主要工程量为:维修水库6座,新建排灌泵站17座,埋设地下暗管2.34公里,新建节制闸4座,新(修)建衬砌渠道72.8公里,新(修)建机耕路65.4公里,机耕桥6座,营造农田防护林100亩,推广红叶李等苗木品种6个计14.2万株,推广秀水52号等良种,技术示范推广8项,其中推广无公害稻米生产技术4000亩、配方施肥1060亩次、病虫害综合防治技术500亩次、化学调控技术1600亩次、兰花控温湿栽培技术150平方米,技术培训2022人次。建设厂房、商业用房、管理用房11023平方米,铺设水泥路面1426平方米,新建标准鱼塘4000平方米,绿化草地1000平方米,淡水鱼加工设备28台,灌溉排水渠道7065米,安装喷灌设施、埋设喷灌管道2000米,砌坎4000立方米,引进观赏苗木良种6种,种植大小苗木280万株,畜禽产品加工场989平方米,交易摊位场2200平方米,食品检测仪器7台,林木种苗繁育基地766亩,种植苗木200.52万株,平整土地

502亩,引进一批优良品种,培育一批优良种苗。

2005年,完成兰亭栅溪畈中低产田改造项目,开挖疏浚渠道7公里,新建拦河坝21座、衬彻灌排渠道3.66公里、渠系建筑物201处、建3.5米宽机耕路3.785公里、机耕桥2座,营造农田防护林50亩,技术培训400人次,科技示范推广3项,开发耕地0.3万亩,园地0.2万亩,涉及兰亭镇兰渚山、兰亭、栅溪等3个行政村1114户农户,总人口0.3万人,农业人口0.35万人,农业劳动力0.21万人。

次年9月,全面完成2003～2005年国家立项的10个农业综合开发项目建设任务,项目实际总投资6928.41万元,为计划6365万元的108.8%,其中土地治理项目实际投资2185.67万元,为计划的101.4%;产业化经营项目实际投资4742.74万元,为计划的112.6%,国家农发办验收考评组进行实地检查验收,获得98分的国家级验收考评结果,位居全省第一。同年,完成王坛东村畈山区小流域农业生态工程项目及浙江科盛饲料有限公司的绿色饮饲料添加剂加工项目。其中王坛东村畈山区小流域农业生态工程项目建设溪流护岸7公里(其中新建6公里),新建堰坝10座,总长141米、修建水库6座(其中新建1座),衬彻灌排渠道2公里、渠系建筑物110处、新建机耕路1.51公里、机耕桥2座,营造农田防护林10亩,技术培训400人次、科技示范推广2项,开发耕地0.25万亩,园地0.25万亩,涉及王坛镇东村、王城、新建村等3个行政村1503户农户,总人口0.4万人。

东村畈山区小流域农业生态工程建设中的溪流护岸

2007年，完成产业化经营项目2个。中央财政贴息的产业化经营项目为绍兴至味食品有限公司绿色天然中高档酱油米醋果蔬水产品加工项目，总投资7000万元，其中固定资产投资6100万元，建设中国酱文化博物馆和4条年产4万吨的生产流水线，中央财政无偿贴息资金117万元。完成省级财政贴息项目为绍兴县两溪茶厂无公害产业基地生产线改造项目，总投资2380万元，扩建茶叶清洁化生产线20条，年产茶叶18万担，省财政无偿贴息资金60万元。

次年8月，省验收暨绩效考评组，对绍兴县2006年度陶堰悬渡畈和稽东车竹畈中低产田改造项目，中华草龟生态养殖产业化经营项目进行现场检查验收考评，3个项目计划投资2356万元，实际投资2387.5万元，完成计划的102.5%，考评验收结果为，项目管护制度落实到位，综合效益好，通过省级验收考评。同年，2个国家立项的农业综合开发项目湖塘丰里畈5000亩山区中低产田改造和漓渚黄山畈5000亩小流域农业生态工程项目竣工，并通过县级自检。2个项目，计划总投资1653万元，实际投资1658.41万元，完成计划的100.33%，共新建溪流护岸21.55公里，堰坝28座，配套渠系建筑物2701处，衬砌渠道13.45公里，改良土壤8000亩，建造机耕路16.87公里，机耕桥19座，湖塘永联、兴华、香林、岭下、永信和漓渚朱家坞、黄山、棠二等8个行政村12867人受益。

漓渚黄山畈小流域农业生态工程改造后的黄山畈水库

2009年8月，对2007～2008年3个国家立项农业综合开发项目（湖塘丰里畈中低产田改造项目、漓渚黄山畈和王坛孙岙畈小流域农业生态工程项目）通过省级验收和绩效考评。3个土地治理项目计划投资2577万元，实际投资2583万元，完成计划的100.2%，其中，王坛孙岙畈0.56万亩小流域农业生态工程竣工，计划投资924万元，实际完成投资924.63万元，新建溪流护岸10.51公里，完成计划的103%，新建堰坝29座，完成计划的

145%，衬砌渠道5.27公里，完成计划的109%，配套渠系建筑物987处，完成计划的329%，建造机耕路5.52公里，完成计划的102%，新建机耕桥9座，完成计划的100%。同年，绍兴县绿色天然至味酱油加工项目实际投入7144万元，银行贷款3000万元，中央财政贴息2000万元，中央财政贴息补助资金117万元；绍兴县茶叶无公害生产线加工项目，由两溪茶厂承建，实际投资2380万元，银行贷款1860万元，省级财政贴息贷款1200万元，省级财政贴息补助资金60万元。

孙岙畈小流域农业生态工程竣工后的机耕路、护岸、桥、溪

次年，湖塘夏泽畈山区中低产田改造项目实施，总投资1295万元，其中中央财政资金400万元，省财政资金400万元，县财政配套资金400万元，镇村投劳折资95万元，到年末，新建机耕桥6座，机耕路10.21公里，衬砌渠道16.37公里，新建溪流护岸7.18公里，拦河坝10座，营造农田防护林55亩，推广农业科技3项，培训农户400人次，湖塘街道所属铜井、永联和漓渚镇所属棠二村等3个行政村受益。

湖塘夏泽畈山区中低产田改造项目

2011年，完成富盛山河畈万亩中低产田改造、漓渚棠一村百合新品种及优质高效切花生产技术示范与推广科技项目和浙江中大油脂有限公司大豆收购流动资金贷款、绍兴县两溪茶

厂茶叶收购流动资金贷款和浙江科盛饲料有限公司饲料收购流动资金贷款列入农业综合开发财政贴息项目等5个国家农业综合开发科技项目。其中，漓渚棠一村实施百合新品种及优质高效切花生产技术示范与推广科技项目，通过县级验收，优化绍兴县花卉种植结构，打破国际百合花巨头的垄断地位，为企业创利润123万元，节约国家外汇300万元，带动农户46户，为农户增加直接收入215万元。

次年11月，省农发办验收组对绍兴县2009～2011年的8个农综项目进行实地验收考评。其中土地治理项目4个，分别为工农畈、皇甫畈、夏泽畈、山河畈中低产田改造项目，总治理改造面积为3.7万亩，计划总投资4413万元，实际完成投资4306.24万元，结余资金106.76万元；产业化经营项目3个，分别为绍兴县2.2万头生猪养殖扩建项目、绍兴县300亩观赏植物设施栽培扩建项目和绍兴县750亩虾鳖混合养殖扩建项目，计划总投资3210万元，实际完成投资3233.53万元，完成计划的100.73%；科技推广项目1个，为百合新品种及优质高效生产技术示范与推广项目，计划总投资113万元，实际投资121.12万元，完成计划的107.19%。5月7日，稽东廿里牌0.55万亩山区小流域农业生态工程招投标，山东省水利工程局中标，中标金额为6704031元，比计划下浮12.79%，项目治理小流域2.82公里，新建渠道4.77公里，新建堰坝13座，新建机耕路6.2公里，营造防护林40亩，农技推广4项，培训农户200人次。9月21日，王岙畈山区中低产田改造项目进行公开招投标，项目总投资199万元，最后由杭州广正建设工程有限公司中标，中标金额为1640192元，下浮率为10%。

2013年10月，孙端镇15万羽浙东白鹅种苗基地扩建项目列入产业化经营补助项目，当年完成建设，通过县级验收。实际总投资116.61万元，其中财政补助资金50万元，合作社自筹资金66.61万元；完成单季晚稻甬优12高产高效技术示范推广项目，项目实际总投资68.41万元；完成3个农业综合开发产业化经营经营项目，获财政贴息119万元。

2003～2013年，全县农业综合开发计划累计投入资金53666万元，实际累计完成54280.67万元，累计完成计划的101.1%。

表8-4

农业综合开发资金计划实施情况一览表(2003～2013)

单位：万元

项目 年度	计划投资资金	实际投入资金 (或计划完成数)	实际投入资金 占计划投资资金(%)
2003	3150.00	3597.69	114.2
2004	1785.00	1848.65	103.6
2005	1430.00	1482.07	103.6
2006	22356.00	22387.47	100.1

续表8-4

项目 年度	计划投资资金	实际投入资金 (或计划完成数)	实际投入资金 占计划投资资金(%)
2007	11033.00	11182.42	101.4
2008	924.00	924.63	100.0
2009	3848.00	3835.08	99.7
2010	4529.00	4547.43	100.4
2011	1678.00	1685.44	100.4
2012	1159.00	1137.92	98.2
2013	1774.00	1651.87	93.1
合　计	53666.00	54280.67	101.1

注:为便于比较,表内计划投资栏为当年计划数,实际完成栏按项目完工验收数统计,因此,计划数与完成数在年度上并不一致。

第九章　社会保障基金财务管理

党的十一届三中全会以来，绍兴县逐步建立统一的社会保险制度，以"广覆盖、保基本、可持续"为主线，建立覆盖城乡的社会保障体系。社会保障基金，是一项特殊的专项基金，通过专门机构管理、实行预算编制、财政专户、收支两条线、完善收支政策和开展经常监督等措施，使各项基金管理、使用不断规范、有效。

第一节　管理及形式

任务范围

社会保障基金财务管理的任务为合理筹集资金，促进社会保障事业发展；加强收支管理，提高社会保障资金使用效益；完善财务制度，提高财务管理水平；实行财务监督，维护财经纪律等四方面。管理范围包括社会保障财务管理体制的建立，社会保障部门单位和个人的定员定额管理、收支标准确定，社会保障部门单位的预算（财务计划）管理、支出管理、收入管理、资金管理、财产物资管理、财务活动分析和财务监督等内容。

全县各类社会保障基金的财务由县财政局负责管理和监督，县局社会保障财务科负责具体工作。至2013年底，绍兴县企业职工基本养老保险基金、城镇职工基本医疗保险基金（包括城镇职工重大疾病医疗救助金、公务员医疗补助金）、工伤保险基金、失业保险基金、生育保险基金、残疾人就业保障金等社保基金，由县地税局负责征收，全县实行"地税征、财政管、社保用"的管理模式。

政策规定

到2003年，由绍兴县财政局社保基金专户管理的社会保障基金达15项，包括职工基本养老保险基金、被征地农民养老保险基金、失业保险基金、机关事业单位养老保险基金、农村养老保险基金、工伤保险基金、生育保险基金、城镇职工基本医疗保险基金、企业离休人员"两费"（离休费、医疗费）统筹金、国有企业下岗职工基本生活保障金、最低生活保障金、义务兵安置保障金（兵役义务费）、扶贫周转金、弱势群体捐赠金、残疾人就业保障金等。全县社会保障基金全部纳入财政专户，实行收支两条线管理，绍兴县财政局在县工商银行开设社会保障基金财政专户，全县进入财政专户的社会保障基金收入40573万元。其中企业职工基本养老保险基金收入22732万元、机关事业单位养老保险基金收入1947万元、企业职工失业保险基金收入1357万元、工伤保险基金收入8万元、生育保险基金收入128万元、医疗保险基金收入6570万元、国有企业下岗职工基本生活保障和再就业资金收入2213万元、其他资金收入5618万元。社会保障基金财政专户支出17892万元,其中企业职工基本养老保险基金支出8309万元、机关事业单位养老保险基金支出860万元、企业职工失业保险基金支出1063万元、工伤保险基金支出17万元、生育保险基金支出53万元、医疗保险基金支出5735万元、国有企业下岗职工基本生活保障和再就业资金支出24万元、其他资金支出1831万元。全县社会保障基金财政专户资金收支相抵,节余22681万元,年终各项社保基金滚动结余70107万元。

次年,绍兴县实行养老保险费征缴模式改革。缴费基数改革,实行由单位以全部职工工资总额和人数为依据自行申报,年终县地税部门根据用人单位的实际应参保职工工资总额和人数,进行年度汇算清缴。征缴方法改革,用人单位在办理税务登记时,同时办理养老保险登记,职工个人缴纳养老保险费部分由社保经办机构核定,并入单位基本养老保险费,由地税部门统一征收。用人单位申报缴纳的单位基本养老保险费大于社保机构提供的应征额,用人单位必须在次月内补报职工参保名单,逾期未报的,超过部分征缴额划入全县社会统筹基金。

2005年1月1日起,县地税局制订《绍兴县社会保险费征收管理工作考核办法》,对县局各税务分局(所)管辖的养老保险费、医疗保险费、工伤保险费、生育保险费、残疾人就业保障金、失业保险费的征管进行考核,考核分当期入库率、月末(年末)欠费增减率、新增单位代码编录和分解、报送报表、总结和分析四方面。6月起,《浙江省社会保险费征缴办法》施行,全县统一养老保险费、医疗保险费、失业保险费、工伤保险费、生育保险费的征缴办法。

2006年9月,绍兴县建立被征地农民社会保障风险准备金,并对其实行财政专户管理和专户核算。

2007年,绍兴县成立社保基金监督管理委员会,并制订《绍兴县被征地农民社会保障资金管理暂行办法》。县政府发布《关于推进社会保险费五费合征工作的实施意见》,全县推进基本养老保险费、基本医疗保险费、失业保险费、工伤保险费和生育保险费五项合征,从6月1日起,先实行基本养老保险费、基本医疗保险费和工伤保险费"三费合征",缴费基数为当月单位全部职工工资总额。次年1月1日起,《绍兴县农村老年居民养老保障和生活补助暂行办法》实施,凡在绍兴县行政区域内,2007年12月31日在册农业户籍,女年满55周岁、男年满60周岁及以上,未享受各类社会保险和生活补助人员,都可参加农村老年居民养老保障,或享受农村老年居民生活补助。参加农村老年居民养老保障人员,2008年度缴费标准为每人每月75元,并一次性缴清,享受农村老年居民养老保障待遇,标准为每人每月150元,未参加农村老年居民养老保障的人员可享受生活补助金,补助标准为每人每月50元。至此,全县建立起农村老年居民养老保障和生活补助制度,实现城乡社会养老保险全覆盖。同年6月1日起,全县实行基本养老保险费、基本医疗保险费、工伤保险费、失业保险费和生育保险费“五费合征”，缴费基数以用人单位全部职工工资总额，职工当月工资高于上年度全省在岗职工月平均工资300%以上部分，可暂不记入单位缴费基数，并于年度终了后开展五项社会保险费汇算清缴工作。

2010年，县地税局实行失业保险与基本养老保险联动征缴，同时把城镇个体工商户雇工纳入社会保险参保缴费范围。同年，县财政部门落实城乡居民社会养老保险制度，对12万城乡居民发放基础养老金。

2011年8月1日起，对年满60周岁至70周岁以下老年人实行乘坐城市公交车减半优待，享受减半优待首次办理的公交IC卡的费用、IC卡照片冲洗费用、老年人乘车意外伤害保险费用由县财政解决，县内的公交公司实行老年人减半优待而减少的营运收入，由县财政按实补贴。

2012年6月1日起，全县灵活就业人员社保费也由县地税局负责征收，其应缴社保费通过“一户通”平台扣缴入库，年末，全县灵活就业人员超81487户，入库社会保险费达23041.27万元。同年，县政府印发《关于深化完善社会养老服务体系建设的实施意见》，深化完善以居家为基础、社区为依托、机构为支撑的社会养老服务体系建设。

2013年，绍兴县人民政府印发的《关于开展城乡居民大病保险工作的实施意见（试行）》《绍兴县被征地农民养老保险制度并轨实施意见》施行。是年起绍兴县“新型农村合作医疗”更名为“绍兴县城乡居民合作医疗”。

收支实绩

2003～2013年，全县社会保险基金收入1857599万元，其中企业职工基本养老保险基金收入1187666万元、失业保险基金收入74312万元、城镇职工基本医疗保险基金收入371009万元、工伤保险基金收入57377万元、生育保险基金收入20061万元、居民社会养老保险基金收入49486万元、居民基本医疗保险基金收入97688万元。

表9-1

绍兴县社会保险基金收入情况明细表（2003～2013）

单位：万元

年度＼项目	企业职工养老保险基金收入	失业保险基金收入	职工基本医疗保险基金收入	工伤保险基金收入	生育保险基金收入	居民社会养老保险基金收入	居民基本医疗保险基金收入	合　计
2003	23238	1567	5206	51	101	未见统计数据	未见统计数据	30163
2004	21411	885	6768	944	101			30109
2005	31900	1106	8103	1169	121			42399
2006	39333	1283	10918	1161	501			53196
2007	54799	1459	21591	2348	492			80689
2008	79101	8934	78365	9663	4381			180444

续表9-1

项目 年度	企业职工养老保险基金收入	失业保险基金收入	职工基本医疗保险基金收入	工伤保险基金收入	生育保险基金收入	居民社会养老保险基金收入	居民基本医疗保险基金收入	合　计
2009	89106	6145	31249	4623	2150	未见统计数据	未见统计数据	133273
2010	100813	8892	36768	6969	2347			155789
2011	140379	11900	46176	8144	2758		30682	240039
2012	286243	15552	59835	10690	3542	23514	19931	419307
2013	321343	16589	66030	11615	3567	25972	47075	492191
合　计	1187666	74312	371009	57377	20061	49486	97688	1857599

2003～2013年，全县社会保险基金累计支出949141万元，其中企业职工基本养老保险基金支出475509万元、失业保险基金支出25862万元、职工基本医疗保险基金支出235211万元、工伤保险基金支出37986万元、生育保险基金支出18641万元、居民社会养老保险基金支出48018万元、居民基本医疗保险基金支出107914万元。

表9-2

绍兴县社会保险基金支出明细表(2003～2013)

单位：万元

项目 年度	企业职工养老保险基金支出	失业保险基金支出	职工基本医疗保险基金支出	工伤保险基金支出	生育保险基金支出	居民社会养老保险基金支出	居民基本医疗保险基金支出	合　计
2003	8601	1266	4441	44	80	未见统计数据	未见统计数据	14432
2004	21411	885	6768	944	101			30109
2005	31900	1106	8103	1169	121			42399
2006	39333	1283	10918	1161	501			53196
2007	16658	199	9970	1020	510			28357
2008	22113	6255	59070	8570	3290			99298
2009	28056	251	16290	2223	1594			48414
2010	32588	194	19784	2618	1993			57177
2011	40038	1286	26908	4598	2837		33794	109461
2012	109639	4520	32855	6820	3183	22657	36895	216569
2013	125172	8617	40104	8819	4431	25361	37225	249729
合　计	475509	25862	235211	37986	18641	48018	107914	949141

第二节　最低生活保障金

制度规定

2003年8月,县政府对享受最低生活保障范围作出规定,有下列情况的家庭不予列入最低生活保障范围。家庭有就业能力的成员,无正当理由拒绝就业的;拥有汽车、拖拉机、摩托车等机动车辆(肢残人用车除外),或有营运证的交通工具的;拥有金银首饰、古玩字画或其它贵重物品的,或饲养宠物的;一个家庭拥有两套以上住宅或豪华住宅的,在享受低保期间自筹资金购房、建房、装修(除必要的维修)住房或将住房用于出租的;拥有电脑、摄像机、移动电话、高档相机、高档家电设备、高档家具等高档非生活必需品或生活奢侈品的;出入歌舞厅、保龄球馆、网吧等娱乐场所,进行消费娱乐活动的;出入宾馆、饭店、酒吧等餐饮场所进行消费的;出资供子女就读私立学校、出国留学的;有高于低保标准的馈赠、礼金支出或具有投资有价证券行为的;经常打麻将、玩扑克,参与赌博活动的。同时规定,在就业年龄内(18~55周岁,求学除外)或具有劳动能力、但尚未就业的低保对象,由村、居(社区)每月组织参加适当公益劳动,对无正当理由连续两次不参加劳动的,镇(街)报县民政局,减半发放当月保障金。连续2个月不参加劳动的,报请县民政局取消低保资格,取消低保资格后,6个月内不得申请低保救助。

次年,按照《绍兴县城乡居民最低生活保障制度实施办法》《绍兴县实施最低生活保障制度有关规定》的要求,绍兴县在"低保"保障工作中实施"双评议"制度(即乡镇(街道)、村(居)两级进行评议),规范"低保"审批程序,实行"低保"动态管理。

2005年,出台《关于对困难群众实行基本生活消费品价格上涨动态补贴的实施意见》,对全县困难群众实施基本生活消费品价格上涨动态补贴。次年起,绍兴县对低保对象实行分档补差,符合最低生活保障对象的家庭,按低保家庭人均收入低于标准之间的差额分六档发放保障金。对农村五保和城镇"三无"对象、孤儿以及生活不能自理的重度残疾救助对象(独身一人),则按所在镇(街)的低保标准全额享受保障金。

2007年,出台《关于健全城乡居民最低生活保障标准调整机制》,对城乡居民最低生活保障标准再次进行调整。次年,把全县所有孤儿都列入最低生活保障,对重度残疾人发放全额低保金和补助金,做到应保尽保、应补尽补、应退尽退。

2009年,全县再次提高城乡居民低保标准,并为符合低保条件的被征地农民家庭办理低保手续。严格执行低保动态管理,做到低保对象"能进能出"。2011年,绍兴县出台《关于调整城乡居民最低生活保障标准的通知》,对城乡居民最低生活保障标准进行调整,并实行为期6个月的低保退出过渡期。

2012年,绍兴县加大临时救助力度,完善15项困难群众社会救助政策和基本生活补贴机制。2013年,对低保对象享受低保金按低保家庭人均月收入低于低保标准之间的差额按实发放。

标准及负担

2003年10月起,全县第四次提高最低生活保障金标准。城镇居民标准从原来的每人每月220元提高到250元;柯桥、柯岩、华舍、齐贤、钱清、马鞍、安昌、杨汛桥、夏履、福全等10个镇(街道)的农村居民标准从原来的140元提高到170元;湖塘、漓渚、兰亭、孙端、陶堰、王坛、稽东、富盛、平水等9个镇(街道)的农村居民标准分别从原来的105元、115元统一提高到140元。同时,全县城镇居民最低生活保障资金和城乡最低生活保障对象中的残疾人员困难救济金,全额由县财政负担。柯桥、柯岩、华舍、齐贤、钱清、马鞍、安昌、杨汛桥、夏履、福全等10个镇(街道)的农村居民最低生活保障金由县财政负担30%,镇(街道)负担70%;湖塘、漓渚、兰亭、孙端、陶堰、王坛、稽东、平水、富盛等9个镇(街道)的农村居民最低生活保障金由县财政负担80%,镇(街道)负担20%。提标扩面后,全县低保对象增加到近6000户12200人,全年发放低保金832万元。

2004年起,在低保工作中实施"双评议"制度,规范低保审批程序,实行低保动态管理,把好进出口关,做到应保尽保,到12月止,列入救助的城乡居民5038户10025人,其中城镇低保对象1376户2775人,农村低保对象3662户7250人。全年发放低保金1145万元。次年,全县新增低保户431户820人,注销低保户468户1066人,列入低保救助的城乡居民为5001户,9779人。全年县、镇(街)二级财政发放最低生活保障金1154.27万元。

2006年,全县新增低保户431户789人,注销低保户477户1465人,全县在册低保对象4965户9004人,全年发放低保金1131.05万元。次年,绍兴县对城乡居民最低生活保障标准再次进行调整,城镇居民从原来每人每月250元提高到270元,农村居民从原来每人每月140元、170元统一提高到180元。年末列入最低生活保障对象为9121人,全年发放低保金1301万元。

2008年1月1日起,城镇居民从原来每人每月270元提高到300元,农村居民从原来每人每月180元提高到210元。至年底,全县在册低保对象5297户9344人,全年累计发放低保金1595万元。2009年1月起,城镇居民从原来每人每月300元提高到340元,农村居民从原来每人每月210元提高到240元。到12月止,全县新增城乡低保对象681户1183人,注销282户658人,全县在册低保户5739户9937人,全年发放低保金2006万元。次年10月1日起,城镇居民从原来每人每月340元提高到400元,农村居民从原来每人每月240元提高到300元。全县新增低保户576户1244人,注销低保户456户1202人,全县在册低保对象5859户10079人,全年发放低保金2194万元。是年起,全县城乡居民最低生活保障资金由县财政全额承担。

2011年,再次调整全县城乡居民最低生活保障标准,城镇居民从原来每人每月400元提高到470元,农村居民从原来每人每月300元提高到370元。全县新增低保户495户1005人,注销低保户379户830人,全县在册低保对象5975户10254人,全年发放低保金2537万元。次年,全县列入最低生活保障对象10006人。全年发放低保金

3243万元。

2013年1月1日起，绍兴县城镇居民低保标准从原来每人每月470元调整为每人每月520元，农村居民低保标准从原来每人每月370元调整为每人每月450元。全县新增低保户367户660人，注销低保户833户1796人，全县在册低保对象5419户8870人，全年发放低保金3456万元。

第三节　下岗职工基本生活保障和再就业资金

政策规定

2003年5月，绍兴县建立促进就业和再就业专项资金，全年开发就业岗位31200个，陆续安排下岗职工和失土农民就业。同时组织下岗失业人员开展各类技能培训和素质教育，提高其就业能力。2004年发放再就业优惠证3437本，全县登记失业率降至3.9%。

2006年，绍兴县推出促进再就业工作措施，对商贸企业、服务型企业(国家限制的行业外)在新增加的岗位中，当年新招用持再就业优惠证的人员，与其签订一年以上期限劳动合同并缴纳社会保险费的，给予社会保险补贴；用人单位新增岗位招用就业困难人员给予岗位补贴和社会保险补贴；用人单位新增岗位招用持失业证的被征地农民中的“4050”人员，与其签订一年以上期限劳动合同并缴纳社会保险费的，在相应期限内给予社会保险补贴；对持再就业优惠证的“4050”人员从事个体经营或从事非全日制、临时性、季节性、弹性劳务灵活就业的，养老保险补贴标准为每人每月134元，医疗保险补贴为每人每月66元；对持失业证的被征地农民中的“4050”人员从事个体经营(除国家限制的行业外)，给予一次性1000元的就业补贴；对持再就业优惠证的人员、城镇其他登记失业人员参加择业指导及其他适应性培训的，按一定标准给予补贴；被征地农民参加职业培训、鉴定的按一定标准进行补助；对已在绍兴县就业、并与用人单位签订一年以上劳动合同的外来农村劳动者，参加定点培训机构职业培训的，按城镇登记失业人员相应标准的50%予以补贴；城镇失业人员参加创业培训的，按培训实际支出予以补贴，最高不超过1000元。

2007年，县财政局出台《绍兴县就业再就业资金管理办法》。2009年，绍兴县依据“减负推动就业、政策促进就业、服务帮助就业、培训推动就业”基本思路，多措并举稳定并促进就业，全年下岗失业人员实现再就业5582人。

资金来源

2003年起，绍兴县财政每年安排2000万元，专项用于全县就业和再就业支出。次年，全县动用再就业专项资金90.65万元，帮助3829名城镇下岗失业人员实现再就业。2005年，县财政安排专项资金300万元，支持劳动力素质工程，用于就业服务机构的推介补助。次年，县财政局调研出台全县就业再就业新政策，发放第一批再就业补贴

583.89万元。

2007年,县财政部门对3802名符合条件的失业人员发放社保补贴756.08万元,向4家吸纳124名就业困难人员的企业兑现岗位补贴53.22万元。次年,全县发放一次性就业补助739.55万元,发放企业岗位补贴66.17万元,安置就业困难人员151人。

2009年1月起,绍兴县对持有再就业优惠证人员从事个体经营的,三年内按每户每年8000元为限额依次扣减其当年实际应缴纳的营业税、城建税、教育附加费和个人所得税;对符合条件的企业在新增加岗位中,当年若新招用持再就业优惠证人员,三年内按实际招用人数予以定额依次扣减营业税、城建税、教育附加费和企业所得税,定额标准为每人每年4800元。

2010～2011年,县财政一般预算中用于民生支出,主要围绕公共服务均等化行动计划要求,重点保障就业等重点实事工程建设的配套资金。

2013年,县财政投入各类社会保障财政补助资金11.26亿元,比2012年增长32.3%,用于全县推进就业体系和社会保障。

第四节　被征地农民社会保障

2003年1月,县政府下发《绍兴县失地农民基本生活补助暂行办法》,11月,县委、县政府下发《关于推进农村"三有一化"改革工作的实施意见》,在推进农村"三有一化"(有保障、有股份、有技能、村庄社区化)中,对被征地农民的社会保障作出具体规定。12月,县委、县政府办公室下发《关于建立被征地农民社会保障若干问题的政策意见》,按"三有一化"实施意见,对被征地农民社会保障的具体问题作了明确。

全县范围内由县国土资源部门统一实施征地,被征地时享有土地承包家庭中年龄在16周岁以上的户口在册农业人口征地后已办理"农转非"手续的,列入被征地农民社会保障对象。对土地被征用后村又重新给予调剂土地的、已享受城镇职工基本养老保险待遇的和土地被征用后,户籍关系已迁往县外的不列入被征地农民社会保障对象。

绍兴县被征地农民养老保险手册

2003年1月以后被征地的农民,参加被征地农民养老保险,实行被征地农民、村集体经济组织、政府共同出资负担,缴费标准为:被征地农民个人和所在村每人缴纳7000元,〔其中村缴纳原则上不低于3500元,但也可根据村级经济状况,适当降低和提高村缴纳部分的标准;个人出资部分不得低于养老保险总额的5%(1150元)〕,政府出资每人为16000元。被征地农民个人和所在村的缴纳资金到位后，县社保经办机构发给每位参保人员《被征地农民养老保险手册》。参保的农民女年满55周岁、男年满60周岁，可按月享受被征地农民养老金每人220元。按月发放的养老金先从个人账户中支付，个人账户用完后，从政府出资部分中统筹支付。个人账户未用完前，被征地农民去世的，其个人账户余额按规定可一次性支付给法定继承人。

村承担的被征地农民养老保障资金从土地征用补偿费、留用地收入和村集体经济积累中列支。被征地农民个人缴纳的养老保险金由个人出资或从征地劳动力安置补偿费中抵扣。政府出资的被征地农民社会保障资金实行分级分类负担，开发区及其他县级以上公路、学校、医院等公益设施建设征用土地的被征地农民社会保障资金，由县财政或开发区负担。镇(街道)所用土地的被征地农民社会保障资金，由各镇(街道)负担，县财政给予酌情补助。县财政直接负担和补助的被征地农民保障资金，通过国有土地出让收入、财政安排专项资金和调整县、镇(街道)土地出让金的分成比例等渠道筹措。开发区和镇(街道)负担的被征地农民社会保障资金，统一由县财政和国土、劳动社保等部门分别与其结算，并及时划入被征地农民社会保障基金专户。村和个人缴纳的被征地农民社会保障资金，由县社保经办机构负责收缴，其本金及利息全部纳入被征地农民社会保障资金。被征地农民社会保障资金实行专户储存、专项管理、专款专用，接受同级财政和审计部门的监督。到年末，全县共筹集被征地农民社会保障资金16270万元。

2006年，绍兴县建立被征地农民社会保障风险准备金制度，社会保障风险准备金，每年根据需求从全县土地出让金净收益中按10%～20%的比例提取，实行财政专户管理，专账核算，专门用于被征地农民社会保障支出风险，首期到位资金2188.4万元。

2007年，出台《绍兴县被征地农民社会保障资金管理暂行办法》，当年向479名被征地农民发放一次性就业补贴47.9万元。到2009年，全县参加被征地农民养老保险141424人，当年新征土地参加被征地农民养老保险2421人，即征即保率达到100%。

2010年2月，绍兴县出台城乡居民养老保险办法，参保以个人缴费为主，参保人员每年选择500元以下档次缴费的，财政按个人缴费标准的10%进补贴，补贴标准低于每人每年30元的按30元补贴，参保人员选择1000元以上档次缴费的，财政按缴费标准的8%进补贴。至年底，全县城乡居民社会养老保险参保人数141354人，完成全年目标任务的118%，其中享受待遇107727人。

2013年7月1日起，《绍兴县被征地农民养老保险制度并轨实施意见》施行，并轨对象截至时间为2013年6月30日，具有绍兴县城镇户籍，且已参加绍兴县被征地农民养老保险的人员。实施办法有与职工基本养老保险制度并轨和与城乡居民社会养老保险制度并轨两种，分别按职工基本养老保险制度和城乡居民社会养老保险制度规定筹集管理。并轨后，分别按职工基本养老保险制度和城乡居民社会养老保险制度的规定办理，对在2013年达到或超过法定退休年龄的原参保被征地农民，须在年底前选择并轨险种并办理相关并轨手续；劳动年龄段内的原参保被征地农民，可在到达法定退休年龄时选择并轨险种并办理相关并轨手续。新产生被征地农民,须在办理“农转非”手续后的3个月内办毕相关参保缴费手续。至年末,全县有26269人办理参保并轨手续。

第五节 企业职工养老保险费(调剂金)及统筹基金

企业职工基本养老保险费

企业职工基本养老保险费是指按照国家规定、由企业和职工个人分别按工资总额及缴费工资的一定比例缴纳,为保障企业职工退休后的基本生活而筹集的专项基金。

范围 对象 2003年,全县股份制企业、股份合作制企业、联营企业、合作企业、私营企业及其职工,外商投资企业、港澳台商投资企业的中方职工,事业单位、民办非企业单位与其形成劳动关系的职工,都依法参加基本养老保险。各类企业基本养老保险覆盖面100%,职工应参保率100%。

2004年起,全县行政区域范围内的各类用人单位和其形成劳动关系的职工。2010年起,城镇个体工商户雇工也纳入参保缴费范围。2013年,历史遗留事实失土农民参加被征地农民养老保险与基本养老保险并轨。

基数 比例

企业单位 2003年,基本养老保险费,企业单位缴费按照全部职工缴费工资基数之和的一定比例缴纳,职工个人缴费以职工本人上年度月平均工资作为个人缴纳基本养老保险基金的基数。职工月平均工资低于全省社会月平均工资60.0%的,按全省社会月平均工资60.0%计算缴费工资基数;超过全省社会月平均工资300.0%以上部分,不计入缴费工资基数。是年6月起,全县企业职工个人缴费比例调整到7%;企业按全部职工缴费工资基数之和的19%缴纳,其中扩面企业缴费工资基数由企业在上一年全省职工月平均工资的30%、60%、100%、200%、300%五个档次中任选一档执行。

2004年6月1日起,企业按缴费工资基数的19%、职工按本人缴费工资基数的8%缴纳基本养老保险费。10月起,用人单位月缴费基数以全部职工月工资总额为依据自行申报,经地税部门和县社保经办机构按不低于65%的比例核定,若缴费基数低于单位实际参保职工缴费基数的,则以实际参保职工缴费基数为准。

2005年6月起,以全部职工月工资总额按不低于70%的比例核定,职工个人缴费基数,由县社保经办机构按单位参保职工不同的缴费工资档次分类确定。

2007年6月1日起,全县基本养老保险费用人单位缴费基数:纺织、印染、服装企业按不低于本单位当年全部职工工资总额的45%作为缴费基数,其他用人单位按不低于本单位当年全部职工工资总额的50%作为缴费基数。用人单位缴费基数若低于参保职工缴费工资之和的,按用人单位实际参保职工缴费工资之和确定。

2009年1月1日起,全县养老保险费单位缴纳部分费率调整为12%,执行期限暂定二年。

2011年，经批准继续执行养老保险费单位部分仍按12%缴纳。

2012年1月起，全县企业基本养老保险费缴费比例从12%调整为14%。

城镇个体劳动者　2003年6月前，以全省社会月平均工资的100%～300%作为缴费工资基数，统一按17%缴纳基本养老保险基金。6月起，全县个体工商户、自谋职业者统一按缴费工资基数的19%缴纳，其缴费工资基数按上一年全省职工月平均工资60%、100%、200%、300%四个档次中任选一档执行。

2004年6月1日起，全县自谋职业者统一按缴费工资基数的20%缴纳基本养老保险费。

2009年1月起，城镇个体劳动者每月按照上一年度平均实际收入的18%缴纳基本养老保险费，其中有雇工的城镇个体工商户，雇主的养老保险费全部由其本人缴纳，雇工的养老保险费，由雇工缴纳8%，雇主缴纳10%。同年4月起，自谋职业者基本养老保险费缴费比例调整为18%。

征收方法　2003年，继续实行用人单位和职工个人缴纳基本养老费相分离办法，由绍兴县地方税务局统一征收。用人单位自办理工商注册登记之日起30日内，向县社保经办机构办理基本养老保险费登记手续，对办理税务登记的缴费单位，用人单位在办理税务登记同时办理社会保险缴费登记。不需要办理税务登记的缴费单位，在办理社会保险登记之日起5日内到地方税务机关办理社会保险缴费登记。用人单位注册登记后，发生人员增减的，在20日内向社保机构办理职工增减登记手续。县社会保险经办机构，每月25日前向县地税局提供下月有关企业和职工个人、城镇个体工商户及帮工、自由职业者应缴费的基本数据。对私营企业和职工个人、城镇个体工商户及帮工应缴纳的基本养老保险费，由地税局向社会保险经办机构提供私营企业、城镇个体工商户名单，交社会保险经办机构办妥手续，核定缴费数据后交地税局征收。县地税局，每月10日前根据社会保险经办机构提供的数据，向企业开出基本养老保险费征收凭证。企业职工个人及个体工商户雇用的帮工，其应缴纳的基本养老保险费，由所在企业及个体工商户雇主缴纳，统一使用税收缴款书或税收完税证。银行按地税部门开出的缴款书，将征集对象缴纳的基本养老保险基金划入国库，国库和地税局及时将基金收缴情况反馈给社保经办机构。社保基金专户每月下旬向国库申请，将征集的基本养老保险基金拨入社保基金专户。

2004年10月起，改革养老保险费征缴基数和方法。即改变原社保部门核定养老保险基金应征数，地税部门负责征收的传统模式，实行用人单位和职工个人缴纳养老保险费相分离的办法，用人单位缴纳基本养老保险费的基数由单位以全部职工工资总额和人数为依据自行申报，经地税部门和社保经办机构按不低于65%进行核定，若缴费基数低于单位实际参保职工缴费基数的，则以单位实际参保职工缴费基数为准，建立企业职工养老保险“依法参保、应保尽保”的长效管理机制。

2005年，全县养老保险费与工伤保险费实行“两费合征、两保合一”的征收办法。

2007年6月1日起,全县实行基本养老保险费和基本医疗保险费、工伤保险费三费合征,缴费基数为当月本单位全部职工工资总额,缴费单位无法确定用工人数和工资总额的,主管地方税务机关根据《浙江省社会保险费征缴办法》第二十一条规定核定单位缴费基数(工资总额是指各单位在一定时期内直接支付给本单位全部职工的劳动报酬总额,由计时工资、计件工资、奖金、加班加点工资、特殊情况下支付的工资、津贴和补贴组成)确定。2008年6月1日起,全县实行基本养老保险费和基本医疗保险费、工伤保险费、失业保险费和生育保险费五费合征。

2011年6月1日,基本养老保险职工缴费工资低限从50%调整到60%,实现低基数缴费、低标准享受政策与全省统一制度并轨。

次年9月起,全县参加职工基本养老保险人员可以按规定办理一次性补缴手续。凡绍兴县2011年7月前参加职工基本养老保险人员(包括农业户籍),在达到法定退休年龄时,延长缴费5年后仍不足15年的,可以一次性缴费至15年,补缴人员统一以上年度全省在岗职工月平均工资为基数,以18%的缴费比例,进行一次性补缴。

法律责任与措施 企业和职工个人必须按时、足额缴纳基本养老保险费并不得减免。缴费单位经营发生严重困难,或因自然灾害造成重大损失,不能按照统筹地最低职工工资标准发放职工工资的,可向县地税局提出申请缓缴社会保险费,经批准后方可缓缴,缓缴期限最长不超过3个月,经批准缓缴的,在缓缴期内免缴滞纳金,缓缴期满后,企业应如数补缴基本养老保险及利息。缓缴期间,社会保险要保证企业离退休人员的基本生活,企业按规定缴纳的基本养老保险基金在管理费中列支。未经批准缓缴而逾期不缴的,按日加收应缴额0.2%的滞纳金,职工个人应缴的基本养老保险基金不得缓缴;对未参加基本养老保险的企业,由劳动保障部门会同各镇政府,确定应缴基本养老保险费数额,提交地税局强制征收,必要时由征收部门申请人民法院强制执行。

2004年10月1日起,用人单位未在规定期限内办理基本养老保险登记、变更登记或者注销登记手续,或者未按规定申报应缴纳的基本养老保险费数额的,由劳动保障部门或地税部门责令限期改正;情节严重的,对直接负责主管人员和其他直接责任人员可处1千元以上5千元以下的罚款;情节特别严重的,对直接负责主管人员和其他直接责任人员可处5千元以上1万元以下的罚款。用人单位伪造、变造、故意毁灭有关账册、材料,或者不设账册,致使基本养老保险费无法确定的,地税部门按该单位上月缴费数额的110%确定应缴数额或按其他规定确定应缴数额,用人单位基本养老保险费逾期拒不缴纳的,处以不缴或欠缴费额50%以上2倍以下的罚款;对直接负责主管人员和其他直接责任人员处5千元以上2万元以下的罚款;用人单位、城镇个体劳动者逾期拒不缴纳基本养老保险费的,地税部门可依法采取保全措施或强制征收措施。

2003～2013年,绍兴县征收基本养老保险费1066022万元。

表9-3

绍兴县基本养老保险费征收情况统计表(2003~2013)

单位:万元

年　度	2003	2004	2005	2006	2007	2008
征收数	21657	21411	31927	39730	54799	75749
年　度	2009	2010	2011	2012	2013	合　计
征收数	75539	94339	128501	277546	244824	1066022

基本养老保险调剂金

2003~2013年,绍兴县继续实行省规定的基本养老保险调剂金制度,按全县征缴的基本养老保险基金总额的1%提取,由省财政部门负责征集。上缴省的基本养老保险调剂金,每半年按当期征集额的50%返还给各市及省社会保险基金管理中心,建立市基本养老保险调剂金,由市管理和统一调剂使用,对符合条件的县(市)可向市、省申请养老保险调剂金给予调剂。对企业离休人员离休费、医疗费(简称两费)继续实行统筹统发。统筹金由财政、企业、社会统筹解决,纳入财政专户管理。

机关事业单位养老保险基金

全县机关事业单位养老保险基金由社保经办机构负责征收,按期划入社会保障基金财政专户,支用时,社保经办机构按月向社会保障基金财政专户申拨资金,实行社会化发放。

2012年7月起,全县机关事业单位养老保险统筹基金由社会保险局自行征收改由县地方税务局征收,离退休人员的退休费由绍兴县社会保险经办机构实行社会化发放。同年,全县机关事业单位养老保险统筹单位缴费基数不再实行“双基数”(即在职职工的工资总额和离退休人员的统筹费用总额),调整为按上年在职职工的工资总额确定,统筹单位缴费比例调整为20%,职工个人调整为按工资总额2%缴纳。

第六节　城镇职工医疗保险费及医疗补助金

城镇职工医疗保险费

2003年,全县继续按《绍兴县城镇职工医疗保险暂行办法》执行。所有用人单位及职工均参加基本医疗保险,实行属地管理;由用人单位和职工共同负担;实行社会统筹与个人账户相结合。享受基本医疗保险的权利和义务相对应;以县为基本医疗保险统筹单位,对基本医疗保险统筹基金、重大疾病医疗救助金及公务员医疗补助金实行统一管理,由县地税局负责征收,纳入财政专户。全县所有用人单位,包括企业、国家机关、事业单位、社会团体、民办非企业单位及其职工;城镇个体经济组织业主及其从业人员、自由职业者和人事劳动代理人员,按照县有关规定参加基本医疗保险。

基本医疗保险费由用人单位和在职职工共同按月缴纳。用人单位以本单位在职职工上年度工资总额为基数缴纳基本医疗保险费。企业按在职职工缴费基数的5%缴纳基本医疗保险统筹基金,企业在职职工个人缴费按县有关规定执行,并按有关规定建立基本医疗保险职工个人账户。

实行依照或参照国家公务员制度管理的机关及事业单位,按在职职工缴费基数的8%缴纳基本医疗保险费。其中5%纳入统筹基金,其余3%按规定纳入个人账户,机关事业单位在职职工个人按本人上年度工资收入的2%缴纳基本医疗保险费,全部划入个人账户。其他事业单位、社会团体、民办非企业单位及其在职职工,由劳动保障部门会同有关部门根据各用人单位实际,审核确定缴费办法。用人单位上年度职工人均工资高于全县上年度职工平均工资300%的,按300%为基数计缴;低于全县上年度职工平均工资的按全县上年度职工平均工资计缴。在再就业服务中心的企业下岗职工的基本医疗保险费,由再就业服务中心按全县上年度职工平均工资的60%作为缴费基数。

《绍兴县城镇职工基本医疗保险征收管理办法》还规定,征收单位名单、参保单位征收数据由医保经办机构向地税部门提供。征收程序是医保经办机构按月在25日前将下月分户应征医疗保险费数据提供给地税部门;地税部门根据医保经办机构提供的数据于每月10日前向各缴费单位和个人开具缴款书;地税部门在每月8日前将上月医疗保险费征收的有关数据等情况反馈给医保经办机构。单位和个人必须按时、足额缴纳医疗保险费,医疗保险费不得减免、缓缴。逾期不缴的,从欠缴次月起暂停享受基本医疗保险待遇;并从欠缴次日起加征2‰的滞纳金。参保人在办法实施后办理退休手续,其基本医疗保险缴费年限(含按国家规定可视同缴费年限的工龄)不足20年的,用人单位和参保人员应一次性补缴基本医疗保险费满20年后,参保人员方可享受退休人员的基本医疗保险待遇。

基本医疗保险费采用预缴办法,当月缴费,次月享受。

2003年6月起,对参保职工个人月缴费工资低于上一年全县职工月平均工资1600元的,按1600元的缴费工资基数征缴基本医疗保险费。2004年6月1日起,城镇职工基本医疗保险费按上年度参保单位职工工资总额为缴费基数,但对参保职工本人月缴费工资低于上年度全县职工月平均工资1800元的,按1800元的缴费工资基数征缴基本医疗保险费。2006年,按照参加养老保险人数30%的比例征缴医疗保险费。

2007年6月1日起,实行基本医疗保险费与基本养老保险费、工伤保险费3费合征,缴费基数为当月本单位全部职工工资总额按一定比例确定,其中纺织、印染、服装企业按不低于本单位当年全部职工工资总额的45%作为缴费基数,其他用人单位按不低于本单位当年全部职工工资总额的50%作为缴费基数,用人单位缴费基数若低于参保职工缴费工资之和的,按用人单位实际参保职工缴费工资之和确定。缴费单位无法确定用工人数和工资总额的,主管地方税务机关根据《浙江省社会保险费征缴办法》第二十一条规定核定单位缴费基数(工资总额是指各单位在一定时期内直接支付给本单位全部职工的劳动报酬总额，由计时工资、计件工资、奖金、加班加点工资、特殊情况下支付的工资、津贴和补贴组成）。基本医疗保险费缴费费率用人单位和城镇个体经营者均为5%。

2008年6月1日起，实行基本医疗保险费与基本养老保险费、工伤保险费、生育保险费、失业保险费五费合征。

2009年1月1日起，基本医疗保险费缴费费率用人单位调整为4.7%。同年6月1日起，基本医疗保险费缴费费率城镇个体经营者也调整为4.7%。是年，绍兴县出台《关于贯彻基本医疗保险市级统筹的意见》。2010年7月1日起，绍兴县实施基本医疗保险市级统筹，并建立门诊报销制度，住院报销最高支付限额上不封顶。全县当年医疗保险费费率下浮至5%。

2011年11月（所属月份），贯彻实施省财政厅、省人力社保厅、省地税局《关于实施社会保险"五缓四减三补贴"政策的通知》，全县对部分企业基本医疗保险费企业单位统筹缴纳部分予以临时性集中减征。

重大疾病医疗救助金

2003年，全县继续按规定建立重大疾病医疗救助金，企业及参照企业缴费的其他用人单位，按参保人数每人每月5元标准缴纳重大疾病医疗救助金。

2004年6月1日起，重大疾病医疗救助金缴费标准按每人每月10元缴纳。基本医疗保险费和重大疾病医疗救助金，由县地税部门按月征收，纳入财政专户，专款专用，不得挤占挪用。医保机构和地税部门不得从基金中提取任何费用，其所需经费，由县财政预算解决。基本医疗保险费和重大疾病救助金不得减免、缓缴。基本医疗保险基金由统筹基金和个人账户构成。

2007年6月1日起，用人单位和城镇个体劳动者的大病医疗救助金按缴费基数的0.6%缴纳。

2009年1月1日起，用人单位大病医疗救助金费率调整为0.3%，同年6月1日起，城镇个体经营者的大病医疗救助金也调整为0.3%。之后，费率标准未见调整。

公务员医疗补助金

2003～2013年，绍兴县对国家公务员继续试行医疗补助办法，医疗补助原则是在参加基本医疗保险的基础上，享受公务员医疗补助，公务员医疗补助的水平与全县经济发展水平和财政承受能力相适应，保证原有合理的医疗保障水平不降低，并随经济发展逐步提高。

补助范围　符合《国家公务员暂行条例》和《国家公务员制度实施方案》规定的全县各级机关工作人员和退休、退职人员；列入参照国家公务员管理的党群机关、人大、政协机关、各民主党派和工商联机关以及列入参照国家公务员管理的其它单位机关工作人员和退休、退职人员；列入依照公务员制度管理的事业单位工作人员和退休、退职人员；审判机关、检察机关的工作人员和退休、退职人员。

补助金筹集 按财政管理体制,公务员医疗补助经费由同级财政列入当年财政预算。筹资标准,以上年度单位在职职工工资总额与退休、退职人员退休、退职费总额之和的7%筹集。经费来源,国家公务员和参照、依照公务员管理的单位和人员,按原医疗补助经费来源的渠道解决。

使用标准 职工个人账户补充,在职职工45周岁以下为本人缴费工资的1%,45周岁(含45周岁)以上为本人缴费工资的1.15%,退休、退职人员为全县上年度职工平均工资的2.5%。门诊医疗补助,当年个人账户金不足支付部分,由公务员医疗补助金和公务员按比例分担。在职人员由公务员医疗补助金支付80%,个人支付20%;退休、退职人员由公务员医疗补助金支付85%,个人支付15%。一个年度内,按比例个人自付部分的门诊医疗费用,在职人员超过1500元以上部分,退休、退职人员超过1200元部分,由用人单位给予补助,其中在职人员补助90%,退休、退职人员补助95%。住院医疗费补助,基本医疗保险统筹基金起付线以上最高支付限额以下的住院医疗费和特殊病种门诊费用个人负担部分,当年个人账户金不足部分由公务员医疗补助金按在职80%,退休、退职85%补助。基本医疗保险统筹基金最高支付限额以上至15万元(含15万元)以内的医疗费用,公务员医疗补助金补助95%;15万元以上部分补助80%;住院医疗费(不含统筹基金起付标准以下的医疗费用),按比例个人自付部分,在一个年度内,在职职工超过1000元,退休、退职人员超过800元,超过部分由用人单位给予补助。基本医疗保险规定的应有个人直接按比例负担的医疗费用,公务员医疗补助金不予补助。

管理监督 医保机构具体负责公务员医疗补助金的筹集、使用和管理,同时接受同级财政和审计部门的监督。公务员医疗补助金计算年度与城镇职工基本医疗保险计算年度一致,一并征收。年度超支,根据筹资渠道按比例分担,公务员医疗补助金不得减免和缓缴,不计征税费,并随经济发展作相应调整。2003年,全县公务员医疗补助资金征收1393万元,支出1310万元,当年结余83万元,累计结余1447万元。到2013年,全县累计征收基本医疗保险费265306万元。

表9-4

绍兴县基本医疗保险费征收情况统计表(2003~2013)

单位:万元

年 度	2003	2004	2005	2006	2007	2008
征收数	5313	6768	8103	10918	21591	23794
年 度	2009	2010	2011	2012	2013	合 计
征收数	26357	30132	35642	44534	52154	265306

第七节　城乡居民医疗保险基金

绍兴县于2003年3月，建立以大病医疗救助为主要形式的农村合作医疗制度，并于次年7月起，实施新型农村合作医疗制度。2007年4月1日起，绍兴县城镇居民医疗保障试行办法施行，2010年，绍兴县新型农村合作医疗与城镇居民基本医疗保险并轨。2013年，绍兴县新型农村合作医疗更名为绍兴县城乡居民合作医疗。

政策规定

2003年6月，绍兴县始建以大病医疗救助为主要形式的农村合作医疗制度。次年，《绍兴县新型农村合作医疗制度暂行办法》实施。制度实施2年后，绍兴县进一步完善新型农村合作医疗制度实施方案，提高人口覆盖率和受益率。此后每年都按出台的新办法实施。

绍兴县召开第三轮新型农村合作医疗工作动员大会

2007年4月1日起，《绍兴县城镇居民医疗保障试行办法》试行，参保对象为全县非农户籍且未参加城镇职工基本医疗保险或异地医疗保险的人员，每年4月1日～6月30日为缴费期，在当年7月1日至次年6月30日，按规定享受医疗保险。参加对象范围调整扩大到为以户籍在绍兴县未参加城镇职工基本医疗保险的所有城乡居民。至此绍兴县城乡居民在政策层面上基本实现全民医保。

2008年，第四轮新型农村合作医疗期限调整为2007年7月1日～2008年12月31

日,收费1年半,享受也1年半。是年7月1日起,全县执行财政部《新型农村合作医疗基金财务预算制度》。

2010年起,绍兴县新型农村合作医疗与城镇居民基本医疗保险并轨(2010年度),实行一种政策分档管理。

2011年起,《绍兴县新型农村合作医疗制度实施办法》施行。统一城镇居民、农民筹资标准和报销待遇,人均筹资509元,其中县镇二级财政补助350元,全县519587人参加新型农村合作医疗,其中农业人口参合率97.11%。

2012年,《绍兴县新型农村合作医疗制度实施办法》和《绍兴县村卫生室实施国家基本药物制度实施方案》施行。2013年起,绍兴县新型农村合作医疗更名为绍兴县城乡居民合作医疗。

经费筹措

全县分农村合作医疗(包括农村大病救助)和城镇居民医疗两种经费筹措。

农村合作医疗 2003年起,每轮大病医疗救助制度实施时间为1月1日至12月31日,2003年度资金来源按农业人口每人每年10元的标准由县、镇、村分别以4元、4元和2元的比例筹集。

次年起,按年人均67元标准筹集,其中7元为大病医疗救助资金,以户为单位按每人每年30元缴纳统筹资金,县财政按每人每年19元、镇(街)财政按每人每年15元、省财政按每人每年3元的标准补助,采取"一次交费,全年使用"的方法,限定每年6月20日为统筹费的征收入库截止日,结算年度为当年的7月1日至次年的6月30日,年末,全县筹集资金3426万元。

2005年,县财政按每人每年19元、其中4元用于大病医疗补助,镇(街)财政按每人每年15元,省财政补助资金全额用于全县新型农村合作医疗,个人出资以户为单位按每人每年30元缴纳统筹资金。

次年,按年人均83元标准筹集,其中5元为大病医疗救助资金,以户为单位按每人每年30元(村级集体经济至少补助3元,最多不超过10元)缴纳统筹资金,县财政按实际参加人数给予每人每年30元补助、其中5元用于大病医疗补助。镇(街)财政按本镇(街)实际人数给予每人每年20元补助。省财政补助资金全额用于全县新型合作医疗。采取"一次交费,全年使用"的方法,限定当年6月25日为统筹费的征收入库截止日,结算年度为当年的7月1日至次年的6月30日。

2007年,参保人员缴纳300元,财政补贴105元。次年,人均年筹资标准150元,其中县财政70元,镇街财政40元,农民个人40元,新一轮结算年度为一年半。

2009年,人均筹资标准200元,其中县财政100元,镇街财政50元,农民个人50元。次年,农业户口人均筹资标准280元,其中政府补助200元,农民个人80元。

2011年起,统一城镇居民、农民筹资标准,统一按人均500元标准筹集,其中8元用于医疗救助。以户为单元,按每人150元的标准缴纳统筹基金,县财政按每人209元、镇

(街)财政按每人120元、中央、省财政按每人每年21元的标准补助。

次年,实行新型农村合作医疗县、镇、村三级经费保障制度,建立相应考核制度。全县新型农村合作医疗人均筹资690元,以户为单元,按每人200元的标准缴纳统筹基金,财政补助人均补助标准提高到490元,其中县财政补助每人290元、镇(街)财政按每人170元、中央、省财政按每人每年30元的标准补助。

2013年,绍兴县城乡居民合作医疗人均筹资900元,其中各级财政补助每人640元,个人出资260元。

城镇居民医疗 2007年起4月1日起,参加城镇居民医疗保险的缴费标准每人每年405元,其中老年人(60周岁以上)个人缴纳200元,财政补贴205元,其他参保人员个人缴纳300元,财政补贴105元,对18周岁以下每人每年缴纳50元,财政补贴65元。

2010年,城镇居民人均筹资标准560元,其中政府补助314元,个人缴费246元。2011年起,统一城镇居民、农民筹资标准。

补偿对象

农村合作医疗 2003年,补偿对象为全县最低生活保障对象住院治疗的农民;一次性住院费用超过1万元且家庭经济困难的农民;年累计住院费用超过1.5万元且家庭经济确实困难的农户;住院治疗的70周岁以上老年农民。

次年,报销范围限于参加新型农村合作医疗的人员,在结算年度内的住院医疗费用和未享受住院报销的恶性肿瘤门诊化(放)疗等5种特殊门诊医疗费用。

2005年4月1日起,凡参加2004年度新型农村合作医疗的人员,特殊病种门诊、住院医药费从只能报销其中一项,调整为门诊、住院医药费均可报销的规定。

2006~2007年,救助对象分两类(每类对象同时具备以下条件),第一类为当年度参加新型农村合作医疗,在一个结算年度内的住院可报销医疗费用(包括特殊病种门诊累计医疗费用)在40000元以上和因大病医疗导致家庭生活特别困难。第二类为当年度参加新型农村合作医疗,属于绍兴县低保家庭或重点优抚对象,在一个结算年度内的住院可报销医疗费用(包括特殊病种门诊累计医疗费用)在2000元以上。最高报销比例为80%。

2008年,参加新型农村合作医疗人员,扩大报销医院范围,在市内所属镇街卫生院住院诊治的也可报销,中药门诊补偿比例提高到30%,住院报销封顶线由3万元提高到3.5万元。

2009年,提高报销比例,门诊报销比例和住院报销各段的比例均比上轮提高10个百分点,住院、特殊病种门诊二项累计最高报销封顶线提高到4万元,扩大补偿范围,对计划内怀孕的住院分娩参合产妇实行定额补助金,每人每次补助500元。

次年,新型农村合作医疗与城镇居民基本医疗保险并轨,扩大参加对象范围和特殊病种范围,报销比例平均增幅在35%以上,门诊报销比例达到30%至40%,住院封顶线提高到8.1万元。

2011年起,统一城镇居民、农民报销待遇。参加绍兴县城乡居民合作医疗制度的人员,均为城乡居民大病保险保障对象。报销范围限在定点医疗机构发生住院医疗费用和特殊病种患者门诊医疗费用。

次后两年,参加绍兴县城乡居民合作医疗制度的人员,均为城乡居民大病保险保障对象。

城镇居民医疗 2007年4月1日起,补偿对象为参加城镇居民医疗保险的人员,在一个医保年度内,由医疗保障资金与参保人员共同承担门诊住院和特殊病种的医疗费,报销比例随医疗费用的增加而递增,最高报销比例80%。2010年起,农村合作医疗与城镇居民基本医疗保险并轨,统一参保对象。

补偿标准

农村合作医疗 2003年1~12月,最低生活保障对象住院费用一般按70%左右的比例补偿,其他对象的住院费用,按以收定支原则由各镇(街)自定补偿比例,其中有计划生育优待优惠证的对象,可以提高5个百分点的救助比例。

次年,采用设定每次住院医疗费和特殊病种年度累计门诊医疗费、年度资金补偿最高限额,按"分段计算、累计支付"的方法办理。报销费用500元及以下不予补偿,500元以上补偿标准为:500元以上~1000元部分补偿10%;1000元以上~3000元部分补偿15%;3000元以上~5000元部分补偿20%;5000元以上~10000元部分补偿25%;10000元以上~15000元部分补偿30%;15000元以上~25000元部分补偿35%;25000元部分补偿40%;每人每年最高补偿为15000元。

2005年,县内社区卫生服务机构看病可报销10%,县内社区卫生服务机构住院,取消起报线,大病救助额从2万元增加到3万元,低保户、重点优抚对象降低救助线,可报费用2000元以下就可救助,个人最高可报销4.5万元。

次年,在全县范围内社区卫生服务机构和县级医疗机构住院诊治,发生的符合报销范围内的医疗费用,按"分段计算,累计支付"的办法报销。起付标准500元(本县内社区卫生服务机构取消起付线)。个人全年多次住院的,分次报销,累计计算(同一年度内第二次住院起不再计算起付标准)。500元及以下不予报销,也不予累计;501元以上至5000元部分报销20%,在本县内社区卫生服务机构内报销30%;5001元~15000元部分报销30%;15001元~25000元部分报销40%;25001元以上部分报销50%;每人每年累计最高报销封顶为20000元。

2007年,县内社区卫生服务机构门诊费用报销比例为15%,住院、特殊门诊两项累计最高报销封顶线为20000元。在县内各社区卫生服务中心及下属定点服务站门诊看病的中药饮片费用报销比例为20%。

次年,县内社区卫生服务机构门诊费用报销比例为20%,住院、特殊门诊两项累计最高报销封顶线为30000元。在县内各社区卫生服务中心及下属定点服务站门诊看病的中药饮片费用报销比例为30%,在县级定点医院门诊看病的中药饮片费用从原先不可报销调整为报销为20%。

2009年，门诊和住院各段的报销比例均提高10个百分点，报销封顶线提高至1年40000元。在县内各社区卫生服务中心及下属定点服务站门诊看病的中药饮片费用报销比例为35%，在县级定点医院门诊看病的中药饮片费用报销比例为30%。

次年，新型农村合作医疗与城镇居民基本医疗保险并轨，提高基本药物报销比例和住院报销比例。提高住院补偿封顶线，其中在县内各社区卫生服务中心及下属定点服务站门诊看病的中药饮片费用报销比例提高到40%，中医诊疗项目费用可报销40%，在县级定点医院门诊看病的中药饮片费用报销比例提高到35%，中医诊疗项目费用可报销35%。

2011年起，统一城镇居民、农民报销待遇。住院起付标准：一级及以下医疗机构为300元；二级医疗机构600元；三级医疗机构800元，第二次住院起付标准按上述相应标准的50%，起付标准以上至最高支付限额部分报销为80%，最高支付限额为171000元。

次年，实行新农合刷卡报销“六统一”管理，明确县、镇、村三级管理责任及经费保障，门诊最高支付限额提高到1800元，住院补偿最高支付限额提高到217000元，报销比例提高至82%。

2013年，个人累计负担的合规医疗费用超过全县城乡居民大病保险补助起付的部分，由城乡居民大病保险补助55%，全县城乡居民大病保险补助起付标准为2.45万元。

城镇居民医疗　2007年4月1日起，在一个医保年度内，由医疗保障资金与参保人员共同承担门诊住院和特殊病种的医疗费，报销比例随医疗费用的增加而递增，最高报销比例80%。2010年起新型农村合作医疗与城镇居民基本医疗并轨，实行一种政策分档管理。2011年起，统一城镇居民、农民报销待遇。

第八节　残疾人就业保障金

范围及标准

2003年5月，绍兴县委发布《关于进一步加强社会保障工作的若干意见》，县政府制订《绍兴县按比例安排残疾人就业实施办法》，均从是年1月1日起实施。全县各机关、团体、事业、企业（含股份制企业、私营企业、三资企业、外地驻绍兴县独立核算企业）和民办非企业、城乡经济组织等各类用人单位（包括中央部属、外省、市（县）、区驻绍兴县单位），均应按在职在岗职工总人数的1.5%比例安置残疾人劳动就业，安置残疾人不到法定比例的单位，按规定缴纳残疾人就业保障金（以下简称“残保金”）。

对未安置残疾人或安置未达比例的单位，其残保金缴纳计算公式：单位应缴残保金金额=（单位上年度在职在岗职工总人数×1.5%－单位已安置残疾职工数）×计征标准工资。

机关、团体、事业单位人数依据按县人事局统计的实际在职人数计算；企业按县地税局核准的上年度末在职在岗职工总数计算。

行政及全额拨款事业单位工资标准按县统计局公布的职工上年度年平均工资为标准,2003年确定上年度为9000元,企业、民办非企业等单位按上年度计税工资标准为依据。残疾职工由县残疾人劳动就业管理所核准确认。

2004年1月1日起,全县贯彻实施《浙江省残疾人就业保障金征收管理办法》,同时,县残联、县财政局、县地税局制订的《关于征缴残疾人就业保障金的通知》实施。残保金征收范围为县域内机关、团体、企事业单位、民办非企业单位、个体工商经济组织等各类用人单位,均须按单位在职职工总数1.5%的比例安排残疾人就业,安排未达比例的,依法缴纳保障金;征收标准为各用人单位少安排1名残疾人就业,应按统计部门公布的本地上年度职工平均工资的100%缴纳保障金,按规定就业比例安排残疾人不足1人的单位,根据实际差额比例缴纳保障金。计算公式是:单位应缴残保金额=(单位2003年度在职在岗职工总人数×1.5%－单位已安置残疾人职工数×计征标准工资;2004年行政及全额拨款事业单位上年度平均工资为标准为10000元,企业、民办非企业等单位按上年度计税工资标准为7200元。

2005年起,企业、民办非企业等其他单位残保金征收基数按核准的计税工资人数核定。

2007年7月,全县贯彻国税总局、省国、地税局《关于促进残疾人就业税收优惠政策征管办法的通知》精神,安置残疾人就业是指"残疾人"持有"中华人民共和国残疾人证"上注明属于视力、听力、言语、肢体、智力和精神残疾的人员和持有"中华人民共和国残疾军人证"(1至8级)的人员,符合《中华人民共和国劳动法》及有关规定的劳动年龄的残疾人就业。

2011年,全县残疾人就业保障金征收标准为17000元/人。

2012年,全县"残保金"征收标准为21000元/人。

2013年11月,绍兴县规定,2012年度全县机关、团体、企事业单位、民办非企业单位等各类用人单位,未安置残疾人或安置未达到比例的单位,均应依法缴纳残保金,在职职工数依据为机关、团体、事业单位按县人力社保局统计的实际在职人数计算;企业、民办非企业等其他单位按核准的计税工资人数核定。计征工资标准为机关、团体、事业单位及企业、民办非企业等其他单位残保金征收基数统一为23100元/人。

征收管理

2003年5月,机关、团体、全额拨款事业单位的残保金,由各单位于9月份自行向县地税部门申报缴纳;其他企事业单位的残保金统一由地税部门征收,企业在综合税费申报表中单独填报,应在9月份征收期内向各地税征管局申报缴纳。逾期未缴的,从滞纳之日起按日加收应缴款额0.5‰的滞纳金。缴纳的残保金从管理费中列支,差额拨款和自收自支事业单位应缴残保金,从单位预算经费包干结余或收支结余中列支。

按比例安排残疾人就业工作实行年检年审制度。各用人单位应在每年3月底前向县残疾人劳动就业管理所报送本单位上年度职工名册、社会养老保险等资料。根据县人事局统计的机关、全额拨款事业单位在职人数和县地税局核准的各类企业、单位在职人数，县残疾人就业管理所对残疾职工安置情况和应收残疾人就业保障金进行确认。

全县残保金实行财政专户存储，收支两条线管理，有关单位在县财政局指定的银行开设收入和支出两个账户，实行专款专用，并接受财政、审计部门的监督和审计。

2004年1月1日起，残疾职工按比例安置就业确认时间为7月1日～8月15日，用人单位逾期没有递送相关资料或资料不齐全的作未安排残疾人就业，不再给予抵扣，县残联于8月25日前将残保金征收清册送县地税局，进行审核认定；残保金属政府性基金，纳入同级财政预算管理，实行财政专户，收支两条线管理，专款专用并接受财政、审计部门的监督和审计。

2010年，绍兴县扩大残保金征缴力度，提高残保金征缴标准，全年收缴残保金2800余万元。

2003～2013年，全县征收残保金26804万元。

表9-5

绍兴县残保金征收情况统计表(2003～2013)

单位：万元

年　度	2003	2004	2005	2006	2007	2008
征收数	1142	1645	1865	1728	1127	1911
年　度	2009	2010	2011	2012	2013	合　计
征收数	2225	2829	5014	7006	312	26804

第九节　工伤保险费

征收范围标准

2003年12月起，扩大企业职工工伤保险覆盖范围，全县境内参加城镇职工基本养老保险的各类所有制企业及其职工，统一纳入工伤保险参保范围。其中参加工伤保险的矿山企业，必须同时具备矿山安全条件许可证、采矿许可证和工商营业执照。缴费办法，企业上年度职工人均工资高于全省上年度职工平均工资300%的，按300%为基数计缴，低于全省上年度职工人均工资的，按全省上年度职工人均工资计缴。全县工伤保险费率分为三个档次，一档为矿山、冶金、地质、建筑安装、交通运输、铅蓄电池生产以及其他有毒有害单位，费率为0.8%；二档为机械、铸造、电器、建材陶瓷、纺织、印染、服装、纸箱、塑料、羽绒制品、制革、印刷、制药化工、制茶、粮油加工、酿造、肉类加工、食品等生产单位，费率为0.6%；三档为商业、信息、物资、外贸(经营)、旅游、服务等单位，费率为0.4%。

次年4月1日起,全县用人单位缴纳工伤保险费实行浮动费率,一年一定。10月1日起,全县范围内虽已参加城镇职工医疗保险的企业及个体工商户,但尚未参加工伤保险的单位,全部纳入工伤保险参保范围。

2006年,允许未参加基本养老保险的职工先行参加工伤保险,同时,事业单位和民间非营利组织及其职工纳入工伤保险范围。

2007年6月1日起,工伤保险费缴费基数为用人单位按本单位当年全部职工工资总额的100%作为缴费基数,缴费单位无法确定用工人数和工资总额的,主管地方税务机关根据《浙江省社会保险费征缴办法》第二十一条规定核定单位缴费基数(工资总额是指各单位在一定时期内直接支付给本单位全部职工的劳动报酬总额,由计时工资、计件工资、奖金、加班加点工资、特殊情况下支付的工资、津贴和补贴组成)。

2009年6月1日起,绍兴县启动建筑施工企业农民工参加工伤保险,全县有134个建设项目农民工参加建设工程施工企业农民工工伤保险,缴纳保险基金421.1万元。

2011年7月1日起,绍兴县工伤保险实施市级统筹,实行六个统一,即统一参保范围对象、统一费率政策、统一基金管理、统一工伤认定和劳动能力鉴定办法、统一待遇政策、统一经办流程。市级统筹后,公务员和参照公务员管理单位的工作人员统一纳入工伤保险范围。同年11月(所属月份),对部分企业工伤保险费企业单位统筹缴纳部分予以临时性集中减征。

2013年,工伤保险费费率调整为0.5%、1%、2%三档。

征收管理

2003年,县地税局继续按《浙江省企业职工工伤保险实施办法》规定的征收管理办法,在全县征收工伤保险费。

2005年,全县工伤保险费与养老保险费实行"两费合征、两保合一"的征收办法。

2007年6月1日起,实行工伤保险费与基本养老保险费、基本医疗保险费3费合征。

次年6月1日起,实行工伤保险费与基本养老保险费、基本医疗保险费、生育保险费和失业保险费5费合征。

2003～2013年,全县征收工伤保险费49422万元。

表9-6

绍兴县工伤保险费征收情况统计表(2003～2013)

单位:万元

年　度	2003	2004	2005	2006	2007	2008
征收数	38	944	1169	1161	2348	3173
年　度	**2009**	**2010**	**2011**	**2012**	**2013**	**合　计**
征收数	4372	6916	7830	10361	11110	49422

第十节　生育保险费

2003年，绍兴县根据《浙江省企业职工生育保险暂行办法》的规定，对全县女职工的生育保险实行社会统筹。按照"以支定收，收支基本平衡"原则，按企业上年职工缴费工资总额的1%缴纳生育保险费，由县地税局负责征收。

2005年，贯彻实施《关于印发浙江省生育保险暂行规定的通知》。

2007年6月1日起，全县用人单位生育保险费缴费费率调整为0.8%。

2008年6月1日起，实行生育保险费与基本养老保险费、基本医疗保险费、工伤保险费和失业保险费五费合征。是年，全县生育保险费用人单位缴费基数为，纺织、印染、服装企业按不低于本单位当年全部职工工资总额的45%作为缴费基数，其他用人单位按不低于本单位当年全部职工工资总额的50%作为缴费基数。用人单位缴费基数若低于参保职工缴费工资之和的，按用人单位实际参保职工缴费工资之和确定。其中对发放给外国籍及港、澳、台人员；退休留用（聘用）人员，到了法定退休年龄但未办退休手续的职工；在校实习生；其他允许扣除人员等四类人员工资，在计算缴纳生育保险费时可从工资总额中扣除。用人单位缴费基数若低于参保职工缴费工资之和的，按用人单位实际参保职工缴费工资之和确定，对无法确定用工人数和工资总额的用人单位，由地方税务机关和劳动保障部门核定缴费基数和额度。

2009年1月1日起，全县生育保险费缴费费率再次调整为0.5%。

2011年11月（所属月份），对部分企业生育保险费企业单位统筹缴纳部分予以临时性集中减征。

2003～2013年，全县共征收生育保险费16951万元。

表9-7

绍兴县生育保险费征收情况统计表（2003～2013）

单位：万元

年　度	2003	2004	2005	2006	2007	2008
征收数	87	101	121	501	492	1642
年　度	2009	2010	2011	2012	2013	合　计
征收数	2090	2304	2677	3446	3490	16951

第十一节　失业保险费

2004年1月1日起，绍兴县贯彻实施《浙江省失业保险条例》。全县征收失业保险费，由绍兴县地税局负责征收。2005年6月1日起，绍兴县失业保险以2004年绍兴市全市职工平均工资21281元为缴费基数，企业、事业单位按上年度本单位全部职工工资总额的2%缴纳，如低于上年度全市职工平均工资的，按全市职工平均工资缴纳；机关单位按全市职工平均工资的1%缴纳。

2008年6月1日起，实行失业保险费与基本养老保险费、基本医疗保险费、生育保险费和工伤保险费5费合征。是年，全县失业保险费用人单位缴费基数为用人单位按本单位当年全部职工工资总额的25%，其中对发放给外国籍及港、澳、台人员；退休留用（聘用）人员，到了法定退休年龄但未办退休手续的职工；在校实习生；其他允许扣除人员等四类人员工资，在计算缴纳失业保险费时可从工资总额中扣除。用人单位缴费基数若低于参保职工缴费工资之和的，按用人单位实际参保职工缴费工资之和确定，对无法确定用工人数和工资总额的用人单位，由地方税务机关和劳动保障部门核定缴费基数和额度。

2011年11月（所属月份），对部分企业失业保险费企业单位统筹缴纳部分予以临时性集中减征。

2004～2013年，全县征收失业保险费63478万元。

表9-8

绍兴县失业保险费征收情况统计表（2003～2013）

单位：万元

年　度	2003	2004	2005	2006	2007	2008
征收数	未开征	885	1106	1366	1460	3045
年　度	2009	2010	2011	2012	2013	合　计
征收数	5640	8662	11364	14651	15299	63478

第十章　国有资产管理

国有资产，是指法律上确认为国家所有并能为国家提供未来效益的各种经济资源总和，按其经济用途可分为经营性与非经营性。国有资产管理是维护国有资产的安全和完整，提高其使用效益，促进国有资产的有效营运和合理流动，实现经济体制增长方式两个根本转变的重要工作。其管理内容由建立健全和完善国有资产管理监督体系、国有企业改革和资产管理、国有企业产权管理和国有资产基础管理及行政事业单位国有资产管理等。管理形式由清产核资，产权界定、评估、交易、登记，国有资产收益、收缴等。

第一节　管理机构及制度规定

改革开放以后，国有资产管理和运行逐步从“国家所有，国家经营”的计划经济模式向“国家所有，企业经营”的商品经济模式转变，建立与社会主义市场经济相适应的国有资产管理新体制，国家专门设立县级国有资产管理机构，按国家有关规定行使县管辖的国有资产所有权职能和具体履行县级国有资产的管理职能。绍兴县财政局坚持“国家所有、分级管理、统一政策”的国有资产管理原则。在管理模式上，对资金规模较大、下属单位较多的部门通过建立县财政局(国资办)、主管局、资产占有单位三级管理模式加强资产管理；在具体形式上，出台国有资产产权登记、资产评估、资产处置、监督管理等方面管理办法。

管理机构

2003年，依据2001年《绍兴县机构改革方案》，绍兴县不再保留国有资产管理局，职能并入财政局，挂绍兴县国有资产管理委员会办公室(以下简称“国资办”)牌子。县财政局内设有企业科(兼国有资产管理科)，具体负责全县国有资产管理。

2004年，县国资办(县财政局)为县级政府的行政事业资产主管部门，对行政事业资产实施综合管理。是年起，对县公安局、县机关事务管理局等5个部门实行资产委托监管，并开发“国有资产管理软件”，实行国有资产三级网络化管理。

2008年1月28日，县委、县政府决定内设于县财政局的绍兴县国有资产管理委员会办公室按正科(局)级单位分设，内设综合科、国有资产管理监督科、国有资产投资经营管理科3个科(规格均为正股级)。原由县政府委托县财政局行使的县国资委(国资办)的工作职责整体移交给县国资办。同时建立绍兴县国有资产管理服务中心,为全额拨款事业单位,主要负责全县国有资产管理中的综合服务工作。

2009年11月,绍兴县机构编制委员会同意绍兴县财政局内设机构及职能调整方案,绍兴县财政局内设有国有资产管理科。

2010年12月,县财政局内设机构调整,仍保留国有资产管理科。

2013年11月8日,撤县设区,绍兴县财政局(挂"绍兴县国有资产管理委员会办公室"牌子)更名为绍兴市柯桥区财政局(挂"绍兴市柯桥区国有资产管理委员会办公室"牌子)。

制度规定

2004年3月,县政府办公室印发的《绍兴县行政事业单位国有资产管理试行办法》实施,对全县行政事业资产的管理,按分级管理原则,实行国家所有、政府分级监管,单位占有、使用的管理体制。县国资办(县财政局)为县级政府的行政事业资产主管部门,对县级行政事业资产实施综合管理。

2006年7月1日起,绍兴县贯彻实施财政部印发的《行政单位国有资产管理暂行办法》《事业单位国有资产管理暂行办法》。全县构建"财政部门、主管部门、行政(事业)单位"三级管理模式,进一步明确财政部门是政府负责行政事业单位国有资产管理的职能部门,主管部门负责对本部门资产的监督管理,行政(事业)单位实行对资产的维护使用。

2011年,绍兴县出台《关于加强县直属国有企业领导人员管理的意见》。次年,绍兴县国有资产管理部门制定《绍兴县国有公司董事会、监事会管理办法》《绍兴县国有公司重大事项报告制度》《绍兴县企业国有产权管理办法》《绍兴县国有企业投资管理办法》《绍兴县国有公司融资和担保管理办法》等5项制度。

2013年,绍兴县制定出台《关于进一步加强县直属国有企业领导人员管理的意见》《关于进一步完善国有公司董事会、监事会建设的若干意见》《关于规范国有企业融资及对外担保行为的通知》等3项制度。

第二节 清产核资

清产核资,一般是指国有资产监督管理机构,根据国家专项规定工作要求或者企业特定经济行为需要,按照规定工作程序、方法和政策,组织企业进行账务处理、财产清查,并依法认定企业的各项资产损益,真实反映企业资产价值和重新核定企业国有资本金的活动。行政事业单位清产核资,主要是摸清行政事业单位"家底"、核实占用国有资产总额、进行国有资产产权登记等。

国有及国控企业

2003年,按照县政府开展对轻纺城发展公司国有股退出工作要求,县财政部门对县国投公司22.95%的股权和县彩虹实业公司28.28%的国有股权进行公开转让,取得转让款1.08亿元，资产增值5550.8万元，对越州茶业有限公司国有资产1.79亿元全部退出，用于职工分流。同年，县财政参与县属企事业单位改制，先后参与完成轻纺城大酒店、县外贸集团等7家企业的改制，其中轻纺城大酒店改制增值5391万元。

2007年9月，县财政局完成全县主管部门下属的基层站所（单位）固定资产全面清理工作。共清理10个局办下属的187个基层站所（单位），发现2个局办下属的25个基层站所（单位）存在账外固定资产现象，这些账外固定资产来源有单位自购、有接受赠送的。类型有房屋建筑物、一般设备、专用设备和交通工具等固定资产。

2009年，对全县79家国有及国有控股企业开展“小金库”清理检查。

2011年，县国有资产管理部门会同有关部门集中审批处置资产2次，处置出租资产19户，涉及租金3.37亿元。资产拍卖17户，涉及资金2.42亿元。次年，县国有资产管理部门集中审批资产处置93户（其中报废38户、调拨6户、转让20户、出租29户）。

2013年，绍兴县国有资产管理部门会同有关部门集中审批资产处置133户（其中报废75户、调拨25户、转让28户、划转5户）。

行政事业单位

2003年，绍兴县财政部门开展行政事业单位资产核查，对全县53个部门142个单位历年资产盘盈及报损进行核查，共计批复123个单位，涉及盘盈资产3651.3万元、报损资产3308.2万元、挂账资金1807万元，总数8766.5万元。

2005年，实行国有资产基础性、公益性管理。对已投入使用的基础性公益性国有资产管理进行全面清理，统一建账核算；对工程财务挂账进行全面梳理，完成项目竣工验收和竣工财务决算，纳入国有资产管理范畴；对已经竣工的市政设施项目，尽快办理固定资产交付使用手续；对市政公用基础设施建成后形成的经营性资产，由县政府统一处置，所得经营收入主要用于城市交通道路园林绿化等公用基础设施建设。

2007年2月9日，召开行政事业单位资产清查工作会议。

2006年，开展县级基础性、公益性国有资产清查和登记归档，全县共计核实资产91.40亿元。

2007年3月起，绍兴县财政部门开展全县行政事业单位资产清查工作，清查范围为2006年12月31日以前经机构编制管理部门批准成立的执行行政事业单位财务和会计制度的各类行政事业单位、社会团体；执行民间非盈利组织会计制度，并同财政部门有经费缴拨关系的社会团体等单位。清查主要内容为单位基本情况清理、账务清理、财产清理、建立固定资产卡片、完善制度等5个方面，在各单位自查的基础上，县财政部门组织抽查，全县共清查70个县级部门、19个镇(街)、197个下属部门，合计286个单位，清查后，全县共计国有资产存量为59.22亿元。11月，绍兴县贯彻实施省财政厅印发的《浙江省行政事业单位资产核实暂行办法》，该办法适用于2007年度资产清查核实工作，对资产盘盈、资产损失、损益证据、审核批复、账户处理作了具体规定。

2009年6月，县财政部门组织对全县行政事业单位开展“小金库”专项治理。

2011年7月，县财政局召开国有资产集体审批会议，对27户单位上报的2413.15万元需要报废的资产进行审核，同意报废资产2409.73万元。

第三节 产权登记 资产评估

国有企业产权制度改革(产权制度简称“改制”)，是把国有资产的所有权与经营权分开，推动国有资产产权以资本运作形式，实现产权的流动和重组。“改制”的总体目标是，以产权制度改革为突破口，以企业制度创新和机制转换为主要内容，加快建立现代企业制度，使企业逐步成为“自主经营、自负盈亏、自我发展、自我约束”的法人实体和市场主体。改革开放以来，全县围绕国有资产管理职能，深化产权改革，加大国有资产从竞争性行业退出的力度，并在参与企业改革中，全面启动国有资产保值增值考核工作，抓好“清产核资、资产评估、产权登记、国资监管”制度的制订等基础性工作，强化企业产权变动中的国有资产监管。

产权登记

国有资产产权登记，是国有资产管理部门对依法属于国家所有的资产取得所有权凭证，并授予国有资产占有、使用单位合法经营权的法律行为，是国有资产管理的起点和基础。国有资产管理，核心是加强产权登记，县财政局代表国家对全县国有资产进行登记，依法确认国家对国有资产的所有权以及企业单位占有、使用国有资产的法律行为，是国有资产管理中重要的日常性、基础性工作。

2003年，继续贯彻实施《浙江省行政事业单位国有资产产权登记试行办法》。到年底，绍兴县行政事业单位产权登记共144户，资产总额29.13亿元，国有资产净额为19.47亿元。

2005年4月8日起，绍兴县国有资产网络化管理工作从试点阶段转入全面推广实施阶段。县级各部门、社会团体和部门下属单位，推广实施由“县国资办—各主管部门—下属占用单位”三级组成的计算机管理网络模式，在网络上管理各行政事业单位固定资产构建登记、固定资产的使用与处置、非经营性资产转经营性资产管理、固定资产清查盘点、固定资产统计查询、流动资金管理等方面内容,建立起行政事业单位国有资产管理长效机制。同年8月,县财政部门对全县基础性公益性国有资产,建立相应的固定资产登记账。

2006年7月1日起,建立统一的行政事业单位资产管理体系和财政(国资)部门、主管部门、县级行政事业单位的三级资产管理网络。全县有70个主管部门及下属245个单位实行三级网络化管理,并对全县基础性、公益性国有资产进行登记归档。

2007年,绍兴县行政事业单位资产管理网络系统正式启用,实现行政事业单位资产管理、预算管理、财务管理有机结合和行政事业单位国有资产的实时、动态、长效管理。是年,县财政部门推广安昌镇资产网络化管理试点的经验做法,全县实施镇(街)资产三级网络化管理。

2010年,县财政局推广应用"国有资产管理系统""不动产项目管理系统"等国有资产信息管理软件,对全县国有资产产权登记实施信息化管理。全年绍兴县国有物业经营有限公司对65个县机关部门开展物业资产清查登记,共接收12个部门的物业性资产,总建筑面积50717.99平方米,土地面积14406.32平方米。2011年,县国有资产管理部门组织295个公务用车单位进行自查登记,对314家行政事业单位列入资产管理信息系统,对行政事业单位国有资产实现动态监控。

2012年,绍兴县新设立3家国有公司,分别为绍兴县纺织工业设计管理服务有限公司(注:2012年6月7日,由绍兴县财政局出资,以绍兴县国有资产投资经营有限公司名义,投资1000万元设立)、绍兴柯桥客运中心有限公司和绍兴县交通建设有限公司。

2013年,绍兴县出资新设绍兴县交通投资建设公司(注册资金1亿元)、绍兴建设工程副产品循环利用公司(注册资金50万元)、绍兴县水利投资开发公司(注册资金5000万元)、绍兴县公共自行车服务公司(注册资金200万元)、中国轻纺城商务总部园公司(注册资金1亿元)、柯桥区石城开发投资公司(注册资金1亿元)、江山联兴公司(注册资金1亿元)等7家国有公司。至年末,全县完成增资扩股金额17150万元,其中教育投资公司增资4500万元、绍兴银行第四轮增资扩股2070万元(750万股)、两湖开发建设有限公司增资7000万元、中国轻纺城人才市场增资80万元、曹娥江大闸建设资金2500万元和绍兴县中国轻纺城网络投资有限公司增资1000万元。

资产评估

资产评估即资产价值形态评估,是指专门机构或评估人员遵循法定或公允标准和程序,运用科学方法,以货币为计算权益统一尺度,对在一定时点上的资产进行评定估算的行为。

2004年,县财政局参与县信用联社和稽山宾馆的改制,严把清产核资、产权界定、资产评估和资产处置等政策,完成咸亨大酒店国有股退出的前期资产评估的拟定。

2006年3月,绍兴县中国轻纺城13275639股国有股权公开竞价转让取得国务院国资委批复同意,转让款全部收取,并与受让方办理股权转让过户手续。

2007年7月,委托中介机构对136户行政事业单位(包括镇街)国有资产进行审计、核实。全县行政事业单位的国有资产总量为38.34亿元。

2011年,绍兴县建立国有资产评估专家会审及资产处置联席会议审批制度,全年组织专家评审会6次。次年,县国有资产管理部门共组织11次专家评审会,对总价值35.75亿元的18个项目资产评估报告进行评审,实现国有资产增值5284.36万元。

2013年,对绍兴县中国轻纺城物流中心开发经营有限公司100%股权,以公开挂牌的形式整体转让给浙江中国轻纺城集团股份有限公司,受让(竞买)价格为12783.0887万元,12月20日完成股权交割。

第四节　资产总量及收益

国有资产,分为经营性国有资产、行政事业性国有资产和资源性国有资产。经营性国有资产,是国家作为出资者在企业中依法拥有的资本及其权益;行政事业性国有资产,是有行政事业单位占有、使用的,在法律上确认为国家所有、能以货币计量的各种经济资源总和。

资产总量

2003年,绍兴县国有企业国有资产总量为340662万元,比1997年的79875万元增加3.27倍,净增加260787万元,资产负债率为64.94%,比1997年的66.66%减少1.72个百分点。年末县国有资产投资经营有限公司资产总量为133586万元,比2002年的101420万元增加32166万元。其中资本公积增加31606万元,未分配利润增加10444万元,负债减少9884万元,所有者权益增加42050万元。

表10-1

绍兴县国有资产投资经营有限公司资产总量对比表(2002～2003)

单位:万元

年度	资产总量				负债和所有者权益						
	流动资产	长期投资	固定资产	总计	负债合计	实收资本	其中国家资本	资本公积	盈余公积	未分配利润	总计
2002	10759	90589	72	101420	16391	8100	8100	69503	1524	5902	101420
2003	21838	111676	72	133586	6507	8100	8100	101109	1524	16346	133586
2003年比2002年增减	11079	21097	0	32166	-9884	0	0	31606	0	10444	32166

2007年2月,全县行政事业单位国有资产总量达30.89亿元,基础性、公益性国有资产91.40亿元,包括行政事业单位、国有及国有参(控)股企业等。

2010年,绍兴县国资公司全系统实现销售收入9.17亿元,比上年增长26.62%,实现税利6475万元，比上年增长469.79%，所属“延锋伟世通怡东汽车仪表公司”获得国家重点支持的高新技术企业证书，全年生产销售汽车仪表120多万套，国内市场占有率15%以上，部分产品远销海外。

2011年，绍兴县共有国有及国有控股企业71家，资产总值545亿元，净资产297.6亿元。次年，对轻纺城资产实施重组，绍兴县中国轻纺城市场开发经营有限公司（国有独资）以自有的市场资产换购上市公司浙江中国轻纺城集团股份有限公司的1.86亿股股份，持股数量增至2.83亿股，国有股份占比由原先的15.64%提高到35%。

2013年，全县国有资产总额817.7亿元，净资产414.4亿元，资产负债率49.3%，国有资产总量367.6亿元，年末国有企业从业人数4197人，其中年末职工人数4182人。

资产收益

2003年，绍兴县财政局参与轻纺城大酒店、县外贸集团等7家企业改制，其中轻纺城大酒店改制增值5391万元。年末，全县国有资产投资经营有限公司利润总额10445万元，比2002年增加9894万元，增长17.9倍，资产收益率达到7.81%，比2002年提高7.27个百分点。

表10-2

绍兴县国有资产投资经营有限公司资产收益情况对比表（2002～2003）

单位：万元

年　度	营业利润	期货收益	营业外收入	营业外支出	利润总额	资产收益率（%）	年初未分配利润	可供投资者分配利润
2002	43	8	800	300	551	0.54	5350	5901
2003	124	3809	8018	1506	10445	7.81	5901	16346
2003年比2002年增减	81	3801	7218	1206	9894	7.27	551	10445

注：资产收益率＝利润总额÷资产总值（2002年资产总值101420万元；2003年资产总值133586万元）

2004年起，绍兴县财政资金在确保资金安全和正常拨付的前提下，实行“协定存款”，实现财政资金保值增值，全年增加利息收入1300万元。

2005～2006年，对财政资金在收支过程中产生的间歇资金，通过分类管理，优化存款结构，实现资金增值最大化，2年累计增值5753万元。

2007年，县财政局履行国有资产股东代表职责，对国有资产投入、运营及影响国有资本权益的重大财务事项进行重点监管。对基层站所（单位）开展全面资产清理，进行账实核对，提高资产监督水平。

2010年，绍兴县直属国有集体资产经营有限公司依据“按关系、打基础、建制度、强队伍、保稳定、促发展”的工作思路,重点抓好机关部门物业资产的接收工作,规范资产管理,促进保值增值。全年绍兴县国有资产管理部门通过对原合同已到期的资产进行公开拍租,资产收益增值达到52.9%,实现国有资产经营收益最大化。

2011年,绍兴县国有资产管理部门与华融租赁公司联系协作,利用绍兴县相对闲置的县水务集团管网资产实施融资租赁,分2个实施主体、5个融资租赁合同,共计融资总额10亿元,盘活存量国有资产。

2012年,以10600万元的成交价拍卖汇金小额贷款公司12%国有股权(共计4800万股),实现增值2200万元。

2013年,绍兴县国有资产管理部门组织12次专家评审会,实现国有资产增值2794.93万元。全年国有资产管理部门营业收入总额37亿元,利润总额3.2亿元,上缴税金3.5亿元。

第十一章　会计管理

会计管理是财政管理的重要内容之一，其目的在于依法规范会计行为，加强会计核算和会计监督，提高经济效益，维护社会主义市场经济秩序。党的十一届三中全会以后，县财政部门加强对会计工作的领导，认真贯彻《中华人民共和国会计法》，积极探索会计管理制度改革，建立了以注册会计师为主体的社会监督体系。会计管理主要包括会计工作管理、会计人员管理、会计学会管理和会计中介管理等内容。

第一节　会计工作管理

会计工作管理，主要通过对会计法规的学习贯彻，实现会计工作的法制化和规范化。

贯彻法规制度

2003年，县财政部门贯彻财政部颁布的《企业会计准则—资产负债表日后事项》。次年，贯彻财政部颁发的《小企业会计制度》《民间非营利性会计制度》《村级集体经济会计制度》《农村企业会计核算办法》及一些具体的会计核算办法。

2005年1月1日起，财政部印发的《民间非营利组织新旧会计制度有关衔接的处理规定》施行，全县民间非营利组织统一根据新制度设置新账，并按新制度编制2005年的年初资产负债表。同年7月1日起，贯彻实施《浙江省农民专业合作社会计核算办法（试行）》。10月，全县开展《小企业会计制度》《民间非营利性会计制度》的贯彻落实情况检查，共检查各类小型企业和民间组织41家，发现主管部门缺少监管和会计制度没有落实等问题。同年，《中华人民共和国会计法》（以下简称《会计法》）颁

2005年6月23日，在鉴湖路闹市区开展《会计法》宣传活动。

布20周年,县财政局开展以“深入贯彻《会计法》,整顿社会主义市场经济秩序”为主题的系列纪念活动,并在绍兴县报上登载宣传专版,组织《会计法》与会计执业风险防范专题讲座和会计知识竞赛活动。

2007年1月1日起,全县上市公司实施财政部发布的《企业会计准则第1号——存货准则》等39项企业会计准则,鼓励其他企业执行,39项企业会计准则以提高会计信息质量、维护市场经济秩序为宗旨,内容涵盖主要会计业务,力求与国际会计通行标准趋同,成为国际通行会计语言。同年7月1日起,全县国有及国有控股企业(金融企业除外),实施财政部颁布的新修订的《企业财务通则》,其他企业参照执行。同年,全县还贯彻实施财政部颁布的《农民专业合作社财务会计制度(试行)》。

次年,贯彻实施财政部《新型农村合作医疗基金会计制度》和《浙江省新型农村合作医疗基金会计核算办法》等会计制度。

2009年5月25日,县财政局代表县政府向县人大常委会第17次会议报告全县《会计法》贯彻实施情况。同年,在《绍兴县报》上设《会计法》宣传专版,配合县人大开展一期《会计法》讲座,邀请浙江财经学院教授为全县150家重点企业负责人作《会计法》专题培训,发放《会计法》读本200余册。

次年5月,利用“绍兴县会计网”开通中高级会计QQ群、建成财会政策法规文件检索数据库、创建会计人员就业信息服务台、举办中高级会计人员专题讲座、在新闻媒体上进行全方位宣传、县会计学会开展系统专题活动等方式,组织开展《会计法》宣传月活动。

2010年5月20日“绍兴县会计网”开通仪式

2011年,建立各税务(财政)分局的会计人员纳税服务QQ群交流平台,并与办税人员、辖区会计人员进行实时交流,制定网上服务各项制度。次年6月,县人大常委会举行第四十六次专题讲座,邀请浙江财经学院吴俊英教授就《中华人民共和国会计法》等相关财经法律法规作专题辅导。

2013年5月,以“夯实财会知识,服务转型升级”为主题,开展“《会计法》宣传月”活动。采用在报纸上开辟《会计法》宣传月专版形式,并通过“绍兴县会计网”“会计人员QQ群”,公开办事程序,发布政策信息和工作动态,向社会公开会计咨询服务热线电话。

会计基础工作

2003年,对全县副局级以上领导干部进行财经纪律培训,以加强对部门资金使用监督，严格把好单位会计集中核算报销关。建立“进入预算会计核算中心的单位主办会计”例会制度，加强各单位财会业务的交流和沟通。继续实施会计、财务总监委派制。

2003年10月29日，全县副局级以上领导干部进行财经法规知识培训。

次年，县财政局核算中心印发“拒付理由通知书”“会计凭证规范建议书”等规范文书。全年拒付195笔不合理报账，拒付金额391万元，发出规范建议书14次。同年，县财政局将会计管理列入基层财政分局岗位责任制，并以财政分局为依托，建立全县会计辅导网络。

2005年3月，县财政局会同县经管总站举办村集体经济组织新会计制度培训班。各镇（街）农经站站长、农经员和全体代理会计110余人分2期参加培训，培训内容为村集体经济组织会计制度和新旧会计制度衔接办法等。同年5月，县局对税收线全体干部、财政线相关科室人员共180余人进行小企业会计制度培训。同年7月，举办全县事业单位（除医院、学校外）的会计人员培训，共计110名会计人员参加，培训内容为事业单位会计制度、会计核算、非税收入管理、财政专户、政府采购和国有资产管理等制度规定。

次年7～9月，开展2006年会计信息质量检查，选取房地产行业、地方国有企业及执收执罚的行政事业单位为检查对象，其中3～4家作为重点检查，检查内容为会计核算是否真实合法、信息披露是否充分完整、是否存在会计造假等违法行为。同年7月，对全县行政事业报账单位的财务审批领导及报账员进行财务基础工作业务培训，规范全县行政事业单位会计业务操作规程。

2007年11月，对绍兴县国有资产投资经营公司所属国有及国有参、控股企业主办会计和各财政分局企业财务联络员进行培训，培训内容为新企业财务通则。同年，对全县行政事业单位财务人员开展会计基础知识及财政法规与会计职业道德培训。次年，全县贯彻财政部印发的《企业内部控制基本规范》和《关于开展村级会计委托代理服务工作的指导意见》等会计基础制度。

2009年,以"一百千万"工程为载体,提升全县会计监管服务水平,建立"县镇联动、以镇为主"的财会监管运行机制。汇编发放《企业财会管理百例》1700多册。对1000多家规模以上工业企业及集团企业实施财务风险预警。同年,还对部分企业会计人员进行《企业财务通则》《企业会计准则》《企业内部控制基本规范》等基础财会制度的培训。

次年,"绍兴县会计网""绍兴县企业监测预警平台"设立,并以这些网站为宣传平台,发布各级财会相关政策法规和县会计管理工作动态,解答财会工作咨询。

2012年5月,创办县财政地税系统期刊——《绍兴县财税与会计》,至年底,印发4期,刊载内容为当前财税和会计工作的热点、难点、重点问题,及时传递最新政策信息和工作动态。次年,《绍兴县财税与会计》调整改版,在原有栏目基础上,增设财税动态、简讯两个新栏目,同时文体形式、版面设计等也进行调整。

会计电算化

会计电算化,是以电子计算机为主的电子技术和信息技术应用于会计实务中,并用电子计算机作为工具替代手工记账、算账、报账,实现对会计信息的收集、整理、输出、分析、预测和决策。到2002年,全县70%以上会计人员获得省财政厅颁发的会计电算化初级合格证书,会计财务软件在全县行政机关、企事业单位得到广泛应用,据不完全统计,有300余家企业(单位)实行计算机替代手工记账。

2003年,制订实施《绍兴县村会计电算化管理制度(试行)》。

2004年4月,全县贯彻实施财政部等四部门《关于推进农村集体财务管理和监督经常化规范化制度的意见》和省财政厅等四厅局贯彻意见,加快推进村级会计电算化,并规定村级会计电算化操作人员必须按照规定取得电算化上岗证。

2005年2月,全县贯彻实施财政部《初级会计电算化考试大纲》。

次年,县财政局对全县会计电算化培训点进行鉴别核准,安装培训、考试和管理软件,实行会计电算化培训与考试两分离等相关制度。至2007年底,全县有3105家企业(单位)实现会计电算化,全县45岁以下的会计人员都取得省财政厅颁发的会计电算化初级知识培训合格证书。

2008年,全县普及会计电算化,年末累计会计电算化发证8014人,占全县会计总人数10411人的76.98%,其中县级及直属单位持证2178人,镇(街)持证5836人。到2013年,全县行政事业单位和企业全面实现会计电算化,懂会计电算化知识和会操作计算机记账已成为财会人员必备资格条件。

第二节 会计人员管理

会计人员管理,围绕提高会计人员素质开展活动,以会计从业证书、会计专业技术职称、学历的取得作为硬件管理，以继续教育作为软件管理。

从业证书管理

2003年，实施会计管理模式改革，在基层财政分局设专职或兼职会计管理员，制订《绍兴县会计人员工作考核办法》《绍兴县会计人员工作考核办法实施意见》。全年经考核对1名不合格的会计人员依法吊销会计从业资格证书，4名会计人员被扣分处理，56名会计人员被谈话提醒。

次年，绍兴县开展国有控股公司、行政事业单位会计信息质量检查，吊销3名会计人员从业资格证书，对46名会计人员考核扣分，并集中进行谈话教育。是年，根据省、市财政部门统一部署，全县对会计行政管理事项进行清理，其中对会计从业资格的年检、兼职登记和发证停止收费。

2005年2月，贯彻实施财政部《会计从业资格考试大纲》《财经法规与会计职业道德考试大纲》和《会计基础考试大纲》。同年3月1日起，贯彻实施财政部颁布的新的《会计从业资格管理办法》，内容包括"总则""会计从业资格的取得""会计从业资格的管理""法律责任"和"附则"五章四十条。该《办法》明确会计从业资格的考试制度，体现从业准入的公平性和一致性；界定会计工作岗位，统一行业标准；详尽规定工作程序，体现便民和高效服务精神。同年5月，贯彻执行《浙江省会计从业资格管理实施办法》，对会计从业资格考试、会计从业资格证书的申领、会计从业资格的管理等作出具体规定，其中对会计从业资格考试科目改为财经法规与会计职业道德、会计基础、初级会计电算化（或珠算5级）3门，取消按规定学历可免试取得会计从业资格证书的规定。同年10月20日起，全县换发全国统一会计从业资格证书。到次年6月，全县共换发全国统一会计从业资格证书9876本。

2006年7月1日起，原2002年IC卡版会计从业资格证书及会计从业资格证书（临时证）作废。全年，通过《绍兴县报》向社会公开曝光28名会计人员的违法违规问题。

2007年，绍兴县财政局印发《绍兴县会计从业人员违法行为公告暂行规定》，全县建立"会计黑名单"制度，对会计从业人员的范围、对象、具体违法行为、信息来源及法律责任作了明确。对有违法行为的会计从业人员在县内媒体和"财税网站"予以公告，并建立与司法、税务、审计等部门的有关会计从业人员的违法信息反馈联络制度。年内对全县会计人员从业资格情况进行检查，其中对行政事业单位财务人员从业会计资格证书持证情况进行清理，没有发现违规问题。到2008年底，全县持会计上岗证人员共计10411人，其中具备会计初级职称的3221人，中级职称的879人，高级职称的81人，无职称的6230人。

2006～2009年，全县会计上岗证报名考试人数11092人，参加考试人数9017人，参考率81.3%；考试合格3812人，考试合格率42.3%。

表11-1

绍兴县会计上岗证考试情况统计表(2006～2009)

年　度	报名人数(人)	参考人数(人)	参考率(%)	合格人数(人)	合格率(%)
2006	1812	1467	81.0	881	60.1
2007	2375	1923	81.0	832	43.3
2008	3167	2565	81.0	1012	39.5
2009	3738	3062	81.9	1087	35.5
合　计	11092	9017	81.3	3812	42.3

2010年4月,绍兴县参加会计从业资格考试报名4592人,比上年增长22.8%,实际参考人数3704人,参考率80.66%。

2011年,全县新颁发会计从业资格证2133本,办理会计人员注册、变更、调转1022人次。

次年4月8日,全县2012年度会计从业资格考试在职教中心举行,有4938人报名参加考试,共设置考场165个,实际参考人数3655人,参考率74%。

2013年5月,县财税部门在《绍兴县报》刊登会计人员"黑名单",曝光近年来会计违法违规行为12起。至年底,全县处理会计违法违规行为2件,吊销会计从业证书1人,责令整改1家。同年,受市注册会计师协会委托,对注册在绍兴县的注册会计师、注册资产评估师开展资格检查,经对6家会计师事务所、2家资产评估机构实地核查,撤销注册会计师1人、注册评估师2人。年末,全县持会计上岗证人员21150人,其中具备会计初级职称3514人,中级职称957人,高级职称78人,无职称16601人。全年颁发会计从业资格证959本,办理会计人员注册、变更、调转900多人次。

会计职称管理

实行会计专业技术资格考试制度,是专业职务评聘工作转入经常化后,完善会计专业职务评聘制度的改革措施。1992年起,会计专业职务评审改为会计专业技术资格考试,会计员、助理会计师、会计师实行全国统一考试制度,高级会计师暂不实行考试。1995年,财政部、人事部对会计专业技术资格考试作政策调整,原来甲、乙两种考试改为A、B两类资格考试,实行单课累计方式。1999年起,财政部、人事部再次调整会计专业技术资格考试,会计类三个级别考试,合并为两个级别的考试,即会计员和助理会计师合并为初级资格考试,中级资格(即会计师)考试不变。

2003年9月起,高级会计师任职资格,从原由浙江省会计专业人员高级职务评审委员会评审,改为考试与考评相结合方法。是年,全省开考高级会计师实务考试,绍兴县通过省线率为76.19%,通过部线合格率为50.79%,高于全省平均线4个百分点。次年,全县会计专业技术资格初级考试合格52人、中级考试合格39人。

2005年,经考试和省高级会计师评审委员会评审,全县有16名人员获得高级会计师专业技术职务任职资格，其中大中型企业4人，中介机构4人，机关事业单位8人。

次年，绍兴县在全国会计专业技术资格考试报名人数为626人，参加考试人数为363人，占应考人数的58%。

2007年5月16～17日，全国会计专业技术资格考试绍兴县考点设在县职教中心，绍兴县考试报名人数为1051人，参加考试人数为622人，参考率为59.2%。

次年1月1日起，注册会计师考试、注册评估师考试和高级会计师考试，实行网上报名和网上付费，取消传统的手工报名和收费方式。是年9月6～7日，全县有438人参加全国会计专业技术资格考试，县、市财政局领导、市人事局有关领导到场督察。

2009年，全县会计专业技术资格初级合格137人、中级考试合格20人。次年，会计专业技术资格初级合格119人、中级考试合格26人。

2011年，全县会计专业技术资格考试初级合格189人，中级考试合格17人。次年，全县会计专业技术资格初级合格272人、中级考试合格29人。

2013年11月，全县参加全国会计专业技术资格考试人数为2183人，其中报考中级533人，初级1650人，设置考场55个。办理注册会计师考试报名79人、注册资产评估师报名2人。经省高级会计师评审委员会评审，绍兴县浙江中兴会计师事务所马洪明、宝业集团股份有限公司姜小华被评审通过获得教授级高级会计师专业技术资格。到年底，全县6家会计师事务所共有注册会计师41人。

2003～2013年，全县经考试取得会计专业技术资格人员为1685人，其中中级职称347人，初级职称1338人。

表11-2

绍兴县会计专业技术资格初、中级考试合格情况统计表（2003～2013）

单位：人

年　度	2003	2004	2005	2006	2007	2008
中级	35	39	50	34	37	23
初　级	48	52	61	79	70	94
合　计	83	91	111	113	107	117
年　度	2009	2010	2011	2012	2013	合　计
中级	20	26	17	29	37	347
初　级	137	119	189	272	217	1338
合　计	157	145	206	301	254	1685

2003～2013年，经省财政厅评审委员会考试和评审，绍兴县有91人被评审为高级会计师。

表11-3

绍兴县高级会计师考试评审情况统计表(2003～2013)

单位:人

年　度	2003	2004	2005	2006	2007	2008
合格人数	9	9	16	16	9	7
年　度	2009	2010	2011	2012	2013	合　计
合格人数	3	5	7	4	6	91

表11-4

绍兴县经考试评审为高级会计师名录(2003～2013)

年　度	单　位	任职文件号	名　单
2003年	中国轻纺城集团股份有限公司	绍兴县财政局会管科提供	鲍永明
	宝业集团股份有限公司		姜小华
	东风绍兴酒有限公司		朱瑞康
	宝业建设控股集团有限公司		夏惠华
	绍兴通达税务师事务所有限公司		章勇坚
	绍兴宏泰会计师事务所有限公司		张明敏
	绍兴兴业会计师事务所有限公司		余伟东
	绍兴兴业会计师事务所有限公司		张凤娟
	绍兴兴业会计师事务所有限公司		黄凤仙
2004年	绍兴县国家税务局	浙财会字〔2004〕41号	胡传林
	绍兴县财政局		徐利忠
	绍兴县国家税务局稽查局		高翔宇
	柯桥街道办事处		孙永国
	绍兴县审计局		陈国兴
	绍兴县水务集团有限公司		王嘉贤
	绍兴县城市建设投资开发有限公司		王国强
	绍兴县财政局		吴文龙
	浙江古纤道股份有限公司		夏俊利
2005年	绍兴县国家税务局	浙财会字〔2005〕26号	毛　勇
	绍兴县地方税务局		周黎明
	绍兴县国家税务局		凌志明
	绍兴县审计局		罗　军
	绍兴县宏泰会计师事务所有限公司		何建荣

续表 11-4

年　度	单　位	任职文件号	名　单
2005年	绍兴县中兴会计师事务所有限公司	浙财会字〔2005〕26号	沈建英
	金辉控股集团有限公司		边国海
	绍兴县纪律检查委员会		王建德
	绍兴县鉴湖—柯岩旅游区管委会		冯祖庆
	绍兴县中兴会计师事务所有限公司		章佰平
	绍兴县地方税务局		陈晓伟
	绍兴县地方税务局		徐有林
	绍兴县财政局		毛国森
	浙江华联三鑫石化有限公司		周振敏
	绍兴益地税务师事务所有限公司		徐　超
	浙江裕众建设集团有限公司		储叶祥
2006年	绍兴县地方税务局	绍市财会〔2006〕7号	鲁　勇
	绍兴县地方税务局		张妙娟
	绍兴县地方税务局		包关云
	绍兴县财政局		陈春云
	绍兴县地方税务局		娄永泉
	绍兴县财政局预算会计核算中心		陆志媛
	绍兴县交通投资有限公司		杨国富
	绍兴中国轻纺城时代房地产有限公司		王传金
	绍兴中兴会计师事务所有限公司		王海峰
	绍兴县城市建设投资开发有限公司	绍市财会〔2006〕7号	黄如群
	浙江柯岩风景区开发股份有限公司		夏秋根
	绍兴兴业会计师事务所有限公司		王国娟
	绍兴县供销合作社联合社		徐慧敏
	浙江供销超市有限公司		宋喜娇
	浙江亚太高科股份有限公司		陈伟洋
	浙江永利经编股份有限公司		周　静
2007年	绍兴县地方税务局	绍县人〔2007〕61号	周雪峰
	绍兴县地方税务局		吴国英
	绍兴县地方税务局		范月珍
	绍兴县国家税务局		董志根
	绍兴县财政项目审核中心		来建祥
	浙江欧亚薄膜材料有限公司		陈　琰
	绍兴县稽山集团有限公司		王亚琴

续表11-4

年 度	单 位	任职文件号	名 单
2007年	绍兴县宝业集团股份有限公司	绍县人〔2007〕61号	唐晓宛
	绍兴兴鑫控股集团有限公司		张文军
2008年	宝业集团浙江建设产业研究院有限公司	绍市财会〔2008〕4号	余兰珍
	绍兴县水利局		喻远根
	绍兴县华通集团有限公司		程红汛
	绍兴县华联国际商贸城有限公司		陈智柱
	绍兴中兴会计师事务所有限公司		鲍先芳
	绍兴通达税务师事务所有限公司		张国荣
	浙江中轻担保有限公司		陈红兵
2009年	绍兴第二医院	浙财会〔2009〕28号	俞斯海
	中国轻纺城股份有限公司		马向东
	绍兴露笑兰股份有限公司		应建森
2010年	浙江宝业建设集团有限公司	浙财会〔2010〕30号	徐美飞
	绍兴县国有资产管理委员会		赵剑勇
	浙江三力士橡胶股份有限公司		沈建青
	浙江亿华纺织有限公司		金国潮
	浙江中兴会计师事务所有限公司		金水红
2011年	浙江金桥建设集团有限公司	绍县人社函〔2011〕69号	章亚芬
	绍兴县鉴湖—柯岩旅游度假区建筑业管理区		冯亚娟
	浙江亚太药业股份有限公司		何 珍
	绍兴宏泰会计师事务所有限公司		童燕萍
	万国联合控股集团有限公司		李忠萍
	绍兴县钱清镇事业综合服务中心		马杨文
	浙江通达税务师事务所有限公司		许建德
2012年	绍兴中兴税务师事务所有限公司	绍市财会〔2012〕3号	谢梨梨
	绍兴中兴税务师事务所有限公司		丁卫国
	绍兴通达税务师事务所有限公司		盛丹豪
	浙江宝业住宅产业化有限公司		范向梅
2013年	浙江恒美实业集团有限公司	绍市财会〔2013〕12号	吴华凤
	浙江辰力投资有限公司		余永洋
	柯桥区华联国际商贸城有限公司		唐啸凤
	浙江宝业住宅产业化有限公司		夏亚红
	浙江华联置业有限公司		左建祥
	浙江融汇通信有限公司		陈华娟

继续教育管理

1995年起,对具有会计专业技术职称的人员实施继续教育制度,内容包括会计专业知识、现代管理知识、市场经济知识、实用技能知识、政策法规知识等。中、高级会计人员参加继续教育时间每年不少于68学时,其中面授时间不少于20学时,自学时间每年不少于48学时;初级会计人员继续教育时间每年不少于72学时,其中面授时间不少于24学时,自学时间每年不少于48学时。会计人员无故不参加继续教育的,给予警告、吊销会计从业资格等处分。

2003年,绍兴县分层次对会计人员进行继续教育,其中具有高级职称的会计人员参加省财政厅组织的培训,具有中级职称的会计人员参加市财政局组织的培训,其余会计人员参加县财政局组织的培训。到2005年,全县累计培训会计人员16383人次。期间,着重抓了培训师资队伍建设,聘请财税系统、会计中介机构、大专院校等单位内有水平的专家学者或财务会计人员作为培训师资,将一批年富力强且有较强会计理论和实践经验的中青年充实到培训师资队伍中,加强后续教育的中坚师资力量;抓培训内容,根据会计法律法规和政策的变动,调整培训内容,提高培训的针对性、有效性。

2006年,贯彻实施财政部印发的《会计人员继续教育规定》。全县有8617人次会计人员参加会计继续教育。

2007年1月,组织全县802名会计师参加绍兴县2006年度会计继续教育中级培训班。全年全县有10000多名会计人员参加"新企业财务通则、企业内部控制、企业所得税法、税收政策调整、财务管理、金融保险"等内容的继续教育培训。

绍兴县2006年度会计人员继续教育中级培训班

2008年,绍兴县财政局制订《绍兴县会计继续教育培训单位考核评比办法》,对培训单位的硬件设施、师资队伍、培训管理和培训质量采取定期考核和不定期抽查相结合的方式进行考核,按优秀、良好、合格和不合格四个等级进行综合评分。

2006～2009年,绍兴县会计人员继续教育主要委托各会计师事务所和东浦财校组织进行,累计培训会计人员36906人次。

表11-5

绍兴县会计继续教育培训情况统计表(2006～2009)

培训机构	培训人数				合计
	2006	2007	2008	2009	
宏泰会计师事务所有限公司	1316	996	1067	1106	4485
兴业会计师事务所有限公司	896	787	1008	1128	3819
中兴会计师事务所有限公司	2806	2981	3314	3645	12746
益地税务师事务所有限公司	2916	2849	3397	3438	12600
集财会计师事务所有限公司	415	490	605	778	2288
绍兴县东浦财经学校	268	225	245	230	968
合计	8617	8328	9636	10325	36906

2010年,举办高层次会计讲座,全县近500名重点骨干企业财会人员参加“会计论坛”,举办7期支农政策培训,490余名农村基层财务人员参加培训。是年,还举办会计继续教育32期,参加会计人员6055人次,同时对490余名农村基层财务人员也组织培训。

2011年,绍兴县财政局推出专题会计继续教育新模式,即以县会计学会分会、县会计学会学组为单位,集中开展各类专题会计继续教育。全年共举办以企业经营决策与税收筹划等为内容培训11期,举办鉴湖会计论坛暨绍兴县2011年度会计人员继续教育培训班1期,300余名中、高级会计师参加;举办会计继续教育培训班43期,有4148名会计人员参加;在中华会计网校的继续教育栏目中,开辟绍兴县网上继续教育专区,提升继续教育工作质量和效率。次年,全县15862名会计人员参加会计继续教育。

2013年8月,全县公开推选5名会计人员参加省会计领军(后备)人才第四期培训班学员选拔。并在全县大中型企业中挑选10名会计人员赴北京参加国家会计学院的培训。同年,对全县重点骨干企业和纳税400强企业的主办会计进行一次集中培训。全年全县有16671名会计人员参加会计继续教育,其中11734名会计人员参加网络培训。

学历教育管理

县财政局主管的中华会计函授学校绍兴县函授站,按省财政厅在2005年前在职会计人员必须达到中专学历水平的要求，常年开展会计学历教育。

绍兴县中华会计函授站中专学历教育考试现场

2003～2013年，绍兴县函授站累计毕业学生503人，其中财会中专401人、财会大专102人。

表11-6

绍兴县函授站会计财会大、中专学历教育情况统计表(2003～2013)

单位：人

年　度	2003	2004	2005	2006	2007	2008
函授中专	5	99	75	55	44	48
函授大专	0	0	0	0	0	43
合　计	5	99	75	55	44	91

年　度	2009	2010	2011	2012	2013	合　计
函授中专	22	23	17	13	0	401
函授大专	19	23	4	8	5	102
合　计	41	46	21	21	5	503

第三节　会计学会管理

学会组织

会计学会是研究会计科学的学术性群众团体。绍兴县会计学会在县科协指导下，由绍兴县财政局具体筹划，于1984年9月成立，至2013年，先后召开6届学会代表大会，分别产生6届学会理事会，其中，2003年以后共召开二届会计学会代表大会。

2003年3月4日，县会计学会召开第四届常务理事第二次会议，同意鲍永明、陈宝祥因工作调动辞去学会理事、常务理事和会长、副会长的请求；同意王国强、濮永清、徐志方因工作调动辞去学会理事的请求；会议通过关于增补宋天平为学会理事、胡金焕为常务理事、马传浩为理事的决议；会议选举宋天平为绍兴县会计学会会长。

2004年，绍兴县会计学会发动各单位、中介机构和县财政地税局下属分局，组织会计人员成立分会、学组。至年末，共成立绍兴县纺织印染、建筑房地产开发、外商投资企业3个会计学会专业分会；水利系统和5个财政地税分局6个会计学会学组。

2007年10月31日，绍兴县会计学会第五届会员代表大会在绍兴县财政局大会议室召开，大会选举产生有52人组成的第五届理事会，审查并批准徐利忠代表第四届理事会作的工作报告和《绍兴县会计学会章程》修改。新任会长宋天平代表第五届理事会向大会作题为《与时俱进，开拓创新，全面促进绍兴县会计学会事业健康发展》的工作规划。会上还调整会计学会各分会、学组负责人：县建筑房地产企业会计学会分会、县纺织印染企业会计学会分会和县外商投资企业会计学会分会负责人分别为马洪明、张国兴和王和荣；县会计核算中心会计学会学组、柯桥财税分局会计学会学组、钱清财税分局会计学会学组、福全财税分局会计学会学组、滨海财税分局会计学会学组、平水财税分局会计学会学组、轻纺城税务所会计学会学组负责人分别为曹德祥、宋朝忠、姚敏智、王其荣、鲁勇、孙勇军和陈鉴。县会计学会第五届理事会还设立学术研究部和业务培训部，聘任姜小华、周国庆分别担任部主任。

2010年4月，绍兴县会计学会制订《绍兴县会计学会管理办法（试行）》《绍兴县会计学会分会、学组年度考评暂行办法》，考评办法分“组织开展学会活动”“组织参加学术调研”“加强分会、学组管理”等三个方面开展目标管理，年终对各分会和学组进行考核。是年，县会计学会下设纺织印染、建筑房地产开发、外商投资企业、外贸企业等4个会计学会分会和设立县会计核算中心、柯桥财税分局、钱清财税分局、福全财税分局、滨海财税分局、平水财税分局、轻纺城税务所等7个会计学会学组。

2011年2月，因人事变动，补选王炳豪为绍兴县会计学会法人代表。2012年1月，因人事调动，补选喻光耀为会计学会会长。同年11月15日，绍兴县会计学会第六届会员代表大会在县财政局二楼大会议室召开，全县391名会计人员代表参加大会，大会选举产生第六届理事会，审查并批准副会长赵忆怀作的第五届理事会的工作报告和《绍兴县会计学会章程》修改。新任会长喻光耀代表第六届理事会向大会作题为《顺应形势　继往开来　全力推进全县会计事业健康稳步发展》的规划报告。

表11-7

绍兴县历届会计学会召开情况一览表(2003～2013)

项目　届次	第五届	第六届
召开日期	2007年10月31日	2012年11月15日
会员人数	403	391
会　长	宋天平	喻光耀
副会长	徐利忠　毛　勇	赵忆怀　王宝焕　毛　勇
秘书长	周国庆	周国庆
常务理事	马洪明　王和荣　毛　勇　王嘉贤 宋天平　吴文龙　陈关浩　张国兴 周国庆　姜小华　俞文潮　胡金焕 莫长林　高来兴　徐利忠　桑志康 章勇坚	喻光耀　赵忆怀　王宝焕　毛　勇 陈国兴　钟志文　钱水清　周国庆 祁大永　王嘉贤　姜小华　陈关浩 赵伟孝　冯　松　马洪明　王和荣 胡金焕　莫长林　章勇坚　张国兴 俞文潮　徐炳水

学会活动

会刊　绍兴县会计学会有《绍兴县企业财税与会计》刊物，到2007年县会计学会完成《会计法规选编》(六)和(七)的编辑工作，向企业和社会各界免费发放《会计法规选编》《浙江财税与会计》和《绍兴企业财税与会计》等刊物。

2012年5月，绍兴县会计学会和绍兴县财税学会联合创办《绍兴县财税与会计》会刊，主要内容为全县财税和会计工作的热点、难点和重点问题，并传递全县最新政策信息和工作动态，刊物发放对象为全县1500家重点骨干企业，县内金融机构、中介机构和省、市、县有关部门。

2013年，学会对《绍兴县财税与会计》调整改版，在原有栏目基础上，增设财税动态、简讯两个新栏目。同时文体形式、版面设计等也进行调整，全年印发《绍兴县财税与会计》4期。

学术研讨　学术研究是学会的生命力所在，学会本着实事求是的原则，严谨治学的作风，鼓励会员积极参加学术征文活动，推动会计改革的理论研究，提高会员

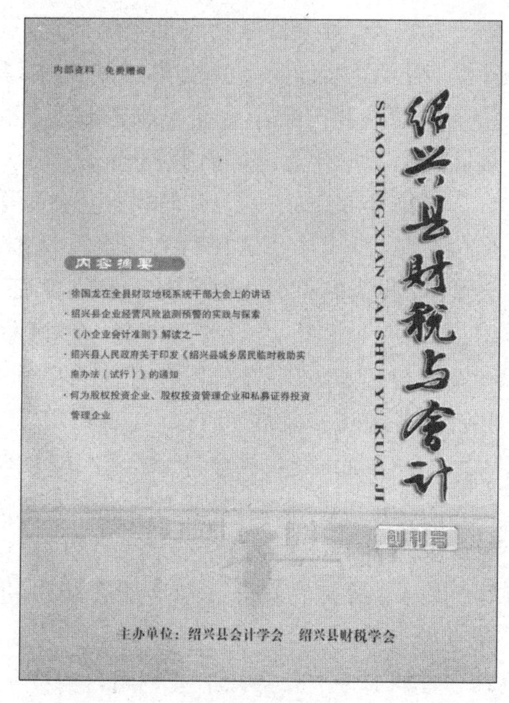

《绍兴县财税与会计》刊物创刊号

政策业务水平。

2005年,绍兴市财政局举办的《会计法》颁布实施20周年有奖征文中,绍兴县会计学会推荐16篇论文,其中有7篇获奖。

2003～2007年,绍兴县会计学会共组织6次理论调研活动,内容涉及会计理论研究、会计技术探讨、会计信息质量监控、会计监督、会计与税收制度的差异、会计信息网络化、会计如何服务于经济体制改革和经济管理等,共收到理论调研论文159篇,其中135篇被市级刊物录用,18篇被省级刊物录用,6篇被国家级刊物录用。期间还开展“外商投资企业及建筑企业”实施新会计制度学术研讨活动和“小企业会计制度”实施研讨活动。

2008年11月10日,学会举办“实体经济财务风险与防范研讨会”,全县有400家重点骨干企业、各镇(街道、开发区)和县有关部门的财务负责人参加,着重研讨企业“要准确把握企业财务风险,加强与监管部门的沟通联系,切实做好财务会计信息披露;要合理安排自身财务支出,防范财务风险;要做好财务核算,真实、公允反映财务状况和经营成果,合理计提资产减值准备”等内容。

2010年5月,县会计学会邀请浙江财经学院吴俊英教授作“转型升级与财务观念策变”专题报告,全县重点企业财务负责人、会计学会各分会、学组负责人共170多人参加报告会。至年底,县会计学会编辑整理《2010年度会计学术研究论文集》,收录2010年度41篇论文。

2011年,县会计学会参加省财政厅联合省会计学会开展的2011年度会计论文征集活动,绍兴县会计学会共推荐17篇论文,其中《绍兴县企业经营风险监测预警平台的实践与探索》《我国中小企业应收账款质押融资问题研究》2篇论文获二等奖,另有《企业集团财务集中化管理的研究》获鼓励奖。

2012年6月8日,县人大常委会举行第四十六次专题讲座,学会邀请浙江财经学院吴俊英教授就《中华人民共和国会计法》等相关财经法律作专题辅导。是年,县会计学会开展“我为转型升级献一计”活动,共征集各类建议意见233条,内容涉及全县经济转型、纺织产业提升、会计管理服务、企业财务管理等方面。征集、推广企业财会管理经验和案例分析100例。编辑《会计法百问百答》《财政税收相关政策汇编》等书刊,向企业和社会各界免费发放。

2008～2012年,县会计学会组织5次学术活动,累计收到理论调研文章228篇,其中140余篇论文被市级刊物录用,35篇论文被省级刊物录用。

2013年,全省财政信息考核,绍兴县财政信息(县会计学会配合县财政局组织编写)获得一等奖。县会计学会配合组织的《钱清小城市培育与税源良性互动》调研论文获省局一等奖。

培训业务 县会计学会利用自身优势培训会计人才,并配合、支持县财政局参与会计后续教育和业务培训。

2003～2007年，举办会计人员继续教育培训班400余期，累计培训会计人员35000余人次；举办会计从业资格证书、会计专业资格证书考前辅导培训班100余期，累计培训考生5600余人次；组织开展会计学历函授教育，有351名会计人员取得中专学历文凭，151名取得大专学历文凭；共培训会计人员电算化管理2231人次，全县45岁以下会计人员都取得会计电算化初级合格证。

2008～2012年，组织专题性知识培训，按会计行业、地域举办小型专题培训12期，内容包括行政事业单位资产管理、企业上市财务知识、股权投资类政策相关实务操作等，培训采取"座谈会、研讨会、讲座、沙龙"等形式。举办"财税新政及筹划分析""出口退税新政及业务辅导"等大型专题讲座6场，培训3800余人。组织开展会计学历函授教育，2008～2012年共有113名会计人员取得中专学历文凭，114名取得大专学历文凭。

2009年12月，组织全县销售额3亿元以上工业企业、集团公司的主办会计以上会计人员和部分中级会计专业技术人员共250人进行专项培训，邀请浙江财经学院邵毅平教授和绍兴市财税干校谢维荣副校长，围绕"金融危机下企业风险管理与内部控制""税制改革和税收政策调整"等课题开展讲座。同年，县核算中心分会对全县行政事业单位会计进行行政事业单位会计核算方法、要求的业务辅导。

2010年9月，对全县纳税300强企业和建筑、房地产、商贸、农业十强企业以及股份有限公司的主办会计（会计机构负责人），各镇（街）、开发区企业财务会计相关服务部门负责人共271人分7期进行培训，邀请浙江工商大学财务与会计学院教授竺素娥，浙江财经学院副教授刘初旺、通达税务师事务所所长和县财政局企业科科长等授课，培训内容为"企业财务基础管理及融资战略、税收优惠政策、税收筹划及涉企财政政策"等方面的财税业务。

2011年7月，举办行政事业单位资产管理专题研讨班，就"国有资产管理"以及有关政策规定等内容进行培训，全县各行政事业单位50多名财会人员参加，县教育局、工商局、公安局和卫生局进行典型介绍。

2012年7月，在县委党校主办"鉴湖会计论坛暨2012年度重点骨干企业主办会计培训班"，全县建筑房地产行业的重点企业会计60多人和县财政地税局相关人员参加培训。

2008～2012年，县会计学会共举办会计业务培训班180余期，累计培训会计人员58000余人。

2013年8月，学会举办"鉴湖会计论坛暨2013年度全县重点骨干企业主办会计培训班"，全县纳税400强企业主办会计参加培训，邀请浙江财经大学东方学院黄董良院长等知名专家教授授课，县财政、地税干部进行财税政策"面对面"咨询，向会计人员解疑答惑。

法制宣传　2003～2007年，县会计学会配合县财政部门，参与《中华人民共和国会计法》颁布20周年纪念活动。组织千余人参加《会计法》知识竞赛；向全县工业"五十强”企业、非纺“十佳”企业、家纺服装“十佳”企业、商贸服务“五强”企业、建筑“五强”企业、房地产“五强”企业、“十佳”农业龙头企业法人代表发送宣传短信,完成《会计法规选编》(六)和(七)的编辑工作,向企业和社会各界免费发放《会计法规选编》《浙江财税与会计》和《绍兴企业财税与会计》等刊物。

2009年,配合县人大开展会计法讲座,邀请浙江财经学院教授为县内150多家企业作《会计法》专题培训,发放会计读本200多册。

2010年起,县会计学会每年5月配合县财政局开展《会计法》宣传月活动,活动期间,在《绍兴县报》上开辟《会计法》专版宣传。

2012年,配合县人大开展第四十六次专题讲座,就《中华人民共和国会计法》等相关财经法律法规作专题辅导。

2008～2012年,县会计学会配合县财政局,开展多种形式宣传贯彻执行《会计法》《企业会计准则》《小企业会计准则》等会计法律法规,向企业和社会各界免费发放《会计法》读本、《绍兴县财税与会计》和《绍兴财税与会计》等刊物,及时将会计法律法规及政策向会计人员宣传,规范会计行为,提高企业会计信息质量。

2013年5月,学会配合县财政部门,开展“会计法宣传月”活动,采用在报纸上开辟《会计法》宣传月专版;通过“绍兴县会计网”“会计人员QQ群”,公开办事程序,发布政策信息和工作动态;向社会公开会计咨询服务热线电话,将服务端口前移等活动。

其他活动 2006年,绍兴县会计学会配合县财政部门,做好对“从事财务工作满30年,颁发会计人员荣誉证书”工作,根据财政部《颁发会计人员荣誉证书试行规定》的精神,对全县从事财务工作满30年,属于会计专业职务评聘的会计人员,经所在单位申报,财政部门审查核实,由省财政厅以财政部的名义验发会计人员荣誉证书。绍兴县经过调查摸底、审核把关、逐级推荐等步骤,共核实上报符合条件的人员207人。

2007年,配合县财政部门开展全国第三届会计知识大奖赛活动。同年10月,做好第一赛程参赛人员的组织工作,把第一赛程的任务落实到全县各会计中介培训机构,开展多种形式的业务知识研讨,多方位、多层次进行宣传发动,并设立组织奖和个人奖,全县万余名财务会计工作者及会计事业爱好者参加第一赛程比赛。11月,学会落实第二赛程选拔人员的组织工作,全县选拔4名会计人员组队参加第二赛程电视大奖赛,获得市级团体二等奖的好成绩。

2013年10月,根据财政部《关于开展企业内部控制知识竞赛活动的通知》精神,县会计学会配合县财政部门,组织全县相关企业和会计人员7000余人参赛。

第四节　会计中介管理

服务活动

改革开放以来,绍兴县财政税务部门根据财政税务工作及社会商务服务需要,先后建立起会计事务所，税务师事务所，代理记账机构，并从原行政事业编制转为与财税、审计等主管部门脱钩的中介服务机构，参与经营全县会计业务中介服务。

2003年，全县各会计师事务所服务收入累计1300多万元，增幅同比达30%以上，执业质量明显提高，没有发生诉讼案件。

2006年7月，县财政局开展会计师事务所执业质量检查，重点选取会计师事务所在房地产行业、地方国有企业执业质量情况，检查内容为会计核算是否真实合法、信息披露是否充分完整、是否存在会计造假等违法行为，检查结果未发现违规违法问题，执业质量较好。

2007年1月1日起，贯彻实施财政部48项《注册会计师审计准则》，《注册会计师审计准则》借鉴国际审计理论与实务的最新成果，对业务质量控制、审计程序、教育培训和职业道德建设等提出更严格要求，促使注册会计师防范审计风险，为提高执业质量，维护公众利益提供制度保证。是年，县财政局开展会计师事务所执业质量检查。

2012年，对全县会计师事务所基本信息进行审核，全县共5家会计师事务所，拥有执业注册会计师38人，从业人员120人，全年业务收入2220万元，出具审计报告4504份。同年，绍兴县对2011年度"工业有效投入"和"节能节水"项目首次公开招投标形式，聘请中介机构参与奖励资金的兑现审核，两项目合计申报金额60.98亿元，经中介机构审核，核减11.46亿元，平均核减率为18.79%，节约财政奖励资金1808万元。是年，县财政局在全省率先委托中介机构对29个村级"一事一议"项目开展投资评审，经中介机构审核后，压缩投资250万元。

2013年，绍兴县财政部门对2012年度的全县"工业有效投入"和"创新型企业"的投资项目，以公开招投标形式，再次委托县内会计师事务所和税务师事务所等中介机构审核，经中标的中介机构审核后，两项目合计申报金额20.03亿元，核减4.87亿元，平均核减率为24.3%，节约财政奖励资金1948万元。同年，兴业等5家会计师事务所，东方等3家税务师事务所参与县级新农村建设政策资金、县级水利重大工程延伸项目等14个项目的绩效评价，项目投资总额116067万元，其中财政投入96500万元，全部项目绩效评价均为良好。年末，全县有会计师事务所6家，（绍兴县中兴会计师事务所有限公司、兴业会计师事务所有限公司、集财会计师事务所、宏泰会计师事务所有限公司、正达会计师事务所、中审会计师事务所），其中有限责任公司3家，普通合伙事务所3家，全部业务收入2188万元，其中审计收入1556万元，验资收入439万元，咨询服务收入122万元，其他收入71万元，从业人员107人，其中注册会计师41人。

代理记账

2003年，绍兴县会计、税务中介组织，根据《绍兴县代理记账许可证审批办法》的规定，积极发展会计代理记账业务，担当全县大批中小企业的会计角色，解决代理中的一批中小企业做账不规范、不及时、及费用过高状况。

2004年8月，绍兴县益地财务咨询有限公司设立，专门从事代理记账及财务咨询服务。

2005年3月1日起,贯彻实施财政部颁发的《代理记账管理办法》和省财政厅制订的实施意见,全县加强代理记账机构管理,规范代理记账业务,促进代理记账行业健康发展。

2006年10月,对全县代理记账机构进行调查摸底,普查会计代理情况,出台专门文件,提出管理措施,规范代理机构记账办法,加强代理记账机构管理。

2007年1月,绍兴中兴财经咨询有限公司设立,开展代理记账业务。

2008年,根据财政部《代理记账管理办法》,代理记账机构设立条件为有3名以上持有会计从业资格证书的专业人员;主管代理记账业务的负责人具有会计师以上专业技术职务资格;有固定场所;有健全的代理记账业务规范和财务会计管理制度的要求,县财政部门对历年来批准设立的代理记账机构进行设立条件的检查,没有发现不符合设立条件要求的代理记账机构。

2009年,通达税务师事务所有限公司代理记账业务发展到627户,业务收入293万元。

2011年,全县有2943家企业委托代理记账机构代理记账。其中绍兴县益地财务咨询有限公司为116户企业代理记账,全年代理业务收入63.3万元。

2012年,全县有13家会计代理记账机构,其中会计师事务所1家,税务师事务所3家,会计财务咨询(服务公司)9家。拥有从业人员205人,受托代理3105家企业会计业务,其中商业1966家,工业(制造业)985家,其它154家,代理记账业务收入1428.27万元。

2013年3月起,县财政局对"会计代理记账机构变更、注销、年检核准"业务进驻县行政服务中心办理。是年,东方税务师事务所为1000多户企业代理记账。

2001～2013年,全县办理会计代理记账机构26家,因各种原因保留16家。其中,绍兴县益地财务咨询有限公司2009～2013年,代理记账业务收入1446.56万元,参与代理记账人员74人。

第十二章　农业税

绍兴县征收的农业税收有农业税、农业特产税、耕地占用税、契税等4个税种。全县从2001年1月起停征农业特产税、2006年起停征农业税。到2013年止，全县征收的农业税收只有耕地占用税和契税两个税种。

第一节　农业税和农业特产税

农业税，是国家向一切从事农业生产，并取得农业收入的单位或个人征收的一种税，绍兴县按常年产量计征，以征收实物为主，征收实物与折征代金并存。农业特产税，是国家向从事农业特产生产单位和个人征收的税种，全县按农业特产品的实际收入和规定税率计征。

征收对象依据

绍兴县对农业税和农业特产税征收，是以农业生产的土地为依据，以其收益者为对象，凡有农业收益的土地，其收益人均按规定缴纳。征收方法，分评产计征农业税与随售随征农林特产税(农业税)。

2003年1月起，绍兴县对非计税土地上征收农业特产税的农业特产品改征农业税，包括园艺产品(其中蚕茧改按桑叶，毛茶改按茶青)、水产品、林木产品、食用菌产品、烟叶。至此全县所有缴纳农业特产税的单位和个人，均是改征农业税后的纳税人(此前从2002年1月起，对计税土地上征收农业特产税的部分农业特产品已改征农业税)，全县停止农业特产税征收。

次年1月1日起，根据《中共中央、国务院关于促进农民增加收入若干政策的意见》，绍兴县人民政府决定对全县种养业(指种植业、养殖业，下同)免征农业税。因全县农业税收入均来自种养业，是年起全县无农业税收入。

2006年1月1日起，根据第十届全国人大常委会第十九次会议关于废止《中华人民共和国农业税条例》的决定，绍兴县停止农业税征收。

征收税目税率

2003年1月起，全县园艺产品(其中蚕茧改按桑叶，毛茶改按茶青)、林木产品、食用菌产品、烟叶，税率按5%计算征收，水产品按8%征收。

2004年1月1日起,根据《中共中央、国务院关于促进农民增加收入若干政策的意见》,绍兴县政府决定当年起全县种养业免征农业税。

任务减免实绩

2003年,绍兴县农业税计税面积为363069亩,计征任务为稻谷1385.5万公斤(包括农业特产税改征农业税折合稻谷112.6万公斤),减免稻谷35万公斤,实征稻谷1350.5万公斤,折合征收农业税人民币1081万元;是年起,全县无农业特产税收入。

2004年1月起,对种养业免征农业税,全年无农业税收入。

2006年起,绍兴县停止征收农业税。

第二节 耕地占用税

耕地占用税是国家向占用耕地建房或从事其他非农业建设的单位和个人征收的一种税,按纳税人实际占用的耕地面积和适用税率计征。

征收对象

绍兴县耕地占用税征税对象为占用国家所有和集体所有的种植农作物的土地(包括菜地、苗圃、茶园、果园、桑园、竹园和其他种植经济林木的土地)、占用鱼塘及其他农用土地(如开垦荒地、围垦造地已种植农作物5年〈含〉以上的)建房及从事其他非农业建设,均征收耕地占用税,对外商投资企业暂不开征。

2008年1月起,贯彻实施国务院、财政部修订后的《中华人民共和国耕地占用税暂行条例》《中华人民共和国耕地占用税暂行条例实施细则》,绍兴县对外商投资企业和外国企业也纳入耕地占用税征收范围。

征收标准

全县耕地占用税征税标准为对国家建设、乡镇集体建设、居民(非农业户口)或联户等占用耕地用于建房或从事非农业生产经营都应全额征收,每亩征6000元;对农村居民(指农业户口居民,包括渔民、牧民)占用耕地,建设自用的住宅,按规定的征税标准减半征收,即每亩征3000元。

2008年1月起,经国务院、财政部修订后的《中华人民共和国耕地占用税暂行条例》《中华人民共和国耕地占用税暂行条例实施细则》施行,提高税额标准,绍兴县征税标准调整为45元/平方米,其中占用基本农田为67.5元/平方米,对铁路、公路线路等占用耕地减按2元/平方米,农村居民占用耕地新建住宅减半征收。

减免规定

全县对农村居民(指农业户口居民,包括渔民、牧民)占用耕地,建设自用的住宅,按规定的征税标准减半征收,即每亩征3000元。对水库移民、灾民、难民建房占用耕地,免征耕地占用税。部队(包括武警部队)军事设施用地,铁路线路、乡村简易公路、炸药库用地,学校、幼儿园、敬老院、医院用地,殡仪馆、火葬场用地,直接为农业生产服务的农田水利设施用地，上列经批准征用的土地，免征耕地占用税。

2003年起，全县调整耕地占用税减免审批权限，对占用耕地1千亩(含1千亩)以上的，经市、地、县财政局审查后，由省财政厅转报国家税务总局审批；占用耕地1百亩(含1百亩)以上、1千亩以下的，报省财政厅审批；占用耕地10亩(含10亩)以上、1百亩以下的，由市、地财政局批准，并报省财政厅备案；占用耕地10亩以下的，由县(市)财政局批准，并报市、地财政局备案。

2004年10月1日起，国家税务总局印发的《耕地占用税、契税减免管理办法》施行，全县耕地占用税减免实行申报管理制度，耕地占用税减免管理实行逐级备案制度。对占用耕地1000亩(含1000亩)以上的减免，征收机关应在办理减免手续完毕之日起30日内报国家税务总局备案，占用耕地1000亩以下的耕地占用税的减免，其备案办法由省级征收机关制定。

2008年1月起，经国务院、财政部修订后的《中华人民共和国耕地占用税暂行条例》《中华人民共和国耕地占用税暂行条例实施细则》施行。全县对生活困难的农村居民在用地标准内新建住宅纳税有困难，经审批可免征或减征；对军事设施，学校、幼儿园、养老院、医院占用地免征耕地占用税；对铁路线路、公路线路、飞机跑道、停机坪、港口、航道占用耕地，减按每平方米2元的税额征收耕地占用税；农村居民占用耕地新建住宅，按照当地适用税额减半征收耕地占用税；农村烈士家属、残疾军人、鳏寡孤独以及边远贫困山区生活困难的农村居民，在规定用地标准以内新建住宅缴纳耕地占用税确有困难的，经所在地乡镇人民政府审核，报经县人民政府批准后，可以免征或减征耕地占用税。

征收管理

2003年6月2日起，绍兴县财政局在县行政审批中心设立农税征收中心，受理县域范围内耕地占用税的征收和管理工作，工作程序为申请单位和个人持县国土部门签证的《预缴耕地占用税保证金联系通知单》，到县财政局农税中心缴纳耕地占用税纳税保证金，待国土部门批准用地后，申请单位和个人持纳税保证金收据、批准后的审批意见书、耕地占用税纳税申报表到农税中心办理纳税申报，结算税收保证金，开具税收缴款书后上解国库。

2008年10月，绍兴县财政局贯彻执行《浙江省耕地占用税实施办法》，并与县国土部门联合印发《关于进一步做好耕地占用税征管工作的通知》。2010年1月起，全县耕地占用税由绍兴县财政局划归绍兴县地方税务局征管。次年，绍兴县地方税务局改革耕地占用税征收管理模式，将征收系统纳入税友龙版。

2003～2013年，绍兴县实征耕地占用税80221万元。

表12-1

绍兴县耕地占用税征收情况统计表(2003～2013)

单位:万元

年　度	2003	2004	2005	2006	2007	2008
征收数	7739	6301	1696	2688	1266	4082
年　度	2009	2010	2011	2012	2013	合　计
征收数	9819	4184	15245	18974	8227	80221

第三节　契　税

征收契税是对不动产所有权发生转移变动时,就当事人双方所订契约,按发生转移变动的不动产价格和适用税率计征,向产权承受人征收的一种税。

纳税对象

1997年10月起,全县贯彻实施国务院颁布的《中华人民共和国契税暂行条例》、浙江省颁发的《浙江省实施〈中华人民共和国契税暂行条例〉办法》,规定契税是对发生国有土地使用权出让、土地使用权转让,包括出售、赠与和交换,房屋买卖,房屋赠与,房屋交换,土地、房屋权属作价投资、入股,土地、房屋权属抵债,以获奖方式承受土地、房屋权属等行为征收对象的一种税,其土地、房屋承受的单位和个人为契税纳税义务人。

契税税率

全县从1997年10月起,契税税率为3%。2004年8月起,对土地、房屋因拆迁后重新承受土地、房屋权属,其成交价格(面积)没有超出土地、房屋补偿费和安置费的免征契税,超出土地、房屋补偿和安置补助费(或安置面积标准)的部分,按1.5%税率征收契税;对承受的房屋附属设施权属如为单独计价的,按3%税率征收契税,如与房屋统一计价的,适用与房屋相同的契税税率;尚未办理纳税申报手续且分属不同时期契税税率的应税未税项目,土地、房屋均按3%(其中普通住宅1.5%)税率征收契税。次年6月1日起,对个人购买非普通住房的契税税率按3%,购买普通住房的仍减按1.5%。

2007年8月1日起,个人购买经济适用住房且面积在普通住宅标准内的减按1.5%征收契税;面积超过普通住宅标准内的按3%征收契税。次年11月起,对个人首次购买90平方米及以下普通住房的,税率暂下调到1%。

2010月10月1日起,个人购买90平方米及以下普通住房,且该住房属于家庭唯一住房(成员范围包括购房人、配偶以及未成年子女,下同)的减按1%税率征收契税;个人购买144平方米及以下普通住房,且属家庭唯一住房,减按1.5%征收契税;非家庭唯一住房的,一律按3%征收契税。

计税依据

全县契税的计税依据为国有土地使用权出让、土地使用权出售、房屋买卖为成交价格。土地使用权赠与、房屋赠与，由征收机关参照土地使用权出售、房屋买卖的市场价格核定。土地使用权交换、房屋交换，为所交换的土地使用权、房屋的价格的差额。成交价格明显低于市场价格并且无正当理由，或所交换土地使用权、房屋的价格差额明显不合理且无正当理由的，由征收机关参照市场价格核定。

契税纳税义务发生时间，为纳税人签订土地房屋权属转移合同的当天，或者纳税人取得其他具有土地、房屋权属转移合同性质凭证的当天。纳税人自纳税义务发生之日起10日内向契税征收机关办理纳税申报。

2005年5月，绍兴县规定普通住户标准为，住宅小区建筑容积率在1.0以下、单套建筑面积在144平方米以下、实际成交价格低于同级别土地上住房平均交易价格的1.44倍以下。

2008年10月起，全县个人房产交易实行最低计税价格制度，按最低计税价格计算征收契税。

2010年，全县契税二手房计税价格体系调整为实时评价机制，计税价格整体提高40%。次年，全县启用存量房交易评税系统。

征收管理

2003年6月2日起，县财政局在县行政审批中心设立农税征收中心，受理县域范围内土地契税及柯桥、柯岩、华舍、湖塘四街道范围内房产契税的征收管理工作，至年底，全县征收契税11027万元，比上年增长83.29%，占当年农业四税收入（农业税、农林特产税、耕地占用税、契税）的55.6%，占当年地方财政收入135362万元的8.15%，契税成为全县财政收入重要来源之一。

2007年7月起，全县贯彻实施《浙江省契税征收管理办法（试行）》。次年9月起，实施省财政厅印发的《关于进一步做好契税征收管理工作的通知》。全县实施土地拍卖契税的源头监控。

2009年1月1日起，县财政局按省财政厅规定，调整契证式样，调整后的契证尺寸规格为18.4厘米（长）×13厘米（宽）。次年1月起，全县契税由县财政局划归县地方税务局征管。

2011年，全县对婚姻关系存续期间，房屋、土地权属原归夫妻一方所有，变更为夫妻双方共有的免征契税。对已缴纳契税的购房单位和个人，在未办理房屋权属变更登记前退房的，退还已纳契税；在办理房屋权属变更登记后退房的，不予退还已纳契税。

减免税政策

全县对国家机关、事业单位、社会团体、军事单位承受土地、房屋用于办公、教学、医疗、科研和军事设施免征契税。城镇职工按规定第一次购买公有住房也免征契税。因不可抗拒灭失住房而重新购买住房的酌情准予减征或免征以及其他减征免征契税项目。

契税减免税全县实行分级和分类管理办法。

分级管理为减免税额在10万元(含10万元)以上的,报省财政厅审批;减免税额在5万元(含5万元)以上、10万元以下的,报市财政局审批,并报省财政厅备案;减免税在5万元以下的,报县财政局审批,并报市财政局备案。

分类管理为表所示。

表12-2

浙江省契税减免分类管理一览表

<table>
<tr><th colspan="3">县财政局直接审批的项目</th><th>实行省、市(地)、县分级审批的项目</th></tr>
<tr><td rowspan="5">国家机关、事业单位、社会团体、军事单位房屋用于</td><td>办公的</td><td>办公室(楼)、附属的职工食堂、浴室、库房</td><td>其他直接用于办公的土地、房屋</td></tr>
<tr><td>教学的</td><td>教室(教学楼)、图书馆、实验室、操场</td><td>其他直接用于教学的土地、房屋</td></tr>
<tr><td>医疗的</td><td>门诊部、住院部</td><td>其他直接用于医疗的土地、房屋</td></tr>
<tr><td>科研的</td><td>科学试验场所、资料馆(室)</td><td>其他直接用于科研的土地、房屋</td></tr>
<tr><td>军事设施的</td><td>地上和地下的军事指挥作战工程;军用的机场、港口、码头;军用的库房、营区、训练场、试验场;军用的通信、导航、观测台站。</td><td>其他直接用于军事设施的土地、房屋</td></tr>
<tr><td colspan="3">城镇职工按规定第一次购买公有住房并在规定住房面积标准以内的</td><td>因自然灾害、战争等不可抗力灭失住房而重新购买住房的</td></tr>
<tr><td colspan="3">土地、房屋被县级以上人民政府征用、占用后重新承受土地、房屋权属,其成交价格没有超出土地、房屋补偿费和安置补助费的</td><td>超出土地、房屋补偿费和安置补助费的部分</td></tr>
<tr><td colspan="3">承受荒山、荒地、荒滩、荒涂土地使用权,用于农、林、牧、渔业生产的</td><td></td></tr>
<tr><td colspan="3">土地、房屋权属交换,交换价格相等的部分</td><td></td></tr>
</table>

2004年8月,对土地、房屋因拆迁后重新承受土地、房屋权属,其成交价格(面积)没有超出土地、房屋补偿费和安置费的免征契税。10月1日起,全县实施国家税务总局印发的《耕地占用税　契税减免管理办法》,契税减免,实行申报管理制度,契税减免管理,实行逐级备案制度。契税纳税人应在土地、房屋权属转移合同生效的10日内,向征收机关提出减免申报。计税金额在10000万元(含10000万元)以上的,由省级征收机关办理减免手续,并在减免手续完毕之日起30日内报国家税务总局备案。计税金额在10000万元以下的契税减免,其备案办法由省级征收机关制定。

2010年3月起,全县契税计税金额在10000万元(含10000万元)以上的减免,由县局审核后,直接上报省地方税务局审批,计税金额在10000万元以下县局审批。2013年10月,全省简化行政审批方式,绍兴县契税税收优惠审批事项全部改为备案类和办理类事项。

2003～2013年,全县累计征收契税353070万元。

表12-3

绍兴县契税征收情况统计表(2003～2013)

单位:万元

年　度	2003	2004	2005	2006	2007	2008
征收数	11027	10071	14670	14612	18840	44105
年　度	2009	2010	2011	2012	2013	合　计
征收数	39782	54852	46467	47287	51357	353070

第四节　农村税费改革

农村税费改革内容,主要有涉农税收改革和农村各项收费改革,并一直围绕农业、农村、农民的发展和富强,从农村实际出发,按照对农民群众"多予、少取、放活"要求,改革和规范农村税费制度。

绍兴县农村税费改革,根据上级统一部署,于2002年成立绍兴县农村税费改革领导小组,制定《关于进一步做好减轻农民负担工作的意见》,由县财政局牵头制订"农村税费改革实施方案"及配套政策,并按照对农民"多予、少取、放活"要求,改革和规范农村税费制度,取消各种乱收费,减轻农民税费负担,确保改革后农民负担明显减轻、不反弹,确保镇(街)机构和村级组织正常运转,确保农村义务教育经费的正常需要。改革内容为"减调改稳、合理负担、转移支付、配套进行"。

至2003年底,全县农村税费总额由税改前的5125万元减少到税改后的1985万元,净减3140万元,减幅61.27%;农民年人均负担从改革前的69.59元,下降到2003年的31.27元,减负比例55.1%。

2004年1月起,绍兴县人民政府决定对全县种养业免征农业税(因农业税来自种养业,故当年无农业税收入),为农民直接减负1153万元,实现绍兴县农民人均税费零负担。是年,贯彻中央对农民减费轻负政策,支持小康新农村建设,县财政落实粮油补贴资金250万元,投入3009万元以加强县、镇、村公交事业发展,提前一年全县实现村村通公交。是年,还对个人或个体户从事种植业、养殖业、饲养业、捕捞业,且经营项目属于农业税(包括农业特产税)征收范围的,其取得的"四业"所得暂不征收个人所得税。

2005年7月,根据中央、省统一部署,绍兴县作为全省4个试点县(市、区)之一,开展农村综合改革,制定《绍兴县农村综合改革实施方案》。确定安昌镇、杨汛桥镇和平水镇作为试点镇,以镇(街)机构改革、县镇财政体制改革、化解镇(街)债务、农村义务教育体制改革、确保村级组织运转为改革主要内容,并制订农村综合改革配套政策文件。试点改革分为建立组织、调查摸底、组织实施和总结提高四个阶段进行,到10月底结束。是年,绍兴县加大农业投入扶持,采取四项措施支持粮食生产(即实行早晚稻谷最低收购价政策、订单粮食价外补贴政策、推广优质水稻品种和贯彻粮食直补政策),重点扶持特色生态农业和休闲观光农业建设、山区农民饮用水工程及重要山塘水库的除险加固、小流域治理等农村水利基础设施建设。

2006年1月1日起,根据第十届全国人大常委会第十九次会议关于废止《中华人民共和国农业税条例》的决定,全县停止农业税征收。同年,绍兴县财政加大对新农村建设的扶持力度,实施农业综合开发,推进科技兴农,建立被征地农民社会保障风险基金,实施第三轮新型农村合作医疗,支持农村文化建设。

2007年,支持农村建设,实施政策性农业保险财政补贴,帮助农民防范和化解农业产业风险,建立全县"农民补贴网",促使种粮农户补贴政策落实,开拓农信担保业务,缓解农民融资担保困难,建立农村义务教育学校教师工作补贴制度。此后,国家无出台新的农村税费改革政策。2013年,绍兴县投入农业、农村建设资金8.05亿元,用于创建中央农村综合改革示范县、"美丽乡村"和农村环境综合整治。

第十三章　税制改革

1994年以来，绍兴县贯彻实施国务院颁布的《工商税制改革方案》，全县建立了以流转税、所得税为主体的税收体系和地方税以“土地税收”为核心的税种管理机制，设立绍兴县国家税务局和绍兴县地方税务局，分别征收各自分管税种和基金(费)。全县坚持以依法治税，不断推进税收执法标准化和规范化建设，提高纳税人的税收遵从度，为经济社会科学发展营造良好的税收法治环境。

第一节　税制沿革

1994年，《工商税制改革方案》实施后，绍兴县征收的工商税种由改革前的32个减少至2003年的14个(不包括契税、耕地占用税)，即增值税、营业税、消费税、个人所得税、企业所得税、外商投资企业和外国企业所得税、城市维护建设税、车船使用税、房产税、资源税、城镇土地使用税、印花税、土地增值税、车辆购置税。

2003年起，绍兴县贯彻实施国务院公布的新的《关税条例》。2005年10月27日，全国人大常委会第三次修改《个人所得税法》，并于2006年1月1日起执行，绍兴县随即贯彻执行。

2007年1月起，全县贯彻实施《中华人民共和国车船税暂行条例》，同时废止1986年颁布的《中华人民共和国车船使用税暂行条例》。次年1月起，绍兴县贯彻实施《中华人民共和国企业所得税法》和《中华人民共和国企业所得税法实施条例》。企业所得税法和其实施条例适用于全县所有内、外资企业，停止执行1994年1月颁布实施的《中华人民共和国企业所得税暂行条例》和1991年7月的《中华人民共和国外商投资企业和外国企业所得税法》。同年10月9日起，全县对个人储蓄存款利息暂免征收个人所得税。

2009年1月1日起，全县贯彻实施国务院修改后的《中华人民共和国增值税暂行条例》《中华人民共和国消费税暂行条例》和《中华人民共和国营业税暂行条例》。次年1月起，全县契税、耕地占用税由绍兴县财政局划归绍兴县地方税务局征收管理。

2011年9月1日起，绍兴县贯彻实施全国人大新修订的《个人所得税法》及国务院新修订的《中华人民共和国个人所得税实施细则》和国家税务总局的一系列配套政策,全县个人所得税免征额由2000元调整至3500元,并对个人所得税税率进行调整。同时,在实施前进行了业务培训。

2011年8月26日,绍兴县财政地税局进行新个人所得税法培训。

次年12月起,绍兴县纳入全国营业税改征增值税试点范围,全县交通运输业和部分现代服务业由征收营业税改为征收增值税。

2013年8月起,"营改增"扩大试点内容,全县广播影视业也由征收营业税改为征收增值税。年末,绍兴县征收的工商税种为15个,即增值税、营业税、消费税、个人所得税、企业所得税、城市维护建设税、车船税、房产税、资源税、城镇土地使用税、印花税、土地增值税、车辆购置税、契税、耕地占用税。

2003～2013年,全县累计征收工商税收收入7908921万元,占同期累计财政总收入8597110万元的92%。其中征收增值税3776925万元、营业税1116209万元、消费税35066万元、企业所得税1464468万元、个人所得税455837万元、其它税收1060416万元。

表13-1

绍兴县工商税收收入情况明细表(2003～2013)

单位:万元

年　度	增值税	营业税	消费税	企业所得税	个人所得税	其它税收	合　计	占总收入(%)
2003	180112	33271	1638	34529	20005	21860	291415	94.53
2004	190968	45459	1893	52909	18773	28028	338210	92.80
2005	214636	50895	2395	66839	21943	35793	392501	92.74
2006	261384	67688	2704	67753	27083	56748	483360	92.78
2007	344528	83877	2644	83813	34808	72415	622085	92.81
2008	361076	86389	3149	123520	40008	69542	683684	90.28
2009	368940	103241	2996	121740	39073	97895	733885	90.38
2010	377756	135613	3914	167870	49190	121309	855652	91.51
2011	451924	152741	3967	251078	65030	154543	1079283	92.23
2012	498057	161878	4581	260713	64475	185361	1175065	91.97
2013	527544	195157	5185	233704	75449	216742	1253781	92.35
合　计	3776925	1116209	35066	1464468	455837	1060416	7908921	92.00

注:其它税收包括城镇土地使用税、车船税、资源税、车辆购置税、城市建设维护税和印花税等税种;契税和耕地占用税不统计在内。

第二节　税收管理体制

改革开放以来,税收管理体制几经变革,但税收立法权等主要税权集中在中央,赋予县级政府的税收管理权限,主要是在组织税收征收管理过程中给予一定的税收减免权;下放的税收管理权限,基本上随着当时的社会经济情况和经济管理体制而或大或小。

1994年起,实施分税制财政管理体制,中央按税种划分中央收入与地方收入,把税源集中、收入大、涉及面广、需要全国统一管理的税种划为中央税;把同地方联系密切、税源零星分散需因地制宜加以管理的税种划为地方税;把需要兼顾、调动中央和地方利益积极性的税种划为中央和地方共享税,并在县级设置国家税务局和地方税务局,负责各自分管税种和基金(费)的征收管理。中央税和全国统一实行的地方税立法权集中在中央,除税法规定的减免税项目外,各级政府及各部门都不得开减免税口子。至2013年,中央继续实施上述税收管理体制,并不断改革完善,绍兴县认真贯彻执行。

机构设置及职责

按全国税制改革要求,1994年10月起,绍兴县设置县国家税务局和县地方税务局,分别管辖各自分管的税种、基金(费)。绍兴县国家税务局负责全县增值税、消费税、进口产品消费税、增值税、直接对台贸易调节税、中央企业所得税、中央与地方所属企事业单位组成的联营企业、股份制企业所得税、地方和外资银行及非银行金融企业所得税、外商投资企业和外国企业所得税、车辆购置税、个人储蓄存款利息个人所得税、出口产品退税管理、中央税的滞补罚收入、金融保险业提高税率部分营业税等中央税收、中央地方共享税收和个别地方税收的征管;绍兴县地方税务局负责全县营业税、地方企业所得税、个人所得税、城市维护建设税、土地增值税、房产税、车船使用税、资源税、城镇土地使用税、印花税、耕地占用税、契税、教育费附加、农村教育事业费附加、农业发展基金、水利建设专项资金、发展新型墙体材料专项用费、三资企业中物价补贴、地方税的滞补罚收入等地方税收及有关的费、基金的征管。2003年1月1日起,绍兴县国税局停止征收金融保险业提高税率部分营业税,原按规定5%征收的营业税仍由绍兴县地方税务局继续负责征收。

2004年1月起,绍兴县停征农业发展基金,5月起停征发展新型墙体材料专项用费。2006年5月起,绍兴县停征“农村教育费附加”,同时开征“地方教育附加”,由县地税局负责征管。

2008年1月起,绍兴县停止执行《中华人民共和国外商投资企业和外国企业所得税法》,同时,全县外商投资企业和外国企业改按新企业所得税法的有关规定征收企业所得税,并继续由绍兴县国税局负责征管。是年10月9日起,绍兴县停止征收个人储蓄存款利息个人所得税。

2009年1月1日起,绍兴县新增企业所得税纳税人中,应缴纳增值税的企业,其企业所得税由国家税务局管理,应缴纳营业税的企业,其企业所得税由地方税务局管理。

2012年12月1日起,绍兴县列入中央营业税改征增值税试点范围,全县交通运输业和部分现代服务业等生产性服务业由营业税改为征收增值税,其纳税人的征收管理由绍兴县地方税务局管理改为有绍兴县国家税务局管理。次年8月1日起,全县实现广播影视业“营改增”扩围工作,同时做好邮电服务业、铁路运输业“营改增”准备工作,县财税部门出台“营改增”试点期间过渡性扶持政策,保障“营改增”试点平稳运行。

审批制度及规定

绍兴县严格执行中央、省规定的税收减免政策,严格执行中央关于除税法规定的减免税项目外,各级政府及各部门都不得开减免税口子的规定。同时,引导企业用足用好税收优惠政策,促进全县经济结构调整、转变经济发展方式、构建美丽县城、改进和优化纳税服务。

2005年1月1日起,县地税局印发并实施《减免税、费、基金和税前扣除审批管理暂行办法(2005年版)》,全县地税部门减免税和税前扣除管理的基本原则确定为分类管理和分级审批。减免和扣除项目的审查批准分为审批类、审核类和核准类,地税机关相应实行审批制、审核制和核准制管理。在方便纳税人、提高办事效率中,县地税局将权限内涉及(个体工商户)减免的有关地方税、费、基金和乡镇企业,按应缴企业所得税款减征10%,用于补助社会性开支费用等,涉及面广、额度相对较小的减免项目的审批,授权各分局(所)行使。次年11月起,贯彻实施省地税局印发的《税费基金减免管理办法》,原县地税局印发的《减免税、费、基金和税前扣除审批管理暂行办法》停止执行。

县审核审批权限

绍兴县税务部门以"依法征收、应收尽收、不收过头税、防止和制止越权减免税、落实各项税收优惠政策"的组织收入原则,挖掘税源潜力,做好税收工作,并按各个时期规定,做好税收减免工作。

安置失业人员类　2003年1月1日起,全县劳动就业服务企业中的加工型企业和街道社区具有加工性质的小型企业实体及从事商业零售兼营批发业务的商业零售企业,安置下岗失业人员并签订1年以上期限劳动合同的,每吸纳1名下岗失业人员,每年可享受企业所得税2000元定额税收扣减优惠,当年不足扣减的,结转下一年扣减,结转期不能超过2年。是年,对新办服务型企业、商贸型企业,当年新招用下岗失业人员达到职工总数30%(含30%)以上的,3年内免征营业税、城建税和企业所得税,不足30%的,3年内按计算的减征比例减征企业所得税;原有的服务型企业、商贸型企业,当年新招用下岗失业人员达到职工总数30%(含30%)以上的,3年内对年度应缴企业所得税额减征30%;经济实体符合条件并吸纳原企业富余人员占职工总数达到30%(含30%)以上,3年内免征企业所得税;下岗失业人员从事个体经营(除国家限制的行业外)的,3年内免征营业税、城建税和个人所得税。是年6月,对只从事商品零售业务的商业零售企业(商业批发、批零兼营的企业除外),安置下岗失业人员,按比例计算的税收优惠办法执行;对于从事商品零售兼营批发业务的商业零售企业,采用定额税收优惠政策,即安置下岗失业人员并签订3年以上期限劳动合同的,在2005年前可享受定额税收扣减优惠,从企业应缴纳的企业所得税税额中扣减,计算公式:具体扣减数额=企业安置下岗失业人数×2000元/年。是年,国有大中型企业通过主辅分离和辅业改制分流安置本企业富余人员举办的经济实体(除金融保险业、邮电通讯业等业外),经有关部门认定,税务机关审核,3年内免征企业所得税。

2004年1月1日起,商贸企业、服务型企业、劳动就业服务企业中的加工型企业和街道社区具有加工性质的小型企业实体,在新增加的岗位中,当年新招用《就业失业登记证》人员,与其签订1年以上期限劳动合同并缴纳社会保险费的,3年内按实际招用人数和省确定的定额标准予以依次扣减增值税、营业税、城建税和企业所得税。次年1月1日起,下岗失业人员从事个体经营活动免征营业税,是指其雇工7人(含7人)以下的个体经营活动,雇工8人(含8人)以上,无论其领取的营业执照是否注明为个体工商业户,均按新办服务型企业有关营业税优惠政策执行。

2006年1月1日起,对商贸企业、服务型企业(从事广告业、房屋中介、典当、桑拿、按摩、氧吧的企业除外)、劳动就业服务企业中的加工型企业和街道社区具有加工性质的小型企业实体,当年新招用持“再就业优惠证”人员,与其签订1年以上期限劳动合同并依法缴纳社会保险费人员,按实际招用人数予以扣减营业税、城建税和企业所得税,定额标准为每人每年4800元,在当年应缴纳税额中扣减;对持“就业失业登记证”人员从事个体经营(除建筑业、娱乐业以及销售不动产等外)的,在3年内按每年每户8000元为限额依次扣减其当年实际应缴纳的增值税、营业税、城建税和个人所得税,纳税人年度应缴纳税款小于上述扣减限额的,以其实际缴纳的税款为限,大于上述扣减限额的,以上述扣减限额为限。

2011年,对商贸企业、服务型企业(从事广告业、房屋中介、典当、桑拿、按摩、氧吧的企业除外)、劳动就业服务企业中的加工型企业和街道社区具有加工性质的小型企业实体,当年新招用持“再就业优惠证”人员,与其签订1年以上期限劳动合同并依法缴纳社会保险费人员,在3年内,按实际招用人数按省政府确定的定额标准予以依次扣减营业税、城建税、教育费附加和企业所得税(2011年1月1日至2013年12月31日,以纳税人到税务机关办理减免税手续之日起作为优惠政策起始时间。税收优惠政策在2013年12月31日未执行到期的,可继续享受至3年期满为止)。同年10月1日起,对家政服务企业由员工制家政服务员提供的家政服务取得的收入免征营业税。

安置退役军人类 2003年,对新办的服务型企业(除广告业、桑拿、按摩等外)当年新安置自谋职业的城镇退役士兵达到职工总数30%以上,与其签订1年以上期限劳动合同的,3年内免征营业税、城建税和企业所得税,如新办的商业零售企业,3年内免征城建税,如不足30%,可按减征比例减征企业所得税。是年,对为安置随军家属就业而新开办的企业或随军家属从事个体经营的,自领取税务登记证之日起,3年内免征企业所得税、个人所得税。5月1日起,为安置自主择业的军队转业干部就业而新办的企业,凡安置自主择业的军队转业干部占企业总人数60%以上的,经批准,3年内免征增值税、营业税和企业所得税;自谋职业从事个体经营的军队转业干部,自领取税务登记证之日起,3年内免征增值税、营业税和个人所得税。

2004年1月1日起,自谋职业从事个体经营(除建筑业、娱乐业以及销售不动产等外)的城镇退役士兵,3年内免征增值税、营业税、城建税和个人所得税;为安置随军家属就业而新开办企业,自领取税务登记证之日起,3年内免征增值税和营业税。次年3月1日起,对从事个体经营的军队转业干部、城镇退役士兵和随军家属,自领取税务登记证之日起,3年内免征营业税。个体经营是指雇工7人(含7人)以下的个体经营行为,军队转业干部、城镇退役士兵和随军家属,从事个体经营凡雇工8人(含8人)以上的,无论其领取的营业执照是否注明为个体工商业户,军队转业干部和随军家属均按新开办的企业、城镇退役士兵按新办的服务型企业的规定,享受有关营业税优惠政策。

2011年,从事个体经营的随军家属,自领取税务登记证之日起,3年内免征增值税、营业税和个人所得税。

安置残疾人员类 对安置“四残”人员占企业生产人员35%以上的(含35%)民政福

利企业，其经营属于营业税“服务业”税目范围内(广告业除外)的营业税减免；民政部门举办的福利工厂和街道办的非中途转办的社会福利生产单位，凡安置“四残”人员占生产人员总数35%以上，暂免征所得税；凡安置“四残”人员占生产人员总数的比例超过10%未达到35%的，减半征收所得税；残疾人个人提供的应税劳务，免征营业税；对安置残疾人就业的单位，给予定额减征城镇土地使用税的优惠，减征标准为每安置一名残疾人每年可定额减征1500元，减征最高限额为单位应缴城镇土地使用税额；个人系属残疾、孤老人员或烈属，且其所得属于劳动所得和个人因遭受严重自然灾害造成重大损失的可减免个人所得税；对特殊教育学校举办的企业可比照福利企业标准，享受国家对福利企业实行的增值税和企业所得税优惠政策。

2006年7月1日起，安置残疾人员的工业企业和从事属于营业税“服务业”税目范围内(广告业除外)业务的企业，实际安置的残疾人员占企业在职职工总数的比例达到25%以上，且企业须与在职职工(包括残疾职工)签订1年以上劳动合同，实行每年按企业实际安置残疾人员人数限额(当地上年在岗职工平均工资的2倍确定，最高不超过每人每年3.5万元)减征营业税和成本加计扣除(按本企业残疾职工实际工资的2倍在税前扣除)。

2007年7月1日起，对安置残疾人的单位，实行由税务机关按单位实际安置残疾人的人数，限额即征即退增值税或营业税政策，浙江省规定限额为所在县的最低工资标准的6倍，最高不得超过每人每年3.5万元；实际安置残疾人员占在职工总数的比例高于1.5%(含1.5%)的，残疾人数多于5人(含5人)的，企业支付给残疾人的实际工资可在企业所得税前据实扣除，并可按实际支付给残疾人实际工资的100%加计扣除。是年10月，《浙江省福利企业资格认定办法》施行，明确福利企业为，依法在工商行政管理机关登记，安置残疾职工占职工总人数25%(含)以上，且残疾职工不少于10人的企业。残疾职工是指，有《中华人民共和国残疾人证》并注明视力、听力、言语、肢体、智力残疾的人员和适合安置的精神残疾人员，或者是持有《中华人民共和国残疾军人证(1至8级)》的残疾人。

新办服务企业类　全县对新办的独立核算的从事咨询业(包括科技、法律、会计、审计、税务等咨询业)、信息业、技术服务业的企业或经营单位，自开业之日起，第一年至第二年免征所得税；对新办的独立核算的从事交通运输业、邮电通讯业的企业或经营单位自开业之日起，第一年免征所得税，第二年减半征收所得税；对新办的独立核算的从事公用事业、商业、物资业、对外贸易业、旅游业、仓储业、居民服务业、饮食业、教育文化事业、卫生事业的企业或经营单位，自开业之日起，减征或免征所得税1年。2004年1月1日起，新办的城镇劳动就业服务企业，企业所得税享受“两免三减半”。

“涉农”企业类　全县对农村为农业生产的产前、产中、产后服务的行业，对其提供的技术服务或劳务所得的收入，以及城镇其他各类事业单位开展上述技术服务或劳务所得的收入，暂免征收所得税；对国有农口企事业单位，从事种植业、养殖业和农林产品初加工业取得的所得,免征企业所得税;所有企事业单位种植林木、林木种子和苗木作物以及从事林木产品初加工取得的所得,免征企业所得税;农业系统种子公司(站)生产、加工、经营种子所得,免征企业所得税;符合重点农业龙头企业条件的,可享受重点龙头企业的税收优惠政策;乡镇企业可按应缴所得税款减征10%,用于补助社会性开支费用;对企业从事农、林、牧、渔业项目的所得,可免征、减征企业所得税;农业机耕、排灌、病虫害防治、植物保护、农牧保险及相关技术培训业务,家禽、牲畜、水生动物的配种和疾病防治项目免征营业税;农村、农场和农民个人将土地使用权转让、承包给农业生产者用于农业生产的,免征营业税、城建税;对个人或个体户从事种植业、养殖业、饲养业、捕捞业,其取得的“四业”所得和进入各类市场销售自产农产品的农民取得所得暂不征收个人所得税;直接用于农、林、牧、渔业的生产用地(包括直接用于采摘、观光的种植、养殖、饲养的土地)免征城镇土地使用税;农民专业合作社与本社成员签订的农业产品和农业生产资料购销合同,免征印花税。

2009年起,全县对金融机构农户小额贷款的利息收入免征营业税;地方商业银行转贷用于清偿农村合作基金会债务的专项贷款利息收入免征营业税;为种植业、养殖业、牧业种植和饲养的动植物提供保险的业务免征营业税。

新科技应用类 对企业、事业单位进行技术转让,以及在技术转让过程中发生的与技术转让有关的技术咨询、技术服务、技术培训的所得,年净收入在30万元以下的暂免征企业所得税;企业从事符合条件的技术转让所得,在一个纳税年度内,居民企业技术转让所得不超过500万元的部分,免征企业所得税;超过500万元的部分,减半征收企业所得税;单位和个人从事技术转让、技术开发业务和与之相关的技术咨询、技术服务业务取得的收入,依据规定免征营业税。

2003年起,对创业投资企业从事国家需要重点扶持和鼓励的创业投资,采用股权投资方式投资于未上市的中小高新技术企业2年以上的,可按其投资额的70%在股权持有满2年的当年抵扣该创业投资企业的应纳税所得额;当年不足抵扣的,可在以后纳税年度结转抵扣;对投资符合国家产业政策的技术改造项目的企业,其项目所需国产设备投资的40%可从企业技术改造项目设备购置当年比前一年新增的企业所得税中抵免。

2009年起,对从事服务业的高技术人才、高技能人才和特殊人才,经省政府认可后,其发放的奖金免征个人所得税;动漫企业自主开发、生产动漫产品,可申请享受国家鼓励软件产业发展的所得税优惠政策;符合条件的节能服务公司实施合同能源管理项目,取得的营业税应税收入暂免征营业税。是年,对国家需要重点扶持的高新技术企业,减按15%的税率征收企业所得税:对新办软件生产企业,经认定后第一年至第二年免征企业所得税,第三年至第五年减半征企业所得税;企业研发费用加计扣除,对未形成无形资产计入当期损益的,在按照规定据实扣除的基础上,按研发费用的50%加计扣除;形成无形资产的,按无形资产成本的150%摊销。

2010年1月1日起，对以全县境内、境外全部生产经营活动有关的研究开发费用总额、总收入、销售收入总额、高新技术产品（服务）收入等指标申请并经认定的高新技术企业，其来源于境外的所得可享受高新技术企业所得税优惠政策，即对其来源于境外所得可按15%的优惠税率缴纳企业所得税。次年，对符合条件的软件企业按照规定取得的即征即退增值税款，由企业专项用于软件产品研发和扩大再生产并单独进行核算，可作为不征税收入，在计算应纳税所得额时从收入总额中减除。

2012年，鼓励软件产业和集成电路产业发展，集成电路线宽小于0.8微米（含）的集成电路生产企业，在2017年前，自获利年度计算优惠期，第一年至第二年免征企业所得税，第三年至第五年按25%税率减半征企业所得税，享受到期满为止；集成电路线宽小于0.25微米或投资额超过80亿元的集成电路生产企业，减按15%的税率征收企业所得税，其中经营期15年以上的，在2017年前，自获利年度起计算优惠期，第一年至第五年免征企业所得税，第六年至第十年按25%税率减半征企业所得税，享受到期满为止；县境内新办的集成电路设计企业和符合条件的软件企业，在2017年前，自获利年度起计算优惠期，第一年至第二年免征企业所得税，第三年至第五年按25%税率减半征企业所得税，享受到期满为止；国家规划布局内的重点软件企业和集成电路设计企业，如当年未享受免税优惠的，减按10%税率征收企业所得税。

学校教育培训类 对政府举办的高等、中等和初等学校举办进修班、培训班取得收入，全部归学校所有的，免征营业税和企业所得税；对政府举办的职业学校设立的主要为在校学生提供实习场所、并有学校出资自办、由学校经营管理、经营收入归学校所有的企业，对其从事营业税暂行条例“服务业”税目规定的服务项目取得的收入免征营业税和企业所得税；对科研单位、高等学校、各类职业学校服务于各业的技术转让、技术培训、技术咨询、技术服务、技术承包所取得的技术性服务收入，暂免征企业所得税；对个人取得的教育储蓄存款利息所得，免征个人所得税；对国家拨付事业经费和企业办的各类学校、托儿所、幼儿园自用的房产、土地，免征房产税、城镇土地使用税；对财产所有人将财产赠给学校所立的书据，免征印花税；从事学历教育的学校提供教育劳务的收入、学生勤工俭学提供劳务取得的收入、托儿所和幼儿所提供养育服务取得收入、医院诊所和其他医疗机构提供的医疗服务收入免征营业税。

2009年起，全县对金融机构国家助学贷款利息收入免征营业税；对各类投资主体经政府主管部门批准主办的纪念馆、博物馆、文化馆、美术馆、展览馆、书（画）院、图书馆、青少年宫、少年儿童活动中心、工人文化宫、文物保护单位举办的文化活动，属于（文化体育业）税目征税范围的第一道门票收入免征营业税；经营性文化事业单位转制为企业，自转制注册起至2013年免征企业所得税。

2011年，对高校学生公寓免征房产税；对与高校学生签订的高校学生公寓租赁合同，免征印花税；对高校学生食堂为高校师生提供餐饮服务收入，免征营业税。

其他类 对疾病控制中心和妇幼保健等卫生机构，按照国家规定的价格取得的卫生服务收入,免征各项税收;营利性医疗机构自用的房产、土地,自其执业登记起,3年内免征房产税,城镇土地使用税;对疾病控制中心和妇幼保健等卫生机构自用的房产、土地,免征房产税、城镇土地使用税;企业遇到有风、火、水、震等严重自然灾害,在一年内减征或免征企业所得税。

对按政府规定价格出租的公有住房、廉租住房(包括企业和自收自支事业单位向本单位出租的自有住房、房管部门向居民出租的公有住房和落实私房政策中带户发还产权并以政府规定租金标准向居民出租的私有住房)和廉租住房经营管理单位,按政府规定价格向规定保障对象廉租住房的租金收入,免征营业税、房产税;企事业单位、社会团体以及其他组织捐赠住房为廉租住房的,在年度利润12%以内部分,准予企业所得税税前扣除;个人捐赠住房为廉租住房的,捐赠额未超过其申报的应纳税所得额30%的部分,准予从其个人所得税应纳税所得额中扣除;个人按规定取得的廉租住房货币补贴,免征个人所得税;企事业单位、社会团体以及其他组织转让旧房作为廉租住房、经济适用房房源且增值额未超过扣除项目金额20%的,免征土地增值税;对廉租住房、经济适用住房建设用地以及廉租住房经营管理单位,按政府规定价格向规定保障对象出租的廉租住房用地,免征城镇土地使用税;对廉租住房、经济适用住房经营管理单位与廉租住房、经济适用住房相关的印花税以及廉租住房承租人、经济适用住房购买人,涉及的印花税予以免征;对个人出租住房取得的所得,减按10%税率征收个人所得税;对个人出租、承租住房签订的租赁合同免征印花税;个人出租住房,不分用途,在3%税率的基础上减半征收营业税,按4%的税率征收房产税,免征城镇土地使用税;对企事业单位、社会团体以及其他组织,按市场价格向个人出租用于居住的住房,减按4%的税率征收房产税;对个人购买普通住房,且该住房属于家庭唯一住房的,减半征收契税;对个人购买90平方米及以下普通住房,且该住房属于家庭唯一住房的,减按1%税率征收契税;对个人销售或购买住房暂免征印花税,对个人销售住房暂免征土地增值税;个人转让自用5年以上,且是唯一的家庭生活住房取得所得,暂免征收个人所得税。

对符合条件的非营利组织接受其他单位或个人捐赠的收入、除财政拨款以外的其他政府补助收入(不含因政府购买服务取得的收入)、省级以上民政、财政部门规定收取的会费、不征税收入和免税收入孳生的银行存款利息收入、财政部及税务总局规定的其他收入为企业所得税免税收入;企业发生的公益性捐赠支出,在年度利润总额12%以内的部分;个人将其所得通过中国境内的社会团体、国家机关和其他社会公益事业以及遭受自然灾害地区、贫困地区的捐赠,未超过纳税义务人申报的应纳税所得额30%的部分;对个人通过非营利性的社会团体和国家机关向红十字事业的捐赠、对公益性青少年活动场所的捐赠、向农村义务教育的捐赠、向福利性非营利性的老年服务机构的捐赠以及通过公益性社会团体或县级以上人民政府向地震灾区的捐赠允许在个人所得税前全额扣除。

2003年起,企业在原设计规定的产品以外,综合利用本企业生产过程中产生的,在

《资源综合目录(2003年修订)》内的资源作主要原料生产的产品所得，自生产经营之日起，免征所得税5年；企业利用本企业外的大宗煤千石、炉渣、粉煤灰作主要原料，生产建材产品的所得，自生产经营之日起，免征所得税5年；为处理利用其他企业废弃的，在《资源综合目录(同上)》内的资源而兴办的企业，经主管税务机关批准后，可减征或免征所得税1年。

同年，纳税人在资产重组过程中，通过合并、分立、出售、置换等方式，将全部或部分实物资产以及与其相关联的债权、债务和劳动力一并转让给其他单位和个人的行为，不属于营业税征收范围，其中涉及的不动产、土地使用权转让，不征营业税；企业重组同时符合有关条件的，交易各方对其交易中的股权支付部分，企业所得税适用特殊性税务处理规定；公司股权(股份)转让，公司土地、房屋权属不发生转移不征契税，企业公司制改造、公司合并、分立、债权转股权、资产划转等土地、房屋权属以及个体工商户经营者将其个人名下的房屋、土地权属转移至个体工商户名下、合伙企业合伙人将其个人名下的房屋、土地权属转移至合伙人名下免征契税，企业出售、企业破产、事业单位改制的土地房屋权属减半征收契税。

同年，企业从事国家重点扶持的公共基础设施项目投资经营所得和从事符合条件的环境保护、节能节水项目的所得，自项目取得第一笔生产经营收入所属纳税年度起，第一年至第三年免征企业所得税，第四年至第六年减半征收企业所得税；企业购置并实际使用规定的环境保护、节能节水、安全生产等专用设备的，该专用设备的投资额的10%可从企业当年的应纳所得税额中抵扣，当年不足抵免的，可在以后5个年度结转抵免；企业综合利用资源，生产符合国家产业政策规定的产品收入，可在计算应税所得额时减计收入。

2006年1月1日起，对符合条件的模具企业生产销售的模具产品按实际缴纳增值税额退还50%的办法，退还税款专项用于企业技术改造、环境保护、节能降耗和模具产品研究开发。次年，县税务部门落实固定资产加速折旧、国产设备所得税抵免等税收优惠政策。

2009年起，对绍兴县境内的保险机构为出口货物提供的出口货物保险和出口信用保险免征营业税；对纳入全国中小企业信用担保体系试点范围的非营利性中小企业信用担保、再担保机构，从事中小企业信用担保或再担保取得的担保业务收入免征营业税；符合条件的节能服务公司实施合同能源管理项目，取得的营业税应税收入暂免征营业税；是年起，对增值税一般纳税人新购进设备所含的进项税额予以抵扣，降低一般纳税人认定标准和小规模纳税人的征收率，对经营困难企业如纳税确有困难，报经税务部门批准，可减免城镇土地使用税、房产税。

2011年1月1日至2012年12月31日，对中国邮政储蓄银行及其所属分行、支行代办金融业务收入，免征营业税。同年，对年应纳税所得额低于3万元(含3万元)的小型微利企业，其所得减按50%计入应纳税所得额，按20%税率缴纳企业所得税。

2012年起,县地税局实施集约节约利用土地的差别化城镇土地使用税减免政策,企业亩产税收达到行业税收平均值400%,给予100%的减免优惠;企业亩产税收达到行业税收平均值350%,未达到400%的,给予80%的减免优惠;企业亩产税收达到行业税收平均值300%,未达到350%的,给予60%的减免优惠;企业亩产税收达到行业税收平均值250%,未达到300%的,给予50%的减免优惠;企业亩产税收达到行业税收平均值200%,未达到250%的,给予40%的减免优惠;企业亩产税收达到行业税收平均值150%,未达到200%的,给予30%的减免优惠。是年起,对年应纳税所得额低于6万元(含6万元)的小型微利企业,其所得减按50%计入应纳税所得额,按20%税率缴纳企业所得税。次年8月1日起,对小规模纳税人中月销售额不超过2万元的企业或非企业性单位,暂免征增值税;对营业税纳税人中月营业额不超过2万元的企业或非企业性单位,暂免征营业税。

减免税情况

绍兴县减免税主要有民政福利企业、校办企业、高新技术、涉外企业的税收减免,国产设备抵免所得税和农业企业税收优惠及困难、灾情企业减免税等方面。

县国税局 2003年,开展个体工商户经营情况的调查研究,做好增值税起征点调整,减轻个体工商户税收负担770余万元,全县有8500户定期定额户列入起征点以下,占全县定期定额总户数的54%,全年办理福利企业税收先征后退和外贸收购6.8%结算等退税61900万元,为外资企业报批国产设备抵免企业所得税4562万元,审批企业税前扣除项目金额28647万元。次年,落实各项税收优惠政策,全年办理6.8%结算退税20846万元,办理福利企业先征后退及其他各类减免税12741万元(不含出口退税),合计减免税33587万元。

2005年,县局执行和兑现下岗再就业、资源综合利用、国产设备抵免、外商投资企业税收优惠等各项政策,全年共办理免税和先征后退税16927万元,办理福利企业先征后退7305万元,办理6.8%结算退税9684万元,全年合计减免税33916万元。次年,县局办理福利企业先征后退、综合资源利用等各类退税7357万元,办理外商投资企业减免税18106万元,审批购买国产设备投资抵免企业所得税5381万元,全年合计减免税30844万元,另外还审批财产损失税前扣除金额10891万元。

2007年,全局共办理福利企业先征后退、综合资源利用等各类退税6925万元(不含出口退税),办理外资企业减免税21165万元,审批内资企业和外商投资企业购买国产设备投资抵免企业所得税10273万元,全年合计减免税38363万元,另外还审批财产损失税前扣除金额32731万元。

次年,全年共办理福利企业先征后退、综合资源利用等各类退税11940万元(不含出口退税),认定高新技术企业8户,享受减免企业所得税1276万元,办理外资企业减免税11890万元,审批内资企业和外商投资企业购买国产设备投资抵免企业所得税2793万元,全年合计减免税27899万元,还审批财产损失税前扣除金额9381万元。

2009年，落实增值税转型政策抵扣固定资产进项税额36000万元，落实小型微利企业税收优惠政策使企业减负1600万元，落实增值税小规模纳税人征收率调整政策使企业减负4000万元，煤炭等矿产品增值税税率恢复到17%政策使企业受益10000万元，高新技术企业享受税收优惠使企业减轻税负5800万元，1.6升及以下排量乘用车减半征收车辆购置税优惠1848万元。全年共计办理减税、减负59248万元。

次年，县局全年办理各类减免税15024万元，其中办理福利企业退税4023万元，办理资源综合利用企业、软件企业等退免税及即征即退税7545万元，高新技术企业及小型微利企业等减免企业所得税3456万元。另外还办理粮食企业和宣传文化企业免税销售额8900万元，企业研究开发费加计扣除10282万元。

2011年2月，完成2008～2010年度全县国税减免税统计调查，共收集审核14807户的2008～2010年度减免税调查表，对个体户的减免税进行测算，基本摸清全县国税减免税的总量规模。同年，县局对高新技术企业减免税6908万元，改善民生类行业减免税5349万元，小微企业减免税4486万元，节能环保和支持文化体育行业减免税3594万元，全年合计减免税20337万元。次年，对小微企业享受减免税18309万元，高新技术企业减免税7310万元，节能环保行业减免税7288万元，农业和其他民生类行业减免税7934万元，全年合计减免税40841万元。同年9月，县国税局完成2011年度减免税统计调查，调查涉及企业17521户和个体工商户32924户，其中享受减免企业、个体工商户分别为9597户、19274户，分别占全部登记户数的54.77%、58.54%。

2013年8月，县国税局完成2012年度减免税统计调查，调查采取企业网上申报、税务机关审核的方式，调查对象为全县所有企业及29251户个体工商户，采集企业减免税调查表20281份，减免户数分别占全县所有企业和个体工商户的45.54%、89.77%。同年，县局全年共办理减免税87600万元，其中：办理固定资产抵扣税81000万元，为小微企业减免所得税4600万元，办理各项减免退税2000万元。

县地税局　2003年，落实下岗失业再就业等有关税收优惠政策，全年减免企业所得税13642万元，减免其他税收8110万元，合计减免税21752万元。其中5～9月期间，对受非典影响的相关行业企业共100户给予减免税款213万元。2004年，县局落实企业减免税政策，全年共审核报批福利、校办、国产设备投资抵免、劳动就业、纳税困难等企业单位和个人的各类减免税793户，共计减免税（费、基金）20638万元。次年，落实对下岗再就业、退伍安置军人、新办“三产”企业、起征点提高等国家优惠政策，全年减免税6018万元，其中，减免企业所得税3073万元，减免其他税收2945万元。

2006年1月，对平水人民医院等22户医疗卫生机构（非营利性），按国家规定的价格取得的医疗或卫生服务收入，免征2005年度营业税、企业所得税，同时对直接用于改善医疗卫生服务条件的非医疗服务收入或其他经营收入，允许抵扣其2005年度应纳税所得额；给予资源综合利用企业绍兴县兆山水泥厂有限公司等7户企业，免征2005年度水利建设专项资金的照顾，免征限额在6万元内。2007年，县局积极落实各项税收优惠政策,全年减免税2402万元,其中减免企业所得税2045万元,减免其他税357万元。次年,落实扶持第三产业发展,发展循环经济等方面税收优惠政策,全年审批有关税费减免416户(次),减免金额11000万元。

2009年,县地税局对认定的国家级高新技术企业减免企业所得税636万元,审核审批其他各类减免税731户,减免税费4466万元。

次年,县局审核审批各类减免税企业298户(次),合计减免税额4089万元。其中11户高新技术企业减免税额2314万元,47户企业城镇土地使用税减免1292万元,36户企业房产税减免483万元。另有12户企业技术开发费在税前扣除4693万元。

2011年,审核审批各类税费减免13000万元,其中11户高新技术企业减免税6907万元,12户企业研发费减免企业所得税1096万元,91户企业享受城镇土地使用税减免1970万元,76户企业享受房产税减免860万元。次年,落实各类税费优惠政策共减免税费42400万元,其中,减免小微企业、高新技术企业等税费3151万元。同年9月,县地税局按照省、市局减免税统计调查实施方案,对2011年度全县地税系统减免税进行调查统计,共调查户数63535户,其中法人企业18199户,个体工商业户45336户。其中企业减免815笔,占总减免税金的59%,个体减免32935笔,占总减免税金的41%。减免方式均属于征前减免,减免行业集中在制造业、租赁和商务服务业及其他行业。

2013年,实施结构性减税和清费减负政策,全年为企业办理减税65200万元,其中,对符合激励政策条件的235户企业减免城镇土地使用税5031万元;落实小微企业政策性税收减免6814万元。

第十四章　对流转额课征的税收

流转额课税，是以纳税人的商品流转额或非商品流转额为征税对象而征收的税收。改革开放后，随着经济管理体制改革和社会主义市场经济的发展，流转额课税在调节生产与消费、供给与需求方面显现出重要作用，2003～2013年，绍兴县对流转额课征的税种主要有增值税、营业税和消费税。

第一节　营业税

1994年1月起，全国实行分税制财政体制，《中华人民共和国营业税暂行条例》施行。全县商业批发、零售、出版业以及加工、修理、修配等业务改征增值税，营业税征收范围大幅度减少。营业税纳税人只包括提供应税劳务、转让无形资产和销售不动产的各类企业、单位、个体经营者和其他个人。营业税为地方税，由绍兴县地方税务局负责征收管理。

征收范围及纳税依据

营业税征税范围为提供应税劳务、转让无形资产和销售不动产的各类企业、单位、个体经营者和其他个人。其中应税劳务，是指属于交通运输业、建筑业、金融保险业、邮电通讯业、文化体育业、娱乐业、服务业税目征收范围的劳务。

2004年起，全县对商业企业向供货方收取的与商品销售量、销售额无必然联系，且商业企业向供货方提供一定劳务的收入，不属于平销返利，不冲减当期增值税进项税额，应按营业税的适用税目税率征收营业税。

2005年6月1日起，全县对个人将购买不足2年的住房对外销售的，应全额征收营业税。次年6月1日起，改为个人将购买不足5年的住房对外销售的，应全额征收营业税。

2008年10月起，全县对个人房产交易实行最低计税价格制度，同时以最低计税价格与申报价格的孰高者确认为计税价格，作为计算征收营业税的依据。次年1月1日起，贯彻实施修订后《中华人民共和国营业税暂行条例》及其实施细则，其内容主要涉及对应税劳务进行界定，与《中华人民共和国增值税暂行条例》及其实施细则相衔接，其中对混合销售行为和兼营行为的销售额划分问题作出规定，根据税收政策需要，对部分条款进行补充或修订。

2011年5月1日起,全县对纳税人销售自产货物同时提供建筑业劳务,分别核算其货物销售额和建筑业劳务营业额的,根据其货物的销售额计算缴纳增值税,根据建筑业劳务营业额计算缴纳营业税。未分别核算的,由主管税务机关分别核定其货物的销售额和建筑业劳务的营业额。同年9月1日起,对纳税人转让土地使用权或者销售不动产时同时一并销售的附着于土地或不动产上的固定资产中,凡属于不动产的,应按“销售不动产”税目计算缴纳营业税。10月1日起,对纳税人在资产重组过程中,通过合并、分立、出售、置换等方式,将全部或者部分实物资产及与其相关联的债权、债务和劳动力一并转让给其他单位和个人的行为,不属于营业税征收范围,其中涉及的不动产、土地使用权转让,不征收营业税。12月1日起,对纳税人提供的矿山爆破、穿孔、表面附着物(包括岩层、土层、沙层等)剥离和清理劳务,以及矿井、巷道构筑劳务,应属于营业税应税劳务,应缴纳营业税。

2012年12月1日起,绍兴县纳入营业税改征增值税试点范围,全县交通运输业和部分现代服务业等生产性服务业,由征收营业税改为征收增值税试点。次年8月1日起,营业税改征增值税扩大范围,全县广播影视业也由征收营业税改为征收增值税。

税目 税率

营业税税目分为9大类,征收税率为5%～10%。

表14-1

2003年绍兴县征收的营业税税目税率情况一览表

税　目	征收范围	税　率
一、交通运输业	陆路运输、水路运输、航空运输、管道运输、装卸搬运	3%
二、建筑业	建筑、安装、修缮、装饰及其他工程作业	3%
三、金融保险业	–	5%
四、邮电通信业	–	3%
五、文化体育业	–	3%
六、娱乐业	歌厅、舞厅、卡拉OK歌舞厅、音乐茶室、台球、高尔夫球、保龄球、游艺	20%
七、服务业	代理业、旅店业、饮食业、旅游业、仓储业、租赁业、广告业及其他服务业	5%
八、转让无形资产	转让土地使用权、专利权、非专利技术、商标权、著作权、商誉	5%
九、销售不动产	销售建筑物及其他土地附着物	5%

注:电子游戏厅按20%的税率征收营业税。

2003年1月1日起,绍兴县地税局对县信用联社的营业税按3%的税率征收;同日起,绍兴县国税局停止征收金融保险业营业税(注:1997年1月起,对金融保险业营业税税率由5%提高到8%,原按5%税率计算部分有县地税局负责征收,提高3%税率计算的部分，由县国家税务局负责征收。2001年起，国务院批准金融保险业营业税率每年下调1%，分三年从8%下降至5%后，县国税局停征金融保险业提高税率部分营业税）。次年7月1日起，全县台球、保龄球减按5%的税率征收营业税，税目仍为“娱乐业”。

征收管理

2003年11月1日起，绍兴县贯彻实施税务总局颁发的《货物运输业营业税征收管理试行办法》《货物运输业营业税纳税人认定和年审试行办法》，县地税局对全县货物运输业营业税纳税人发票领取、发票开具、账簿设置、税款交纳等征管作出规定，并对公路、内河货物运输业自开票、代开票纳税人实行认定和年审。

2009年1月1日起，全县贯彻实施修订后的《中华人民共和国营业税暂行条例实施细则》，根据税收征收管理需要，对部分条款进行补充或修订。次年，推行营业税差额征税管理办法，加强计税营业额扣除凭证的审核管理。

2011年9月，县地税局制订《绍兴县建筑安装企业“甲供材料”税收管理办法》，并对全县130余家建筑企业的会计人员集中组织学习“甲供材料”会计处理、税务处理、税法与会计差异及税收风险等政策，并进行实务操作辅导。

减免税及优惠政策

营业税免税项目有托儿所、幼儿园、养老院、残疾人福利机构提供的育养服务、婚姻介绍、殡葬服务；残疾人员个人提供的劳务；医院、诊所和其他医疗机构提供的医疗服务；学校和其他教育机构提供的教育劳务，学生勤工俭学提供的劳务；农业机耕、排灌、病虫害防治、植保、农牧保险以及相关技术培训业务，家禽、牲畜、水生动物的配种和疾病防治；纪念馆、博物馆、文化馆、美术馆、展览馆、书画院、图书馆、文物保护单位举办文化活动的门票收入，宗教场所举办文化、宗教活动的门票收入；科研单位取得技术转让收入；保险公司开展的一年期以上返还性人身保险业务的保费收入；个人转让著作权；土地使用权转让给农业生产者用于农业生产。

2003年5月起，县地税局对营业税按期纳税的起征点，月营业额从400元提高到2000元；按次纳税的起征点从每次（日）营业额50元提高到每次（日）营业额100元。次年5月1日起，对按期纳税的营业税起征点，月营业额从2000元提高至3000元。

2005年6月1日起，县地税局对个人将购买超过2年符合普通住房标准的住房对外销售的免征营业税，非普通住房按其售房收入减去购买房屋价款后的差价征收营业税。对公路经营企业收取的高速公路车辆通行费统一减按3%的税率征收营业税。7月1日起，按期纳税的营业税起征点从3000元提高到5000元。对采取定额征收，且拥有2.5吨以下的货物运输车辆不再征收营业税（查账征收除外）。

2006年6月1日起，对个人将购买超过5年（含5年）普通住房对外销售的免征营业税，个人将购买超过5年（含5年）的非普通住房按其售房收入减去购买房屋价款后的差价征收营业税。同年，农村信用社取得的金融业应税收入减按3%征收营业税。次年4月，国家发展改革委、国家税务总局公布的免征营业税中小企业信用担保机构名单，绍兴县经济技术担保有限公司和绍兴县索密克信用担保有限公司名列其中,对按绍兴市政府规定的标准取得的担保和再担保业务收入,自主管税务机关办理免税之日起,3年内免征营业税。2008年3月起,对个人出租住房,不分用途,在3%税率的基础上减半征收营业税。

2010年起,全县对农村商业银行的金融保险业收入减按3%的税率征收营业税。次年11月1日起,营业税起征点调整为月营业额20000元,每次(日)为营业额500元。2013年8月1日起,对月营业额不超过2万元的企业或非企业性单位,暂免征营业税。

2003～2013年,绍兴县累计征收营业税1121820万元,占同期工商税收总收入7908921万元的14.18%。

表14-2

绍兴县营业税征收情况统计表(2003～2013)

单位:万元

年　度	工商税收总收入	营业税收入	占工商税收总收入%	年　度	工商税收总收入	营业税收入	占工商税收总收入%
2003	291415	36722	12.60	2009	733885	103241	14.07
2004	338210	47618	14.08	2010	855652	135613	15.85
2005	392501	50895	12.97	2011	1079283	152741	14.15
2006	483360	67689	13.59	2012	1175065	161878	13.78
2007	622085	83877	14.00	2013	1253781	195157	15.57
2008	683684	86389	12.64	合　计	7908921	1121820	14.18

第二节　增值税

1994年,中央对工商税制进行改革,增值税是改革核心。是年1月起,国务院颁发的《中华人民共和国增值税暂行条例》和财政部颁发的《中华人民共和国增值税暂行条例实施细则》施行。工商税制改制后的增值税制度,是根据国际上通用做法设计,比原来的增值税制度规范、简便。改制后的增值税为中央与地方共享税,其收入中央与地方分别按75%∶25%比例分享。增值税由国家税务局负责征收管理。

征收范围及纳税依据

全县增值税征收范围为商品的生产、批发、零售和进口环节,对提供加工、修理修配劳务也征收增值税,增值税实行价外税。

计税方法为一般纳税人以销项税额抵扣进项税额后的余额为应纳税额;小规模纳税人以销售货物或者应税劳务取得的销售额,计算应纳增值税税额。

2009年1月1日起，绍兴县贯彻实施财政部修订后的《中华人民共和国增值税暂行条例实施细则》，增值税由“生产型”转型改革为“消费型”，即增值税一般纳税人外购机器设备等固定资产也纳入增值税进项抵扣范围。

2011年9月1日起，县国税局对纳税人转让土地使用权或者销售不动产时同时一并销售的附着于土地或不动产上的固定资产中，凡属于增值税应税货物的，应按规定计算缴纳增值税。同年12月1日起，对纳税人提供的矿山资源开采、挖掘、切割、破碎、分拣、洗选等劳务收入，属于增值税应税劳务，按规定缴纳增值税。

2012年12月1日起，国务院将浙江省列入营业税改征增值税试点范围，绍兴县列入其中。营改增试点行业为交通运输业和部分现代服务业，涉及到绍兴县的有交通运输业、文化创意服务业、物流辅助服务业、有形动产租赁服务业、鉴证咨询服务业、信息技术服务业、研发和技术服务业等6个服务业子行业。次年8月1日起，全县“营改增”试点扩大行业范围，广播影视业也从征收营业税改为征收增值税。

税目税率

全县增值税税率分基本税率17%、低税率13%和零税率3档。对小规模纳税人采用定率征收，不抵扣进项税额办法。

表14-3

1994年起绍兴县执行的增值税税目税率一览表

<table>
<tr><th>征　收　范　围</th><th>类　别</th><th>税　率</th></tr>
<tr><td>出口货物（国家另有规定的除外）</td><td>货物</td><td>0%</td></tr>
<tr><td>一、农业、林业、牧业产品，水产品；
二、食用植物油和规定的粮食复制品；
三、自来水、暖气、冷气、热气、热水、煤气、石油液化气、天然气、沼气、居民用煤炭制品；
四、图书、报纸、杂志（不包括邮政部门发行的报刊）；
五、饲料、化肥、农药、农业机械、农用塑料薄膜；
六、金属矿采选产品、非金属矿采选产品、煤炭。</td><td>货物</td><td>13%</td></tr>
<tr><td>原油、井矿盐和除上述货物以外的其他货物。</td><td>货物</td><td rowspan="2">17%</td></tr>
<tr><td>加工、修理、修配劳务。</td><td>应税劳务</td></tr>
</table>

增值税实行规范化的购进扣税法，凭增值税专用发票注明税款实行抵扣；对会计核算不健全的小规模纳税人，实行按销售额的一定比例全额征收的简便方法，征收率为6%（后商业调整为4%）。

小规模纳税人，以销售货物或者应税劳务取得的销售额，按适用征收率（商业为4%，其他行业为6%）计算应纳增值税税额。

2007年7月1日起，县国税局对音像制品和电子出版物的增值税税率由17%下调至13%；同年9月1日起，又将工业盐和食用盐增值税税率由17%下调至13%。

2009年1月1日起,县国税局对小规模纳税人不再设置工业和商业两档征收率,征收率统一降至3%。

2012年12月1日起,全县"营改增"试点中,在增值税17%和13%两档税率基础上,新增11%和6%两档低税率,其中有形动产租赁服务适用17%,交通运输业服务适用11%,现代服务业服务(除有形动产服务外)适用6%,纳税人提供符合条件的国际运输服务,向境外提供的研发和设计服务适用零税率。次年,对"营业税改征增值税"的试点纳税人兼有不同税率或征收率的销售货物、提供加工修理修配劳务或应税服务的,应分别核算适用不同税率或征收率的销售额,未分别核算销售额的,应从高适用税率或征收率。

征收管理

增值税实行规范化的购进扣税法,凭增值税专用发票注明税款实行抵扣,对会计核算不健全的小规模纳税人,实行按销售额的一定比例全额征收的简便方法。

全县增值税纳税人,分一般纳税人和小规模纳税人两类。一般纳税人标准为从事货物生产或提供应税劳务,销售应税货物或应税劳务的年销售额在100万元以上的,或者从事货物批发或零售的年销售额在180万元以上的,会计核算健全,能够准确核算并提供销项税额、进项税额的企业和企业性单位;小规模纳税人会计核算健全,能准确核算并提供销项税额、进项税额的,也可认定为一般纳税人;从事货物批发或零售的纳税人,年应税销售额在180万元以下,具有进出口经营权或持有盐业批发许可证并从事盐业批发的纳税人也可认定为一般纳税人。除一般纳税人外其余均属小规模纳税人。2003年,全县有156户小规模纳税人转为一般纳税人,有104户企业被取消一般纳税人资格,年底全县有增值税一般纳税人3804户。

2004年,县国税局对全县一般纳税人进行年检,共年审3546户,其中38户上年度有违章行为或财务核算不规范的实施整改,79户被取消一般纳税人资格,对3户有问题督促自查,补缴税款179.19万元。

次年11月起,县国税局对增值税纳税人一经认定为正式一般纳税人的,不得再转为小规模纳税人。这年,县国税局制订《增值税一般纳税人资格认定管理办法》,从一般纳税人资格的申请和认定管理、一般纳税人的限期整改和后续管理、辅导期一般纳税人和临时一般纳税人转正管理、跨征收区一般纳税人迁移的管理、跟踪管理及年检年审管理等6个方面统一规范。年末,全县有增值税一般纳税人5558户,小规模纳税人24139户。次年,县国税局加强对辅导期增值税一般纳税人管理,对增值税一般纳税人辅导期内出现非正常零负申报的,相应延长一般纳税人辅导期。严格一般纳税人认定管理,对符合条件的都认定为一般纳税人,已经认定的一般纳税人不得随意转为小规模纳税人。

2010年3月,县国税局开发应用小规模纳税人销售额预警数据查询系统,对全县小规模纳税人的销售额进行监控,对即将到达一般纳税人销售额的小规模企业进行跟踪和辅导,并催促其办理一般纳税人认定手续。

2012年12月1日起,绍兴县列入营业税改征增值税试点范围,营业税改征增值税后的纳税人，由绍兴县国家税务局负责征收管理。全县共涉及4483户企业（含个体工商户），其中交通运输业2856户、文化创意服务业286户、物流辅助服务业468户、有形动产租赁服务业115户、鉴证咨询服务业613户、信息技术服务业93户、研发和技术服务业52户，全县“营改增”企业行业中，交通运输业占63.71%；对“营改增”纳税人试点前应税服务年销售额超过500万元（含本数）的，应向主管国税机关申请为增值税一般纳税人，纳税人试点前应税服务年销售额未超过500万元以及新开业的试点纳税人，可以向主管国税机关申请增值税一般纳税人，未超过规定标准的纳税人为小规模纳税人，应税服务年销售额超过规定的其他个人不属于一般纳税人，非企业单位、不经常提供应税服务的企业和个体工商户可选择按照小规模纳税人纳税。年末统计，全县“营改增”纳税人中有一般纳税人348户。

县国税局税务人员深入企业进行“营改增”回访与新政策宣传

2013年8月1日起，“营改增”试点扩大行业范围，全县有5户广播影视业也从征收营业税改为征收增值税。到年底，全县共确认“营改增”纳税人4835户，共入库增值税5582万元。

减免税及优惠政策

增值税减免税权限高度集中，除规定的八项免税政策，非经国务院批准，任何部门、任何地区都无权决定减免税。

2003年5月起，县国税局对增值税按期纳税的起征点（起征点以下免征增值税，下同），从月货物销售额2000元、应税劳务额800元分别提高到月货物销售额4000元、应税劳务额2000元；按次纳税的起征点由每次（日）销售额、应税劳务50元提高到每次（日）销售（营业）额200元。次年1月1日起，对增值税起征点再次调整，销售货物调整为月销售额5000元,销售应税劳务(提供加工和修理修配劳务)的起征点为月销售额3000元;按次(日)纳税起征点仍为每次销售(营业)额200元。

2008年6月1日起,全县纳税人生产销售和批发、零售有机肥产品,免征增值税(有机肥产品指有机肥料,有机—无机复混肥料和生物有机肥)。同年,国家税务总局出台关于再生资源增值税政策,由原来的免征改为“在2010年底前,对符合条件的增值税一般纳税人销售再生资源缴纳的增值税实行先征后退政策”,全县有大明废纸回收有限公司等10户企业获得增值税“先征后退”退税资格。

2011年11月1日起,全县个体工商户和其他个人增值税起征点统一提高至月销售额(或应税劳务额)20000元。

2012年12月1日起,全县“营改增”试点纳税人原享受的技术转让等营业税减免税政策,试点后调整为增值税免税或即征即退;试点纳税人提供的符合条件的国际运输服务、向境外提供的符合条件的工程勘察勘探等服务免征增值税;试点纳税人原适用的营业税差额征税政策,试点期间予以延续。次年8月1日起,全县小规模纳税人月销售额不超过2万元的企业或非企业性单位,暂免征增值税。

2003～2013年,绍兴县累计征收增值税3858506万元,占同期工商税收总收入7908921万元的48.79%。县地方财政增值税收入为948546万元,占同期地方财政收入4548525万元的20.85%。

表14-4

绍兴县增值税征收情况统计表(2003～2013)

单位:万元

年度	工商税收总收入	增值税收入	占工商税收收入%	县级增值税收入25%部分		
				地方财政收入	增值税收入	增值税收入占地方财政%
2003	291415	183102	62.83	135362	45028	33.29
2004	338210	194631	57.55	170992	47742	27.92
2005	392501	218762	55.74	201336	53659	26.65
2006	483360	265955	55.02	256531	65345	25.47
2007	622085	350324	56.31	327923	86132	26.27
2008	683684	366806	53.65	385212	90268	23.43
2009	733885	375029	51.10	435832	92235	21.16
2010	855652	390200	45.60	517568	94439	18.25
2011	1079283	462875	42.89	637690	112981	17.72
2012	1175065	510374	43.43	704424	124550	17.68
2013	1253781	540448	43.11	775655	136167	17.56
合计	7908921	3858506	48.79	4548525	948546	20.85

第三节　消费税

消费税,是对中国境内从事生产、委托加工和进口税法规定的应税消费品的单位和个人征收的一种流转税。它是工商税制改革后新设置的一个税种,在原产品税、工商统一税和特别消费税的基础上演变而成。在普遍征收增值税的同时,对于国家实行高价高税政策的消费品和部分需控制过量消费或超前消费的产品,实行交叉征收消费税,使流转税形成增值税普遍调节、消费税特殊调节相结合的双层调节机制。绍兴县消费税主要有酒类、金银首饰、实木地板、化妆品等,消费税属于中央税,全县由绍兴县国家税务局负责征收。

征收对象和纳税依据

消费税征收对象为全县从事生产、委托加工和进口税法规定的应税消费品的单位和个人,采取列举办法确定其征收范围。计税依据是实行从价定率征税的为应税消费品的销售额,实行从量定额征税的为应税消费品的数量。2003年5月1日起,县国税局对铂金首饰消费税的征收环节,由生产环节和进口环节征收改为零售环节征收。2007年1月,对消费税征收企业受托加工其代收代缴消费税也应一并纳税申报。2009年1月1日起,全县贯彻实施国务院修订的《中华人民共和国消费税暂行条例》和财政部修订的《中华人民共和国消费税暂行条例实施细则》。同时,全县金银首饰、钻石及钻石首饰的消费税调整在零售环节征收。

2013年,全县贯彻实施国家税务总局《关于出口货物劳务增值税和消费税管理办法有关问题的公告》和相关政策解读。

税目税率

消费税共有11个税目,13个子目,25个征税项目,14档不同的税率(税额)。

表14-5

1994年起绍兴县执行的消费税税目税率一览表

<table>
<tr><th colspan="2">税　目</th><th>征　收　范　围</th><th>计税单位</th><th>税率(税额)</th></tr>
<tr><td rowspan="4">烟</td><td>甲类卷烟</td><td rowspan="4">包括进口各种卷烟</td><td rowspan="4">–</td><td>50%</td></tr>
<tr><td>乙类卷烟</td><td>40%</td></tr>
<tr><td>雪茄烟</td><td>40%</td></tr>
<tr><td>烟丝</td><td>30%</td></tr>
<tr><td rowspan="6">酒和酒精</td><td>粮食白酒</td><td>–</td><td>–</td><td>25%</td></tr>
<tr><td>薯类白酒</td><td>–</td><td>–</td><td>15%</td></tr>
<tr><td>黄酒</td><td>–</td><td>吨</td><td>240元</td></tr>
<tr><td>啤酒</td><td>–</td><td>吨</td><td>220元</td></tr>
<tr><td>其他酒</td><td>–</td><td>–</td><td>10%</td></tr>
<tr><td>酒精</td><td>–</td><td>–</td><td>5%</td></tr>
</table>

续表14-5

<table>
<tr><th colspan="2">税 目</th><th>征 收 范 围</th><th>计税单位</th><th>税率(税额)</th></tr>
<tr><td colspan="2">化妆品</td><td>包括成套货化妆品</td><td>–</td><td>30%</td></tr>
<tr><td colspan="2">护肤护发品</td><td>–</td><td>–</td><td>17%</td></tr>
<tr><td colspan="2">贵重首饰及珠宝玉石</td><td>包括各种金、银、珠宝首饰及珠宝玉石</td><td>–</td><td>10%</td></tr>
<tr><td colspan="2">鞭炮、焰火</td><td>–</td><td>–</td><td>15%</td></tr>
<tr><td colspan="2">汽油</td><td>–</td><td>升</td><td>0.2元</td></tr>
<tr><td colspan="2">柴油</td><td>–</td><td>升</td><td>0.1元</td></tr>
<tr><td colspan="2">汽车轮胎</td><td>–</td><td>–</td><td>10%</td></tr>
<tr><td colspan="2">摩托车</td><td>–</td><td>–</td><td>10%</td></tr>
<tr><td rowspan="7">小汽车</td><td>小轿车气缸容量(排气量,下同)在2200毫升以上的(含2200毫升)</td><td rowspan="7">22座以下</td><td>–</td><td>8%</td></tr>
<tr><td>气缸容量在1000毫升～2200毫升的(含1000毫升)</td><td>–</td><td>5%</td></tr>
<tr><td>气缸容量在1000毫升以下的</td><td>–</td><td>3%</td></tr>
<tr><td>越野车(四轮驱动)气缸容量在2400毫升以上的(含2400毫升)</td><td>–</td><td>5%</td></tr>
<tr><td>气缸容量在2400毫升以下的</td><td>–</td><td>3%</td></tr>
<tr><td>小客车(面包车)气缸容量在2000毫升以上的(含2000毫升)</td><td>–</td><td>5%</td></tr>
<tr><td>气缸容量在2000毫升以下的</td><td>–</td><td>3%</td></tr>
</table>

绍兴县征收消费税主要税目税率有粮食白酒、其他酒、金银首饰,税率分别为25%、10%、5%,黄酒税率每吨240元。2003年5月1日起,全县铂金首饰消费税税率调整为5%。

2006年1月1日起,县国税局对外购已税黄酒抵扣已纳消费税政策停止执行。同年4月1日起,全县贯彻实施财政部、国家税务总局颁布的《关于调整和完善消费税政策的通知》,新增木制一次性筷子、实木地板、高尔夫球及球具等税目,木制一次性筷子、实木地板适用最低税率5%,高尔夫球及球具税率为10%;取消汽油、柴油税目,增列成品油税目,税率不变;取消护肤护发品税目,并入化妆品税目;调整小汽车和摩托车税率,最低为3%,最高为20%;调整白酒税率,粮食白酒、薯类白酒的比例税率统一为20%。

表14-6

绍兴县涉及消费税税目税率一览表

（2006年4月1日起执行）

税　目	从量征税的计量单位	税　率(税额)
粮食、薯类白酒	0.5／每斤(500克)	20%
黄　酒	吨	240元
其他酒	–	10%
酒　精	–	5%
贵重首饰及珠宝石	–	5%或10%
成品油	无铅汽油、石脑油、溶剂油、润滑油	0.2元／升
	航空汽油、燃料油、柴油	0.1元／升
	含铅汽油	0.28元／升
高尔夫球及球具	–	10%
游　艇	–	10%
木制一次性筷子	–	5%
实木地板	–	5%
中轻型商用客车	–	5%

减免税政策

全县对出口的应税消费品予以免税，其他非经国务院批准，消费税一律不予减免。

2003～2013年，绍兴县累计征收消费税35066万元，占同期工商税收总收入7908921万元的0.44%。

表14-7

绍兴县消费税征收情况统计表(2003～2013)

单位：万元

年　度	工商税收总收入	消费税收入	占工商税收总收入(%)	年　度	工商税收总收入	消费税收入	占工商税收总收入(%)
2003	291415	1638	0.56	2009	733885	2996	0.41
2004	338210	1893	0.56	2010	855652	3914	0.46
2005	392501	2395	0.61	2011	1079283	3967	0.37
2006	483360	2704	0.56	2012	1175065	4581	0.39
2007	622085	2644	0.43	2013	1253781	5185	0.41
2008	683684	3149	0.46	合计	7908921	35066	0.44

第四节　出口货物退免税

出口货物退(免)税制度,是根据中国国情建立起来相对独立于其他税收管理的一种专项税收制度,是税收制度改革重要组成部分,也是国际通行的一项税收优惠措施。绍兴县出口退税,是指有出口经营权的企业出口和代理出口货物,其货物出口适用税率为零,向海关办理出口报关手续后,凭出口报关单等有关凭证,向税务机关申报该项货物退税。全县出口货物退免税由绍兴县国家税务局负责管理。

政策规定

全县对出口货物退(免)税主要实行两种办法,即对外贸企业出口货物实行免退税办法,出口货物销售环节免征增值税,出口货物前各生产流通环节已缴纳增值税予以退税;对生产企业自营或委托出口货物实行"免抵退"税办法,出口货物本道环节免征增值税,出口货物所采购原材料、包装物等所含增值税允许抵减其内销货物应缴税款,未抵减完部分再予退税。

2000年起,出口退税计划由国家税务总局不定期下达指标至省国税局,省国税局根据各县(市)出口退税情况分配退税指标,绍兴县国税局按浙江省国税局分配的退税指标进行退税。

2004年6月1日起,全县出口企业从增值税一般纳税人购进的出口货物不再实行增值税"税收(出口货物专用)缴款书"或"出口货物完税分割单"管理的规定;8月1日起,全县出口企业向主管出口退(免)税的税务机关申报办理出口货物退(免)税前,不再报经外经贸主管部门稽核签章。出口企业在货物报关出口后,直接向其主管出口退(免)税的税务机关申报办理出口退(免)税手续。10月1日起,绍兴县国税局对全县生产性出口退税企业,由以前的"预免预抵"退税政策变为单证齐全"免抵"政策。根据财政部、国家税务总局规定,从11月1日起,绍兴县国税局对部分(IT)产品出口退税率由13%提高到17%,提高的IT产品包括集成电路、分立器件、移动通讯基地站、以太网络交换机、路由器、手持无线电话、其他微型数字式自动数据处理机、系统形式的微型机、液晶显示器、阴极射线显示器、硬盘驱动器、未列名数字式自动数据处理机设备、其他存储部件和数控机床。同年11月起,全县出口退税免抵调库必须按单证齐全核销的免抵额进行调库。

2005年1月起,全县出口退税实行中央统一退库,年终中央和地方清算的退税方法。1月1日起,县国税局对出口货物增值税专用税票无需发函调查,消费税税票按原规定执行。5月1日起,全县贯彻实施国家税务总局颁布的《出口货物退(免)税管理办法(试行)》,办法对出口货物退(免)税的认定、申报、受理、审核、审批、日常管理和违章处理等环节和内容,进行重新梳理和规范。是年,县国税局取消出口退(免)税清算,实行按实际收齐单证后办理退(免)税,即出口退税由原来的"预免预抵"改为"单证齐全"

申报。是年,县国税局对生产企业出口的视同自产产品,凡超过当月自产产品出口额的50%的,须报经省国税局核准后办理“免抵退”税。

次年9月,国家对部分商品出口退税率进行调整,并规定对已与外商签订合同的仍可选择调整前的退税率,但必须到当地税务机关进行备案。绍兴县国税局在宣传这一税收政策的基础上,受理对已与外商签订合同的872户出口企业备案出口合同20554份,合同出口金额合计18.3亿美元,使原本因退税率下调而减少退税2.7亿元不受影响。是年,出口退税审批权限下放,县国税局制订出台《绍兴县国家税务局出口货物退(免)税预警机制》《绍兴县国家税务局关于进一步加强外贸退税企业管理的通知》《绍兴县国家税务局出口货物退(免)税单证备案制度》等配套规章制度。

2007年2月1日起,全县贯彻实施财政部、国家税务总局审议通过的《科学研究和教育用品免征进口税收规定》,对科教用品进口实行税收优惠政策。从4月15日起,绍兴县国税局根据财政部、国家税务总局规定,对部分特种钢材及不锈钢板、冷轧产品等76个税号的出口退税率降为5%,另外83个税号的钢材取消出口退税。从7月1日起,国家税务总局调整2831项商品的出口退税率,其中取消553项高耗能高污染资源性产品出口退税,降低2268项易引起贸易摩擦商品的出口退税率,将10项商品出口退税改为出口免税商品。此次退税率调整,对绍兴县的影响主要是化工产品、粘胶纤维和服装,约有600余户企业涉及退税率调整。

次年3月15日起,县国税局对出口货物供货函调通过“国家税务总局函调系统”进行。从8月起,根据财政部、国家税务总局规定,全县将部分纺织品、服装的出口退税率由11%提高到13%,部分竹制品提高到11%。11月起,财政部、国家税务总局再次上调3486项商品的出口退税率,与绍兴县有关的主要有部分纺织品、服装、玩具出口退税率提高到14%,部分塑料制品提高到9%,部分家具提高到11%和13%等。

2009年2月1日起,全县纺织品、服装出口退税率提高到15%,4月1日起,再次提高到16%。从5月1日起,绍兴县国税局对出口企业实施“征退税一体化管理”,将出口退税单证审核环节直接放到各分局(所),由各税务分局(所)税收管理员进行初审,并实行单证审核初审负责制,各分局(所)既负责对出口企业的日常税收征管,又负责对出口货物的退(免)税管理。此外,县局还制订《绍兴县国税局进出口税收管理岗责体系》《绍兴县国税局征退税一体化管理工作目标考核办法》《出口企业免抵退税分析制度》《出口企业税收政策培训制度》《出口退税工作例会制度》《新办出口企业必访制度》《重大进出口业务事项汇报制度》《重点出口企业走访制度》等一系列办法制度,以利“征退税一体化管理”的实施与运转。年底,绍兴县国税局“征退税一体化管理”被省国税局评为2009年度管理创新优秀项目。

次年5月起,县国税局对生产型出口企业,根据“当月申报、当月审核、当月办理退库”和“先申报先审核先退库”原则,实行分期审核、分批退库办法。

2011年7月1日起,县国税局对所属柯桥税务分局的外贸出口退(免)税单证的初审权收归县局税源管理三科初审。从12月1日起,全县企业报关出口的货物办理出口退(免)税,不再审核企业的纸质出口收汇核销单及相应的电子核销信息。同年,县国税局启用“出口货物征退税衔接交互平台”和“纳税人自助服务平台”,使出口货物应征税信息能够完整、准确、及时在征税、退税部门之间共享。是年,贯彻执行《国家税务总局、商务部关于进一步规范外贸出口经营秩序切实加强出口货物退(免)税管理的通知》和《国家税务总局关于出口货物退(免)税实行有关单证备案管理制度(暂行)的通知》,根据省国税局《浙江省出口货物退(免税)分类管理办法(试行)》,县局制定《绍兴县国税局出口退税企业分类管理办法》和《出口退免税的预警评估管理》,对全县出口企业实行分类管理。当年,评出浙江凯利包装材料有限公司等8户企业为2009～2010年度“A类退税分类管理等级”,浙江绍兴花为媒家私有限公司等645户企业为“B类退税分类管理等级”。对A类出口企业,简化出口退(免)税申报手续,除按照规定提供电子数据及申报表等退(免)税申报资料外,免予提供货物报关单等纸质单证,纸质单证由企业在规定期限内收齐并按电子申报顺序装订成册,留存企业备查。对B类出口企业,抽取不少于退(免)税税额20%比例的出口货物报关单等纸质单证进行人工审核,通过后再对全部电子数据进行计算机审核。

次年6月5日起,县国税局对具有出口货物经营资格的企业均可按《跨境贸易人民币结算试点管理办法》规定,开展出口货物人民币贸易结算。从7月1日起,县国税局对生产企业出口自产货物和视同自产货物执行“免抵退税”办法,未抵减完的部分予以退税。不具有生产能力的出口企业(以下称外贸企业)或其他单位出口货物劳务免退税计算办法为外贸企业出口货物(委托加工修理修配货物除外)增值税退(免)税的计税依据,为购进出口货物的增值税专用发票注明的金额或海关进口增值税专用缴款书注明的完税价格,出口委托加工修理修配货物增值税退(免)税的计税依据,为加工修理修配费用增值税专用发票注明的金额。外贸企业应将加工修理修配使用的原材料(进料加工海关保税进口料件除外)作价销售给受托加工修理修配的生产企业,受托加工修理修配的生产企业,应将原材料成本并入加工修理修配费用开具发票(简称成品进成品出)。从10月1日起,绍兴县国税局对所属齐贤税务分局、钱清税务分局、福全税务分局、平水税务所外贸出口退(免)税单证的初审权收归县局税源管理三科初审。12月1日起,贯彻实施国家税务总局印发的《营业税改征增值税试点地区适用增值税零税率应税服务免抵退税管理办法(暂行)》,向全县提供增值税零税率应税服务,对认定为增值税一般纳税人的单位和个人,实行“免抵退税”办法。

2013年11月1日起,绍兴县国税局实施出口货物退(免)税专业化管理,打破分片联络模式,建立以“管事为主、以事定岗、以岗定责、责任到人”的管理办法,并与税源专业化管理协同驱动税收征管。同时,县局机关负责出口退税的管理科室设置综合业务、单证审核和稽核3个组,下设出口退税及数据分析岗、预警监控(分析)岗、纳税服务岗(税法宣传)、函调岗(发函岗和函调回复审核岗)、系统管理员岗、稽核岗、单证审核岗

(单证初审岗和单证复审岗)等9个岗位,并制定"函调管理办法"和"预警管理办法",防范出口骗税行为。同年,贯彻实施国家税务总局印发的《关于出口货物劳务增值税和消费税管理办法有关问题的公告》。

财政分担机制

全县出口退税除1993年绍兴县负担的20%部分列上缴基数外(注:绍兴县地方负担出口退税按1993年退税额的20%专项上缴基数为352万元),以后发生的出口退税全部由中央财政负担的机制。

2004年1月1日起,国务院颁布的《关于改革现行出口退税机制的决定》施行,按照"新账不欠、老账要还、完善机制、共同负担"的目标,适当降低退税率,建立中央与地方共同负担出口退税新机制。即出口退税基数部分由中央全额负担,超基数增量部分,改为中央与地方按75%、25%比例共同负担;根据出台退税新机制规定,绍兴县出口退税超基数增量部分需要承担25%。是年,县财政局及时筹措落实好出口退税财政负担资金,积极提出应对措施,形成书面材料向上反映情况,使此次改革平稳实施,县国税局及时对2000~2003年全县出口退税进行测算分析,全年共办理出口退(免)税53.6亿元,以前年度全县出口退税全部退清。

2005年1月1日起,因中央改革出口退税超基数增量部分实行中央与地方共同负担机制,使地方财政负担过重,国务院决定调整中央与地方出口退税负担比例,中央与地方负担比例分别由75%:25%调整为92.5%:7.5%,绍兴县出口退税超基数增量部分负担比例,从25%下调至7.5%。

2006~2013年,全县出口退税超基数增量部分继续实行中央与地方共同负担机制,中央与地方负担比例仍分别为92.5%:7.5%。

退免税及免抵调库统计

2003~2013年,绍兴县出口货物"免抵退"税合计6198778万元,其中出口货物"免抵"税920446万元,出口货物退增值税、消费税5278332万元。另外全县出口货物"免抵"调库增值税920254万元。

表14-8

绍兴县出口货物退、免税和免抵调库增值税情况统计表(2003~2013)

单位:万元

年　度	出口免抵税	出口退税	出口"免抵退"税合计	免抵调库增值税额
2003	61762	107446	169208	61762
2004	58072	477928	536000	57922
2005	68000	232300	300300	68000
2006	54800	261200	316000	54800
2007	94042	298958	393000	94000

续表14-8

年　度	出口免抵税	出口退税	出口“免抵退”税合计	免抵调库增值税额
2008	104270	354500	458770	104270
2009	119000	480000	599000	119000
2010	30500	610000	640500	30500
2011	72000	825000	897000	72000
2012	145000	801000	946000	145000
2013	113000	830000	943000	113000
合　计	920446	5278332	6198778	920254

注:出口退税栏包括增值税和消费税两税退税。

第十五章　对收益额课征的税收

收益额课税，是以纳税人的收益额为征税对象征收的税收。根据获取收益的主体不同，收益额课税主要有两部分构成，即对个人收入的课税及对企业利润的课税。2003～2013年，绍兴县对收益额课税的税种有企业所得税、外商投资企业和外国企业所得税（2008年起并入企业所得税）和个人所得税三种。

第一节　企业所得税

1994年1月～2007年12月，全县贯彻执行《中华人民共和国企业所得税暂行条例》和《中华人民共和国企业所得税暂行条例实施细则》。2008年1月起，贯彻实施《中华人民共和国企业所得税法》（以下简称新企业所得税法）和《中华人民共和国企业所得税法实施条例》，同时《中华人民共和国企业所得税暂行条例》及其实施细则废止。全县企业所得税1994～2001年属地方税，2002年1月起，中央调整地方所得税分享体制，实行中央与地方分成，成为共享税。

征收对象

1994～2007年，全县（除外商投资企业、外国企业外）国有、集体、私营、联营、股份制企业及有生产、经营所得和其他所得的其他组织为企业所得税纳税义务人。

2008年1月起，贯彻实施《新企业所得税法》，统一适用于全县所有内、外资企业，具体包括国有企业、集体企业、私营企业、联营企业、股份制企业、中外合资经营企业、中外合作经营企业、外国企业、外资企业、事业单位、社会团体、民办非企业单位和从事经营活动的其他组织为企业所得税纳税义务人。

《新企业所得税法》实行地域管辖权和居民管辖权相结合的双重标准，全县纳税人分居民企业和非居民企业。居民企业承担全面纳税义务，即来源于中国境内、境外的全部所得纳税；非居民企业承担有限纳税义务，只就来源于中国境内所得纳税。

征收依据及税率

全县企业所得税征收依据为企业收益额。基本税率为33%，对年应纳税所得额在3万元（含3万元）以下的企业，暂减按18%的税率；对年应纳税所得额10万元（含10万元）以下3万元以上的企业，暂减按27%的税率。

企业所得税的收入总额,指纳税人从各种来源、以各种方式取得的全部收入,主要包括生产、经营(营业)收入,财产转让收入,利息收入,租赁收入,特许权使用费收入,股息收入和其他收入。准予扣除项目有成本、费用、税金和损失,人员工资按计税工资计入成本。从2003年12月起,县地税局对纳税人代开货物运输业发票即时征收企业所得税,全县按全省统一征收率3.3%征收,纳税人回所在地不再进行企业所得税清算。

2004年1月1日起,县税务部门对乡镇企业按在册职工人数人均每月10元上缴的贴农金,不得再在企业所得税前扣除。是年,绍兴县企业计税工资扣除限额为人均每月960元,企业工资薪金在计税工资标准限额内按实际支付计算,对原实行"工效挂钩"工资办法的企业,实行"一挂一低于"办法,准于税前扣除,即工资总额与企业应纳税所得额挂钩浮动,企业应纳税所得额增长,工资总额上浮,反之,工资总额下浮;同时,企业工资总额绝对增长额必须低于企业应纳税所得额绝对增长额,浮动比例控制在1∶0.6至1∶0.8以内。是年,在职职工夏季清凉饮料费发放标准为高温作业工人每人每月120元、非高温作业工人每人每月100元、一般工作人员每人每月95元,发放时间为4个月,在税前据实扣除;对企业技术改造使用国产设备投资可继续抵免企业所得税;企业按规定标准提取并应向地税部门缴纳的社保基金(包括养老基金、医疗基金、工伤基金、女工生育基金和失业基金)继续可在税前扣除,为全体雇员缴纳补充养老保险在不超过企业工资总额5%、补充医疗保险不超过企业工资总额4%的范围内,继续据实在税前扣除,企业按规定标准缴纳的残保金继续从企业管理费中列支。同年1月1日起,县税务部门停止执行对不建工会的乡镇企业按可进成本工奖的1%计提文体费在税前扣除的规定。

2005年,全县对企业列支计税工资标准和夏季清凉饮料费发放标准仍与上年相同,实行"工效挂钩"工资办法的企业,仍实行"一挂一低于"办法;职工工会经费、职工福利费、职工教育经费税前扣除标准分别为工资总额的2%、14%、1.5%,企业在税前可扣除社保基金(包括养老基金、医疗基金、工伤基金、女工生育基金和失业基金)为按规定标准提取缴纳部分,职工个人部分应缴社保基金不得在税前扣除。

次年1月1日起,县税务部门对超市、家政、洗车、美容美发等查账征收企业在提供产品或服务时,收取预收性质的价款,应按权责发生制原则,确认营业收入实现时间计算缴纳企业所得税。同年1月1日起,全县对国有及国有控股企业报经批准,可继续执行工效挂钩办法,其他企事业单位或组织除国家另有规定者外,一律执行计税工资政策,税前扣除计税工资2006年1～6月每人每月960元,7月1日起,计税工资统一调整为每人每月1600元,同时停止执行按20%比例上浮政策,企业实际发放的工资额在计税工资限额内的部分,允许在企业所得税税前据实扣除,超过计税工资限额部分,不得扣除。企业支付给职工的各种形式的劳动报酬及其他相关支出,包括奖金、津贴、补贴和其他工资性支出,都应计入企业的工资总额;同时对安置残疾人的单位取得的增值税退税或营业税减税收入,免征企业所得税。是年1月1日起,企业所得税纳税人税前扣除的职工工会经费、职工福利费、职工教育经费分别按计税工资总额的2%、14%、2.5%据实扣除，技术开发费加计扣除扩大到所有工业企业，并取消比上年增长10%才允许加计扣除前置条件，在职职工夏季清凉饮料费发放标准为高温作业工人每人每月160元、非高温作业工人每人每月130元、一般工作人员每人每月110元，发放时间为4个月，在税前据实扣除；企业在税前可扣除社保基金（包括养老基金、医疗基金、工伤基金、女工生育基金和失业基金）为按规定标准提取部分，职工个人部分不得税前扣除；对企业新购进用于研究开发的仪器和设备，单位价值在30万元以下的，可一次或分次计入成本费用；30万元以上的，允许其双倍余额递减法或年数总和法实行加速折旧。

2007年1月1日起，全县贯彻实施国家税务总局调整企业所得税应税所得率；10月起，对全县企业为本单位中国共产党组织活动提供必要条件的支出，允许在发生年度据实税前扣除。次年1月起，《新企业所得税法》实施，全县统一并适当降低税率。基本税率从33%降低到25%，符合条件小型微利企业减按20%税率征收企业所得税，非居民企业税率为20%。统一并规范税前扣除范围和标准，企业所得税应纳税所得额以权责发生制为原则，企业实际发生的与取得收入有关的、合理的支出，包括成本、费用、税金、损失和其他支出，准予在计算应纳税所得额时扣除，其中企业发生的合理工资薪金支出准予扣除。企业发生的职工福利费支出，不超过工资薪金总额14%的部分，准予扣除。

同年1月起，绍兴县税务部门对核定征收企业所得税的应税所得率标准进行调整，同时，对国产设备抵免企业所得税政策停止执行；对经认定已取得“高新技术企业证书”的企业，按15%的税率办理所得税税款预缴，全县省级高新技术企业（2006年认定）10家，分别为浙江羊山纺织机械有限公司、浙江贤天高科股份有限公司、绍兴县群方机械有限公司、浙江梅盛实业股份有限公司、浙江八达铜业有限公司、绍兴高强度紧固件厂、绍兴永利环保科技有限公司、浙江来福模具有限公司、浙江广大铝业有限公司、绍兴和中合纤有限公司。

2013年，县地税局将房地产开发企业销售未完工开发产品的计税毛利率从8%提高15%。

征收管理

全县企业所得税实行按季预缴，年终汇算清缴的征收管理办法。对财务不健全和个体工商户等纳税人实行企业所得税带征办法，年终不再汇算清缴。

2004年12月，县地税局对绍兴县酒厂等327户纳税人2004年度的所得税采取“核定应税所得率征收”的征收方式，其中柯桥税务分局235户、福全税务分局29户、齐贤税务分局8户、钱清税务分局4户、平水税务分局44户、轻纺城所7户。

2005年9月1日起，全县贯彻实施国家税务总局印发的《企业财产损失所得税税前扣除管理办法》，对企业税前扣除财产损失审批；财产损失认定证据；货币资产损失、非货币性资产损失、资产永久或实质性损害、资产评估损失和其他特殊财产损失的认定作出具体规定。

次年1月1日起，全县实施全省烟草商业企业所得税实行统一征管、集中缴库，地方部分跨市县分享的管理办法。8月,县国、地税局实施国家税务总局印发的《企业所得税分类管理指导意见》,对企业所得税纳税人,按税源规模分为重点纳税人和非重点纳税人,按财务核算状况,分为查账征收企业和核定征收企业,按纳税方式,分为汇总纳税企业和就地纳税企业,按纳税信誉等级,分为A级、B级、C级和D级纳税人。对各类所得税纳税人采用不同的征管方法。

2007年,县国税局做好涉外企业反避税工作,通过自查和约谈评估共调增所得额3310.5万元,补缴所得税、滞纳金795.1万元。次年1月1日起,新《企业所得税法》实施,统一并规范税收征管要求,包括特别纳税调整中的关联交易调整、预约定价、受控外国公司、资本弱化等措施的范围、标准和具体办法、纳税地点、预缴税和汇算清缴方法、纳税申报期限、货币折算等。同日起,国家税务总局印发的《非居民企业所得税汇算清缴管理办法》施行,规定依照外国(地区)法律成立且实际管理机构不在中国境内,但在中国境内设立机构、场所的非居民企业,无论盈利或者亏损,均应按照《新企业所得税法》及规定参加所得税汇算清缴,并在年度终了之日起5个月内,向税务机关报送年度企业所得税纳税申报表,并汇算清缴,结清应缴应退税款。同日起,县国税局对推行企业所得税核定征收办法企业,实施企业所得税预警管理办法。同日起,县地税局制订的《所得税汇算清缴管理办法(试行)》实施,对汇算清缴对象、方法、时间、税款缴纳,违章处罚等作出规定。同年3月起,县地税局对中小企业全面推行所得税预警管理,所得税预警率按行业确定,企业申报的所得税率高于所得税预警率的,按企业申报的所得税率实行按实申报缴纳,申报低于所得税预警率的,由主管税务分局(所)通知企业说明理由,必要时对企业进行实地核查。是年,县国税局做好涉外企业税务审计和反避税调查工作,补缴税款、滞纳金3046万元,调整应纳税所得额3667万元,审计补缴税款连续3年名列全市第一,有1户反避税调查企业被上报国税总局立案。

2009年1月1日起,全县对2008年12月前,绍兴县国、地税局各自管理的企业所得税纳税人管辖权不作调整,对新增企业所得税纳税人,应缴纳营业税的企业,其企业所得税由绍兴县地税局管理;应缴纳增值税的企业和企业所得税全额为中央收入的企业以及在县国税局缴纳营业税的企业、银行(信用社)、保险公司、外商投资企业、外国企业等企业其企业所得税由绍兴县国税局管理。县内单位和个人向非居民企业支付《中华人民共和国企业所得税法》第三条第三款规定所得的,该项所得应扣缴的企业所得税的征管,分别由支付该项所得的境内单位和个人的所得税主管国家税务局和地方税务局负责。按税法规定免缴流转税的企业,按其免缴的流转税税种确定企业所得税征管归属,既不缴纳增值税也不缴纳营业税的企业,其企业所得税暂由县地方税务局管理。同日,全县贯彻实施国家税务总局印发的《非居民企业所得税源泉扣缴管理暂行办法》《企业资产损失税前扣除管理办法》和省地税局印发的《关于企业资产损失税前扣除管理有关问题的补充通知》。

是年,县国税局利用关联交易申报和汇算清缴数据信息,开展转让定价调查,做好反避税工作，对1户反避税立案企业结案，并经国家税务总局批准，调增应纳税所得额681万元，补税89万元。反避税工作被评为全省国税系统优秀案卷。

次年2月，全县贯彻实施国家税务总局印发的《非居民企业所得税核定征收管理办法》，对非居民企业会计账簿不健全，资料残缺难以查账，或其他原因不能准确计算并据实申报其应纳税所得额的，税务机关有权采取核定征收办法确定其应纳税所得额。同年11月，绍兴县国税局开发应用"所得税模型数据分析"软件，并加强外国企业常驻代表机构税收管理，到年底，共办理税务登记332户，申报非居民企业所得税93.86万元。同年起，绍兴县税务部门实施"中小企业所得税预警征收办法"。

2011年1月1日起，国家税务总局发布《企业资产损失所得税税前扣除管理办法》的公告和省地税局《关于企业资产损失税前扣除管理有关问题的公告》实施。是年，县国税局加强非居民企业所得税征收管理，对境内企业购买境外股权所得的代扣代缴预提所得税，外资企业外方投资者税后利润分红的征收预提所得税，年末，全县有412户外国企业常驻代表机构入库企业所得税116.72万元。

次年3月，县地税局制订实施《绍兴县地方税务局关于明确门征所得税管理通知》。县国税局制定《绍兴县国家税务局股权转让所得税管理办法》，到年底，全县有14户企业发生股权转让所得，产生应纳所得额4747.06万元，应缴企业所得税1186.77万元。

2013年，县地税局推行企业所得税分行业、分规模预警管理办法。县国税局建立已上市外商投资企业公开披露信息的日常收集机制，年末，全县征收2012年度入库股息所得预提所得税3523万元。

优惠政策

全县对年应纳税所得额在3万元（含3万元）以下的企业，暂减按18%的税率；对年应纳税所得额10万元（含10万元）以下3万元以上的企业，暂减按27%的税率。

2006年10月1日起，对全县福利企业所得税优惠政策改按成本加计扣除办法，即企业10月1日以后支付给残疾人员的实际工资可全额在计算所得税前扣除外，还可再按支付残疾人员实际工资数的100%加计扣除。

2008年1月起，全县贯彻实施《新企业所得税法》，统一并规范税收优惠政策，主要有明确免征和减半征收企业所得税的从事农、林、牧、渔业项目所得的具体范围；明确企业从事港口码头、机场、铁路、公路、电力、水利等基础设施项目投资经营所得，给予三免三减半的优惠；明确符合国家产业政策规定的综合利用资源生产的产品所取得的收入，可在计算应纳税所得税额时，减按90%计入收入总额；明确企业购置用于环境保护、节能节水、安全生产等专用设备的投资额的10%，可从企业当年的应纳税额中抵免；明确促进技术创新和科技进步的五个方面的优惠；明确安置残疾人员的企业支付给残疾职工的工资加计扣除100%；规定享受所得税税率20%优惠的小型微利企业的标准。对《新企业所得税法》公布前批准企业税收优惠过渡办法为：享受企业所得税15%税率的企业,2008年按18%税率执行,2009年按20%税率执行,2010年按22%税率执行,2011年按24%税率执行,2012年按25%税率执行;原执行24%税率企业,2008年按25%税率执行;原享受企业所得税"两免三减半""五免五减半"等定期减免税企业,继续享受到期满为止,但因未获利而尚未享受税收优惠的,其优惠期限从2008年度起计算。

2008年2月18日,绍兴县地方税务局进行企业所得税法专题辅导。

次年起,对企业取得地方政府发行的债券利息所得,免征企业所得税(地方政府债券是指经国务院批准,以省、自治区、直辖市和计划单列市政府为发行和偿还主体的债券)。2010年10月1日起,经认定的高新技术企业,其来源于境外的所得也可享受高新技术企业所得税优惠政策,即按15%优惠税率缴纳企业所得税。次年1月1日～12月31日,对年应纳税所得额低于3万元(含3万元)的小型微利企业,其所得减按50%计入应纳税所得额,按20%的税率缴纳企业所得税。

2012年1月1日起,对年应纳税所得额低于6万元(含6万元)的小型微利企业,其所得减按50%计入应纳税所得额,按20%的税率缴纳企业所得税。对浙商企业到绍兴县投资符合规定的国家重点扶持的公共基础设施项目,其投资经营所得,自项目取得第一笔生产经营收入所属纳税年度起,第1年至第3年免征企业所得税,第4年至第6年减半征收企业所得税。对浙商企业从事符合条件的环境保护、节能节水项目的所得,自项目第一笔生产经营收入所属纳税年度起,第1年至第2年免征企业所得税,第3年至第5年减半征收企业所得税。购置并实际使用规定的环境保护、节能节水、安全生产等专用设备的,该专用设备投资额的10%可从企业当年的应纳税额中抵免,当年不足抵免的，可在以后5个纳税年度结转抵免。

县国税局干部深入企业宣传"个转企"政策

2013年1月1日起，企业从事研发活动发生的下列费用支出，可纳入税前加计扣除的研究开发费用范围：企业依照国家规定的范围标准为在职直接从事研发活动人员缴纳的基本养老保险费、基本医疗保险费、失业保险费、工伤保险费、生育保险费和住房公积金；专门用于研发活动的仪器、设备的运行维护、调整、检验、维修等费用；不构成固定资产的样品、样机及一般测试手段购置费；新药研制的临床试验费用和研发成果的鉴定费用。同年7月起，对个体工商户升级为企业的，经认定为国家需要重点扶持的高新技术企业，减按15%的税率征收企业所得税。

2003～2013年，全县累计征收企业所得税1464467万元，占同期工商税收总收入7908921万元的18.52%，其中县地税局征收586406万元，县国税局征收878061万元。

表15-1

绍兴县企业所得税征收情况统计表(2003～2013)

单位：万元

年　度	工商税收总收入	企业所得税收入			占工商税收总收入%
		县地税局征收	县国税局征收	合　计	
2003	291415	29574	4955	34529	11.85
2004	338210	43175	9734	52909	15.64
2005	392501	50128	16711	66839	17.03
2006	483360	39148	28605	67753	14.02
2007	622085	53667	30146	83813	13.47
2008	683684	58838	64682	123520	18.07
2009	733885	40882	80858	121740	16.59
2010	855652	37685	130185	167870	19.62
2011	1079283	73570	177508	251078	23.26
2012	1175065	88686	172027	260713	22.19
2013	1253781	71053	162650	233703	18.64
合　计	7908921	586406	878061	1464467	18.52

第二节　外商投资企业和外国企业所得税

外商投资企业和外国企业所得税，是对在中国的外商投资企业和从中国境内取得应税所得征收的一种税。1991年7月，绍兴县开征外商投资企业和外国企业所得税。1997年9月，国、地税机构进一步分设，全县外商投资企业和外国企业所得税由县国家税务局负责征收管理，全县外商投资企业和外国企业所得税1994年税制改革时划为地方税。2002年1月起中央调整地方所得税分享体制，实行中央与地方分成，成为共享税。

征收对象

全县三资企业（即中外合资经营企业、中外合作经营企业和外资企业）以及在县内设立机构、场所、从事生产、经营和虽未设立机构、场所，而来源于县内生产、经营所得的外国公司和其他经济组织，均为外商投资企业和外国企业所得税法的纳税义务人。以外商投资企业和外国企业的生产、经营所得和其他所得为征税对象。

2008年1月1日起，《中华人民共和国企业所得税法》和国务院颁布的《中华人民共和国企业所得税法实施细则》施行，外商投资企业和外国企业属于征收范围，《外商投资企业和外国企业所得税》停止执行，绍兴县内、外资企业所得税实现“两税”合并。

征收依据及税率

全县外商投资企业和外国企业所得税的计税依据是以每一纳税年度的收入总额，减除成本、费用以及损失后的余额。其所得税率为30%，地方所得税税率为3%，合计税率为33%。

2005年5月，全县外商投资企业购进软件或生产性设备在所得税纳税申报时，可自行确定符合财税规定的折旧或摊销年限，折旧或摊销年限一经选定，不得任意变动。7月，全县外商投资企业和外国企业购买国产设备投资的，应按实际征收的企业所得税和地方所得税计算抵免税额。外商投资企业中的外国投资者将分得的利润再投资中国的，凡该外商投资企业实际缴纳的企业所得税已抵免购买国产设备允许抵免的所得税额的，在计算再投资退税额时，应按企业实际负担水平确定。

征收管理及优惠政策

绍兴县对生产性的外商投资企业经营期在10年以上的，从开始获利的年度起，享受“二免三减半”所得税优惠，即第一年和第二年免征企业所得税，第三年至第五年减半征收企业所得税。外商投资企业实际经营期不满10年的，补缴已免征、减征的企业所得税。从事农业、林业、牧业的外商投资企业，依照前述规定享受免税、减税待遇期满后，经企业申请，国务院税务主管部门批准，在以后的10年内可以继续按应纳税额减征15%～30%的企业所得税。以货币购进的未使用过的国产设备，不包括投资方作为注册资本的设备，其购买国产设备投资的40%可从购置设备当年比前一年新增的企业所得税中抵免征。

2003年12月起，全县对生产性外商投资企业和外国企业2003年度减按24%的税率征收企业所得税，并按2.4%的税率征收地方所得税。对设立从事技术密集型、知识密集型的项目或者外商投资在3千万美元以上，回收投资时间长的项目或者能源、交通、港口建设的项目的生产性外商投资企业，减按15%的税率征收企业所得税。

2004年，县国税局开展外资企业所得税审核评税工作，进行两次外资企业购买国产设备投资抵免企业所得税专项检查，查补已抵免企业所得税310万元，取消可抵免企业所得税379万元。次年6月，县国税局对2005年度外商投资企业所得税开展汇算清缴，全县共清缴企业459户，清缴面达100%，清缴补征所得税849万元，审核评税调增所得额7426.5万元，调减可弥补亏损额565.6万元，补缴所得税230.2万元，其中12户外资企业享受国产设备投资抵免企业所得税优惠，共抵免企业所得税1528.3万元。

2007年6月，县国税局共清缴2006年度外商投资企业所得税390户，清缴面达100%，补征所得税1014万元，审核评税调增所得额7426.5万元，补缴所得税63.5万元。同年，县国税局对外商投资企业所得税“免、征”转换期间，利润差异明显的企业，列入稽查评估、涉外企业所得税审计或反避税调查。该项“外商投资企业所得税‘免、征’转换期间税收管理”年末被省国税局列入创新项目库。

次年1月1日起，全县贯彻实施《中华人民共和国企业所得税法》和《中华人民共和国企业所得税法实施细则》（简称《新企业所得税法》），对《新企业所得税法》实施前绍兴县批准设立的外商投资企业和外国企业享受《外商投资企业和外国企业所得税法》低税率优惠的，在《新企业所得税法》施行起5年内逐步过渡到《新企业所得税法》规定的税率；享受定期减免税优惠的，继续享受到期满为止，因未获利而尚未享受优惠的，优惠期限从《新企业所得税法》施行年度起计算。

2003～2007年，全县累计征收外商投资和外国企业所得税55063万元，占同期工商税收总收入2127571万元的2.59%。

表15-2

绍兴县外商投资和外国企业所得税征收情况统计表（2003～2007）

单位：万元

年　度	工商税总收入	外资企业所得税收入	占总收入%	年　度	工商税收总收入	外资企业所得税收入	占总收入%
2003	291415	6072	2.08	2006	483360	14389	2.98
2004	338210	8990	2.66	2007	622085	16855	2.71
2005	392501	8757	2.23	合　计	2127571	55063	2.59

第三节　个人所得税

1994年1月起,绍兴县贯彻实施八届全国人大常委会第四次会议通过修改的《中华人民共和国个人所得税法》。对个人所得税实行分类计征。1999年11月起,全县贯彻实施九届全国人大常委会第十一次会议通过修改的《个人所得税法》和国务院发布的《对储蓄存款利息所得征收个人所得税的实施办法》,绍兴县对个人储蓄存款利息所得征收个人所得税。1994～2001年,绍兴县个人所得税为地方税,2002年1月起,中央调整地方所得税分享体制,实行中央与地方分成,个人所得税为共享税,由绍兴县地方税务局负责征收管理(其中个人储蓄存款利息个人所得税由县国税局负责征收管理)。

征收对象

全县境内中国公民、个体工商户和外籍人员(包括华侨和香港、澳门、台湾同胞,下同)为征收对象,范围为工资薪金所得;个体工商户的生产、经营所得;对企事业单位的承包经营所得;劳务报酬所得;稿酬所得;特许权使用费所得;利息、股息、红利所得;财产租赁所得;财产转让所得;偶然所得;经国务院财政部门确定征税的其它所得共计11类。

征收依据及税率

县地税局对中国公民工资、薪金所得每月减除标准费用后的余额为应纳税所得额,外籍人员在每月扣除标准费用的基础上再加扣一定的费用,其余额为应纳税所得额,按9级超额累进税率征收。

对个体工商户生产、经营所得,以每一纳税年度的收入总额,减除成本、费用及损失后的余额为应纳税所得额。对企事业单位承包经营、承租经营所得,以每一纳税年度的收入总额,减除必要费用后的余额为应纳税所得额。个体工商户的生产、经营所得和对企事业单位的承包经营、承租经营所得,适用5%至35%的5级超额累进税率。

其他所得指劳务报酬、稿酬、特许权使用费、财产租赁所得,每次收入不超过4000元的,减除费用800元;4000元以上的,减除20%费用,其余额为应纳税所得额,税率20%。对劳务报酬所得一次收入畸高的,实行加成征收。稿酬所得按应纳税额减征30%。财产转让所得,以转让财产的收入额减除财产原值和合理费用后的余额为应纳税所得额,税率20%。利息、股息、红利所得,偶然所得和其他所得,以每次收入额为应纳税所得额,税率20%。保险赔款、离退休费、救济金等个人所得税法第四条规定的十类所得免征个人所得税。

2003年12月起,县地税局对纳税人代开货物运输业发票,即时征收个人所得税的征收率,全县按全省统一的3.3%征收。次年1月起,对个人每月取得的不征收个人所得税的差旅费津贴、误餐补助,全县统一分别为200元,超过部分併计“工资、薪金”所得征收个人所得税。同年2月,对个人房产转让行为,全县暂按房产转让收入的2.2%预征个人所得税,如按实计算税负低于2.2%的可按实计算征收。对个人房产出租按房产租金收入的2.2%预征个人所得税,其中对个人出租住房的暂按1.1%。12月,对个人因与用人单位解除劳动关系而取得一次性补偿收入的个人所得税免征标准为当地上年职工平均工资3倍执行。

2005年1月起,县地税局对纳税人取得全年一次性奖金,单独作为1个月工资、薪金所得计算纳税,即全年一次性奖金,除以12个月,按其商数确定适用税率和速算扣除数,在发放年终一次性奖金的当月,纳税人当月工资、薪金所得低于税法规定的费用扣除额,应将全年一次性奖金减除"纳税人当月工资、薪金所得与费用扣除的差额"后的余额,按上述办法确定全年一次性奖金的适用税率和速算扣除数,在1个纳税年度内,每个纳税人上述计税办法只允许采用1次。

2006年1月1日起,县地税局对中国公民工资、薪金所得费用扣除标准从每月800提高到每月1600元,外籍人员每月减除费用1600元的基础上,再附加减除费用3200元;个体工商业主、个人独资企业和合伙企业投资者本人的费用扣除标准及从业人员工资支出为人均每月1600元,实际发放的工资额在扣除限额内的部分,允许税前据实扣除,超过扣除限额的部分不得扣除;对个人每月取得不征收个人所得税的差旅费津贴、误餐补助(200元)规定停止执行。次年8月15日起,对个人储蓄存款利息减按5%的比例税率征收个人所得税,仍有金融机构负责代扣代缴。

2008年3月1日起,对县内中国公民工资、薪金所得费用扣除标准又从每月1600元调整至每月2000元,外籍人员,每月减除费用2000元的基础上,再附加减除费用2800元,对个体工商户业主、个人独资企业和合伙企业投资者本人的费用扣除标准统一为2000元/月。8月,对外籍个人和港澳台居民个人从中国境内取得储蓄存款的利息所得,其居民国(地区)与中国(内地)签订的税收协定(包括内地与香港、澳门特别行政区分别签订的税收安排)规定的税率低于中国法律法规的税率的,可享受协定待遇,协定税率高于中国法律法规的税率的,按中国法律法规规定的税率执行。同年10月起,对个人房产交易实行最低计税价格,"最低计税价格"与"申报价格"的孰高者作为计算征收个人所得税的依据。同时,对个人出租住房取得的所得减按10%的税率征收个人所得税。

2011年9月1日起,县地税局贯彻实施全国人大新修订的《个人所得税法》及国务院新修订的《实施细则》和国家税务总局的一系列配套政策,对个人所得税税率进行调整。

表15-3

2011年9月1日起绍兴县执行的个人所得税税率情况一览表

级　数	全月应纳税所得额(含税级距)	税　率(%)	速算扣除数
1	不超过1500元的部分	3	0
2	超过1500元至4500元的部分	10	105
3	超过4500元至9000元的部分	20	555
4	超过9000元至35000元的部分	25	1005
5	超过35000元至55000元的部分	30	2755
6	超过55000元至80000元的部分	35	5505
7	超过80000元的部分	45	13505

注:适用工资、薪金的所得。

表15-4

2011年9月1日起绍兴县执行的个人所得税税率情况一览表

级数	全年应纳税所得额(含税级距)	全年应纳税所得额(不含税级距)	税率(%)	速算扣除数
1	不超过15000元的	不超过14250元的	5	0
2	超过15000元至30000元的部分	超过14250元至27750元的部分	10	750
3	超过30000元至60000元的部分	超过27750元至51750元的部分	20	3750
4	超过60000元至100000元的部分	超过51750元至79750元的部分	30	9750
5	超过100000元的部分	超过79750元的部分	35	14750

注:适用个体工商户生产、经营所得,企业事业单位承包经营、承租经营所得。

同时,对县内中国公民工资、薪金所得费用扣除标准从每月2000元调整至每月3500元,外籍人员也相应调整扣除标准,对个体工商户业主、个人独资企业和合伙企业自然人投资者的生产经营所得依法计征个人所得税时,个体工商户业主、个人独资企业和合伙企业自然人投资者本人的费用扣除标准为42000元/年(3500元/月),投资者的工资不得在税前扣除。个体户向其从业人员实际支付的合理的工资、薪金支出,允许在税前据实扣除;同时,对代开货运发票的个人所得税纳税人,统一按开票金额的1.5%预征个人所得税,年度终了后,查账征税的代开货运发票个人所得税纳税人被预征的个人所得税可以在汇算清缴时扣除,实行核定征收个人所得税的被预征的个人所得税,不得从已核定税额中扣除。

征收管理和优惠政策

全县个人所得税实行分类计征办法。2003年确定150名县级高收入者和30名省级高收入者,作为全县个人所得税重点监控对象。

2004年1月起,县地税局按规定对个人或个体户从事种植业、养殖业、饲养业、捕捞业、且经营项目属于农业税(包括农业特产税)、牧业税征税范围的,其取得的“四业”所得暂不征收个人所得税。7月1日起,实施《绍兴县个人所得税全员管理暂行办法》,并对金融、保险、部分上市公司及外资企业等100户纳税户进行宣传发动和培训。同年10月起,个人所得税计算机试申报应用取得成功,全县实现对个人所得税重点税源及高收入者的实时、动态监管。

2006年1月1日起,贯彻实施十届人大第十八次会议修正的《个人所得税法》和国务院修改后《个人所得税实施条例》,全县对年所得12万元以上的纳税人均应在年度终了后3个月内按规定自行向当地地税机关办理纳税申报,纳税申报可采用上门申报、邮寄申报、网上申报等申报方式。同年1月1日起,贯彻实施国家税务总局印发的《个人所得税管理办法》,全县实行对高收入者的重点管理、税源的源泉管理和全员全额管理。建立个人收入档案管理制度、代扣代缴明细账制度、纳税人与扣缴义务人向税务机关双向申报制度、与社会各部门配合的协税制度。县地税局还应用“个人所得税全员管理信息系统”软件,全县共推广1055户,其中柯桥税区254户、滨海税区268户、钱清税区214户、福全税区172户、平水税区106户、轻纺城税区41户。

2007年1月,根据国家税务总局《个人所得税自行纳税申报办法(试行)》规定,绍兴县地税局发布《关于做好2006年度所得12万元以上个人所得税纳税人自行申报工作的公告》,对负有纳税义务的个人所得税纳税人,在2006年度内取得的所得合计数达到12万元以上,均应在年度终了后3个月内按规定自行向当地地税机关办理纳税申报,全县共有柯桥、福全、滨海、钱清、平水、轻纺城等6个申报点,纳税人可通过上门申报、邮寄申报、网上申报三种方式进行申报,申报期限结束,全县共有3285人办理“个人所得12万元”以上的纳税申报,申报个人所得63029万元。7月1日起,县地税局对个人从中国境内有两处或者两处以上取得工资、薪金所得的;从中国境外取得所得的和取得应税所得,没有扣缴义务人的个人所得税纳税义务人均应按规定办理纳税申报。同时,对个人出售自有住房并拟在1年内按市场价重新购房的纳税人,其出售住房所应缴的个人所得税,取消原规定以纳税保证金交纳应缴个人所得税的形式,调整为先征后退的方式。

2008年1月,省地税局印发的《年所得12万元以上个人所得税自行纳税申报业务操作规程》施行。同年10月9日起,县国税局对个人储蓄存款利息所得暂免征收个人所得税。2009年起,县地税局对个人取得地方政府发行的债券利息所得,免征个人所得税。是年,全县有4260人自行申报所得12万元以上,补缴个人所得税款783.8万元。

2010年10月1日起,对出售自有住房并在1年内重新购房的纳税人不再减免个人所得税。同年,县地税局继续做好年所得12万元以上的个人所得税申报工作和个人所得税全员全额扣缴申报管理工作,全年有4350位纳税人申报所得12万元以上,补缴个人所得税款675.42万元。

2011年9月1日起,县地税局贯彻实施全国人大新修订的《个人所得税法》及国务院新修订的《实施细则》和国家税务总局的一系列配套政策,规定纳税人应在年度终了后3个月内进行个人所得税汇算清缴。同年,全县年所得12万元以上个人所得税自行申报4775人,补缴个人所得税864.19万元。

2012年,县地税局加强全县股权转让类个人所得税征管,并将其任务分解落实到各镇(街)。扩大高收入者个人所得税监管范围,与26户代征单位签订代征协议,补缴个人所得税款1080万元。

2003~2013年,绍兴县累计征收个人所得税收入487566万元,约占同期工商税总收入7908921的6.16%。

表15-5

绍兴县个人所得税征收情况统计表(2003~2013)

单位:万元

年　度	工商税总收入	个人所得税收入			约占工商税总收入%
		其中:个人所得税	其中:储蓄利息所得税	合　计	
2003	291415	15823	4181	20004	6.86
2004	338210	18773	4792	23565	6.97
2005	392501	21942	5483	27425	6.99
2006	483360	27082	6983	34065	7.05
2007	622085	34807	7584	42391	6.81
2008	683684	40009	4380	44389	6.49
2009	733885	39072	1927	40999	5.59
2010	855652	49190	312	49502	5.79
2011	1079283	65030	173	65203	6.04
2012	1175065	64477	65	64542	5.49
2013	1253781	75450	31	75481	6.02
合　计	7908921	451655	35911	487566	6.16

第十六章　对财产、行为课征的税收

财产、行为课税，是以纳税人所拥有或支配的财产、某些特定行为为征税对象征收的税收。绍兴县征收的有房产税、城镇土地使用税、土地增值税、车船使用税(车船税)、印花税和车辆购置税等税种。

第一节　房产税

1984年10月，全县贯彻实施国务院批准的第二步利改税，对企业恢复征收城市房地产税。1986年10月起，贯彻实施国务院发布的《中华人民共和国房产税暂行条例》，全县开征房产税，但对在县内有房产的外国侨民和外商投资企业仍征收城市房地产税。1994年起，工商税制改革，房产税归属地方税，全县房产税由绍兴县地方税务局负责征收管理，同时对外资企业及外国侨民也统一征收房产税，不再征收城市房地产税。到2013年，绍兴县继续贯彻执行1986年国务院发布的《中华人民共和国房产税暂行条例》。

征收范围

绍兴县在县城、建制镇和工矿区征收房产税。对不在征收地区范围内的工厂、仓库，利用地下人防设施；对设在街道边和集贸市场的营业棚、售货亭，整座房屋完全设在地下的；各类学校在假期中将教室出租或作其他用途的；个人办的托儿所、幼儿园、诊所、律师事务所均不征收房产税。

2006年7月1日(税款所属期)起，全县行政区域内用于生产、经营的房产和土地，均应依法缴纳房产税。

依据　税率　征管

全县房产税按照产权所有人房屋的计税余值或出租房屋的租金按年计征、分期缴纳。房产税采用从价和从租两种计税办法，计征税率依照房产余值计算缴纳的(绍兴县按浙江省规定以房产账面原值一次减除30%后的余额为房产余值)税率为1.2%，依照房产租金收入计算缴纳的税率为12%。

2009年，县地税局制订《绍兴县个人出租房产税收征收管理实施意见》。次年，全县对出租房产，租赁双方签订的租赁合同约定有免收租金期限的，免收租金期间由产权所有人按照房产原值缴纳房产税；对按照房产原值计税的房产，无论会计上如何核算，房产原值均应包含地价，包括为取得土地使用权支付的价款、开发土地发生的成本费用等。宗地容积率低于0.5的，按房产建筑面积的2倍计算土地面积并据此确定计入房产原值的地价。

2011年，绍兴县实行城区个人出租房房产税征收方式改革，从自行征收为主转变为委托街道代征。

减免规定

全县对国家机关、人民团体、军队自用的房产，由国家财政部门拨付事业经费的单位自用的房产，宗教寺庙、公园、名胜古迹自用的房产，个人所有非营业用房产和经财政部批准的其他房产免税，对纳税确有困难的，由县地方税务机关批准给予临时性减税或免税照顾。

2008年3月起，县地税局对全县企事业单位、社会团体及其他组织按市场价向个人出租用于居住的住房，减按4%税率征收房产税。

2012年，对在县外设立营业机构的绍兴县浙商企业集团总部，报经地税部门批准，可酌情减免房产税。是年，全县对新认定的高新技术企业，因技术改造投入大，短期内效益不明显，报经地税部门批准，自认定之年度起1至3年内免征房产税；对浙商兴办的创意文化企业和浙商企业从事符合条件的环境保护、节能节水项目投资金额较大的，以及污水、垃圾、污泥收集和处理企业，报经地税部门批准，酌情减免房产税。

2013年7月，全县对个体工商户升级为企业的，按规定确有困难的给予减免房产税。

2003～2013年，绍兴县累计征收房产税233118万元。

表16-1

绍兴县房产税征收情况统计表(2003～2013)

单位：万元

年　度	2003	2004	2005	2006	2007	2008
征收数	6109	6901	9174	12758	15394	19820
年　度	2009	2010	2011	2012	2013	合　计
征收数	24781	23924	30553	39143	44561	233118

第二节　城镇土地使用税

1989年7月，全县贯彻实施国务院发布的《中华人民共和国城镇土地使用税暂行条例》和省政府发布的《浙江省城镇土地使用税实施办法》。绍兴县政府发布《关于开征城镇土地使用税的通知》，从1989年1月1日起，全县开征城镇土地使用税。1994年起，中央实施工商税制改革，城镇土地使用税归属地方税，全县由绍兴县地方税务局负责征收管理，到2013年，全县除继续执行上述规定外，还贯彻实施国务院、省政府修改和完善城镇土地使用税的规定和办法。

征收对象

全县城镇土地使用税的纳税对象为镇、街（开发区）使用土地的单位和个人（不包括外商投资企业和外国企业）。2006年7月1日起，全县行政区域内用于生产、经营的房产和土地，都应依法缴纳城镇土地使用税。2007年1月1日起，城镇土地使用税征收范围扩大到外商投资企业和外国企业，并对利用林场土地兴建度假村等休闲娱乐场所的，其经营、办公和生活用地，亦应按规定征收城镇土地使用税。2008年1月1日起，全县贯彻实施国务院修改后的《中华人民共和国城镇土地使用税暂行条例》和省政府修改后的《浙江省城镇土地使用税实施办法》。

征收标准

全县城镇土地使用税的税额标准按0.3元／平方米，纳税期限采用为按年计算，分期缴纳。2004年11月8日，浙江省地税局同意绍兴县将城镇土地使用税的土地等级划分为三级，适用税额每平方米分别为3元、2元、1元，每级税额的具体适用范围根据实际自行确定，从2005年1月1日起执行。

2005年1月起，全县城镇土地使用税按照交通条件、城镇繁华程度将土地的级次和标准划分为三个等级，一级是县城主城区范围内的土地，南至104国道、西至笛扬路、东至湖西路、北至鉴湖路的区域，年税额标准为3元／平方米；二级是县城内的四个街道、柯桥经济开发区、鉴湖—柯岩旅游区、滨海工业区、除南部山区外的其他建制镇规划区范围内的土地，年税额标准为2元／平方米；三级是南部山区的王坛镇、稽东镇、平水镇、富盛镇规划区范围内的土地，年税额标准为1元／平方米。

2008年1月1日起，全县贯彻实施国务院修改后的《中华人民共和国城镇土地使用税暂行条例》和省政府修改后的《浙江省城镇土地使用税实施办法》，根据《绍兴县人民政府关于调整城镇土地使用税税额标准的批复》规定，全县调整城镇土地使用税标准，一级为8元／平方米，具体范围东至县界、南至104国道、西至柯华路、北至钱陶公路的区域；二级为4元／平方米，具体范围为柯桥经济开发区、滨海工业区和柯桥、柯岩、华舍、湖塘等四个街道（不包括已列入一级区域的土地），以及除适用三级税额标准以外的其他建制镇；三级为2元／平方米，具体范围为王坛镇、稽东镇和富盛镇。

2009年1月起，全县再次调整城镇土地使用税标准，一级为10元／平方米；二级为8元／平方米；三级为4元／平方米。并对级别范围进行调整。2011年，县地税局建立城镇土地使用税税源数据库。

减免优惠

绍兴县对国家机关、人民团体、军队自用的土地；由国家财政部门拨付事业经费的单位自用的土地;宗教寺庙、公园、名胜古迹自用的土地;市政街道、广场、绿化地带等公共用地;直接用于农、林、牧、渔业生产用地;由财政部另行规定免税的能源、交通、水利设施用地和其他用地;个人所有的居住房屋及院落用地(个人自有用于营业或出租的房屋占地,按规定缴纳土地使用税);房产管理部门在房租调整改革前经租的居民住房用地;免税单位职工家属的宿舍用地;民政部门举办的安置残疾人占企业生产人员总数35%以上的福利工厂用地;集体和个人办的各类学校、医院、托儿所、幼儿园用地等免征城镇土地使用税。经批准开山填海整治的土地和改造的废弃土地,从使用的月份起免缴土地使用税5~10年。

2007年1月1日起,绍兴县对经营采摘、观光农业的单位和个人,其直接用于采摘、观光的种植、养殖、饲养的土地免征城镇土地使用税。

2010年起,县地税局对在一个年度内月平均实际安置残疾人就业人数占单位在职职工总数的比例高于25%(含25%)且实际安置残疾人人数高于10人(含10人)的单位,实行由地税机关按单位年平均实际安置残疾人的人数,给予定额减征城镇土地使用税的优惠。减征标准为每安置一名残疾人每年可定额减征1500元,减征的最高限额为单位当年应缴纳的城镇土地使用税税额。

2012年起,绍兴县作为全省第一批调整城镇土地使用税政策促进土地集约节约利用试点,通过分行业计算企业单位亩产税收产出,建立以亩产税收为导向的评价机制,按亩产税收贡献实行城镇土地使用税分类分档差别化减免政策,当年新办、注销企业,定期定额管理的个体工商户不属于试点对象。全县每平方米年税额标准不变,但对级别范围进行调整,一级范围为柯桥街道、柯岩街道、华舍街道、湖塘街道、钱清镇、杨汛桥镇、齐贤镇、安昌镇、马鞍镇、孙端镇、兰亭镇、福全镇、滨海工业区和柯桥经济开发区;二级为夏履镇、漓渚镇、陶堰镇、平水镇(除原王化乡、横溪乡以外地区);三级为王坛镇、稽东镇、富盛镇以及平水镇的原王化乡、横溪乡区域。亩产税收=上一年度税收收入合计/用地亩数。差别化减免分:激励类企业亩产税收达到行业税收平均值400%,给予100%的减免优惠;亩产税收达到行业税收平均值350%,未达到400%的,给予80%的减免优惠;亩产税收达到行业税收平均值300%,未达到350%的,给予60%的减免优惠;提升类企业亩产税收达到行业税收平均值250%,未达到300%的,给予50%的减免优惠;亩产税收达到行业税收平均值200%,未达到250%的,给予40%的减免优惠;亩产税收达到行业税收平均值150%,未达到200%的,给予30%的减免优惠;一般类企业,对其中符合产业导向或所在行业属于战略性新兴产业的企业给予减免因提高税额标准而增加的部分城镇土地使用税,对不符合的企业、所在区域未提高税额标准的企业和其他类企业不享受减免照顾。

2013年7月起,全县个体工商户升级为企业的,按规定确有困难,可给予减免城镇土地使用税。是年,全县运用QPS卫星定位等测量工具开展土地使用计税面积清查,并对符合激励政策条件的235户企业,减免城镇土地使用税2891万元。

2003～2013年，绍兴县累计征收城镇土地使用税233219万元。

表16-2

绍兴县城镇土地使用税征收情况统计表（2003～2013）

单位：万元

年　度	2003	2004	2005	2006	2007	2008
征收数	234	293	909	3616	4519	9694
年　度	2009	2010	2011	2012	2013	合　计
征收数	27679	35981	42212	46625	61457	233219

第三节　土地增值税

土地增值税，是国家为规范土地、房地产市场交易秩序，合理调节土地增值收益、维护国家权益，于1994年税制改革中新设置的税种。1994年1月起，《中华人民共和国土地增值税暂行条例》施行，绍兴县开征土地增值税，由绍兴县地税局负责征收管理。

征收对象

全县土地增值税纳税对象为有偿转让国有土地使用权、地上建筑物及其附着物并取得收益的单位和个人。

征收依据及税率

全县土地增值税征税依据为转让房地产所取得的增值额。对纳税人成片受让土地使用权后，分期分批开发，分块转让允许扣除项目金额，按转让土地使用权的面积占总面积的比例计算分摊。对预售方式出售商品房，按买卖双方签订预售合同所载金额计算出应纳的土地增值税数额，再根据每笔预收款占总售价款的比例分摊每次所需缴纳的土地增值税税额。土地增值税实行四级超率累进税率，增值额未超过扣除项目金额50%的部分，税率为30%；增值额超过扣除项目金额50%未超过100%的部分，税率为40%；增值额超过扣除项目金额100%未超过200%的部分，税率为50%；增值额超过扣除项目金额200%的部分，税率为60%。扣除项目为取得土地使用权所支付的金额；开发土地和新建房及配套设施的成本；开发土地和新建房及配套设施的费用；旧房及建筑物的评估价格；与转让房地产有关的税金。对从事房地产开发企业上述1、2项可加计扣除20%。

2004年1月1日起，绍兴县地税局对房地产开发企业一律实行预征方式，其中对纳税人开发转让营业房而取得的收入，按1%预征土地增值税，纳税人开发转让除普通标准住宅和营业房以外的其他房地产而取得的收入，按0.5%预征土地增值税。2008年10月起，全县对个人房产交易实行最低计税价格征收土地增值税。

2010年7月1日(税款所属期)起,除保障性住房外,全县房地产开发项目的土地增值税预征率为商业用房、高档住宅(含别墅、排屋)2.5%;其他房产2%。

2013年1月1日(税款所属期)起,除保障性住房外,全县房地产开发项目的土地增值税预征率为商业用房、高档住宅(含别墅、排屋)3%;除高档住宅外的非普通住宅2.5%;普通住宅及其他房产2%。

征收管理及减免政策

绍兴县对建造普通标准住宅出售,增值额未超过扣除项目金额20%的;因国家建设需要依法征用、收回的房地产;因城市实施规划、国家建设需要而搬迁,由纳税人自行转让原房地产等免征土地增值税。个人因工作调动或改善居住条件而转让原自用住房,经税务机关申报核准,凡居住满5年以上的免征土地增值税,居住满3年未满5年的,减半征收土地增值税。

2004年1月1日起,全县对从事房地产开发的纳税人应征的土地增值税,在开发项目竣工决算完成前,一律实行预征方式,其中纳税人开发转让普通标准住宅而取得的收入,暂不预征土地增值税。土地增值税预征时间为纳税人收讫营业收入款项或取得索取营业收入款项凭证的当天。纳税人转让房地产采取预收款方式的,其土地增值税的预征时间为收到预收款的当天。其他纳税人的土地增值税不实行预征,应税行为发生时按土地增值税的有关规定如实申报缴纳。同年7月1日起,县地税局对纳税人因经常发生房地产转让而难以在每次转让后申报的,土地增值税可按月或按省地税局规定的期限申报缴纳,定期申报方式确定后,一年之内不得变更。是年,县地税局实现土地增值税收入零突破,征收302万元。

2006年10月1日(税款所属期)起,绍兴县地税局制订的《绍兴县土地增值税预征管理办法》施行。同年,县地税局对个人二手房交易涉及土地增值税征收同其他税费一起实行一窗式管理模式。

2008年11月1日起,贯彻财政部出台房地产暖市政策,全县对个人销售或购买住房暂免征收土地增值税。2010年,县地税局制定完善土地增值税预征、清算办法,推进土地增值税清算工作。

2012年,县地税局对转让土地、厂房等涉税行为实行土地增值税按实清算办法。次年8月,县地税局对土地增值税实行分房产类型、分年限核定征收办法。并对转让土地、厂房等涉税行为均实行土地增值税

税务人员现场调查企业土地增值税情况

按实清算，全年增收1.7亿元。

2003～2013年，绍兴县累计征收土地增值税199030万元。

表16-3

绍兴县土地增值税征收情况统计表（2003～2013）

单位：万元

年　度	2003	2004	2005	2006	2007	2008
征收数	0	302	730	3311	9382	10631
年　度	2009	2010	2011	2012	2013	合　计
征收数	16306	22919	31884	48840	54725	199030

第四节　车船使用税（车船税）

车船使用税（车船税）是以车船为征税对象，向车船的所有人或管理人征收的一种税。1986年10月起，国务院发布的《中华人民共和国车船使用税暂行条例》施行，绍兴县除外商投资企业等涉外单位及外籍人员仍按车船使用牌照税（1951年9月，政务院公布）征收外，全县所有拥有并且使用车船的企业和个人均征收车船使用税。1994年，中央工商税制改革，车船使用税归属地方税，由绍兴县地税局负责征收管理，同时对外商投资企业等涉外单位及外籍人员也统一征收车船使用税，不再征收车船使用牌照税。2007年1月起，国务院发布的《中华人民共和国车船税暂行条例》实施，1986年版《中华人民共和国车船使用税暂行条例》废止。

征收对象

绍兴县车船使用税是对拥有并且使用车船的企业和个人为征收对象。同时对国家机关、人民团体、军队，由财政拨款事业经费单位等自用车船；载重不超过1吨渔船；专供上下客货及存货用的趸船、浮桥用船；各种消防车船、洒水车、囚车、警车、防疫车、救护车船、垃圾车船、工程船等均予免缴。另对小划船、专供农用的车船、载重量不超过1吨在本渔场范围内行驶的渔船免税。

2007年1月起，贯彻实施《中华人民共和国车船税暂行条例》，全县征税范围分车辆和船舶两大类7个税目，即载客汽车、载货汽车、三轮汽车、低速货车、摩托车、专项作业车、轮式专用机械车、船舶。车船税实行按年（公历1月1日到12月31日）计算征收、分期缴纳的征收方法。对非机动车船、拖拉机、捕捞养殖渔船、军警武警专用车船、警用车船和按照有关规定已经缴纳船舶吨税的船舶免征车船税，城市、农村用于公共交通的车船，暂免征车船税。

2008年4月起，县地税局对纳税人在异地（指省内跨市县）已缴纳车船税并出示完税凭证的,不再征收车船税,纳税人当场没有提供已完税凭证等原因造成重复征收车船税,由重复征收的主管地税机关办理退税。同年8月1日起,县地税局对车船税委托从事机动车交通事故责任强制保险业务的保险机构代收代缴。

2009年1月起,根据城市、农村用于公共交通的车船,恢复征税后纳税确有困难需减免的,由市、县(市、区)政府提出申请,报省政府批准规定。全县城市和农村公共交通车船、农村居民拥有并主要在农村地区使用的摩托车、三轮汽车和低速载货汽车暂免征收。

2013年9月1日起,县地税局对于在设计和技术特性上用于特殊工作,并装置有专用设备或器具的汽车认定为专用作业车,以载运人员或货物为主要目的的专用汽车,不属于专用作业车;县内单位和个人租入外国籍船舶的,不征收车船税,县内单位和个人将船舶出租到中国境外的,应依法征收车船税。

征收依据标准

绍兴县车船使用税的计税标准(如表)。

表16-4

1986年10月起执行的浙江省车船使用税税率情况一览表

项目		计税标准	税额	备注
机动车	乘人汽车	7座以下每年每辆	100元	①机动车挂车,按机动载货汽车税额的七折计算征收。 ②乘人汽车的计税座位,不包括驾驶员专用座位。 ③客货两用汽车(一吨半以下)载人部分,按乘人汽车税额减半征收。 ④简易机动车,三轮者按三轮摩托车适用税额五折计征,二轮者按轻便摩托车适用税额计征。 ⑤从事运输业务的拖拉机,按所挂拖车的净吨位计算,税额按载货汽车税额五折计征后再减半征收。
		8~13座/每年每辆	120元	
		14~30座/每年每辆	140元	
		31~50座/每年每辆	180元	
		50以上,每年每辆	200元	
	载货汽车	按净吨位每年每吨	40元	
	摩托车	三轮摩托车每年每辆	80元	
		二轮摩托车每年每辆	60元	
		轻便摩托车每年每辆	20元	
非机动车		三轮车每年每辆	8元	浙江省财政厅(86)财税1098号规定全省自行车和非营业用的非机动车船暂缓征收车船使用税
		汽车胎货车每年每辆	10元	
		双轮钢丝车每年每辆	6元	
		自行车	暂免	
机动船		150吨以下(按净吨位计算)	每吨1.2元	①船舶,其尾数在半吨以下者免算,超过半吨者,按一吨计算。 ②不及一吨的小型船只,一律按一吨计算。 ③拖轮本身不能载货,其计税标准可按马力(每一马力折合净吨位二分之一)计算,拖轮所拖的非机动船,按载重吨位计征。 ④没有净吨位的客轮,按座位计算,每三座折一吨。
		151~500吨(按净吨位计算)	每吨1.6元	
		501~1500吨(按净吨位计算)	每吨2.2元	
		1501~3000吨(按净吨位计算)	每吨3.2元	
		3001~10000吨(按净吨位计算)	每吨4.2元	
		10000吨以上(按净吨位计算)	每吨5.0元	

续表16-4

项　目	计税标准	税　额	备　　注
非机动船	10吨以下(按载重吨位计算)	每吨0.6元	①船舶,其尾数在半吨以下者免算,超过半吨者,按一吨计算。②不及一吨的小型船只,一律按一吨计算。③拖轮本身不能载货,其计税标准可按马力(每一马力折合净吨位二分之一)计算,拖轮所拖的非机动船,按载重吨位计征。④没有净吨位的客轮,按座位计算,每三座折一吨。
	11~50吨(按载重吨位计算)	每吨0.8元	
	51~150吨(按载重吨位计算)	每吨1元	
	151~300吨(按载重吨位计算)	每吨1.2元	
	301吨以上(按载重吨位计算)	每吨1.4元	

2007年7月起,绍兴县执行的车船税税额标准为载客汽车、摩托车以每辆为计税标准;载货汽车、三轮车、低速货车以自重每吨为计税标准;船舶以净吨位为计税标准。车辆所涉及的核定载客人数、自重、净吨位等计税标准,以车辆管理部门核发的行驶证书或车辆登记证相应项目所载数额为准。

表16-5

2007年浙江省车船税税目税率情况一览表

税　目	计税单位	计　税　标　准	每年税额(元)
载　客汽　车	每　辆	大型客车;载客人数大于或者等于20人	540
		中型客车;载客人数大于9人且小于20人	480
		小型客车;载客人数小于或者等于9人	360
		微型客车;发动机气缸总排气量小于或者等于1升的	240
载货汽车	按自重每吨	包括三轮汽车、低速货车、专业作业车和轮式专用机械车	60
摩托车	每　辆	-	60
船　舶	每　吨	净吨位小于或者等于200吨的	3
		净吨位201~2000吨的	4
		净吨位2001~10000吨的	5
		净吨位10001吨及以上的	6

2008年5月起,根据国家税务总局对部分车辆计税依据作出核定规定,全县对根据车船税条例实施细则无法准确获得自重数值或自重数值明显不合理的载货汽车、三轮汽车、低速货车、专项作业车和轮式专用机械车,由主管税务机关根据车辆自身状况并参照同类车辆核定计税依据。对能够获得总质量和核定载质量的,可按车辆的总质量和核定载质量的差额作为车辆的自重,无法获得核定载质量的专业作业车和轮式专用机械车,可按车辆的总质量确定自重。

2012年1月起,县地税局执行省政府对车船税税额调整后的标准。

表16-6

2012年起浙江省车船税税额标准情况一览表

税目		计税单位	《车船税法》规定年基准税额(元)	浙江省车辆车船税税额标准(元)
乘用车[发动机汽缸容量(排气量)分档]注;核定载客人数9人(含)以下	1.0升(含)以下的	每辆	60元至360元	180
	1.0~1.6升(含)的		300元至540元	300
	1.6~2.0升(含)的		360元至660元	360
	2.0~2.5升(含)的		660元至1200元	660
	2.5~3.0升(含)的		1200元至2400元	1500
	3.0~4.0升(含)的		2400元至3600元	3000
	4.0升(含)以上的		3600元至5400元	4500
商用车	大型客车(核定载客人数20(含)人以上)		480元至1440元	540
	中型客车(核定载客人数大于9人且小于20人		480元至1440元	480
	货车	整备质量每吨	16元至120元	60
挂车	–	整备质量每吨	按照货车税额的50%计算	30
其他车辆	专用作业车	整备质量每吨	16元至120元	60
	轮式专用机械车		16元至120元	60
摩托车	–	每辆	36元至180元	60
机动船舶	净吨位不超过200吨的	每吨	3元至6元	3
	净吨位超过200~2000吨的			4
	净吨位超过2000~10000吨的			5
	净吨位超过10000吨的			6
游艇	艇身长度不超过10米的	每米	600元至2000元	600
	艇身长度超过10~18米的			900
	艇身长度超过18~30米的			1300
	艇身长度超过30米的			2000
	辅助动力帆艇			600

2013年9月1日起,全县对客货两用车依照货车的计税单位和年基准税额计征车船税(客货两用车,又称多用途货车,在设计和结构上主要用于载运货物,但在驾驶员座椅后带有固定或折叠式座椅,可运载3人以上乘客的货车);车船税及其实施条例涉及的整备质量、净吨位、艇身长度等计量单位,有尾数的一律按照含尾数的计税单位据实计算车船税应纳税额。乘用车以车辆登记管理部门核发的机动车登记证书或行驶证书所载的排气量毫升数确定税额区间;已缴纳车船税的车船,因质量原因,车船被退回生产企业或经销商的,纳税人可

向纳税所在地的主管税务机关申请退还自退货月份起至该纳税年度终了期间的税款。

2003～2013年，绍兴县累计征收车船税（车船使用税）15858万元。

表16-7

绍兴县车船税(车船使用税)征收情况统计表(2003～2013)

单位：万元

年　度	2003	2004	2005	2006	2007	2008
征收数	339	450	517	593	643	1823
年　度	2009	2010	2011	2012	2013	合　计
征收数	1271	1482	1781	3056	3903	15858

第五节　印花税

印花税属行为税。1988年10月起，绍兴县贯彻实施国务院颁布的《中华人民共和国印花税暂行条例》，恢复征收印花税。1994年，中央工商税制改革，印花税属地方税，由绍兴县地方税务局负责征收管理。

征收范围

绍兴县印花税征收范围包括购销合同、加工承揽合同、建设工程勘察设计合同、建筑安装工程承包合同、财产租赁合同、货物运输合同、仓储保管合同、借款合同、财产保险合同、技术合同、产权转移书据、营业账簿、权利许可证照。全县对已缴纳印花税的凭证的副本或抄本，财产所有人将财产赠给政府、社会福利单位、学校所立的书据，经财政部批准免税的其他凭证等免纳印花税。印花税实行轻税重罚政策，对违反条例规定者，处以偷税额10～30倍的罚款。

2003年12月，县地税局对实行公司制改造的企业在改制过程中成立的新企业，其新启用的资金账簿记载的资金或因企业建立资本纽带关系而增加的资金，凡原已贴花的部分可不再贴花，未贴花的部分和以后新增加资金按规定贴花；以合并或分立方式成立的新企业，其新启用的资金账簿记载的资金，凡原已贴花的部分可不再贴花，未贴花的部分和以后新增加资金按规定贴花；企业债权转股权新增加的资金、改制中经评估增加的资金、企业其他会计科目记载的资金转为实收资本或资本公积的资金均按规定贴花。

2004年11月起，全县对同一种类应纳税凭证需频繁贴花的纳税人，可以根据实际情况自行决定是否采用按期汇总缴纳印花税方式。同年，县地税局开展印花税专项清理，全年实现印花税收入同比59%的高幅增长。

2005年8月起，县地税局启用国家税务总局制发的2005年版印花税票。次年11月起，全县对纳税人以电子形式签订的各类凭证、合同均按规定征收印花税；对发电厂与电网之间、电网与电网之间签订的供用电合同不属于印花税列举征税凭证,不征收印花税;对土地使用权出让合同、土地使用权转让合同按产权转移书据征收印花税;对商品房销售合同按照产权转移书据征收印花税。

2008年3月起,县地税局对个人出租、承租住房签订的租赁合同免征印花税。同年11月起,对个人销售或购买住房暂免征印花税。

征收依据及税目税率

全县印花税分5类13个税目,税率分比例税率和定额贴花两种,由纳税人按规定自行计算应纳税额,购买并一次贴足印花税票。

2005年1月起,县地税局对印花税实行按实和核定征收两种办法。10月1日起,县地税局印发的《绍兴县印花税核定征收管理办法》施行,对书立、领受购销、加工承揽、建筑安装工程承包、建设工程勘察设计、财产租赁、货物运输、仓储保管、借款、财产保险、技术合同或具有合同性质凭证的纳税人(不包括个人、双定个体户、门征开票户)采用印花税核定征收管理办法。对未按规定建立印花税应税凭证登记簿,或未如实登记和完整保存应税凭证的;拒不提供应税凭证或不如实提供应税凭证致使计税依据明显偏低的;采用按期汇总缴纳办法的,未按地方税务机关规定的期限报送汇总缴纳印花税情况报告,经地方税务机关责令限期报告,逾期仍不报告的或地方税务机关在检查中发现纳税人有未按规定汇总缴纳印花税情况的纳税人,由各地方税务分局依据实际销售(营业)收入、成本或费用等项目确定核定比例计算征收。

表16-8

绍兴县印花税核定征收应税合同比例情况一览表

<table>
<tr><th>应税凭证种类</th><th>适用范围</th><th>适用行业</th><th>计税依据</th><th>核定比例</th><th>税率‰</th></tr>
<tr><td rowspan="13">购销合同</td><td rowspan="13">包括供应、预购、采购、购销、结合及协作、调剂、补偿、易货等合同</td><td rowspan="4">工业</td><td>设备采购金额</td><td>80%</td><td rowspan="13">0.3</td></tr>
<tr><td>加工、修理、修配收入</td><td>10%</td></tr>
<tr><td rowspan="2">销售收入</td><td>70%(内销)</td></tr>
<tr><td>120%(外销)</td></tr>
<tr><td rowspan="4">商业</td><td>设备采购金额</td><td>80%</td></tr>
<tr><td rowspan="3">销售收入</td><td>30%(内销零售)</td></tr>
<tr><td>70%(内销批发)</td></tr>
<tr><td>120%(外销)</td></tr>
<tr><td rowspan="2">建筑安装业</td><td>设备采购金额</td><td>80%</td></tr>
<tr><td>建筑安装营业收入</td><td>20%</td></tr>
<tr><td rowspan="2">房地产企业</td><td>设备采购金额</td><td>80%</td></tr>
<tr><td>商品房销售收入(含预收款)</td><td>100%</td></tr>
</table>

续表16-8

应税凭证种类	适用范围	适用行业	计税依据	核定比例	税率‰
加工承揽合同	包括加工、定作、修缮、修理、印刷、广告、测绘、测试等合同	所有行业	加工承揽收入或费用	50%	0.5
建设工程勘探设计合同	包括勘察、设计合同	所有行业	建筑工程勘察设计收入或费用	80%	0.5
建筑安装工程承包合同	包括建筑、安装工程承包合同	所有行业	建筑安装营业收入或成本	100%	0.3
财产租赁合同	包括房屋租赁、船舶、飞机、机动车辆、机械、器具、设备等合同	所有行业	租赁收入或费用	100%	1
货物运输合同	包括民用航空运输、铁路运输、海上运输、内河运输、公路运输和联运合同	所有行业	运输收入或费用	100%	0.5
仓储保管合同	包括仓储、保管合同	所有行业	仓储保管收入或费用	100%	1
借款合同	银行及其他金融组织和借款人(不包括银行同业拆借)所签订的借款合同	所有行业	借款或贷款金额	100%	0.05
财产保险合同	包括财产、责任、保证、信用等保险合同	所有行业	保费收入或费用	100%	1
技术合同	包括技术开发、转让、咨询、服务等合同	所有行业	技术开发、转让、咨询、服务收入或费用	80%	0.3

注:工业、商业的销售收入是指销售产品、商品、材料、下脚料、废料和设备等收入;设备是指机器、机械等生产设备、电子设备、运输工具及其他器具、工具、家具。

2003~2013年,绍兴县累计征收印花税102104万元。

表16-9

绍兴县印花税征收情况统计表(2003~2013)

单位:万元

年　度	2003	2004	2005	2006	2007	2008
征收数	2128	3379	4783	7024	8506	9389
年　度	2009	2010	2011	2012	2013	合　计
征收数	9003	13534	14377	14292	15689	102104

第六节 车辆购置税

车辆购置税,是对有取得并自用应税车辆行为的单位和个人征收的一种税,是在原交通部门收取车辆购置附加费的基础上,通过费改税方式演变而来。2001年1月起,绍兴县贯彻实施国务院颁发的《中华人民共和国车辆购置税暂行条例》,全县开征车辆购置税,车辆购置税属中央税,由绍兴县国家税务局负责征收管理。

征收对象

绍兴县车辆购置税征收对象为全县境内购买、进口、自产、受赠、获奖或者以其他方式取得并自用应税车辆的单位和个人。征税范围为汽车、摩托车、挂车、农用运输车。对列入军队武器装备的车辆及设有固定装置的非运输车辆免税,其他经国务院规定予以免税或者减税的车辆。

表16-10

2003年绍兴县车辆购置税征收范围情况一览表

应税车辆	具体范围	注释
汽车	各类汽车	
摩托车	轻便摩托车	最高设计时速不大于50km/h,发动机汽缸总排量不大于50cm³的两个或者三个车轮的机动车。
	二轮摩托车	最高设计车速大于50km/h,或者发动机汽缸总排量大于50cm³的两个车轮的机动车。
	三轮摩托车	最高设计车速大于50km/h,或者发动机汽缸总排量大于50cm³,空车重量不大于400kg的三个车轮的机动车。
挂车	全挂车	无动力设备,独立承载,由牵引车辆牵引行驶的车辆。
	半挂车	无动力设备,与牵引车辆共同承载,由牵引车辆牵引行驶的车辆。
运输车	三轮农用运输车	柴油发动机,功率不大于7.4kw,载重量不大于500kg,农用最高车速不大于40km/h的三个车轮的机动车。
	四轮农用运输车	柴油发动机,功率不大于28kw,载重量不大于1500kg,最高车速不大于50km/h的四个车轮的机动车。

注:表中50cm³=50立方厘米

2004年10月1日起,全县对农用三轮车免征车辆购置税,免征的农用三轮车是指柴油发动机,功率不大于7.4千瓦,载重量不大于500千克,最高车速不大于40公里/小时的三个车轮的机动车。次年1月1日起,绍兴县国税局接收全县车辆购置税征收工作,不再委托绍兴县交通稽征部门代征(指农用运输车和摩托车部分),车辆购置税征管工作平稳过渡。

2006年1月1日起，全县贯彻实施国家税务总局颁发的《车辆购置税征收管理办法》。同年5月，绍兴县国税局将车辆购置税征收地点由县国税局办税大厅迁址到中国轻纺城汽车市场，与车辆管理所、保险公司一起，提供"一条龙"服务。6月起，全县实行摩托车车购税网上预申报，由摩托车销售企业将销售车辆相关信息录入车购税网上预申报系统，车购税办税窗口根据申报信息对预申报内容进行审核，纳税人提供资料与网上预申报一致，即可打证开票。

2007年1月，全县车辆购置税纳入"浙江省车辆购置税征收管理系统"。4月起，绍兴县汽车类车辆购置税的征收管理，也由绍兴市国税局划归绍兴县国税局管辖，并移交接收车辆购置税档案7万多件，绍兴县国税局进行归类整理。次年4月，县国税局根据新版"车购税软件"制定车辆购置税档案管理办法，并针对二手车市场活跃局面，加强车购税档案过户、转籍的审核，防止伪造车购税凭证和模糊变更车架号码等手段偷逃车购税。

2009年，县国税局方便车主办税，实行延时服务、预约服务、全程服务和改进服务流程等措施，率先在车购税窗口安装POS机。是年，县国税局开展机动车销售统一发票专项核查工作，对开票日期为2007年1月1日至2009年6月30日、完税车辆车价在50万元以上的外省市机动车销售统一发票的真伪进行核查。次年4月1日起，县局办税服务厅车购税征收窗口搬迁至绍兴县行政审批中心。

2012年，县国税局在全省率先推出车辆购置税窗口自助办税服务，在县行政审批中心国税窗口投放一台自助办税服务设备，用于办理申报车辆购置税，纳税人可实现当场刷卡缴税。次年8月，县局开展车辆购置税专项检查，检查内容为车购税的政策执行、票证管理、"车购税征收管理系统"运行维护及征管档案情况，并对检查发现问题制定整改措施。

征收依据及税率

全县车辆购置税征税税率为，汽车、摩托车、挂车、农用运输车为10%，其计税价格根据不同情况确定，纳税人购买自用的应税车辆的计税价格，为纳税人购买应税车辆而支付给销售者的全部价款和价外费用(不包括增值税税款)。纳税人进口自用的应税车辆的计税价格的计算公式为计税价格 = 关税完税价格 + 关税 + 消费税。纳税人自产、受赠、获奖或者以其他方式取得并自用的应税车辆的计税价格，由主管税务机关参照最低计税价格核定。国家税务总局参照应税车辆市场平均交易价格，规定不同类型应税车辆的最低计税价格。纳税人购买自用或者进口自用应税车辆，申报的计税价格低于同类型应税车辆的最低计税价格，又无正当理由的，按照最低计税价格征收车辆购置税。

2009年2月1日起，县国税局对全县小排量乘用车车辆购置税税率实行减半征收，即税率由10%减按5%税率征收。次年1月1日起，县国税局对全县1.6升及以下排量乘用车车辆购置税税率再调整，征税率由5%提高至7.5%。

2013年起，全县贯彻实施“车辆购置税”新政策，对不同排气量标准的车辆，执行不同的税率标准，其中对1.6升以下小排量汽车的税率为10%。

2003～2013年，绍兴县累计征收车辆购置税174877万元。

表16-11

绍兴县车辆购置税征收情况统计表（2003～2013）

单位：万元

年　度	2003	2004	2005	2006	2007	2008
征收税款数	523	593	519	6781	14011	14508
年　度	2009	2010	2011	2012	2013	合　计
征收税款数	19928	28502	30533	32175	26804	174877

第十七章　对特定目的课征的税收

特定目的征收的税收，是指为实现国家某种特定的政治、经济、社会目的，或收入专门用于某种特别经费支出而设置的对特定对象征收的税种。2003～2013年，绍兴县征收此类税收只有城市维护建设税和资源税两个税种。

第一节　城市维护建设税

城市维护建设税是税制改革中新设置的一个税种，是为扩大和稳定城市维护建设资金来源开征的一种税。1985年1月起，国务院颁发的《中华人民共和国城市维护建设税暂行条例》施行，绍兴县开征城市维护建设税。征收的城市维护建设税，由县人民政府专门用于城市公用事业和公共设施的维护建设。1994年，中央实施工商税制改革，将税种分为中央税、地方税和中央地方共享税，城市维护建设税归属地方税种，由绍兴县地方税务局负责征收管理。2003～2013年，绍兴县继续按上述规定，在全县征收城市维护建设税（简称城建税）。

征收对象依据

绍兴县城市维护建设税以缴纳增值税、消费税、营业税的单位和个人为纳税义务人，以纳税人缴纳的增值税、消费税、营业税税额为计税依据，并随同单位和个人缴纳的“增值税、消费税、营业税”附同征收。全县对外商投资企业和外国企业，在国务院没有明确规定之前，对其缴纳的增值税、消费税、营业税暂不征收城建税。

2004年3月，根据国务院办公厅“关于增值税、消费税、营业税的代扣代缴、代收代缴义务人同时也是城市维护建设税的代扣代缴、代收代缴义务人”规定，县地税局对增值税、消费税、营业税的代扣代缴、代收代缴义务人明确其负有城建税代扣代缴义务。

2005年1月1日起，县地税局对县内生产企业出口货物经国家税务局审核批准的当期“免抵”的增值税税额纳入城建税计征范围，也按规定税率征收城建税。同年5月，县地税局对增值税、消费税、营业税实行先征后返、先征后退、即征即退办法的，除另有规定外，对随同增值税、消费税、营业税附征的城建税一律不予退（返）还。

2006年，县地税局加强与县国税局协作，建立工作协调制度，定期交换城建税税基增值税、消费税数据，以保证城建税及时足额入库。

2008年10月起,县地税局对个人房产交易实行最低计税价格,对其征收的营业税,也是计算征收城建税的依据。

2010年12月1日起,绍兴县对外商投资企业和外国企业缴纳的增值税、消费税、营业税也按应规定缴纳城建税。

征收税率

全县城建税税率按纳税人所在地分档,属绍兴市区的按7%征收,属绍兴县城及镇的按5%,市区、县城和镇之外的按1%。

2003~2013年,绍兴县共征收城建税218200万元。

表17-1

绍兴县城建税征收情况统计表(2003~2013)

单位:万元

年　度	2003	2004	2005	2006	2007	2008
征收数	7248	8205	10716	14210	16519	17613
年　度	2009	2010	2011	2012	2013	合　计
征收数	18463	22958	33301	32909	36068	218200

第二节　资源税

资源税是对开发的资源及资源条件和开发条件差异,客观形成的级差收入征收的一种税。开征目的是为调节资源级差收入,促进企业合理开发国家资源,加强经济核算,提高经济效益。1994年1月1日起,《中华人民共和国资源税暂行条例》和《中华人民共和国资源税暂行条例实施细则》施行,绍兴县开征资源税。资源税属地方税,由县地方税务局负责征收管理,到2013年,仍按上述规定开征资源税。

范围依据

资源税征收范围包括所有矿产资源,设置上、下限幅度税额,同类资源产品开采条件不同,税额不同,纳税义务人为从事矿产品开采和生产盐的单位和个人。绍兴县开征的主要有非金属矿原矿,采用从量定额征税的征收办法。

2004年7月1日起,全县资源税的代扣代缴义务事宜,均依照《中华人民共和国税收征收管理法》及《中华人民共和国税收征收管理法实施细则》的有关规定办理。从10月1日(所属月份)起,根据《浙江省地方税务局关于开征建筑用石资源税的通知》和《绍兴市地方税务局关于确定建筑用石资源税税额标准的通知》规定,绍兴县对县内开采建筑用石的单位和个人开始征收资源税,对《中华人民共和国资源税实施细则》中未列举名称的其他非金属矿原矿和其他有色金属矿原矿,仍暂缓征收。次年8月1日起,县地税局委托绍兴县化工民爆器材专营有限公司依法代征建筑用石资源税，按开采建筑用石所需的炸药用量实行核定征收。

税务人员到矿区宣传资源税征收政策

2006年12月，全县对单位和个人在矿产开采或工程建设中委托施工单位开采矿产品进行销售或自用，其纳税义务人为有矿产开采权（包括有开采许可证和应取得开采许可证）的单位或个人。其销售或自用的矿产品，均应由矿产开采权的单位或个人按规定缴纳资源税。

2011年4月1日起，开采与铁矿共生、伴生的氟碳铈矿、独居石矿等稀土矿，除征收铁矿石资源税外，还应按规定税额标准征收稀土资源税。

税目税率

非金属原矿税额0.5～20元/吨，其中石灰石资源税适用税额每吨2元，大理石和花岗石资源税适用税额每立方米3元，南方海盐（浙江产的海盐属之，下同）12元/吨。

2004年10月1日（所属月份）起，根据《绍兴市地方税务局关于确定建筑用石资源税税额标准的通知》规定，绍兴县对境内开采的建筑用石税额标准为每吨1元。次年8月1日起，全县建筑用石资源税，税额标准为每千克炸药4元人民币。

2007年2月1日起，根据财政部、国家税务总局《关于调整盐资源税适用税额标准的通知》规定，对南方海盐暂减按每吨10元征收，液体盐暂减按每吨2元征收。

2008年10月1日起，财政部、国家税务总局调整硅藻土、玉石等部分矿产品的资源税额标准，调整后的税额标准为硅藻土、玉石每吨20元，磷矿石每吨15元，膨润土、沸石、珍珠岩每吨10元。

2011年4月1日起，财政部、国家税务总局统一调整稀土资源税税额标准，轻稀土（包括氟碳铈矿、独居石矿），60元／吨；中重稀土，（包括磷钇矿、离子型稀土矿），30

元/吨。

2003～2013年,绍兴县累计征收资源税4183万元。

表17-2

绍兴县资源税征收情况统计表(2003～2013)

单位:万元

年　度	2003	2004	2005	2006	2007	2008
征收数	16	34	210	579	599	573
年　度	2009	2010	2011	2012	2013	合　计
征收数	392	511	435	496	338	4183

第十八章　征收管理

改革开放后，绍兴县税务部门普遍建立纳税申报制度、推行税务代理制度、推进税收征管计算机化的进程、建立严格的税务稽查制度，税收征管模式实现“征、管、查”三分离；实行网络操作，实施科学高效现代化的税收征管，建立起“以申报纳税和优化服务为基础，以计算机网络为依托，集中征收、重点稽查”的税收征管新格局。征管新格局的建立和运用，对保障国家税收法规政策的贯彻实施、确保全县财政收入、整顿和规范市场经济秩序、保障纳税人合法权益、规范税务机关和税务人员执法行为、打击偷逃骗税等违法行为、促进全县经济发展和社会进步等方面起到重大作用。绍兴县税收征收管理包括税收征管模式、税款征收方式、税收管理制度和税收宣传等方面内容。

第一节　征管机构和模式

县地税局

绍兴县地方税务局负责全县地方税收及有关的费、基金的征收管理。

2003年1月起，绍兴市、县行政区划调整，原由绍兴县所属的齐贤镇七里江村、庄头村、林头村、五峰村、前王村、潞阳村、潞庄村、后诸村、狭猕湖村、山泉村、西山头村、青云村、立岱村、大庆寺村、嘉会村15个行政村和原马海乡划归越城区，其区域内纳税人的地方税、费、基金也由绍兴县地税局划归绍兴市地税局负责征管。

2004年3月12日，绍兴县地税局轻纺城所成立，负责中国轻纺市场、联托运市场和钱清原料市场的地税税费征管。同年4月1日起，直属、福全、齐贤、钱清、平水5个征管局更名为柯桥、福全、齐贤、钱清、平水5个税务分局，各税务分局内设办公室、征收综合业务股、管理股和计会征收股等股室。同月，县地税局调整税收征管改革领导小组及其办公室成员，由县局局长任组长，县局副局长为副组长，成员由人教、办公室、征管、税政、计财、稽查、案审等科室负责人组成，下设税收征管改革领导小组办公室，办公室设在地税局征管科，征管科长任办公室主任。同年6月，县局推行A、B岗征管制度，形式为“一人多岗，一岗多人”。

2005年5月，齐贤税务分局更名为滨海税务分局。2006年3月，县地税局调整基层分局内设机构，设办公室、综合业务股、计会征收股、管理股4个股室，并明确各股室工作职责和岗位设置。是年,县内区域调整,县地税局调整相关分局(所)的税收管辖权,涉及调整的企业240多户。

2010年1月,绍兴县地税局新设规费管理科、纳税服务科。是年,全县耕地占用税、契税的征收管理由县财政局划归县地方税务局管理,并建立以"土地税收"为核心的税种管理机制。

2012年,县地税局实行"一窗式"服务模式,构建"三区一台"(即办税服务区、自助服务区、等候休息区和综合办税服务台)服务框架,实现办税服务"一窗多能"。

2013年12月,撤销绍兴县,设立绍兴市柯桥区,浙江省绍兴县地方税务局更名为绍兴市柯桥地方税务局,下属机构也相应变更。同时,孙端、陶堰、富盛3镇因划归绍兴市越城区,其区域内的地方税、费(基金)也划归绍兴市地税局管理。

县国税局

绍兴县国家税务局负责和主管全县中央税、中央与地方共享税及国家税务总局指定的其他税种的征收管理。

2003年1月起,绍兴市、县行政区划再调整,绍兴县国税局原管辖的齐贤镇七里江村、庄头村、林头村、五峰村、前王村、潞阳村、潞庄村、后诸村、狭猕湖村、山泉村、西山头村、青云村、立岱村、大庆寺村、嘉会村15个行政村和原马海乡区域内国税方面涉税事项移交绍兴市国税局管辖。同年5月,经浙江省国税局批准,绍兴县国税局进出口税收管理分局、涉外税收管理分局改名为进出口税收管理科、涉外税收管理科两个内设机构,增设市场税收管理科,纳税评估科,稽查局升格为副科级直属机构,下设综合股、检查一股、检查二股、检查三股、检查四股5个内设机构。

2004年6月20日起,绍兴县国税局实施"业务重组",办税大厅工作人员增加到33人,涉税办理事项比重组前减少三分之一以上,限时办结事项的限时时间从15天～2个月减少到5～20天,减少审批程序82项,减少办事环节120个,有20项必须报送的资料可到年底集中报送。

2005年6月起,县国税局新税收征管模式运行。局机关设人教科、办公室、监察室、政策法规科、计划财务科、税源管理一科、税源管理二科、税源管理三科、税源管理四科9个科室;下设稽查局(内设综合股、审理股、协查股、检查一股、检查二股、检查三股),信息中心;撤销柯桥、钱清、齐贤、福全、平水5个税收管理站,设柯桥、钱清、齐贤、福全4个国家税务分局和平水国家税务所,其中4个国家税务分局为副科级派出机构,充实税收管理人员,直接从事管户人员增加到100人,占全局总人数的40%。

2006年3月,县局实施税收管理员责任区管理制度,建立定期税收征管例会制度,落实执法责任制。2008年,县局办税服务厅新设"自助服务区""咨询答疑服务区"和"个性服务区"三个服务区。自助服务区,纳税人能免费享受网上申报、数据查询等服务;咨询答疑服务区,由2人组成,设A、B岗,负责向纳税人答疑,并辅导纳税人如何办理各类涉税项目;个性服务区,主要设立涉外税收服务绿色通道。

2009年12月起，根据省国税局统一部署，县国税局实施机构改革，局机关内设人教科、办公室、监察室、机关党办、政策法规科、纳税服务科(含办税服务厅)、收入核算科、征收管理科、税源管理一科、税源管理二科、税源管理三科、税源管理四科12个科室。下设直属单位有稽查局和信息中心事业单位。派出机构有柯桥、福全、齐贤、钱清4个税务分局和平水税务所。稽查局内设综合选案股、综合股、检查股、案审股、执行股5个股，各税务分局(所)内设综合股、稽核股、税收管理股3个股。

2010年4月1日起，县局实施税源专业化管理，将原管理员职责分解为纳税服务员、税收管理员(税收联络员)、税务稽核员、纳税评估员和税收分析员5员，实现从“管户”向“管事”转变，把纳税人申请事项的受理和办理从管理员中剥离出来，由县局办税服务厅或综合岗人员负责，税务机关依照职权进行主动管理的行为由税收管理员负责，形成“纳税人到国税机关办理的事项，由县局办税大厅受理，国税机关布置给纳税人的事项，由税收管理员负责落实”的税收管理机制。并调整基层管理单位机构设置，在各税务分局(所)内设综合业务股、税源管理一股、税源管理二股3个内设机构；局机关税源管理二科内设综合业务组、税企联络组和稽核组。

2012年12月1日起，绍兴县列入“营改增”试点范围，全县从事交通运输业和部分现代服务业的纳税人由缴纳营业税改为缴纳增值税，改征的增值税由县国税局负责征管。县国税局根据省局和县委县政府统一部署，成立领导小组，制定实施方案，确定63项具体工作，并与财政、地税、交通、运管等部门密切协作，实现试点工作顺利启动和新旧税制平稳转换。至年末，全县共确认“营改增”企业3670户，其中增值税一般纳税人104户。

2013年12月，绍兴县撤县设区，绍兴县国税局及下属机构名称变更因在审批中，暂不变(2014年1月7日，绍兴县国家税务局撤销，绍兴市柯桥区国家税务局挂牌)。孙端、陶堰、富盛3镇划归绍兴市越城区，其区域内原由绍兴县国税局管辖的国税纳税人划归绍兴市国税局管理。同年，县局在绍兴县行政服务中心钱清、平水分中心设立国税窗口和轻纺城办税点。

第二节　征收方式

基本方式

绍兴县税务部门税收征收方式，随着经济发展而不断完善，基本方式根据全县税种、税源及国、地税局征收特点确定。

县地税局　对全县地税纳税人实行查账核实征收、定额核定征收等基本方式。缴税实行税款预储账户和金穗理财卡方式。

2004年6月，县局贯彻实施省地税局印发的《建立收支凭证粘贴簿，进货销货登记簿或者使用税控装置的审批税务行政许可程序》。11月，贯彻国家税务总局印发的《集贸市场税收分类管理办法》,对全县集贸市场划分为大中小三类市场,实行分类管理。同年,贯彻实施《浙江省地税系统政务公开内容的通知》,对生产经营规模小、又确无建账能力的纳税人,经税务机关审核批准,可适用定期定额管理办法,并对轻纺市场、联托运市场税收定额进行调整提高,调整幅度为52%,年增加地税收入1800万元。

2005年,对轻纺市场税收调查测算,税收定额在原基数上提高16.6%,全年增收税收500多万元。2006年11月1日起,实施省地税局印发的《浙江省个人出租房产税收征收管理暂行办法》,对全县个人出租房产的税收征收采用按实征收和核定征收两种方式,并对申报、征收、监控和法律责任作出具体规定。

2007年1月1日起,县局实施国家税务总局印发的《个体工商户建账管理暂行办法》,对注册资金20万元以上、销售增值税应税劳务的纳税人或营业税月销售(营业)额在4万元以上、从事货物生产的增值税纳税人月销售额在6万元以上、从事货物批发或零售的增值税纳税人月销售额在8万元以上的应设置复式账;对注册资金10万元以上20万元以下的、销售增值税应税劳务的纳税人或营业税月销售(营业)额在1.5万~4万元、从事货物生产的增值税纳税人月销售额在3万~6万元、从事货物批发或零售的增值税纳税人月销售额在4万~8万元的应设置简易记账。7月1日起,县局制订的《个体户税收定期定额征收管理暂行办法》实施,对个体工商户在一定经营地点、一定经营时间、一定经营范围内的应纳税经营额或所得额进行核定,并以此为依据,确定其应纳税额。适用于生产规模小、达不到《个体工商户建账管理暂行办法》规定设置账簿标准的个体工商户的税收管理。并对定额核定、调整,纳税申报,税款征收和停复业管理,以及法律责任作了具体规定。7月1日起,县局实施省地税局印发的《浙江省建筑业税收管理办法(试行)》,对建筑业纳税人税务登记、项目管理、申报征收、发票管理、纳税评估、税费清算等作出规定。

2008年,在中国轻纺城开展柯桥城区个体餐饮、服务业"参数定税法"征管试点,制订《纯地税户双定指标参数方案》,依托《浙江地税信息系统》自动生成纳税人税收定额。2009年6月,全县规范个体餐饮、服务业"参数定税法",确定行业的权重指标和同类纳税人系统指标,按照县局税友2006操作流程开展双定户定额的核定。

2010年5月起,县局对中国轻纺城198户纯地税双定户,通过调查、发票监控及运用"参数定税法"等方式,上调定额117.3万元,每月增税9.2万元。2011年,启用"存量房交易评税系统",对全县存量房交易实施最低计税价格管理。同年,全县改革契税、耕地占用税征收管理模式。次年,实行办税"一窗式"服务模式,构建"三区一台"服务框架(即办税服务区、自助服务区、等候休息区和综合办税服务台),实现办税服务"一窗多能"。

2013年,县局落实省地税局印发的《税收风险管理工作指引》,以风险特征结果,制定地税差别化风险管理。

县国税局 对全县国税纳税人实行查账核实征收、定额核定征收等基本方式,定期定额征收户采用税款预储账户的缴税方式。

2004年11月，县局贯彻国家税务总局印发的《集贸市场税收分类管理办法》，将全县集贸市场划分为大中小三类市场，实行分类管理。同年，县局应用“个体税收定额核定系统”软件，对全县个体工商户的税收定额调整由电脑核定，全县所有个体工商户分商业、生产加工、修理修配三大行业和百货、服装等几十个小行业的起征点设置为原始参数，并逐一确定地段系数，在全面采集原始信息数据的基础上，结合各行业特点，将店面租金、雇工人数、经营地段及面积等列为定额参考系数，纳入微机管理，制定出定额核定公式，按“电脑公式”对个体工商户当场核定税款。2005年，县局调整轻纺市场经营户税收定额，调整面为100%，上调幅度达到16.6%，市场全年税收突破1.5亿元，比上年增长44%。次年6月，对已认定为未达起征点户，定期在公告栏公布，接受社会监督，严格发票使用审核，并告知经营规模超过起征点的，应主动申报纳税。对达到起征点的，按规定征收，印花、绣花、针织等个体工业户实行以电定税。

2007年1月1日起，县局实施国家税务总局印发的《个体工商户建账管理暂行办法》。对注册资金20万元以上、销售增值税应税劳务的纳税人或营业税月销售（营业）额在4万元以上、从事货物生产的增值税纳税人月销售额在6万元以上、从事货物批发或零售的增值税纳税人月销售额在8万元以上的应设置复式账；对注册资金10万元以上20万元以下的、销售增值税应税劳务的纳税人或营业税月销售（营业）额在1.5万~4万元、从事货物生产的增值税纳税人月销售额在3万~6万元、从事货物批发或零售的增值税纳税人月销售额在4万~8万元的应设置简易记账。4月起，县局推行《个体工商户计算机核定定额系统》，涉及全县个体小工业、28个商业大类、3个修理修配行业大类和轻纺城22个市场，并对830家典型个体户进行数据采集，确定全县相对统一规范的行业分类、定额项目和定额要素体系，拟定定额项目、定额标准和定额调整系数，实行计算机核定个体户定额。同年，县局推出的“印染行业‘承包车间’税收管理办法”“外商投资企业免税征税转换期税收管理措施”被列入省国税局创新项目库，其中“印染行业‘承包车间’税收管理办法”被省国税局评为优秀创新项目。“外贸企业出口货物进项发票管理办法”“强化售付汇税务凭证出具管理办法”“自制会统资料查询软件”分别被市国税局评为优秀创新成果一、二、三等奖。

2008年11月1日起，县局试用农村税收征管服务系统，该系统包括纳税服务管理、农民办税方便卡管理、委托代征（代开发票）管理等主体功能模块，实现农民办税不进城。同年，县局“市场税收分类管理”被绍兴市国税局评为优秀创新成果三等奖。

2009年，县局对全县2753户从事纺织、服装、鞋帽制造业进行调查、分析、归类，建立纺织综合模型，实施纺织行业综合模型管理，被省国税局评为管理创新优秀项目。次年1月起，根据《浙江省国税局个体工商户税收定期定额征收管理办法》，县国税局对全县22000多家个体工商户进行定额调整，在上年定额基础上增长15%，调整按《个体工商户计算机核定定额系统》办法操作，按新的区域划分标准和新的调整系统进行。同年,县局对一般纳税人全部纳入模型监控,并开发"行业模型分析系统",征管干部通过系统分析,就能掌握企业生产经营和纳税情况。

2011年,县局启用出口货物征退衔接交互平台和纳税人自助服务平台,方便纳税人办理涉税事项。次年,县局建立办税服务厅激励机制,出台《办税服务厅窗口工作人员优质服务奖考核办法》。

2013年,县局根据《外国企业常驻代表机构税收管理暂行办法》的规定,对驻中国轻纺城外国企业常驻代表机构399户实行核定征收方式,征管率达到100%。

委托代征

是以行业管理的便利条件,税务系统与相关单位建立税收代征协议,在源头实施代扣代缴税收的一种方式。

县地税局 对全县个体运输业户的税、费征收委托绍兴县运输管理所代征,其税务登记、代售发票也由绍兴县运输管理所办理。

2004年起,县局对"定期定额"纳税人实行集体民主评税制度,民主评议小组由镇(街)、村及工商管理部门、个体协会、行业纳税人代表等人员组成,并全面委托县农业银行及各网点按期扣缴、解缴税款。

2005年起,县局委托绍兴县化工民爆器材专营有限公司按开采建筑用石所需的炸药用量,依法代征建筑用石资源税。2006年11月1日起,实施《浙江省地方税(费)款委托代征管理办法》。对全县零星分散和异地缴纳税(费)实行委托代征,对原代征单位进行重新审核和确定。

2007年1月,县局与轻纺城市场主办单位签订委托代征协议,实现对市场营业房租赁的源头控管。通过与运管部门签订委托代征协议,加强个体运输业的税收管理;与街道办事处建立联系联络关系,加强对房产出租的税收管理。

2009年8月1日起,全县车船税委托机动车交通事故责任强制保险业务的保险机构代收代缴。次年,委托绍诸高速、杭甬铁路客运专线代征税款,入库收入3563万元。

2011年起,县局在各镇(街道、开发区)成立个体税收征收组。根据征管户数、征管范围、征收税款等情况,招聘个体税收代征人员46人,负责所在地区域内个体税收代征。同时,在柯桥街道推行个人出租房税收委托代征试点,从以前地税部门自行征收为主、街道协助为辅的征收方式转变为委托街道征收。县局还与沪昆铁路客运专线浙江有限责任公司等29家单位签订委托代征协议,并对代征人员进行税收政策、征收技能培训。

2012年,县局与26户代征单位签订代征协议,建立部门涉税数据定期交换机制。2013年,县局借助"村账镇管"平台与镇(街)协作,强化村级经济的税收征管。

县国税局 县局对储蓄存款利息所得征收个人所得税实行以办理结付个人储蓄存款利息的储蓄机构为扣缴义务人,对储蓄存款利息个人所得税实行代扣代缴。

2004年,县局福全税务分局,发挥协税护税网络作用,对个体工商户定额进行调整，调整面为36%，提高定额幅度为48%。2005年，县局齐贤税务分局注重协税护税网络建设，每季召开一次协税护税人员例会，相互交流工作方法及经验，并根据需要，及时调整协税护税人员。

2006年，全县建立个体零星税收社会协管机制，健全协税护税网络。2007年7月起，县局推出税收预约服务项目，国税部门接受代征单位等预约后，由办税大厅指定专人进行办理，预约服务范围包括税务事务所抄税500张以上、纳税大户认证100份、开具"红字通知单"一次在25份以上、航天金税公司发行两卡一次在10户以上、车辆购置税缴纳一次在10户以上。

2008年起，县国税局在漓渚镇建立服务网点，确定委托代征单位，解决农民销售自产农产品开票问题，农户可根据花木销售情况，在核定的品种、销售额范围内到服务网点申请开具普通发票。2009年4月，县局加强对上市企业预提所得税扣缴，对全县11户上市企业进行预提所得税纳税辅导，并落实扣缴责任，建立代扣代缴预提所得税台账，全年扣缴预提所得税247.78万元。

2010年7月，全县实行国税个体税收由镇(街)协税护税组织代征，镇(街)政府(办事处)成立镇(街)协税护税征收组，明确委托代征范围、权限及责任等内容，实现国税个体税收社会化管理。

2012年5月起，县局个体税收社会化管理平台的43名代征员到岗，并与县地税局联合开展个体税收数据比对，对纳税人状态不符的18397户个体户完成数据清理，当年征收国税个体税收2.1亿元，比上年增长18.26%。

第三节　征管制度

绍兴县税务部门实施的征管制度主要有《中华人民共和国税收征收管理法》规定的税务登记制度、纳税申报制度、纳税服务制度、发票管理制度和税收宣传等。

税务登记

税务登记(又称纳税登记)是对县内所有纳税人的生产、经营活动进行登记管理的一项法定制度，也是纳税人依法履行纳税义务的法定手续，纳税人的设立、变更、注销都要及时办理税务登记手续，绍兴县税务部门在各办税大厅、绍兴县行政审批中心均设有国、地税审批窗口，专门办理全县纳税人的税务登记。

县地税局　2003年，全县共清理集贸市场漏征漏管户304户，对未办理税务登记证的个体工商户都按规定办理税务登记，年末，全县有地税纳税登记户24761户，其中纳税户数24501户。2004年2月1日起，贯彻实施国家税务总局颁布的《税务登记管理办法》和《浙江省地税系统政务公开内容》，对地税纳税人设立税务登记、变更税务登记、停、复业登记、注销登记、扣缴税款登记、外出经营报验登记作出明确规定。

2005年8月起，贯彻实施省国、地税局印发的《关于联合办理税务登记的意见》，同县国税局联合办理税务登记,实行“五统一(即统一受理税务登记、统一税务登记代码、统一税务登记证件、统一税务登记表式、统一信息采集标准)、两下降(即降低纳税成本、降低征税成本)、一提高(即提高税务登记工作效率)”的办理原则。办理对象为国、地税共管户纳税人的新办税务登记、变更税务登记、换证、验证和遗失税务登记证件补办。办理方式采取联合办税大厅、便民中心等统一场所及国、地税办税服务厅。

2006年4月1日起,县地税局与县国税局在县行政审批服务中心全面启动联合办理税务登记,两局抽调11人,在县行政审批服务中心设立税务登记联合换证窗口,实现联合办证“一个场地、一套证件、一个税号、一次收费和违章处理、一个信息系统处理”。6月,全县税务登记实行属地管理,纳税人持税务登记证副本开立账户,并在开户15日内将账号报告税务机关;临时登记户领取营业执照的,在30日内向税务机关申报转办为正式税务登记证;纳税人经营范围变化的,在发生变化之日起30日内申报办理变更税务登记。同年10月起,对发生房屋租赁行为的纳税人,均应在发生应税行为或领取房屋租赁许可证后30日内办理税务登记,发生停租、改变出租面积、变更承租人姓名或投递地址等情况的,纳税人应在发生变化之日起30日内办理变更手续。至年末,全县国、地税局联合换发税务登记证36334户。

2007年6月,县地税局通过联合办证,理顺国、地税共管及分管户数,统一行业分类口径和经济类型,年末,全县有地税税务登记48138户。2008年,县地税局与县国税局以联合办证平台为依托,利用工商数据共享系统,启用个体工商户税务登记证免填单服务,纳税人办理税务登记证时,税务人员自动从工商数据共享系统取得纳税人基本信息,与纳税人提供的资料进行核对,打印《税务登记表》并经户主确认后,当即发放税务登记证件。

2009年,开展企业分离发展服务业工作,做到“成熟一家、辅导一家、分离一家”,至年末,全县有52户企业实施分离。2010年,绍兴县行政服务中心实施行政审批“多证联办”制度,县地税局与国税局、质监局、工商局、公安局组成“多证联办”窗口,由工商局牵头办理工商营业执照、税务登记、组织机构代码,实施范围为工商窗口注册登记的各类企业的设立登记、注销登记,不包括个体工商户、私营独资企业、股份有限公司、上市公司及省、市工商局注册登记的企业。

2011年10月15日起,县地税局对登记管理等涉税事项实行当场办结、限时办结的办事制度改革。2012年11月,县局与工商部门沟通协调,取得股权变更登记信息,对个人股权转让,实行“工商前置”,掌握全县股权投资类税源。

2013年5月,开展税务登记验证,清理临时登记和内部管理非正常户、核对2012年注销恢复企业、清理和核实非正常户和税务登记证件失效户。至年末,全县有地税纳税登记户76416户,其中纳税户数72532户。

表18-1

绍兴县地税局税务登记户数和纳税户数情况统计表(2003～2013)

单位:户

年度	税务登记户数	纳税户数								
		合　计	国有(全民)经济	集体经济	私营经济	个体经济	联营经济	股份制经济	外商投资经济	港澳台经济
2003	24761	24501	268	967	3512	18276	17	1023	264	174
2004	28308	19184	335	494	3965	13122	13	785	234	236
2005	32350	20675	338	448	5056	13549	10	740	266	268
2006	42016	22405	181	440	6605	13951	11	631	269	317
2007	48138	25044	288	467	9329	13500	7	811	284	358
2008	53193	26417	194	372	10259	14185	5	743	300	359
2009	58219	29200	207	377	11706	15405	4	842	296	363
2010	63849	32009	206	341	13737	16101	4	961	293	366
2011	62692	56556	224	190	15697	38703	4	1066	301	371
2012	67824	63540	203	194	19005	41950	4	1412	356	416
2013	76416	72532	198	161	22909	47009	4	1493	358	400

县国税局　2003年,县国税局以征管质量考核为手段,全年平均税务登记率100%。年末,国税纳税登记户22860户,其中纳税户数22860户。2004年2月1日起,贯彻实施国家税务总局颁布的《税务登记管理办法》,做好税务登记换证工作。

2005年8月起,县国税局贯彻实施省国、地税局印发的《关于联合办理税务登记的意见》,同县地税局联合办理税务登记,办理对象为国、地税共管户纳税人的新办税务登记、变更税务登记、换证、验证和遗失税务登记证件补办。办理方式采取联合办税大厅、便民中心等统一场所及国、地税办税服务厅。2006年4月1日起,县局与县地税联合办理税务登记工作在县行政审批服务中心启动,制订《国、地税税务登记换证窗口工作制度》,全县统一换发、启用新税务登记证。

2007年9月,县局对福全税区的个体圆机、绣花机等一些家庭工业,凡达到一定规模的,为其办理税务登记证。同年,县行政审批中心国税窗口主动与地税配合协调税务登记办证,全年税务登记率达到100%。2008年7月,县局与地税局以联合办证平台为依托,推出税务登记证办理"免填单"服务,利用工商数据共享系统,打印出税务登记表交纳税人签字确认,当即发放税务登记证件,全年税务登记率达100%。

2009年,县国税局全年月均纳税登记率达到100%。2010年7月,县局在县行政服务中心与地税局、质监局、工商局、公安局组成"多证联办"窗口,由工商局牵头办理工商营业执照、税务登记、组织机构代码,实施范围为工商窗口注册登记的各类企业的设立登记、注销登记。

2012年11月,县局便民服务中心窗口为全县2600余户“营改增”纳税人提供更换税务登记证服务。

2013年6月,县局开展国税漏征漏管户清查,采用重点清查和拉网式清查两种方式。重点清查对象为2012年1月至2013年4月,已在工商登记但未办理税务登记的纳税人和国、地税登记不一致的纳税人;拉网式清查对象为未办理工商登记但应办理税务登记的纳税人,县局联合地税局设计《税务登记证办理提醒书》,以书面通知督促其办理税务登记。年末,全县有国税纳税登记户56743户,其中纳税户数33447户。

表18-2

绍兴县国税局税务登记户数和纳税户数情况统计表(2003～2013)

单位:户

年度	税务登记户数	纳税户数									
		合计	国有经济	集体经济	私营经济	个体经济	联营经济	股份制经济	外商投资经济	港澳台经济	其他经济
2003	22860	22860	153	828	3435	17815	9	178	152	249	41
2004	27565	26512	92	679	4581	20434	8	241	177	272	28
2005	31361	30165	30	530	5727	23052	8	304	202	296	16
2006	41458	23333	15	204	6322	16120	3	296	154	125	4
2007	23888	13809	20	181	7637	5195	3	326	185	249	13
2008	25758	14659	16	155	8600	5066	3	346	193	266	14
2009	27711	16353	12	141	9583	5768	3	348	215	264	19
2010	29769	19508	13	122	11435	6168	3	899	514	281	73
2011	33046	21544	6	124	13220	6904	2	427	543	303	15
2012	51401	29350	8	123	14863	13074	2	481	500	285	14
2013	56743	33447	9	109	17259	14776	1	536	462	269	26

纳税申报

全县国、地税纳税人按法律、行政法规确定的申报期限内都要向税务部门办理纳税申报,申报时要随带纳税申报表、财务会计报表和其他纳税资料,扣缴义务人还要报送代扣代缴税款报告表。全县增值税、消费税、营业税等税种以1个月为一期纳税的,自期满之日起10日内申报纳税,以1日、5日、10日或者15日为一期纳税的,自期满之日起5日内预缴税款,于次月1日起10日内申报纳税并结清上月应纳税款。企业所得税应当在月份或季度终了后15日内,年度终了后45日内申报纳税。

县地税局　纳税人的纳税申报,采取上门申报、邮寄申报、数据电文申报(网上申

报)、电话申报、委托申报5种纳税申报方式。

2004年6月起,绍兴县地税局等34个县(市)地税局在全省率先应用浙江地税因特网办税服务系统网上申报。全县地税实现定期定额户简化纳税、超定额申报纳税,企业纳税人、扣缴义务人以网上申报为主,邮寄申报、上门申报方式为补充的多元化纳税申报模式。同年,县局贯彻执行《浙江省地税系统政务公开内容》,对地税纳税人的纳税申报,要求应报送资料有纳税申报表、财务会计报表及其说明材料、与纳税有关的合同和协议书及凭证、税控装置的电子报表资料、外出经营活动税收管理证明和异地完税证明、境内或境外公证机构出具的有关证明文件以及地税机关规定报送的其他有关凭证、资料。

2005年12月,对全县土地拍卖及其契税申报缴纳情况进行清理检查,并督促企业自行申报,全年补缴土地契税4900余万元。次年3月1日起,县局贯彻实施国家税务总局印发的《营业税纳税人纳税申报办法》,对全县交通运输业、娱乐业、服务业、建筑业,除经税务机关核准实行简易申报方式外,均按办法规定进行申报纳税,纳税人应按月(季)进行纳税申报,申报期为次月1～10日,遇最后1日为法定节假日的,顺延1日,在每月1～10日内有连续3日以上法定休假日的,按休假日天数顺延。

2007年,县地税局对非正常零申报纳税人实施公示制度,每月申报纳税期满后,根据日常税源管理所掌握的征管信息进行分析核实,确定连续3个月非正常零申报纳税人名单,进行公示并要求其在规定时间内向主管税务机关说明原因,否则税务机关根据实际情况进行纳税评估和稽查。

2008年起,对中小企业实行所得税预警管理,企业申报的所得税率高于所得税预警率的,按企业申报缴纳,低于所得税预警率的,企业要说明原因理由,必要时税务机关要对企业实地核查。2009年7月起,实施社会保险费申报监控,由"日常税源管理岗"人员根据"TF2006系统"中的《绍兴县社保费申报情况企业清册》,对企业社保费申报情况进行监控。

2010年,开展地税电子商务认证中心系统培训,全县132户纳税户通过"电子商务认证中心系统"进行纳税申报。2011年起,推广应用CA证书办理"网税申报",纳税人按规定成功办理网上纳税申报后,不再向税务机关报送相应的纸质申报资料。同年,全县有6户企业申报入库股权投资类税收1.1亿多元。

2012年起,县地税局推出耕地占用税、契税申报业务"免填单"服务。2013年,推广柯桥分局以细心服务提高纳税人纳税申报遵从度;热心服务培养纳税人网络申报纳税能力;正心服务强化纳税人纳税申报责任意识的"三心"服务纳税人申报。

县国税局　2003年8月1日起,县局推行增值税一般纳税人纳税申报"一窗式"管理模式,即在一个窗口办理发票认证、报税和纳税申报业务。国税办税大厅的纳税申报窗口对每户企业进行"票表稽核",比对纳税人申报表中增值税专用发票销售额和抵扣额与防伪税控系统报税数和认证数的逻辑关系,确保开具专用发票部分的销售收入如实申报纳税，全年纳税申报率达到99%以上，超过省局考核的质量要求。其中企业应申报59749户次，按期申报59564户次，按期申报率99.69%。个体工商户应申报180626户次，按期申报179344户次，按期申报率99.29%。同时，对增值税一般纳税人实行电子信息采集，使用防伪税控系统开具增值税专用发票的纳税人，须在抄报税成功后进行纳税申报。申报必报资料有增值税纳税申报表及附列资料，报送记录当期纳税信息的IC卡、增值税专用发票存根联明细表及增值税专用发票抵扣联明细表，资产负债表和损益表，成品油购销存情况明细表(发生成品油零售业务的纳税人填报)，主管税务机关规定的其他报表资料，备查资料有已开具发票存根联、抵扣联、其他备查资料等。

2004年8月，县局升级电子申报软件，实现对货运发票和废旧物资发票电子数据必须填写的12位发票代码的校验功能。是年，针对纳税大户税负有所下降情况，实施以局长名义向244户纳税大户发送信函，要求其财务人员及时足额申报纳税，全年纳税申报率达到99.98%。

2005年11月起，县局推广应用"全省统一网上安全申报平台"。是年，全县所有增值税一般纳税人实行VPDN纳税申报，超过90%以上的小规模纳税人也通过VPDN系统进行申报。县局还充实税收管理人员，增加零(负)申报率考核，全年申报率达到99.97%。

2006年6月起，县局实行摩托车车购税网上预申报，由摩托车销售企业负责将销售的车辆相关信息录入车购税"网上预申报系统"，车购税办税窗口根据申报信息对预申报内容进行审核，纳税人所提供资料如同网上预申报内容一致，即可打证开票。

2007年4月，县局"站内短信系统(小规模超标准申报企业提醒)"开发完成，实现按月自动对截止当月申报期年累计销售额大于100万元的小规模工业企业或年累计销售额大于180万元的小规模商业企业进行自动提醒，由相关企业的税收管理员、分局(所)和相关科室负责人，为增值税纳税人分类提供依据。

2008年，县局对印染、化纤、金属制管、纺织、针织、绣花、黄酒、机械8个行业实施建模监控，在监控过程中发现的财务核算不规范、申报数据不正确等问题，查明原因，及时纠正，提高纳税申报率，全年申报率达到99.94%。

2009年1月1日起，增值税纳税人的申报期限从10日延长到15日。是年，县局选择"低税负、零税负"申报企业，开展专项纳税评估，全年补缴税款及滞纳金6939万元。2010年，建立以纳税申报等为内容的，不受时间限制的24小时自助服务区，全年通过VPDN网上申报纳税户36670户(个体定额户通过批量导入)，占全部应申报户数的99%。2011年，整合纳税自助申报等功能，开发启用纳税人自助服务平台。

2012年1月1日起，对"营改增"纳税人增值税纳税申报，要求对当月开具的增值税发票信息进行抄税(即用IC卡向主管国税机关抄报开票信息)，主管国税机关对纳税人申报的销项税额数据和IC卡抄报数据进行比对。对于取得的进项税额，纳税人需在规定期限内进行专用发票认证，认证通过后当月抵扣。7月1日起，增值税纳税申报表附列资料中“简易征收办法征收增值税货物的销售额和应纳税额明细”部分增加3%征收率，供增值税一般纳税人选择简易办法(按销售额和3%的征收率)计算缴纳增值税。

2013年，全县国税纳税申报实行网格化管理，即以一般纳税人纳税申报表填列培训辅导为基础，采取分镇(街)、分片区管理的模式，方法为各税务分局(所)按每个镇(街)、片区确定一名联络员，县局纳税服务科确定3名联络员，划分责任区域，落实责任到人。该责任区内所有纳税人的纳税申报事宜由该联络员负责培训、解释、答疑。同时在国税外网上公布联络员负责联系的片区、联系电话等内容，确保一般纳税人的纳税申报质量。同年，做好纳税申报辅导工作，对“营改增”企业进行一对一辅导，重申“纳税人符合减免税条件也要纳税申报”和常规纳税申报辅导工作。

纳税服务

改革开放以来，绍兴县税务部门先后推出服务承诺制、首问责任制、预约服务、延时服务等一系列规章制度和服务举措，并在服务硬件建设上，专门在办税大厅设置电子公告屏、触摸屏、IC卡电话、文明伞、矿泉水、书写工具、老花镜等，让纳税人办税时感受“家”的温暖。

县地税局　2003年，县地税局开展“十佳能手”评选、开展青年文明号、巾帼示范岗、文明窗口等争创活动。推出“优质服务宣传卡”“岗位明星”评比制度，在全县机关行风测评中，县地税局从上年的第16位上升到2003年的第5位。2004年8月，实施省地税局印发的《首问责任人制度》《窗口一次性告知制》《来信来访管理制度》《税企联系制度》《文明服务用语和忌语》等一系列为纳税人服务制度。

2005年，县局应用网上办税服务，为纳税人提供与税务机关交互式的信息平台，实现远程办税服务和信息交流。2006年，取消人户对应的“保姆式”税企管理模式，实行“人对事、事对户”的管理形式，并重新梳理和统一政务公开内容，落实服务承诺制、首问责任制、AB岗工作制等优化财税服务制度。

2007年，县地税局开展“作风建设年”“创建群众满意基层站所”活动，组织开展行风广播对话，税收服务需求问卷调查等服务活动。2008年，推广平水分局“六个所有”财税服务体系，即让所有纳税人享受全新的税收信息服务，让所有纳税人享受全程的税收辅导服务，让所有纳税人享受全面的税收联系服务，让所有纳税人享受公正的税收执法服务，让所有纳税人享受公平的税收优惠服务，让所有纳税人享受公开的税收监督权利。此服务体系受到县“纠风办”肯定。同年，全系统实行“税企联络服务卡”联系制度。

2009年，县局推出的“税企联动谋发展”服务体系被评为绍兴市行风建设十大亮点之一。“税企联动谋发展”服务体系由“纳税志愿者进社区”“网上地税直通车”“百名税干送政策”“春雨行动谋发展”“领导联企促发展”“网上办税一点通”“税企联系QQ平台”等服务机制组成。2010年，推出由税务干部、企事业单位财会人员、注册会计师、注册税务师、律师等共同参加的“纳税服务志愿者”活动；县局建立纳税服务志愿者大队，各分局(所)建立纳税服务志愿者中队，为全县纳税人义务提供涉税服务。

2011年10月15日起,县局对登记管理、证明管理、税收优惠审批、申报征收等涉税事项实行办事制度改革,开展“提速增效,服务企业”专项活动。建立定点联系企业制度,通过送政策、听意见、解难题,为企业提供个性化服务200余人次,帮助解决问题20多个,新增90项涉税事项实行前台当场办结,对59项涉税事项实行提速限时办结,对44项涉税事项的主表实行免填单制度。2012年,开展“进村入企大走访”活动,建立“定点联系、定期走访、定向服务”制度,通过“送”政策、“听”意见、“解”难题,为企业提供优质高效的纳税服务,获得国家税务总局委托第三方开展的全国纳税人满意度调查中地税系统第一名,是2012年财政地税工作十大亮点之一。是年,还构建“三区一台”服务框架,实现办税服务“一窗多能”。同年,县局按照“全程跟踪、主动服务、定期对接、及时协调”的要求,做好浙商回归财税服务保障工作。

2013年,全县地税系统树立“服务就是税源”理念,推出“五心级”服务(即“用心、热心、细心、同心、正心服务),设立“个转企”绿色通道和企业投资项目审批专窗,实行“一窗式”服务模式。对系统内112项涉税事项提速增效,85项缩短办理时限,在法定时限基础上提速85%,纳税满意度从95.12%上升到99.91%。

县国税局 县国税局实施税企联系制度,及时将有关税收法律、法规、规定及办税事项告知纳税人,提高纳税人的知情度。服务方式有“税企例会、政策公告、咨询服务、中介网络”等。2003年为纳税人实行上门服务530余次,网上税企信息交流78905户(次),组织纳税人各项涉税业务培训60余场(次),参加人数达到6.5万余人(次)。2004年6月,县局机关搬入柯桥群贤路新大楼后,强化窗口工作服务意识,完善服务制度体系,实行错时工作制度,保证中午时间正常为纳税人提供服务。同年11月,县局与各镇(街)联合召开税企座谈会,通报国税工作情况、宣传解答税收政策和征求对国税工作意见。

2005年,县国税局设置“服务评议箱、服务投诉电话,印刷联系卡”,建立税企例会制度,开发出口退税专门网页和开展上门服务、提醒服务等措施,加强纳税服务。2006年,县局深化“全程服务”,落实《纳税服务工作规范》,拓宽网上服务领域和政策服务渠道,推进政务公开,建立12366纳税服务热线,完善税企例会制度,建立业务培训网络,完善办税人员管理办法,加强“国税网站”建设,增强政策宣传与税企交流功能。

2007年,县国税局开展“以规范执法为前提、以优化信息资源为途径、以纳税人满意为标准、以提高管理效益为目标”的“管理创新年”活动。2008年起,在办税服务区新设咨询答疑服务区,负责向纳税人答疑并辅导纳税人如何办理各类涉税项目。

2009年,县局贯彻实施《纳税服务投诉管理办法(试行)》,开展“服务企业年”和“纳税服务月”活动,加强办税大厅规范化建设,创新服务举措,推行“网上抄报税系统”,探索实施出口货物“征退税一体化”管理模式,提升纳税人满意度。2010年2月,成立纳税援助小组,为纳税人提供维权服务。是年,实施“自助式取号、一站式办理、全程式服务”的办税服务特色,其中,“24小时全自助办税售票服务”获得2010年度绍兴市“行风建设十大亮点”称号。

县国税局24小时自助服务区

2011年5月23日起，全县国税系统实现“自助办税服务”全覆盖。是年，开发应用的“纳税人涉税风险防范机制”进入省国税局管理创新项目库，并被评为优秀项目。建立“走出去”的服务体系，帮助企业了解、掌握境外投资及税收信息。

2012年，县局出台《办税服务窗口工作人员优质服务奖考核办法》，完善涉税咨询、投诉处理机制，全年由县12345热线电话交办的涉及国税15单全部办结。建立重点企业QQ交流群，提供“涉税事项温馨提示、涉税政策宣传辅导、表证单书发布传送、在线咨询实时答复、资源信息下载共享”等，实现税企双方实时互动，全县有70多户规模企业或行业龙头企业加入。是年，在全省率先推出车购税窗口“自助办税”服务，建立重点企业涉税需求快速响应机制。

2013年8月，县国税局举办税企例会，全县200余名企业办税员参加。例会前半程有税务专业人员讲解办税大厅涉税业务的办理流程、出口退税相关业务及政策讲解，后半程则采用你问我答的形式进行税企互动交流。同年，制订《税企例会工作实施意见》，并应用“税企通、网上税校”等现代化平台开展税企交流。是年，优化税务行政审批，取消4项审批事项，新增58项“即办事项”前移至办税

2013年8月4日，县国税局举办税企例会。

服务厅前台办理,减少9项“转办事项”流转环节,将办结时限压缩50%以上。

发票管理

绍兴县税务部门管理的发票主要有普通发票和增值税专用发票两大类,并对发票印制、保管、发售、使用、缴销都有严格管理制度。

普通发票 2003年11月起,县国、地税局贯彻实施国家税务总局印发的《货物运输发票管理流程实施方案》,由县地税局负责《地税机关代开货物运输发票汇总清单》录入,汇总货物运输发票信息,并按规定时间做好数据传递工作。县国税局负责接收增值税一般纳税人报送的《增值税运输发票抵扣清单》的电子信息,按规定时间做好数据上传工作,并规定发票信息的采集和发票信息的传输等要求。同年,县国税局管理的普通发票区别代码设置为17位,普通发票种类码设置为5位。

2004年6月,县地税局贯彻实施省地税局印发的《指定企业印制发票的税务行政许可实施程序》《发票使用和管理审批的税务行政许可实施程序》《发票领购资格审核的税务行政许可实施程序》。同年8月,县地税局贯彻实施国家税务总局、省地税局印发的《关于使用公路、内河货物运输业统一发票有关问题的通知》,从2004年7月1日起,统一使用公路、内河货物运输业统一发票,并按使用对象分“代开”和“自开”两种。同时,全县保险中介服务统一发票启用。11月起,全县普通发票换版,合并发票种类、统一普通发票分类代码及发票号码,变更防伪措施,公布浙江省普通发票代码编制规则为12位阿拉伯数字,从左至右排列为,第1位以阿拉伯数字1表示国税代码,2表示地税发票,第2、3、4、5位为发票批印税务机关的地区代码(地、市级),第6、7位为发票批印年份代码,第8位为统一的行业代码,第9、10位为细化的行业发票代码,第11位为发票的版别代码,第12位为发票的联次代码。同年,县地税局贯彻实施《浙江省地税系统政务公开内容》,对发票使用范围、领购的程序、具名发票的印刷作出明确规定。同时,绍兴县财税印刷厂被省地税局批准为2004年度全省地税发票定点印刷企业。同年,县国税局做好废旧物资收购发票和农副产品收购发票抵扣情况检查,并对AB类一般纳税人全面推广使用电脑版普通发票。

2005年1月1日起,原浙江省保险中介服务统一发票停用。8月起,县地税局对异常的货物运输业发票审核检查范围,为抵扣方国税机关转来的需要开票方主管地税机关审核检查的货物运输业发票,如果不属于存根联采集录入等技术性错误,将结果反馈给抵扣方国税机关,如果属于存根联采集录入等技术性错误的货物运输业发票,进行修改后经人工比对两联相符的,或进行修改后两联仍不符的,将结果反馈给抵扣方国税机关,由于开票方原因造成比对异常,由开票方主管地税机关按不同情况依有关规定分别处理。同年12月,县地税局贯彻实施省地税局对地税发票样本的重新修订,启用新版地税发票。发票样本的地税发票按行业和用途分10类59种,涉税管理凭证2种。发票的基本联次为3联,普通手工版发票按每本25份装订,税控收款机专用卷式发票每卷100份和1000份两种。同年,县地税局对全县旧版地税普通发票进行全面清理,核销旧版地税普通发票2621本，电脑发票6850份，并对全县货物运输业自开票纳税人进行年审，有8家企业通过自开票纳税人资格审查，2家企业取消自开票纳税人资格。同年，县国税局对普通发票进行换版。

2006年8月1起，全县新版公路、内河货物运输业统一发票启用，2004年国家税务总局印发的《关于使用公路、内河货物运输业统一发票有关问题的通知》同时废止。同年，新版机动车销售统一发票启用，为电脑六联式发票，第一联为发票联，第二联抵扣联，第三联为报税联，第四联为注册登记联，第五联为记账联，第六联为存根联，同时旧版机动车发票停止使用。同年10月1日起，县地税局贯彻实施国家税务总局印发的《不动产、建筑业营业税项目管理及发票使用管理暂行办法》，全县实施“以票管税、网络比对、税源监控、综合管理”的治税方针，实现对不动产、建筑业营业税的精细化管理。全年检查出发票有问题90户次，查出违法发票816份，处罚90户，罚款57250元。同年，县国税局做好机动车销售发票换版工作，从CTAIS中提取机动车销售发票纳税人，通知其发票换版。

2007年1月1日起，县地税局推行“公路、内河货物运输业发票税控系统”。7月1日起，县地税局使用新版销售不动产统一发票和建筑业统一发票。同年8月，贯彻实施浙江省交通运输业定额统一发票，增加面额为1角、2角、5角及1元至5元的小面额定额发票，推广电脑版发票开票软件，引导纳税人应用计算机开票，全县863户地税纳税企业应用计算机开具发票。是年，县地税局修订和完善发票管理制度，对发票的领取、发售、保管和缴销等工作进行规范化、程序化管理。

2008年1月，县国、地税局贯彻执行《国务院关于第四批取消和调整行政审批项目的决定》，全县取消“发票领购资格审核”“建立收支粘贴簿、进销货登记簿或者使用税控装置审批”“拆本使用发票审批”“使用计算机开具发票审批”和“跨规定的使用区域携带、邮寄、运输空白发票的审批”5类行政审批项目。对普通发票领购，纳税人办理税务登记后即具有领购普通发票的资格。收支粘贴簿、进销登记簿或者税控装置分别按《个体工商户税收定期定额征收管理办法》和《税控收款机管理系统业务操作规程》的规定执行。禁止发票拆本使用，纳税人使用计算机发票，按一般普通发票领购手续办理。是年，县地税局管理普通发票有9类40种，即交通运输业：公路、内河货物运输统一发票自开和代开；国际货物运输代理专用发票电脑四联；浙江省铁路延伸服务货运专用发票电脑四联；浙江省搬运装卸专用发票（手工）；浙江省出租车专用发票（手工）。建筑业：建筑业统一发票自开和代开。金融保险业：保险中介服务统一发票（手工）。邮政通信业：浙江省邮政业务专用发票（手工）。文化体育业：浙江省绍兴市文化体育业专用发票（电脑）。娱乐业：浙江省绍兴市娱乐业专用发票（电脑）。服务业：浙江省绍兴市广告业专用发票电脑版；浙江省绍兴市旅游业专用发票电脑版；浙江省绍兴市旅店业专用发票电脑和手工版；浙江省绍兴市房屋出租专用发票手工版；浙江省绍兴市服务业统一发票手工版和电脑版。销售不动产：销售不动产统一发票自开和代开。其他发票及涉税管理凭证:浙江省限额统一发票(手工);浙江省定额统一发票;税务机关代开统一发票;浙江省地税票证工本费专用发票;浙江省绍兴市地方税务局发票换票证;浙江省统一收款收据电脑和手工版;浙江省外出经营活动税收管理证明。企业印制具名发票。同年,县国税局管理普通发票有15类31种,即浙江省国家税务局发票换票证(分手工版和电脑版)、浙江省国家税务局代开统一发票(分手工版和电脑版)、浙江省货物销售统一发票、浙江省出口货物统一发票(分手工版和电脑版)、机动车销售统一发票(电脑版)、浙江省加油站成品油销售发票(分千元版、百元版和电脑版)、浙江省普通用户电费专用发票(电脑版)、浙江省小型用电户电费专用发票(电脑版)、浙江省水费专用发票(电脑版),用于向居民个人和单位销售用水业务、浙江省收购统一发票(分千元版、百元版和电脑版)、浙江省农产品收购专用发票、浙江省粮食收购专用发票(分万元版和电脑版)、浙江省加工修理修配统一发票(分万元版、千元版、百元版和电脑版)、二手车销售统一发票(电脑版)、增值税普通发票(电脑版),企业印制具名发票。

2010年8月1日起,县国税局启用新版"普通发票"和推行"网络发票"在线开具,建立以发票认证、发票验旧购新等为内容的自助服务区,对持有"银联"标识的银行卡,可办理代开发票时刷卡缴税。2011年1月1日起,县地税局启用新版"地税发票"。3月,县国税局自助办税服务区增设"出口外销发票"和机打"万元版普通发票"发售,做好新旧版发票的衔接,对旧版发票进行清理核销,做好新版普通发票的申请、购票资格认定等工作。是年,县国税局"24小时全自助办税售票服务"获得绍兴市"行风建设十大亮点"称号。

2012年5月,县地税局推广应用"网络发票",发放《普通发票开票软件操作说明》,对实行查账征收的纳税人全部应用"网络发票"。同年对3208户"营改增"企业进行地税发票清理。全年地税非定期定额纳税人推广应用"网络发票"比例为99.89%,起征点以上的定期定额纳税人推广应用"网络发票"比例为99.40%。12月,县国税局对11户"营改增"试点纳税人印刷"冠名发票"进行核实确认。在柯东仓储中心设立货运发票代开服务点。

2013年8月,县地税局取消印制具名发票行政许可审批。符合条件的用票单位要求印制具名发票,不再需要报请税务机关进行行政许可审批。具名发票的范围包括印有单位名称、标识或套印含单位名称的发票专用章的发票。是年,县地税局稽查局对全县19家医疗单位使用发票情况责成自查和重点检查。自查采用印发自查提纲、单位对照检查方法进行。自查补报地方税费、滞纳金合计213.80万元;重点检查5家单位,查补地方税费、滞纳金、罚款合计146.19万元。同年,县国税局取消企业印制"冠名发票"的行政许可审批,符合条件的纳税人可自行决定是否印制"冠名发票",只需提供发票票样等资料,在办税服务厅一站式办理。

增值税专用发票 增值税专用发票是指专用于销售或提供增值税应税项目的发票。增值税专用发票与普通发票不同,不仅是记载商品销售额和增值税税额的财务收支凭证，而且是兼记销货方纳税义务和购货方进项税额的主要依据，是购货方据以抵扣税额的法定凭证。是一种根据增值税征收管理需要而设计的专供增值税一般纳税人使用的特殊发票，对增值税的计算和管理起着决定性作用，全县增值税专用发票由绍兴县国家税务局负责管理。

2003年11月1日起，县国税局贯彻实施国家税务总局印发的《运输发票增值税抵扣管理试行办法》，对运输单位提供运输劳务自行开具的运输发票和运输单位主管地方税务局及省级地方税务局委托的代开发票中介机构为运输单位和个人代开的运输发票准于抵扣，其他单位代运输单位和个人开具的运输发票一律不得抵扣。开具的运输发票，应在90天内向主管国税局申报抵扣，超过90天的不得予以抵扣。同年12月1日起，县国税局对增值税一般纳税人申请抵扣的所有运输发票与营业税纳税人开具的货物运输业发票进行比对，比对不符的，不予抵扣。对地税局认定的自开票纳税人在申报缴纳营业税时应向主管地税局报送自开票纳税人货物运输发票清单纸制文件和电子信息。同年，县国税局对增值税一般纳税人全面实行用计算机开具增值税专用发票。

2004年，应用“增值税专用发票防伪税控系统”网络版，并对“四小票”信息采集系统进行修改完善。是年，全县“增值税专用发票存根采集率”“协查受托回复率”“增值税专用发票核对通过率”每月均达到100%。2005年1月起，县国税局停止对增值税“征税凭证”和“扣税凭证”的手工审核，全面实行计算机信息稽核。是年，在全县范围内推广使用增值税防伪税控代开票系统。

2006年，县国税局制订的《外贸企业出口货物进项发票管理办法》被省国税局评为优秀创新项目，《售货汇凭证出具管理》被省国税局列入创新项目库。同年，县国税局对纳税人取得的2006年12月31日以前开具的旧版货运发票在自发票开具起90天后的第一个纳税申报期结束以前申报抵扣。

2007年1月1日起，县国税局对外商投资货物运输企业统一认定为自开票人，按自开票人规定取得“抵扣货运发票”。4月1日起，纳税人取得的“旧版货运发票”以及2007年1月1日以后开具的“旧版货运发票”，一律不得作为增值税进项税额的抵扣凭证。9月1日，贯彻执行国家税务总局印发《关于修订增值税专用发票使用规定的通知》，同时，对准予计算增值税进项税额扣除的货运发票，发货人、收货人、起运地、到达地、运输方式、货物名称、货物数量、运费金额等项目填写必须齐全，与货运发票上所列的有关项目必须相符，否则不予抵扣。12月，对纳税人善意取得虚开的增值税专用发票，如能重新取得合法、有效的专用发票，准许其抵扣进项税额。如不能重新取得合法、有效的专用发票，不准其抵扣进项税额。善意取得虚开的增值税专用发票被依法追缴已抵扣税款的，不适用加收滞纳金的规定。

2008年6月，全县贯彻实施国家税务总局关于修订《增值税专用发票使用规定》和增值税红字发票开具有关规定，统一了销货方税务机关和购货方税务机关应分别开具增值税专用发票通知单的受理范围，工作流程，严格审查资料和后续管理规定。10月，县国税局推广应用增值税抵扣凭证审核检查子系统和红字专用发票通知单管理系统。

2009年10月，县国税局开展增值税专用发票代开服务管理，从代开资格的审核，尤其是对代开业务真实性的审查，对于开票系统中尚未登记的购货方，加强其一般纳税人资格的判定，防止向不具有一般纳税人资格的购货方开具增值税专用发票。做好小规模纳税人当年应税销售收入的查询，对于前一个月应税销售收入已超过50万的工业企业或超过80万的其他企业按规定不再为其代开增值税专用发票。2010年，整理编印增值税专用发票管理使用的法律、法规、政策规定的《宣传手册》和做成"宣传模版"进行宣传教育，做好作废增值税专用发票、红字冲销的专项调研，加强增值税专用发票管理。

2012年12月1日起，绍兴县实施"营改增"后，全县起用货物运输业增值税专用发票，分为三联票和六联票，第一联为记账联，承运人记账凭证；第二联为抵扣联，受票方扣税凭证；第三联为发票联，受票方记账凭证；第四联至第六联由发票使用单位自行安排使用。发票代码为10位，第8位代表票种(7代表货物运输业增值税专用发票)，发票号码为8位，按年度、分批次编制。货物运输业增值税专用发票的防伪措施与增值税专用发票相同。同时，全县"营改增"纳税人，从事增值税应税行为统一使用增值税专用发票和增值税普通发票，不得开具公路、内河货物运输业统一发票。为方便需要代开货物运输业增值税专用发票"营改增"纳税人，县局专门设立运输发票代开点。

2012年12月1日"营改增"开出第一张发票

2013年5月，县国税局遴选近几年来查处的5列利用增值税专用发票进行偷骗税典型案例，在轻纺市场外立面显示屏、《天天商报》等渠道进行曝光，涉案税额达1632万元，涉及增值税专用发票1164份。

税法宣传

2003～2013年，绍兴县税务部门根据国家税务总局决定，每年4月作为税收宣传月，在全县开展税收法规咨询、下乡下厂税收调研、张贴税收宣传标语、组织税收知识竞赛、进行税收文艺演出等一系列税收宣传活动，提高全民纳税意识。

表18-3

绍兴县税收宣传月活动主要内容一览表（2003～2013）

年度	税收宣传月主题	税收宣传主要内容和形式
2003	依法诚信纳税、共建小康社会	县地税局开展宣传《新征管法》及其实施细则、税收政策和税收制度，在全县60条公交线路张贴税收标语，上街进行税收宣传。县国税局在主要街头悬挂税收宣传标语，开展税法咨询，从4月份起，每月在绍兴县报上刊登纳税龙虎榜。
2004		地税局组织小记者“流金税月”采访，举办税法宣传专题摄影图片展，“诚信杯”税收知识竞赛，举办“地税之夜”文艺晚会。县国税局开展税法咨询，送税法进企业，与县报联合办“国税之窗”专版，与地税局联办全县50强和纳税前500位企业在《绍兴县报》进行纳税排行榜公告。
2005		县地税局开展农村税费改革宣传，走访重点企业，参加省局“家·税·情”家庭DV大赛颁奖晚会，获优胜奖。县国税局与各镇街联合召开税企座谈会，举办“税企交流面对面”和“网上在线咨询”等活动，出版《办税人员之友》，举办税收政策辅导班，印发税收政策宣传小册子。
2006		县地税局宣传下岗失业人员再就业、个人所得税起征点调整等有关政策宣传，举办“税月之歌”广场文艺演出。县国税局开展“建设新农村、税法进农家”活动，利用农村广播、宣传窗等载体宣传税收政策，在《绍兴县报》上出刊“国税专刊”等方式开展宣传月活动。
2007	依法诚信纳税、共建和谐社会	县地税局重点宣传社会保险、房屋出租税收和个人所得税自行申报等涉及民生热点财税政策。县国税局开展“送税法、促经济”活动，制作一批《办税指南》发送纳税人，组织收看《马斌说税》节目。
2008	税收·发展·民生	县地税局通过媒体宣传重点、热点财税政策，走访重点企业和享受税收优惠政策企业，将依法治税和优质服务落到实处。县国税局开辟网上税收宣传专栏，利用短信平台进行税法宣传，开展“税法进校园”活动。
2009		县地税局组织新企业所得税法、新营业税条例等专题业务培训，以财税网络学校、财税大讲坛阵地，开展各项基本基础教育和专题教育。县国税局利用新闻媒体，上街开展税收宣传活动，开展“服务企业年”活动，上门走访等形式，送政策、送服务。
2010		县地税局开展“走进企业心连心”活动，现场解答涉税问题80多个，发放宣传资料2326份，收集意见建议279条，提供个性化服务37项。县国税局利用政府信息公开网络、新闻媒体开展税收宣传，走进校园组织学生参加全省中小学生税法宣传漫画大赛。
2011		县地税局举行“房地产税企”沙龙活动，开展重点企业政策辅导活动，推行“网上办税一点通”服务机制，发放便民服务卡。县国税局开辟网上税收宣传专栏，张贴标语、分发宣传资料、发送手机短信等方式开展活动。
2012		县地税局建立税收宣传长效机制，组织“纳税人之家”互动会，运用《同心汇聚共创佳绩》宣传册和《绍兴县报》“地税之窗”进行税收宣传。县国税局办好网站税收宣传专题栏目，设立宣传站点，开展纳税咨询、有奖问答、办好企业报专版、开展优秀税官评选和税收漫画比赛等活动。
2013		县地税局开展“地税开放日”活动，邀请县人大代表走进办税服务厅，了解“一窗式”操作流程，开展“我与税收同成长”税收宣传，利用“公告栏”、LED电子显示屏等方式宣传。县国税局采用张贴宣传标语等常规手段进行税收宣传，利用短信平台，对辖区企业进行税法宣传，与媒体联动，现场接受税法咨询。

协税护税

绍兴县地税局推行税收征收管理社会化，个体税收委托代征，并与工商、国税、公安、卫生、计经委、建设、文化、体育、土管等部门建立协税护税网络，加强代征员建设，借助税务代理，提高办税质量。县国税局实施《绍兴县协税护税网络管理暂行办法》，对全县协税护税网络人员实行聘任制，由国税机关进行注册登记，并核发协税护税网络人员证，定期对协税护税网络人员进行考核、表彰和奖励。

2004年7月起，县国、地税局成立工作协作领导小组，领导小组组长、副组长由两局主要领导担任，有关科室负责人为成员，下设办公室，办公室日常协调工作由两局征管科组织落实，协作主要内容有税务登记管理、个体工商户定额管理、国地税收入情况、城建税税基的“两税”数据、联合核定企业所得税、国地税联合稽查等方面。

2005年起，县国、地税局在中国轻纺城建立以税务部门为核心，各专业市场、中介机构、街道为主体的市场协税护税组织，由协税员、商会、中介机构、经营业主参加，实现市场税收社会化控管。2007年，建立个体户定额民主评议小组，对个体工商户定额进行民主评议。2008年，县国税局试点应用农村税收征管服务系统，确定委托代征单位，建立服务网点。

2009年7月，县国税局在轻纺城向纳税人发放税收管理服务意见征询表，对干部在增值税一般纳税人认定、纳税评估及其他日常税收管理中的意见和建议，并承诺如纳税人对管理员的工作状态、服务态度、廉洁自律等方面不满意的，可提出并重新选择税收管理员。同年，县财政地税局建立“县镇联动、以镇为主”的财会监管运行机制。

2010年，县地税局推广由税务干部、企事业单位财会人员、注册会计师、注册税务师、律师等参加的纳税服务志愿者活动，县局建立纳税服务志愿者大队，各分局(所)建立纳税服务志愿者中队。同年，县国税局建立社会化服务平台，形成政府统一领导、税务部门强化管理、镇(街)协税护税组织代征税款，纳税人依法纳税的个体税收社会化管理新格局。

2011年4月，绍兴县个体税收社会化管理平台运行，成立由县政府相关领导任组长的协税护税领导小组，各镇(街)及国、地税基层分局联合成立镇(街)协税护税征收组，国、地税局根据征管户数，招收税收代征人员，并制定《协税护税组织章程》，明确国、地税协作内容、方

县国税局对税收代征员培训

法、流程及各自职责。

2012年5月,县国税局与轻纺城市场建管会、市场主管单位等相关部门协调,做好新市场的税收征管。同年,县地税局建立三级联络机制,与多部门联合开展招商政策宣传,促进浙商、越商和轻纺城布商回乡投资和创业创新。

2013年,县国、地税局联合轻纺城建管委、工商、公安等部门,对575家市场欠税户开展整治,与法院建立执行工作联系制度,申报破产企业欠税债权。县地税局压缩欠税4816万元。同年6月,县国税局发挥社会化管理力量,加强漏征漏管户清查,方法采用重点清查和拉网式集中清查两种方法,其中重点清查对象为2012年至2013年4月30日已在工商登记但未办理税务登记的纳税人和国地税状态不一致的纳税人,拉网式集中清查对象包括未办理工商登记但应办理税务登记的纳税人,同时,探索社会化管理人员分片管理制度,减少漏征漏管现象发生。

第四节 质量管理

绍兴县税务部门质量管理,主要从税务机关征管质量考核、对纳税人进行纳税评估和纳税人的纳税信誉等级评定等征纳双方进行管理。

征管质量

2003年,县国税局统一"全程服务"工作标准,统一办税服务厅标识,推行"一窗式"管理,即在同一窗口办理认证、报税和申报,全年税务登记率达到100%,申报率达到99.83%,税款入库率达到99.97%,滞纳金加收率和加收面均为100%。2004年4月,县地税局获省地税局表彰的2003年度个体税收"五单"工程质量考评优胜单位和征管工作目标责任制考核先进单位。12月,县国、地税局贯彻省局、国税总局征管司《关于明确税收征管质量考核办法的通知》,对征管质量考核指标进行明确和调整。

表18-4

新税收征管质量考核评分和等级标准一览表

考核指标		标准分值	备注
登记率(总分20)	企业	10	考核计分采用以下办法:(登记率、申报率、入库率、滞纳金加收率)得分=各指标比例×标准分值;欠税增减率指标大于零,得零分;指标小于等于零得分=5分+｜欠税增减率｜×5分;处罚率户次得分=指标比例×标准分值(6分);处罚率金额达到50%以上的,得满分(9分),不足50%的,得分=指标比例×标准分值(9分)。
	个体	10	
申报率(总分20分)	企业	12	
	个体	8	
入库率(总分20分)	企业	12	
	个体	8	
欠税增减率(总分10分)		10	

续表18-4

<table>
<tr><th colspan="2">考核指标</th><th>标准分值</th><th>备　　注</th></tr>
<tr><td rowspan="2">滞纳金加收率
(总分15分)</td><td>户次</td><td>8</td><td rowspan="4">考核计分采用以下办法:(登记率、申报率、入库率、滞纳金加收率)得分＝各指标比例×标准分值;欠税增减率指标大于零,得零分;指标小于等于零得分＝5分＋｜欠税增减率｜×5分;处罚率户次得分＝指标比例×标准分值(6分);处罚率金额达到50%以上的,得满分(9分),不足50%的,得分＝指标比例×标准分值(9分)。</td></tr>
<tr><td>金额</td><td>7</td></tr>
<tr><td rowspan="2">处罚率
(总分15分)</td><td>户次</td><td>6</td></tr>
<tr><td>金额</td><td>9</td></tr>
<tr><td rowspan="4">评定等级标准</td><td>优秀</td><td colspan="2">总分85分以上(含85分)</td></tr>
<tr><td>良好</td><td colspan="2">总分75～85分(含75分)</td></tr>
<tr><td>一般</td><td colspan="2">总分60～75分以上(含60分)</td></tr>
<tr><td>较差</td><td colspan="2">总分60分以下</td></tr>
</table>

2004年11月,县地税局实施省地税局印发《2004年度税收“五单”工程考评办法》。年末,县国税局全年月平均税务登记率达到100%,申报率达到99.98%,税款入库率达到99.98%,实现全年无新欠税。

2005年,县地税局贯彻实施省地税局印发的《“三个三”工作“五单”工程考核办法》,年末,县财政局被省厅评为2005年度契税征管先进单位。县国税局全年月平均税务登记率达到100%,纳税申报率达到99.97%,税款入库率达到99.94%,滞纳金加收率达到100%,实现零新欠税目标。2006年,县国、地税局对共管个体工商户实施共同确定定额,并对双定户(即定期定额管理户)全部纳入TF2000进行监控。县国税局全年税务登记率100%、申报率99.98%、入库率99.98%、滞纳金加收率100%、欠税压缩率达到11.26%。

2007年6月,县地税局荣获2006年度全省征管工作考核一等奖,并在一等奖名单中名列全省县(市、区)第一位。县国税局全年税务登记率100%、纳税申报率99.97%、税款入库率100%,无新欠税。

2008年起,县地税局根据省局规定,全县个体税收“五单”工程考核改为综合考核,并完善“数据采集、税收分析、纳税评估、税务稽查、绩效考核”五位一体的互动管理机制。同年,县国税局建立“征管质量监控网络”和“征管质量实时通报”制度,全县国税税务登记率、税款入库率、滞纳金加收率、涉税事项办结率、逾期申报处罚率都达到100%,纳税申报率达到99.92%,增值税销售税负率比上年增长4.29%,欠税压缩率达到10.42%,位于全市前列。

2009年,县国税局税款入库率、滞纳金加收率、涉税事项办结率准期率、逾期申报处罚率均达到100%,申报率达到99.92%,其余征管质量考核指标全部位于全市前列。同年,县地税局强化所得税汇算清缴质量和小税种征管,促进行业税收规范化。2010年,县国税局共征收个体税收17761.52万元,完成省局下达的个体税收考核指标。同年,县地税局夯实征管基础中,开展建筑业“甲供材料”税收征管试点,此项创新成果被全市推广，并得到省局肯定。

2011年，县地税局开展财税信息化推进年活动，11月1日“税友龙版”上线。县国税局全年征收个体税收21004.81万元，完成省局下达的2011年个体税收考核指标。2012年，县地税局扩大高收入个人所得税监管，补缴税款1080万元，开展房产税和土地使用税税源信息比对，增收1.3亿元，同比增长17.9%，实行土地增值税按实结算，增收1.7亿元，同比增长53.2%。县国税局推进管理创新，制定管理创新工作方案，确定2个项目上报省局，“管理创新工作”连续6年得到省国税局记功和嘉奖。

2013年，县国税局办理“个转企”2614家，提前完成3年任务数。县地税局推进农村集体“三资”税收征管工作，入库税收4200万元，同比增长236%。

纳税评估

绍兴县税务部门纳税评估一般在纳税申报到期之后，在税收管理环节（即税务稽查前道环节）进行。评估期限以纳税申报税款所属当期为主，根据评估要求也有延伸到以往时期或以往年度。纳税评估运用数据信息对比分析，一般采用案头分析、约谈举证、实地核查方法，分日常评估和专项评估两类。

县地税局　2003年，县局对2002年度所得税汇算清缴和各税清算进行稽核评税，共稽核评税165户，应补缴税费876.75万元，入库税费763.96万元。

2004年4月1日起，《绍兴县地方税务局纳税评估工作暂行办法》施行，对纳税评估的组织和工作职责、纳税评估的范围和对象、审核分析、约谈举证、实地核实、评定处理、纳税评估成果分析等作出规定。纳税评估分析指标有“销售收入变化幅度”和“销售成本增长率”2项分析；有“税负率、存贷周转率、销售利润率、成本费用利润率、资产负债率、销售费用率、财务费用率、管理费用、资产周转率、职工人数、产成品周转率、劳动生产率、净资产收益率、应收账款和应收账款周转率”15项变化分析。全年累计评估557户，增加税收7771万元。

2005年，县地税局贯彻实施浙江省地税局印发的《纳税评估工作试行办法》，规范纳税评估和约谈操作程序，并确定对全县房地产业、建筑业、餐饮业、中介机构等营业税行业企业，以及全县2004年度工业50强企业，开展专项性评估和约谈，对实缴地方税负率低于行业平均20%以上的企业，在年度所得税汇算清缴后列入专项性纳税评估对象。全年累计评估企业1258户，增加税收7787万元。2006年，重新修订的《绍兴县地方税务局纳税评估工作实施办法》施行，对企业的应税收入、成本费用、小税种、费、基金实施目录式纳税评估。

2007年，按《纳税评估管理办法》和省、市局有关要求，对全县建筑业、房地产业、金融企业以及2006年工业销售收入2000万元以上，商业销售收入5000万元以上且企业所得税由地税局征管的企业开展专项性纳税评估。在《绍兴县报》上按季公布印染、织布、建筑、房地产、机械等8个行业实缴税负率，并对季度实缴地方税负率低于行业平均20%以上的企业进行原因分析，并以此依据进行纳税评估。

2008年,按照《浙江省地税局关于开展2008年度专项纳税评估工作的通知》精神,对全县建筑业和餐饮业开展专项纳税评估。2009年起,通过税友2006,建立全县主要行业纳税评估指标体系。

2010年,纳税评估采用"个案评估"与"专项评估"相结合的方式,堵塞税款流失漏洞。2011年,开展重点行业纳税评估,实现评估一个行业,建立一个评估模型,规范一个行业管理。2012年起,建立评估数据系统,并确定文化、体育、服务业等行业税负异常的130户企业为重点评估对象,评估企业补缴税款636万元。

2013年,县局开展专项纳税评估,对综合税负率偏低,经分析后不能排除疑点的纳税人列为重点评估对象,县局搭建、运用行业评估模型,实施跨税区交叉纳税评估。对连续3年以上(含3年)亏损企业、近2个纳税年度内盈亏转化变动较大企业以及所得税税负未能达到预警率的企业进行评估分析,查找原因,了解掌握企业的真实经营情况。

县国税局 2003年3月,绍兴县国税局机关增设纳税评估科,配有干部12人,负责全县增值税纳税评估工作。同年6月,县局制订《纳税评估工作管理办法(试行)》,对纳税评估"范围、对象、时限确定、审核分析、举证确认、自查自纠"等作出明确规定。是年,县局全面推行网上纳税评估,计算机"网上纳税评估系统"以"税企信息交互系统"为依托,以CTAIS数据为依据,通过"税企信息交互系统"上传的资料,按行业特性和五项分析指标(税负率、同期指标、用电量指标、生产能力、净收入指标)对有关项目进行逐项评估,然后根据评估情况,要求纳税人自查和举证,并在评估系统中进行审核分析,以确定评定结果。全县所有增值税一般纳税人都纳入"网上纳税评估系统",其中有6731户企业经评估补缴税款及滞纳金1278.11万元。

2004年,县局开展"服装企业、新办商贸企业、加油站、福利企业、1998年以来未查企业、内外资企业所得税、纳税大户"等专项纳税评估,评估补税4686万元。2005年,运用重点税源动态评估分析系统,进行"人机"结合方法,对增值税、消费税和企业所得税等税种开展纳税评估,评估补税2420万元,对383户外资企业所得税进行审核评税,其中11户进行纳税调整。

2006年起,建立县局、分局(所)和税收管理员三级纳税评估体系,制定《纳税评估分类管理办法》,实施评估责任制,对"低税负、零税负、所得税、存货下脚料、服装"等企业作为纳税评估对象。全年纳税评估744户(次),评估增收税款3248万元,调整应纳税所得额5038万元。

2007年,县局采用"投入与产出、主要材料消耗量与产品产出量、能源消耗量与产品产出量"之间数学逻辑关系,制订全县化纤(纺丝)行业税源监控评估模型,对化纤(纺丝)行业实行监控评估,并制订县局和分局(所)二级纳税评估制度和每月1次纳税评估案例分析例会制度。全年评估纳税户933户次,移送稽查2户,入库评估税款3329万元。2008年,选取"低税负企业、重点税源企业、综合利废企业、出口预警企业和行业建模企业"作为评估对象,采用"计算机自动评估为基础,以分析人员的指标评估为主体,以管理员实地评估为落脚点”的评估方法。全年评估企业813户，评估税款及滞纳金6608万元，调整应税所得额15529万元，其中对271户企业的2007年度企业所得税专项纳税评估，发现问题240户，共调减亏损额6827万元，查补企业所得税、滞纳金1759万元。

2009年，县局以行业模型为依托，统一纳税评估流程，选择低税负、零税负申报企业开展纳税评估。全年对782户企业实施纳税评估，补缴税款及滞纳金6939.43万元。2010年，开发“行业模型分析系统”，使纳税评估线干部能通过系统分析，了解掌握企业生产、经营和纳税情况，提高纳税评估针对性。全年纳税评估525户，有问题469户，补报入库各类税款、滞纳金4269.96万元，其中对绍兴县某涤纶厂、绍兴某热电有限公司和绍兴县某印染有限公司的纳税评估被市国税局评为2010年度优秀纳税评估案例。

2011年，县局应用行业模型分析程序，对524户企业实施纳税评估，补缴税款及滞纳金9549万元。此做法得到绍兴市国税局肯定，并在全市国税系统推广，其中“某化纤有限公司、某房地产开发有限公司”两件评估案例被市国税局评为2011年度优秀评估案例。2012年，完成纳税评估555户，入库税款、滞纳金合计8247.91万元，其中增值税4126.98万元、企业所得税3743.69万元、滞纳金377.24万元。

2013年，县局对纳税评估实施“信息采集、审核评析、稽核调查”的三分离评估管理模式，实现由“评户”向“评事”的转变。全年完成纳税评估514户，入库税款(含滞纳金)10068.71万元。是年，还落实省国税局下发的两批重点税源纳税评估任务，弥补亏损2.8亿元，占全省近40%。

纳税信誉

2003年，县地税局开展“百家诚信纳税企业”评选活动。评选对象为办理税务登记并连续履行纳税义务3年以上且实行查账征收的各类内外资企业。评选条件为遵守国家税收法律、法规，生产经营正常；有专职办税人员，按期报送纳税资料，无欠税；在金融机构，工商等享有较高诚信度；协助地税机关，履行代扣代缴税款义务；企业ABC分类认定必须为A类企业5个条件。同年，县国税局开展2002年度纳税信誉等级评定，经过纳税人申请、税务机关审核审批和登报公示等程序，评定76户企业为纳税信誉A类企业，336户为纳税信誉B类企业，其中36户企业被市国税局评定为纳税信誉AA类企业。

2004年10月，县国、地税首次联合开展企业纳税信誉等级评定。按照《浙江省纳税信用等级评定管理实施办法(试行)》对2003年度纳税信誉等级评审，全县共评审A级企业60户，AA级企业41户，AAA级企业21户。2005年，县地税局作出规定，凡实缴地方税负率低于行业平均实缴地方税负率20%以上的企业，在纳税人分类认定中不得认定为A类企业。经国、地税联合评审，共评出2004年度纳税信用A级133户，其中国、地税共管户111户，纯地税22户，AA级46户，AAA级33户。

2006年，县国税局建立纳税人依法纳税的自律机制，推进国地税协作机制，丰富联合信用等级评定。2007年，县国、地税局开展2005～2006年度纳税信用等级评定，采用申请评定和审核评定相结合的办法，全县评出AAA级纳税信誉等级32户，AA级纳税信誉等级57户,A级纳税信誉等级72户,B级纳税信誉等级10148户,D级纳税信誉等级22户,评定后,对不同等级的纳税人实施分类管理。

2008年5月,县国税局会同县外经贸局等7部门对全县2007年度外商投资企业开展联合年检,有537户通过县局网上初审、496户通过现场年检复核,还有72户未办理网上年检初审、113户未办理现场复核,对不办理年检的企业将视同年检不合格。2009年6月,对全县2008年度外商投资企业开展联合年检,有597户通过网上初审与现场年检复核,占应年检企业601户的99.33%。同年,县国、地税部门进行2007~2008年度纳税信用等级评定,采用纳税人自评和税务机关审核评定的办法,评定后,对不同等级的纳税人,分别落实各项激励、服务、管理和监控措施。全县评审出A级纳税人122户、AA级纳税人32户、AAA级纳税人57户。

2010年7月,县国税局会同县经贸局等7个部门对2009年度全县外商投资企业进行年检,年审方式采取网上预审与现场集中复审,有541户通过网上初次审核,占应年检户572户的94.58%,532户通过现场年检复核,占应年检户572户的93.01%。2011年,对2010年度全县外商投资企业进行年检,有536户通过网上审核,占应年检户552户的97.1%,522户通过现场年检复核,占应年检户552户的94.57%,还有一户非居民税收管理案例被省国税局评为国际税收优秀案例。

2012年4月,县国、地税局公布2009~2010年度全县纳税信用等级评定结果,以此拉开税收宣传月活动帷幕。同年,县国税局会同县商务局等7个部门对2011年度全县外商投资企业进行年检,有588户通过网上审核,576户通过复合办理年检手续。2013年9月,县国、地税部门联合开展2011~2012年度纳税信用等级评定,成立纳税信用等级国地税联合评定委员会,负责纳税信用等级联合评定工作的指导、协调和监督。在纳税人提交申请评定表后,围绕税费申报缴纳情况,涉税违法情况等指标进行审核评分,对不同级别的纳税人将分别落实各项激励、服务、管理和监控措施,对A级及以上的纳税人给予享受税务稽查、纳税评估等方面的鼓励政策。全县有18169户企业参加评定,共评审出A级纳税人134户、AA级纳税人105户、AAA级纳税人122户。

第五节 财税学会 中介管理

财政税务学会

绍兴县财政税务学会是由县财政局、县国家税务局、县地方税务局的财政、税务工作者自愿参加组成,是全县从事财政税收科学理论研究的地方性非经营性学术团体。学会受主管单位县财政局、县国家税务局、县地方税务局和登记管理机关绍兴县民政局的业务指导和监督管理。

组织概况 绍兴县财政税务学会设立于1986年,至2013年,学会共召开五届会员代表大会,产生五届理事会。其中2001~2013年召开二届会员代表大会,产生二届理事会。

2012年3月15日，召开绍兴县财政税务学会第五次会员代表大会。

表18-5

第四、五届绍兴县财政税务学会会员大会情况一览表

届次	时　间	会员人数	名誉会长、顾问、会长、副会长、秘书长、常务理事名单
第四届	2001年6月12日	217	名誉会长：徐纪平（县长） 顾　　问：刘新福 会　　长：鲍永明（2001.6～2003.7）　宋天平（2003.8起） 副 会 长：宋天平　李纪生　韩忠阳 秘 书 长：华永伟 副秘书长：季承武 常务理事：王华庭　王宝焕　王嘉贤　叶震海　华永伟　邢玉清　宋天平　李纪生　沈祖卫　沈铁华　季承武　陈宝祥　胡传林　张　健　倪长江　桑志康　高国平　韩忠阳　鲍永明　樊剑雄
第五届	2012年3月15日	426	会　　长：喻光耀 常务副会长：胡连华 副 会 长：徐志方　张　军　徐利忠　邵伟国 秘 书 长：谭耀勤 副秘书长：姚斌辉　唐伟明　李建华 常务理事：喻光耀　李国兴　吕铁辉　赵忆怀　徐利忠　宋朝忠　来建祥　王国强　陈国兴　胡连华　张　军　单红明　季承武　高翔宇　毛　勇　邵伟国　姚斌辉　李建华　徐志方　金国安　谭耀勤　唐伟明

创办刊物 2003～2011年,学会出版发行《绍兴县企业财税与会计》,对象为全县各类企业及其主管部门,汇编内容包括各类企业政策法规,全年均出刊12期以上,每年印发量均达36000本以上,刊物发至企业单位和办税人员,主要进行税收政策、法规的宣传教育。

2012年5月,县财税学会与县会计学会联合创办《绍兴县财税与会计》,刊物栏目有财税聚集、财税专题、工作调研、财税政策、政策解答、会计实务、税收筹划、工作动态、财税文化、纳税排行榜、财税信息等,搭建起财税与社会各方沟通的桥梁,当年出版4期。

学术活动 加强群众性学术活动,是财税学会的基础性工作,也是发挥财税学会作用,促进财税工作发展的重要平台。绍兴县财税学会,遵照省、市财税学会和行政单位部署的学术课题和专题征文等开展学术活动;以《绍兴财税研究通讯》《绍兴国税研究》为阵地,刊登学术论文(文章),多篇论文(文章)被《浙江税务》《浙江税政》等刊物录用,有的被国家级刊物、杂志录用。许多文章被省厅、省局、市局及绍兴市财税学会评为优秀论文。

2003～2006年,学会在国家级、省级媒体发表税收新闻及文章37篇,组织会员学习党章体会专辑,收集36篇学习论文。

2007～2011年,县财税学会组织会员在《绍兴财税研究通讯》《绍兴国税研究》中刊登学术论文200余篇;参加市财税学会组织的有奖论文活动,绍兴县财税学会选送的《"一窗统办"办税模式探讨》《建筑业"甲供材料"营业税税源管理模式的设计》《基层社保资金管理的思考与建议》等15篇财税论文,被绍兴市财税学会评为全市优秀财税论文。《建立个体税收社会化协管机制强化个体税收征管》《依托税源间接控管平台加强税源管理》荣获全市财税学会组织的有奖论文活动二等奖。2008年,县国税学组成立由9人组成的"研究生基层税收实践与理论研讨会"(内设3个课题组),由课题组长主持调研活动。

2012年,学会举办"税收科研骨干队伍培训班",邀请《中国税务报》—浙江国税专栏执行编辑、省局科研所专家讲授税收调研和写作方面的知识。2013年,县国税学组组织十八大学习成果交流会,部分科室和个人汇报交流十八大精神学习成果。是年,在县局信息上刊登《创新思路实施纳税评估"三分离"管理模式取得较好成效》《加强非居民企业股息所得涉税管理取得较好成效》等学术论文。财政地税学组组织打造"财政速度"支持全县经济社会科学发展的学术活动,共收集78份材料,经初选和复评,选出一等奖1名,二等奖2名,三等奖3名。

专题调研 2003～2006年,县财政地税学组成立"财政规程调研课题小组",对财政工作流程的合法性、合理性和可操作性进行调研分析,要求中层以上干部每人写1篇调研报告,写出《当前财政工作中存在的问题及成因浅析》的调研论文。学会国税局学组开展走访重点企业,调研企业产、供、销形势,宣传税收政策,听取对国税工作意见。

2007～2011年,学会财政(地税)学组推出25期《调研专刊》,择优刊登《绍兴县纺织服装业地方税收变化趋势的调查与思考》《绍兴县财政资金保值增值的实践与思考》《绍兴县中小企业会计工作现状的调研分析》《南部山区税收可持续发展调研》《绍兴县国库现金管理现状特征与运作构想》《对绍兴县粮食现状及财政补贴的分析思考》25篇优秀调研成果。不定期编印《财税参阅》4期，对《绍兴县"十二五"时期地税收入发展趋势研究》《房产新政解读与应对建议》《充分发挥公共财政职能切实增强医疗保障力度》4篇优秀调研文章作了刊登。

2007～2011年期间，先后完成省财政学会、省税务学会、省国际税收研究会和绍兴市财税学会等单位布置的15个调研课题（其中国税5个），还参加省、市税务系统确定的调研活动。其中《大力支持第三产业发展　促进地方税收可持续增长》《实施税源分类管理　促进税收可持续增长》两个调研课题分别荣获全省优秀调研报告二等奖；《大力培植税源经济　着力推进又好又快发展》《浅议税收征管风险及其防范》两个调研课题分别荣获全省优秀调研报告三等奖；《新企业所得税法存在的问题及完善意见》的调研课题荣获全省税收学术研究成果佳作奖；《运用能耗税源因素　提高行业税源监控效能》《推进行业税源监控的实践与思考》入选浙江国税优秀税收科研调研成果文集；《绍兴县企业分离发展服务业的理论探究与实践》《绍兴县房地产业税收状况的调查与思考》《财政监督和绩效评价的定位、作用及其相互关系探讨》3个调研课题荣获全市财税系统调研报告二等奖；《关于加强税源建设的思考》的调研课题荣获全省后危机时代地税工作征文活动二等奖；《平水副城农庄经济发展的调查报告》的调研课题荣获全省后危机时代地税工作征文活动三等奖。同时，学会还注重调研成果转化，每年对调研课题进行精心梳理，对事关全县经济社会和财税事业发展的会员的论文、调研成果及时上报县委、县政府和上级主管部门，为领导决策提供参谋。学会国税学组"强化外贸企业进项发票管理、纺织印染行业监控"6个调研成果被省国税局评为优秀创新项目，在全省范围推广，专题调研撰写的《绍兴市创新"六法"加快落后产能淘汰》，得到省领导肯定批示。学会财政（地税）学组调研的"部门预算管理、财政监督和绩效评价、企业分离发展服务业、税源分类管理、房地产业税收管理、稽查与纳税评估"课题，被领导决策应用或被相关部门采纳利用，充分发挥调研的生产力作用。

2012年，学会国税学组围绕建设工业强县这一重点，全年撰写税收调研论文32篇，其中调研报告《绍兴县化纤企业转型升级的典型做法》，在省政府办公厅专报登载，获省领导重要批示和肯定。同年，学会财政（地税）学组撰写《绍兴县近五年来财政收入结构分析与调研》《从"亩产税收"视角谈如何支持绍兴县印染业集聚升级》《公务卡结算制度初探》《营业税起征点提高对税收征管的影响分析》调研成果10篇。2013年，学会国税学组开展税收经济分析，注重从税收角度观察经济运行情况，调研报告《产能过剩对绍兴县化纤产业影响的调查及对策建议》被省政府简报刊发。同年，学会财政（地税）学组收到87篇财政地税业务重点调研课题，其中10篇重点课题报上级部门，并配合县局编印《调研专刊》10期，撰写调研成果10篇。

税务中介管理

绍兴县税务部门负责全县税务中介管理,其中县国税局主要负责管理全县国税方面的税务中介业务,县地税局主要负责管理全县地税方面的税费中介业务。管理内容包括税务中介机构设立、税务代理质量、执行税收法律法规情况和税务代理人员资格认定等,一般采用年鉴、年审,质量检查和考核评比等管理方法。

机构概况 2003年,绍兴县有税务师事务所3家。其中绍兴县东方税务师事务所有限公司下设5个办事处,绍兴益地税务师事务所有限公司下设6个办事处,绍兴中兴税务师事务所有限公司从业人员55人,其中注册税务师、注册会计师、资产评估师26人。2005年2月,绍兴县通达税务师事务所有限公司设立,有专业人员70多人。

2007~2009年,绍兴县通达税务师事务所有限公司连续被评为绍兴县商贸服务业10强。2010年评为绍兴县现代服务业6强。

2011年,绍兴县东方税务师事务所有限公司被中国注册税务师协会认定为AAAA级税务师事务所;绍兴中兴税务师事务所有限公司被浙江省税务师协会认定为AAA级税务师事务所。

2012年,绍兴中兴税务师事务所有限公司被浙江省税务师协会认定为“AAA”级税务师事务所,绍兴县东方税务师事务所有限公司、绍兴县通达税务师事务所有限公司被中国注册税务师协会认定为“AAAA”级税务师事务所。其中绍兴县东方税务师事务所有限公司在全国税务师事务所中排名第18位。

2013年,绍兴县东方税务师事务所有限公司,被中国注册税务师协会认定为AAAA级税务师事务所。绍兴益地税务师事务所有限公司,评为全国税务师事务所百强所。绍兴中兴税务师事务所有限公司,被浙江省税务师协会认定为AAA级税务师事务所,在浙江省税务事务所中排名第15位,为全国税务师事务所百强所。绍兴县通达税务师事务所有限公司在中国注册税务师协会公布的行业收入百强榜中,位列第19强。年末,全县有税务师事务所4家,其中绍兴县东方税务师事务所有限公司,有专业人员197人,注册税务师、注册会计师和注册评估师23人;绍兴益地税务师事务所有限公司,在职人员225人;绍兴中兴税务师事务所有限公司,从业人员55人,注册税务师、注册会计师、资产评估师26人;绍兴县通达税务师事务所有限公司有专业人员200多人。

监督检查 2003年,县地税局加强对地方税务代理工作的管理,处理好执法与代理关系,对代理机构报送代理资料,按税收政策严格审核,各征管局对税收代理企业稽核面均达到20%以上。次年5月,县国、地税局贯彻国家税务总局、省国、地税局《关于开展规范税收征管和税务代理专项检查工作的紧急通知》,对全县税务代理机构的税务代理进行清理检查,对税务代理机构存在的违法违规问题进行检查纠正。

2005年9月1日起,县国、地税局贯彻实施《企业所得税税前扣除管理办法》,严格执行“企业扣除财产损失中,中介服务代理机构为纳税人提供虚假证明,导致未缴、少缴税款的,税务机关要根据征管法及实施细则的有关规定对代理机构进行处理”的规定。

次年12月，县国、地税局贯彻实施国家税务总局印发的《关于报送注册税务师行业年度报表有关问题的通知》，规定各税务师事务所的会计报表由半年报、年度报统一改为年度报，上报时间仍为次年1月20日前。

2009年，县国税局制定《绍兴县国税局中介机构监督检查管理办法》，从业务报备、业务质量、日常检查、监督通报等方面开展考核，对考核连续两年得分低于60分的，年检时不予通过，建议省局取消其注册资格。年末考核，全县国税中介机构基本符合要求，代理质量良好，年检均合格。

2010年4月，县国税局对有关注册税务师及中介机构2009年度的涉税服务和鉴证业务进行检查考评，并对结果予以通报。

2012年，县国税局修订《绍兴县国家税务局中介机构监督检查管理办法》，开展违法违规税务代理专项治理活动，对注册税务师涉税服务和鉴证业务进行监管，杜绝税务师事务所"违规代理开票、聘用非在册人员从事代理、以违规形式和事务所以外单位或个人进行联盟"等情况发生。同年，县国、地税局要求各税务中介机构切实按所得税汇算清缴鉴证准则，开展所得税代理申报，全县汇算清缴结束后，税务机关抽调人员，按一定的比例户数，对中介机构代理申报的质量进行评估。

2013年6月，绍兴市、县国地税四部门对绍兴县中兴税务师事务所和东方税务师事务所开展年检，抽查两所在2012年度出具的部分鉴证报告，实施行业管理和监督，年检结果为合格。8月，县地税局制订中介机构工作质量考核细则，对中介机构实施考核。同年，县国、地税局制订注册税务师对实行查账征收的纳税人办理涉税事务应出具鉴证报告的具体标准，并履行监管职责，坚持日常考核与年度检查相结合，遵循自愿原则，严禁强制代理。

第十九章　税务稽查

绍兴县税务部门内设有税务稽查局，具体负责全县税务稽查工作，税务稽查人员约占全县税务人员总数的30%以上，实行一级稽查和选案、实施（查案）、审理（定案）、执行（结案）四分离，常年开展税收经常性、专项性、行业性检查以及重大税务案件的侦破查处工作。

第一节　机构设置

绍兴县国、地税局均设稽查局，为副科级单位，稽查局内设综合、案审、检查、执行等股（科）室。另在国、地税局设有案件审理科室，负责全县重大税务案件审理和处理。

县地税局

2003年，稽查局为副科级单位，稽查局设综合科，案审办，检查一科、二科、三科，执行科。在县局机关设案审办。

2007年4月，稽查局内设机构调整，内设为综合科、检查一科、检查二科、案审科、执行科等5个科，仍在县局机关设法制科（案审办）。

2013年5月，稽查局内设机构再次调整，内设综合科、检查一科、检查二科、检查三科、案审科、执行科6个科。12月，撤县设区，绍兴县地方税务局稽查局更名为绍兴市柯桥地方税务局稽查局，仍为副科级单位，其下属单位也相应更名。

县国税局

2003年1月，稽查局内设办公室、综合业务股、执行股、案审股、检查一股、检查二股、检查三股、检查四股、检查五股9个股室（其中检查四股为调账稽查，检查五股为网上稽查）。同年5月起，县国税局稽查局升格为副科级直属机构，并下设综合股、检查一股、检查二股、检查三股、检查四股5个内设机构。

2005年6月起，县国税局新征管模式运行，稽查局下设综合股、审理股、协查股、检查一股、检查二股、检查三股6个内设机构。

2009年12月，实施机构改革，稽查局为县国税局直属单位，其内设机构改为综合股、综合选案股、检查股、案件审理股、案件执行股5个股。

2013年12月，绍兴县撤县设区，绍兴县国家税务局稽查局机构名称变更因在审批中，暂不变(2014年1月7日，绍兴县国家税务局撤销，绍兴市柯桥区国家税务局挂牌，原绍兴县国家税务局稽查局变更为绍兴市柯桥区国家税务局稽查局)。

第二节　税务检查

绍兴县税务检查对象为全县从事生产经营的纳税人和扣缴义务人。税务检查形式主要有经常性检查、专项检查、举报检查和协助检查。由县国、地税局稽查局具体组织实施，稽查情况纳入县局岗位责任制考核。

经常性检查

是指税务稽查人员以常规、常年、常态性方式方法，对全县所属纳税人和扣缴义务人开展税收法规执行、税收缴纳等情况的检查。

县地税局　2003年，完善稽查大要案报告制度和主协查制度，以日常检查和专项检查相结合，加大稽查力度，重点打击账外账行为，深挖大要案。次年起，实施《绍兴县地方税务局稽查案源管理暂行办法》，取消稽查检查户数考核指标。检查实行一书一单四公开制度，即向被查单位送达统一印发的《税务检查告知书》，告知纳税人依法享有的权利和义务，税务执法机关的行政执法权限和稽查工作流程、制度、程序和守则等内容，公开执法监督电话；一单即稽查执法回单；四公开即公开稽查干部的岗位职责，公开稽查程序及处理处罚依据，公开稽查结果，公开稽查纪律。

2005年起，推行税务稽查目录检查法。税务检查目录分“必查目录”和“选查目录”两类，每类下设检查税种、检查项目、检查科目和检查细目4个级次。检查税种确定所得税、营业税等13个检查税种，检查项目确定工业、房地产业、商贸业、其它行业4大检查项目，每一项目下设不同检查科目，检查科目再细分不同的检查细目。2007年起，稽查局按季公布印染、建筑、房地产、服装、机械、热电、纺丝、织布8个行业实缴税负率，对季度实缴地方税负率低于行业平均实缴地方税负率20%以上的企业进行税收减少原因分析，并作为稽查案源依据。

2003～2013年，绍兴县地税局共检查纳税人4648户，查补税费、滞纳金、罚款共计49652万元，其中查补30万元以上大案159件。

表19-1

绍兴县地税局查补税费情况统计表(2003～2013)

单位：户、万元

年　度	检查户数	查补税费、滞纳金、罚款	其中30万元以上大案(件)
2003年	403	4491	20
2004年	352	2974	查处2件偷税案
2005年	385	2664	12

续表19-1

年　度	检查户数	查补税费、滞纳金、罚款	其中30万元以上大案(件)
2006年	482	2973	14
2007年	484	3657	12
2008年	456	3571	14
2009年	512	4496	28
2010年	486	8239	19
2011年	359	5113	18
2012年	453	3836	10
2013年	276	7638	12
合　计	4648	49652	159

县国税局　2003年起，县国税局深化稽查体系改革，加强稽查工作方式，实践评估—自查—检查的工作新程序，实施《稽查工作底稿制度》《涉税违法案件移送制度》2个制度。2004年，县国税局创新稽查方式，规范稽查内部管理，探索实施查前公示制度。2005年起，实施税务检查以案定人、公安及时加入、司法处理积极跟进的稽查模式。

2006年起，稽查局实施主检负责制，制订对虚开增值税专用发票取证办法，完善集中调账、打破股室结构和根据案情确定检查人员等方法。2007年，县国税局建立“纳税评估与涉外税务审计、日常检查、税务检查”之间的协调机制，明确工作职责和流程，对同一纳税人在一个纳税年度内原则上只安排一次“纳税评估、涉外税务审计、日常检查或税务稽查”，避免重复评估检查。同年，稽查局创新稽查手段，树立延伸稽查工作思路，强化第一时间取证意识。2008年起，运用指标分析法、行业分析法等方法选定稽查对象开展税务稽查。

2009年，稽查局制订分类稽查操作规程，实行使用税务检查证出示回证制度，考核案件延期审请，限制案件检查时限。2010年1月起，稽查局推行查前预案制度，即推行收集资料、查前分析、检查预案三位一体。5月，县局稽查选案软件被全市国税系统推广。

2011年4月14日，全省国税稽查选案系统推广会议在绍兴县国税局举行，省国税局领导对绍兴县国税局稽查局选案软件开发表示肯定。至年末，在全省国税系统推广应用。

2003～2013年，绍兴县国税局共检查纳税人2923户，查补税费、滞纳金、罚款共计72453万元。

表19-2

绍兴县国税局查补税费情况统计表(2003～2013)

单位:户、万元

年　度	检查户数	查补税费、滞纳金、罚款	移送司法机关和其他处理情况
2003年	464	2222	移送司法机关处理26件
2004年	319	2268	移送司法机关处理54件
2005年	406	4447	移送司法机关处理74件
2006年	329	6098	－
2007年	402	9617	－
2008年	257	7316	3件移送司法机关处理,有关责任人被追究刑事责任。
2009年	224	8576	查处100万元以上大案7件
2010年	161	17200	2件案例评选为全市优秀稽查案例
2011年	108	4484	1件案例评选为全省优秀稽查案例三等奖
2012年	145	6278	查处利用增值税专用发票和虚假海运提单骗取出口退税,共查获非法发票801份,虚假提单37份,涉案金额达10多亿元,追回出口退税13200万。
2013年	108	3947	移送司法机关处理33件
合　计	2923	72453	

专项性检查

是指稽查部门根据上级要求,结合税区实际,组织相关力量、集中时间而开展的某个行业在一定时段内专题性的税务检查。

县地税局　2003年,对全县房地产交易税收开展专项检查,共补缴房产交易行为税收280万元。次年6月,开展房地产及相关建筑安装企业税收专项检查、高收入行业和高收入个人所得税专项检查、货物运输业税收专项检查、外资企业及其相关联的内资企业的税收专项检查。检查时限为2003年度的税收缴纳情况,对涉嫌偷逃、抗税的可追溯到以前年度。从6月开始到10月结束,对21户运输企业作了专项检查,其中有问题16户,共查补税款、滞纳金和罚款30万元。

税务干部深入企业进行税务检查

2005年,县地税局对连续3次实缴地方税负低于行业平均20%以上或实缴地方税负率逐次下降的企业,直接列入稽查选案对象,共分析解剖企业130户,补缴税费411.85万元。次年,选择30家机械设备行业进行企业所得税、个人所得税、城建税、土地使用税、房产税、印花税等税费缴纳情况的专项检查。

2007年,对全县食品、药品、餐饮业和服务业进行专项检查,检查企业484户,查补地方税费、滞纳金和罚款3657万元。次年,稽查局对全县烟草业、中介服务业、宾馆业3个行业进行专项检查,同时开展个人所得税专项检查。专项检查以责成自查、举办培训会议方法进行,有95户自查对象补报税款1491万元。

2009年,制订《关于开展2009年度绍兴县地方税收专项检查工作的通知》,确定对大型连锁超市及电视购物企业、建筑安装企业、营利性医疗机构、教育培训机构、旅游业、拍卖企业及高收入行业、高收入个人的个人所得税进行专项检查。全县确定160户专项检查对象,采取自查和重点检查办法,共查补税费、滞纳金、罚款2772万元,其中自查补税费2498万元,重点检查补税费、滞纳金和罚款274万元。

2010年,对房地产业和建筑业开展专项检查。全县责成自查企业209户,自查有问题192户,自查申报税款5032万元,重点检查66户,查补税费、滞纳金和罚款317万元,全年专项检查查补总计5349万元。

2011年,对建筑装潢装饰、广告、交通运输、资本交易、地方金融等行业开展专项检查,采用纳税辅导责成自查的检查方法。全县责成自查对象127户,自查补报税费2183万元。

2012年,对全县宾馆、餐饮业、多年未查工贸企业、印染行业、营利性医疗机构和部分金融企业开展税收专项检查。全县责成自查企业263户,重点检查62户,查补入库税费711.1万元,其中多年未查工贸企业查补收入207.9万元,宾馆、餐饮业查补收入78.5万元,印染行业查补收入194.4万元,营利性医疗机构等查补收入230.3万元。

2013年,对162户纳税人开展专项检查。共查补收入5955.5万元,其中自查查补收入5309万元,重点检查查补收入646.5万元。

县国税局 2003年,县国税局稽查局落实"12.06"专案检查(市国税局督办的虚开增值税专用发票案),与公安机关联合成立"12.06"专案组,抽调8名稽查干部、4名公安干警进行检查,共涉及企业44户,检查发票274份,补缴增值税19万元,罚款511万元,全部入库。2004年,开展纺织印染行业税收专项检查,检查对象为2003～2004年12月税负明显偏低、自查不彻底的企业,方法采用调账检查,内容为增值税、内外资企业所得税等税种的政策执行情况。

2005年3月,国家税务总局组成"绍汇"专项检查工作组,对全市部分企业进行出口税收专项检查。涉及企业绍兴市区16户,绍兴县49户,县国税局稽查局配合检查,共查处有问题企业24户,追补税款13670万元,罚款1869万元,没收非法所得8.9万元。2006年,开展出口企业专项检查,按"查调二分离"检查方法,共调账检查15户,查补增值税、所得税132.9万元,调增2005年度所得额462.1万元(减亏);开展内资企业所得税专项检查,共调账检查80户,查补税款572.4万元,增加应纳税所得额687.7万元(减亏)。

2007年,稽查局开展对服装生产加工、房地产、食品、医药、印染、大型商贸零售等行业的税收专项检查。全年共查补税款、滞纳金和罚款9617万元,还对38户外资企业税务审计,查补税款1096万元。2008年,组织开展房地产企业专项检查,共查补企业所得税3000万元。2009年7月,开展外商投资企业使用国产设备退税的专项检查,通过"退税历史库数据"与企业账面数和实物数比对,检查企业的性质有否改变、设备有否转让、赠送、出租、再投资等情况,对已不符合享受国产设备退税政策的外商投资企业的退税款予以追缴,共检查75户外商投资企业的3880条退税记录,追缴税款23.8万元。

2010年8月,稽查局完成房地产专项检查,共涉及52家房地产企业,有问题企业32户,共入库税款、滞纳金8459.7万元,调减企业亏损2194万元。

2011年,对2010年入库税额总量属全省或全县前列且税负异常又未实施税务检查的重点税源企业、部分酒及饮料贸易经销企业和部分出口退税企业开展专项检查。2012年,开展残疾人就业税收优惠政策落实情况专项调查,做好国税总局立案批准的绍兴御茶村茶业有限公司反避税结案和全县企业所得税汇算清缴及后续审核,合计补(退)企业所得税32000万元。次年,开展企业专项清查、减免税专项执法督察、打击发票违法犯罪活动等专项检查,全年查补收入3947万元。

举报受理检查

根据国家税务总局制订的《税收违法行为检举管理办法》,绍兴县税务部门依法、规范、及时地开展工作,把来信来访作为稽查选案的重要线索,做好举报受理、查办、回复和奖励工作。

2003年,县国税局重新修订《涉税举报案件管理办法》,切实抓好举报案件查处工作。2008年,县税务部门对税务举报案件坚持举必接、查必果、奖励兑现、取信于民原则,做到受理、查处、奖励兑现和税款追缴入库四及时。次年,县税务部门对涉税举报信件,注重对举报、查处、奖励等各个环节管理。2010年,县税务部门对群众举报涉税违法案件做到受理举报到位、查处案件到位、跟踪案件到位和税款入库到位。2013年,县税务部门加强对税务违法案件举报工作的宣传,引导群众据实举报,注重举报分析,对举报案件及时安排检查。

2003~2013年,绍兴县税务部门共受理举报案件983件,查处结案668件,共计补税费、罚款、滞纳金12682万元。其中县国税局受理举报案件900件,查处结案593件,补税费、罚款、滞纳金10351万元;县地税局(2008~2013年)受理举报信件83件,结案75件,补税费、罚款、滞纳金2331万元。

表19-3

绍兴县税务部门受理举报偷漏税费查处情况统计表(2003～2013)

单位:万元

年　度	县国税局			县地税局		
	受理件数	结案件数	补税费、罚款、滞纳金	受理件数	结案件数	补税费、罚款、滞纳金
2003年	117	106	233	无统计资料		
2004年	94	41	808			
2005年	130	67	662			
2006年	86	90	1541			
2007年	55	64	1322			
2008年	82	60	800	41	41	576
2009年	52	35	973	15	12	592
2010年	57	51	874	10	9	907
2011年	53	20	181	8	7	179
2012年	91	18	549	3	3	58
2013年	83	41	2408	6	3	19
合　计	900	593	10351	83	75	2331

税务协查

是指上级税务部门、同级税务部门和其他部门,实施某项税务案件(同案、个案)查处的需要,投入稽查人员、提供相关信息和其他所需的协查及协查规定,包括外部协查(税务部门与有关部门单位协查)和内部协查(国、地税局之间协查)。

外部协查　2003～2013年,绍兴县公安局继续在绍兴县税务部门设立税务公安联络室,协助税务部门查办涉税违法犯罪案件和妨害涉税公务案件。

2005年,绍兴县税务部门利用中国轻纺城市场协税护税网络,调整市场经营户税收定额,调整面达到100%,月增加税收118万元,全年轻纺市场税收15800万元,同比增长44%。

2006年,绍兴县国、地税局稽查局在"8.10"杭州特大虚开运输发票案件及"利剑二号"案协查中,查实绍兴县涉及企业101户,涉及发票653份,金额4603万元,查处税款、罚款、滞纳金合计437.17万元。

2007年,绍兴县国税局稽查局通过"金税"协查,联合公安部门开展"秋风行动",专项整治利用虚假海关完税凭证抵扣税款的犯罪行为,并举行典型案例暨协查情况通报会,建立稽查案件反馈建议制度。同年,县地税局稽查局规范中国轻纺市场税收征管秩序,在县公安、轻纺市场和业主的配合下,完成轻纺市场北六区2户欠税户强制执行措施。

2008年,县地税局稽查局构建税警联动机制,向公安机关移送涉税犯罪案件18件。次年,绍兴县国税局稽查局组织协查"3.20"假发票案涉案企业自查自纠,共涉及企业188户,涉及假发票金额5966.08万元,调减弥补亏损593.15万元,税款139.53万元。

2010年6月,县国税局稽查局根据协查线索,破获柯桥某防护用品厂业主江某某虚开增值税专用发票案件,在2009年8月,通过手机短信,在没有实际业务发生的情况下,从广州某贸易有限公司处以6.5%计7400元的价格购入增值税专用发票一份,已申报抵扣税款16564.10元。

2011年,绍兴县国、地税局稽查局与公安部门联合打击假发票买方市场,查处发票违法企业19户,查出非法发票1799份,涉及税额206.50万元。

内部协查　2003年起,绍兴县国税局实施国家税务总局印发的《金税工程协查信息系统机外工作规程(试行)》,通过网络与县外国税系统建立税务协查机制。2004年3月,绍兴县国、地税局稽查局抽调84名税务人员,组成联合检查组,对中国轻纺城轻纺市场和钱清原料市场,进行为期15天集中整治。整治内容为经营户建账是否规范,增值税专用发票的取得、开具是否合法,定期定额经营户有否超定额及超定额20%后有否自行申报等情况进行检查。

2005年,县国、地税局稽查局建立稽查工作联系小组,确定专人联系,每年举行2次地税、国税稽查联席会议;每季后10日前将上季处罚决定书涉及对方管辖的税收违法行为报对方稽查局,每季末10日内移送公安有关情况通报对方;对共管纳税户实行稽查联合办案试点,对收到的举报案件属于对方管辖的在3天内转办对方。是年,县国税局实施省局印发的《协查信息系统工作制度》,全年税务内部协查216批次,查出税额2000多万元,入库税款、滞纳金2647万元。

2007年7月1日起,县地税局实施省地税局印发的《浙江省地税系统稽查协查工作制度》,对各类涉税案件的协查工作范围、协查工作程序、有关协查工作要求和协查工作统计归档管理作明确规定。是年,绍兴县国、地税局开展协作检查,全年对轻纺市场停业户协查100多户次,查处停业违章9户,补缴税款5000元。

2008年,县国、地税局稽查局联合查处绍兴县某布业有限公司虚开增值税专用发票案,被司法机关立案受理。对中国平安财产保险有限公司绍兴县支公司联合进行税收专项检查。

2009年,县地税局稽查局与县局各征管分局协作,对4户房地产企业和1户建筑企业进行辅导协查,查补税费888.40万元。

2010年,县地税局印发《关于印发〈完善征管查互动机制试行工作方案〉》《绍兴县地方税务局关于进一步完善征管查协调会议制度的通知》等文件,县局每月召开征管查协调会议,听取征管意见和建议,反馈稽查信息。

2011年,绍兴县国、地税局稽查局联合对交通银行绍兴中国轻纺城支行进行联合检查,查出未按规定取得发票共计735份,涉税金额17.43万元。是年,绍兴县地税局稽查局以调研检查、团队协作办案等形式查处大案、要案18件,其中9件偷税案件达到司法处理标准移送公安机关。

2012年4～6月,绍兴县国、地税局稽查局联合对印染行业开展专项整治行动,按照“全面自查、分局评估、重点稽查”的方法,责成201户自查,26户纳税评估,19户税务稽查,共查补税费2300多万元。

2013年,绍兴县国、地税稽查局联合对某纺织印染公司实施稽查,查补涉及地税税款(费)52.41万元、滞纳金2.67万元、罚款27.23万元,合计82.31万元。

第三节　复议审理

税务行政复议

税务行政复议,是指申请人对税务机关的具体行政行为不服,依法向上一级税务机关提出申请,上一级税务机关对引起争议的下级机关的具体行政行为进行审议,依法作出裁决的一项税务行政法律制度。

县地税局　县地税局设有法制(法规)科和税务行政复议委员会,负责地税税务行政复议和税务行政应诉等事宜。2003年,县地税局开展税收执法检查,内容有税收申报管理、减免税管理、稽核评税及税务违章处罚等,检查后发现有部分纳税申报资料的审核不到位,稽核评税及违章处罚中的部分文书制作还有缺陷,部分证据收集不够规范等问题,都按要求进行整改。

2004年5月1日起,贯彻实施国家税务总局印发的《税务行政复议规则(暂行)》,1999年国税总局印发的《税务行政复议规则(试行)》同时废止。同年,贯彻执行《浙江省地税系统政务公开内容》通知,对地税机关有权实施的税务检查内容和手段作了规定,主要有检查纳税人、税款扣缴义务人的账簿、记账凭证、报表和有关资料;到生产、经营场所和货物存放地检查应纳税商品货物和其他财产等经营情况。对纳税人及其当事人认为税务机关的具体行政行为侵犯其合法权益,可依法向税务行政复议机关申请行政复议。税务机关对公民作出2000元以上(含本数),对法人或者组织作出1万元以上(含本数)的行政处罚决定前可启动听证程序。是年,县地税局根据某纳税人申请,组织税务行政听证会。同年,县财政、地税局贯彻实施《中华人民共和国行政许可法》,邀请专家教授对干部进行《中华人民共和国

2004年3月30日,举办《中华人民共和国行政许可法》讲座。

行政许可法》培训。次年，推行税收执法监督目录制，目录对象为日常税收执法行为及相关的管理活动，包括税务登记及认定、发票管理、延期缴纳税款、减免税和所得税税前列支项目审批、稽查选查审及执行工作、税务听证和行政复议等20个环节项目。监督方式分“日常自查、重点抽查、计算机监控”3种。

2006年8月，县局制订《关于建立财税法制员队伍的通知》，在系统内具有行政检查权、行政处罚权和办理行政许可事项的单位(科室)设立1名兼职法制员，负责对行政行为的审核把关，并开展执法监督。同年，县地税局稽查局印发《税务稽查案件调查取证管理办法》，办法内容共20条，包括税务稽查有效证据界定、检查工作底稿的记录要求、各类证据的采集要求、稽查签证“一事一签”要求、询问笔录调查笔录的要求等内容，规范稽查调查取证过程中的各个环节。2007年4月，县地税局组织3件偷税案件的审理，邀请部分镇(街)负责人、企业法人代表和新闻媒体等10余名列席旁听，听取了从事实、证据、程序及依据分析、合法合理处理意见的全过程。

2008年4月，制订《绍兴县财政地税系统法律学习培训制度》，对法律学习培训作出明确和要求。2009年，印发《稽查内部复查工作操作意见》等规范化文件，推进规范执法和稽查工作制度化。2010年，开展“和谐稽查”创建活动，建立执法与服务并重的“和谐稽查”新理念，促进执法者与执法对象、执法权力与纳税人权益、执法的合法性与合理性的和谐。是年，地税局发出稽查情况回执单202份，回收148份，满意率达100%。

2011年4月，稽查局实行晨会工作制度。检查科每日早晨8时40分召开晨会，交流分析上一日检查工作情况，讨论存在问题，汇报当日工作计划。9月，开展2010年6月至2011年5月期间按一般程序办结的税务行政处罚案卷自查工作。自查内容为查执法主体，看职责是否明确，主体是否合法，有无越权处罚，滥用职权，无证上岗等问题；查案卷记录，看处罚程序是否到位，手续是否完备，记录是否清晰，有无程序不对，顺序颠倒，记录不详等问题；查处罚依据，看事实是否清楚，适用依据是否正确，有无事实不明、证据不足、依据不准等问题；查处罚金额，看自由裁量权使用是否合理，处罚是否适当，有无裁量“自由”，幅度不当，随意处罚等问题；查案卷制作，看资料是否齐全，文书制作是否规范，有无资料不全，编号不清，装订混乱等问题。

2012年8月，对2007年7月后制发的行政执法证进行换证，全局共涉及换证200人，其中到期换证196人，变更换证4人。2013年，稽查局完善全程服务机制，做到查前告知、查中辅导、查后回访，让纳税人了解稽查程序、限时服务，自觉接受纳税人监督。是年，执行入库率100%。

县国税局 县局设有法制(法规)科和税务行政复议委员会，负责国税税务行政复议、税务行政应诉等事宜。2003年，县国税局制定《税务案件审理办法》，县局稽查局检查的税务案件，涉及的税务行政处罚，均无引起行政复议。

2004年5月1日起，贯彻实施国家税务总局印发的《税务行政复议规则(暂行)》，1999年国家税务总局印发的《税务行政复议规则(试行)》同时停止执行。同年7月1日起,县局贯彻落实《中华人民共和国行政许可法》,对国务院确认国税部门的5项审批项目进行公开,并建立税务行政许可统一办理制度。同年10月,县国税局举行首次行政处罚听证会,绍兴第二印染有限公司等4户企业(或聘请律师)的当事人、代理人及企业其它相关人员参加听证会,对税务机关拟实施的处罚提出企业申辩意见,县局对听证会的全部活动作详实记录。

2005年,县国税局规范行政许可程序,落实税务行政许可工作制度和5个具体操作办法,把过错责任追究落实情况列入工作目标考核,修订完善《行政管理过错责任追究办法》和《税收执法过错责任追究实施办法》。

2006年,贯彻《依法行政实施纲要》,完善行政许可程序,推进税收执法责任制的标准化、科学化和规范化建设。是年,稽查局实行稽查"查、调分离"制度,即检查人员与调账人员分离,减少检查人员自由裁量权。

2007年11月,稽查局运用ISO工作规程,在选案、稽查、审理、执行及实地调账、询问笔录、稽查签证等环节做到程序到位。次年,稽查局编印《税务稽查工作制度汇编》,人手一册,重新修订《稽查局股室工作目标考核》,推出《税务稽查报告范本》。

2009年6月1日起,税务稽查统一使用《税务检查证出示回证》,归入税务稽查案卷;应用税收执法管理信息系统,执法正确率达到99.99%;落实过错责任追究,全年有12人次实施执法过错责任追究。次年2月,建立服务机制。成立纳税援助小组,向纳税人提供维权服务;采取多种举措与纳税人联系沟通,使纳税人权益诉求渠道畅通;及时反馈纳税人涉税分歧和诉求,化解征纳矛盾;做好纳税人税收政策法规、税收工作流程、涉税分歧等涉税内容的咨询、协办及援助。

2011年,全面实施"过错责任追究制",全年追究执法过错责任19起,扣发直接责任人奖金1700元。还建立纳税人涉税防范风险机制,被进入2011年度省国税局"管理创新项目库",同时被省局评为优秀项目。次年,发布《绍兴县国税局关于进一步做好12366、12345、网上咨询工作的通知》,建立联络员制度,明确相关科室、单位职责,规范操作流程和办理时限,并定期通报执行情况。

2013年8月,完成市局"发起式"税收执法督察工作,对市国税局发起的三类执法疑点进行分析,查阅相关政策依据,落实到相应管理单位,对过错单位人员进行督察内容讲解,查明原因,认真整改,落实过错责任追究,并制订堵塞执法过错的相关管理办法及意见。

案件审理

县国、地税局均设有法制(法规)科和税务案件审理委员会,负责各自重大税务案件的审理;县国、地税局稽查局各设有案审科(股),负责各稽查局一般税务违章案件的审理。

县地税局 2003年,县地税局召开税务案件审理委员会会议7次,讨论案件74件,实地案审3次。次年5月,因人事变动,县局税务案件审理委员会成员进行调整。全年共召开案审委会议9次，审理案件73件，涉案金额2316.80万元。是年，稽查局建立执行环节回访反馈制度，即由稽查局执行科在送达处理处罚决定书的同时，征求被查单位对检查、案审环节意见，并在稽查局局务会议上进行情况通报。

从2005年开始，对案件审理除按正常的案件审理程序及要求进行案审外，还必须按"目录检查法"的要求对照审理，对不符合"目录检查法"要求的案卷，应作出退查或要求补充检查。

2006年，召开案件审理委员会会议10次，审理案件41起，审理税费、滞纳金、罚款金额合计1846.28万元。开展实地案审，查处税费、滞纳金和罚款合计6.55万元。是年起，实施《税务稽查案件调查取证管理试行办法》《税务稽查常用文书制作要求》。次年，召开案件审理委员会会议11次，审理案件61件，审理的税费、滞纳金和罚款金额2311万元。

2008年，加强案件审理，对每件案件制作案审纪录单，严把重大税务案件审理标准、审理定性、审理程序、审理证据和处罚自由裁量5个关和"规范原则、统一原则、落实原则"要求。是年，稽查局向上级局选送的"绍兴县某大酒店偷税案""绍兴县某纺织厂偷税案"获得绍兴市地税局稽查案例一等奖，并作为市地税局稽查局仅有的2件偷税案例参加全省地税局稽查局优秀税案案例评选。

2009年起，建立审理结果反馈汇报制度，稽查局案审科每月汇报分析案审结果，制订改进落实措施。次年起，对重大案件的分级审理标准进行调整，重大税务案件标准调高到查补税费20万元以上，其中个体工商户、个人查补税费为10万元以上。是年，稽查局出台《稽查局重大税务案件集体审议制度》和《稽查案件审理分析制度》，同时启动新程序审理案件；凡有疑问的案件，由案审办主审人员先向案审办主任汇报，再由集体讨论决定是否采取退回稽查局重新调查、由审理人员实地调查、提交案审委审理等方案。是年，县地税稽查局获省地税局优胜先进荣誉。

2011年，稽查局2件送审案件，在市地税局稽查案例评审中被推荐送省地税局参加稽查案例评审，分别取得一等奖和二等奖(其中查处绍兴县某某皮塑有限公司在2006～2009年期间，利用公司奖金进行股票交易未及时结转相关收益申报营业税和企业所得税，查补税收42万元，系全省地税系统首查股票交易案，获省地税局稽查税案二等奖)。次年起，建立"疑难问题集体审议制度"，每周五下午根据各科提交疑难问题情况召开集体案审会议。全年集体审议21件（次），其中16件提出处理意见和要求，5件需向上级请示后处理。是年，稽查局有2例税务违章案例在市地税局稽查评比中获得一等奖和三等奖，其中1例还参加省地税局稽查案例评选，获得二等奖。

2013年，稽查局创新案件审理方式。对重大案件、疑难案件实行集体审理制度，每周定期召开审理会议讨论、分析、明确审理案件，确保案件处理"公正、公平、公开"；对稽查局提交县地税局案件审理委员会审理的重大税务案件审理标准进行调整，单位查补税款从20万元以上调高到50万元以上，其中个体工商户、个人查补税款为10万元以上。是年，稽查局选送的"某发展有限公司偷税案""某市场实业有限公司偷税案"被评为“绍兴市地税稽查十大经典案例”,其中1件还在省地税局稽查评审中获奖。

县国税局 2003年5月起,稽查局、法规科(案审办)和县局案件审理委员会的案件审理界限为补税在1万元以下(含1万元)且罚款在1倍以下(含1倍)的由稽查局审理并作出处罚决定;补税在1万元以上的应移送县局法规科(案审办)审理,其中1万~5万元的由县局案审办审理,并作出处罚决定;补税超过5万元的、涉嫌增值税专用发票的税务案件和个别需提交县局案审委员会讨论的疑难案件,由县国税局法规科(案审办)审理后,提交县局案审委员会讨论,并作出处罚决定。

2004年起,稽查局推行首查责任制,即确定稽查对象后,稽查局根据被检查单位情况确定首查员,并选定若干检查员组成检查小组,首查员为检查第一责任人,全面负责检查项目的实施,实行职责与责任相一致原则,首查员承担主要责任,其他检查员负次要责任。次年,开展“内审、管理评审及各项预防纠正措施”活动。对稽查案卷质量开展自查整理,结合ISO内定审发现的问题,指定专人对问题进行修改完善。

2006年,开展稽查工作规程集中案头审核活动和“管理评审、内审和日常预防纠正措施”等各项质量活动。税务稽查实行“调、查分离”方式,形成相互制约、相互监督机制。2007年4月起,实行“三公开一保密”制度,即公开税务稽查工作程序,实行“查前告知、查中反馈、查后建议”;公开涉税违法行为处罚标准;公开税务稽查回访制度;明确稽查保密纪律。次年,推出“稽查报告范本”,对稽查报告内容、具体格式,对稽查报告涉及税收违法认定数据的来源及相应证据取得等作出详细规定,各检查人员对照范本制作稽查报告。

2009年,2件案件被市国税局评为2009年度优秀税务稽查案件。次年,稽查局对税务案件审理力求“早、全、细、准”标准,即对大案、要案和复杂疑难案件,提前介入力求“早”,对证据材料和审理汇报把握“全”,审核做到“细”字,定性量罚力求“准”字。是年,稽查局选送的2件案例在全市国税系统优秀税务稽查案例评比中获奖。

2011年,在年度全省国税系统优秀税务稽查案件评选中,绍兴县国税局稽查局选送的查处某骗税案例获三等奖。次年起,应用税收执法管理系统。全年申辩过错102条,经调整后执法准确率100%;全年追究执法过错责任22人次,经济惩戒2200元。是年,还成立数据分析中心,集中进行风险识别和等级排序,明确两级工作职责。

2013年,采用复核登记寻找案件瑕疵、不定期汇总归集问题和通报考核案件来提高稽查案件质量。是年,1件案件被省国税局推送参加国家税务总局优秀稽查案件评审,2件案例被评为全省国税系统国际税收优秀案例,另在全省优秀税务稽查案例评选中,“绍兴县某某纺织有限公司”一案获一等奖。

第四节 违章处理

税务违章处理,是税务机关依据相关法规,对纳税人违反税收法规行为采取的处罚措施。绍兴县国、地税局对税务案件实施"五率一面"的考核制度(即稽查结案率、入库率、处罚率、复查率、公告率和检查面),严格按税务法规处理税务违章,接受社会公众监督。

县地税局

2003年,全年税务立案结案率为99%,查补税款、罚款和滞纳金入库率为98%,偷税案件处罚率为74%,案件复查率为7%,税务案件公告率达到68%,检查面为5%,均超过上级的考核标准要求。

2004年,贯彻实施《浙江省地税系统政务公开内容通知》,对全县地税纳税人在税务登记、账簿凭证管理、纳税申报、税款征收中违法、违章行为,按《中华人民共和国税收征收管理法》及《中华人民共和国税收征收管理法实施细则》和其他有关法规进行处理。对纳税人在发票上违章行为,县地税税务机关按《中华人民共和国发票管理办法》及其实施细则和其他有关法规进行处理。是年,税务立案查处287户,税务案件处罚率达到59%,其中对"绍兴县柯岩街道某村经济合作社"和"绍兴县某金属压延有限公司"两户典型的偷税案例在新闻媒体上进行曝光。

2005年起,实施《绍兴县地方税务局税务行政处罚罚款裁量实施办法》,对纳税人税务登记,纳税申报,账簿凭证管理,税务检查,发票管理,偷税、欠税、抗税6个方面的税收行政处罚罚款裁量行为进行细化规范,降低自由裁量权不当引起的执法风险。

2008年12月,制订《关于规范行政自由裁量权工作的通知》,编印《规范行政自由裁量权资料汇编》,并要求系统干部熟练掌握操作规程、办事要求和处罚标准。同年,在《绍兴县报》、《绍兴日报》上曝光4起税务案例,涉税违章公告194件,查处涉税(费)案件456户,税务检查面为5.4%,税务案件公告率100%,税务立案结案率100%,税务案件处罚率53.2%,税务案件税款入库率99%。是年,县局修改、完善、整理有关行政自由裁量权方面的文件22种,细化行政处罚标准148项。

2009年,稽查局共检查纳税户512户,税务检查面为6.03%,税务立案结案率达到100%,对涉税违章案件公告209件,公告率为100%,查补税费、罚款入库率100%,在绍兴县报上曝光案件1件。是年起,实施《税务处理处罚执法依据》《关于统一部分税(费)种滞纳金加收起始日期的通知》,推进规范执法和稽查工作制度化。次年起,对10大类60种涉税违法行为细化处罚标准,县局案审办案审标准从查补税费5万元以上调高到20万元以上,其中个体工商户、个人查补税费定为10万元以上。是年,地税稽查局向公安机关移送偷税案件15件,全年检查纳税户486户,税务检查面为5.72%,税务立案结案率、公告率、入库率均为100%。

2011年2月1日起,修改后的《绍兴县地方税务局规范税务行政处罚裁量权实施办法》施行。对个人处以50元以下、对单位处以1000元以下罚款或者警告的行政处罚,可按简易程序当场作出处罚决定;对公民处以1万元以上罚款、对法人或其他组织处以30万元以上罚款的行政处罚,或处不缴、少缴税款2倍以上5倍以下罚款的行政处罚,应作重大行政处罚案件上报上一级地税机关备案。同年,稽查局涉税违章立案202户,结案202户,公告202户,立案结案率和公告率均为100%,查补税款1471万元,罚款902万元,处罚率为61.32%,税款、罚款入库率100%,曝光案件1件。次年,重点检查选案准确率达92.16%,立案结案率、公告率、税款罚款入库率均为100%,税务案件处罚率达到64.73%。

2013年5月,查处一纳税人购买假发票虚开收入偷逃税(费),移交司法立案,被县人民法院判处4个月的刑事责任处理。10月,县财税部门与县司法部门制定《关于进一步加强财税行政执法与刑事司法协作联系的若干规定》,建立案件会商及提前介入制度、联席会议制度和预防职务犯罪工作制度。同年,稽查局税务重点检查结案率100%,税务案件税款、罚款入库率为96%,税务案件公告率为100%,税务案件处罚率为67%,所有指标均超过考核标准。

县国税局

2003年,对税务违法事实确凿,有税务法定依据的公民处50元以下,对法人或其他组织处1000元以下罚款或者警告的行政处罚,使用行政处罚简易程序。局机关管理科、计统征收科、进出口税收管理分局、涉外税收管理分局和各税收管理站使用简易程序的,可当场作出行政处罚决定,统一使用由县国税局提供的统一格式的税务行政处罚决定书,并实行文书结报,稽查局全年税务立案结案率达到96.34%,查补税款、罚款入库率达99%。

2004年10月,县局对某钢结构有限公司进行税务审计,查补税款117.7万元,给予加收滞纳金14.9万元的处理。次年,加强与公安部门配合,实施“税务检查以案定人、公安及时加入、司法处理积极跟进”的稽查模式,全年移送司法机关的税务案件有11人被采取强制措施。

2006年6月起,实施税务稽查查前公告制度,即查前税务机关依法将实施税务稽查对象予以公告,并给予被查对象一定期限的自查整改机会,对已自查整改的,原则上作自行申报处理,对公告期间再受理的举报进行记录、整理、分析后作为稽查办案的必查内容。次年,稽查局举行税务典型案例通报会,向被查纳税人建立稽查案件反馈建议制度。

2011年10月,举办为期一星期的股权检查视频培训班,县局稽查干部参加培训,内容为“资本运作业务税务处理与税务稽查”“企业重组所得税税收待遇”,剖析具体上市公司案例。次年,开展反避税工作,其中“绍兴县某某村有限公司反避税案”经国家税务总局立案批准,是全市唯一获得国家税务总局立案批准的反避税案。

2013年10月,县国税部门与县公检法部门出台《关于进一步加强财税行政执法与刑事司法协作联系的若干规定》,建立案件会商及提前介入制度、联席会议制度和预防职务犯罪工作制度。全年税务案件公告率、结案率、处罚率均达到100%。

第二十章　税收计划　会计　统计

绍兴县税收计划、税收会计、税收统计、税收票证工作由绍兴县国税局和绍兴县地税局两部分组成，分别核算全县国、地税款的应征、减免、欠缴、入库和提退。2003～2013年，绍兴县地税局设计划财务科，绍兴县国税局设收入核算科（计统征收科）分别具体管理全县国、地税税收计划、统计、会计、票证等计会统工作，期间绍兴县地税局获得省、市局计会统先进单位称号7次，其中省局级2次，市局级5次。县国税局计会统工作也多次获得省、市局先进称号。

第一节　税收计划

绍兴县税收计划，是全县财税系统干部在一定时期的奋斗目标，是检查和考核县局、各税务分局（所）税收工作的重要依据。全县税收计划贯彻统一管理的原则，实行全额计算、全额下达、全额考核。税收计划的编制、分配、下达、执行、检查、分析构成全县税收计划管理体系。

计划编制

绍兴县财政地税局、绍兴县国税局的财政税收计划，分年度计划和季度执行计划。年度计划按主体税种、预算级次编制，季度执行计划分月份编制；季度执行计划属年度计划的具体安排，一般由各税务分局（所）提出建议数，县局结合年度计划核定下达。各税务分局（所）根据县局核定年度、季度执行计划，分解到各征管组、点，责任到人，计划收入考核的重点放在征管质量和有否实现“应收尽收”上，以保证全年财税收入计划完成。

县财政地税局　2003年，收入计划下达按基数法测定，在上年实绩的基础上，按一定的权数考虑分乡镇的三产收入、GDP、销售收入、实现利润等因素核定计划分配率，税收计划的95%按该率分配，另5%再按各税区税源的新增长点及有关特殊性进行调整。次年起，建立税收收入分析档案，开展税收收入动态分析，重点做好房地产行业税收预测分析，分季、分月下达计划，对每月税收任务完成情况进行考核。

2005年，强化均衡入库，避免大起大落。按完成月度、季度和全年收入任务要求，建立重点税源企业税收收入计划落实制度和税收收入计划预警机制，对税负偏低“行业平均税负率20%”以上的企业,进行跟踪分析,其中对分析有异常情况的企业实行纳税评估和稽查。次年,按季分月分解下达全年收入计划,每月分旬进行收入预测,建立每月收入档案,并对每月增减因素、税种异常变动情况进行分析。

2007年,强化收入计划管理,侧重研究分析分行业、分区域、分类型的税源状况与趋势,下企业、国土、招投标中心、建管(房管)等部门摸清税源,在此基础上县局分解下达收入计划。在收入组织执行中分月按旬做好分析预测,把握收入进度。次年起,实施《绍兴县地方税务局税收分析工作制度》,对税收分析的基本职责、基本内容和方法、工作流程和机制等方面作出规定和要求,形成每月税收分析机制。

2009年,依托信息化平台,建立县局、分局两级分析平台系统,加强税收分析,做好组织收入的应对预案,把握组织收入的主动权。次年起,启动政府非税收入征管信息系统,核定全县非税收入计划。

2011年,开展税收收入预测,完善收入分析机制,加强计划管理。次年,按季召开收入形势分析会,分析各季度收入态势和变动原因,按月通报收入进度,按季上报收入分析报告;收入分析既关注收入总量增减变化,又分析各税种收入与相关经济指标的关系,对重点企业收入、成本、利润及影响地方税收的其它项目进行对比,说明各项变动原因。

2013年,搭建和应用地税收入质量评价体系,在原有税收收入执行情况基础上,增加税收收入质量评价体系的指标及得分情况通报。

县国税局　2003年,全县国税收入计划没有分解到各税收管理站,由县局统一编制各项税收的年度计划和季度执行计划,并通过征管质量考核、工作目标考核、收入情况和征管质量的通报,保证收入任务完成。这年起,对全县50强工业企业进行考评,内容为销售收入和纳税情况,以企业申报数据为准。次年7月起,建立税收收入分析例会制度,每月征期后5日内召开收入分析专题会议,对年纳税50万元以上大户采集申报数据,分析收入与经济联运情况、增值税与工(商)业增加值和社会消费品零售总额比对情况及其他政策因素对税收影响,做好月度、季度和年度税收预测。

2005年,以“抓紧、抓早、抓实、抓出成效”要求,层层分解收入任务,加大对各单位的收入考核,建立基层单位与联系科室的连带考核制和税收分析例会制度,同时加强与各镇(街)联系,做好参谋,及时通报各镇(街)及所属企业收入情况。次年,实施税收与经济发展联动分析机制,按“弹性系数不低于1”的原则,围绕重点行业、重点税源的增值税税负率变化开展分析,落实税收计划,把组织收入与干部的工奖挂钩,对完不成收入任务的单位,年终评比实行一票否决制。

2007年,做好税收计划预测。分析2006年税收增减因素及重点项目,对2007年税收计划作出判断;参照全县经济发展指标,确定税收增长比例;建立税收分析例会制度,开展税收调查研究。次年,建立由综合分析部门、征收管理部门和各相关职能部门组成的收入联合分析机制,以税源考核法取代实际入库法,实施均衡入库和收入预测分析质量方面的考核。

2009年,通过加强税收调查分析和绩效考核,以开展纳税评估、加大稽查力度、规范出口退税管理、堵塞征管漏洞、挖掘增收潜力等措施抓好计划收入。次年,以上年度税收计划运行特点,对2010年税收计划制定作出判断,并参照全县经济发展指标,确定适当税收增长比例,完善税收分析例会制度,开展税收调查,加强行业税收专题调研和税收计划预测。

2011年,抓好税收计划分解落实,合理安排"免抵调库"计划,对各镇(街)情况进行科学分析和参照全县经济发展目标进行预测,确定税收增长比例。次年,由局领导和相关科室负责人组成收入工作联系指导小组,实行分片联系抓收入的联动机制;按月下达收入计划,对收入目标实行不含"调库税收收入增长"和"通过评估、稽查等征管措施增收的税款"的2项指标考核。

2013年,利用信息化技术形成各业务部门齐抓共管收入分析机制,开展税收分析预测。与此同时,建立收入质量考核机制,科学考核组织收入工作,努力提高收入质量。加强对重点税源、中小企业和低税负企业的监控管理,综合运用征管手段堵漏增收,统筹安排免抵调库资源,实现国税收入与经济协调增长。是年起,县局不再单设"两税"(增值税、消费税)计划编制。

执行情况

是指反映绍兴县各年度财政总收入计划执行、税收计划执行的情况。全县财政计划执行情况,以计划、实绩、完成比率作反映;全县税收计划执行情况又分绍兴县国税计划执行和绍兴县地税计划执行情况,各以计划、实绩、完成计划比率作反映。

按月编制的绍兴县收入情况手册

县财政地税局　2003～2013年,全县财政总收入累计计划8503604万元,实际完成8597110万元,累计财政总收入完成计划的101.10%。地方财政收入累计计划4447976万元,实际完成4548525万元,累计完成计划的102.26%。

表20-1

绍兴县财政总收入、地方财政收入计划执行情况统计表(2003～2013)

单位:万元

年　度	2003	2004	2005	2006	2007	2008
财政总收入计划数	295770	376600	430000	503644	650000	750000
实际完成数	308276	364450	423230	520969	670247	757283
完成计划%	104.23	96.77	98.43	103.44	103.10	101.00
地方财政收入计划数	135179	168500	204800	241887	303800	378385
实际完成数	135362	170992	201336	256531	327923	385212
完成计划%	100.14	101.48	98.31	106.05	103.00	101.80
年　度	2009	2010	2011	2012	2013	合计
财政总收入计划数	810000	881800	1150000	1288290	1367500	8503604
实际完成数	812021	935035	1170265	1277625	1357709	8597110
完成计划%	100.20	106.00	101.80	99.17	99.28	101.10
地方财政收入计划数	416000	510000	627150	701500	760775	4447976
实际完成数	435832	517568	637690	704424	775655	4548525
完成计划%	104.80	101.50	101.70	110.42	101.96	102.26

2003～2013年,县地税局累计地税费计划收入3367053万元,实际完成3536595万元,完成计划的105.04%。

表20-2

绍兴县地税局税收计划执行情况统计表(2003～2013)

单位:万元

年　度	2003	2004	2005	2006	2007	2008
年度计划数	91493	116400	179000	214450	215000	257600
累计入库数	98049	126900	180800	263100	237004	264929
完成计划%	107.16	109.02	101.01	122.69	110.20	102.80
年　度	2009	2010	2011	2012	2013	合计
年度计划数	287500	318410	462000	589700	635500	3367053
累计入库数	291101	356117	525613	579982	613000	3536595
完成计划%	101.30	111.84	113.79	98.40	96.46	105.04

注:2011年起,县地税局计划和入库数包括农业税收计划和入库数(2011年以前农业税收计划和入库数统计在县财政局)。

县国税局　2003～2013年，在“应收尽收”同时，做好“应退尽退”，全县累计国税税收计划4839279万元，累计实际完成5048210万元，完成计划的104.32%。其中2003～2012年两税计划3263099万元，实际完成3347939万元，完成计划的102.60%。

表20-3

绍兴县国税局税收收入计划执行情况统计表（2003～2013）

单位：万元

年度	年度计划数	累计入库数	完成计划%	其中增值税、消费税计划执行情况		
				计划数	实绩数	完成计划%
2003	178627	200095	112.02	164829	184740	112.08
2004	219312	220040	100.33	203023	196524	96.80
2005	246727	252627	100.24	219982	221157	100.53
2006	292826	325417	111.13	241757	268659	111.12
2007	374309	421564	112.62	305921	352968	115.40
2008	452891	453525	100.14	365087	369955	101.33
2009	483331	483382	100.01	384600	378025	98.29
2010	529720	555832	104.93	379800	394114	103.77
2011	608636	681388	111.95	463000	466842	100.83
2012	717900	719222	100.18	535100	514955	96.24
2013	735000	735118	100.01	2013年起不再单设增值税、消费税计划		
合计	4839279	5048210	104.32	3263099	3347939	102.60

税源调查

税源调查，是研究分析全县影响经济税源发展变化的各种因素，预测全县经济发展趋势，增强工作预见性，挖掘税源潜力，为全县编制税收计划、检查税收政策的贯彻执行、研究税制和改进征收管理工作提供客观依据。

县地税局　2003年，依托信息化手段，做好重点税源监控扩面工作，对全县222户重点税源实行税收监控；加强税源调研，成立税源专题调研组，到国税、统计、经贸、用电等相关部门进行调查，分析原因，寻找建议、对策，提出有效的收入组织建议措施。

2004年，逐步扩面、批量处理、动态监控，完成重点税源监控向整体税源监控过渡，实行税源联系制度。对重点税源管理人员进行税源管理网上培训，学会从基础数据库质量到数据库应用分析的技能，对监控发现的同比减收或其他不正常现象进行调查分析。同时，县局下发季（月）度调查联系单，其中月度分析联系单发出后10个工作日内上报，季度分析为季后22日前上报。全县地税重点税源监控中，中央级为实缴营业税实际收入100万元以上的纳税人；省级为实缴地税收入100万元以上的纳税人；市级为实缴地税收入50万元以上的纳税人;县级为实缴地税收入40万元以上的纳税人。是年,地税重点税源共278户(中央级13户、省级92户、市级35户、县级138户):其中直属征管局136户(中央级10户、省级44户、市级18户、县级64户)、钱清征管局53户(中央级2户、省级21户、市级5户、县级25户)、福全征管局37户(中央级1户、省级13户、市级3户、县级20户)、齐贤征管局38户(省级12户、市级7户、县级19户)、平水征管局14户(省级2户、市级2户、县级10户),监控企业税款约占全县地税企业税收收入的76%;同年8月,县地税局还对2003年度减免税进行普查。

2005年,开发重点税源取数软件并推广应用,重点企业税源月报表可批量生成,也可单户生成。是年,还建立重点税源档案管理制度,对年纳税额在40万元以上的重点税源企业,实行中央级、省级、市级、县级4级管理,建立企业数据档案,其中县级监控面达到全部地税收入的76.23%。建立重点税源分析报告制度,按时编报重点税源企业报表和重点税源分析报告。

2006年,贯彻省地税局《关于加强税源管理工作的若干意见》和《日常税源管理下户工作规范(试行)》,实施"税源间接控管"新模式,引入税源间接控管平台管理软件,强化税源基础信息分析。依托信息化和标准化,实现对税源间接、多点、科学、高效的控管,取消入户对应"保姆式"税企管理模式,加强税源基础管理,发动镇、街道协税护税力量,开展营业税税源普查及企业所得税重点税源调查,掌握税源信息。是年,全县地税重点税源监控企业为368户。

2007年,全县《企业所得税暂行条例》实施最后一年(2008年起实施《企业所得税法》),税源调查的数据对2008年起实施《企业所得税法》后所得税税源状况变化和企业税收负担变化具有重要价值。县地税局以行业管理、专项管理为重点,完善"数据监控、管理精细、责任到岗、考核到人"税源管理方式,加强对房地产业、工业等重点税源征管。是年,对年实纳地税50万元以上的纳税人列为县(市)级的重点税源户,年实纳地税100万元以上的纳税人列为市(地)级的重点税源大户,省级重点税源户由省局在市(地)级重点税源大户中指定(一般金融保险企业为实纳税500万元以上,其他企业为实纳税200万元以上),全县有468户企业纳入重点税源监控,重点税源户税收占全部企业税收的75.6%,其中省级监控企业149户,税收占全县企业收入的48.8%。

2008年,通过"税友2006"重点税源监控模块实现取数、加工、审核,形成重点税源监控报表内容。是年,县局将营业税税收调查由税政科移交计财科。同年,探索"重点税源重点管、一般税源规范管、零星税源协同管"的新型税源管理模式,建立分行业税源管理制度,纳入县级以上重点税源企业562户,占全部税收收入的70%以上,同时进行宏观经济与税收的互动分析预测,开展行业专题性税源调研,分月按旬对收入情况和税源变动趋势进行前瞻性分析预测,开展"总部经济"和"资本运作"税收回归工作,开展企业主辅分离工作,扩大地方税基。

2009年,扩大重点税源监控范围,建立"规模企业、中小企业、个体户"三级税源管理框架模式，并根据“税友2006”预警分析平台进行日常监控，按“大型企业查账征收”“中型企业纳税预警”“小型企业核定征收”的思路，加强所得税税源管理，全县地税纳入县级以上重点税源企业600户。

2010年5月，开展全国税收调查工作，涉及全县地税纳税人84户，调查企业指标395项、企业集团指标99项，全部调查企业年度实际缴纳的营业税额占全县营业税入库总额的50%以上，采用“税友2006”税收调查取数模块功能进行调查。同年，建立以“土地税收”为核心的税种管理制度，开展房产税、城镇土地使用税税源清查。全县地税纳入县级以上重点税源企业726户。

2011年，扩大税源监控范围，纳入县级以上重点税源企业926户，涵盖80%以上企业税源。是年，县地税局加大对股权投资类企业税源扶持，6户企业申报入库股权投资类税收1.1亿元，全县共有投资近88亿元，主要以金融为主，银行业占居首位，获益方式以企业通过投资国内A股二级市场或上市获取收益为主。

2012年，县地税局纳入县级以上重点税源企业930户，占全县企业税收比重为83.5%。是年，还确定61户企业、84个对外投资项目为股权投资类税收重点税源，对税源管理工作人员推行“考核+激励”的工作方法，实时掌控税源变动情况。

2013年，全县932户企业被纳入重点监控税源，占全县地税税收收入的76.4%，并扩大高收入者个人所得税监管范围。

县国税局　对纳税人实施税收监控，实行分级管理制。县局负责对重点纳税大户的评估监控及按工作目标要求确定的纳税人的监控，监控主要运用计算机网络进行；对其他纳税人的监控，由税务分局（所）负责，以传统监控手段为主进行，分税务登记、认定登记、发票管理三个环节监控和纳税评估。2003年，以增值税一般纳税人和营业税纳税人为对象，以企业上年实际税收完成情况为依据，逐级确定重点税源户标准和名单。属省国税局监控重点税源为增值税、消费税年入库税款500万元以上、营业税年入库税款300万元以上；市国税局监控重点税源为增值税、消费税、营业税、企业所得税年入库税款100万元以上；县国税局监控重点税源为增值税、消费税、营业税、企业所得税年入库税款50万元以上（上述企业如有6.8%退税部分，须按剔除后的净入库税款确定）。全县纳入县国税局重点税源监控企业为287家，实现销售收入226.86亿元，入库税收7.68亿元，预免预抵税款2.46亿元，其中浙江玻璃股份有限公司纳税6259万元。

表20-4

2003年度绍兴县500万元以上纳税大户一览表

单位：万元

企业名称	缴纳税额	企业名称	缴纳税额
浙江精工集团	8202	绍兴其其热电有限公司	1097
浙江钱清热电集团	7793	浙江永通染织集团	980

续表20-4

企业名称	缴纳税额	企业名称	缴纳税额
绍兴光宇集团	7071	浙江天圣股份有限公司	956
浙江赐富化纤集团	3527	浙江永利实业集团	923
浙江远东化纤集团	2623	县华舍涤纶厂	881
浙江南方集团	2165	浙江无名皮塑集团	869
绍兴索密克汽车配件公司	2156	县华天实业有限公司	769
绍兴美佳热电有限公司	2092	浙江展望实业集团公司	724
浙江万亨盛印染公司	1851	浙江天马印染有限公司	709
浙江绍兴怡东仪表公司	1764	天龙控股集团有限公司	703
浙江亚太集团有限公司	1543	绍兴裕隆工贸集团	695
浙江老凤祥首饰厂	1402	县新风热电厂	666

注：缴纳税款已扣除免、抵、退税数。

2003年年末，全县50强工业企业实缴国税收入9.88亿元，比上年增长67.76%。其中1亿元以上1家(包括免、抵、退税，下同)、5000万元以上4家、1000万元以上29家。申报销售收入322.4亿元，比上年增长40.43%，其中40亿元以上1家、20亿元以上3家、10亿元以上5家、5亿元以上9家、1亿元以上32家。

2004年，针对新出口退税机制的实施及全县经济发展状况，加强税源调查，掌握重点行业、重点企业、重点税源的税收增减情况，运用CTAIS系统，全程监控纳税大户每月税款入库情况，关注重点项目和投资，掌握纳税大户税源变化。

2005年，采用"属地管辖、分类管理、责任到人、监控到户"的方法，加强中小税源的管理。建立企业、行业、镇(街)三级税负综合评价制度，每月在县报公告工业企业50强实缴税收排行榜和实缴税收前400位企业排行榜，选取房地产、建筑安装、热电、纺织、印染、织造、服装、机械8个行业的平均税负率，每季度在县报上进行公告；按照《管理员制度》规定，由管理员承担日常税源管理责任，重点跟踪重点税源的动态管理，县局计划财务部门通过征管信息系统负责对全局重点税源实时监控。

2006年，强化税源监控，在分类管理基础上，采取分行业找重点、分环节找内在关系的办法进行税源管理，运用"重点税源动态评估分析系统"，开展企业纳税能力和实际纳税情况的对比分析，查找薄弱环节，强化征管措施。

2007年4月，根据印染企业能耗与税收之间逻辑关系，经调研确定"增值税税负率、每千度电增值税税额、每吨汽增值税税额"3个指标作为印染行业的税源监控指标，并测出3个指标的监控值，专门制订印染行业税源监控管理办法。通过网站、报刊等媒体发布监控办法，并对部分企业实行专项评估检查。监控办法实施后，全县印染行业共申报增值税80220万元，同比增长27.42%。是年，还开展所得税税源调查，对2008年起实施《中华人民共和国企业所得税法》后国税征管的企业所得税税源状况变化进行摸底，成立税源一体化管理工作领导小组，实行定期例会制度。

2008年1月，实施重点税源监控员制度，局、分局（所）确定重点税源管理员1～2名，把相关监控责任落实到各税收管理员。10月起，县国税局开发应用“纺织印染行业税源监控数据分析系统”项目，该系统项目包括进项、存货、用电量、耗电量、电税额、汽税额、增值税税负等24个要素分析，用于全县纺织印染行业税源监控，还实施“税源监控预警管理办法”。上述两项目均被省国税局列入创新项目，其中“纺织印染行业税源监控数据分析系统”项目被评为管理创新优秀项目。是年，全县年纳税50万元以上重点税源监控企业744户，入库各类税款28.7亿元，占全年税收总收入68.14%。

2009年，开展税收经济分析，强化税源监控，建立健全多层面税源监控体系，全县国税纳入监控的企业达到工业企业一般纳税人总户数的64%以上，纳入监控的税收达到全县国税收入的58%以上。次年11月，对276户重点税源监控企业走访调查，建立调查台账，并进行重点税源税收分析，掌握企业经营和资金运行情况。同年，县国税局将全县一般纳税人全部纳入模型监控，针对每个监控模型特点，逐步开发出“行业模型分析系统”，使征管、稽查、评估线的干部都能通过系统分析，了解掌握企业生产、经营和纳税情况。同年，根据省国税局确定的全县710户调查户，开展全国税收调查。采用分解落实到各税务分局（所）方式，召开税收调查培训会，填写税收调查表并进行严格审核。这次调查共采集调查报表710份，覆盖全县6.3%的增值税一般纳税人和15.6%的外商投资企业，66.6%增值税税源和81.8%的消费税税源。

2011年7～8月，完成“2010年度全国税收调查”工作，根据省局确定的916调查户（其中4户企业集团）开展调查。采集调查报表916份，采集率达到100%，调查数据达到真实、准确和完整。同年，以“大企业税收专业化管理、中小企业行业税收管理、出口企业分类管理和个体税收社会化管理”等形式，完善“税源专业化管理模式”。在全省国税征管工作会议上，县局“税源专业化管理模式”作为典型专题介绍。是年起，实施《绍兴县中小企业行业税源管理办法》。

2012年6月，完成“2011年度全国税收调查”工作，对省局确定的934企业（其中4户企业集团）开展调查。分解落实到各税务分局，实行税收管理员、汇总人员两级审核，采集到税收调查表3724份，确保调查数据真实、准确和完整。是年，实行重点企业涉税需求快速响应机制，拓宽需求收集渠道，建立以“风险管理为主线、以行业建模为依托、以纳税人需求为导向”的税源专业化管理模式。

2013年6～7月，完成“2012年度全国税收调查”工作。根据省局确定的971户调查户（其中4户为集团企业），按辖区分布分解落实到各主管单位，共采集企业调查报告971份。同年，县国税局制定“印染、加弹行业和承包承租人”税源监控管理办法，印染行业税款增收1.5亿元，还建立“营改增”一般纳税人行业模型，全县97户“营改增”纳税人纳入行业监控。是年，县国税局《中小企业行业税源管理》和《企业纳税遵从行为分析报告》入选省国税局管理创新项目库,其中《企业纳税遵从行为分析报告》被省局评为优秀项目。到年末,全县实缴税费5000万元以上企业27家。

表20-5

2013年度绍兴县实缴税费5000万元以上企业一览表

单位:万元

企业名称	缴纳税额	企业名称	缴纳税额
绍兴瑞丰农村商业银行股份有限公司	42360	绍兴中庆房地产发展有限公司	7772
浙江明牌珠宝股份有限公司	20393	浙江三力士橡胶股份有限公司	7477
绍兴索密克汽车配件公司	17186	日月控股有限公司	6945
会稽山绍兴酒股份有限公司	17136	浙江宝业建设集团有限公司	6909
绍兴市金地申兴房地产发展有限公司	15994	浙江越剑机械制造有限公司	6353
绍兴电力局柯桥供电分局	14436	绍兴县盛鑫印染有限公司	6209
绍兴金绿泉置业有限公司	12735	浙江远东热电有限公司	6204
浙江中国轻纺城集团股份有限公司	11422	浙江玻璃股份有限公司	5977
浙江天马热电有限公司	11303	浙江精工钢结构集团有限公司	5595
浙江塔牌绍兴酒有限公司	10194	浙江天马实业股份有限公司	5441
浙江金昌房地产集团有限公司	9773	浙江红绿蓝纺织印染有限公司	5100
绍兴柯桥万达广场投资有限公司	8767	厦门金龙联合汽车工业有限公司绍兴分公司	5059
绍兴美佳热电有限公司	8765		
中国轻纺城市场开发经营有限公司	8615	绍兴龙嘉房地产开发有限公司	5010

注:实缴税费包括国税和地方税、费。

第二节 税收会计

概述

税收会计,是国家预算范畴内适合税收工作特点,反映税务机关核算监督税收资金运动的一种专业性会计。是保护国家税款安全,监督税款及时足额入库,核算和反映税款征收、解缴、提退过程及收入成果的重要手段;是国家预算会计的一个组成部分,它是以直接负责组织税款征收和入库业务的税务机关为会计主体,以货币为计量单位,以合法凭证为记账依据,有一套完整的记账、算账、用账和编制会计报表的制度和方法。主要任务是完整、及时、真实地反映税收资金运动,正确贯彻执行财税法规、政策和《国家金库条例》及其实施细则以及其他有关法规和财务制度,监督税款及时、足额入库,保护国家税款安全,严格提退手续,与一切违反财经纪律和贪污、挪用、盗窃的行为作斗争。特点是税收资金运动的结果不会使价值升值,税收资金运动不存在循环与周转。绍兴县国税局、地税局为税收会计主管核算单位,所辖基层分局(税务所)为税收会计基层核算单位。

会计内容

税收会计由凭证、账簿、报表组成。税收会计凭证根据填制程序和用途,分为原始凭证和记账凭证两种。税收原始凭证又分应税凭证、减免凭证、入库凭证、提退凭证和其他凭证等。税收会计账簿,按其用途不同分为分类账、序时账和辅助账。分类账又分总分类账和明细分类账。

税收会计报表,有税收期(月)结表,税收会计月报表,税收旬、月电报,滞欠税款月报表,代征手续费提支情况年报表等多种报表。

征收入库

税收征收入库,是指税务机关征收的各项税款和各项基金等收入缴入设在绍兴市区的国家金库绍兴县支库、绍兴县地方金库入库,税收会计不直接办理征收业务,2008年7月1日起,国家金库绍兴县支库、绍兴县地方金库从绍兴市区迁址柯桥,结束一级财政一级金库两地办公的局面。

县地税局　2003年6月起,县地税局与县中国人民银行国库、县中国工商银行、县中国农业银行实行计算机联网,取消纳税人预储账户,采用指定纳税人缴税账户。次年6月起,网上申报系统运行,全县地税纳税人,通过网上申报,经国库及银行联网,地税部门核对数据并发送,商业银行批量扣款、开具凭证后发送的税款缴库方式。

2005年4月起,依托地税、银行、国库联网,应用自动化缴库系统。地税部门于当天将应征信息发送给扣款银行,扣款银行进行扣款并于当天晚上将扣款成功与否的全部信息返还给地税部门,次日,地税部门与银行核对扣款成功的信息后发送县中国人民银行国库,国库在扣款银行设在县中国人民银行的存款准备金账户中扣缴税款入库。

2006年,根据《浙江省地方税务局关于修改税款结报“限期限额”管理办法的通知》精神,对税款结报的“限期限额”作适当调整。税务机关自收现金税款未实行“税库联网电子划解方式”缴库的,如当地设有国库经收处的,所收现金税款须当日报解,当日不能报解的应于次日报解;当地没有国库经收处的按“限期限额”方式报解,期限最长不超过1个月,最高金额不超过1万元;对代征单位代征税款,结报期限最长不超过1个月,金额最高不超过5万元;按“限期限额”规定结报代征税款较为频繁的,根据实际情况采取网上申报方式,票证可按月办理结报,结报时要对入库税款与开具票证进行一致性审核。

2007年1月1日起,实行网税申报企业“一户通”电子扣款,纳税人可自行选择扣税银行。扣款成功后,由各扣税银行开具同城委托扣款凭证,并由纳税人自行到扣税银行领取税款支付凭证。纳税人持凭证到大厅换开税收“电子转账专用完税证”。

2008年1月起,启用网上打印电子缴税付款凭证。6月起,个体户实行“一户通”电子扣款。10月起,电子扣款纳税人实现在浙江地税网站打印电子缴税付款凭证,领取完税凭证。

2009年,推行POS机刷卡缴税等便民措施组织收入。次年4月,对门征税款采用便捷式缴库方式,同时将农行收银台撤离办税大厅,并与各家经收银行的待解财政款项账户签订"一户通"扣款协议,由各基层分局(所)自行对账、上解销号,销号后系统自动发送数据扣缴国库。

2011年,通过"社保、地税、银行"三方联网扣缴社保费。2012年6月1日起,对灵活就业人员应缴社保费也通过"一户通"平台扣缴。次年,县地税局实行"一窗式"服务模式,缩短办税时限。

县国税局 2003年6月起,县国税局与县中国人民银行国库、县中国工商银行、县中国农业银行实行计算机联网,取消纳税人预储账户,采用指定纳税人缴税账户的方式入库税款。次年起,启用"一户通"扣款系统,即企业使用任何银行账户,只需与银行签订扣款协议后即可缴纳税款、支付工本费等涉税支出。

2005年,县局进行网上办税厅建设,开通银联POS机刷卡缴税系统,纳税人可刷卡缴税。2006年,实行电子扣款方式向"一户通"电子缴税系统切换,纳税人根据银行开具的电子缴税付款凭证作为完税凭证,银行不再打印税收电子转账完税证;统一对纳税保证金、发票保证金、税收保全扣押现金及税收强制执行拍卖、变卖的税款集中并入税务代保管账户进行管理。

2007年,局办税大厅完善"一窗式"服务,实行"一户式"管理,开展预约、延时和提醒服务,优化工作流程,提升税收服务质量和效率。

2008年7月起,县局办税大厅"一柜通"服务推行,对大厅全程服务台、发票管理组、申报征收组、车购税组4个组的各项办税服务功能进行整合,各组不再区分功能性岗位,纳税人可在各组内任何窗口一次性申办所有该组的涉税事宜,缓解纳税人办税排队难题。

2009年2月起,县局推行增值税一般纳税人网上抄报税系统,通过网上抄报税成功户数占到全县一般纳税人户数的91.47%。12月,县国税局"财税库银"税收电子缴库横向联网启动,税务、国库、商业银行利用信息网络TIPS系统,实现税款征缴电子化。

2010年2月1日起,县国税局"财税库银"税收电子缴库横向联网系统上线运行。3月1日起,新增县中国工商银行、交通银行、中国银行、中信银行、绍兴商业银行、浙商银行为国税税款扣款银行。4月1日起,县局办税服务厅缴税业务实现刷卡缴税,纳税人只要持有"银联"标识的银行卡,即可刷卡缴税,取得刷卡扣税凭证、完税凭证,无需支付任何额外手续费。

2011年5月23日起,县局下属所有分局自助办税服务运行,内容覆盖发票认证、IC卡报税、纳税申报、2种实物发票领购、4种发票票号领购等纳税人日常办税事项。至此,全系统实现自助办税全覆盖。

2012年,县局完善办税服务厅标准化、规范化建设,深化应用自动办税机功能,推进办税服务厅转型升级,对重点税源、大企业实行个性化服务。次年,县局出台办税公开制度、全程服务制度、首问责任制度等多项服务制度,规范办税大厅建设和服务制度。

会计监督

绍兴县税收会计是对全县税款征收管理的监督，贯穿于全县税务部门税款征收、结报、上解、入库、提退等税收资金活动过程。具体监管为严格控制收入退库与损失核销，税款提退包括计算失误错征税款；政策规定的出口退税、减免退税；所得税汇算清缴和增值税等结算退库；代征代扣税款提取手续费和违章案件提奖等。

2003年起，县国税局对欠缴税款的纳税人无论数额大小，均在办税大厅和县国税网上进行公告，其中对欠缴税款10万元（含10万元）以上的175户企业在《绍兴县报》上公开曝光，对235户欠缴税款纳税人或法定代表人移送公安机关阻止出境，实行清税离境，全年税收入库率达到99.97%，有10个月当月无新欠，柯桥、平水税收管理站实现全年无新欠。

2004年8～9月，县地税局贯彻国家税务总局和省地税局《关于进一步加强欠税管理工作的通知》精神，开展欠税清查，将全县所有欠税按“呆账、陈欠、本年新欠、缓缴税款”4大类进行全面清理，所有欠缴税金县局以EXCEL形式在FTP／计财科／县局通知／欠税清理中提供给各税务分局（所），各税务分局（所）按表式要求进行核实和分析，加大追缴欠税力度，严格控制新欠。同年，县国税局加大清欠力度，严格控制新欠税发生，继续做好欠税企业法定代表人移送公安机关阻止出境工作，有235家企业列入阻止出境名单；对欠税企业，在《绍兴县报》及国税网站上曝光。全年入库陈欠税341万元。

2005年1月，县国、地税局贯彻国家税务总局颁发的《欠税公告办法（试行）》，其中县地税局出台《关于实施欠税公告的通知》，对欠税公告范围、内容和程序等进行明确。凡公告的欠税信息，经基层税务分局（所）逐户核实，县局计财科核对无误后由征管科拟文，局办公室统一安排，对外由媒体公告欠税信息。全年公告欠税364户（次），实施欠税公告后压缩欠税231万元。同年，县国税局建立欠税核查领导小组，制定欠税核查实施方案。实行欠税人报告制度，设立欠税档案；落实以欠抵退、用发票管理控制欠税等措施；实施新的《欠税公告管理办法》，实行各管理单位负责欠税核查，逐户填写《欠税核查登记表》，逐户核对，加强欠税管理；与有关部门联合阻止欠税企业法定代表人出境工作，全县国税实现零新欠税目标。

2006年，县国税局强化清欠税工作，坚持压欠保收，清欠促收，定期公告欠税，实行离境清税。实施清欠举措后全年无新欠税。

2007年8月28日，县国税局与县地税局、县公安局联合召开协助追缴欠税联席会议，落实欠税人员出境通报备案制度。2004年至2007年7月期间，全县共有312名纳税人（其中国税纳税人196人）列入“不准出境通报备案单位”，有73家单位法人代表被阻止出境，其中有41家欠税单位（其中国税欠税10户）在缴清税款后才准许出境，共追缴欠税2993万元（其中国税税款1955万元）。

2008年，县国税局实行欠税管理目标责任制，与县工商局、县法院建立协调机制，对欠税户进行公告，采取“留抵税款冲抵欠税”“以票控税”“欠税检查”等手段，追缴旧欠税1211万元,连续3年税款无新欠。

2009年9月,县地税局福全分局对46户欠税费企业采取下发责令限期改正通知书、欠缴税费核对表、督促欠税户补缴税款,签订压欠计划书等措施。

2010年9月,县地税局启动司法程序追缴欠税。对5户破产企业进行债权清算,分别向县人民法院指定的破产企业管理人进行债权申报,依法追缴欠税(费)656.07万元、回收滞纳金32.91万元,合计688.98万元。

2011年,县地税局完成2户企业破产清算债权申报,通过司法途径清缴欠税241.59万元。次年,县地税局完成5户企业破产清算债权申报工作,共申报税收债权2893.97万元,并做好3户企业的欠税核对,收回税收债权金额212.22万元。同年,县国税局加强对风险企业的税收管理,预防新欠发生,采取多项压缩欠税措施。

2013年,县地税局对575户市场欠税户开展专项整治,压缩欠税4816万元;清理历年虚增欠费等手段,全年清理欠费5976万元;完成浙江玻璃股份有限公司等7家企业破产清算债权申报,共申报税收债权3006.69万元,申请法院协助扣缴税款,涉税金额500万元。同年8月,县国税局开展轻纺市场欠税及无证无照经营专项整治,压缩欠税932户,入库税款61.90万元。

会计核算

绍兴县税务部门的税收会计记账方法,采用借贷复式记账法,核算范围为全县税款征收各环节,全面反映全县税款申报、征收、入库、提退、在途、退库减免、滞纳税款等各项资金。全县税收会计设置税收资金平衡表、应征税金明细表、入库税金明细表、待征税金明细表、减免税金明细表、税收提成收入明细表等会计报表。2003年5月,县地税局对税收会计核算进行全面检查,发现税务登记基础资料中行业编码与经营范围不符、个人所得税出现"其他所得"税目以及内资和个人独资企业有"港澳台"所得、外商投资企业发生土地使用税和城建税现象等问题,检查后即作整改。

2008年,县国、地税局的税收会计报表主要有税收快报、税收资金平衡月报表、入库税金明细月报表、应征税金明细月报表、待征税金变动情况月报表、提退税金明细月报表、减免税金明细月报表、待清理呆账税金明细月报表、查补税金及税款滞纳金罚款收入明细月报表、代征代扣税金明细月报表、滞纳金明细月报表等10余种。

2011年8月,地税局柯桥分局及其两个代征单位,接受市地税局计财处进行会计核算和票证管理检查,反馈情况良好。同年,县国税局开展税收会计数据核对,发现各税收会计科目的对应关系清楚,账证、账表和账实相符,并能加强与同级国库数据核对。

2013年,国、地税局会计报表主要有税收资金平衡月报表、入库税金明细月报表、应征税金明细月报表、待征税金变动情况月报表、提退税金明细月表、减免税金明细月报表、查补税金及税款滞纳金、罚款收入明细月报表、滞纳金明细月报表、待清理呆账税金明细月报表、代征代扣税款明细月报表、多缴待解在途待处理损失税金及损失税金核销明细月报表和税务代保管资金明细月报表13种月报表。年度报表比月度报表增加纳税登记户数表，其他报表相同。

第三节　税务统计

绍兴县税务部门税收统计，运用调查、整理、分析等统计方法，反映全县税收成果、税源变化和税政执行情况，并作为全县编制税收计划、检查税收计划执行情况以及考核税务干部工作情况的重要依据。绍兴县国、地税局各自按照上级规定和要求认真做好税收统计工作，做到数据齐全准确，按时编制上报。

税务统计内容

绍兴县税务部门的税务统计内容主要包括税收统计、税源统计和税政统计3部分。税收统计是对全县税款应征、征收、入库数字的统计，是全县税务统计核心，反映税款征收、解缴、退税等情况，根据全县税收会计报表(如日报、月报、明细表)数字统计；税源统计是全县税收来源情况统计，反映全县经济税源发展变化情况，根据全县征收凭证、纳税清册、纳税申报表统计；全县税政统计反映机构设置、人员编制、干部配备、减免税、税收票证管理以及纳税户增减变化以及税收政策执行情况的统计，根据有关绍兴县税务部门报表统计。

税务统计报表

绍兴县税务部门的税务统计报表分旬报、月报、季报、半年报和年度报表等统计报表。

2003～2005年，绍兴县国税局税收会计、统计年度主要报表有20种，分别为

表20-6

绍兴县国税局税收会计、统计年度主要报表(2003～2005)

序号	报表种类	序号	报表种类
1	税收资金平衡年报表	11	消费税分企业类型统计年报表
2	入库税金明细年报表	12	营业税分企业类型统计年报表
3	应征税金明细年报表	13	企业所得税分企业类型统计年报表
4	待征税金变动情况年报表	14	个人所得税分项目统计年报表
5	提退税金明细年报表	15	涉外税收税额统计年报表
6	减免税金明细年报表	16	待清理呆账税金明细年报表
7	查补税金及税款滞纳金罚款收入明细年报表	17	税收欠税分项目统计年报表
8	税收收入分产业统计年报总表	18	纳税登记户数统计年报表
9	税收收入分企业类型统计年报表	19	纳税登记户数分税种统计年报表
10	增值税分企业类型统计年报表	20	纳税登记户数分行业统计年报表

注：绍兴县地税局除增值税、消费税年报表不用编报外，其余年报表与绍兴县国税局基本相同。

2003～2005年,绍兴县地税局税务统计主要月报表有12种

表20-7

绍兴县地税局税务统计主要月报表(2003～2005)

序号	报表种类	序号	报表种类
1	各项收入分产业统计月报总表	7	涉外税收税额统计月报表
2	各项收入分企业类型统计月报表	8	待清理呆账税金分企业类型统计月报表
3	营业税分企业类型统计月报表	9	待清理其他呆账税金分项目统计月报表
4	企业所得税分企业类型统计月报表	10	各项欠税分企业类型统计月报表
5	个人所得税分项目统计月报表	11	集贸市场各项收入分市场统计月报表
6	资源税分企业类型统计月报表	12	其他基金费统计月报表

注:绍兴县国税局除不属管辖的地方税费月报表不报外,增加增值税、消费税月报表,其余基本与地税局月报表相同。

2006年起,绍兴县税务部门增加税务代保管资金明细年报表、其他收入分产业分主要行业统计年报表,其中绍兴县国税局还增加增值税主要品目税源统计月报表。

2007年起,绍兴县税务部门增加待征税金余额情况月报表、其他收入分企业类型统计月报表,取消待清理呆账税金分企业类型统计月报表,其中绍兴县地税局还增加社保基金入库明细年报表。

2008年起,绍兴县地税局增加营业税分税目分企业类型统计年报表。

是年,绍兴县国税局对收入分析统计采用计算机综合查询系统,分乡镇部门查询系统、上解入库查询系统和应缴税款及免抵额查询系统。

2013年,绍兴县税务部门税务统计报表有:

表20-8

2013年绍兴县税务部门主要税务统计报表

序号	报表种类	序号	报表种类
1	税收收入分行业分税种统计年报总表	10	涉外税收税额统计月报表
2	税收收入分企业类型统计年报总表	11	税收欠税分行业分企业类型统计月报表
3	增值税分行业分企业类型统计月报表	12	个人所得税分项目统计月报表
4	增值税主要品目税源统计月报表	13	税务代保管资金明细年报表
5	消费税分税目分企业类型统计月报表	14	其他收入分产业分主要行业统计年报表
6	营业税分行业分企业类型统计月报表	15	其他收入分企业类型统计月报表
7	营业税分税目分企业类型统计年报表	16	纳税登记户数统计年报表
8	企业所得税分行业分企业类型统计月报表	17	社保基金入库明细年报表
9	资源税分税目分企业类型统计月报表	18	待征税金余额情况月报表等统计报表

注:增值税、消费税统计报表为绍兴县国税局专用统计报表;营业税、资源税、社保基金等地方税种(基金)统计报表为绍兴县地税局专用统计报表。

第四节　票证管理

绍兴县税务部门对税收票证在领取、填用、结报、缴销、保管等方面有一整套严密的管理制度，并做到年初有计划，年中有检查，年末有考核，以保证全县税收票证安全使用，2003～2013年，全县没有发生税收票证失窃，丢失等重大税收票证管理问题。

票证种类

绍兴县税务部门的票证种类，包括全县税收征管需要的各类票证。分为绍兴县国税系统和绍兴县地税系统两大系列税收票证。

县地税局　2003年，绍兴县地税系统使用的主要税收票证种类有税收通用完税证、税收转账专用完税证、税收电子转账专用完税证、定额完税证、税收通用缴款书、税收汇总缴款书、车船使用税税讫标志、车船使用税免税标志、税收收入退还书、代扣代收税款凭证、税收罚款收据、税票调换证、纳税保证金收据、印花税票及印花税销售凭证、扣押商品（货物）财产专用凭证、委托代征报酬领据17种。

2004年6月，县地税局贯彻实施浙江省地税局制订的《印花税票代售许可的实施程序》。是年，县地税局启用一联式税收电子转账专用完税证，用于转账扣款，不得收取现金，仅作为纳税人完税凭证。

2005年8月起，县局启用国家税务总局印发的新版印花税票（2005年版），1套9枚，图案采用中国青花瓷器，面值分别100元、50元、10元、5元、2元、1元、5角、2角、1角，票面采用防伪措施，税票印制有附联。是年，县地税局使用的税收票证有税收通用缴款书、税收汇总专用缴款书、税收通用完税证、税收转账专用完税证、税收电子转账完税证、税收定额完税证（50元、10元、5元、1元共4种票面）、代扣代收税款凭证、税收罚款收据、税收收入退还书、小额税款退税凭证、税票调换证、纳税保证金收据、印花税销售凭证、车船使用税完税和免税标志、印花税票。

2007年，绍兴县地税局启用税务代保管资金收据，停用纳税保证金收据和扣押商品货物财产专用收据。是年，县地税局停用车船使用税标志，并对2007年度车船使用税标志已发放给纳税人的不再收回，由纳税人自行处理，未发放的不再发放。对未使用的车船使用税标志进行清理，登记造册，按《税收票证管理办法》规定，自行组织对车船使用税标志的销毁工作。

2008年12月，县局启用对外支付税务证明专用章，用以企业服务贸易等项目对外提交税务证明使用，对外支付税务证明专用章由绍兴县地税局按照国家税务总局规定式样刻制并留底归档备案。

2013年9月，绍兴县地税局在绍兴县委党校承办全市税收票证管理业务培训班。培训内容为国家税务总局发布的2014年1月1日起实施的《税收票证管理办法》。是年，绍兴县地税局使用的主要税收票证有税收通用缴款书、税收通用完税证、税收定额完税证（1元、5元、10元、50元共4种票面）、税收转账专用完税证、税收电子转账专用完税证、个税完税证明、税收汇总缴款书、代扣代收税款凭证、税收罚款收据、税收收入退还书、小额税款退税凭证、税票调换证、印花税销售凭证、印花税票、代征报酬领据、税务代保管资金收据16种。

县国税局　2003年5月1日起，县局对全县2万户纳税户缴纳的各个税种的税款使用"电子税票"，实行征税无纸化。是年，绍兴县国税局使用的税收票证主要有税收通用缴款书、税收汇总缴款书、税收通用完税证、税收定额完税证、税收转账专用完税证、代扣代收税款凭证、税收罚款收据、当场处罚罚款收据、税收收入退还书、小额税款退税凭证、税票调换证、纳税保证金收据、票证专用章戳等，其中税收通用完税证、税收定额完税证、代扣代收税款凭证、税收罚款收据、当场处罚罚款收据、税票调换证、票证专用章戳视同现金管理，严密核销手续。

2004年9月，县国税局对企事业单位纳税人实行"一户通"电子缴款方式，税务机关不再逐户打印完税凭证，纳税人以开户行开具的《同城委托收款凭证》替代税务机关原开具的完税凭证。税收代征单位手工填开的完税证，结报时逐份审核并开具汇总缴款书。

2005年1月1日起，绍兴县国税局增加车辆购置税缴款凭证、车辆购置税完税凭证和车辆购置税退税凭证。同年，县局修改完善海关完税凭证的采集标准。2006年10月，绍兴县国税局增加出口货物税收专用缴款书、税收电子转账专用完税证、出口货物完税分割单。

2013年，绍兴县国税局税收票证主要有税收通用缴款书、出口货物税收专用缴款书、税收汇总专用缴款书、税收通用完税证、税收定额完税证、税收转账专用完税证、代扣代收税款凭证、税收罚款收据、税收电子转账专用完税证、当场处罚罚款收据、税收收入退还书、小额税款退税凭证、税票调换证、列入税收票证管理的凭证及章戳，以及出口货物完税分割单、车辆购置税缴款凭证、车辆购置税完税凭证、车辆购置税退税凭证。

管理检查

绍兴县税务部门的税收票证管理，主要表现在票证领发、填用、保管、登记账表等几个方面，并有严密的管理制度。全县对税收票证领发采用逐级领发制，并建立按月库存盘点、按季全面清点、季度组织票证互审、盘（清）点有记录、互审发现差错下发《票证审核差错通知单》、年终进入岗位责任制考核等票证管理制度。

2003年5月，县地税局组织税收票证专项检查，发现个别代征单位有结报不及时、扣押货物凭证开出后难处理现象。是年，县国、地税局继续实行ISO9000质量管理体系，按ISO9000作业指导书指导税收票证管理。税收票证管理类作业指导书有税收票证领发和保管作业指导书、税收票证使用管理作业指导书、税收票证核算管理作业指导书、税收票证审核和检查作业指导书、税收票证违规处理作业指导书5个作业指导书。

2004年，县地税局税收票证检查分自查、复查和重点检查三个阶段，重点检查代征代扣单位税收票款结报、使用情况和代征代扣单位税收票款管理有关制度执行情况，检查结果没有发现票证短缺、丢失等问题，各单位在票证使用上都能按规定使用，但个别代征单位票款结报有超时限现象、填用不规范等问题。

2006年，县地税局根据《浙江省地方税务局关于开展税收票款检查工作的通知》和《浙江省地方税务局关于修改税款结报"限期限额"管理办法的通知》规定，开展全县地税税收票款检查，检查结果全局票证制度健全，保管设施齐全，没有发现票证丢失问题，代征单位都能按"限期限额"规定结报，做到票款安全。

2007年，县地税局对各分局(所)、代征单位存放票证保险箱均实施装甲化，在长假期间各用票量小的代征单位，票证集中存放在相应分局库房内，对代征单位的征收人员执行税收票款结报"双限"制度和"三带"规定。是年，县地税局推行"TF2006征管信息系统"应用，推开单机版开票程序，推行电脑开税票，取消手工税票；上半年组织大检查，分局自查和县局复查面均达到100%。

2008年3月，绍兴县国税局开展"海关完税凭证"专项检查，认真检查核对每份凭证，慎查虚假海关完税凭证，没有发现虚假票证。

2009年5月，绍兴县地税局开展税收票证检查，重点对代征代扣单位票证结报情况进行检查。对县招投标中心和县益地税务师事务所，进行票证结报手册结存数与实际盘存数核对；对金融系统印花税票结报情况和申报大厅开票人员票证使用情况进行盘点清查。检查情况反映各代征单位都能按票证规定使用，及时结报，没有发现超限期限额问题。同年，县地税局完善税收票证管理机制，各基层税务分局设有票证专用库房和专用保险箱或保险柜，代征单位配备保险箱，实行"装甲化"管理，并配备专人负责税收票证管理。同时，每月对用票人员结报的票证进行审核，县局每季度组织互审，每年组织票证大检查、复查和不定期抽查，全县全面使用电脑开税票，税收票证的领发、结报和报表及账册的生成等整个核算全部纳入《税友2006》税收票证管理模块。同年12月，绍兴县国税局对代理开票网点安全管理进行检查，主要查有无安装防盗门窗、有无配备保险箱、有无防盗监控设施、有无制订开票操作规程和安全保卫制度；对开票内容同时进行检查，即项目填写是否齐全、纳税人签字有否遗漏等内容。检查结果各代理网点对票证保管都配有安全设施，填用规范，没有发现丢失等问题。

2010年9月，绍兴县国税局开展税收票证检查，重点查2009年1月至2010年6月期间税收票证领发、保管、使用、结报缴销、归档等环节。检查结果为全局能做到票证按月盘点，账账、账实、账表一致，未发现头大尾小、套开、虚开的情况，但还存在少数"限期限额"执行不规范，个别税种税目填写不规范、不齐全等问题。

2013年4月1日起，绍兴县国税局"税收票证管理模块"运行，全局通过"模块"开具各类税收票证，实现票证管理完全依靠手工记账到电脑信息化管理的平稳过渡。是年6月，县国税局对已停止使用的16238份行政性收费专用财政票据进行清理核对、登记造册，并在县局监察室人员的监交下封箱上缴，集中到省局统一销毁。

票证账表和报表

2003年,绍兴县税务部门的税收票证账簿设有票证分类出纳账和票证审核错误登记账,并按票证种类设置账页,登记县局及下属各单位各类票证领、用、存情况。下属各税务分局(税务所)有票证分类出纳账和票款结报手册;报表有税收票证用存月报表,各税务分局(税务所)每月向县局上报,县局每年年底向省、市局上报。

2004年起,绍兴县国、地税局对实行"一户通"电子缴款方式的纳税人,税务机关不再逐户打印完税凭证,纳税人以开户行开具的同城委托收款凭证替代税务机关原开具的完税凭证。税收代征单位手工填开的完税证结报时逐份审核并开具汇总缴款书。

2013年,绍兴县国、地税局票证账表和报表有税收票证分类出纳账,按票证种类设置账页,登记县局及下属各单位各类票证领、用、存情况;税收票证结报手册,税务分局(所)与征管人员领报关系的各设一册,税务人员、扣缴义务人和代征代扣(售)单位(人)发生领报关系的各设一册,税收代征单位手工填开的完税证,结报时逐份审核并开具汇总缴款书。另外,绍兴县地税局还有印花税票销售账簿,基层税务机关和代售单位逐笔或逐日登记销售数量和金额,汇总填制"印花税票销售结报单"或"税款结报手册",在票证分类出纳账和票证结报手册分"票面值"设置登记。

第二十一章　信息管理

税务信息管理，是围绕追随纳税人、追踪税款而设计的重要手段。按全县税务系统的税务工作业务范围，可分为税务登记、纳税申报及开票、税款征收、会统处理、减免税管理、税务检查及违章处理、票证管理、重点税源管理、目标管理九个模块。按全县税务系统计算机软件技术处理方法划分，有税务人事信息管理、税务条法数据库、涉外税收管理系统、税收调查管理、办公自动化系统、财税库计算机横向联网、GCRS通用汉字报表软件、CRPG汉字报表软件、文字处理软件、基层税收信息管理系统、系统密码维护等软件。

2003年以来，绍兴县财政地税局、绍兴县国税局重视并坚持硬件设施与软件应用齐头并进，不断提升信息装备现代化水平，推广应用和开发各类财税行政、税收业务应用软件，以信息化带动税收征管现代化，促进财税管理机制、管理方式现代化。

第一节　计算机管理与培训

计算机软硬件管理

计算机在税收征收管理、计会统管理、人事档案管理中广泛应用，具有十分重要意义。而信息不灵、管理手段落后、事务性工作占用大量人力，则是税收“跑、冒、滴、漏”的重要原因。20世90年代起，绍兴县税务部门实行税收征管改革，从形式及内容上超脱了人工办税工序，进入广泛应用计算机时代，并不断从机构、设备、应用上给以加强。

县财政地税局　1997年6月起，绍兴县财政局、绍兴县地方税务局内设计算机中心（信息中心），负责两局的财政地税计算机工作。2003年，两局贯彻实施省财政厅印发的《浙江省财政系统计算机机房建设和管理办法》。

1998年4月，县局调整局信息化领导小组，由局长任组长，副组长由党工委副书记、地税局副局长、稽查局长兼任，成员由局机关科室负责人组成，领导小组下设办公室，设在局信息中心，主任由局信息中心主任兼任；同时调整计算机安全领导小组和下设办公室的组成人员。10月，县局制订《计算机设备及网络安全管理制度》，对设备管理、领用和更换、设备使用的具体规定、设备的购买维修、网络安全、UPS电源设备使用、设备运行维护等作出规定。是年，对纳入浙江地税信息系统的绍兴县地税局数据进行清理，完成数据应急中心建设,实现与省局数据库的实时备份。

2005年,县财政局全面实施行政事业单位国有资产网络化管理。次年,县财政局根据“金财工程”应用软件客户端电脑配置要求,购置IBM小型机,在FOA软件服务器上安装操作系统,并由专人负责FOA软件的日常维护工作。是年,县局贯彻实施省财政厅印发的《浙江省财政数据备份系统技术规范》和《浙江省财政数据备份系统实施方案》,规范全县财政数据的备份、恢复和软硬件系统的安全运行方法和步骤。

2007年7月,县地税局根据税友2006模块需求,完成全系统202个操作员、65个岗位和与之相适应的操作权限设置。次年2月,县财政、地税局内设财税信息数据中心科室,负责县局财税数据保存、分析和提供正确数据,供领导决策。

2009年,县财政局对“绍兴县企业监测预警平台”镇(街)用户的日常管理和安全保密作出规定。次年1月起,县财政、地税局新设信息化管理科。其职责是做好全县“数字财税”工作,建立集聚公共财政动态数据仓库,并对数据实行共享及开发利用,做好各项应用系统安全稳定运行的技术保障工作。同年9月,县局印发《网络与信息安全综合应急预案》及《网络与信息安全应急预案操作方法》,做好县局网络与信息安全事件的应急处置。

“绍兴县企业监测预警平台”操作培训

2011年,县财政、地税局在提高系统干部信息化管理和服务质量及效率中,先后出台《绍兴县财税信息化业务需求办理操作》《AB岗服务制》《财税信息化工作巡访服务制度》《2011年信息化建设及信息化同工种竞赛考核细则》等信息化管理制度。

2012年,县局督促涉税科室做好“数据管理平台”和“运维管理平台”的管理工作。次年,县地税局在税友龙版各项后台管理功能应用上,加强税友龙版数据质量管理和分析。

县国税局 1997年10月起,县国税局内设计算机中心(信息中心),为县局直属机构。至2003年,县局信息中心人员增加到5人,其技术人员学历均为高等院校计算机本科及以上,县局各基层单位也选调兼职计算机管理人员。2004年6月,县局搬入柯桥群贤路新大楼后，对网络进行改造，增强网络安全性。年末，县局被国家税务总局授予信息化建设先进单位。

2005年，县局完成“综合征管、防伪税控、出口退税”3大主体应用数据整合，解决一般纳税人基本档案信息重复、增值税专用发票重复发售、纳税申报表和免抵退汇总表未能有效衔接、认证信息以单户导出到出口退税系统等问题，至年末，县局修订完善计算机各项管理制度，并调整计算机管理人员。次年，县国税局制定计算机及网络巡查制度，规定信息中心人员每月对各科室计算机及相关网络巡查，发现隐患及时排除，并对巡查中发现常见问题发布到内网上，供参阅、借鉴、防范。

2007年，县国税局对全系统网络安全作出规定，干部职工凡使用外来磁盘时先用杀毒软件进行杀毒，外网使用人员在上外网时要注意网络安全，禁止上黑网站，对不熟悉的链接不要随意打开等注意事项。次年，县局加强信息安全维护。全系统建立健全系统运行保障机制、网络安全保障机制和应急工作预案；围绕网络和系统安全，制订定期巡查、反思反馈、健全制度等措施。

2009年，县局定期开展网络与信息安全自查，发现问题及时整改，并邀请有关技术公司定期对县局的网络和软件进行安全检测。次年8月，县局做好计算机系统安全保密工作。下发《计算机安全管理制度》，严禁内外网混用，对全局计算机实行物理隔离技术处理；对涉及纳税相关涉密信息，制定保密管理制度；定期开展安全保密检查，对门户网站、局域网信息资料进行定期清理。

2011年，县局对全系统网络安全作出规定。各分局（所）的自助报税计算机取消USB口延长线，禁止纳税人使用U盘等USB接口设备；个人计算机必须设置登录口令或屏保密码，加强对无线路由上网管理，不允许违规连接无线路由、交换机等级联设备。

2012年，县局做好系统内金税三期网络建设维护管理工作，在局内网发布关于金税三期、信息数据等安全注意事项；严禁擅自更改网络结构和参数，不得擅自接入无线路由等网络设备，加强网络改造后新设备的运行监控。

2013年，县局加强网络硬件投入，更新内网楼层交换机，根除设备陈旧造成的内网经常性网络断开隐患，更新机房USP电源，保障机房各设备的应急供电。安装机房监控系统，了解机房及网络设备的实时状态，对发生的故障应在第一时间进行处理。

计算机培训

根据计算机在财税工作应用需要，绍兴县财政、国税、地税部门组织全体干部职工及全县行政事业单位的资产管理员和财务人员、纳税人员，围绕办公、纳税、管理等应用程序，开展计算机软件及新软件应用、开发、管理（基本知识和操作、业务相关软件、系统开发和编程、高级系统维护）的培训，通常采用现场演示、实物讲解的方式进行。

县财政地税局　2003年，县财政局组织干部参加全省“金财工程”操作业务培训，全年组织相关操作人员共3期金财软件的操作培训和系统演示会，使之熟悉软件系统和操作流程；在网络环境和设备不能满足的情况下，还组织人员到兄弟单位进行操作层面

的学习(实习)。至年底,全县有4035户企业的财会人员进行互联网纳税申报培训。次年,县地税局对全县地税办税员分批进行互联网申报纳税培训。

2005年11月,县财政局举办全县行政事业单位国有资产网络化管理实务操作培训,全县263家行政事业单位资产管理人员参加。次年11月16～17日,县地税局分4期对全县地税系统180余名干部进行协同办公系统操作应用培训。同年,县财政局、地税局对系统内全体干部进行FOA知识培训,熟悉FOA的工作环境和操作方法。

2007年,县地税局对相关人员开展税友2006上线业务培训。次年3月26～28日,县财政地税局分6期对系统干部进行"财税网络学校"培训,掌握"网络学校"具体操作流程。

2007年5月24日,召开绍兴县地方税务局税友2006上线运行动员大会。

2009年,县财政局举办"绍兴县企业监测预警平台"镇(街)用户操作培训,全县19个镇(街)、开发区的操作人员参加培训,培训内容为讲解"绍兴县企业监测预警平台"操作。次年,县局开展"地税电子商务认证中心认证系统"培训,全县132户纳税户参加培训,使他们能用电子商务认证中心认证系统进行纳税申报。

2011年4月,县地税局举办"减免税统计调查软件"培训,内容为"减免税统计调查软件"的安装、录入、数据的导入、审核、导出、上报等操作程序,县局有关科室和分局(所)有关人员参加培训。5月24～26日,县地税局开展全系统干部FOA上线培训,先后分6期,共培训279人(次)。同年,县财政部门组织全县318家行政事业单位的资产管理员和财务人员分6期参加行政事业单位"资产管理信息系统"操作培训,参训人员基本掌握系统的操作使用。

2012年,县地税局对局机关涉税科室人员开展"数据管理平台"和"运维管理平台"进行如何管理为内容的培训。2013年1月,县局对全县地税纳税人进行"开票软件"培训。培训后,全县非定期定额纳税人推广应用网络发票比例达99.89%,起征点以上的定期定额纳税人推广应用网络发票比例达99.40%。

县国税局 2003年7~8月,县局对系统内全体干部分期分批进行计算机CTAIS1.05版(中国税收征管信息系统)操作技能培训,每期2天,培训结束后,每个干部基本掌握CTAIS1.05操作技能。在培训的基础上,县局还组织操作比赛、各单位推荐46名选手参加,最后角逐出一、二、三等奖。

2004年8月,县局举办由机关各科(室)、各单位内勤人员参加的新版"国税内部审批系统"操作培训班,并印发操作手册;培训结束后,再由参加培训的各内勤人员负责对本科(室)、单位其他人员的培训。9月1日起,全局启用新版"国税内部审批系统"。

2005年10月,县局开展全系统计算机个性化培训,内容包括计算机软硬件的基本知识和操作、业务相关软件、系统开发和编程、高级系统维护共4大类80余项,采用现场演示、实物讲解的培训方式。次年6月,又对全系统干部开展数码相机的使用及数码照片的后期处理等计算机业务培训,并介绍数码相机的选购、相机的基本操作、摄影构图、照片的后期处理等知识,由县局计算机中心组织实施。

2007年7~12月,县局开展干部网络教育培训和国税管理员、企业有关人员对国税税企邮箱使用业务培训。次年10月,县局对相关人员开展"红字增值税专用发票通知单管理系统"的业务技术培训,使之了解和掌握"红字增值税专用发票通知单"的操作流程、软件使用等专业知识。

2009年12月,县局计算机系统维护员参加由杭州网络安全专家主讲的网络信息安全讲座,开展全县国税系统信息安全技能培训。次年7月,县国税局开展"税务综合办公信息系统"业务培训,对象为下属各单位文书和计算机兼职管理员。通过培训,使培训对象学会"税务综合办公信息系统"操作技能,做好"老公文系统"数据的整理转换。9月,县局邀请浙科信息技术有限公司软件开发工程师,对全县3000多家涉及使用国税外销发票的纳税人和使用万元版普通发票的小规模纳税人对"网络发票开票软件"操作进行培训,使他们学会网络发票开票使用。

2011年6月,县局举办全县个体税收社会化服务平台软件操作业务培训,全系统负责个体税收人员和部分代征员参加,培训内容为"服务平台软件"各模块的功能及具体操作流程。2012年1月,县局开展省局新版"网站集群后台"维护培训,全系统网站管理员参加培训,主要内容为TRSWCM内容协作平台的维护和基本操作方法,并再次明确负责网站栏目及管理员职责。

2013年3月,县局相关科室负责人及票证管理员参加全市国税系统在县国税局举办的"税收票证管理模块"培训。

第二节　计算机软件应用

绍兴县财税部门应用计算机软件分为系统软件和应用软件两大类。系统软件是由计算机公司或制造商提供,包括操作系统、翻译程序、连接程序、I／O驱动程序、文件管理系统等;应用软件是面向全县财税用户为完成财税任务而编写的专用软件,如税收征收管理信息系统、办公自动化信息系统等。

征管软件

是指绍兴县国、地税局在税收征收管理中应用的软件。绍兴县地税系统有"税友2006"、"因特网办税服务系统""一户通"电子缴税系统、"电脑版普通发票开票软件"和"地税纳税评估数据系统"等软件;绍兴县国税系统有"CTAIS2.0版""WEB申报系统""纳税评估系统""全程服务审批管理系统""税收电子自助服务系统"和"24小时自助办税服务系统"等软件。

县财政地税局　2003年6月,县局对《浙江地税信息系统》中绍兴县企业相关数据信息进行重新核定。次年3月,县地税局被省地税局确定为浙江地税因特网办税服务系统试点县(市)之一。县局制订《浙江地税因特网办税服务系统试点应用实施方案》,成立领导小组,下设技术、业务组,建立系统培训机制。8月起,县局实施《省地税系统税、银、库联网税款征缴管理办法》,规定地税部门当天将应征信息发送扣款银行,扣款银行并于当天将扣款成功与否返给地税部门,次日,地税部门与银行核对扣款成功信息并发送县中国人民银行国库,国库在扣款银行设在县中国人民银行的存款准备金账户中把扣缴税款入库。2005年起,开发应用"E税通网上办税服务系统"软件。

2006年9月起,浙江税务征管信息共享应用系统在全省国、地税系统上线运行,绍兴县国、地税系统实行信息化、网络化联合办证。同年,县地税局推广应用企业电脑版发票软件,全县有816户企业应用电脑开具地税发票,同时,地方税费"一户通"电子缴税系统启用。同年,县地税局在TF2000信息管理系统中对非货币性资产投资确认所得、债务重组所得、捐赠收入3项之和占应纳所得额50%及以上的纳税人建立电子台账。

2007年7月2日起,县地税局应用的税友2006开始对外办理涉税业务,全县地税因特网办税服务系统运行,一户通电子缴税系统实现实时扣税。次年3月起,全县完成623户地税纳税人新旧开票软件切换,地税新版电脑版发票软件全面推广。

2009年3月起,县地税局及税务分局分析平台建立,全县县级以上重点税源企业纳入监控。次年,绍兴县财政地税局新版政府非税收入征管信息系统在全县105个部门单位推广应用。

2011年,绍兴县财政地税局启用存量房交易评税系统、浙江省公务用车控购管理系统(内含车辆编制管理等8个子系统)。2012年,县局启用地税纳税评估数据系统。

次年，县财政局借助信息化手段，推进“数字财政”建设。

县国税局　2003年6月起，绍兴县国税局小型机定时备份绍兴市国税系统数据信息，在备份数据中可查询CTAIS中数据。同时，利用备份数据库资源，开发出《绍兴县纳税50强统计应用软件》《市场定额公开查询软件》《税企交互系统整合一体化软件》等应用软件。纳税人通过县国税局网站上统一的登录入口进入税企信息交互整合系统，在同一窗口即可使用WEB申报系统、纳税评估系统和全程服务审批管理系统的各项功能，实现一窗式服务。8月，县局开设短信息服务平台，开通扣款情况、自动催报催缴、特定对象特定信息等通知功能，平均每月发送6000条短信息。

2004年6月起，税收电子自助服务系统开发应用，采用浏览器方式，功能包括纳税人申报、涉税事项预审批、纳税人自助查询、纳税人税务自助学习、问卷调查、税务公告、定向通知、政策法规查询、税务咨询等，并与建设银行、农业银行和信用联社联网。是年，县局还开发CTAIS季报系统、工商信息管理系统和金税数据比对信息系统等软件。

2005年6月1日起，县国税局上线运行CTAIS2.0版。11月起，省国税统一网上安全申报系统在全县推广应用。至年末，重点税源动态评估分析系统、所得税亏损企业台账系统、生产性出口企业委托加工管理台账系统、金税工程数据采集分析软件和定额与销售比对软件等国税征管应用软件投入使用。

2006年9月，浙江税务征管信息共享应用系统在省国、地税系统上线运行，全县国、地税联合办证实现信息化、网络化。年末，县国税局异地容灾备份系统、增值税专用发票网上认证系统被市国税局评为二等奖。次年，在出口企业推广应用由省国税局与浙江电信公司共同推出的专用上网软件VPDN专用申报软件，办理申报出口退税。

2008年7～10月，县局开发应用一般纳税人信息查询系统、印染行业税源监控数据分析系统、税收文书监控系统、增值税抵扣凭证审核检查子系统和红字专用发票通知单管理系统5个征管软件。

2009年9月起，推广应用一般纳税人网上抄报税系统征管软件，实现全县企业网上抄报税。次年5月起，实现售票、认证和报税系统与综合征管软件、防伪税控系统和货运发票税控系统对接，24小时自助办税服务区设立，网上申报、验证、稽核、服务的征管手段成为全县国税工作的主要平台。

2011年5月23日起，全面推行以全功能、全自动、全覆盖为特色的24小时自助办税服务系统，全系统配备自助服务机11台，各分局(所)撤销办税大厅，代之以自助办税服务区。至此，全县国税实现自助办税服务全覆盖，解决工作时间外无法办税等问题，向纳税人提供高效便捷、全天候的服务。此举属全省县(市)级首家，在全国也首屈一指，省国税局金星总经济师到绍兴县国税局就“24小时自助办税服务建设”进行专题调研并予肯定。是年，县国税局出口货物征退税衔接交互平台开发使用，全县出口货物应征税信息，能够完整、准确、及时地在征、退税部门之间共享。

2012年12月1日起，针对交通运输业和部分现代服务业的纳税人由缴纳营业税改为缴纳增值税需要,扩展增值税管理信息系统和税收征管信息系统。全县“营改增”认定的一般纳税人,使用增值税防伪税控系统,均提供货物运输服务的一般纳税人使用运输业增值税专用发票税控系统,纳税人使用金税盘开具发票,使用报税盘领购发票、抄报税等系统软件。次年,建立“营改增”一般纳税人行业模型,全县97户纳税人纳入行业监控。制定印染、加弹行业和承包承租人税源监控管理办法,并筛选风险企业实施应对,使印染行业税款增收1.5亿元。

纳税申报软件

是指纳税人通过计算机网络或软盘等电子技术,将纳税申报信息及有关资料传输给税务机关。绍兴县税务部门主要有网上申报、电话申报等纳税申报方式。

县地税局 实施《绍兴县地方税收电子申报暂行办法》,全县地税纳税人、扣缴义务人通过计算机网络或软盘等电子技术,将纳税申报信息及有关资料传输给县地税机关,履行纳税申报义务,申报方式有网上申报、电话申报等。2003年年末,全县地税纳税人网上办税为3731户。

2004年,县局对网上办税系统进行改革,对已经在网上办税的纳税人重新进行注册登记,并推行互联网申报纳税,全县选择网上办税的纳税人增加到6569户,网上申报率达到98%。

2005年,抓好个体银税联网户纳税申报率,对代征员实行考核,基层分局主管人员对双定户账户余额进行日时查询并与代征员及时沟通,对一些银行无法扣款的户,由征收股与县局计算机中心联系,在申报期内自行开票扣款。次年12月,推广使用一户通电子缴税系统,全县地税纳税人均通过网上申报方式实现缴税。

2007年3月,根据个人年所得12万元以上人数、类别、职业和行业分布状况,建立重点监控网络,督促个税自行申报,同时建立个人所得税自行纳税申报信息反馈机制,实时统计相关数据,及时发现问题,进行分析和解决。次年,县地税局稽查局利用TF2006系统网络信息,发现绍兴县大和某纺织厂购置土地建成厂房对外出租收入未申报,查补税款、滞纳金和罚款123万元。

2009年5月起,推广应用税友2006快捷查询管理软件,内含纳税申报等管理软件10大类模块和31张表。次年,全县对年所得12万元以上个人所得税实行全员全额电子扣税申报。

2011年3月,推广应用CA证书办理网税申报,纳税人办理网上纳税申报后,无需再向税务机关报送纸质申报资料。2012年5月起,县地税局以税友龙版平台抓好纳税申报。次年12月起,县局搭建行业评估模型,对纳税申报不实、管理遗漏、税负偏低的企业进行重点纳税评估。

县国税局 2003年5月起,县局在全省国税系统率先应用涉税事项网上预审预批系统,内容涉及12大类、106小类、593项涉税事项。至12月,全县国税纳税人通过涉税事项网上预审预批系统办理预审预批事项165件,按期办结率为100%。方法被省局采纳在全省国税系统推广应用。年末,全县90%以上的国税纳税人通过电子申报,实现增值税、消费税、营业税、外商投资企业所得税、银行存款利息个人所得税远程申报和金融部门实时扣缴。

2004年9月起,全县国税纳税申报系统升级,一般纳税人可通过新版申报系统直接在网上纳税申报。次年1月起,县局推出出口退税网上申报。11月起,全县国税应用全省统一网上安全申报平台。2006年,完善全省统一网上安全申报平台。年末,绍兴县国税局多元化电子申报项目被市国税局评为一等奖。

2007年1月1日起,全县出口企业实行VPDN专用申报软件申报出口退税。纳税人在VPDN专用报税通道,通过专用账号和密码,以宽带上网或拨号上网等形式登陆浙江省国家税务局网站,完成网上纳税申报。

2008年5月起,设置税源监控网络体系,选择纳税申报等环节作为监控重点,其中征期审核网在纳税申报环节,利用金税工程报税、认证数据、税控装置数据与申报表比对,不符时向纳税人质询,并反馈到税源管理部门核查。2009年2月起,应用增值税一般纳税人网上抄报税系统,全年实行网上抄报税企业2300户。次年4月1日起,县局办税服务厅缴税业务实行刷卡缴税。纳税人只要持有银联标识的银行卡,即可在申报纳税等业务时可刷卡缴税,取得刷卡扣税凭证或完税凭证,不需支付任何额外的手续费。

2011年6月起,整合自助申报等功能软件,应用纳税人自助服务平台,屏蔽向纳税人全开放内网的安全隐患,使纳税人在办理涉税事项时更方便。次年11月起,县局短信群发平台开通,通过短信群发平台向纳税人发送催报(申报)催缴等涉税信息,加强税企联系。

2013年3月起,新增4台自助办税服务设备,其中1台投放于县行政审批中心国税窗口,用于纳税人办理车辆购置税申报和刷卡缴税。

办公自动化软件

绍兴县财税部门应用的公文处理系统税务版(简称ODPS税务版本),由中软公司与国家税务总局联合开发,通过现代化的管理手段,优化业务流程、规范工作模式及公文格式,实现文字处理、公文运转、信息检索、档案管理的电子化和一体化管理;加强系统内各单位上下级之间的沟通,实现公文文件的上传下达,统一使用ODPS公文处理软件。收文处理有签收、登记、分送、拟办、批办、承办、注办、立卷归档和销毁9步基本流程;发文处理有拟稿、审批、会签、审核、签发、登记、缮印校对、用印、封发、立卷归档、销毁11步基本流程。

县财政地税局 2001年9月起,县财政、地税局公文处理系统在县局机关和各基层单位应用,应用软件为ODPS,实现公文网上传输和与省、市局的数据网上报送,公文流转实现无纸化。2003年1月1日起,制订《绍兴县财政地税机关公文处理办法》,对全系统公文的办理、管理、整理、归档等一系列相互关联、衔接有序的工作进行规范。

2005年,县财政局整合公文处理、个人和部门事务管理、财政业务等办公资源,开设财政综合应用平台,于次年1月1日起正式使用,实现财政一站式管理和一户式服务。2006年3月起,县地税局在公文处理系统设立税收业务书面请示办理制度,适用范围为各分局(所)、稽查局等基层单位在日常业务工作中遇到税收政策等事项,需要予以明确、解决,但又不能明确业务问题受理科室或涉及多个受理科室的情况,统一由法制科受理登记和转办,并反馈意见。

2007年1月起,县财政、地税局加入全县行政机关单位阳光政务综合信息服务平台,将财政地税局有关服务内容、服务监督和投诉电话、服务时间、办公地址通过平台对外发布。2009年1~6月,县财政地税局开展"三集中、三到位"行政审批制度改革。对行政许可事项、非许可审批事项进行清理,取消办税事项52项,减少主表份数41份,附列资料113项。

2011年6月1日起,新版FOA及公文处理系统软件和财税通办公助手软件投入使用,流程配置到县局机关(包括直属单位)及6个基层分局(所)。同年,县局在全省财政系统先行试点应用办公助手—财税通软件。次年8月,县地税局福全分局岗位责任制考核,新增OA公文处理的考评内容。2013年11月起,县财政地税局启用FOA档案管理模块,并以公文管理模块文档转入或数据文件导入归档,还具有档案搜索和借阅功能。

县国税局 2001年4月起,县国税局办公自动化公文处理系统(ODPS)运行。2003年5月起,应用ISO内部办公管理软件,全系统会议、经费、请假等审批日常事务也纳入系统,实现公务从过程到结果的计算机监控。次年9月1日起,启用新版国税内部审批系统,开发应用考勤及工作日志系统,对干部出勤进行考核和工作情况管理。

2005年6月,县局组织电脑文字、数字录入为内容的岗位技能业务考核和电脑硬件知识及CTAIS2.0系统内容的培训。2006年4月起应用文书监控系统,对科(室)、分局(所)负责人及下属工作人员文书办理和文书终审人员的文书总承诺期限实行监控,以保证文书在承诺时间内完成办理。

2007年1月起,县局对出口企业不符合外销要求转内销的货物情况,使用专门的文书通知各分局(所)、管理二科,由相关管理单位进行处理后回复县局。次年7月,应用到期文书提醒监控系统,对CTAIS系统中的流转类文书实行即时提醒,预防和监控文书的超时审批。

2009年8月起,全县国税系统应用车辆购置税电子档案管理系统,实行车购税档案电子化,纳税人办理转籍、过户等业务可快速准确找到电子信息。次年4月,县局对涉税文书进行清理,涉及变动文书30余份。7月起,全系统税务综合办公信息系统运行,并做好老公文系统数据的整理及转换。

2011年,县局开展纳税评估案卷评查,重点审查约谈、下户前是否履行告知义务,是否有立案审批表、单位负责人签名等审批手续,评析、约谈、实地核查是否符合规定的程序,通知书、建议书等文书是否按规定方式送达当事人。2012年,全年网上抄报税率和认证率达到99%以上。年末县局办税服务厅被命名为全省示范办税服务厅、省级青年文明号和市级巾帼文明岗。2013年10月,县局清理和规范税务行政审批事项,取消4项审批事项,将即办事项由66项增加到114项,减少9项流转审批事项审核环节。

第三节　网络建设和管理

绍兴县财税系统计算机网络分为广域网和局域网两种。广域网内,用于通信的传输装置和介质由电信部门提供;局域网由财税部门组建,地理范围在财税部门内部。从数据传输和交换系统的所有权分为专用网和公共网。

财税网络

是指绍兴县财税部门财政、税务管理范围和开展业务需要,以上级财税部门要求推广应用的或自己研制开发建立的网络。

县财政地税局　2003年1月起,县财政局在全省率先实现养老保险基金、工伤保险基金、生育保险基金和城镇职工基本医疗保险费4项社保基金征收由“社保、地税、银行”三方联网实时扣缴。次年9月起,县地税局个人所得税计算机网络全员管理应用,全县个人所得税纳税人的基本信息和收入明细、扣缴义务人都通过扣缴单位端,将工资发放清册和支付收入明细表等相关数据全部传输给税务机关,税务机关对个人收入能够及时全面掌握,实现对个人所得税重点税源及高收入者的实时、动态监管。2005年,县地税局应用英特网,全县有7843户企业通过网上办税,还在滨海税务分局试行e税通网上服务试点,设置英特网与税务机关交互式信息平台。

2006年起,县财政局实施中国农民补贴网建设,全县以行政村为单位,采集农民种粮补贴及相关信息资料,县局根据上报的农民种粮补贴及相关信息资料进行汇总复核,建立绍兴县农民补贴网络系统,全县登记38.4万农户家庭人口,涉及耕地27万亩,对土地租种、粮食收集、农民卖粮收入等按户登记,补贴网可查询到每户农民的补贴兑付情况,实行补贴动态监管。同年,县财政局国有资产管理系统网络与绍兴县教育网络专线对接暨网络安全一期实施成功,给后续条码子系统上线和多元化管理提供便利条件。

2007年,县地税局依托税源间接控管平台,建立纳税人异常税源关注平台和10个分行业税负预警指标体系,全县地税形成“一个体系、二个平台”的税源监控新模式。

2009年11月,县财政地税局计算机网络安全及内外网隔离工作,得到省局检查组肯定。次年4月,县财政局建立绍兴县会计网,利用绍兴县会计网开展会计法宣传月及相关业务活动。

2011年,县财政局、地税局对财税内网网站进行重建。次年9月,完成财政一体化0raclellG数据库升级。2013年,县地税局建立纳税服务QQ群平台,开展纳税服务。

县国税局　县局网络管理由信息中心网管人员负责,分日常管理和安全管理两部分。日常管理内容包括IP地址资源的分配;网络设备的日常检测;网络图纸的保管及修改;以提高网络速度所做的优化工作及网络垃圾的删除;网络设备的调试。安全管理内容包括路由器、防火墙等网络设备的密码更换(1个月换1次);检查是否有黑客攻击破坏,对情况及时报告及追踪;检查内部网络是否有反动、色情内容传送;对经批准的上网的单位进行监管检查,有否存在未经批准拨号上网的用户。2003年5月起,县局在全省国税系统率先实施涉税事项网上预审预批系统,内容涉及12大类、106小类、593项涉税事项,得到省局肯定。

2004年10月起,县局启用网络资源管理系统,寻找非正常网络运行状况、自动显示网络结构图、提供全网IP地址定位、物理地址定位、捕捉地址盗用及非法设备,提高国税系统网络管理效率。2005年起,设置国税网站,落实专人负责网站的更新维护、丰富网站内容、完善网站栏目、提高网站点击率,发挥网站作用。2005年12月起,县国税局新网站对外运行,点击率急剧上升。

2007年7月,应用新版税企邮箱系统,功能包括税务机关群发(单发)、管理员在管片内的群发(单发)、企业发信给管理员、企业向税务机关纳税查询、企业咨询订阅、催报催缴等内容。同年,县局抓好网络安全建设,开发小规模超标准企业提醒制度。修改完善网上评议系统、个体工商户计算机定额核定系统、运输发票网上认证系统。2008年6月,选择户籍登记、申报征收、评估稽核、稽查建议4个环节作为税源监控重点,建成税源监控网络体系。

2009年,县局实行内网与外网物理隔离。2010年7月,整理编印《网络信息安全手册》,分网络安全基础常识、网络安全问题及处理手段、网络安全技术防范体系及安全管理三大部分45个子目,涵盖网络信息安全基本概念,网络攻击的现象、原理、步骤及防范措施,应急预案的编制,网络安全管理基本制度的建立等。

2011年6月,制作网络拓扑图,注明外联网络及使用的安全设备和采取的安全措施,检查办税大厅计算机和网上涉税业务访问控制情况,注重检查网络设备、主机、安全设备的口令、升级情况,杀毒软件的安装升级情况,桌面系统的注册情况,利用Xscan,NFSSUSE等软件扫描门户网点的运行情况,注意SQL注入、XXS等漏洞,做好网络安全。10月起,县局设立浙江省国税网站群绍兴县局子站和成立县国税网上税校,分政策宣传、业务及岗位培训和理论研究等模块,打造干部职工局域化学习平台。

2012年,县国税局信息中心对网络和信息系统进行全面排查和清理,对开通外网的干部做到专线专用,严禁连接级联设备,实行不定期检查。2013年,县局推广应用税企通、网上税校等现代化平台。全年做好网络与信息系统安全工作,配备防病毒软件、网络隔离卡,采购相应防护墙,采用强口令密码、数据库存储备份、移动存储设备管理、数据加密等安全防护措施。抓好内、外网和应用软件的安全管理,按要求处理光盘、硬盘、U盘、移动硬盘等管理、维修和销毁工作。

金税工程

金税工程是征收管理软件之一,作用于纳税人发票应用的全过程。全县国税系统以增值税税种管理的应用软件推广开发，以金税稽核数据采集计算机辅助管理系统软件，使其具备金税数据准备、整体分析、个体分析及金税数据查询等金税所需的全部功能；全县地税系统以所管辖税种需要而推广开发的软件，以税友2000、税友2006和税友龙版管理功能模块，建立"数据采集、税源监控、税收分析、纳税评估、税务稽查"五位一体的互动机制。

县国税局　2003年3月，贯彻省国税局印发的《浙江省增值税防伪税控主机共享服务系统管理暂行办法》。增值税防伪税控主机共享服务系统能为多户纳税人开具专用发票，适用范围为经营规模偏小、计算机技术运用能力较弱的企业及部分新办企业。其开具增值税专用发票最高开票限额为10万元（不含10万元）。6月起，增值税防伪税控主机共享服务系统全面应用，全县取消手工版增值税专用发票和普通计算机软件开具增值税专用发票，至12月，专用发票存根采集率、稽查协查受托回复率、专用税票核对通过率均达到100%。

次年6月1日起，实施国税总局修订的《增值税计算机稽核系统发票比对操作规程（试行）》，修订的主要内容为县（区）级税务机关采集失控发票、纳税人档案变动情况数据时限提前到每月11日，取消县（区）级税务机关对专用发票存根联、抵扣联数据采集和上传，改为地（市）级税务机关直接从防伪税控系统服务器将数据提入本地稽核数据库。11月起，开发应用金税稽核数据采集计算机辅助管理系统软件，涵盖金税数据准备、整体分析、个体分析及金税数据查询等金税所需的全部功能，使金税稽核数据采集率达到100%。是年，增值税专用发票防伪税控系统网络版上线运行。

2005年，县国税局完成综合征管、防伪税控、出口退税三大主体应用数据整合，解决一般纳税人基本档案信息重复、增值税专用发票重复发售、纳税申报表和免抵退汇总表未能有效衔接、认证信息以单户导出到出口退税系统等问题。同年，开发应用计算机数据清分系统，提高"四小票"管理水平。次年起，推广应用防伪税控一机多票系统，全县6566户一般纳税人的普通发票全部纳入防伪税控系统软件，金税数据采集率达100%，县局增值税专用发票网上认证系统被市局评为二等奖。

2007年10月1日起，规定金税协查中涉及稽核系统、认证系统转入的协查函由县局管理科室进行检查、回复及归档。全年完成以网络升级为重点的金税三期建设。次年10月起，应用红字专用发票通知单管理系统，对代开增值税专用发票的金税卡升级。

2009年8月，加强金税卡发行管理，严格审核新办一般纳税人批准日期，仔细核对初始发行金税卡的授权信息，控制更换和重新发行金税卡前的情况调查，认真执行企业注销发行前的缴销调查和注销抄税。次年起，县局设置以发票认证、发票验旧购新、纳税申报、一般纳税人IC卡报税、缴税银行信息录入以及涉税查询等为内容的、不受时间限制的24小时自助服务区。

2011年4月14日起，绍兴县国税局开发的稽查选案系统软件被省国税局采用并在系统内推广。该系统主要通过企业经营指标的对照，从中自动选出数据异常的企业，提供稽查部门检查。次年5月起,金税三期工程网络完成从绍兴市国税局到绍兴县国税局的改造切割和各应用系统的调试反馈。到年底,县国税局办税服务厅使用新型USB读卡器和防伪税控系统加解密服务器运行,实现防伪税控相关业务的一窗通办;同时在全省国税系统率先推出车辆购置税窗口自助办税服务。2013年,全县有7624户纳税人纳入网络发票系统在线开票。

县地税局 1999年1月起,启用浙江地税信息系统(以下称税友2000),该系统由MIS(各级地方税收征管信息系统)、OA(各级地方税务办公自动化系统)和全省地税信息系统广域网主干网组成。其中MIS为地税征管全过程数据处理及各子系统之间数据共享。2004年7月1日起,县局对全县公路、内河货运业纳税人使用税控收款机开具公路、内河货物运输业统一发票,对税控收款机尚未安装的,使用计算机货运发票软件开具发票。10月起,对税友2000各项基础资料进行全面清理,到次年3月,各项基础资料清理结束。2006年,利用税友2000,进行数据分析及税源监控。

2007年7月1日起,县地税局启用税友2006,是浙江地税新版地税征管软件,由面向基层工作人员的税友2006C/S版、面向管理人员的税友2006B/S版、面向纳税人的因特网办税服务系统2006版(含个税全员管理系统2006版)、面向代征单位的税友2006代征单位版等4大类组成,有12个子系统,内含66个模块、1600多个功能菜单,涵盖地税系统的所有核心业务。次年起,县地税局对税友2006管理功能模块,设立数据采集、税源监控、税收分析、纳税评估、税务稽查五位一体的互动机制。

2009年2月,应用税友2006快捷查询管理软件,清理25大类97525条基础数据,涉及10大类模块和31张表。次年,做好税友2006新增模块的应用,完成快捷查询管理和国、地税代征税费软件的技术支持,完成不动产(建筑业)项目管理软件在300多家建筑和房地产企业的推广应用。

2011年11月1日起,县局金税工程——税友龙版上线运用。同年,县地税局与工商、国税、经信、国土等部门涉税信息共享机制形成,实现涉税信息实时共享和定期交换。次年,依托税友龙版定期向各分局(所)反馈网络发票应用情况,逐户分析未应用网络发票原因,至年底,全县非定期定额纳税人推广应用网络发票比例达到99.89%,起征点以上的定期定额纳税人推广应用网络发票比例达到99.40%。

2013年7月,组织税友龙版数据清理,对征收明细表与编码不一致的数据、税种登记表与税种历史登记表不一致数据和不规范组织机构代码进行集中清理,共计清理162192条数据。同时税友龙版廉政防控模块上线运行,当月共消除风险点336个,其中监控类效能风险54个,效能类风险282个,消除率达到100%。

金财工程

金财工程即政府财政管理信息系统,是政府财政部门利用信息网络技术,支撑以预算管理、国库集中收付和宏观经济预测为核心应用的政府财政综合管理信息系统。金财工程以大型信息网络为支撑,以细化的部门预算为基础,以所有财政收支全部进入国库单一账户为基本模式，以预算指标、用款计划和采购定单为预算执行的主要控制机制，以出纳环节高度集中并实现国库资金的有效调度为特征，以实现财政收支全过程监管，提高财政资金使用效益为目标，减少预算执行的随意性，从根本上防止财政资金的体外运行和沉淀。

2003年2月，绍兴县金财工程一期启动，县财政局印发《关于成立绍兴县"金财工程"领导小组的通知》，制定资金申拨管理系统工作流程，明确科室之间的职责权限，修改完善绍兴县财政局财政性资金内部控制与流程规程，出台《国库科内部工作规则》。随后省财政厅金财工程建设工作办公室决定，从9月起绍兴县等12个县(市、区)财政局为全省首批试点单位，金财工程子系统——财政资金申拨管理系统、预算收入分级决算系统投入运行，经省财政厅验收合格，绍兴县财政局金财工程一期试点成功。次年10月，启用由浙江省财政厅设计开发的金财工程——财政预算编制系统软件，成为全省首批11个试点县市中较早应用该系统的县(市)之一。财政预算编制系统由系统维护、单位预算编制、财政部门预算编制等三大模块组成，包括单位基本信息管理、人员及公用经费管理、定员定额管理、基本建设及项目支出管理等功能，编制中采用与预算编制相适应的二上二下流程，使各主管部门及下属单位的整体收支得到直观反映，各主管部门能参与对下属单位的预算编制。

2005年1月起，县财政局安装启用金财工程——集中支付和集中核算管理子系统，实现对全县财政资金支付全过程监控。次年1月起，应用金财工程——财政综合办公平台。是年，贯彻实施省财政厅印发的《浙江省金财工程建设三年规划(2007～2009)》。县财政局实施财政系统计算机数据备份和安全运行管理、计算机软件系统管理和硬件及网络系统管理。2007年4月起，农民补贴网系统纳入金财工程，动态反映种粮农民信息，监管补贴落实情况。次年4月起，全县预算外资金支出全部纳入金财工程指标管理系统。同年，县财政局研制开发绍兴县土地出让金征收管理信息系统，设立财税数据中心。

2009年9月，调整财政级次核定考核，实时做好金财工程——财政收入分级系统的日常维护。次年1月起，推广应用国库集中支付系统、国有资产管理系统和不动产项目管理系统等软件。

2011年4～6月，县局金财工程——一体化系统和预算会计核算软件系统衔接贯通运行，并完成软件升级、统一用户平台、配置流程和搭建网站框架。5月1日起，全县313家预算单位、19个镇(街道)、126个社团全面应用新版政府非税征管信息软件和财政基础信息动态管理系统软件。

2012年9月起，财政一体化数据库系统升级，提升系统稳定性、支持网络计算、内存自动管理、存储自动管理和SQL性能调整。次年1月起，对财政支出项目管理系统指标匹配、项目基础信息及数据初始化进程组织项目申报、进度填报的试点和推广。同年，借助信息化手段，推进数字财政建设、基本支出动态管理系统和项目支出管理系统应用。

第二十二章　基金征集

绍兴县在2003～2013年期间，征集的基金及附加费有农业发展基金、发展新型墙体材料专项用费、农村教育事业费附加、教育费附加、地方教育附加、文化事业费和水利建设专项资金等7项(社保类基金征集，已在本志第九章社会保障基金财务管理中记述)。其中发展新型墙体材料专项用费和农业发展基金分别在2004年5月起、7月起停征，农村教育事业费附加在2006年5月起停征，同时全县开征地方教育附加，绍兴县基金及附加费征收管理由绍兴县地税局负责。

第一节　城乡教育费附加

1985年1月，根据国务院颁发的《关于筹措农村学校办学经费的通知》和浙江省人民政府《关于贯彻国务院〈关于筹措农村学校办学经费的通知〉的实施意见》，绍兴县开征农村教育事业费附加，1986年7月，国务院颁发的《征收教育费附加暂行规定》施行，绍兴县开征教育费附加，均由绍兴县税务部门负责征收管理。1997年10月起，绍兴县国、地税进一步分设，由绍兴县地方税务局负责全县城乡教育费附加征收管理。2006年5月起，根据浙江省人民政府《关于开征地方教育附加的通知》，绍兴县开征地方教育附加，同时停止征收农村教育事业费附加。

教育费附加

绍兴县教育费附加是专门用于发展地方教育事业，扩大地方教育经费的资金来源而征收的一种附加。征收范围为全县缴纳增值税、消费税、营业税的单位和个人(除征收农村教育事业费附加的单位和个人外)，按实际缴纳“增值税、消费税、营业税”税额的4%征收。对新办服务型企业、商贸型企业，当年新招用下岗失业人员达到职工总数30%(含30%)以上的以及下岗失业人员从事个体经营(除国家限制的行业外)的，3年内免征教育费附加；新办的服务型企业(除广告业、桑拿、按摩等外)、商业零售企业当年新安置城镇退役士兵达到职工总数30%以上，与其签订1年以上期限劳动合同的，3年内免征教育费附加。对农村、农场和农民个人将土地使用权转让、承包给农业生产者用于农业生产的，免征教育费附加。

2004年1月1日起，绍兴县对柯桥经济开发区和滨海工业区有关城市教育费附加的优惠政策停止执行，按规定恢复征收。对自谋职业从事个体经营（除建筑业、娱乐业以及销售不动产等外）的城镇退役士兵，3年内免征教育费附加。商贸企业、服务型企业、劳动就业服务企业中的加工型企业和街道社区具有加工性质的小型企业实体，在新增加的岗位中，当年新招用就业失业登记证人员，与其签订1年以上期限劳动合同并缴纳社会保险费的，3年内按实际招用人数和省确定的定额标准予以依次扣减有关税收和教育费附加。

2005年1月1日起，全县对生产企业出口货物经国家税务局审核批准的当期免抵的增值税税额，应纳入教育费附加的计征范围，按规定费率征收教育费附加。同年5月，对“增值税、消费税、营业税”实行先征后返、先征后退、即征即退办法的，除另有规定外，对随同“增值税、消费税、营业税”附征的教育费附加一律不予退（返）还。同年8月1日（所属期限为7月1日）起，全县停止对外商投资企业征收教育费附加，对2005年8月1日（所属期限为7月1日）前外商投资企业按中方投资比例应缴教育费附加仍应规定征收。次年5月1日（费款所属期）起，全县取消对设在县城范围内缴纳“三税”的单位和个人（不包括外商投资企业和外国企业）按实际缴纳“三税”税额的4%征收教育费附加的计征办法，对所有缴纳“三税”的单位和个人，调整为按实际缴纳“三税”税额的3%征收教育费附加。

2007年起，绍兴市不再参与绍兴县教育费附加分成（1997年1月至2006年，绍兴县教育费附加收入总额市财政分成8%）。省、县教育费附加分成比例从28%，72%（包括市分成在内）调整为10%，90%，省财政分成部分，由国库直接划解，就地缴入省国库。次年10月起，全县个人房产交易实行最低计税价格，其应缴营业税，亦作为计算征收教育费附加的依据。

2011年，全县对商贸企业、服务型企业（从事广告业、房屋中介、典当、桑拿、按摩、氧吧的企业除外）、劳动就业服务企业中的加工型企业和街道社区具有加工性质的小型企业实体，在新增加的岗位中，当年新招用持就业失业登记证（注明“企业吸纳税收政策”）人员，与其签订一年以上期限劳动合同并依法缴纳社会保险费人员，按实际招用人数予以定额依次扣减有关税收和教育费附加，定额标准为每人每年4800元；对持就业失业登记证人员从事个体经营（除建筑业、娱乐业以及销售不动产等外）的，按每年每户8000元为限额，依次扣减其当年实际应缴纳的有关税收和教育费附加。

2003～2013年，绍兴县地税局征集教育费附加124719万元，其中上缴省15661万元。

表22-1

绍兴县教育费附加征收及上缴省级财政统计表(2003～2013)

单位:万元

年　度	2003	2004	2005	2006	2007	2008
征收总数	2222	2757	4438	8299	10088	10581
上缴省数	622	772	1243	2323	1009	1059
年　度	2009	2010	2011	2012	2013	合计
征收总数	11124	13690	20021	20164	21335	124719
上缴省数	1112	1369	2002	2016	2134	15661

农村教育事业费附加

绍兴县农村教育事业费附加是对农业、乡镇企业等按销售收入或其他适当办法计征的,专门用于发展农村教育事业而征收的一种附加。征收范围为全县乡、镇、村办企业和农村个人企业。计征依据为工业企业按产品销售收入,商业、交通运输、建筑安装、服务业按营业额,农、林、牧、水产品按产品产值。按销售收入0.4%的征收率计征。对农村、农场和农民个人将土地使用权转让、承包给农业生产者用于农业生产的,免征农村教育事业费附加。

2004年1月1日起,绍兴县对柯桥经济开发区和滨海工业区有关农村教育事业费附加的优惠政策停止执行,恢复征收农村教育事业费附加。次年8月1日(所属期限为7月1日)起,全县停止对外商投资企业征收农村教育事业费附加,对2005年8月1日(所属期限为7月1日)前外商投资企业按中方投资比例应缴农村教育事业费附加仍应规定征收。2006年5月1日(费款所属期)起,绍兴县停止征收农村教育事业费附加。

2003～2005年,全县共征收农村教育事业费附加51926万元,其中2003年13869万元、2004年17839万元、2005年20218万元。

地方教育附加

浙江省于2006年6月7日,发出《关于开征地方教育附加的通知》,浙江省地税局发出《关于地方教育附加征收管理若干问题的通知》,从2006年5月1日起(费款所属期),绍兴县开征地方教育附加。征收对象为全县所有缴纳“增值税、消费税、营业税”的单位和个人,按实际缴纳的“增值税、消费税、营业税”税额的2%征收。地方教育附加的征收环节、地点、征缴期限与“增值税、消费税、营业税”的规定一致。纳税人按规定缴纳的地方教育附加,可在计算应纳税所得额时税前扣除,全县征收的地方教育附加省分成10%,县留90%。

全县对代开发票,并代扣、代收、代征“增值税、消费税、营业税”的单位和个人应同时代扣、代收、代征地方教育附加。对于海关向进口产品征收增值税、消费税,不征收地方教育附加,出口产品退税,不退还已征收的地方教育附加,对生产企业出口自产货物免抵的增值税应按规定征收地方教育附加。

全县经批准减免或免征“增值税、消费税、营业税”单位和个人，相应减征地方教育附加。对“增值税、消费税、营业税”实行先征后返、先征后退、即征即退办法的，随“增值税、消费税、营业税”带征的地方教育附加不予退(返)还。对农村、农场和农民个人将土地使用权转让或将土地承包(出租)给农业生产者用于农业生产的，免征地方教育附加。

全县地方教育附加由绍兴县地税局负责征收，征集的地方教育附加专项用于改善全县教育办学条件，弥补教育经费不足。

2008年10月起，县地税局对个人房产交易计算征收地方教育附加的依据为房产交易实行的最低计税价格征收的营业税。

2006～2013年，绍兴县征收地方教育附加92367万元，其中上缴省8493万元。

表22-2

绍兴县地方教育附加征收及上缴省级财政统计表(2006～2013)

单位：万元

年　度	2006	2007	2008	2009	2010	2011	2012	2013	合　计
征收总数	11056	9386	9179	9486	11917	13674	13383	14286	92367
上缴省数额	364	938	918	948	1191	1367	1339	1428	8493

注：2006年1～4月为农村教育费附加收入，5～12月为地方教育附加收入。

第二节　水利建设专项资金

1994年1月起，依据浙江省政府发布的《关于水利建设专项资金征集办法》，绍兴县开征水利建设专项资金，由绍兴县财政税务局组织征收，1997年国、地税分设后，由绍兴县地税局负责征收。到2013年，绍兴县继续执行省政府《关于水利建设专项资金征集办法》规定，在全县继续征收水利建设专项资金。

征集范围和对象

绍兴县征集对象为从事生产经营活动应缴增值税、营业税的单位和个体工商户。绍兴县外出施工企业在劳务发生地随营业税就地缴纳水利建设专项资金后，其计费收入可在当年总机构缴纳水利建设专项资金的计费总收入中扣除。全县对于中央和省属企业缴纳的水利建设专项资金，全部上缴省水利建设专项资金专户，县所属单位(包括个体工商户、私营企业)缴纳的水利建设专项资金，按30%上缴省专项资金专户，其余存入县财政水利建设专项资金专户。

2009年，全县所属单位(包括个体工商户、私营企业)缴纳的水利建设专项资金，改按15%上缴省专项资金专户,其余存入县财政水利建设专项资金专户。2011年1月起,全县水利建设专项资金更名为地方水利建设基金。

征集依据和征集率

全县水利建设专项资金按缴纳增值税、营业税的单位和个人的销售收入或营业收入为征集依据。征集率为企事业单位及个体经营者按0.1%;银行(含信用社)按当年利息收入的0.06%;保险公司按当年保费收入的0.06%;各类信托公司、财务公司等非银行金融机构按当年业务收入0.1%;城乡非农建设征用土地按每亩200元征集。当年县财政按可用资金的2%、县农业发展基金的30%安排水利建设专项资金。对广告业、代理业等实行营业税差额征收营业税的行业,其计费收入参照营业税计税营业额的认定办法确定。

2004年4月起,全县对交通运输业的联运业务、建筑业的分包或转包业务、保险业的初保分保业务以及旅游业有其他团队参与接团的业务,其征收水利建设专项资金的营业收入、保费收入的认定,参照营业税计税营业额的认定办法确定;异地施工的建筑安装企业的水利建设专项资金随营业税在劳务发生地缴纳入库;对不到营业税和增值税起征点的单位和个人,其水利建设专项资金也相应免征。

2008年10月起,全县对个人房产交易计算征收水利建设专项资金的依据为房产交易实行的最低计税价格。

减免优惠及管理

减免审批权限 全县对当年减免应缴水利建设专项资金不足3万元的企业由绍兴县地税局审批;3万元(含3万元)以上的县属企业,由绍兴市地税局审批;3万元以上(含3万元)的市属企业及中央、省属、外省在浙企业由省地税局审批。

2006年1月起,全县调整水利建设专项资金减免权限,减免水利建设专项资金6万元以上的由省地税局审批,6万元以下的由市、县(市)地税局审批。

减免优惠政策 全县对在一个征收年度内,享受减免增值税、营业税不满5万元的单位给予免征照顾,超5万元的应全额征收;对遭受严重自然灾害、亏损数额较大,为治理水利工程而搬迁损失较大及其它特殊原因,按规定缴纳确有困难的,在保证全县完成征集任务的前提下,酌情给予减免照顾。

2011年,全县对企业综合利用资源,符合国家产业政策,且有符合有关条件的企事业单位和个体经营者,可酌情减免地方水利建设基金。对企业单位安置下岗失业人员、残疾人和自谋职业城镇退役士兵,按实际招用人数每人减免1000元当年应缴的地方水利建设基金,减免额度当年扣减不足的,不得结转下年使用。其中安置下岗失业人员和自谋职业城镇退役士兵的单位,自安置当年起3年内可按实际安置人数和规定额度减免;安置残疾人的单位,每年可按在职残疾职工人数和规定额度减免。

下岗失业人员、毕业2年内的大学生、残疾人和自谋职业城镇退役士兵从事个体经营的,按每户每年2000元为限额减免应缴的地方水利建设基金,其中下岗失业人员、毕业2年内的大学生、自谋职业城镇退役士兵从事个体经营的，优惠期为3年。

对为水利治理工程、旧城改造而搬迁，影响正常生产经营而造成当年营业收入和利润均比上年减少的；经市（地）级以上政府部门认定或按规定备案的资源综合利用企业，其资源综合利用部分的销售收入或营业收入；购置并实际使用环境保护、节能节水和安全生产专用设备企业，符合企业所得税抵免政策，并且当年专用设备投资额100万元以上的；污水、垃圾、污泥收集企业；为农村提供垃圾处理、污水处理、保洁服务取得的劳务收入，均可酌情减免地方水利建设基金。

绍兴县内新设立或新引进的金融机构总部，从省外、境外新引入成立的大型股权投资管理公司，地方水利建设基金给予3年免征。

2012年，县地税局对在县外设立营业机构的绍兴县浙商企业集团总部；对浙商兴办的创意文化企业；对浙商企业从事符合条件的环境保护、节能节水项目投资金额较大的，以及污水、垃圾、污泥收集和处理企业，报经地税部门批准，可酌情减免水利建设专项资金。鼓励制造企业二、三产业分离，对分离后新设立的服务企业缴纳水利建设专项资金确有困难的，报经地税部门批准，可在政策范围内给予减免照顾。

2013年7月起，全县对个体工商户转为符合产业政策的小型微利企业的，在转企当年起3年内免征、第4～5年减半征收地方水利建设基金。

2003～2013年，绍兴县地税局征收水利建设专项资金（地方水利建设基金）224569万元。

表22-3

绍兴县水利建设专项资金（地方水利建设基金）征收情况统计表（2003～2013）

单位：万元

年　度	2003	2004	2005	2006	2007	2008
征收数	6699	9360	10568	13001	17032	18920
年　度	2009	2010	2011	2012	2013	合　计
征收数	18750	27458	33801	32995	35985	224569

第三节　文化事业建设费

1996年9月，国务院发布《关于进一步完善文化经济政策的若干规定》，从1997年1月1日起，在全国范围内开征文化事业建设费。1997年10月，财政部、国家税务总局发布《文化事业建设费征收管理暂行办法》，绍兴县开征文化事业建设费，由绍兴县地税局负责征收。到2013年，绍兴县仍执行国务院、财政部、国家税务总局颁布规定，继续征收文化事业建设费。

征集范围对象

绍兴县文化事业建设费征集范围为全县缴纳娱乐业、广告业营业税的单位和个人(包括外商投资企业、外国企业和外籍个人),征收方法为征收娱乐业、广告业的营业税时一并征收文化事业建设费,缴纳地点为提供娱乐业、广告劳务的发生地主管地方税务机关。

广告代理经营者为他人的商品或劳务作宣传的行为,按"服务业-广告业"征收营业税,亦应缴纳文化事业建设费。

全县文化事业建设费缴库方式为:属于中央和国家机关所属单位缴纳的全额上缴中央金库;地方企业、单位和个人缴纳的全额缴入省级金库,并纳入财政预算管理,分别由中央和省级建立专项资金,用于文化事业建设。

2003年5～9月"非典"期间,全县免征文化事业建设费。

征集依据和征集率

绍兴县文化事业建设费征集依据为全县各种营业性的歌厅、舞厅、卡拉OK歌舞厅、音乐茶室和高尔夫球、台球等娱乐场所,按营业收入的3%征收;广播电台、电视台和报纸、刊物等广告媒介单位以及户外广告经营单位,按经营收入的3%征收,缴纳期限与缴费人缴纳营业税期限相同。

2003～2013年,绍兴县征集文化事业建设费1706万元。

表22-4

绍兴县文化建设事业费征收情况统计表(2003～2013)

单位:万元

年　度	2003	2004	2005	2006	2007	2008
征收数	53	55	55	137	186	170
年　度	2009	2010	2011	2012	2013	合　计
征收数	101	142	209	469	129	1706

第四节　其他基金

农业发展基金

2003年,绍兴县继续执行1988年国务院发布的《关于建立农业发展基金增加农业资金投入的通知》规定,在全县征收农业发展基金。基金收入主要用于开垦全县宜耕的土地和整治、改良耕地。由绍兴县工商部门负责全县个体工商户的农业发展基金征收,绍兴县财政部门负责国有、集体企业、股份制企业、个人独资企业、个人合伙企业等单位的农业发展基金征收。全县征收标准为国有企业招收农民工,其农业发展基金每人每月5元征收,其他单位(包括个体工商户)按职工人数每人每月10元征收。

2004年7月1日(所属期至2004年6月底止)起,绍兴县停止征收农业发展基金。

发展新型墙体材料专项用费

2003年,绍兴县继续征收发展新型墙体材料专项用费,由绍兴县地税局负责代征。征收范围为全县生产粘土实心砖(瓦)的企业和个体工商户,以粘土实心砖(瓦)的销售收入按4%征收率征收发展新型墙体材料专项用费。2004年5月份(所属月份)起,绍兴县停止征收发展新型墙体材料专项用费。

第二十三章　财税机构

绍兴县财税机构，随着行政区域的调整划变撤建而变革，并依据时势和任务需要，增减相应机构。其间，由于财税体制和机构编制的改革，内设机构、派出机构、直属机构及事业单位变化较大，人员增加较多，且有部分机构及领导职级得到升格，使执法管理上更具权威性，在优化服务上更现及时性。财税队伍发展，在新形势下不仅数量保持稳定，而且结构渐趋高学历、知识化、年轻化状态。

第一节　局级机构

绍兴县财政局

20世纪90年代，国地税机构分设后，财政局与地方税务局并列称谓，即绍兴县财政局、地方税务局(简称绍兴县财政地税局)。

2000年10月1日，县财政局迁移至柯桥，与县地方税务局在鉴湖路29号租用工商银行大楼，在3至8层合址办公。

2004年4月30日，搬迁至柯桥育才路财税大楼，与县地方税务局合址办公。2008年1月26日，原内设于县财政局内的绍兴县国有资产管理委员会办公室(简称国资办)按正科(局)级单位分设。2013年11月8日，撤绍兴县建绍兴市柯桥区后，财政机构改称绍兴市柯桥区财政局。

2004年4月30日，绍兴县财政局、绍兴县地方税务局搬迁至柯桥育才路财税大楼。

绍兴县地方税务局

20世纪90年代，国地

税机构分设后，县地方税务局与财政局并列称谓，即绍兴县财政局、地方税务局（简称绍兴县财政地税局）。

2000年10月1日，县地方税务局迁移至柯桥，与县财政局在鉴湖路29号租用工商银行大楼，在3至8层合址办公。

2004年4月30日，搬迁至柯桥育才路财税大楼，与县财政局合址办公。2013年11月8日，撤绍兴县建绍兴市柯桥区后，税务机构改称绍兴市柯桥地方税务局。

绍兴县国家税务局

20世纪90年代，国地税机构分设后，县国家税务局单独设立，单独履行职能，在绍兴市越城区人民中路租用239号水产大厦3至4层办公。

2000年10月1日起，迁移至柯桥鉴湖路31号县国税局办公大楼。

2004年6月，搬迁至柯桥群贤路2123号县国税局新办公大楼。2013年11月8日，撤绍兴县建绍兴市柯桥区后，国税机构改称绍兴市柯桥区国家税务局（2014年1月7日正式挂牌）。

2004年6月17日，绍兴县国家税务局搬迁至柯桥群贤路2123号。

第二节　内设机构

县财政局

2002年1月，内设15个科室（均为正股级），分别为办公室、人事教育科（财政教育自学考试办公室）、监察科、预算科（税政科）、国库科、行政事业科、经济建设科、社会保障科、综合科、会计管理科、农业科、企业科、国有资产管理科、县控制社会集团购买力办公室(县政府采购办公室)、财政监督科。

2006年12月,设立绩效评价科。

2007年5月,县财政投资预决算评审咨询中心更名为县财政项目预算审核中心(经费由财政差额拨款改为财政全额拨款,原有人员编制性质不变,也可经过公开考试择优选用转为全额拨款事业单位人员)。

2009年11月,内设15个科室,分别为办公室、人事教育科(财政教育自学考试办公室)、监察科、预算科(税政科)、国库科、行政事业科、经济建设科、社会保障科、综合科(县控制社会集团购买力办公室、县政府采购办公室)、会计管理科、农业科、企业科、国有资产管理科、财政监督科、绩效评价科。

2010年3月,原县审计局代管的绍兴县政府性投资项目审核中心成建制划转县财政局下属的绍兴县财政项目预算审核中心,定编18名,设领导职数3名,其中主任1名,副主任2名。同年12月,撤销预算科(税政科)、国库科、财政监督科,成立预算局、预算执行局、财政监督局,新设乡镇财政管理科、信息化管理科、农业综合开发办公室,为财政局内设科室。将会计管理科更名为会计科,绩效评价科更名为绩效管理科。调整后财政局内设机构为19个。

2011年12月,明确财政局内设的预算局、预算执行局和财政监督局的正职领导可高配为副科级领导职务。2012年12月,增设财务总监室。财务总监室主任由财政局副局长兼任,增加中层副职领导职数1名,财务总监室配相关人员,人员编制在财政局内部调剂。委派的县级政府性融资平台财务总监为正股级,按中层干部任职规定任命,职数按需核准,编制在财政局内部调剂。

2013年1月30日,县编委批复同意县财政局办公室增挂“财税调研室”牌子。同年11月8日,撤绍兴县建绍兴市柯桥区,区财政局内设机构相继改称。

县地方税务局

2002年1月,县地方税务局内设5个科室,分别为税政管理科、征收管理科、计划财务科、法制科、案审办。县地税局办公室、人事教育科、监察科分别与财政局办公室、人事教育科、监察科合署办公。

2009年11月,增加行政审批服务科,内设科室增加到6个。

2010年1月,新设规费管理科、纳税服务科,调整后地税局内设机构为8个。

2013年11月8日,撤绍兴县建绍兴市柯桥区后,柯桥地方税务局内设机构相继改称。

县国家税务局

2002年4月,局内设机构为6个,分别为办公室、人教科、监察室、税政法规科、计统征收科、管理科。

2003年3月,新增进出口税收管理科、涉外税收管理科、纳税评估科,县局机关内设机构增至9个。同年5月,增设市场管理科,内设机构增至10个。

2005年6月起，县局新征管模式运行，局机关增设政策法规科、计划财务科、税源管理一科、税源管理二科、税源管理三科、税源管理四科6个科室，撤销税政（法规）科、纳税评估科、计统征收科、管理科、市场管理科、进出口税收管理科、涉外税收管理科7个科室，内设机构为9个。

2007年12月，县局机关增设机关党委办公室（简称机关党办），内设机构增至10个。

2009年12月，县国税局实施机构改革，局机关保留人教科、办公室、监察室、机关党办、政策法规科、税源管理一科、税源管理二科、税源管理三科、税源管理四科9个科室，撤销计划财务科，增设纳税服务科（含办税服务厅）、收入核算科、征收管理科，县局内设科室为12个。

2013年11月8日，撤绍兴县建绍兴市柯桥区后，区国家税务局内设机构相继改称。

第三节　派出机构

县财政局

2003年5月，县财政局对所属派出机构更名。原所属的柯桥财政分局、直属财政分局、钱清财政所、齐贤财政所、平水财政所5个派出机构分别更名为直属财政分局、福全财政分局、钱清财政分局、齐贤财政分局、平水财政分局。

2004年4月，绍兴县财政局直属财政分局更名为绍兴县财政局柯桥财政分局。2005年6月，齐贤财政分局更名为滨海财政分局。

2013年11月8日，撤绍兴县建绍兴市柯桥区后，区财政局派出机构相继改称。

县地方税务局

2002年7月，县地方税务局对县局中心所、分局更名。原柯桥分局更名为直属征管局；原钱清中心所更名为钱清征管局；原直属征管分局更名为福全征管局；原齐贤中心所更名为齐贤征管局；原平水中心所更名为平水征管局。

2004年3月，绍兴县地税局轻纺城所成立。4月，绍兴县地方税务局所属基层征管单位名称更名。绍兴县地方税务局直属征管局更名为绍兴县地方税务局柯桥税务分局；绍兴县地方税务局福全征管局更名为绍兴县地方税务局福全税务分局；绍兴县地方税务局齐贤征管局更名为绍兴县地方税务局齐贤税务分局；绍兴县地方税务局钱清征管局更名为绍兴县地方税务局钱清税务分局；绍兴县地方税务局平水征管局更名为绍兴县地方税务局平水税务分局。

2005年5月，绍兴县地方税务局齐贤税务分局更名为绍兴县地方税务局滨海税务分局，原征管任务不变。

2010年12月，县地方税务局下设派出机构5个，分别是柯桥税务分局、滨海税务分局、钱清税务分局、福全税务分局、平水税务分局（为正股级单位）。负责辖区内所有企事业单位及外地经营企业、个体、私营企业的地方税收业务和征收管理工作。绍兴县地方税务局柯桥税务分局,为绍兴县地方税务局正股级派出机构,征收管辖范围为柯桥街道、柯岩街道、华舍街道、湖塘街道。绍兴县地方税务局滨海税务分局,为绍兴县地方税务局正股级派出机构,下设绍兴县地方税务局滨海税务分局孙端延伸申报点、齐贤延伸申报点。征收管辖范围为齐贤镇、马鞍镇、安昌镇、孙端镇、柯北开发区、滨海开发区。绍兴县地方税务局钱清税务分局,为绍兴县地方税务局正股级派出机构,征收管辖范围为钱清镇、杨汛桥镇、夏履镇。绍兴县地方税务局福全税务分局,为绍兴县地方税务局正股级派出机构,征收管辖范围为福全镇、兰亭镇、漓渚镇、陶堰镇、富盛镇。绍兴县地方税务局平水税务分局,为绍兴县地方税务局正股级派出机构,征收管辖范围为平水镇、王坛镇、稽东镇。

2012年6月27日,县编委明确柯桥税务分局、钱清税务分局正职领导可按副科(局)级高配。

2013年12月,浙江省绍兴县地方税务局更名为绍兴市柯桥地方税务局,绍兴县地方税务局稽查局更名为绍兴市柯桥地方税务局稽查局,绍兴县地方税务局柯桥税务分局更名为绍兴市柯桥地方税务局直属税务分局,绍兴县地方税务局滨海税务分局更名为绍兴市柯桥地方税务局滨海税务分局,绍兴县地方税务局钱清税务分局更名为绍兴市柯桥地方税务局钱清税务分局,绍兴县地方税务局福全税务分局更名为绍兴市柯桥地方税务局福全税务分局,绍兴县地方税务局平水税务分局更名为绍兴市柯桥地方税务局平水税务分局。

县国家税务局

2002年5月,撤销管理局、征收局,实行税收管理一站式全程服务,县局办税大厅设置全程服务窗口,各税收管理站设前台服务窗口。2003年3月,县局下设直属、柯桥、钱清、齐贤、平水5个税收管理站。

2005年5月起,新征管模式运行,撤销柯桥、钱清、福全、齐贤、平水5个税收管理站,设立柯桥、钱清、福全、齐贤4个国家税务分局和平水国家税务所,其中4个国家税务分局为副科级派出机构。

2009年12月,县国税局实施机构改革,县局下属仍设柯桥、福全、齐贤、钱清4个税务分局和平水税务所,各税务分局(所)统一内设综合股、稽核股、税收管理股3个股。

2013年11月8日,撤绍兴县建绍兴市柯桥区后,区国家税务局派出机构也相继改称。

第四节 直属单位

县地方税务局稽查局

2001年1月起,稽查局机构改革。稽查局设综合科,案审办,检查一科、二科、三科,执行科。在县局机关设案审办。

2007年4月，稽查局内设机构调整为综合科、检查一科、检查二科、案审科、执行科5个科，在县局机关设法制科（案审办）。

2013年5月，稽查局恢复检查三科。同年12月，绍兴县地方税务局稽查局更名为绍兴市柯桥地方税务局稽查局。

县国家税务局稽查局

2003年1月，稽查局内设办公室、综合业务股、执行股、案审股、检查一股、检查二股、检查三股、检查四股、检查五股9个股室（其中检查四股为调账稽查，检查五股为网上稽查），实行一级稽查模式。同年5月起，县国税局稽查局升格为副科级直属机构，内设综合股、检查一股、检查二股、检查三股、检查四股5个内设机构。

2005年6月起，新征管模式运行，稽查局内设综合股、审理股、协查股、检查一股、检查二股、检查三股6个内设机构。

2009年12月，县国税局实施机构改革，局稽查局内设综合选案股、综合股、检查股、案件审理股、执行股5个股。

2013年11月8日，撤绍兴县建绍兴市柯桥区后，区国家税务局税务稽查局相继改称。

第五节　事业单位

县财政地税局

2003年至2012年3月，县财政地税局一直下设事业单位9家。2012年4月，撤销县财税培训中心（人员及编制整体划入财税计算机信息中心）。至2013年有事业单位8家。是年11月8日，撤绍兴县建绍兴市柯桥区后，所属事业单位名称相继改称。

绍兴县预算会计核算中心　2000年11月，建立绍兴县预算会计核算中心。2001年9月，绍兴县预算会计核算中心的20个行政编制收回，调整为事业编制20名。2006年6月，绍兴县预算会计核算中心，核定专业技术人员人数20人。核定中高级专业技术职务结构比例为高级10%，中级35%。同意设会计系列高级岗位2个，中级职务岗位7个，初级职务岗位11个。2008年11月27日，绍兴县预算会计核算中心，核定该单位专业技术人员人数20人。核定中高级专业技术职务结构比例为高级10%，中级40%。同意设高级职务岗位2个，中级职务岗位8个，初级职务岗位10个。2011年6月27日，绍兴县预算会计核算中心19名工作人员批准为参照公务员法管理机关（单位）工作人员。同年10月9日，绍兴县预算会计核算中心为全民事业单位，参照公务员法管理，定编20名、领导职数3名。财政全额拨款。

绍兴县财政票据管理中心　2002年4月，建立绍兴县财政票据管理中心，为财政差额拨款全民事业单位，定编3名。2006年6月，核定专业技术人员3人，核定中高级专业技术职务结构比例为中级35%，设会计系列中级职务岗位1个、初级职务岗位2个。2008年11月,核定单位专业技术人员3人,核定中高级专业技术职务结构比例为中级40%,同意设中级职务岗位1个、初级职务岗位2个。其中会计系列中级职务岗位1个、初级职务岗位1个,经济系列初级职务岗位1个。2011年9月,绍兴县财政票据管理中心经费形式从差额拨款调整为全额拨款。同年10月,绍兴县财政票据管理中心为全民事业单位,定编3名、领导职数1名。经费财政全额拨款。其主要职责为组织和开展全县财政票据的管理工作;负责财政票据的印(鉴)制,制发和管理票据准购证;办理县级执收执罚单位财政票据的购领发放和结报核销;承担本级政府非税收入收缴财政票据管理的具体工作,组织实施本县财政票据的专项稽查等工作。绍兴县财政票据管理中心为承担行政职能的事业单位。2012年12月,绍兴县财政票据管理中心3名工作人员批准为参照公务员法管理机关(单位)工作人员。

绍兴县农税征收中心 2002年4月,建立绍兴县农税征收中心,为财政差额拨款全民事业单位,定编3名。2006年6月,绍兴县农税征收中心,核定专业技术人员人数3人,核定中高级专业技术职务结构比例为中级35%,同意设经济系列中级职务岗位1个、初级职务岗位2个。2008年11月27日,绍兴县农税征收中心核定单位专业技术人员3人。核定中高级专业技术职务结构比例为中级40%,设中级职务岗位1个、初级职务岗位2个。其中经济系列中级职务岗位1个、初级职务岗位1个,会计系列初级职务岗位1个。2011年9月,绍兴县农税征收中心为全民事业单位,定编3名、领导职数1名。主要职责为承担全县耕地占用税、柯桥城区四街道房屋、土地契税以及全县其他镇(街道)出让土地契税的征收工作。2012年4月,明确绍兴县农税征收中心暂缓分类。

绍兴县财税培训中心 1992年12月15日,建立绍兴县培训中心,性质为自收自支全民事业单位,隶属县财政局主管,人员由局内部自行调剂解决。2006年6月,绍兴县财税培训中心,核定专业技术人员人数3人。核定中高级专业技术职务结构比例为中级35%,同意设中学教师系列中级职务岗位1个、初级职务岗位2个。2011年10月,绍兴县财税培训中心为全民事业单位。定编3名,领导职数1名。经费自收自支。其主要职责为承办财税干部职工的业务学习及全县财会人员的教育培训工作。2012年4月,撤销县财税培训中心,其4名人员及3名编制整体划入财税计算机信息中心,划转后核定县财税计算机信息中心编制10名,领导职数3名。

绍兴县财税计算机信息中心 1999年9月7日,建立绍兴县财税局计算机信息中心,为差额拨款全民事业单位,定编6名、领导职数1名。2002年5月,财税信息中心为县地税局相似正股级全民事业单位,经费财政全额拨款。2008年11月,县财税计算机信息中心核定单位专业技术人员人数6人,核定中高级专业技术职务结构比例为高级10%、中级40%。设工程系列高级职务岗位1个、中级职务岗位2个、初级职务岗位3个。2011年10月,绍兴县财税计算机信息中心为全民事业单位。定编6名,领导职数2

名。经费财政差额拨款。主要职责为承担财税信息化工作计划的实施工作;承担财税信息化的服务、培训、指导和协调工作;做好日常信息系统的运转和协调工作;承担财税信息数据的采集、分析、应用,负责社会、经济和税收等信息数据的采集工作;承担信息系统的实施、运维和安全监管工作;落实上级布置的有关计算机应用工作。2012年4月11日,撤销的县财税培训中心4名人员及3名编制,整体划入计算机信息中心,划转后核定县财税计算机信息中心编制10名,领导职数3名。2012年4月,明确绍兴县财税计算机信息中心为从事公益服务的事业单位(公益一类)。2013年8月,绍兴县财税计算机信息中心更名为绍兴县数字财政管理中心,并增挂绍兴县电子税务管理中心牌子,其单位性质、人员编制和经费渠道按原不变。

绍兴县财政国库集中支付中心 2010年6月29日,成立绍兴县财政国库集中支付中心,为县财政局下属全额拨款事业单位,定编5人,设领导职数2名,其中主任1名,副主任1名。2011年10月,绍兴县财政国库集中支付中心为全民事业单位。定编5名,领导职数2名。经费财政全额拨款。主要职责为负责管理预算外资金财政专户(预算外资金清算账户)、财政零余额账户、预算单位零余额账户;根据预算单位用款额度,办理财政直接支付业务,负责与代理银行进行直接支付额度对账;办理预算单位财政授权支付结报审核手续;负责提供财政资金支付信息,定期与国库科总预算会计、代理银行、预算单位对账;及时反映财政国库支付执行过程中出现的新情况和新问题,并提出相关意见和建议。2012年4月,绍兴县财政国库集中支付中心为承担行政职能的事业单位。

绍兴县财政项目预算审核中心 1999年4月27日,成立绍兴县财政投资预决算评审咨询中心,属全民事业单位。2007年5月,县财政投资预决算评审咨询中心更名为县财政项目预算审核中心(经费由财政差额拨款改为财政全额拨款,原有人员编制性质不变,也可经过公开考试择优选用转为全额拨款事业单位人员)。2008年3月,建立绍兴县政府投资项目审核中心,由县政府委托县审计局代管。2010年3月,原审计局代管的绍兴县政府性投资项目审核中心成建制划转县财政局下属的绍兴县财政项目预算审核中心,定编18名,设领导职数3名,其中主任1名,副主任2名。经费全额拨款。审核中心主要承担全县政府性资金投资项目的工程预算(标底)的组织审核监督工作;承担全县政府组织的企业拆迁、搬迁项目评估报告的组织审核监督工作;参与对招标文件、合同签订、联系单签证等工程建设环节进行审核监督;参与政府性投资项目的初步设计评审、招投标、材料定价、工程货物采购、竣工验收等有关工作;参与做好财政有关项目支出预算的审核工作,协助做好项目支出预算执行和专项资金使用的追踪问效;配合做好政府工程采购的监督和管理工作;配合做好财政各项支出项目检查及效益评价分析工作,反映政府性投资项目实施中存在的重大问题,提出加强政府性投资项目监督的政策建议意见。2012年4月,明确绍兴县财政项目预算审核中心为承担行政职能的事业单位。

绍兴县预算编制中心 2010年1月13日,设立绍兴县预算编制中心,为局下属全额拨款事业单位,定编10名,设主任1名,副主任2名。

2011年10月,绍兴县预算编制中心为全民事业单位,定编10名、领导职数3名,经费财政全额拨款。主要职责为承担县级部门预算编制和审核的具体工作;负责县级公共预算、国有资本经营预算、社会保障预算和政府性债务计划的技术性、基础性审核工作;建立预算单位基础资料库和项目库;提出建立健全支出标准和定额体系建议;负责县级预算管理的其它相关工作。2012年4月,明确绍兴县预算编制中心为承担行政职能的事业单位。

绍兴县国有资产管理服务中心 2008年1月,建立绍兴县国有资产管理服务中心,主要负责全县国有资产管理中的综合服务工作。2011年10月9日,经绍兴县编委批复,绍兴县国有资产管理服务中心为全额拨款事业单位。编制5名,领导职数2名。主要职能为负责国有企业董、监事委派工作;负责国有企业财务总监(会计)的委派、管理;负责国有企业融资管理;参与国有企业的内部审核工作;参与国有企业领导人员管理工作。2012年4月,县国有资产管理服务中心明确为从事公益服务的事业单位(公益一类)。

县国家税务局

2002年4月,事业单位有信息中心、机关服务中心。2005年6月起,撤销机关服务中心,其职责合并于办公室。2009年12月,县国税局实施机构改革,县局信息中心仍予保留。

表23-1

绍兴县财税系统局级机构沿革情况一览表(1997～2013)

时　间	机　构　名　称
1997年10月	绍兴县财政局　绍兴县地方税务局　绍兴县国有资产管理局
	绍兴县国家税务局
2001年11月	绍兴县财政局　绍兴县地方税务局
	绍兴县国家税务局
2008年1月	绍兴县财政局　绍兴县地方税务局　绍兴县国有资产管理委员会办公室
	绍兴县国家税务局
2013年11月	绍兴市柯桥区财政局　绍兴市柯桥地方税务局 绍兴市柯桥区国有资产管理委员会办公室
	绍兴市柯桥区国家税务局

表23-2

绍兴县财政、地税局局长、副局长(副局级)
绍兴县财政(地税)局党工委书记、副书记,纪工委书记任职情况一览表(1995～2013)

机构名称	职　务	姓　名	任职时间	备　注
绍兴县财政局	局　长	宋天平	2002.12～2010.07	
		王炳豪	2010.07～2011.11	
		喻光耀	2011.11～	
	副局长	邢玉清	2000.07～2006.09	
		徐利忠	2003.04～	
		胡小苟	2006.04～2009.07	正局级
		赵忆怀	2009.02～	正局级
		王炳豪	2009.07～2010.07	正局级
		孙永国	2009.10～2011.12	正局级
		宋朝忠	2009.12～2012.12	
		李国兴	2011.12～	
	副局级	方　荣	2012.09～2013.08	预算局局长
	副局长	方　荣	2013.08～	
绍兴县国有资产管理委员会办公室	主　任	王炳豪	2008.01～2011.11	
		李国兴	2011.12～	
绍兴县地方税务局	局　长	宋天平	2003.03～2010.07	
		王炳豪	2010.08～2012.01	
		喻光耀	2012.01～	
	副局长	徐志方	2003.05～	
		徐志方	2010.06～	正局级
		金国安	2010.06～2012.09	
		宋朝忠	2012.12～	
	副科局级	金国安	2003.05～2010.06	稽查局局长
		鲁　勇	2010.08～	
		姚敏智	2012.09～	钱清分局局长
		孙勇军	2012.09～	柯桥分局局长
绍兴县财政(地税)局党工委	书　记	宋天平	2002.12～2009.05	
		王炳豪	2009.05～2010.06	
		宋天平	2010.06～2010.07	
		王炳豪	2010.09～2011.11	
		喻光耀	2011.11～	

续表23-2

机构名称	职　务	姓　名	任职时间	备　注
绍兴县财政(地税)局党工委	副书记	桑志康	1995.09～2007.01	
		胡小苟	2006.04～2009.05	
		吕铁辉	2007.11～	正局级
		王炳豪	2010.06～2010.09	
		赵忆怀	2009.02～	正局级
		李国兴	2012.03～	
绍兴县财政(地税)局纪工委	书　记	桑志康	2003.04～2007.01	
		吕铁辉	2007.11～2012.03	
		徐姗萍	2012.03～2013.08	

表23-3

绍兴县国家税务局局长、副局长(副局级)

绍兴县国家税务局党组书记、成员,纪检组长任职情况一览表(1994～2013)

机构名称	职　务	姓　名	任职时间	备　注
绍兴县国家税务局	局　长	胡传林	1994.09～2006.05	
		胡连华	2006.05～	
	副局长	李纪生	1994.10～2006.01	
		樊剑雄	1997.11～2006.12	
		韩忠阳	2001.01～2004.04	
		金　曦	2004.09～2007.05	
		金建伟	2004.04～2011.10	
		邵伟国	2006.05～2011.06	
		单红明	2009.11～	
		毛　勇	2009.12～	
		张　军	2011.11～	
		高翔宇	2011.11～	
	纪检组组长	徐董胜	2002.05～2006.05	
		董志根	2006.05～2011.11	
		季承武	2011.11～	
	副科局级	毛　勇	2007.06～2009.12	总经济师
		高翔宇	2003.05～2006.04	稽查局局长
		李　华	2008.04～	

续表23-3

<table>
<tr><th>机构名称</th><th>职　务</th><th>姓　名</th><th>任职时间</th><th>备　注</th></tr>
<tr><td rowspan="5">绍兴县国家税务局</td><td rowspan="5">副科局级</td><td>胡建冈</td><td>2008.05～2011.11</td><td rowspan="2">柯桥分局局长</td></tr>
<tr><td>李清华</td><td>2013.08～</td></tr>
<tr><td>张钰祥</td><td>2008.05～2011.11</td><td rowspan="2">钱清分局局长</td></tr>
<tr><td>王永岳</td><td>2013.08～</td></tr>
<tr><td>江　波</td><td>2008.05～</td><td>齐贤分局局长</td></tr>
<tr><td rowspan="14">绍兴县国家税务局党组</td><td rowspan="2">书　记</td><td>胡传林</td><td>1997.09～2006.05</td><td></td></tr>
<tr><td>胡连华</td><td>2006.05～</td><td></td></tr>
<tr><td rowspan="12">成　员</td><td>李纪生</td><td>1997.09～2006.01</td><td></td></tr>
<tr><td>樊剑雄</td><td>1997.11～2006.12</td><td></td></tr>
<tr><td>韩忠阳</td><td>2001.01～2004.04</td><td></td></tr>
<tr><td>徐董胜</td><td>2002.05～2006.05</td><td></td></tr>
<tr><td>金建伟</td><td>2004.04～2011.10</td><td></td></tr>
<tr><td>邵伟国</td><td>2006.05～2011.06.</td><td></td></tr>
<tr><td>董志根</td><td>2006.05～2011.11</td><td></td></tr>
<tr><td>毛　勇</td><td>2007.06～</td><td></td></tr>
<tr><td>单红明</td><td>2009.11～</td><td></td></tr>
<tr><td>张　军</td><td>2011.11～</td><td></td></tr>
<tr><td>季承武</td><td>2011.11～</td><td></td></tr>
<tr><td>高翔宇</td><td>2011.11～</td><td></td></tr>
</table>

表23-4

绍兴县财政地税局机关机构设置、事业单位演变情况一览表(2003～2013)

年份	单位	数量	机构设置名称
2002年1月	绍兴县财政局机关	15	办公室、人事教育科、监察科、预算科、国库科、行政事业科、经济建设科、社会保障科、综合科、会计管理科、农业科、企业科、国有资产管理科、县控制社会集团购买力办公室、财政监督科
2006年12月		1	设立绩效评价科
2007年5月		1	县财政投资预决算评审咨询中心更名为县财政项目预算审核中心
2009年11月		15	办公室、人事教育科(财政教育自学考试办公室)、监察科、预算科(税政科)、国库科、行政事业科、经济建设科、社会保障科、综合科(县控制社会集团购买力办公室、县政府采购办公室)、会计管理科、农业科、企业科、国有资产管理科、财政监督科、绩效评价科
2010年1月		19	撤销预算科(税政科)、国库科、财政监督科,成立预算局、预算执行局、财政监督局,新设乡镇财政管理科、信息化管理科、农业综合开发办公室。将会计管理科更名为会计科,绩效评价科更名为绩效管理科。调整后财政局内设机构为19个。

续表23-4

年份	单位	数量	机构设置名称
2010年3月	绍兴县财政局机关	1	原县审计局代管的绍兴县政府性投资项目审核中心,成建制划转县财政局下属的绍兴县财政项目预算审核中心。
2012年12月		1	增设财务总监室
2013年11月			撤绍兴县建绍兴市柯桥区,县财政局原内设机构名称相继改称。
2002年1月	绍兴县地方税务局机关	5	税政管理科、征收管理科、计划财务科、法制科、案审办,办公室、人事教育科、监察科分别与财政局办公室、人事教育科、监察科合署办公。
2006年4月		1	增设规费管理科
2009年11月		7	税政管理科、征收管理科、计划财务科、法制科、案审办、行政审批服务科和规费管理科,办公室、人事教育科、监察科分别与财政局办公室、人事教育科、监察科合署办公。
2010年1月		8	新设纳税服务科调整后地税局内设机构为8个
2013年11月			撤绍兴县建绍兴市柯桥区,县地方税务局原内设机构相继改称。
2003～2013	直属机构		绍兴县地方税务局稽查局
2002年5月	绍兴县财政局下属事业单位	6	绍兴县预算会计核算中心　绍兴县财政票据管理中心 绍兴县农税征收中心　绍兴县财税培训中心 绍兴县财税计算机信息中心　绍兴县财政投资预决算评审咨询中心
2007年5月		1	更名　绍兴县财政投资预决算评审咨询中心更名为绍兴县财政项目预算审核中心
2008年1月		1	新增　国有资产管理服务中心
2010年1月		1	新增　绍兴县预算编制中心
2010年6月		1	新增　绍兴县财政国库集中支付中心
2012年4月		1	减少　撤销县财税培训中心,编制整体划入财税计算机信息中心。
2013年8月		1	更名　绍兴县财税计算机信息中心更名为绍兴县数字财政管理中心

表23-5

绍兴县财政地税局中层干部任职情况一览表(1999～2013)

序号	机构名称	职　务	姓　名	任职时间
1	办公室	主　任	叶震海	1999.08～2007.04
			方　荣	2007.04～2012.05
			严　炜	2012.05～
		车队长	吴秋根	1999.08～2003.01
			陈水泉	2011.10～
		副主任	潘国海	2001.01～2002.07
		副主任(正股级)	潘国海	2002.07～2003.08
		副主任	倪华丰	2003.08～2008.04

续表23-5

序号	机构名称	职　务	姓　名	任职时间
1	办公室	副主任	陈永俊	2003.08 ~ 2011.04
			祝建良	2008.03 ~ 2012.04
			何肖芳	2012.01 ~ 2013.07
			曾晓琴	2013.04 ~
	财税调研室	副主任	王金成	2013.02 ~
	工会工作委员会	副主任	徐海炎	2013.08 ~
2	人教科	科　长	鲁晓舫	2002.08 ~ 2007.04
			张妙娟	2008.11 ~ 2012.03
		主持科全面工作	周卓楠	2012.06 ~
		副科长	孙勇军	2002.07 ~ 2003.05
			方　荣	2004.06 ~ 2006.05
			张妙娟	2007.04 ~ 2008.11
			郑　英	2008.09 ~ 2011.04
			周卓楠	2011.04 ~
3	监察科	科　长	孙利人	2002.08 ~ 2005.02
			华永伟	2005.02 ~ 2011.05
			陈　鉴	2011.05 ~
		副科长	屠国海	2011.04 ~
4	预算科	科长	徐利忠	2002.08 ~ 2004.06
			张志华	2004.06 ~ 2011.05
		副科长	张志华	2003.05 ~ 2004.06
			倪永亮	2005.02 ~ 2011.04
			方　荣	2006.05 ~ 2007.04
			王解裕	2007.05 ~ 2011.04
	预算编制中心	主任(兼)	倪永亮	2011.04 ~
	乡镇财政管理科	科　长	王解裕	2011.04 ~
4	预算局	局　长	张志华	2011.05 ~ 2012.04
			方　荣(兼)	2012.04 ~ 2013.08
			倪永亮	2013.10 ~
		副局长	倪永亮	2011.04 ~ 2013.10
5	预算执行局	局　长	潘国海	2011.05 ~
		副局长	汪秋红	2013.09 ~
6	财政监督科	科　长	李鲁旗	2004.06 ~ 2006.09
	财政监督科兼绩效评价科	科　长	吴文龙	2007.03 ~ 2011.05
	财政监督局兼绩效管理科	局　长	华永伟	2011.05 ~

续表23-5

序号	机构名称	职　务	姓　名	任职时间
6	绩效管理科	副科长	陈琦波	2011.04～
7	财政项目预决算审核中心（财政投资预决算评审中心）	主　任	倪一群	2002.07～2010.05
			来建祥	2010.05～
		副主任	金　妤	2012.04～
			寿晓雁	2012.04～
			王启根	2012.06～
			王金成	2012.06～2013.02
8	社会保障科	科　长	徐建桥	2006.03～2011.05
			毛国森	2011.05～
		副科长	徐建桥	2002.07～2006.03
			倪灵东	2011.04～
9	综合科	科　长	毛国森	2002.08～2005.02
			张建良	2006.03～2009.06
			李燕青	2011.04～
		副科长	张建良	2005.02～2006.03
			李燕青	2007.09～2011.04
			徐宏彬	2012.05～
	财政票据管理中心	主　任	周卓楠	2013.04～
10	经济建设科	科　长	倪一群	2002.08～2011.05
			朱鲁君	2011.05～
		副科长	王建新	2011.04～
11	会计(管理)科	科　长	陈　鉴	2002.08～2004.03
			吴文龙	2006.03～2007.03
			周国庆	2007.03～2009.07
			钱水清	2011.04～
		副科长	吴文龙	2004.06～2006.03
			祁大永	2009.07～
			钱水清	2009.07～2011.04
12	农税征收中心	主　任	汪永泉(兼)	2011.12～
	农业科	科　长	朱鲁君	2002.08～2007.03
			毛国森	2007.03～2011.05
			吴文龙	2011.05～
		副科长	洪煜锋	2003.05～2003.08
			童　君	2011.04～2013.12
			潘建卫	2013.12～

续表23-5

序号	机构名称	职　务	姓　名	任职时间
13	农业综合开发办公室	主　任	李法泉	2005.02～2012.12
			俞灵刚	2012.12～
		副主任	李法泉	2002.07～2005.02
			丁伟东	2011.12～
14	企业科兼国有资产管理科	科　长	王其荣	2002.08～2005.02
			毛国森	2005.02～2007.03
			朱鲁君	2007.03～2011.05
			倪一群	2011.05～
		副科长	谢伟光	2002.05～2008.01
			蒋一平	2008.03～2010.11
			郑　英	2011.04～
15	行政事业科	科　长	徐建桥	2011.05～
		副科长	潘建卫	2011.04～2013.12
			童　君	2013.12～
16	税政管理科（规费管理科）	科　长	徐有林	1998.01～2007.03
			周雪峰	2007.03～2011.05
			包关云	2011.04～
		副科长	鲁旭明	2002.07～2004.06
			何肖芳	2011.04～2012.01
			汪永泉	2011.12～
			吴国英	2012.09～2013.12
17	规费管理科	科　长	马传浩	2011.05～
		副科长	唐伟明	2008.09～2011.04
			陶校红	2011.04～
18	纳税服务科	科　长	唐伟明	2011.04～
		副科长	倪先楚	2011.04～2012.09
19	征收管理科	科　长	马传浩	2002.08～2011.05
			谭耀勤	2011.05～
		副科长	汪永泉	2002.07～2003.05
			陈晓伟	2007.09～2011.04
			张栋栋	2011.04～
20	行政审批中心财税窗口	负责人	洪煜锋（兼）	2003.05～2003.08
	财税审改办（行政审批服务科）	主　任（科长）	谭耀勤	2008.11～2011.05
		副主任	洪煜锋	2003.08～2006.03
			张妙娟	2006.03～2007.04
			谭耀勤	2007.04～2008.11

续表23-5

序号	机构名称	职 务	姓 名	任职时间
20	行政审批服务科	科 长	陈晓伟	2011.04～
		副科长	罗紫萍	2012.12～
21	计划财务科	科 长	潘国海	2004.06～2010.11
			严 炜	2011.04～2012.06
		主持计财科全面工作	黄东方	2012.06～2013.04
		科 长	黄东方	2013.04～
		副科长	潘国海(正股级)	2003.08～2004.06
			黄东方	2011.04～2013.04
			魏志刚	2012.12～
22	国库科	科 长	邵学生	2002.08～2010.11
			潘国海	2010.11～2011.05
23	法制科(案审办)	科 长	周 峰	2002.08～2004.07
			周国庆	2005.02～2007.03
			徐有林	2007.03～2012.10
			朱建中	2013.01～
		副科长(副主任)	张志华(正股级)	2002.07～2003.05
			钱水清	2004.02～2009.07
			余慧岭	2011.04～2012.12
24	计算机信息中心	主 任	鲁 勇	2002.05～2005.02
			金 铭	2006.03～
		副主任	金 铭	1999.08～2006.03
			张国斌	2006.03～2011.04
			李铁峰	2011.04～
	信息化管理科	科 长	张国斌	2011.04～
25	预算会计核算中心	主 任	宋朝忠	2002.05～2003.03
			邵学生(兼)	2003.03～2008.03
			曹德祥	2008.03～
		副主任	曹德祥	2002.05～2008.03
			叶 龙	2008.09～
	国库集中支付中心	主 任	曹德祥(兼)	2011.04～
25	国库集中支付中心	副主任	张维黎	2011.04～
26	县交通运输局融资平台	财务总监	单金华	2013.01～
	柯岩旅游度假区管委会		李法泉	2012.12～
	县建设局融资平台		倪灵东	2013.05～
	县轻纺城建管委融资平台		张栋栋	2013.05～

表23-6

绍兴县地方税务局稽查局(科)领导任职情况一览表(1999～2013)

序号	机构名称	职　务	姓　名	任职时间
27	稽查局	局　长	金国安	2003.05～2010.11
			鲁　勇	2010.11～
		副局长	王建德	2002.05～2004.12
			朱建中	2002.07～2013.01
			孙利人	2005.02～2007.05
			张国康	2008.09～2010.11
			周雪峰	2011.05～2012.12
			胡国祥	2011.04～
	稽查局检查一科	科　长	朱建中	2001.01～2002.07
			朱建中(兼)	2002.07～2011.04
			陈　超	2011.04～2012.09
			冯迎军	2012.09～
	稽查局检查二科	科　长	张国康	2002.07～2004.02
			胡国祥	2004.02～2008.03
			祁建庆	2008.03～2012.12
			余慧岭	2012.12～
	稽查局检查三科	科　长	胡国祥	2002.07～2004.02
	稽查局案审科	科　长	夏俊利	2002.07～2004.02
			王建德(兼)	2004.02～2004.12
			孙利人(兼)	2005.02～2006.03
			韩　强	2006.03～2011.04
			蔡慧红	2012.05～
	稽查局执行科	科　长	单金华	2001.01～2007.03
			张永华	2011.04～
	稽查局综合科	科　长	张妙娟	1999.05～2006.03
			洪煜锋	2006.03～

表23-7

绍兴县财政地税局基层派出机构设置演变情况一览表(2003~2013)

年　份	单位	机构(演变)名称	数量	设　置　分　布
2003年5月	绍兴县财政局	财政分局	5	直属(原柯桥分局)、福全(原直属分局)、钱清、齐贤、平水
2004年4月		财政分局更名	1	直属分局更名柯桥分局
2005年6月		分局更名	1	齐贤分局更名为滨海分局
2013年11月		撤县设区分局更名	5	绍兴市柯桥区财政局柯桥、福全、钱清、滨海、平水分局
2003年5月	绍兴县地方税务局	征管局	5	直属(原柯桥分局)、福全(原直属分局)、钱清、齐贤、平水
2004年3月		成立税务所	1	轻纺城所
2004年4月		征管局更名税务分局	5	柯桥(原直属)福全、钱清、齐贤、平水
2005年5月		分局更名	1	齐贤分局更名为滨海分局
2011年10月		明确分局为正股级单位	5	柯桥、福全、钱清、滨海、平水
2013年11月		撤县设区分局更名	5	绍兴市柯桥地方税务局柯桥、福全、钱清、滨海、平水分局
2013年12月31日		撤县设区后分局更名	1	柯桥地方税务分局更名为直属地方税务分局

表23-8

绍兴县财政地税局基层中层干部任职情况一览表(2002~2013)

序号	机构名称	职　务	姓　名	任职时间
1	直属(柯桥)征管局柯桥分局	局　长	周国庆	2003.03~2005.02
			宋朝忠	2005.02~2010.11
			孙勇军	2010.11~
		副局长	周国庆	2002.07~2003.03
			杨荣根	2002.07~2003.05
			孙勇军(正股级)	2003.05~2007.03
			汪永泉	2003.05~2011.12
			张国康	2007.03~2008.09
			钮　勇	2011.04~
			单金华	2012.01~2013.01
			祁建庆	2012.12~
2	福全(直属)征管局福全分局	局　长	华永伟	2002.07~2005.02
			王其荣	2005.02~2010.11
			邵学生	2010.11~

续表23-8

序号	机构名称	职　务	姓　名	任职时间
2	福全(直属)征管局 福全分局	副局长	洪煜锋	2002.07～2003.05
			钱水清	2002.07～2004.02
			张国康	2004.02～2007.03
			严　炜	2006.03～2011.04
			冯迎军	2007.03～2012.09
			陈永俊	2011.04～
			杨　青	2012.09～
3	钱清征管局 钱清分局	局　长	周雪峰	2002.07～2007.03
			姚敏智	2007.03～
		副局长	杨荣根	2003.05～2007.09
			俞灵刚	2008.09～2012.12
			包关云	2005.02～2011.04
			韩燮明	2011.04～
			陈　超	2012.09～
4	平水征管局 平水分局	局　长	孙永国	2002.07～2004.12
			鲁　勇	2005.02～2007.03
			孙勇军	2007.03～2010.11
			张国康	2010.11～
		副局长	王解裕	2003.03～2007.05
			韩燮明	2007.09～2011.04
			杨　青	2011.04～2012.09
			邹国林	2011.04～2013.11
			倪先楚	2012.09～
			吴国英	2013.12～
5	齐贤征管局 齐贤分局 滨海分局 (2005年5月起)	局　长	徐越胜	2002.07～2003.03
			宋朝忠	2003.03～2005.02
			姚敏智	2005.02～2007.03
			鲁　勇	2007.03～2010.11
			王其荣	2010.11～
		副局长	姚敏智	2002.07～2005.02
			李鲁旗	2003.03～2004.06
			鲁旭明	2004.06～
			祁建庆	2005.02～2008.03
			胡国祥	2008.03～2011.04

续表23-8

序号	机构名称	职 务	姓 名	任职时间
5	齐贤征管局 齐贤分局 滨海分局(2005年5月起)	副局长	倪 钟	2011.04～
			何肖芳	2013.07～
6	县地税局轻纺城所	所 长	陈 鉴	2004.03～2011.05
			韩 强	2011.04～
		副所长	冯迎军	2004.03～2007.03
			单金华	2007.03～2012.01
			范月珍	2011.04～
			钱全江	2011.12～

表23-9

绍兴县国家税务局机构设置演变情况一览表(2002～2013)

年份	机构区分	数量	机构设置名称
2002年4月	机关内设机构	6	办公室、人教科、监察室、税政法规科、计统征收科、管理科。
	直属机构	8	涉外税收管理分局、进出口税收管理分局、稽查局(下设办分室、综合股、审理股、执行股、协查股、检查一股、二股、三股、四股、五股)、直属、柯桥、齐贤、钱清、平水税收管理站。
	事业机构	2	信息中心、机关服务中心。
2003年5月	机关内设机构	10	办公室、人事教育科、监察室、税政(法规)科、计统征收科、管理科、进出口税收管理科、涉外税收管理科、纳税评估科、市场管理科。
	直属机构	6	稽查局(下设综合股、检查一股、检查二股、检查三股、检查四股)、直属、柯桥、齐贤、钱清、平水税收管理站。
	事业机构	2	信息中心、机关服务中心。
2005年6月	机关内设机构	9	办公室、人事教育科、监察室、政策法规科、计划财务科、税源管理一科、税源管理二科、税源管理三科、税源管理四科。
	直属机构	6	撤柯桥、福全、钱清、齐贤、平水税收管理站,设柯桥、福全、钱清、齐贤税务分局、平水税务所,稽查局(下设综合股、审理股、协查股、检查一股、检查二股、检查三股)。
	事业机构	1	撤机关服务中心、仍设信息中心。
2009年12月	机关内设机构	12	人教科、办公室、监察室、机关党办(2007年12月增设)、政策法规科、纳税服务科(含办税服务厅)、收入核算科、征收管理科、税源管理一科、税源管理二科、税源管理三科、税源管理四科。
	直属机构	6	稽查局(内设综合综合选案股、综合股、检查股、案件审理股、案件执行股等5个股),县局下设柯桥、福全、钱清、齐贤4个税务分局和平水税务所(税务分局(所)内设综合股、稽核股,税收管理股等3个股)。
	事业机构	1	信息中心
2013年11月	撤县建区		撤绍兴县建绍兴市柯桥区,国家税务局所属机构相继改称。

表23-10

绍兴县国家税务局中层干部任职情况一览表（1999～2013）

序号	机构名称	职　务	姓　名	任职时间
1	办公室	主　任	胡建根	2002.04～2007.02
			马志良	2007.02～2012.02
			姚斌辉	2012.02～
		副主任(基建办)	吴国良	2002.09～2004.05
		副主任	朱建华(正股级)	2005.05～2006.02
			黄泽锋	2005.05～2010.03
		食堂主任(副股级)	宣　龙	2005.09～2010.04
		副主任	宣　龙	2010.04～
			沈　涛	2010.04～2013.10
			张　扬	2012.08～
		汽车车队队长	汪木根	1999.06～2009.04
2	人事教育科	科　长	祝德康	2002.03～2008.05
			李清华	2009.01～2012.02
			王茂良	2012.04～2013.11
		副科长	胡伟标	2005.05～2007.12
			李清华(主持工作)	2008.05～2009.01
			王茂良(主持工作)	2012.03～2012.04
			龚宇峰(主持工作)	2013.11～
3	监察室	主　任	赵水友	2001.02～2007.04
			凌志明	2007.10～2010.03
			孟茂坤	2012.04～2012.08
		副主任	凌志明(主持工作)	2007.02～2007.09
			孟茂坤	2010.03～2012.04
			黄泽锋(主持工作)	2012.09～
4	税政法规科	科　长	沈铁铧	2001.03～2005.05
		副科长	赵绍良	2001.03～2003.05
			周汉祥	2003.05～2005.05
	政策法规科	科　长	沈铁铧	2005.05～2008.05
			李建华	2008.05～2013.01
		负责人	沈海标(兼)	2013.01～2013.05
		科　长	贾筱珂	2013.05～
		副科长	马志良	2005.05～2007.02
			孟茂坤	2007.02～2008.05

续表23-10

序号	机构名称	职　务	姓　名	任职时间
4	政策法规科	副科长	王永岳	2006.04～2007.02
			陈宙翔	2008.05～2012.05
			封志刚	2012.08～
5	进出口税收管理分局	局　长	姚才荣	2001.04～2003.04
		副局长	马志良	2001.10～2003.04
			俞雅娟	2002.04～2003.04
	进出口税收管理科	科　长	毛　勇	2003.05～2005.05
		副科长	马志良	2003.05～2005.05
			俞雅娟	2003.05～2005.05
6	涉外税收管理分局	局　长	毛　勇	2001.04～2003.04
	涉外税收管理科	科　长	姚才荣	2003.05～2005.05
7	管理科	科　长	李建华	2002.03～2005.05
		副科长	凌志明	2002.03～2005.05
	税源管理一科	科　长	李建华	2005.05～2008.05
			潘伟盈	2008.05～2012.08
			姚才荣	2012.08～
		副科长	凌志明	2005.05～2007.09
			贾小珂	2007.02～2010.03
			张　剑	2010.03～2011.01
			周汉祥	2012.08～
8	市场税收管理科	科　长	沈海标	2003.05～2005.05
	税源管理二科	科　长	沈海标	2005.05～2008.07
			李国梁	2008.07～
		副科长	周汉祥	2005.05～2012.08
			边铁君	2007.02～2013.08
			俞雅娟	2012.09～
			徐芮瑞	2013.08～
9	税源管理三科	科　长	毛　勇	2005.05～2007.06
			张钰祥	2007.06～2008.05
			赵绍良	2008.05～2008.07
			倪长江	2008.07～2013.09
			金　成	2013.09～
		副科长	俞雅娟	2005.05～2009.04

续表 23-10

序号	机构名称	职　务	姓　名	任职时间
9	税源管理三科	副科长	翁　坚	2005.05 ~ 2008.05
			徐芮瑞	2008.05 ~ 2013.08
			边铁君	2013.08 ~
			郑　峰	2013,10 ~
			胡立滨	2012.08 ~ 2013.07
10	税源管理四科	科　长	姚才荣	2005.06 ~ 2012.08
			潘伟盈	2012.08 ~
		副科长	茹筱剑	2005.05 ~ 2012.02
			周俊景	2012.08 ~
11	计统征收科	科　长	倪长江	2002.04 ~ 2003.04
			金　成	2003.05 ~ 2005.05
		副科长	金　成	2002.04 ~ 2003.04
			鲁红英	2003.05 ~ 2005.04
			方泉虎	2002.04 ~ 2005.04
	局办税服务厅	主　任	金　成(兼)	2002.04 ~ 2003.04
	计划征收科	科　长	金　成	2005.05 ~ 2007.06
			黄中江	2007.06 ~ 2008.07
			沈海标	2008.07 ~ 2009.12
		副科长	鲁红英	2005.05 ~ 2008.04
			方泉虎	2005.05 ~ 2006.03
			孟茂坤	2006.04 ~ 2007.02
			谢萍萍	2008.05 ~ 2009.12
	收入核算科	科　长	沈海标	2009.12 ~ 2013.08
		副科长	胡立滨(主持工作)	2013.08 ~
12	纳税评估科	副科长	赵绍良(主持工作)	2003.05 ~ 2005.05
			胡立滨	2003.05 ~ 2005.05
13	纳税服务科(办税大厅)	科　长	沈海标(兼)	2009.12 ~ 2010.03
		副科长	谢萍萍	2009.12 ~
			王茂良(主持工作)	2010.03 ~ 2012.03
			虞晓盛	2011.01 ~
			徐少杰	2012.08 ~
14	征收管理科	科　长	潘伟盈(兼)	2009.12 ~ 2010.03
			翁　坚	2012.04 ~
		副科长	翁　坚(主持工作)	2010.03 ~ 2012.04

续表23-10

序号	机构名称	职务	姓名	任职时间
14	征收管理科	副科长	黄泽锋	2010.03～2012.08
			丁一宾	2012.08～
15	信息中心	主任	徐霆	2001.10～2006.05
			黄中江	2006.04～2007.06
			鲁红英	2010.03～
		副主任	姚斌辉	2005.05～2008.05
			鲁红英(主持工作)	2008.05～2010.03
			王国军	2012.09～
16	机关服务中心	主任	朱建华	2001.04～2005.05
		副主任	潘建明	2001.04～2003.05
			金福根	2003.05～2005.05
17	机关党委办公室	主任	胡伟标	2007.12～2008.05
			姚斌辉	2008.12～2012.02
		副主任	姚斌辉(主持工作)	2008.05～2008.12
			茹筱剑(主持工作)	2012.02～2012.08
			龚宇峰(主持工作)	2012.08～2013.10
			沈涛(主持工作)	2013.10～
18	稽查局	局长	王华庭	2001.04～2003.05
			高翔宇	2003.05～2006.04
			倪长江	2006.10～2007.01
			李华	2007.02～
		副局长	董明标	2001.02～2003.05
			周汉祥	2001.09～2003.05
			倪长江	2003.05～2006.10
			潘伟盈	2003.05～2008.05
			胡伟标	2008.05～2012.09
			王永岳	2007.02～2008.05
		局长助理	王永岳	2008.05～2012.08
		副局长	陈伟	2012.08～
			孟茂坤	2012.08～
		政治指导员	董明标	2003.05～2005.05
			金福根	2005.05～2006.01
	稽查局办公室	主任	金福根	1999.12～2003.05

续表23-10

序号	机构名称	职　务	姓　名	任职时间
18	县局纪检(监察)员派驻稽查局	副股级	杨国华	2009.08～2010.02
	稽查局综合股	股　长	茹筱剑	2001.10～2005.05
			胡立滨	2005.05～2008.05
			龚宇峰	2008.05～2012.08
			陈　伟	2010.03～2012.08
			许坚强	2013.10～
	稽查局案件执行股	股　长	张迪元	2001.02～2003.05
			胡立滨	2010.03～2012.08
			钱立强	2012.08～
	稽查局案件审理股	股　长	鲁红英	2001.02～2003.05
			王永岳	2005.05～2006.04
			陈　伟	2006.04～2008.05
			孟茂坤	2008.05～2010.03
			杨国华	2010.03～2012.08
			骆江秀	2012.08～
	稽查局涉外税收检查股	股　长	王永岳	2002.04～2003.05
	稽查局综合选案股	股　长	龚宇峰	2010.03～2012.08
			沈　涛	2012.08～2013.09
			房永刚	2013.10～
	稽查局检查一股	股　长	徐芮瑞	2003.05～2008.05
			翁　坚	2008.05～2010.03
	稽查局检查二股	股　长	徐芮瑞	2001.02～2003.05
			王永岳	2003.05～2005.05
			张建忠	2005.05～2008.05
			陈　伟	2008.05～2010.03
	稽查局检查三股	股　长	张钰祥	2001.02～2003.05
			张毅敏	2003.05～2005.05
			陈　伟	2005.05～2008.05
			胡立滨	2008.05～2010.03
	稽查局检查四股	股　长	张毅敏	2001.04～2003.05
			张迪元	2003.05～2004.10
	稽查局协查股	股　长	胡立滨	2002.04～2003.05
			骆江秀	2005.05～2010.03
	稽查局检查股	股　长	骆江秀	2010.03～2012.08

续表23-10

序号	机构名称	职　务	姓　名	任职时间
18	稽查局检查股	股　长	杨国华	2012.08～
19	柯桥办税服务厅(税收管理站)	主　任	潘伟盈	2001.04～2003.05
			李国梁	2003.05～2005.05
		副主任	章伟彪	2001.03～2005.05
	柯桥税务分局	局　长	胡建冈	2008.05～2011.11
			李清华	2013.08～
		副局长	李国梁	2005.05～2008.07
		局长助理	李清华	2005.05～2008.05
			张　剑	2006.04～2010.03
		副局长	祝德康	2008.05～2009.02
			贾筱珂	2010.03～2013.05
			李清华(主持工作)	2012.02～2013.09
			章伟彪	2013.08～2013.09
			倪长江	2013.09～
20	钱清办税服务厅(税收管理站)	主　任	李国梁	1999.01～2003.05
			胡伟标	2003.05～2005.05
		副主任	黄中江	2001.02～2005.05
	钱清税务分局	局　长	张钰祥	2008.05～2011.11
			王永岳	2013.08～
		副局长	赵绍良	2005.06～2008.05
			徐　霆	2006.04～2010.02
		局长助理	黄中江	2005.05～2006.04
			贾小柯	2006.06～2007.01
		副局长	凌志明	2010.03～
			马志良(主持工作)	2012.02～2013.08
			茹筱剑	2012.08～
21	直属办税服务厅(税收管理站)	主　任	沈海标	2000.07～2003.05
			张钰祥	2003.05～2005.05
		副主任	骆江秀	2001.02～2005.05
	福全税务分局	副局长	张钰祥	2005.05～2007.06
		局长助理	张毅敏	2005.05～2010.02
		副局长	马志良	2006.04～2007.02
			金　成(主持工作)	2007.06～2013.09
			徐　霆	2010.03～

续表23-10

序号	机构名称	职　务	姓　名	任职时间
21	福全税务分局	副局长	马志良(主持工作)	2013.09～
			王茂良	2013.11～
22	齐贤办税服务厅(税收管理站)	主　任	李　华	2001.02～2005.05
		副主任	陈　伟	1999.12～2005.05
	齐贤税务分局	局　长	江　波	2008.05～
		副局长	李　华	2005.05～2007.02
		局长助理	章伟彪	2005.05～2010.03
		副局长	胡伟标	2006.04～2007.12
			倪长江	2007.02～2008.07
		局长助理	余雅娟	2009.04～2012.09
		副局长	章伟彪	2010.03～2013.08
			潘建明	2012.08～
			沈海标	2013.08～
23	平水办税服务厅(税收管理站)	主　任	胡伟标	2001.04～2003.04
			潘建明	2003.05～2005.04
		副主任	翁　坚	2001.03～2005.05
	平水税务所	所　长	潘建明	2005.05～2012.08
			王永岳	2012.09～2013.09
			章伟彪	2013.09～
		副所长	王茂良	2006.04～2010.02
			张毅敏	2010.03～

第六节　队伍发展及构成

县财政地税局

财税系统队伍由国家公务员、参公人员、事业人员和机关工勤人员组成，以国家公务员为主体。同时，针对财税工作特点，由局招收少量的合同工，作为税收助征员和单位驾驶员。2003年年底，财政、地税局有国家公务员224人，其中女性61人；有财税工作人员261人，其中干部254人、工勤人员7人；有合同工(协税员)45人。2013年年底，财政地税局人数为328名，其中国家公务员240名、参公人员22名、事业人员64名，另有工勤人员2名。局级合同工40名。

至2013年年底，财税队伍中党员占79%、大学本科以上占85.4%、45岁以下占

61.3%。

县国家税务局

国税队伍由国家公务员、事业人员、机关工勤人员组成，以国家公务员为主体。2003年年底，县国家税务局人数238人，其中国家公务员230人、事业人员5人、机关工勤人员3人，另有临时工30人。至2013年年底，县国家税务局人数为253名，其中国家公务员242名、事业人员8名、工勤人员3名，另有局级合同工30名。

至2013年年底，国税队伍中党员占77.4%、大学本科以上占69.6%、45岁以下占54.1%。

表23-11

绍兴县财政地税局干部人数及构成情况统计表（2003～2013）

单位：人

年份	年末人数	性别		身份结构				政治面貌				学历结构				年龄结构				当年增减人数	
		男	女	国家公务员	参公人员	事业人员	机关工勤人员	共产党员	共青团员	民主党派	其他	中专及以下	大学专科	大学本科	大学本科以上	35岁以下	36至45岁	46至54岁	55岁以上	绝对数增加	绝对数减少
2003	261	188	73	225	0	32	4	190	17	1	53	42	126	93	0	112	101	37	11	9	15
2004	264	185	79	227	0	33	4	196	18	1	49	41	111	111	1	110	107	32	15	3	0
2005	261	182	79	226	0	31	4	208	6	1	46	29	64	165	3	95	118	33	15	3	6
2006	265	182	83	227	0	34	4	210	6	3	46	26	60	176	3	97	117	36	15	10	6
2007	268	182	86	225	0	39	4	213	11	4	40	23	51	189	5	90	128	36	14	12	9
2008	272	181	91	221	0	47	4	215	13	4	40	21	47	199	5	91	126	39	16	14	10
2009	276	181	95	226	0	46	4	222	17	4	33	16	44	211	5	93	113	59	11	15	11
2010	282	185	97	227	0	51	4	224	19	4	35	11	43	222	6	88	110	71	13	15	9
2011	312	209	103	238	15	56	3	239	26	4	43	9	51	245	7	79	121	96	16	49	19
2012	316	208	108	233	16	65	2	249	17	6	44	5	47	252	12	77	119	105	15	19	15
2013	328	210	118	240	22	64	2	259	6	7	56	4	44	266	14	83	118	110	17	21	9

表23-12

绍兴县国家税务局干部人数及构成情况统计表（2003～2013）

单位：人

年份	年末人数	性别		身份结构				政治面貌				学历结构				年龄结构				当年增减人数	
		男	女	国家公务员	参公人员	事业人员	机关工勤人员	共产党员	共青团员	民主党派	其他	中专及以下	大学专科	大学本科	大学本科以上	35岁以下	36至45岁	46至54岁	55岁以上	绝对数增加	绝对数减少
2003	238	192	46	230	0	5	3	168	24	2	44	52	116	69	1	100	100	31	7	5	3
2004	246	194	52	238	0	5	3	175	15	2	54	36	106	103	1	98	107	34	7	9	1
2005	247	193	54	238	0	6	3	178	13	2	54	30	93	123	1	84	122	33	8	3	2
2006	244	190	54	234	0	7	3	177	13	3	51	30	93	120	1	72	126	34	12	3	6
2007	246	188	58	234	0	7	3	177	16	3	50	26	88	129	3	66	136	33	11	6	4
2008	250	190	60	238	0	7	5	183	09	4	54	26	77	144	3	57	143	37	13	7	3
2009	253	191	62	241	0	8	5	189	12	5	47	24	75	151	3	57	121	60	15	6	3
2010	253	188	65	242	0	8	4	199	6	5	43	21	72	157	3	49	110	77	17	3	3
2011	252	186	66	241	0	8	3	196	8	5	43	19	70	160	3	41	108	85	18	4	5
2012	250	182	68	239	0	8	3	193	12	5	40	14	69	164	3	40	102	90	18	8	10
2013	253	184	69	242	0	8	3	196	10	5	42	14	69	167	3	43	94	97	19	6	3

第二十四章　党群组织

财税系统的共产党组织，是完成财税任务的核心力量和政治保证。全系统工、团、妇组织，是党组织开展各项工作的基础力量，也是促进财税工作的动力、活力所在。进入21世纪后，财政税务机构发生较大变化，职能科室增加，干部数量增多，人员结构逐趋优势。面对新形势，局领导和主管科室，仍坚持"核心"不动摇、群团组织发挥好的理念，重视党的组织、思想、作风建设，并运用多种载体，关心、支持共青团工作的开展，尊重和维护工会会员的合法权益，发挥妇女在财税工作中的"半边天"作用。

第一节　中国共产党

党组织机构设置，分为县财政地税系统及县国税系统。财政地税系统分县委下属的党工委及所属支部，县直机关工委下属的财政地税局党总支及下属支部，受当地党委领导的基层征管局（财政税务所）、分局党支部。县国税系统分县委下属的局党组，县直机关党工委下属的县国税局机关党委及所属党支部。全县财税系统党员队伍，在老退新增情况下，党员队伍占干部总数的比率较上世纪有所提高，一般在干部总数的70%～80%之间。党务活动，主要根据当年形势任务和上级要求，结合党员队伍实际，以支部为单位组织开展一些有利于党的思想、组织、作风建设的活动。

财政地税局

党员队伍　2003年，有党员190人，占总数261人的72.8%。其中局机关78人，基层所112人。此后两年，党员数为196人、208人。2006年，有党员210人，占总数265人的79.25%。次年，党员总数达到213人，占总数268人的79.48%。

2008年，有党员215人，占干部总数的79.0%。

2009年，党员总数为222人，占干部总数的80.43%。次年，有党员224人，占干部总数的79.43%。

2011年，党员人数达到239人，占干部总数的76.6%。次年，有党员249人，占干部总数的78.8%。

2013年党员达到259人，占干部总数328人的79%。

组织设置　绍兴县财政地税局党组织设置由财税局党工委及所属党支部、局机关党总支及所属党支部和基层分局党支部三部分。

党工委及所属党组织

党工委　2002年12月,原绍兴县中共财政局工作委员会更名为中共绍兴县财政(地税)局工作委员会。随着行政区划及机构变动,党工委所属组织发生增减变化,同时由于行政职务调动,党工委书记、副书记、委员相继变动。局党工委围绕财税履职,依据形势、任务发挥着核心、保障作用,成绩显著。曾在2007年6月、2008年6月、2009年7月、2011年6月被中共绍兴县委评为县级机关先进党工委。

表24-1

绍兴县财政地税局党工委成员任职情况一览表(1995~2013)

机构名称	职　务	姓　　名	任职时间
绍兴县(财政局)财政地税局党工委	书记	宋天平	2002.12~2009.05
		王炳豪	2009.05~2010.06
		宋天平	2010.06~2010.07
		王炳豪	2010.09~2011.11
		喻光耀	2011.11~
绍兴县(财政局)财政地税局党工委	副书记	桑志康	1995.09~2007.01
		胡小荀	2006.04~2009.05
		吕铁辉	2007.11~
		王炳豪	2010.06~2010.09
		赵忆怀	2009.02~
		李国兴	2012.03~
绍兴县(财政局)财政地税局党工委	委员	邢玉清	2000.09~2006.09
		徐利忠	2003.04~
		徐志方	2003.07~
		鲁晓舫	2003.10~2007.04
		宋朝忠	2007.05~
		孙永国	2009.10~2011.12
		张志华	2009.05~2012.04
		来建祥	2009.12~
		李国兴	2011.12~
		王国强	2011.12~
		陈国兴	2011.12~
		徐姗萍	2012.03~
		方　荣	2013.08~

党工委下属组织 2003年12月起,县财政税务局党工委下属的党组织有中共绍兴县财政税务局直属征管分局党支部、直属分局党总支、中共绍兴县税务稽查局支部委员会、中共绍兴县财政税务局离退休干部党支部,中共轻纺城所党支部(2004年5月建立)。

直属征管分局党支部 2002年7月,直属征管分局更名为福全征管局;柯桥分局更名为直属征管局。根据行政更名需要,新更名的福全征管局党组织关系迁入当地福全镇党委,柯桥征管局党组织关系迁入局党工委。

直属分局党总支 2003年8月7日,中共绍兴县财税局柯桥分局总支部委员会更名为中共绍兴县财税局直属分局总支部委员会。原中共绍兴县财税局柯桥分局第一、第二支部委员会分别更名为中共绍兴县财税局直属分局第一、第二支部委员会。中共绍兴县财税局直属分局总支部委员会由周国庆、孙勇军、汪永泉、胡建平、陈金生5人组成,总支书记周国庆,副书记孙勇军。中共直属分局总支部第一支部委员会由周国庆、陆幼敏、严炜3人组成,书记周国庆。中共直属分局总支部第二支部委员会由孙勇军、汪永泉、冯迎军3人组成,书记孙勇军。

2004年4月,直属征管分局更名柯桥税务分局,党总支亦更名。

2005年4月,选举产生由宋朝忠、孙勇军、汪永泉、严炜、陈金生5人组成的柯桥分局党总支委员会,宋朝忠任书记。党总支所属第一党支部委员由汪永泉、严炜、冯云生组成,汪永泉任书记;第二支部委员会由孙勇军、何东红、钮勇组成,孙勇军任书记。

2008年1月,张国康增补为柯桥分局党总支委员会委员。

2011年6月,由孙勇军、汪永泉、钮勇、何东红、沈美英5人组成柯桥分局党总支委员会,孙勇军任书记。

柯桥分局党总支在2003年7月、2004年7月被评为县级先进党组织;2009年6月,被评为县级"五好"基层党组织;2011年6月,被评为市级"五好"基层党组织;2012年6月,被评为县级创先争优先进基层党组织;2013年度,被评为区级五星级基层党组织。

离退休干部党支部 中共绍兴县财政税务局离退休干部党支部,以局机关离、退休干部党员组成。1992年11月建立时,党员数量较少,不设委员会,由刘新福任支部书记。至2013年年底,机关退休干部增加,党员人数达到21人,仍未设支部委员,由刘新福任支部书记。2009年,被绍兴市委组织部、市委老干部局评为年度先进离退休干部党支部。

税务稽查局党支部 中共稽查局党支部由稽查大队党支部沿变。

2001年1月,稽查局党支部书记由金国安担任,5月,稽查局党支部增补朱建中、孙永国为党支部委员。

2005年5月,选举产生稽查局党支部委员会,由金国安、朱建忠、孙利人3人组成稽查局支部委员会,金国安任支部书记。

2011年6月,局领导成员变动,稽查局党支部改选。由鲁勇、朱建中、周雪峰、胡国祥、洪煜锋5人组成稽查局党支部委员会,鲁勇任书记。

稽查局党支部在2007年6月,被评为县级"五好"基层党组织。

轻纺城所党支部　2004年5月,建立中共绍兴县地方税务局轻纺城所支部委员会。由陈鉴、冯迎军、陆幼敏3人组成,陈鉴任支部书记。

2011年6月,由韩强、单金华、范月珍组成轻纺城所党支部委员会,韩强任党支部书记。

轻纺城所党支部在2005年6月、2008年6月,被评为县级"五好"基层党组织。

局机关党组织　县财政地税局机关党组织,隶属于中共绍兴县直属机关工作委员会,设立党总支部及下属党支部。

2002年9月,中共绍兴县财政、地税局总支委员会由桑志康、鲁晓舫、王国强、陈鉴、王嘉贤5人组成,桑志康任书记,鲁晓舫任副书记。第一支部委员会由叶震海、鲁晓舫、孙利人3人组成,书记叶震海。第二支部委员会由王嘉贤、毛国森、宋朝忠3人组成,书记王嘉贤。第三支部委员会由陈鉴、倪一群、王其荣3人组成,书记陈鉴。第四支部委员会由王国强、徐有林、马传浩3人组成,书记王国强。

2004年9月,因人员变动,所属第二、第三党支部进行补选支委成员。邵学生任第二党支部书记,张志华任支部委员。倪一群任第三支部书记,李法泉任支部委员。

2007年8月,中共绍兴县财政、地税局总支委员会由胡小苟、张妙娟、邵学生、毛国森、吴文龙5人组成,胡小苟任书记,张妙娟任副书记。所属第一支部委员会由华永伟、张妙娟、方荣3人组成,华永伟任书记。所属第二支部委员会由邵学生、周国庆、曹德祥3人组成,邵学生任书记。所属第三支部委员会由毛国森、李法泉、吴文龙3人组成,毛国森任书记。所属第四支部委员会由潘国海、周雪峰、马传浩3人组成,潘国海任书记。

2011年7月,党总支所属支部选举产生新的支部委员会。所属第一支部委员会由陈鉴、张妙娟、方荣3人组成,陈鉴任书记。所属第二支部委员会由潘国海、倪永亮、曹德祥3人组成,潘国海任书记。所属第三支部委员会由毛国森、李法泉、吴文龙3人组成,毛国森任书记。所属第四支部委员会由马传浩、严炜、谭耀勤3人组成,马传浩任书记。

2013年10月,中共绍兴县财政、地税局总支委员会由徐姗萍、周卓楠、陈鉴、潘国海、毛国森、马传浩6人组成,徐姗萍任书记,周卓楠任副书记。

县财政(地税)局党总支曾在2003年7月被评为县直机关先进党组织,同时被评为县级先进党组织;2004年7月,被评为县直机关先进党组织,同时被评为县级先进党组织;2005年6月,被评为县直机关"五好"基层党组织,同时被评为县级"五好"基层党组织;2006年7月,被评为绍兴县"五好"基层党组织;2007年6月,被评为县直机关"五好"基层党组织;2009年7月,被评为县直机关"五好"基层党组织;2010年4月,被评为县直机关"党建促发展示范党组织";2011年3月,被评为县直机关"党建促发展"示范党组织;2013年度,被中共柯桥区委评为五星级基层党组织。

基层征管局(所、分局)党组织　绍兴县财政地税局下属的基层财政、税务机构(征管局、所、分局)党组织,以属地管理原则,隶属于所在地党委。当地镇(街道)党委,在对基层财政税务机构党支部实行领导和管理中,凡财政地税局党工委需要调动和变换基层党支部委员时,双方进行沟通联系。

齐贤(征管局)分局　2002年7月,齐贤中心所更名为齐贤征管局,党支部亦更名,由宋朝忠任征管局党支部书记。

2004年4月,齐贤征管局更名税务分局。

2005年5月齐贤分局改名滨海分局,党支部亦更名。

2008年7月,党支部换届选举,党支部委员会由鲁勇、鲁旭明、胡国祥、梅建明4人组成,鲁勇任书记,鲁旭明任副书记。

2011年5月,换届选举后的滨海税务分局支部委员会,由王其荣、鲁旭明、梅建明、赵慧娟4人组成,王其荣任书记,鲁旭明任副书记。

党支部曾被评为2003年度县级先进党组织。曾被评为齐贤镇2005年度、2007年度、2008年度、2009年度"五好基层党组织"。

平水所(征管局)分局　2002年7月,平水中心所更名平水征管局,党支部亦改更名,由孙永国任征管局党支部书记。

2005年7月,平水分局党支部委员会由鲁勇、王解裕、李伟锦3人组成,鲁勇任书记。

2008年7月,由孙勇军、韩燮明、李伟锦3人组成,孙勇军任书记。

2011年4月,由张国康、杨青、邹国林、章小赛4人组成,张国康任书记。

党支部在2008年6月、2011年6月,被评为县级"五好基层党组织";2013年度被评为区级五星级基层党组织。

柯桥分局(征管局)　2002年7月,柯桥分局更名为直属征管局,同年9月23日,柯桥街道党委撤销柯桥分局党总支,柯桥分局党组织关系从柯桥街道党委迁入财税局党工委,成立直属征管局党总支。

福全分局(征管局)　2002年7月,原直属征管分局更名为福全征管局,党组织关系迁入当地福全镇党委。同年9月7日,福全征管局支部委员会由华永伟、钱水清、洪煜锋3人组成,华永伟任书记。

2004年5月25日,因征管局改称税务分局,中共绍兴县财政地税局福全征管局支部委员会更名为中共绍兴县财政税务局福全分局支部委员会。同日,补选张国康、何肖芳、周黎明为支部委员,张国康为副书记。

2006年7月1日,补选严炜为党支部委员。2007年7月24日,补选冯迎军为党支部委员。

2008年7月23日,党支部委员会换届选举。党支部委员会由王其荣、严炜、冯迎军、周黎明4人组成,王其荣任书记。

2011年4月14日,因人事调整,邵学生任中共福全分局支部委员会书记。同年9月1日,因人事调整,陈永俊任中共福全分局支部委员会委员。

2013年4月11日，补选杨青为中共福全分局支部委员会。

分局党支部曾在2006年6月，被评为县级“五好”基层党组织。

钱清所（分局）党支部　2003年2月，周雪峰任钱清财政税务所党支部书记。同年8月，杨荣根任钱清财政税务所党支部书记；周雪峰任党支部副书记。

2005年3月，党支部更名为钱清财政税务分局党支部。

2005年6月，党支部换届选举，钱清财政税务分局党支部委员会由杨荣根、周雪峰、包关云、梅建明4人组成，杨荣根任书记，周雪峰任副书记。

2007年11月，姚敏智任钱清财政税务分局党支部书记。

2011年5月，党支部换届选举，钱清财政税务分局党支部委员会由姚敏智、王国明、包关云、金兴强、俞灵刚5人组成，姚敏智任书记。

党支部在2011年6月，被评为县级“五好基层党组织”；2012年6月，被评为县级创先争优先进基层党组织；2014年2月，被评为2013年度区级四星级基层党组织。

党务活动　2003年，对党员进行十六大主题教育，结合财税工作，着重开展发展意识、先进文化、依法行政、艰苦奋斗、责任使命五方面的教育，采取学原文、听辅导、看电教、走出去看、请进来听、坐下来议、静下来写、集起来讲等形式，加深主题学习效果。

2004年，按县委“基层党建年”活动要求，把党务活动融入机关效能建设中，要求党员干部在开展“九方面”效能建设中带好头、领好路、迈好步。是年“七一”前夕，组织系统党员、干部参与“奉献财税、为党争辉”为主题的建党83周年文艺汇演。对系统共产党员示范岗、争创集体岗和个人岗作了授牌仪式。

2005年，以开展保持共产党员先进性教育活动为全年党务工作主题，结合县委“基层党建深化年”要求，开展“共产党员示范岗”活动，要求党员干部做到“五带头”，喊响“向我看齐”口号，倡导“重要岗位有党员、关键时刻有党员、挑着重担是党员、吃苦奉献是党员”的良好风尚。是年“七一”前夕，全系统开展党员“政治生日活动”（建立“政治生日”花名册、发送组织寄语、重温入党宣誓词、开展谈心谈话等）。

2006年，结合学习型组织创建，全系统开展党的十六大通过的党章学习，形成机构上下、机关内外的广学、精读、深谈新局面（党工委书记、副书记带头学，机关党总支、支部书记组织学，基层分局（所）党支部普遍学）。在各支部组织学习讨论基础上，选送36名党员学习党章的体会文章，登载财税信息，开展学习交流。是年，局机关第二支部以新的方式过了一次特殊党日活动，组织17位党员专程去看望华舍敬老院的孤寡老人，为老人送上人手一份热水袋和围巾。

2007年，在“作风建设年”中，把党务活动与提升干部的“三力”（学习力、执行力、凝聚力）相结合；把评选“十佳资深财税干部”和“十佳新星财税干部”与深化共产党员示范岗相结合；把系统后备干部建设、青年干部健康成长与共产党员模范作用、带头作用相结合；把学习贯彻党的十七大精神与发扬党员先锋作用、完成财税任务相结合。

2008年，把深入学习、贯彻党的十七大精神，作为全年党务工作重点。围绕“高举旗帜、科学发展、创新创业”主题,按县委“加快经济转型,促进社会和谐”要求,在开展“服务企业年”活动中展示党员形象。6月下旬,在县文化馆举行党的十七大精神知识竞赛,系统支部8个代表队参加。经过必答题、抢答题、小组智慧题、风险题等多轮竞赛,福全分局代表队获一等奖,稽查局和平水分局代表队同获二等奖,柯桥等5个代表获三等奖。四川汶川大地震发生后,全系统党员以缴特殊党费形式,向灾区人民捐款,221名党员,向上级党组织缴纳特殊党费240191元。

2008年6月27日,举行党的十七大知识竞赛。

2009年,党务工作活动,融合于全年的“书香读书月”“税收宣传月”“服务发展月”“理论调研月”“健康情趣月”和“廉政文化月”6个主题月活动,要求党员在活动中发挥好组织、参与、展示、带领作用。在纪念中国共产党成立88周年前夕,开展红歌演唱比赛,局机关和基层单位共表演20个节目,其中8个节目分别获奖。

2010年,党务活动,主要围绕县委“突出转型升级、致力科学发展”工作主题,依托基层党建载体,以文化建设为平台,发动党员干部在创先争优中发挥先锋模范作用。在具体实施中开展三抓,即抓基层党建,提升保障力,开展“党建促发展示范党组织”创建活动;抓先进评选,提升示范度,开展以“弘扬财税文化,争当岗位先锋”为主题的优秀共产党员评比活动;抓文明创建,提升整体形象,开展以“文明单位、文明示范岗、巾帼文明岗、行风效能建设示范岗”的创建活动。系统各支部的11名党员干部,参与“创先争优,争当财税岗位先锋”为主题的征文活动。

2011年,以庆祝建党90周年为全年党务主线,开展“创先争优”“解放思想,求真务实”主题教育,组织“创先争优”闪光灯言行评选;举办青年风采大赛、红诗朗诵比赛,全系统11个党支部代表队、120名党员干部登台表演诗文朗诵。以“三亮三比三创”内容(亮身份,创共产党员先锋岗;亮承诺、比奉献,创群众满意示范窗口;亮评议、比作风,创地税服务品牌),深化全系统创先争优活动。通过1个纳税服务志愿大队、6个志愿者中队,开展社会公益性惠民服务。是年,平水分局党支部以“规定动作认真到位、自选动作创新有为”的理念,开展“五个一”(主题大讨论、党史学习、参观红色教育基地、走访企业、送温暖)活动。

2012年，以创建“创先争优先进基层党组织”为党务工作目标，柯桥、钱清、滨海等党组织获得县级荣誉称号；在深化财税文化、提高干部素质中，提高党员干部的“勇于担当、敢于担当、善于担当”的能量；结合系统干部党风廉政建设上的案件，对党员干部开展规范执法的理论研讨和析案论理教育，并在财税政策业务上开展防范。

2013年，党务工作围绕县委提升干部“执行力、服务力、担当力”重点，要求党员参加好系列活动。积极参加各类“学习套餐”，提高自身思想品行与业务水平；主动参与“青蓝对子”，促进新老帮学活动；参与评选“十佳财税干部”和“优秀财税干部”活动，营造学先进、赶先进氛围。是年，局机关党总支举行换届选举，产生新一届总支委。

县国税局

党员队伍 2003年年底全系统有党员168人，占干部总数238人的70.6%。2004年，有党员175人，占干部总数的71.1%。2005年，有党员178人，占干部总数的72.1%。2006年，党员达到177人，占干部总数的72.5%。2007年，有党员177人，占干部总数的72.0%。2008年，有党员183人，占干部总数的73.2%。2009年，党员达到189人，占干部总数74.7%。2010年，有党员199人，占干部总数的78.7%。2011，党员达到196人，占干部总数的77.8%。2012年，有党员193人，占干部总数的77.2%。2013年，党员达到196人，占干部总数253人的77.5%。

组织设置 绍兴县国税局党组织设置分局党组和局机关党委及所属支部两部分。

党组 1997年10月，全县国、地税机构进一步分设后建立，成立绍兴县国家税务局党组。2013年11月撤县设区后，改称绍兴市柯桥区国家税务局党组。因行政人事调整，党组成员也时有变化。

表24-2

绍兴县国家税务局党组成员任职情况一览表(1997~2013)

机构名称	职　务	姓　名	任职时间
绍兴县国家税务局党组	书记	胡传林	1997.09~2006.05
		胡连华	2006.05~
	成员	李纪生	1997.09~2006.01
		樊剑雄	1997.11~2006.12
		韩忠阳	2001.01~2004.04
		徐董胜	2002.05~2006.05
		金建伟	2004.04~2011.10
		邵伟国	2006.05~2011.06
		董志根	2006.05~2011.11
		毛　勇	2007.06~

续表24-2

机构名称	职　务	姓　名	任职时间
绍兴县国家税务局党组	成员	单红明	2009.11~
		张　军	2011.11~
		季承武	2011.11~
		高翔宇	2011.11~

局机关党委及下属支部　2001年7月,建立绍兴县国家税务局机关党委,隶属于中共绍兴县直属机关工作委员会。党委下设党总支(党支部)、直属党支部。2002年5月,管理局党总支撤销,原下属党支部调整为国税局机关党委直属党支部,同时国税局机关党支部、管理局机关党支部、征收局党支部分别改名为国税局机关第一党支部、第二党支部、第三党支部,设立东方税务师事务所党支部,隶属于稽查局党总支管辖。同年5月23日,补选祝德康为国税局机关党委副书记,朱建华为国税局机关党委委员。

先后任局机关第一党支部书记的有胡建根、祝德康。局机关第二党支部书记吴国良。先后任局机关第三党支部书记的有祝德康、倪长江、金成。东方税务师事务所党支部书记章勇坚。

2003年5月,因国税局机构调整,撤销稽查局党总支第三党支部,增设国税局机关第四支部,书记胡立滨。同年6月,县国税局机关党委被评为县直机关先进党组织,同时被评为县级先进党组织。

2004年7月,中共绍兴县国税局机关党委换届改选,党委成员由金建伟、李纪生、祝德康、胡建根、赵水友、李建华、高翔宇7人组成。书记金建伟,副书记李纪生、祝德康。

2005年6月起,县局新征管模式运行,撤销柯桥、钱清、齐贤、福全、平水5个税收管理站,设立柯桥、钱清、齐贤、福全4个国家税务分局和平水1个国家税务所,其党支部名称相应变更为税务分局(税务所)党支部,隶属于县国税局机关党委不变。

2007年6月8日,中共绍兴县国税局机关党委补选马志良、李华、凌志明、鲁红英、沈涛4人为党委委员,胡建根、赵水友因岗位调动不再担任党委委员。补选后机关党委由金建伟、李纪生、祝德康、李建华、马志良、李华、凌志明、鲁红英、沈涛9人组成,金建伟继续任机关党委书记,李纪生、祝德康继续任副书记。

同年6月12日,中共绍兴县国税局机关党委下属各支部补选或改选:机关第一党支部委员会有马志良、凌志明、黄中江组成,书记马志良;机关第二党支部委员会有沈铁华、贾筱珂、孟茂坤组成,书记沈铁华;机关第三党支部委员会有沈海标、周汉祥、边铁君组成,书记沈海标;机关第四党支部委员会有毛勇、翁坚、茹筱剑组成,书记毛勇;机关第五党支部委员会有金成、鲁红英、陈春祥、冯家梁组成,书记金成;稽查局党支部委员会有李华、潘伟盈、王永岳、胡立滨、徐芮瑞组成,书记李华;柯桥分局党支部委员会有李国梁、李清华、张剑组成,书记李国梁;钱清分局党支部委员会有赵绍良、徐霆、高翔组成,书记赵绍良；福全分局党支部委员会有张钰祥、张毅敏、封志刚组成，书记张钰祥；齐贤分局党支部委员会有倪长江、胡伟标、章伟彪组成，书记倪长江；平水税务所党支部委员会有潘建明、王茂良、王建兴组成，书记潘建明。

同年7月24日，因个别科室、分局(所)领导调动，所在党支部领导进行补选。福全分局补选金成为支部委员，任支部书记；机关第一党支部补选姚斌辉为支部委员，任支部宣传委员；第四党支部补选张钰祥为支部委员，任支部书记；第五党支部补选黄中江为支部委员，任支部书记。

2009年1月17日，中共绍兴县国税局机关党委增设绍兴县国税局退休干部党支部。支部有退休干部党员15人，选举喻雪宝、朱子炎、孙志荣3人组成绍兴县国税局退休干部党支部委员会，喻雪宝任党支部书记。

2010年5月18日，中共绍兴县国税局机关党委补选孟茂坤为机关党委委员，补选后机关党委由金建伟、李纪生、李建华、马志良、李华、鲁红英、姚斌辉、李清华、孟茂坤9人组成，金建伟任机关党委书记，李纪生、姚斌辉任副书记。孟茂坤、姚才荣、翁坚、王茂良4人组成局机关党委纪律检查委员会，孟茂坤为纪委书记。

2012年3月20日，中共绍兴县国税局机关党委召开换届大会，192名党员参加。会议由金建伟代表中共绍兴县国税局第三届机关党委作工作报告，大会选举产生新一届中共绍兴县国税局机关党委委员会和机关纪律检查委员会。机关党委由季承武、金建伟、茹筱剑、李建华、姚斌辉、李华、鲁红英、孟茂坤、王茂良9人组成，季承武任机关党委书记，金建伟、茹筱剑任副书记。孟茂坤、翁坚、姚才荣3人组成机关党委纪律检查委员会，孟茂坤任机关党委纪委书记。

2013年11月18日，中共绍兴县国税局机关党委进行补选调整，机关党委有季承武、金建伟、沈涛、黄泽锋、龚宇峰、姚斌辉、李华、鲁红英、潘伟盈9人组成，季承武任机关党委书记，金建伟、沈涛任副书记。黄泽锋、贾筱珂、翁坚、胡立滨4人组成机关党委纪律检查委员会，黄泽锋任机关党委纪委书记。

同年12月，绍兴县国税局机关党委下设12个党支部，县局机关第一党支部书记姚斌辉；第二党支部书记贾筱珂；第三党支部书记徐芮瑞；第四党支部书记金成；第五党支部书记胡立滨；稽查局党支部书记李华；柯桥国家税务分局党支部书记李清华；钱清国家税务分局党支部书记王永岳；齐贤国家税务分局党支部书记江波；福全国家税务分局党支部书记马志良；平水国家税务所党支部书记章伟彪；绍兴县国税局退休干部党支部书记喻雪宝。

县国税局机关党委曾在2003年6月被县直机关党工委评为先进党组织，同时被评为县级先进党组织；2009年7月，被县直机关党工委评为“五好基层党组织”；2010年4月，被县直机关党工委评为“党建促发展示范党组织”；2011年3月，被县直机关党工委评为“党建促发展”示范党组织。

党务活动　2003年，组织党员学习十六大精神，开展“五观”(税收经济观、执法规范

观、管理科技观、队伍人本观、工作绩效观)教育;开展“廉洁自律树形象、艰苦奋斗促跨越”主题教育,以内外结合、典型结合、集中和自学相结合方法学习理论、对照条规、剖析案例、检查廉洁。

2004年,落实县委“基层党建年”活动要求,党务活动与机关效能建设有机结合,要求各支部在完成国税收入、提高干部队伍素质上发挥战斗堡垒作用,要求广大党员发挥先锋模范作用。“七一”前夕,组织全系统党员、干部参加建党83周年系列活动。

2005年,围绕县委“保强争优,统筹发展”工作主题,开展保持共产党员先进性教育活动,结合县委“基层党建深化年”活动,开展党组织和党员的政治思想建设、作风建设、组织建设。

2006年,县局党组号召系统党员从五方面学习刘朱法同志事迹。学习他热爱税收、致力聚财的事业心;学习他投身改革、服务经济的大局观;学习他强化征管、精细管理的责任感;学习他以人为本、育人铸魂的同志情;学习他廉洁奉公、清正无私的高尚品格。同时,要求各单位必须安排时间,组织党员、干部集中学习;必须在认真学习基础上,写出学习体会;必须注重挖掘身边先进人物、宣传典型事迹。是年,稽查局以四项制度提高党建工作质量,即建立党员日常教育培训制度;建立党员“三评”制度(群众评议党员、党员评议党员、支部评鉴党员);建立党员民主议事制度;建立党内帮扶制度。

2007年,局机关党委召开党建工作交流会,围绕提高认识、交流经验、表彰先进等内容展开。县局机关党委书记金建伟就党建工作作三点要求,即党建工程作为龙头工程,把党建工作放到重要的地位;抓好学习、制度、作风和廉政建设同时,探索党建工作新思路;克服党建工作枯燥、单调的局面,把党建工作与工会、共青团及妇女工作结合一起,打造生动活泼的党建平台。会议还表彰2007年度“五好党支部”“基层优秀党员”和“优秀党务工作者”,6个单位和组织分别交流各自在支部建设、工会工作和学习型机关创建中所取得的成绩和经验。县局机关党委响应县委关于“开展百个机关党组织结对帮扶困难党员活动”号召,走访夏履桥镇的3位联系困难党员,并送去慰问金。是年,齐贤分局在“七一”前夕,利用双休日前往湖北省洪湖市革命根据地接受革命传统教育,观看洪湖赤卫队的实物展览和现场表演。

2008年,开展机关党建活动,以“抓素质、葆先进、促发展”为党建目标,全年通过“树一批典型、上一堂党课、开一次组织生活会、组织一次有意义的教育活动、交纳一次特殊党费、开好一次党建工作交流会等多项活动提升党建素质。开展庆“七一”系列活动。树立一批典型,对“五好支部”、基层优秀共产党员和优秀党务工作者进行表彰;上一堂以学习周恩来精神风范,加强反腐倡廉建设和领导干部作风建设为主题的党课;各党小组在“七一”前组织党员召开组织生活会,采取“一人谈、众人帮、逐个进行”的方式,认真地开展批评和自我批评;每个支部通过“请进来、走出去”等方法,通过讲座、走访、参观等多种形式进行爱国主义教育,重温入党誓言;支援灾区抗震救灾,交纳特殊党费(全局210名党员向党组织交纳“特殊党费”220500元);7月,在平水所召开全系统党建工作会议。会上总结机关党委半年来的工作，表彰一批基层优秀党员、先进基层党组织和优秀党务工作者，三个五好党支部在会上做交流发言。

2009年，党务活动与科学发展观教育活动相结合，以“队伍建设促发展”专项行动，通过推进“四项工程”建设活动，增强党员干部的党员意识、党性修养以及拒腐防变的自律能力。要求党员干部讲党性、重品行、作表率。党员领导干部带头学习调研、带头分析检查、带头整改落实、带头主动接受监督。是年4月，机关党委书记金建伟率机关党委委员和各支部书记一行16人，赴上虞市局进行考察学习，听取上虞市局党组成员、纪检组长介绍的机关党建工作，特别是微型党课等经验和做法，还就日后加强交流学习、合作共进形成共识。11月，举办支部书记读书会，提升党建工作水平。

2009年11月6日，绍兴县国税局举办支部书记读书会。

2010年，以学习贯彻十七届四中全会精神为主线，巩固和扩大学习实践科学发展观活动成果，全面加强党员干部思想政治教育，提高党员干部服务科学发展的本领，建设一支“三有一守”（有激情、有能力、有实绩、守纪律）的高素质党员干部队伍。抓政治理论学习，丰富理论学习内容，创新学习方法，改进学习形式，健全学习制度，提高学习质量，在机关中形成理论学习氛围；落实“三会一课”、民主评议党员等制度，开展“争创五好基层党组织”“争创共产党员先锋岗”“最佳党日活动评选”等活动；结合党风廉政建设、政风建设和行政效能建设，抓好省级文明单位等各类创建活动，推进学习型机关建设和国税文化建设。是年，还开展丰富多彩的“七一”系列活动。表彰宣传一批党员先进典型；开好一次组织生活会，以达到相互交流、相互帮助、相互提高的目的；开展一次“我为转型升级献一计”活动，重点围绕绍兴县推进转型升级“五大工程”；组织好一次党日活动，组织一次主题鲜明、形式新颖、富有实效的党日活动。

2011年，开展党建与税收工作双促进双提高活动，在全体党员中倡导“三为”（为党旗添光彩、为国税献良策、为社会作贡献）、“三争”（争当岗位能手、争当干部表率、争当守法模范）的主题实践品行，以建设“三有一守”的高素质的党员干部队伍。开展纪念建党90周年红色系列活动。表彰一批党员先进，宣扬一批闪光言行；开好“解放思想、求真务实”为主题的组织生活会；开展“我为国税事业科学发展献一计活动”活动；组织好党史教育活动，在县局大厅分两期展出“光辉的历程”中国共产党历史及成就图片展（以图文并茂的形式分七个专题）；安排党员干部到教育基地参观学习（红色之旅）活动；组织参加由县机关和市局举办的迎接建党90周年红歌大合唱比赛；开展结对走访活动。开展党员亮牌上岗活动，在全体党员中推行“共产党员亮牌上岗”制度，在办公桌（台）上统一放置“我是共产党员”岗位牌，将党员姓名、照片、工作部门及职务等标注清楚，亮出党员“名片”。

次年，党务活动融入“勤政廉政、走在前列”主题教育活动。围绕“热爱国税、忠于国税、奉献国税”内容，组织党员干部开展政治品质和道德品行教育，引导党员干部讲党性、重品行、作表率，增强政治意识、宗旨意识、表率意识、责任意识、法治意识，保持思想纯洁、坚守精神家园。5月，县局召开2012年度机关党建工作会议，研讨2012年党建工作意见，就做好创建全国文明单位工作征求意见。局机关党委书记季承武对做好党建工作提出四方面要求，即虚功实做抓党建，提高干部凝聚力和政治业务素质；融会贯通抓党建，体现国税特点和文化特色；全策全力抓党建，选好项目、设计好载体；走在前列抓党建，起点高、目标远，要有活力、竞争力。

2013年，党务工作重点是学习贯彻党的十八大精神，围绕“服务科学发展、共建和谐税收”工作主题，创新党务工作载体，促进干部队伍素质和党风廉政建设。5月，召开2013年机关党建会议，总结去年机关党建工作，部署新年度工作任务，研究讨论“五好”支部和“五好”党员的考核办法。县局机关党委书记季承武从“加强支部建设、推进文明单位创建、开展群团活动、服务国税事业发展等4个方面，对今年的机关党建工作提出要求。是年，齐贤分局党支部以三项活动迎接“七一”建党节，即开展退休老党员慰问活动，征求对国税工作的意见建议；召开民主生活会，进行批评与自我批评；组织一次党课，加深领会十八大文件精神。

第二节　工会

县财政地税系统、县国税系统工会组织，隶属于县总工会，分设为局机关工会和基层单位工会组织。

县财政地税局

局系统工会　2003年5月14日，局工会工作委员会及工会经费审查委员会组成人

员作调整,工会工作委员会主任桑志康,副主任潘国海;组织委员沈利军,宣传委员陈鉴,生活委员费慧卿,财务委员袁莹莹。工会经费审查委员会由沈兆森、张妙娟、戴美轩3人组成。

2013年8月,增补徐海炎为绍兴县财政地税局工会工作委员会副主任。

局机关工会　1999年7月起,由高国平、倪一群、鲁晓舫、袁莹莹、沈兆森5人组成局机关工会新一届委员会,高国平任局机关工会主席,邢玉清任局机关工会经审委员会主任。

2004年4月起,第三届工会委员会由徐利忠等5人组成,徐利忠任工会主席;倪永亮任工会经审员。

基层工会　根据活动需要,以分局(征管局)、所及稽查局建立分工会。2003年8月,各征管局、稽查局均建立第二届工会委员会,设立工会主席及工会经审员。

平水分局(征管局)　第二届工会委员会由王解裕任工会主席,孙江奎任工会经审员。

钱清分局(征管局)　第二届工会委员会由杨荣根任工会主席,叶永康任工会经审员。

福全分局(征管局)　第二届工会委员会由钱水清任工会主席,俞兆兴任工会经审员;2004年6月,第三届工会委员会由张国康任工会主席,何肖芳任工会经审员;2005年3月,补选魏光耀为福全分工会组织宣传委员。

柯桥分局(直属征管局)　第二届工会委员会由孙勇军任工会主席,严炜任工会经审员。

滨海分局(齐贤征管局)　第二届工会委员会由李鲁旗任工会主席,蒋建青任工会经审员。

稽查局　第二届工会委员会由朱建中任工会主席,金志伟任工会经审员;2005年6月,第三届工会委员会由孙利人任工会主席,宋月平任工会经审员。

轻纺城所　2004年6月,第一届工会委员会由冯迎军任主席,徐妙娟任工会经审员。

县国家税务局

局工会工作委员会　2002年5月28日,县总工会批复,绍兴县国税局工会工作委员会由李纪生、祝德康、朱建华、戴金根、沈娴莺、胡建根6人组成,李纪生任工会工委主任,祝德康任工会工委副主任。

2007年4月2日,经县总工会批复同意,调整绍兴县国税局工会工作委员会,由金建伟、李纪生、祝德康、鲁红英、胡立滨、翁坚、朱建华7人组成。金建伟任主任,李纪生任副主任。

局机关工会　1997年11月,局机关工会第一届委员会由朱建华、李建华、沈娴莺3人组成。朱建华任机关工会主席,冯大良任工会经审员。

2002年7月10日,局机关换届改选,朱建华再次任工会主席,吴国良任工会副主席,俞雅娟任工会经审员。

2010年5月20日,局机关工会换届选举,局机关工会委员会有姚斌辉、翁坚、徐芮瑞、边铁君、谢萍萍5人组成,姚斌辉任机关工会主席。

基层工会　2002年5月28日,稽查局等6家分工会换届选举。设立分工会主席,分工会经审员。其中:稽查局分工会由董明标任分工会主席,金福根任分工会经审员;直属税收管理站分工会,沈海标任分工会主席,董梅卿任分工会经审员;柯桥管理站分工会由潘伟盈任分工会主席,徐子土任分工会经审员;齐贤税收管理站分工会由李华任分工会主席,王惠国任分工会经审员;平水税收管理站分工会由胡伟标任分工会主席,许坚强任分工会经审员;钱清税收管理站分工会由李国梁任分工会主席,朱国峰任分工会经审员。

2006年6月7日,县总工会批复,同意建立绍兴县国税局钱清税务分局等6家分工会及分工会组成人员的选举结果。同意建立绍兴县国税局钱清税务分局工会,由赵绍良等3人组成第一届委员会,赵绍良任主席;同意建立绍兴县国税局福全税务分局工会,由张钰祥等3人组成第一届委员会,张钰祥任主席;同意建立绍兴县国税局柯桥税务分局工会,由李国梁等3人组成第一届委员会,李国梁任主席;同意建立绍兴县国税局稽查局工会,由倪长江等3人组成第一届委员会,倪长江任主席;同意建立绍兴县国税局齐贤税务分局工会,由李华等3人组成第一届委员会,李华任主席;同意建立绍兴县国税局平水税务所工会,由潘建明等3人组成第一届委员会,潘建明任主席。

2010年5月20日,局基层工会换届选举,并经局系统工会批复同意,稽查局分工会委员会有李华、翁宇峰、虞晓盛3人组成,李华任分工会主席。柯桥税务分局分工会委员会有贾筱珂、朱建华、孟雅丽3人组成,贾筱珂任分工会主席。钱清分局分工会委员会有凌志明、朱传根、潘红权3人组成,凌志明任分工会主席。福全税务分局分工会委员会有金成、封志刚、徐佩兴3人组成,金成任分工会主席。齐贤税务分局分工会委员会有俞雅娟、宣锦良、金福根3人组成,俞雅娟任分工会主席。平水税务所分工会委员会有张毅敏、屠骁、葛旭昶3人组成,张毅敏任分工会主席。

工会活动

工会活动,以围绕全局工作任务、体现自身特色为要求,按照年度计划开展各项活动。

财政地税局　2003年,组织会员做好预防非典疾病传染工作,参加公益活动,开展帮困结对,向安徽灾区捐赠衣服1500多件,47名干部参加义务献血。

2004年4月,局机关工会组织拔河、跳绳比赛,第一支部获得拔河比赛第一名,第二支部获得跳绳比赛第一名。6月,全系统会员响应党支部号召,参加“奉献财税、为党争辉”七一文艺汇演,各支部自编、自演的20只节目,展现干部、职工爱党、爱国的精神世界和艺术才能。9月,局机关工会举行为时4天的比赛活动,65名会员分别参加乒乓球和“定约式五星”比赛，第四党支部组成的代表队获总分第一。10月，绍兴县财政地税系统首届职工运动会在绍兴县鲁迅中学体育场召开。运动会组成11个代表队，236名运动员参加比赛，比赛项目有球类、棋类、田径等六大类。

2004年10月17日，在县鲁迅中学举行绍兴县财政地税系统首届运动会。

2005年，系统工会会员围绕廉政文化建设开展系列活动。轻纺城所工会开展了跳绳、开锁、踩气球、顶乒乓球等娱乐比赛活动。4月，平水分局干部、职工到稽东雪窦岭进行登山活动。

2006年10月，召开全系统第二届职工运动会。运动会以“财税文化建设年”为背景，以“团结协作、人人参与、健康进取、自我超越”为宗旨，以趣味性运动项目为主要内容。运动会共设置球类、棋类、钓鱼、登山、拔河、集体跳绳等13个项目。局机关第四支部、第一支部、钱清分局、滨海分局组成的代表队分别获得团体总分前四位；柯桥分局、轻纺城所获得组织奖。是年度，县财政地税局工作委员会、平水分局工会被评为县级工会工作先进集体。

2007年，按县总工会“三级联创”活动要求，以“贴近地税工作、贴近现实生活、贴近地税干部”为工作理念，在履行工会职责中，开展多项健康向上的工会活动。柯桥分局工会、轻纺城所工会在“三级联创”活动中创建为“示范基层工会”。8月，在市财税系统健身运动会中,县局组团应赛,团体总分获各代表队之首;乒乓球比赛,分别获得混合团体亚军、男女单打冠军、男子单打亚军;羽毛球比赛,囊括团体和男女单打冠军。是年度,县财政地税局工会工作委员会被评为县级先进集体;县局轻纺城所工会被评为“六有”达标单位。

2008年,组织工会会员参加向四川汶川特大地震捐款活动。在5月15日的首次捐款中,258名干部、职工和3名退休干部、34名协税员共捐款98750元。是年8月,滨海分局开展了以“齐心协力、团结共进”为主题的拓展训练,23名干部职工参加此次“集体木鞋、信任背摔”等集体活动。是年,县财政地税局工会工作委员会被评为县级先进集体;县局钱清分局工会被评为县级“六好”示范单位;县局福全分局工会被评为县级“六有”达标单位。

2009年,筹办和召开财政地税系统第三届职工运动会。运动会以“团结、拼搏、健康、和谐”为宗旨,以趣味性项目为主要内容,共设置“男子定点投篮、女子呼拉圈、三人四脚跑、夹球接力跑、集体跳绳、拔河等6个项目。滨海分局、平水分局、钱清分局代表队分别获团体总分前三名;轻纺城所、福全分局、柯桥分局获得组织奖。是年,县局福全税务分局工会、轻纺城所工会被评为县级“六好”示范单位。

2010年,组织干部职工为青海玉树地震灾区捐款,至4月底,共有272人参加捐款,金额61900元。是年2月,平水分局举行丰富多彩的跨年活动,干部职工开展乒乓球接力、踩气球、和玩转飞镖等游戏,同时组织歌咏比赛。5月,钱清分局以增强团队意识、增进协作能力为目的,组织干部职工开展野外拓展训练。10月,开展讲廉政故事比赛。

2011年,系统工会围绕纪念建党90周年和实施“六建六化”廉政教育工程、民主评议行风三大主题开展各类特色活动。广大工会会员登台“吟经典、颂党恩”,表达赞美祖国、歌颂共产党的情怀。是年,柯桥分局以“铁的决心、铁的措施、铁的纪律”推进行风效能建设。轻纺城所以“四促进”(制度促进规范、督查促进转变、走访促进勤廉、学习促进提升)“五入手”(认识从争前列入手、服务从细微处入手、业务从高标准入手、自查从经常化入手、整改从眼前起入手)落实行风评议举措。是年,财税局机关工会被县机关工会评为年度工会工作先进集体;柯桥分局工会被浙江省总工会评为工人先锋号。

2012年,组织工会会员参加县局深化作风建设活动,在构建和参与“十个一”工作载体中发挥主观能动性。参与“勇担时代责任,践行财税价值”主题演讲比赛,15名会员上台演讲。是年,平水分局以高效、创新、和谐的工作目标,注重提高干部职工队伍的工作水平、服务能力;是年8月,获得市总工会授予的“工人先锋号”荣誉称号。福全分局工会被县总工会被为“六好”基层工会。县局机关工会被县机关工会评为年度工会工作先进集体。

2013年,工会工作以县局“提三力、促发展”为主线开展各项活动,参与“十佳财税干部”和“优秀财税干部”评选。是年,柯桥分局在干部、职工中,坚持实施“素质工程、青蓝工程、廉政工程、幸福工程”,展现出地税文明良好形象,被当地政府、纳税人称赞为

“尽心的企业‘服务员’、细心的政府‘参议员’、公心的税收‘执法员’”；是年5月，被中华全国总工会授予“工人先锋号”荣誉称号。平水分局工会被区总工会评为“六好”基层工会。县局机关工会被区机关工会评为年度工会工作先进集体。

国家税务局　2003年，组织工会会员参加学习十六大精神、廉洁自律树形象、艰苦奋斗促跨越为内容的主题教育。参与“争做学习型干部、争创学习型机关”活动。以关心职工身心健康出发，开展多种形式的文体活动。

2004年，组织会员参与“树国税新形象、创国税新业绩”教育活动，开展“艰苦奋斗讲节俭、强化效能创新绩”的大讨论，在学习讨论中提高素质，做好岗位工作。组织会员参加全市国税系统第二届运动会，获得良好成绩。响应党组织号召，参与建党83周年“十个一”活动。

2005年，以先进性教育和创建学习型国税机关两大活动为载体，发挥工会组织的特色作用和主观能动性。在行风建设中，按要求参加“清廉文明、平安国税”的主题教育活动，以优质服务、廉洁办税、高效办事的品行展示国税形象。组织会员参与国税文化建设，营造国税文化氛围，报名参加绍兴县国税业余文化建设协会及乒乓球、棋类、书画和写作兴趣小组。

2006年，组织会员参加“读书月活动”，主动参与“六个一”（举行一次演讲比赛、推荐一批书目、开展一次书画摄影作品展、举行一次业务培训、进行一次网上学习心得展示、评选一批学习型单位和学习型个人）内容的实践与展示。以工会绍兴县国税局业余文化协会为龙头，开展“1+1”活动（一个干部参加一项文体活动），全系统共组建摄影、棋类、书画等8个兴趣小组，定期开展活动，书画兴趣小组还参加县行政中心建党85周年暨红军长征胜利70周年书画展览；在市局举办的廉政书画警句比赛中获得廉政书画一等奖1名、二等奖5名、三等奖4名，廉政格言警句5人获奖，占全市国税系统廉政书画比赛成绩奖人次33.33%；乒乓球小组在市局举行的乒乓球比赛中获得了女子团体第一名、男子第三名的好成绩。县局还因地制宜地抓好图书阅览室、乒乓球活动室、棋类活动室、书画活动室等建设，创造干部业余文化体育活动条件。是年，县国税局工会工作委员会、县国税局柯桥分局工会，被县总工会授予工会工作先进集体；县国税局平水税务所工会、县国税局福全分局工会被县总工会授予“三级联创”活动示范基层工会。

2007年，组织工会会员参加民主评议基层站所（办事窗口）暨创建“群众满意基层站所（办事窗口）”活动，以岗位创新创优举措，参与“优质服务示范岗”评选。组织开展评选“十佳国税标兵”活动，在争当标兵与评议标兵中提高会员素质。参加县局组织的以“与好书同行”为主题读书月活动，以多读书、读好书、写心书行动陶冶情操。是年“五一”节前夕，平水税务所组织干部职工开展乒乓球邀请赛，邀请王坛镇政府、绍兴奈特电器、王坛两溪茶厂等4个单位共同参与。是年，县国税局工会工作委员会被县总工会授予工会工作先进集体；县国税局钱清分局工会被县总工会授予工会工作“六有”达标单位。

2008年，四川省汶川县发生7.8级地震后，组织会员开展“我们的心在一起——向汶川地震紧急救援行动”捐款活动，246名干部职工踊跃参加，共募集善款88200元；广大会员党员还再献爱心，交纳“特殊党费”活动。是年，会员在迎接全市国税系统“六员”考试中，通过岗位练兵和竞赛活动，19名参考干部取得优异成绩。10月，组织工会会员，参加在绍兴市第一中学举行的全市国税系统第三届运动会，82名选手参加全部6个大项28个小项比赛项目。经过精心备战与激烈争夺，县局代表队最终以238分的总成绩夺得团体总分第1名，实现历史性的突破。齐贤分局由工会牵头，采取单位助一点、干部捐一点的形式，建立分局帮困扶贫基金，切实解决干部家庭可能出现的困难。是年，县国税局柯桥分局工会被县总工会授予“六好”示范单位；县国税局机关工会，被县总工会授予工会工作“六有”达标单位。

2008年10月26日，载誉归来的绍兴县国税局运动员合影。

2009年，工会活动以开展学习实践科学发展观活动为主线，要求会员围绕“服务科学发展、推进转型升级、创新管理机制、共建和谐税收”的主要载体，全面贯彻落实科学发展观的自觉性和坚定性，转变不适应、不符合科学发展要求的思想观念。参与“税月如歌——绍兴县国税局纪念建国60周年摄影图片展”，挑选并上送个人收藏的老照片，助办以纳税服务、领导关怀、队伍建设、办公环境变迁为主线的展板。是年，县国税局机关工会、县国税局齐贤分局工会，被县总工会授予“六好”示范单位。

2010年，组织会员向青海省玉树藏族自治州玉树县地震区献爱心，自觉投身到“情系玉树　大爱无疆”的抗震救灾募捐活动中，256名干部职工共募集善款31600元。参加全市国税系统羽毛球比赛，获混合团体前三名，绍兴县局江波与绍兴市局丁峰、绍兴市局徐若蓉分获男单、女单、科局级干部组的冠军。参与国税廉政文化建设活动，在上好廉政知识课、开展网上法纪教育活动、开展耳闻目睹的廉政教育、撰写廉政格言和文明用语、开展廉政书画摄影比赛、设立个人廉政岗位牌等内容中，展示会员品行及才能。参与县局“扶贫济困、共建和谐”献爱心捐款活动。募集的资金用于帮扶该局联系村“王坛镇坎上村”启动实施建设项目，及节日期间对困难群众、困难党员的走访慰问活动。

2011年，工会活动，围绕纪念建党90周年红色系列活动，组织会员开展“我为国税事业科学发展献一计活动”活动，参加党史教育活动，到教育基地开展一次参观学习（红色之旅）活动，参加由县机关和市局举办的迎接建党90周年红歌大合唱比赛。

2012年，工会活动以“勤政廉政　走在前列”主题教育为主线，引导会员学习掌握理论、踊跃参与心得交流、开展“实践国税宗旨”大讨论，落实岗位创新创优。组织会员参与县局开展的廉政作品创作活动，撰写“爱税助廉”征文，开展以廉政为主题的绍兴莲花落演出活动，举办“庆国庆，促廉洁”书画摄影作品比赛。组织参加县局消防知识培训和器材操作演练，在食堂内、地下车库进行灭火演练。组织参加全市国税系统首届文化体育节，参与“税月如歌”专题书画摄影比赛、“我与核心价值观”短信创作比赛、楼道文化展示、体育比赛等一系列活动，各项比赛取得优良成绩。是年，县国税局工会工作委员会被县总工会授予工会先进集体；县国税局机关工会被县总工会授予“六好”基层工会。

2013年，以学习贯彻十八大精神为引领，开展工会各项活动。在十八大文件学习领会中，要求会员精心学原文、虚心听辅导、诚心行交流；认真参加“改作风、提三力、树清廉”主题教育活动，以提“三力”、强素质、出成效为目标，在思想上求服从，提升“执行力”；在工作上求敬业，提升“担当力”；在作风上求务实，提升“服务力”。组织会员参加县局“悦读阅美、提升自我”为主题的第六届读书节，以“书香滋润我们的生活”口号，用多读书、读好书、善读书品行，在阅读中吸取营养，提升自我，用书香滋润生活，用知识增加能量。是年，会员还参与县局举办的幸福水乡文明人“道德讲堂”，在“背一段规范，看一段视频，诵一篇经典，听一个报告，谈一番感悟”中提升社会公德、职业道德、家庭美德。是年，区国税局工会工作委员会被区总工会授予工会工作先进集体；区国税局柯桥分局工会被区总工会授予“六好”基层工会；区国税局机关工会被区机关工会评为基层工会先进集体。

第三节　共青团组织

进入21世纪后，绍兴县财税系统广大青年干部政治上进性强，不少青年干部参加工作后主动写要求入党申请报告，在团内时间较短，也有的青年干部，参加工作后对原团籍关系不予重视，故团员数量不多。县局机关团组织归属县机关团工委，基层所团组织归属所在地乡镇（街道）团委。局机关团组织开展活动时，根据财税工作需要，也吸收基层所团员或团支部委员参加。全系统团务活动，通常以团总支委名义组织，吸收青年干部参加,其开展的活动,以体现团员青年激情、向上、活泼、友善等为特色。

县财政地税局

团员人数 2003年及2004年有团员18人,到2005年只有6名团员,2009年又上升到17人,2011年达到26名,占青年干部人数32.9%,后又逐年减少,2013年只有6名团员,占青年干部总数7.2%。

组织机构 2000年4月20日,建立共青团绍兴县财税局总支委员会,由孙勇军、沈利军、张永华、洪煜锋、李燕青5人组成总支委员会;书记孙勇军,副书记沈利军。

2003年5月,县局机关团总支由方荣负责。

2011年3月,俞剑鑫任共青团绍兴县财政地税局总支委员会书记。2012年7月起,由金兴强分管团总支工作。

团务活动 2003年,组织团员、青年参加"三个代表"重要思想的学教活动和十六大主题教育,继续开展创建"青年文明号""十佳能手"等活动。是年,还组织团员、青年到军营体验生活,学习军人的作风纪律;定期到少年税校讲课,对青少年进行税法宣传;在继续做好2名结对帮困生的基础上,又与1名大学生结对资助。是年,县局团总支被共青团中央授予"全国五四红旗团总支"荣誉称号。

2004年,在"奉献在岗位,满意在财税"教育活动中,系统团员、青年,立足本职,积极参与"青年文明号"的创建;在艰苦奋斗教育中,组织团员青年去艰苦环境体验生活(钱清分局28名干部专程到夏履镇叶家山顶,向帮困扶贫结对户进行慰问);进军营、搞军训,增强拼搏精神;在争做学习型干部中,开展"青年学习沙龙"活动。

2005年,发扬"五四"精神,增进团组织凝聚力和向心力,组织青年干部开展"看发展、看变化、思自己、思有为"的团日主题教育;要求团员青年积极参与财税廉政文化建设活动。是年8月,机关团总支组织团员青年代表,专程去平水镇五星村看望结对帮扶贫困学生,送去词典、衣裤等学习生活用品,并送上人民币1000元。是年,机关团总支被评为绍兴市先进团(总)支部。

2006年,团员青年在"财税文化建设年"中,显现出好学、研讨、践行的风格。踊跃参与"财税文化核心理念"概述和"财税精神"大讨论,虚心学习"扬财税文化,做优秀干部"中的先进人物。

2007年,在"作风建设年"活动中,团员青年以"爱岗位、有作为"的精神风貌投身"群众满意站所"创建活动。是年5月,局党工委专门召开2004年后新进财税系统的大中专毕业生座谈会,对14位青年干部提出希望、要求。是年,广大团员青年还参与"十佳新星财税干部"评选活动。11月,组织17名青年干部开展跨年度、跨岗位、跨领域的课题调研活动。

2008年,响应共青团绍兴县委开展评选第七届"十大杰出青年"和"绍兴县优秀青年"活动,评选、宣扬、推荐3名候选人;结合岗位创先争优要求,在"作风建设年"中"发扬青春活力、提高服务能力、增进团队合力";四川汶川地震后,团员青年踊跃参加灾区捐款。

2009年，团员青年以全年“六个主题月”为平台，发扬“主动参与、入情入理、高雅务实、厚德增能”的活动特色。是年5月，以弘扬“五四”精神为目的，组织2006年以来参加财税工作的20余名青年干部到艰苦环境体验人生，上稽东高阳实地体会“拼搏、创业、奉献”的高阳精神；到稽东镇接受“猛虎野战”拓展训练，锻炼超越自我能力。

“五四”节前，青年干部开展“猛虎野战”拓展训练。

2010年，全系统举办“财税青年的责任与使命”演讲比赛，内容以讴歌身边先进事迹和先进典型，倾诉热爱财税、敬业奉献的真实感受。以演讲内容真实、文采流畅、声情并茂、举止大方为比赛标准，17名青年干部参加比赛，5名选手分别获奖，柯桥分局陈萍获一等奖。是年，平水分局邀请无臂才子丁京华作励志讲座，同时举行演讲比赛，发放“人人讲低碳、人人爱环保”为内容的生活倡议书。

2011年，全局举办首届青年风采大赛。大赛以“激扬青春、共创精彩‘税’月”为主题，设初赛和决赛两个部分。初赛以集体闭卷考试方式测试青年干部的业务水平，决赛采取现场表演展示形式进行，分即兴演讲、知识问答、才艺展示三个环节。有61名35岁以下青年干部报名参赛，21名干部进入决赛；两次拼搏后，最终评选出首届财税青年风采大赛获风采大奖9名，获业务风采奖3名，获才艺风采奖3名。

2011年5月3日,在局二楼大会议室举办首届财税青年风采大赛。

2012年“五四”节前夕,全局举行青年干部“财税价值观”大讨论,26位青年干部代表聚集一堂,就财税文化建设、深化作风建设、干部廉洁自律、青年干部教育培训等内容提出了各自的看法和建议。同月,全局举办“勇担时代责任,践行财税价值”主题演讲比赛,系统各支部选派的15位财税干部参加此次比赛。轻纺城税务所团支部在“学习雷锋日”以办税大厅为主阵地,组织青年干部及协税员,开展美化办税环境、宣传办税政策、结对贫困学子等系列活动。

2013年“五四”节前,全局举办“讲道德事做文明人”主题演讲比赛,系统各党支部选派的18位青年干部登台演讲,以真实的事例、贴切的语言,讲述身边敬业爱岗、踏实工作的人和事。7月下旬,全局18名青年干部参加全县“提三力、促发展”主题演讲,以丰富的财税内容、娴熟的演讲技巧展现财税青年人的风貌,并获得个人二等奖的好成绩。是年,广大团员青年还参加了全系统的“十佳财税干部”和“优秀财税干部”的评选活动。

表24-3

绍兴县财政、地税系统获得“青年文明号”称号情况一览表(2003~2013)

年度	县 级	市 级	省 级
2003	钱清征管局	新命名:福全征管局 钱清征管局 重新认定:稽查局 征收管理科 预算会计核算中心	

续表 24-3

年度	县　级	市　级	省　级
2004	平水税务分局 福全税务分局管理二股 绍兴县地税局法制科	柯桥税务分局办税服务大厅 福全税务分局 钱清税务分局 齐贤税务分局 稽查局 预算会计核算中心	柯桥税务分局 平水税务分局
2005	滨海税务分局办税服务大厅 福全税务分局办税服务大厅 预算会计核算中心 县局综合科	县财政地税局信息中心	滨海税务分局
2006	钱清分局综合业务股 轻纺城所征收计会股 稽查局检查二科	平水税务分局	福全税务分局
2007	柯桥分局办税服务大厅 钱清分局办税服务大厅 平水分局管理股 县局预算科		
2008		福全税务分局	平水税务分局
2009		柯桥税务分局	
2010		钱清税务分局办税大厅 福全税务分局办税服务大厅	钱清税务分局
2011			平水税务分局管理股

县国家税务局

团员人数　2003年有团员24人，后就逐年减少，到2010年只有6名团员，占青年干部总数的12.2%，2013年有团员10名，占青年干部总数的23.2%。

组织机构　1999年6月，建立共青团绍兴县国家税务局委员会。书记徐霆，副书记姚斌辉。7月姚斌辉任书记。2012年7月10日，局团工委举行换届选举，12名团员或保留团籍的党员参加会议，选举产生新一届团工委员会，孟伟巍当选新一届团工委书记。

团务活动　2003年，组织参加"三个代表"重要思想的学教活动和十六大主题教育，在学习领会、讨论交流中发挥好突击手作用，同年3月，开展学雷锋活动，组织团员青年上街为民服务。在团员青年中开展"爱岗敬业、公正执法、诚信服务、廉洁奉公"的税务人员职业道德教育，对大厅岗位及一线服务的团员青年提出"爱本职、讲奉献、优服务、创新绩"的具体要求。

2004年，在基层国税文化建设中，团员青年广泛参加精神文明创建活动，开展各类健康向上的文体活动，丰富干部业余文化生活，推动国税文化建设。围绕开展"基层党建年"活动，起好团员青年的助手作用，从观念创新、内容创新、机制创新、方式创新、载体创新、制度创新6方面入手去领会问题、开展活动。是年，团员青年在各自岗位上开展创建市级文明单位活动,参与国家级青年文明号和省级文明单位的创建、复检,局办税大厅再次被浙江省国家税务局、共青团浙江省委授予省级"青年文明号"荣誉称号,连续8年获此殊荣,稽查局再次通过国家级青年文明号和省级"文明单位"的复检。

2005年,响应创建"学习型国税机关"活动,开展以"五项修炼"为主要内容的学习辅导,团员青年参与建立单位愿景和个人愿景,制订自身素质的提升计划。参与国税文化建设,继续开展文明单位、青年文明号等各类创建活动,营造国税文化建设氛围;成立绍兴县国税业余文化建设协会,设立乒乓球、棋类、书画及写作兴趣小组,并专门建立兴趣小组活动室,定期组织开展各类比赛活动,丰富干部业余文化生活,陶冶团员青年情操。

2006年,县局窗口团员青年参加培训仪容仪表仪态活动,结合国税窗口工作特点,着重培训在窗口一线人员应注意的文明举止、文明用语及规范服务、树立良好形象等内容。以自己特长参与国税文化建设,动手进行环境设计,突出国税文化内涵和创建学习型机关理念。参与管理创新年活动,提升管理水平。撰写精句征集评选活动(内容包括对人生观、价值观的认识)。参与书画、文学、摄影作品展。以绍兴县国税业余文化建设协会为阵地,加入各类兴趣小组。

2007年,团员青年响应县局号召,参加扶贫济困捐款活动,与县局机关各部门的党员干部一起捐款。在县局开展"群众满意基层站所"活动中,发挥团员青年作用,以岗位服务创优、活动载体创新要求,做好每阶段工作。参与全系统评选"十佳国税标兵"活动,以立足岗位争当、认真求实评选的态度参加各阶段工作。

2008年,在创建学习型机关活动中,组织团员青年参与"读书月"活动以及岗位练兵竞赛,提高政治、业务素质。围绕廉政文化建设,结合"八荣八耻"教育,学习先进典型,用身边事教育身边人,发挥先进典型的示范引导作用。开展"读书思廉"活动,分"读好书、知廉事、勤思考、重廉行"4个专题进行,倡导"读书修德,以德律己",促进廉洁自律。参与廉政文化进机关活动,以廉文荐读、征集廉政警句格言、搭建廉政文化建设网络平台、廉政书画摄影展等寓教于乐的活动方式,在青年干部中形成"以廉为荣、以贪为耻"的良好风尚。是年,团员青年还参与向灾区人民献爱心活动。

2009年,团员青年参与"学习实践科学发展观活动",在理论学习和各项实践活动中展示青年特点。在基层党建年中,加强工会、共青团、妇委会等群团组织的建设,构建"大政工"格局。推进国税文化建设,围绕"依法科学创新,致力聚财为国;团结清廉文明,构建和谐国税"目标,推进国税精神文化、制度文化、行为文化和物态文化建设。参与各类创建及文化节活动,拓展团员青年文化体育活动,丰富业余文化生活,陶冶思想情操。在庆祝新中国成立60周年中,组织团员青年参加"国税文化建设活动月"活动,围绕"迎国庆、爱国税、促和谐"主题,在"激情飞扬、活力机关"文体活动比赛、"我与国税共和谐"国税文化展示、"迎国庆、共奋进"国庆活动周中,参与"红歌颂祖国"合唱比赛、"我与国税共成长"为主题的演讲比赛、乒乓球、羽毛球、钓鱼、登山、书画、摄影比赛、智力运动会。

2009年9月22日，县国税系统举行“红歌颂祖国”比赛。

2010年，组织团员青年参加国税廉政文化建设活动，在上好廉政知识课、开展网上法纪教育、开展耳闻目睹的廉政教育、开展廉政书画摄影比赛、加强廉政文化硬件建设等活动中态度积极，参与主动。是年，还邀请绍兴县摄影家协会主席林子龙先生为青年干部进行摄影知识讲座。县局团委组织团员及青年干部到滨海闸枢纽水利工程，参加团县委开展的“和谐之水·生命之光”主题植树护水活动。在做好第六届世界合唱比赛志愿服务工作中，成立以青年团员为主体的交通志愿者队伍，配合公安交警部门，参加“迎世合，保畅通”交通秩序大整治活动。

2011年，响应“学习型支部”建设号召，参与读书节各类活动。创先争优活动中，学习2010年度全市国税系统优秀税务工作者和长期在本职岗位上默默无闻、兢兢业业的先进人物。组织团员青年参与读书节活动，开展丰富多彩的迎接建党九十周年系列活动，参加县直机关庆祝建党九十周年红歌合唱比赛，5月初组建40名青年干部的红歌合唱队，聘请专业教师指导歌曲《保卫黄河》参加全市国税系统红歌比赛。

2012年，以国税系统“勤政廉政、走在前列”主题教育活动为主线，适时安排共青团的各项活动。围绕“勤政廉政、走在前列”主题，团员青年撰写心得体会文章，升华勤政与廉政理念，并以岗位实践事例参加“实践国税宗旨”大讨论。团员青年以一技之长参与廉政作品创作活动，在“爱税助廉”征文活动、以廉政为主题的绍兴莲花落演出活动、举办“庆国庆，促廉洁”书画摄影作品比赛中，展现创新、执着、活力风采。是年7月，召开团工委换届大会，12名团员或保留团籍的党员参加，选举产生新一届团工委员会，孟伟巍同志当选为新一届团工委书记。

2013年，组织团员青年学习贯彻党的十八大精神，结合工作岗位，撰写学习理解十八大要点体会、参与全市国税系统“学习十八大创造新业绩”征文比赛。在弘扬“五四”精神、立足岗位奉献活动中，县局青年志愿者和福全镇青年志愿者，共同进行绿色·自然——共建共青林植树活动。参加主题“悦读阅美、提升自我”的第六届读书节，以积极的心态读书，从书本中吸取营养，用书香滋润生活，增加生命的厚度。

2013年5月14日，县国税局青年和福全镇青年共建共青林植树活动。

表24-4

绍兴县国税系统获得“青年文明号”称号情况一览表(2003～2013)

年度	市 级	省 级	国家级
2003	新命名 市场管理科重 新认定 柯桥税收管理站 平水税收管理站 税政科 信息中心	县国税局办税服务厅	县国税局办税服务厅
2004	市场管理科 柯桥税收管理站 税征科 信息中心		县国税局办税服务厅
2005			县国税局办税服务厅
2010	县国税局办税服务厅 钱清国税分局办税服务厅 平水国税所办税服务厅		
2011		县国税局办税服务厅	
2012		县国税局办税服务厅	

第四节　妇联

县财政地税局

随着财税系统干部队伍来源渠道改变，招收的公务员主要来源于大学毕业生，全系统女干部人数呈逐年上升趋势，所占比率从2003年的28%上升到2013年的36%。

人数　2003年有女干部73人，占干部总数的28%；此后两年均为79人；2006年83人；2007年86人；此后三年人数均在90人范围；2011年为103人，占干部总数的33%；2012年为108人；2013年达到118人，占干部总数的36%。

组织　财税系统妇女组织机构，根据需要建立妇女工作委员会，隶属于县妇女联合会。

2002年9月，召开县财政、地税系统妇女代表大会，选举产生第二届妇委会。鲁晓舫任县财税系统妇女委员会主任，张妙娟任妇女委员会副主任兼组织委员，姚敏智任宣传委员，费慧卿任生活福利委员，戴美轩任权益保障委员。

2007年8月28日，召开全系统妇女干部大会，83位女干部参加会议，选举产生新一届妇委会委员。姚敏智、张妙娟、谭耀勤、朱红琴、徐燕飞5人当选财政地税局第三届妇委会委员。姚敏智任妇委会主任，张妙娟任妇委会副主任。

2007年8月28日，召开绍兴县财税系统第三次妇女代表大会。

2012年8月，召开全系统妇女干部大会，99位妇女干部参加会议，选举产生新一届妇委会委员。徐姗萍、姚敏智、陈晓伟、张维黎、曾晓琴、章晓燕6人当选财政地税局第四届妇委会委员。徐姗萍任主任，姚敏智任副主任。

活动 系统妇女工作活动，通常按年初制订的计划实施，尤其是"三八"节，是活动的重点，被纳入全局当月工作的议事日程。

2003年，继续开展"巾帼示范岗"创建活动，在先后获得国家、省、市、县级"巾帼示范岗"称号的福全征管局，召开创建现场观摩会。组织开展以"家庭读书活动、家庭敬老活动、家庭禁赌活动"为内容的"文明家庭"创建活动。开展融思想性与趣味性为一体的多项活动，局机关成立女子健身队，开展"木兰扇"女子体育项目，组织参加全局田径运动会，进行金秋旋律联欢活动。是年，妇委会被评为县级先进妇委会。

2004年，围绕争做"学习型、服务型、事业型"干部要求，引导妇女干部在学习中提高德才素质，在服务中提高工作效率和群众满意度，在岗位上创一流业绩、当巾帼英雄。是年，女干部还参加财税系统首届职工运动会，并在多个项目中获得好成绩。

2005年，开展融思想性、趣味性为一体的纪念"三八"国际劳动妇女节活动，组织系统妇女健美操比赛选送工作。是年，柯桥分局办税服务大厅女性工作人员，坚持文明办税，优质服务，通过"10小时连续在岗"和"一台式"服务模式，成绩显著，受到社会各界好评，被授予浙江省"巾帼文明示范岗"荣誉称号。系统妇委会被评为县级先进妇联(妇委会)。

2006年，组织妇女干部参与"财税文化建设年"活动，开展财税文化核心理念、财税精神大讨论，收集整理、宣扬7位具有"岗位勤耕耘、工作闪亮点"的女干部；围绕妇女身心健康，开展"三八"节活动；组织参加系统第二届干部职工运动会，在女子乒乓球、羽毛球、登山比赛项目中获得好成绩。年末还组织妇检。是年，系统妇委会被评为县级先进妇联(妇委会)。

2007年8月28日，召开全系统妇女干部大会，进行换届选举妇委会。83位女干部参加会议，局党工委书记、局长宋天平到会讲话。张妙娟代表第二届妇委会作工作报告，县妇联主席王玲玲到会讲话。大会选举产生第三届妇委会委员。姚敏智任妇委会主任，张妙娟任妇委会副主任。是年，组织妇女干部参加市财税系统健身运动会，2名女干部分获冠亚军名次。

2008年，广大妇女干部，响应上级号召，参与四川汶川救灾捐款。是年，平水分局妇女干部随同团员青年进行"当一天财税志愿者、做一个环保宣传员、办一件惠民实在事"活动，专程到王坛东村梅山清理垃圾。是年，妇委会被评为县级先进妇联(妇委会)。

2009年，围绕两月一个主题内容，广大女干部结合岗位工作，发挥自身特色优势，参加"书香读书月""健康情趣月"等活动；在"三八"节组织妇女登越王峥山比赛和农庄踏青，举行音乐鉴赏和人文修养专题讲座；参加"唱响红色经典"主题歌咏比赛，第三支部选送的女声独唱获一等奖；参加系统第三届职工运动会，在女子呼拉圈、集体跳绳等项目中显现出妇女干部风采。

2010年，系统妇委会结合全局“三抓三提升”内容，引导妇女干部开展创先争优活动，在各自岗位上争创“巾帼示范岗”。是年，系统妇委会被省妇委会评为全省妇女基层组织建设示范妇委会；系统妇委会被评为县级先进妇联(妇委会)。

2011年，组织青年妇女干部参加系统首届青年风采大赛，预算局女干部于莉获才艺风采一等奖；参加县直机关建党90周年主题红歌合唱比赛，《走向复兴》节目获三等奖。是年，广大妇女干部立足岗位，以新的服务形象参加民主评议行风活动，钱清分局以“一二三四五”内容(一个理念：“始于纳税人需求，终于纳税人满意”；两项制度：“补正承诺制”和一次性告知制度；“三时”服务：“准时、限时、延时”；“四零”标准：办税零距离、征收零障碍、质量零差错、信誉零投诉；“五透”要求：点子出透、道理说透、政策讲透、程序理透、服务做透)优化岗位服务。是年，柯桥分局办税服务厅、预算会计核算中心获全国“巾帼文明岗”。

2012年，举行“三八”节专题讲座，邀请社科学老师作“做幸福女人，享品味人生”为主题的讲座，近百名妇女干部、职工参加听课。是年，10名青年女干部参加“勇担时代责任，践行财税价值”主题演讲。8月，召开全系统第四次妇女代表大会，回顾总结上届妇委会工作，选举产生新一届女委会。县妇联主席方慧琴、局党工委副书记吕铁辉出席会议。

2013年，系统妇委会围绕县局“提三力”要求，引导妇女干部在自己工作岗位上务实、创新、争优。“六一”节前夕，倡议妇女干部、职工捐款捐物，慰问特困学生，共筹款4700元和部分书籍、书包，于“六一”节分别送到王坛镇中和马鞍镇前进闸村的困难学生手中。

县国家税务局

随着国税系统干部队伍来源渠道改变，招收的公务员主要来源于大学毕业生，系统女干部人数呈逐年上升趋势，所占比率从2003年的19.3%上升到2013年的27.3%。

人数　2003年有女干部46人，占干部总数的19.3%；2004年为52人；此后两年人数均为54人；2007年为58人，占干部总数的23.6%；2008年至2012年间，女干部均在60人以上；2013年达到69人，占干部总数的27.3%。

组织　长期以来，妇女工作列入国税局党组工作议事日程，确定1名副局长分管妇女工作，有1名妇女干部兼职负责妇女工作的组织、协调、管理。

活动　2003年，按县妇联工作要求和国税工作特点，开展各项活动。组织全局妇女学习政治理论、法律知识，学习现代科学知识，引导女干部提高自身素质。组织参与创建“青年文明号”“省级最佳办税服务厅”“省级文明单位”等活动。在税收工作中信任和重用女干部，发挥“半边天”作用。在行风建设、献爱心活动中，引导全局妇女展现巾帼风采。组织纪念“三八”妇女节活动，组织系统妇女去外地学习取经。是年，15名妇女干部专程去王坛敬老院慰问孤寡老人。

2004年,组织妇女干部开展“树国税新形象、创国税新业绩”教育活动,参加作风纪律教育大会,向任长霞同志学习,举行“艰苦奋斗讲节俭、强化效能创新绩”大讨论。参与精神文明建设活动,创建市级文明单位活动。是年,办税服务大厅和稽查局又一次分别通过国家级青年文明号和省级文明单位的复检。组织妇女干部参加全市国税系统第二届运动会,展示妇女干部的精神风貌。结合“三八”节活动,组织35名女同志去金华兰溪二日游。

2005年,以“先进性教育”和“创建学习型国税机关”活动载体,开展妇女工作的各类活动。在先进性教育中,广大妇女干部学理论,提升政治涵养;优服务,树立行业形象。在创建“学习型国税机关”活动中,专门成立领导小组,开展以“五项修炼”为主要内容的学习辅导,讨论和撰写单位愿景和个人愿景,每位妇女干部从自身实际出发,制订素质提升计划。是年,组织40名女同志去桐庐红灯笼外婆家二日游。

2006年,税收服务线妇女干部参加县局举办的窗口文明礼仪知识培训,以国税窗口工作特点,着重讲解一线人员应注意的仪容仪表仪态、文明举止、文明用语及文明服务、规范服务,树立国税部门良好形象等方面内容。国庆前夕,妇女干部参加读书月活动启动仪式暨创建学习型机关演讲比赛,主动参与和完成“六个一”活动要求。是年,办税大厅女干部还以“四贴近”服务缩短与纳税人距离,即距离上贴近、变静态为动态;方式上贴近,推出网上自助申报服务、“一窗式”服务及礼仪便民服务;内容上贴近,进行有针对性的纳税辅导;感情上贴近,虚心征求纳税人的意见和建议。“三八”节期间,组织42名妇女干部去东村梅林赏梅花一日游。

2007年,在开展“学习型国税机关”创建活动,推进党建、人才、文化、平安“四项工程”建设中,体现妇女工作特色,发挥妇女干部作用。在民主评议基层站所(办事窗口)暨创建“群众满意基层站所(办事窗口)”活动中,参加创建单位的女同志,思想上重视,工作上努力,服务上尽心,并在“优质服务示范岗”评选活动中创新创优。柯桥分局妇女干部以真情参与向纳税人“五不承诺”:不让纳税人在我这里受冷遇、不让工作差错在我这里发生、不让工作事项因我而延误、不让不良风气在我这里出现、不让国税形象因我而受到损害。参加“七方面内容”(举行启动仪式、开展购书活动、网上读书交流、撰写征文活动、岗位练兵竞赛、评选“学习之星”、编辑读书心得)的“读书月”活动。是年“三八”节活动,组织45名女同志到大明山登山二日游活动。

2008年,广大妇女干部参与县局开展的“崇勤廉、讲操守、重品行”主题教育活动,听好一堂勤政廉政专题党课,精读一本好书,向身边先进人物学习,从反面案例中接受警示教育,参加专题讨论活动。响应县局组织的廉政文化建设,结合“八荣八耻”,开展典型示范;开展“读书思廉”活动,分“读好书、知廉事、勤思考、重廉行”四个专题进行;开展“十年典型案例”警示教育;开展各项主题教育,倡导“读书修德,以德律己”,促进廉洁自律;开展廉政文化进机关活动,形成“以廉为荣、以贪为耻”的良好风尚。组织妇女干部参加全市国税系统第三届运动会,多名女选手在多项项目中获得好成绩。是年“三八”

节活动中,45名女同志去临安古长城二日游。

2009年,妇女工作各项活动,以开展学习和落实科学发展观来展开。广大妇女干部在理解把握科学发展观论述同时,在“服务企业促发展”“管理创新促发展”“队伍建设促发展”主题教育活动中,学有所进,行有所诚,深入调查,解难基层,立足岗位,创新创优服务项目。参与县局组织的“国税文化建设活动月”活动,在“激情飞扬、活力机关”文体活动比赛周、“我与国税共和谐”国税文化展示周、“迎国庆、共奋进”庆国庆周三个主题活动中,女同志们发挥各自特长,展示脑力与体力才华。是年,组织48人去安吉竹乡大熊猫基地二日游。

2010年,参加县局“服务企业、服务群众,满意在基层”为主题的“深化作风建设年”活动,妇女干部自觉进入“治庸治懒、提能增效、狠抓落实”状态,解决服务不到位、作风不扎实、效能不高效、管理不严格、自身不廉洁等五方面存在问题。组织妇女干部参与县局“学习引领生活”为主题的第三届“读书节”活动,以开展“购好书、读好书”活动为基础,开展“共享读书的快乐”——图书漂流阅读活动,参加全市“国税核心价值观”演讲比赛,撰写廉政格言和文明用语,开展中华经典和绍兴名人经典诵读活动,开展读书心得交流及“学习之星”评选活动。是年,广大妇女干部响应党组号召,参与青海省玉树藏族自治州玉树县地震捐款,投入“情系玉树 大爱无疆”抗震救灾募捐活动。是年“三八”节活动,组织52名女同志参加东天目山二日游登山活动。

2011年,组织妇女干部参加县局开展的民主评议政风行风活动,把民主评议政风行风作为事关国税形象和国税平安大事,制定落实可行的实施方案,做好结合文章,把民主评议政风行风工作融入到党风廉政建设、深化作风建设年活动及各项税收业务工作中去。参与纪念建党90周年红色系列活动,开展好“我为国税事业科学发展献一计活动”活动,参观好党史教育活动,参加由县机关和市局举办的迎接建党90周年红歌大合唱比赛。六一前夕,稽查局召开助学捐款动员会,全体干部为家庭困难学生捐款12200元,购买书籍和学习用品前往夏履镇中心小学3位结对贫困学生手中。是年“三八”节活动中,58名女同志分二批前往厦门、扬州等地参观考察活动。

2012年,广大妇女响应县局争创“省级廉政文化进机关”示范点活动,开展廉政作品创作活动,多名女同志撰写“爱税助廉”征文,参加“庆国庆,促廉洁”书画摄影作品比赛及毛笔书法、硬笔书法、绘画作品、摄影作品的创作。在“勤政廉政 走在前列”主题教育中,许多妇女干部既重视理论提高,参与“实践国税宗旨”大讨论,又注重岗位创优,树立良好形象。组织参加全市国税系统首届文化体育节,在“税月如歌”专题书画摄影比赛、“我与核心价值观”短信创作比赛、楼道文化展示、体育比赛等一系列活动中,发挥妇女干部作用,女子气排球赛获全市第一名。是年“三八”节活动中,20名妇女自助游去杭州太子湾看郁金香。

2013年,妇女工作活动围绕学习贯彻党的十八大精神展开,在深学理论基础上谈体会、作交流,在深化“为民”服务中践行党的宗旨,做好本职工作。组织参加县局第六届读书节启动仪式暨道德讲堂活动，以多读书、读好书、善读书的品行积累知识、培养情趣、提升素质。参与县局“改作风、提三力、树清廉”主题教育活动，提升本职工作中的执行力、服务力和担当力。是年“三八”节前夕，县局邀请绍兴文理学院附属医院的中医童舜华博士，给全局女干部职工们作“体质与养生”健康讲座，为在场的30多位女士把脉，提出体质的倾向性诊断与食疗方面建议。是年，县局办税服务厅妇女干部爱岗敬业，创先争优，获得浙江省“巾帼文明示范岗”称号。

第二十五章　思想政治工作

长期以来，绍兴县财税系统各级领导，把加强财税队伍建设，加强思想政治工作，当作做好财税工作的重要内容和重要保证。在实际工作中，通过加强政工领导、开展经常性思想政治工作、开展学习英模、先进人物和“创先争优”等活动，不断提高干部队伍的综合素质，端正财税业务方向，增进执行力、服务力和担当力。

第一节　组织领导

财政地税局

在实施全系统思想政治工作的组织领导中，坚持主要领导负总责原则，明确分管领导，有职能科室行使具体工作的组织实施。

局级机关　2003年，思想政治工作按管理职能仍归人事教育科，局领导由党工委副书记分管全系统思想政治工作。通常以政工例会、专题教育、创先争优等多项活动形式，对全系统干部职工素质提高、执法服务尽职、聚志聚心聚力等内容，实行及时、求实、有效的领导。局机关的政治学习、竞赛等活动，通常以党支部为单位组织。

基层单位　思想政治工作由班子内部分工，原则上由分局（征管局）局长抓干部队伍及思想政治工作；也有的分局，在局长负总责的前提下，由1名副局长分管此项工作。基层分局（征管局）的思想政治工作类活动，根据县局要求，由局长办公会议研究并组织实施。

国家税务局

全系统思想政治工作的组织领导中，以主要领导负总责原则，同时明确分管领导，有职能科室行使具体的组织实施。

局级机关　按原职能要求，负责思想政治工作科室为人事教育科。由一名副局长分管干部队伍及思想政治工作。以政工例会、各类教育、创新创优等多种活动形式，对干部职工素质、业务道德、团队精神、勤政廉政等内容，实行事前、事中、事后的组织领导。

基层单位　思想政治工作由班子内部分工，原则上由管理站、分局（所）局（所）长抓干部队伍的思想政治工作；也有的分局（所），在局（所）长负总责前提下，分工1名副局

长(副所长)分管此项工作。基层管理站、分局(所)的思想政治工作类活动,依据县局要求,由单位领导研究并组织实施。

第二节　工作活动

常年性思想政治工作

是指针对国际国内形势变化、党的方针政策新点、财税工作实施难点、干部队伍思想热点而逐年开展的思想政治工作活动。

财政地税局　2003年,围绕做好"依法治税理财,从严治队育人,依托科技、规范管理、优质服务"文章,进行多方面的学习教育活动。开展十六大主题教育活动,采取学原文、听辅导、看电教、走出去看、请进来听、坐下来议、静下来写、集起来讲等形式,加深主题学习效果,并组成7支代表队进行十六大及新党章的知识竞赛。开展"创建学习型组织,争做学习型干部"活动。开展"我为财税献一计"活动,203人共献计258条。开展"廉洁自律树形象,艰苦奋斗促跨越"的主题教育,局领导带领科室人员到县机关部门、镇(街)及部分企业,深入调研,征询意见,解决企业、群众反映的热点、难点问题。

2004年,围绕"打造效能型、学习型机关,全面提升财税新形象"目标,开展系列性思想政治工作活动。进行"三项"主题教育和争做"三型"干部活动,即加强能力素质教育,争做学习型干部;加强服务意识教育,争做服务型干部;加强勤政廉政教育,争做事业型干部。以寓教于乐形式,组织全系统参与"奉献财税、为党争辉"为主题的建党83周年文艺汇演。

2005年,以开展保持共产党员先进性教育活动为全年思想政治工作主题。学习阶段,组织学习15场次,累计近60学时,人人写学习体会;分析评议阶段,以"上请、下求、内听、外访"形式搞好意见征询,组织召开4个层面12个座谈会,征求意见建议156条,多种形式开展谈心谈话232人次;整改提高阶段,以分层次、明重点、求实效要求抓好各项落实。专题教育活动中,着重查找

2005年3月24日,召开绍兴县财政地税局保持共产党员先进教育活动分析评议阶段工作会议。

存在问题与不足，研究落实整改措施，以党员干部先进性体现、党性修养增强、党群关系改善、各项工作推动为教育检验标准。

2006年，深化学习型组织创建，进行社会主义荣辱观学习教育。启动财税文化建设工程，开展财税文化大家谈活动，进行为时3个多月的群众性口论笔耕（35位干部作交流发言，38人参与财税文化核心理念讨论，25人参与财税精神讨论），提炼县局财税精神和财税文化核心理念；筹建县局财税历史陈列室，引导干部尊重历史、发扬传统意识；宣扬优秀干部典型事迹（11人），弘扬创新、务实的时代精神。

2007年，结合“作风建设年”和“创建群众满意站所”活动，把思想政治工作融入提升干部的“三力”中。提升学习力，深化学习型组织创建，完善干部学习激励机制，构建多层次、全方位学习体系；组织召开2004年后新进财税系统大中专毕业生座谈会，搞好进门教育，同时，组织新参加工作青年干部开展财税课题调研活动，激发学习业务的能动性和参与财税重点工作的积极性。提升执行力，加强政务制度的学习领会，及时开展执行督查；建立局领导和中层正职网上撰写工作日志，强化工作监督，6月中旬，在市委党校专门举办中层后备干部培训班。提升凝聚力，开展“与财税同行、为财税增辉”演讲比赛，11名选手以“心路”的感人事例，表达国地税分设后10年不平凡历程。评选“十佳资深财税干部”和“十佳新星财税干部”，树立正气，宣扬典型，激发系统干部的工作热情。

2007年9月20日，开展“与财税同行　为财税增辉”演讲比赛。

2008年，围绕“创一流业绩、展财税风采”开展思想政治工作。全年呈现三大特色，把省级文明单位创建、“青年文明号创建”与各项财税工作的创先争优相结合，把党的十七大知识学习竞赛与“送服务、送政策、送温暖”的青年志愿者活动相结合，把传统思想教育形式与建立财税网络学校相结合。是年，全系统开展“学习周恩来精神风范”心得体会和读书感言的征集评选活动,各单位推荐23篇学习心得参加评选,并在财税信息上交流。

2009年,开展学习科学发展观活动和"解放思想、创业创新、率先发展"主题教育活动。结合财税工作实际,推动财税工作创新创优;以财税文化为平台,开展思想政治工作,全年以"书香读书月""税收宣传月""服务发展月""理论调研月""健康情趣月"和"廉政文化月"六个主题活动,推进财税文化建设,促成干部队伍的凝聚力和战斗力。

2010年,以文化建设为平台,重在提升"干部能力、工作活力、团队合力",实现文化涵养与制度管理的刚柔互补;围绕干部能力,以大文化理念,实施全员培训计划,拓宽干部职工的知识面;开展以"弘扬财税文化,争当岗位先锋"为主题的创先争优活动,加固全局文明单位、文明窗口、文明示范岗的争创成果。

2011年,全局思想政治工作,以开展和组织好三项内容为主线。创先争优,激励干部奋发上进,争创一流,全系统当年度获得省厅、省局荣誉25项;抓好"解放思想、求真务实"主题教育,深化财税管理、服务功能,组织"听民声、访民情、解民难"的大型走访活动;庆祝建党90周年系列活动,举办青年风采大赛、红诗朗诵比赛和首届财税文化体育艺术节,引导干部职工展示才华、陶冶情操。

2011年6月29日,举行吟经典颂党恩建党90周年活动。

2012年,以深化财税文化、提高干部素质为主要内容,开展思想政治工作的各项活动。召开中层干部读书会,强化全系统干部"勇于担当、敢于担当、善于担当"的能力;采取集中培训和外出调研相结合方式,组织9批次干部外出学习;在青年干部中开展"财税价值观"大讨论、"勇担时代责任,践行财税价值"演讲比赛和"争创五星级道路"志愿服务活动；举行国庆节升旗仪式，激发财税人爱祖国、爱岗位热情。

2013年，贯彻学习党的十八精神，寻求财税工作与科学发展观的结合点，打造财税速度、财税精品。围绕提升干部“执行力、服务力、担当力”为重点，开展思想政治教育及相关活动。建立四类“学习套餐”，优化干部队伍的思想品行与业务水平；以老带新，能者为师，结成42对“青蓝对子”，促进帮学活动；在全系统评选“十佳财税干部”和50名“优秀财税干部”，营造学有榜样、赶有方向的良好氛围；开展廉政文化建设，以钱清分局廉政精品区为样板，拓展廉政文化的多样性。是年，还专门成立调研组，对“打造财税速度新理念，开创政工工作新局面”课题作分析研究。

县国家税务局　2003年，开展三大主题教育，即十六大精神教育活动；“廉洁自律树形象、艰苦奋斗促跨越”教育活动；干部警示教育活动。教育中听专家、教授作辅导报告，每人写学习体会和调研论文。在落实阶段抓好“五个进一步”，即进一步完善工作目标考核办法，进一步推广ISO内部管理系统软件在税收征收、管理、服务等方面的应用，进一步搞好信息新闻工作，进一步加强财务管理，进一步做好综合档案达标升级，完成省二级标准验收。在“廉洁自律树形象、艰苦奋斗促跨越”主题教育活动中，采用内外结合、上下结合、典型结合、集中学习和自学相结合等教育方式，组织理论研讨、对照条规剖析案例、检查廉洁情况。

2004年，以“满足需要、激励发展、发挥潜能”的人本管理理念，注重干部队伍的人力资源开发和培育。围绕干部的思想业务素质，开展十六届四中全会决定、行政许可法、企业所得税等内容的学习教育活动。以新办公大楼搬迁为契机，组织开展“树国税新形象、创国税新业绩”教育活动，专门召开作风纪律教育大会；开展向任长霞同志学习和党内“两个条例”学习；举行“艰苦奋斗讲节俭、强化效能创新绩”大讨论；对办公大楼进行整体形象设计，制订完善大楼内部规章管理制度。是年，召开国税系统思想政治工作会议，从加强基层思想政治工作队伍建设、推动国税文化建设、加强大局意识和团队精神、坚持思想教育与完善制度相结合原则、开展文明窗口建设、发挥基层党组织的战斗堡垒作用和共产党员的先进模范作用6方面抓好落实。

2005年，把开展保持共产党员先进性教育活动，作为全系统思想政治工作主题。组织好先进性教育的学习动员、分析评议、整改提高各阶段工作，既按要求完成规定动作，又创新地搞好自选动作，专门成立活动组织机构，扎实开展学习动员，教育成效显著。经75位来自企业、机关、基层单位和民主党派人士的满意度测评，总体满意率达到100%。是年，开展创建“学习型国税机关”活动，进行以“五项修炼”为主要内容的学习辅导。召开时政专题辅导学习会和讲解《公务员法》，局领导专门作十六届五中全会精神辅导，明确经济社会发展的指导思想，在国税工作中贯彻落实科学发展观。开展“清廉文明、平安国税”主题教育，结全反面典型，反思做人哲理，基层分局在教育中，引导干部职工算清“政治、经济、良心、家庭”4笔账，围绕“人应怎样做、法应怎样执、权应怎样用”的讨论。

2006年，从四方面深化社会主义荣辱观教育。下发《关于开展社会主义荣辱观教育的通知》;网站上开辟专栏,在《绍兴国税》信息报道教育动态;围绕“八荣八耻”主题,开展党章学习、党风廉政建设等学习教育活动;结合“管理创新年”建设“和谐国税”等活动,加强和改进干部职工思想道德建设。开展“学习型国税机关”创建活动,推进党建、人才、文化、平安“四项工程”建设。举行读书月活动启动仪式暨创建学习型机关演讲比赛,开展“六个一”活动(举行一次演讲比赛,推荐一批书目,开展一次书画、摄影作品展,举行一次业务培训,搞一次网上学习心得交流,评选一批学习型单位和学习型个人),启动仪式后,9名培训师围绕“创建学习型机关”主题进行演讲。12月,邀请市国税系统创建学习型机关巡回演讲组进行演讲,全系统180余人参加演讲会。

2007年,思想政治工作活动与开展民主评议基层站所(办事窗口)暨创建“群众满意基层站所(办事窗口)”工作相结合,以教育、激励等手段保障活动实施。开展“两个更加”(让权力运行更加规范透明、让人民群众更加放心满意)主题教育活动,在思想、作风、制度教育同时抓好三项落实,即规范科学民主决策程序,严格民主集中制原则;规范税收工作,坚持依法征收;规范内部监督管理,落实文明办税“八公开”的各项制度。开展评选“十佳国税标兵”活动,从规范执法、工作效率、业务技能、服务态度、清正廉洁、自身形象、工作业绩等方面进行评选。评选由各单位根据标准推荐候选人名单,经所在单位干部测评通过和单位研究同意后上报县局,县局根据分线情况以1:2的比例进行初定,最后由领导小组确定入选名单。对入选“十佳国税标兵”的事迹,县局在《绍兴国税》信息进行宣传,最终由领导小组根据投票结果决定“十佳国税标兵”。开展以“与好书同行”为主题读书月活动,先后进行读书月启动仪式、购好书读好书、网上读书交流、读书征文活动、评选“学习之星”、编辑“读书心得”等活动。

2007年9月11日,举行绍兴县国税局读书月活动启动仪式。

2008年，以“四个结合”拓展思想政治工作新内涵。结合实际税收工作，突出培养干部的敬业精神和责任意识；结合文明创建工作，把思想政治工作寓于创先争优活动（争创“文明单位”“文明示范窗口”“青年文明号”“群众满意基层站所”“评选十佳国税标兵”等活动）之中；结合国税文化建设系列活动，陶冶干部职工的思想情操；结合行风廉政建设，突出对干部职工法制观念的培养。围绕体现岗位职能及工作职责，全系统组织开展政治、思想、品德、行风、业务、服务、争创融一体的团队愿景编写，15个机关科室、单位、基层分局，从实践与理论结合上提炼出团队与科室精神。召开创建学习型机关工作交流会，各单位汇报创建学习型机关载体以及自行组织活动情况。局领导在肯定创建工作中有意识、有行动、有成效的同时，对下阶段工作提出要求，即要有政治意识，不能有丝毫的任务观点；要关注部属的思想，调动干部的工作积极性；要坚持不懈地引导，确保创建工作取得实效。

2009年，按县委部署，开展学习实践科学发展观教育活动，与开展“解放思想、创业创新、率先发展”主题实践活动相结合。活动分学习讨论、调研剖析、总结实践三个阶段。重点是组织学习党的十七届三中全会精神，围绕主题，开展有效的学习活动；围绕绍兴县在推进科学发展率先发展中要素资源制约破解、柯桥人口集聚、经济结构优化、企业解困、民营企业监管、新型城镇发展、社会稳定维护、机关行风效能建设8个重点问题开展研讨剖析和调查研究，形成指导科学发展的办法、措施、政策、制度。9～10月，开展“国税文化建设活动月”活动，以“迎国庆、爱国税、促和谐”为主题，分3个主题活动周进行，即“激情飞扬、活力机关”文体活动比赛周；“我与国税共和谐”国税文化展示周；“迎国庆、共奋进”庆国庆活动周，并相继开展“红歌颂祖国”合唱比赛、“我与国税共成长”为题的演讲比赛、乒乓球、羽毛球、钓鱼、登山、书画、摄影比赛、智力运动会。

2010年6～12月，组织开展以“学习引领生活”为主题的第三届“读书节”活动。内容为开展“购好书、读好书”活动；开展“共享读书的快乐——图书漂流阅读”活动；组织干部参加全市“国税核心价值观”演讲比赛；开展廉政格言和文明用语征集活动；开展中华经典和绍兴名人经典诵读活动；围绕“迎千年庆典、办合唱比赛、创文明城市”主题，以诵读经典、热爱文化经典、加强读书思考，展示国税文明形象；开展读书心得交流及“学习之星”评选活动。是年，以强化四方面学习，创建学习型党组织。即强化对中国特色社会主义理论体系的学习，领会贯穿其中的马克思主义的立场、观点、方法；强化对科学发展观的学习实践，总结学习实践科学观活动的成功经验，理解科学发展观对各方面工作提出的新要求；强化对社会主义核心价值体系学习践行，把社会主义核心价值体系体现到党员干部教育管理全过程；强化对现代化建设所必须的各种知识的学习，积极倡导党员干部学习人类社会创造的一切文明成果，做与时俱进的时代学习先锋。在响应上级“创先争优”活动中，全系统开展“找亮点、树典型、学先进”活动，选出10名“省、市、县国税系统优秀税务工作者”作为先进人物的杰出代表予以宣传，在局信息中宣扬先进事迹。

2011年，思想政治工作，以贯彻落实科学发展观活动为主线，以“学习型机关”建设为平台,围绕建设一支“三有一守”(有激情、有能力、有实绩、守纪律)的高素质干部队伍而开展各项活动。在“学习型机关”创建中,以“五到位”加强图书馆建设,即经费保障到位,设立图书馆专项经费(每年5000元采购新书);硬件配置到位,合理布局阅览室,建立电子阅览室,配置近百台计算机,实现图书阅览信息化;队伍建设到位,选拔热爱图书馆工作、素质过硬的干部担任图书管理员;制度管理到位,建立外借、阅览、宣传、推荐等各项服务和管理制度,提高图书使用率;活动开展到位,每年结合读书节、机关学习日、税收宣传月、作风建设年开展读书交流、书目推荐、书画摄影作品展等活动,同时,在阅览室设置“廉政作品”“行风建设”等专题读书角。是年,还以开展七项活动(表彰宣扬闪光言行、开好组织生活会、为国税事业献一计活动、党史教育图片展、红色之旅、红歌大合唱比赛、开展结对走访活动),纪念建党90周年红色系列活动。

2012年,以全县国税系统“勤政廉政、走在前列”主题教育,作为全年思想政治工作主线而开展各项活动。主题教育分宣传发动、学习提高、查找问题、整改总结等阶段进行,分步实施“六项专题教育”和“六项专题活动”,其中,为期10天的“实践国税宗旨”大讨论,成为广大干部受教育启发的理论基点,大讨论围绕“聚财为国、执法为民”宗旨,结合工作实际,就“我穿税装为什么、穿上税装做什么、立足岗位怎么做”等问题展开讨论。召开从事税务工作30年人员表彰大会,局领导宣读绍兴市国家税务局表彰决定,市、县局领导为52位在职人员,7位退休人员颁奖,并号召全局干部向受表彰人员学习三种精神,即学习他们与时俱进、勇于创新的精神;学习他们脚踏实地、忠于事业的精神;学习他们淡泊名利、无私奉献的精神。

2013年,学习贯彻十八大精神,在学原文基础上组织高层次专题辅导,结合国税工作,开展单位与个人的学习成果交流,部分科室和个人交流发言在信息上刊登。举办主题“悦读阅美提升自我”的第六届读书节,以“书香滋润我们的生活”为口号,形成“读书强素质,学习促发展”的基本理念,读书节开幕式上,局主要领导作动员讲话及道德讲堂第二讲,闭幕式上又作道德讲堂第三讲。实施全国文明单位创建工作,细化13项创建工作具体实施方案。围绕“五个一”开展道德讲堂建设,被评为绍兴市道德讲堂示范点。开展“改作风、提三力、树清廉”主题教育活动,在具

2013年6月8日,举办绍兴县国家税务局第六届读书启动仪式暨道德讲堂第二讲。

体实施中,以“三力”促服务经济水平提升,即提高税收政策执行力,提升纳税服务力,提高维护税收公平担当力。

专题性思想政治教育

是指在相对集中的时期内、围绕某个专题内容,有目的、有计划、有组织地开展的教育活动。

财政地税局　自2003年以来,先后开展六项专题教育。

党的十六大主题教育　2003年,全系统开展党的十六大主题教育。县局党工委下发《关于在全系统开展十六大主题教育实施意见》文件,成立主题教育领导小组,由局党工委副书记任组长,相关科(室)的领导任组员,由人教科负责此项教育。主题教育以“读、听、看、思、赛”五个程序(读,即要求全体财税干部通过精读十六大文件,深刻领会十六大精神主题、灵魂和精髓;听,听专家辅导、召开座谈会交流学习心得,把思想和行动统一到十六大精神上来;看,组织干部到开发区、重点工程、骨干企业和经济强镇、街道参观学习,感受十六大提出的“把发展作为执政兴国的第一要务”的重要性,聚精会神做好本职工作;思,由各单位、各党支部组织财税干部谈学习心得,反思工作中存在的不足,围绕工作重点,制订实施方案,把十六大主题精神落到实处;赛,举行一次十六大精神知识竞赛和征文比赛,实现以赛促学、以考促学目的。提高干部“加快发展意识、先进文化意识、依法行政意识、艰苦奋斗意识。”采取集中与分散相结合形式,把主题教育贯穿于全年工作。

保持共产党员先进性教育　2005年1月下旬开始至6月下旬,全局开展保持共产党员先性教育活动。第一批参加此项教育活动有7个支部,159名党员(其中预备党员6名,离退休党员14名)。教育活动分三个阶段实施。第一阶段为抓学习,提高认识打基础。县委动员大会后,1月31日召开由系统干部参加的动员大会,党工委书记、局长宋天平作动员,讲述开展教育活动意义、总体安排和具体要求。整个教育活动中,组织集中学习15场次,累计60个学时(安排自学52学时),出理论思考题20个,专题讨论8个,组织4次大讨论,组织先进事迹报告会1次,学习体会交流1次,组织全体中层以上干部到滨海工业区学习“滨海精神”,每个党员撰写1篇2000字以上的心得体会,总结提炼保持共产党

2005年3月16日,组织中层以上干部到滨海学习“滨海精神”。

员先进性的座右铭。制订绍兴县财政地税局领导班子和共产党员保持共产党员先进性的具体标准。参加教育活动的党员,在县教育办统一组织的测试中获得较好成绩(人均94分)。第二阶段为开言路,深入评议找差距。3月24日,召开学习动员阶段总结暨分析评议阶段动员大会。在广开言路、征求意见中,召开四类层面的12个座谈会(机关部门事业单位座谈会1个、民主党派代表及部分乡镇(街)座谈会1个、纳税人代表座谈会3个、党内外群众座谈会7个),参加座谈会达116人次,征询意见建议136条;向系统内外二类层面发送459份意见征求函,征询到意见建议107条;向二类层面上门走访联系基层单位和联系乡镇(街),征求意见建议16条;个别谈话121人次和"三征三听"征求意见701人次。此阶段共开展谈心232人次,其中党工委书记与人谈心谈话11人次,局分管领导与人谈话31人次,各支部委员长开展谈心103人次,党员互相谈心87人次。每个党员在党性分析中,问题找准,剖析深刻;组织生活会和民主生活会,注重质量,效果明显。4月14日,局党工委召开领导班子民主生活会,县人大主任及县委督导组同志参加会议,会上相互批评的意见建议达21条。第三阶段为定措施、强化责任促整改。5月23日,召开分析评议阶段总结暨整改提高阶段动员大会。会后,各支部、党员根据征求到的意见,结合自身工作实际,依据党员先进性标准制订整改方案。局党工委围绕"一个带头、二个并重、三个提高、四个制度、五项工作"制订整改方案。6月20日,局召开先进性教育活动群众满意度测评大会,来自服务部门、纳税人代表、各民主党派离退休干部代表、局中层以上干部100余人参加会议。共发放测评表105份,回收105份,满意的98份,基本满意的7份。

学习义乌经验、强化财税职能、助推率先发展教育活动 2006年,根据县委、县府开展"学习义乌经验,推进率先发展"学习活动要求,在全系统开展"学习义乌经验,强化财税职能,助推率先发展"为主题的专题学习教育活动。活动以邓小平理论和"三个代表"重要思想为指导,学习借鉴义乌的发展经验,探索"坚持经济中心,推进率先发展"和"科学理财收税,增强财税助推能力"的新思路、新方法、新举措,落实"深化理财年、优化治税年、文化建设年"三个年建设活动,以新理念、新精神,发挥财税对经济发展、社会和谐的助推器作用。教育对象为系统干部职工,局班子成员和中层干部为教育重点。教育活动,围绕学习借鉴义乌的发展经验,尤其是义乌财税服务于经济发展,服从于社会和谐协调的理财思想和管理经验,积极探索"强化财税职能,助推率先发展"的新思路、新方法、新举措。通过教育活动,实现六个进一步(进一步明确方向、找到差距、增强动力、服务发展、转变工作作风、提高财税效能)。教育活动从5月中旬开始至6月底结束,分三个阶段实施。第一阶段为学习阶段。采取集中学习与个人自学相结合的方式,学习科学发展观、学习义乌的发展经济经验。活动中搞好"五个一"(订一份学习计划、组织一次党工委中心理论组学习、安排一次集中学习辅导、各支部和各基层单位组织一次集中义乌经验学习、每个干部撰写一篇学习义乌经验的体会文章)。第二阶段为讨论阶段。按照"学习义乌经验,推进率先发展"和"强化财税职能,助推率先发展"要求,加强

调查研究，开展“三学三如何”讨论活动，即“学义乌发展理念，如何转变我们思维观念；学义乌的理财治税经验，如何找出我们差距方向；学义乌的勤耕好学、刚正勇为精神，如何培育弘扬我们的优秀财税文化。”以多种形式、多个层面召开有关会议进行讨论交流。第三阶段为提高阶段。各科室、各基层单位结合财政、税收分线工作会议精神，在讨论交流的基础上，明确下步工作重点，制定切实有效措施，把学习义乌经验转化为具体的实际行动，突出创业创新，确保全年各项工作任务的圆满完成。

党的十七大主题教育　2008年，全系统开展以“高举旗帜、科学发展、创业创新”为主题的党的十七大精神宣传教育活动。主题教育活动从2008年1月至6月底基本结束，分动员部署、专题教育、总结提高等三个阶段实施。主题教育在学习十七大文件的基础上，围绕打造“活力财税”“规范财税”“和谐财税”的工作要求，着重开展三方面教育：高举旗帜教育。通过宣传教育，增强干部职工高举中国特色社会主义伟大旗帜、坚定不移走中国特色社会主义道路的决心和信心；使干部明确党在改革发展关键阶段举什么旗、走什么路、以什么样的精神状态、朝着什么样的发展目标继续前进等重大问题，把干部的思想和行动统一到党的十七大确立的共同理想、共同奋斗目标和行动纲领上来。科学发展观教育。通过宣传教育，使干部职工深刻领会科学发展观的科学内涵、精神实质和根本要求；以科学发展观为统领指导各项财税工作，既要努力保持财政收入的快速增长，又要积极培育税源，优化结构；既要保障经济建设资金，又要重视民生事业投入；既要保证县城建设，又要支持新农村建设；既要在业务上有所作为，又要在队伍建设上不断加强，使各项工作体现“两条腿”走路，体现财税工作围绕发展、以人为本、全面协调和统筹兼顾的工作思路。创业创新教育。通过宣传教育，领会财政地税工作总体思路、工作目标和主要任务，激发干部创业创新的激情与活力；围绕工作思路创新、管理理念创新和服务方式创新，推进各项财政税收改革工作，以创新来推动财税工作，做精财税工作，做优财税工作；大力弘扬“勤勉创业、开放创新、和谐创优”的新时期绍兴县精神，建设一支“永不自满、永不懈怠、永争一流”的新时期财税干部队伍。

科学发展观学习实践活动　2009年，开展学习实践科学发展观专题教育活动，教育活动从3月开始到8月基本结束。分学习调研、分析检查、整改落实等阶段进行，每个阶段分别制定具体的实施计划。学习实践活动围绕“党员干部受教育、科学发展上水平、人民群众得实惠”的总要求，按照县委“加快经济转型、促进社会和谐、推进率先发展”的实践载体，以“保增长、抓收入、重民生、促规范、优服务、强队伍”为实践目标，增强贯彻落实科学发展观的自觉性和坚定性，着力转变不适应、不符合科学发展观的思想观念，着力解决实际工作中影响和制约科学发展和群众反映强烈的突出问题，着力完善有利于科学发展的财税工作机制，把科学发展观贯彻落实到财政地税工作各个方面，为推进全县经济社会和谐发展提供坚强保证。整个活动坚持五条原则，即坚持解放思想、突出实践特色、贯彻群众路线、正面教育为主、解决突出问题等原则。学习实践活动坚持县委提出的五个突出，即突出思想性，把牢固树立和全面贯彻落实科学发展观作为灵魂贯

穿始终;突出实践性,把应对当前各项工作挑战和解决突出问题作为重点贯穿始终;突出建设性,把健全完善科学发展体制机制和相关制度作为核心贯穿始终;突出开放性,把走群众路线作为重要途径贯穿始终;突出示范性,把党员领导干部率先垂范作为关键贯穿始终。学习实践活动的目标要求是:坚定发展信心,把思想认识统一到科学发展上来,把智慧和力量凝聚到科学发展上来,在应对挑战中把握机遇,在战胜困难中赢得主动,在开拓进取中争创优势;破解发展难题,围绕科学发展的主题,结合财税工作实际,本着"开阔胸襟、开窗说话"的开放包容精神,查找影响和制约财政地税工作科学发展的问题和困难,正确处理组织收入与支持发展的关系、支出需要与平衡的关系、常规工作与改革创新关系。创新体制机制,研究解决影响制约财政地税事业科学发展的体制机制等深层次问题,健全科学聚财、用财、理财机制,助推全县在科学发展、富民强县的道路上实现新的跨越;提升发展能力,运用科学发展观所体现的立场、观点和方法分析新情况,探索新思路,寻找新办法,解决新问题,不断增强把握大局能力、创新突破能力、统筹协调能力。

学习实践活动重点解决六类问题,主要有解决思想观念问题,树立科学发展新理念;解决经济和财税发展问题,保持财政收入平稳较快发展;解决财税管理问题,有效防范财政风险;解决民生热点问题,让人民群众得到更多实惠;解决工作作风问题,塑造财税干部"实、稳、优"新形象;解决机制体制问题,构建适应财税事业科学发展的制度体系。整个学习实践活动受市指导检查组指导,在局党工委领导下组织开展,并成立学习实践活动领导小组,负责整个活动的组织领导。由局长任组长,副局长任副组长,各单位支部书记任领导小组成员。领导小组下设办公室,办公室设在人教科,负责活动组织实施的日常工作。

十八大精神学习　2012年12月,根据县委文件精神,围绕财税中心工作,局党工委下发"关于认真学习宣传贯彻党的十八大精神的通知"文件,对全系统学习贯彻党十八大精神作出总体部署。

学习贯彻总体要求是:统一思想、提高认识,深刻理解学习宣传贯彻党的十八大精神的重要意义。在具体认识上把握三大重点,即党的十八大召开的历史期,是在我国进入全面建成小康社会的决定性阶段十分重要的一次大会;大会期间形成了历史性文件,批准胡锦涛同志代表第十七届中央委员会向大会所作的报告,批准中央纪律检查委员会工作报告,审议通过《中国共产党章程(修正案)》;选举产生新一届中央委员会和中央纪律检查委员会。十八大,是党的历史上一次高举旗帜的大会、继往开来的大会、团结奋进的大会。把握重点,深刻领会,把学习宣传党的十八大精神引向深处。在具体实施上开展五大系列活动,即举办一期专家讲座。全面解析十八大精神实质,引导系统党员、干部正确理解十八大基本精神,有针对性地解决干部职工在学习过程中遇到的问题,增强党员、干部的理论水平。组织一次征文活动。以紧扣"主题"、围绕"主职",展示县财政地税局在党的领导下,团结拼搏、勇于创新取得的辉煌成就、工作经验和理论成果(同时,在内网首页上开辟专栏,刊发优秀征文)。开展一轮专题学习。系统各支部要把学习宣传贯彻十八大精神当作一项重要的政治任务,把学习宣传贯彻十八大精神作为"创先争优"活动和建设"学习型机关"活动的主要内容,以党小组学习、专题会议、主题讨论、党课、党员干部培训等多种形式,研读十八大报告,宣传贯彻十八大精神,引导干部职工全面、系统、深入、准确地理解领会党的十八大提出的新思想、新观点、新要求。举行一场知识竞赛。在学习、领会、宣传、贯彻十八大精神基础上,检验干部阶段性学习成果,以党的十八大精神相关内容,结合财税业务知识,在系统内举行一场知识竞赛,引导干部深入理解党的十八大精神,督促干部把工作、学习落到实处。召开一个主题座谈。以学习贯彻落实十八大精神为契机,开展主题座谈活动,组织系统青年干部畅谈对责任、担当的理解,并就如何发挥青年干部的优势,调动自身工作积极性提出意见和建议。立足实际,真抓实干,将十八大精神贯彻落实到具体工作中。在具体工作中搞好四个结合,即贯彻落实十八大精神与组织收入相结合。继续抓好全年组织收入工作,强化重点行业、重点税源、重点管户监管,确保全年税收任务的圆满完成。贯彻落实十八大精神与当前各项重点工作相结合。全力做好土地使用税减免政策调整方案的制定工作,鼓励企业节约集约利用土地;全方位宣传"营改增"政策,做好系统内外的业务培训;大力推进浙商创业创新专项行动,促进浙商、越商和轻纺城布商回乡投资。贯彻落实十八大精神与优化服务相结合。推进服务创新,建立"优惠政策重点服务对象库",明确责任人,及时了解生产经营情况,并做好跟踪服务工作;成立软件支持服务中心、完善"一窗式"服务、上线"退税提醒短信"系统、落实视觉识别系统建设,优化企业发展环境。贯彻落实十八大精神与党风廉政建设相结合。以法院旁听、廉政短信发送、专题讲座、网上廉政课堂和廉政知识测试等多种形式加强廉政教育,规范执法行为;对一些重点工作继续开展行政主职明查暗访活动,监督了解各项规章制度和重点工作的落实情况。严格要求、周密部署,确保党的十八大精神学习贯彻落到实处。在具体要求上抓好三个环节,即加强领导。各单位、科室主要负责人要亲自抓好党的十八大精神的学习宣传贯彻工作,与日常工作有机衔接,合理安排学习时间,确保学习全覆盖、效果最大化;要抓好组织保障,确保组织到位、人员到位、思想到位。广泛宣传。各单位、科室要充分利用报刊杂志、广播电视、互联网络、简报专栏等媒介,大力宣传学习领会党的十八大精神的体会与收获,宣传贯彻落实党的十八大精神的有效做法和实践成效,营造学习宣传贯彻的浓厚氛围。力求实效。各单位、科室要切实改进学风,做到真学真懂、学以致用、用以促学,坚决杜绝搞形式、走过场;要把握正确导向,加强对敏感问题和热点问题的正面引导;创新学习贯彻的有效形式和载体,增强学习贯彻党的十八大精神的针对性和实效性。2013年,在上年学习贯彻党的十八精神基础上,于2月份开展服务科学发展观,打造财政速度的研讨活动。结合财政线工作实际,以"打造'财政速度',支持科学发展"为主题,召开财政线干部参加的座谈会。财政干部结合自身工作实际,撰写新形势下打造"财政速度",支持全县经济、社会科学发展的心得体会。共收集体会文章78篇,评选出一等奖1名,二等奖2名,三等奖3名。是年,还结合党的十八大文件学习,开展提升“三力”活动,即与组织收入相结合,增强担当意识,提升担当力;与资金管理相结合,增强责任意识,提升执行力;与促进发展相结合,增强效能意识提升服务力。

县国家税务局 2003年后,国税系统先后开展四项主题教育。

保持共产党员先进性教育活动 2005年,根据上级局和县委统一部署,县国税局认真开展保持共产党员先进性教育活动,从年初开始,制订教育活动方案,成立活动组织机构,开展学习动员,围绕加强党的执政能力建设主线,把握保持共产党员先进性主题,加强领导,精心组织,积极抓好教育活动的各个环节和阶段工作。全年以开展“先进性”教育为龙头,抓好干部思想政治教育,改进教育方式方法,注重理论联系实际,不断提高干部思想政治素质。进行分析评议,抓好整改提高,做到既认真地完成规定动作,又创造性地搞好自选动作,整个教育活动取得显著成效,认真解决党员干部在思想、组织、作风以及工作方面存在的突出问题,全面发挥基层党组织的战斗堡垒作用和党员的先锋模范作用。经75位来自企业、机关、基层单位的同志和民主党派人士的满意度测评,总体满意率达到100%。结合先进性教育活动,全面加强干部思想政治工作,专题召开全系统思想政治工作会议;坚持集中学习和个人自学相结合,提高干部政治理论水平。加强基层党组织建设,对各基层党支部进行重新调整,有20名党员被县机关党工委评为基层优秀党员,17个单位和个人被县委定为“共产党员先锋岗”,有2名同志被吸收为预备党员,还有4名预备党员办理转正手续。

学习实践科学发展观活动 2009年,按县委部署,县局列入第二批学习实践科学发展观活动单位。从3月份开始,到8月底基本结束,参加对象为全体党员、重点是局领导班子和副股级以上党员领导干部。活动按学习调研、分析检查、整改落实等阶段实施。

学习实践活动的指导思想是,全面贯彻党的十七大和十七届三中全会精神,高举中国特色社会主义伟大旗帜,以邓小平理论和“三个代表”重要思想为指导,突出科学发展主题,紧紧围绕“党员干部受教育、科学发展上水平、人民群众得实惠”的总要求,围绕“管理创新、执法公正、服务高效、发展和谐”的主要载体,进一步解放思想、实事求是、改革创新,切实增强贯彻落实科学发展观的自觉性和坚定性,着力转变不适应、不符合科学发展要求的思想观念,着力解决税收工作中影响和制约科学发展的突出问题以及党员干部党性党风党纪方面群众反映强烈的问题,着力构建有利于科学发展的体制机制,提高领导科学发展、促进社会和谐的能力。

主要原则有五条。坚持解放思想,用科学发展观指导解放思想、用解放思想推进科学发展,用新观念研究新情况,用新办法解决新问题,用新举措开创新局面,以思想大解放和观念大转变推进经济社会大发展;突出实践特色,坚持学习和实践的辩证统一,以“管理创新、执法公正、服务高效、发展和谐”的载体为总抓手,运用行之有效的方法,把学习实践活动与加强领导班子建设、与推动全县国税工作紧密结合起来;贯彻群众路线,充分发扬民主,广泛征求群众意见,吸收群众全程参与,深入群众问计求教,真诚接受群众监督，把群众满意作为评价活动成效的重要依据；正面教育为主，激发广大党员干部自我教育、自我改进、自我完善、自我提高的内在动力；重在自觉查找、批评与自我批评、总结经验和明确方向，重在保护和调动广大党员干部推进科学发展的积极性。

学习实践活动的目标要求是：树立一个理念。把发展作为学习实践活动的出发点和落脚点，把推进经济转型升级、构建和谐国税作为实现科学发展的关键，自觉运用科学发展观统领国税工作、服务经济发展的理念。提高两种能力。提高对科学发展观理论内涵的理解把握能力，与时俱进地理解与把握科学发展观的内涵及其精神实质；提高对科学发展观在国税工作中的实践运用能力，能在税收征管工作中融会贯通与灵活运用。解决三类问题。把解决突出问题作为实践科学发展的切入点，剖析并解决局领导班子和党员领导干部在党性党风党纪方面存在的主要问题；挖掘并解决影响和制约科学发展的突出问题；研究并努力解决广大纳税人和干部职工反映最强烈、最迫切的问题。完善四项机制。创新完善税收征管工作机制，逐步建立起专业化、科学化、精细化的税收征管体系；创新完善税收服务机制，全方位、全过程地构建纳税人满意的税收服务体系；创新完善干部教育管理，逐步建立轮岗交流、工作考评、人才培训培养、有效激励等长效机制；创新完善内部管理机制，在坚持ISO质量管理体系基本理念和方法的基础上，逐步建立起规范、科学符合国税实际的效能管理体系。

各阶段具体实施工作有：学习调研阶段。围绕“解放思想，凝聚共识”，深入动员部署、组织学习培训、进行解放思想讨论和开展专题调研，重点是把好党员干部的思想认识关。分析检查阶段。围绕“发扬民主，理清科学发展思路”，在学习调研的基础上，组织召开领导班子专题民主生活会和党员专题组织生活会，形成领导班子贯彻落实科学发展观情况的分析检查报告等。整改落实阶段。主要是针对梳理出来的问题，按照科学发展观的要求，制定整改措施，健全完善体制机制，建立科学发展的长效机制。

活动按照县委专项行动要求，重点开展“三项行动”。即开展“服务企业促发展”专项行动，配套省局“服务企业、服务基层”专项行动，以深化“服务企业年”活动为载体，丰富服务内容、创新服务载体、拓展服务形式、优化服务质量，开展“送政策、送信心、送服务、送温暖”活动。开展“管理创新促发展”专项行动，抓好创新项目立项评选，抓实专题调研，以创新完善税收征管体制、税收服务体制、干部管理体制、内部管理体制为重点，健全完善有利于管理创新的各项措施，构建有利于县国税管理创新环境，提升县国税征收能力、服务水平、干部活力和行政效能。开展“队伍建设促发展”专项行动，通过推进“四项工程”建设活动，增强党员干部的党员意识、党性修养以及拒腐防变的自律能力，引导党员干部讲党性、重品行、作表率。

县局成立以局长为组长的学习实践科学发展观活动领导小组，领导小组下设办公室，办公室设在人事教育科，金建伟副局长（兼）办公室主任，下设综合组、指导组、宣传组、材料组，负责对学习实践活动的具体指导和日常工作。各科室单位、各支部主要负责同志为本部门开展学习实践活动的直接责任人，坚持一级抓一级，层层抓落实，确保责任到位,工作落实。4月,县局组织相关人员,以“着眼解决问题、促进目标实现”原则,开展三项专题调研:结合“管理创新”活动,对加强税源管理完成组织收入任务开展专题调研;结合“企业服务年”活动,对优化税收服务、落实税收优惠政策和措施推进企业转型升级开展专题调研;结合“四项工程”建设,对加强反腐倡廉开展专题调研。其他科室及分局,也开展专业性业务内容的调查研究。5月份,县局领导班子成员,围绕“加快经济转型,促进社会和谐”工作主题,赴夏履镇进行蹲点调研,解决企业面临的主要困难。5月份,在全省率先实现征退税一体化,减轻企业负担。稽查局以突出“六个心”(突出工作责任心、执法公心、做人良心、学习虚心、人生知足心、价值理心),推动学习实践科学发展观活动。

勤政廉政,走在前列主题教育 2012年,主题教育以社会形势需要、干部队伍建设需要和国税事业科学发展需要为动因,从3月份开始到10月份结束,分宣传发动、学习提高、查找问题、整改总结等阶段进行。主题教育活动的主要内容为“六项专题教育”和“六项专题活动”。“六项专题教育”分别为:职业道德教育,围绕“热爱国税、忠于国税、奉献国税”等方面内容展开,引导干部、职工爱岗敬业,树立“为国聚财、为民收税”的工作宗旨;党性党风教育,从政治品质和道德品行入手,教育引导党员干部职工讲党性、重品行、作表率,增强政治意识、宗旨意识、表率意识、责任意识、法治意识;党纪法规教育,依据党纪法规要求,引导干部职工了解、熟悉党纪法规,增强遵纪守法意识;警示教育,组织干部职工剖析王胜荣案件和到监狱听取服刑人员“现身说法”,引导干部职工算好“人生账、经济账、家庭账、政治账”;岗位风险防控教育,通过对一些典型案例进行解剖,引导广大干部职工增强执法风险意识和廉政风险意识;依法行政教育,开展对重点岗位、重点事项的监督检查和执法监察,引导广大干部职工增强依法行政意识和依法行政能力。“六项专题活动”分别为:学习型机关创建活动,围绕实现自我超越,引导广大干部职工争当学习型干部职工;争创省级“廉政文化进机关示范点”活动,以县局机关大楼为主要场所的国税廉政文化建设,完善廉政标识、设施,营造“人人思廉、家家讲廉、月月促廉、年年保廉”的廉政氛围;业务技能提升活动,组织业务学习与培训,辅助以考试、竞赛等手段,提升广大干部职工的业务素质,不断提高履职能力;内部行政管理制度“回头看”活动,对已制定的内部行政管理制度逐项梳理、修订完善、汇编成册,组织干部职工认真学习、严格执行,加强对各项制度执行落实情况的监督检查;机关效能监察活动,定期组织机关效能监察,各单位每周组织自查,县局每月组织检查,对明查暗访中被发现问题或被新闻媒体曝光的,除对个人追究责任外,相关单位领导需承担过错连带责任。举办老税务工作者廉洁从政培训班,对年龄在50~60周岁的税务工作者开展一次廉洁从政专题教育,以组织参观廉政教育基地、召开座谈会等方式,引导老同志奉献国税、廉洁自律、保持勤政廉政本色。

主题教育于3月20日召开动员大会,县局党组书记、局长胡连华作动员讲话,部分科室和个人代表作表态发言,胡连华局长还对搞好主题教育活动提出要求。增强责任意识，坚持领导带头作表率，单位主要领导要树立守土有责的观念，履行好“带头、带队”的职责，落实“一岗双责”要求，形成一级抓一级、一级带一级、一级对一级负责的良好局面；严于律已，强化廉洁自律意识，以适应法治社会发展对国税干部依法行政能力和廉洁自律意识的要求，按“打铁还得自身硬”的理念，在遵纪守法中严于律己、清正廉洁，自觉做到自重、自省、自警、自励。统筹安排，做到“两不误、两促进”；要合理安排活动，统筹有序进行，把主题教育活动与日常工作、“四项工程建设”“服务基层、服务企业”活动等结合起来，切实做到两手抓、两不误、两促进；强化督促检查，注重长效建设，把开展主题教育作为今年的重要工作，纳入年度目标考核内容，并及时分析、总结主题教育活动中取得的好经验好做法，加强制度、机制建设，形成“勤政廉政、走在前列”的长效机制。5月，围绕“勤政廉政　走在前列”主题教育，开展“实践国税宗旨”大讨论活动，就“我穿税装为什么、穿上税装做什么、立足岗位怎么做”议题展开讨论，5篇较好的发言稿在刊物上作刊登。8月，组织81名干部到省第六监狱接受现身说法教育，现场听取3名职务犯罪服刑人员的现身说法。10月，举办资深工作者廉洁从政培训班，30余名50周岁以上资深工作者参加活动，资深工作者实地参观南岸村、聆听南岸村党总支部先进事迹报告后，围绕“勤政廉政、走在前列”主题教育进行集体签名。同月，在全系统国税干部家属中开展为时1个月的“爱税助廉”主题征文活动，共收到征文16篇，内容主要是对国税干部廉政从政的认识，如何筑牢反腐倡廉的“家庭防线”，如何做一名廉洁清正的“廉内助”等；5篇选出的征文在刊物上进行刊登。11月，围绕勤政强能需求，举办营业税改征增值税的政策业务培训会，浙江省税务干部学校高级讲师傅玉生主讲，全县国税系统的干部职工参加听讲；局领导结合培训内容，对做好“营改增”的各项工作提出“统一部署，统筹谋划、精心组织、把握进度、狠抓落实、有序推进”等工作要求。同月，根据主题教育活动实施方案，每位干部职工围绕“勤政廉政、走在前列”主题撰写心得体会文章，其中《谈谈我对勤政廉政的认识》《主题教育心得体会》《税务干部如何对待勤政廉政问题》《非廉无以成至勤　非勤无以成大廉》4篇文章在刊物上刊登。

十八大精神学习　2013年4月至2013年12月，县局组织全体干部职工学习贯彻党的十八大全会精神，学习内容为胡锦涛同志关于《坚定不移沿着中国特色社会主义道路前进，为全面建成小康社会而奋斗》的报告、中央纪委工作报告、《中国共产党党章》（修订）、十八大公告和习近平同志在十八届一中全会上的重要讲话，分六个学习专题。以利用网络媒体、广播电视、报刊杂志、文件读物等多种方法、渠道进行，以集中学习、个人自学、文件解读、专题报告、撰写学习心得体会为主要形式。

学习分三个阶段进行。第一阶段为自学和集中学习阶段。自学中，每人通读一遍十八大报告原文，领会其精神实质；集中学习，以科室、分局、支部为单位，采取专题讨论、指定个人讲学等形式，并组织一次局党组中心组理论学习。第二阶段为专题学习、研讨交流阶段。对十八大报告进行研读讨论、交流学习活动，邀请党校专家做学习贯彻党的十八大精神专题辅导讲座，组织一次学习十八大精神的交流讨论。第三阶段为总结巩固阶段。每人结合工作实际,总结学习成果,查找不足,落实整改,局党组、局机关党委和各党支部开好党内民主生活会。

学习领会贯彻党的十八大精神着重抓四方面工作。按时组织集中学习,科学安排工作,做到学习、工作两不误;学用结合,学习活动与深入开展学习型机关建设相结合,围绕国税中心工作,努力提高国税征管质量,优化纳税服务,把十八大精神落到实处;保证学习时间,做到每月集中学习时间不少于2次,每次不少于1小时;严肃学习考勤纪律,做好考勤登记,保证学习期间无特殊情况不请假,每人撰写不少于2000字的学习心得体会一篇。

创先争优活动

财税系统创先争优,分党群、行政及财税业务三大块,对象分单位争创及个人争创。

财政地税局 根据上级各年度创先争优活动安排,结合财政地税工作实际,有目的、有计划、有对象地开展争创活动。

文明单位 依据争创文明单位条件,有组织、有计划、有措施开展创建活动,在争创基础上,向上级申报考评,经上级机关验收合格后,命名表彰相应级别的文明单位称号。

2003年度,直属税务分局、福全税务分局被绍兴市财政地税局评为市级基层文明单位;柯桥税务分局被浙江省地方税务局命名表彰为省地税系统省级基层文明单位。

2004年度,柯桥税务分局被省地税局命名表彰为省地税系统省级基层文明单位。

2005年度,柯桥税务分局被省地税局命名表彰为省地税系统省级基层文明单位;柯桥税务分局、滨海税务分局被绍兴市财政地税局表彰为基层文明单位。

2006年5月,绍兴县财政地税局,被中共绍兴市委、绍兴市人民政府重新命名为市级文明单位;2006年度,柯桥税务分局被浙江省地方税务局表彰为省地税系统省级基层文明单位,平水税务分局被绍兴县委、县政府命名为县级文明单位。

2007年度,福全税务分局被浙江省地方税务局表彰为省地税系统省级基层文明单位。

2008年度,平水分局、滨海分局被绍兴市财政地税局表彰为市财政地税系统市级文明单位;平水税务分局被省地方税务局表彰为省地税系统省级基层文明单位。

2009年度,绍兴县财政局(绍兴县地方税务局)被浙江省委、浙江省人民政府表彰为省级文明单位;滨海税务分局被浙江省地方税务局表彰为省地税系统省级基层文明单位。

2010年度,钱清税务分局被浙江省地方税务局表彰为省地税系统省级基层文明单位。

2011年度,平水税务分局被浙江省地方税务局表彰为省地税系统省级基层文明单位;平水税务分局、滨海税务分局被绍兴市地税局表彰为市级地税系统市级文明单位。

2012年度,柯桥税务分局被浙江省地方税务局评定为浙江省地税系统省级基层文明单位;柯桥税务分局、钱清税务分局被绍兴市财政地税局表彰为市级地税系统文明单位。

2013年，浙江省地方税务局下发调整省级基层文明单位考评周期通知，2013~2015年度考评表彰时间为2016年(周期为3年)。

青年文明号　由团员青年为主体，立足财税本职岗位，以“青春献税收，文明建功业”为创建主题，有组织、有计划、有活动、有验评地开展争创“青年文明号”“青年文明号科室”“青年岗位能手”的活动。县级开展“青年文明号”活动，由县财政局、地方税务局与共青团绍兴县委(后由绍兴县青年文明号、青年岗位能手活动指导委员会)组织实施；市级、省级开展此项活动，亦由青年文明号、青年岗位能手活动指导委员会组织实施。

2003年度，获县级青年文明号称号的有直属征管局办税服务厅、福全征管局管理一股、平水征管局办税服务厅、稽查局检查二科、征收管理科、税政管理科、财政监督科、信息中心；钱清征管局、直属征管局、福全征管局、齐贤征管局、稽查局、预算会计核算中心(复核确定)。钱清税务分局、福全税务分局获得市级青年文明号称号。

2004年度，获县级青年文明号称号的有平水税务分局、福全税务分局管理二股、县地税局法制科；钱清征管局(复核确定)。获得市级青年文明号称号的有齐贤税务分局、柯桥税务分局办税服务大厅、福全征管局、钱清征管局、绍兴县地税稽查局、预算会计核算中心。获得省级青年文明号称号的有柯桥税务分局。

2005年度，获得县级青年文明号的有滨海税务分局办税服务大厅、福全税务分局办税服务大厅、预算会计核算中心、绍兴县财政局综合科。获得市级青年文明号称号的有绍兴县地方税务局信息中心。获得省级青年文明号称号的有滨海分局。

2006年度，获得县级青年文明号称号的有钱清分局综合业务股、轻纺城所征收计会股、稽查局检查二科；平水税务分局获得市财税系统青年文明号称号；福全税务分局获得省级青年文明号。

2007年度，获得县级青年文明号称号的有柯桥分局办税服务大厅、钱清分局办税服务大厅、平水分局管理股、绍兴县财政局预算科。

2008年度，获得县级青年文明号称号的有福全分局办税服务厅、轻纺城所办税服务厅、绍兴县财政局综合科。获得市级青年文明号称号的有福全分局。获得省级青年文明号称号的有平水分局。

2009年度，获得市级青年文明号称号的有柯桥税务分局。

2010年度，获得市级青年文明号称号的有福全分局办税服务厅。

2011年度，获得省级青年文明号称号的有平水分局。

巾帼文明岗　是“巾帼建功”范围内的一项创建活动，县级创建活动，由绍兴县巾帼建功、双学双比活动协调小组组织领导。市、省、全国级的创建活动同时开展，并以标准化、规范化、科学化、品牌化管理，推动创建工作。

2003年2月，绍兴县地税局福全税务分局办税大厅获得全国级巾帼文明示范岗；3月，县地税局直属征管局办税服务大厅、县预算会计核算中心获得县级巾帼文明示范岗荣誉称号。

2004年1月,获得县级巾帼文明示范岗荣誉称号的有县地税局齐贤征管局办税服务厅。

2005年12月30日,重新确认县级以上“巾帼文明示范岗”:全国级巾帼示范岗有绍兴县地税局福全税务分局办税大厅;省级巾帼文明示范岗有绍兴县地税局柯桥税务分局办税大厅;市级巾帼示范岗有绍兴县预算会计核算中心;县级巾帼示范岗有绍兴县地税局钱清税务分局办税大厅、绍兴县地税局滨海税务分局办税大厅、绍兴县地税局平水税务分局办税大厅。

2006年2月,县预算会计核算中心获得省级巾帼文明示范岗。

2007年2月,绍兴县地方税务局柯桥税务分局办税服务厅、预算会计核算中心获得全国巾帼文明岗荣誉称号。

2009年3月,绍兴县地方税务局滨海税务分局办税服务厅获得全国巾帼文明示范岗荣誉称号。

2010年,绍兴县行政审批服务窗口获得浙江省巾帼文明岗荣誉称号。

2013年5月,被明确保留2010年前全国“巾帼文明岗”荣誉称号的有绍兴县地方税务局福全税务分局、柯桥税务分局办税服务厅、滨海税务分局办税服务厅。

“十佳能手”　2003年,继1999年首届“十佳能手”考评活动后,开展第二届“十佳岗位能手”评选活动,评选实行百分制。岗位能手设财政管理2名,征管4名,稽查2名,计算机操作应用2名。十佳岗位能手候选人经过推荐、考核、考试、评议等程序后,由党工委根据考评情况确定。吴文龙、来建祥、周黎明、赵建、陆幼敏、祁建庆、张国斌、倪永亮、包关云、韩强等同志为第二届十佳岗位能手。

“双十佳”评选　2007年9月5日至10月15日,围绕打造一支富有追求、乐于作为、迎难奋进、心齐气正的干部队伍,在全系统干部中开展“十佳资深财税干部”和“十佳新星财税干部”,简称“双十佳”。评选对象为全系统干部职工(中层以上领导干部除外),“十佳资深财税干部”评选对象,年龄男50周岁以上,女45周岁以上。“十佳新星财税干部”评选对象年龄应在35周岁以下且工作满一年以上(已被评为“十佳岗位能手”的年轻干部不再参与评选。

“十佳资深财税干部”评选条件有5条。分别为有较好的思想政治素质;热爱本职岗位;有强烈的责任性与事业性;工作经验丰富,工作业绩突出;三年内无违纪受通报的。“十佳新星财税干部”评选条件有6条。分别为有较好的政治思想素质;热爱本职岗位,工作充满激情;开拓进取,好学上进,乐于奉献;本职岗位上工作表现突出;具有大专以上学历,三年内公务员考核为称职以上;三年内无违纪通报的。“双十佳”评选,分单位推荐、单位测评、民主评议、确定人选、宣传表扬5个程序。“双十佳”评选,成立领导小组,副局长胡小苟任组长,基层分局局长、机关各科室、直属单位领导为成员。领导小组设办公室,办公室设在人教科。“双十佳”评选,按程序经过严格考核测评后,由局党工委研究决定名单,并召开“双十佳”干部表彰暨先进事迹报告会。

“十佳资深财税干部”名单:

沈兆森　杨素莲　诸建英　张　健　周志康
宋庭珍　黄建民　吴胜平　戴美轩　徐李顺

“十佳新星财税干部”名单:

屠国海　陶校红　张永华　祝建良　陈琦波
张栋栋　陈　超　童　君　叶　龙　李鉴荣

“群众满意基层站所”创建　2007年,按省纪委、省监察厅关于开展民主评议基层站所暨创建“群众满意基层站所(办事窗口)”活动要求,结合“作风建设年”主题教育活动。各分局(所)、审改办、预算会计核算中心、财政票据结算中心等单位参加此项评议暨创建活动。

创建活动总要求是以邓小平理论、“三个代表”重要思想和科学发展观为指导,坚持“从严治队,依法办事”,以依法、规范、高效、服务为标准,按照标本兼治、综合治理、惩防并举、注重预防的方针,以评促改,以评促建,立足基层,面向社会,优化服务环境,规范执法行为,提高办事效率和服务水平,提升服务对象满意度,充分展示财税部门谦虚、务实、协调的职业形象。

创建活动内容有五方面,即加强党风廉政建设,以教育、制度、领导干部以身作则”和“正面抓、抓正面”的办法,加强对全体财税干部的监督和管理;严格依法办事,加强执法监察,对税务实施及发票(财政票据)管理、资金审拨等重点环节开展监督,推进“阳光财税”、文明办事“八公开”,推进行政权力公开透明运行;提高服务质量,抓好办税服务厅和办事窗口服务工作规范化建设,开展岗位责任制、首问负责制、服务承诺制、限时办结制、一次性告知制、一站式服务、引领服务、全程服务、预约服务、提醒服务、延时服务等各项服务,提升服务水平与服务质量;优化服务环境,完善方便办事人员的各项服务设施,办税大厅整洁卫生,办公场所设立简便易懂的办事流程图和窗口(柜台)业务标识牌等指示标志;建立长效机制,以评议和创建为契机,加强财税干部的从政道德教育、职业道德教育和政治业务学习等制度建设,建立健全财税系统政风、行风建设、领导责任制和干部教育、监督、考核、奖惩等各项制度。

县局成立开展民主评议基层站所暨创建“群众满意基层站所(办事窗口)”活动领导小组,局长任组长,党工委副书记任副组长,领导小组下设办公室,由领导小组副组长兼任主任,成员有人教科、监察科和办公室有关人员组成。领导小组负责对开展“评议”“创建”活动的指导、组织、协调、督促、检查和考核。

评议暨创建活动时间段为5月上旬至是年年底,分宣传发动、评议创建、推荐评定、总结表彰4个阶段进行。

创建活动中,福全税务分局既是县纪委“群众满意基层站所”创建活动的试点单位,也是县局创建活动的示范者和受检单位。8月22日,在福全分局召开“群众满意基层站所”创建活动现场会，市财政地税局、县纪委、福全镇党委、特邀监察员、县局领导到会指导，参与创建的相关单位参加会议。现场会上，与会者实地参观福全分局服务设施，播放福全分局创建专题片，听取分局创建活动试点工作汇报。福全分局在创建过程中开展的“13个一”的做法和显现的四个特点(组织领导严密，职责分工明确；工作计划周全，活动循序渐进；形式多样求实，贴近群众心声；制度规定全面，长效机制可行)，受到好评。是年开展的“群众满意基层站所”创建活动，使服务场所的硬件得到改善，服务制度得以健全，服务质量显著提升，社会形象更受赞美。创建活动在集中运作后转入常规性延续。

2007年8月22日，在福全分局召开绍兴县财政(地税)系统深化“群众满意基层站所”创建活动现场会。

2008年2月，福全税务分局被评为浙江省地税系统“群众满意基层站所”创建工作先进单位。

2009年11月，福全税务分局被继续认定浙江省地税系统“群众满意基层站所(办事窗口)”创建工作先进单位。

2010年1月，平水税务分局荣获2009年度绍兴市财税系统“行风建设示范窗口”。

2012年1月，福全税务分局被绍兴市人民政府纠风办评为绍兴市2011年度“十佳群众满意基层站所”。在全县15个部门基层站所行风评议中，县财政地税局获得综合排名第二名。同年2月，平水税务分局荣获2011年度绍兴市财税系统“行风建设示范窗口”。

2012年度，平水税务分局荣获市级“十佳群众满意基层站所”荣誉称号；柯桥税务分局荣获绍兴市“行风建设示范窗口”。

2013年度，滨海税务分局、钱清税务分局荣获绍兴市“行风建设示范窗口”。

“十佳财税干部”“优秀财税干部”评选 2013年，在开展“党的群众路线教育实践活动”中，结合“提三力、促发展”活动要求，营造争创一流、争当先进的工作氛围，全系统开展首届“优秀财税干部”和“十佳财税干部”评选活动。评选活动自7月中旬开始至10月中旬结束，分民主推荐、民主评议、组织审定、表彰奖励4个阶段。评选对象为系统在职在编干部(局领导除外)。

评选条件为5条,主要有思想政治素质好,作风务实,遵守规章制度,廉洁奉公,依法办事;热爱财税工作,有责任心与事业心,勇于探索、创新,甘于平凡,乐于奉献;在财税事业的管理服务中有突出贡献或在本职岗位上有突出表现,群众满意度高;参加财税工作两年以上(2011年7月1日前参加财税工作);近两年年度考核结果为称职(合格)及以上。

"优秀财税干部"名额为50名,"十佳财税干部"人选在"优秀财税干部"中产生。

民主推荐"优秀财税干部"候选人,按各支部在职在编总人数的30%推荐产生,其中中层干部不得超过候选人总数的30%。

民主评议"优秀财税干部"候选人,在各支部推选的候选人汇总后在内网上公布,采用全系统干部群众网络评议投票(占比重为60%)和系统中层正职书面评议投票(占比重为40%)相结合的方式进行。

组织审定,由局党工委根据两项评议结果,结合平时工作表现集体讨论审定。对荣获"优秀财税干部"和"十佳财税干部"荣誉称号的,县局给予通报表彰,颁发荣誉证书,荣获"十佳财税干部"荣誉称号的,原则上本年度年终考核等次为优秀。

获得首届"十佳财税干部"荣誉称号的有:(按姓氏笔画排名)

严　炜　李伟俊　李铁峰　陆幼敏　陈晓伟
周志康　纽　勇　倪一群　唐伟明　章晓燕

获得首届"优秀财税干部"荣誉称号的有:(按姓氏笔画排名)

马玲娣　王华樑　王建新　乐素波　包关云　华永伟　朱红琴　严　炜　何东红
何肖芳　宋维美　寿彩琴　张国康　李伟俊　李铁峰　杨　青　汪秋红　沈信利
邵慧娟　陆幼敏　陈百仁　陈晓伟　陈爱民　周志康　郑　英　金兴强　金志伟
胡永灿　胡立明　胡国祥　赵　建　赵子良　钮　勇　倪一群　倪永亮　唐伟明
徐妙娟　徐海炎　徐荷英　郭志英　钱惠惠　屠国海　梅建明　章小赛　章晓燕
黄东方　曾晓琴　韩　强　韩燮明　潘国海

县国家税务局

文明单位　依据上级争创文明单位条件、要求,结合国税工作实际,有组织、有计划地开展创建活动,在条件达标时向上级申报验评,经上级考核验收合格后,命名表彰相应级别的文明单位称号。

2004年度,县局稽查局被省国税局命名为国税系统文明单位。

2006年度,县国税局被市人民政府命名为市级文明单位;计划征收科、税源管理三科、福全税务分局、平水税务所被市国税局命名为市国税系统文明单位。

2007年度,县国税局被市人民政府命名为市级文明单位;稽查局、计划征收科、税源管理三科、钱清税务分局、福全税务分局被市国税局命名为市国税系统文明单位;县局同时被省国税局命名为省国税系统文明单位。

2008年度,县局稽查局、钱清分局、柯桥分局、税源管理三科被市国税局命名为市国税系统文明单位;县国税局被省国税局命名为省国税系统文明单位。

2009年度,县国税局由市人民政府复查通过市级文明单位验收;县稽查局、柯桥税务分局、钱清税务分局、福全税务分局、税源管理三科被市国税局命名为市国税系统文明单位,县国税局被省国税局命名为省国税系统文明单位。

2010年度,县局稽查局、钱清分局、平水所、福全分局、税源管理三科被市国税局命名为市国税系统文明单位,县国家税务局被浙江省人民政府命名为省级文明单位。

青年文明号　是由团员青年为主体,立足国税本职岗位,以“青春献税收,文明建功业”为创建主题,有组织、有计划、有活动、有验评地开展争创“青年文明号”单位活动。县级开展“青年文明号”活动,由县国家税务局与共青团绍兴县委(后由绍兴县青年文明号、青年岗位能手活动指导委员会)组织实施;市级、省级开展此项活动,亦由青年文明号、青年岗位能手活动指导委员会组织实施。

2003年度,县局办税服务厅被评为国家级青年文明号单位。

2004年度,县局市场管理科、柯桥税收管理站、县局税政科、县局信息中心被评为市级青年文明号;县局办税服务厅继续被认定为国家级青年文明号单位。

2005年度,县局办税服务厅再次被认定为国家级青年文明号单位。

2010年度,县局办税服务厅、钱清分局办税服务厅、平水所办税服务厅被评为市级青年文明号单位。

2011年度,县局办税服务厅被评为省级文明号单位。

2012年度,县局办税服务厅被评为省级青年文明号单位。

巾帼文明岗　是“巾帼建功”范围内的一项创建活动,县国家税务局主要由县局办税服务厅组织参与创建。各级类别的创建活动,均以标准化、规范化、科学化、品牌化措施要求,推动创建工作。

2012年,县局办税大厅被命名为市级巾帼文明示范岗。

2013年,县局办税大厅被命名为省级巾帼文明示范岗。

“十佳国税标兵”　2007年8月起,开展评选“十佳国税标兵”活动。活动从规范执法、工作效率、业务技能、服务态度、清正廉洁、自身形象、工作业绩7个方面进行评选。评选名额为征收线2名、管理线4名、稽查线2名、其他岗位2名。评选方法,先由各单位根据推荐标准提出候选人名单,经所在单位干部测评,经单位研究同意后上报县局,县局根据分线情况以1∶2的比例进行初定,最后由“十佳国税标兵”领导小组确定入选名单。对入选“十佳国税标兵”的事迹,在《绍兴国税》信息中以专辑形式进行宣传。

2008年2月,县局授予丁一宾、周璞、封志刚、陈翔、魏苗鑫、陈春强、孙勤松、朱国锋、韩富云、龚宇峰10位同志为“十佳国税标兵”称号。

“群众满意基层站所”创建　2007年,按省纪委、省监察厅《关于开展民主评议基层站所暨创建“群众满意基层站所(办事窗口)”活动要求,5月16日上午,县局开展民主评议基层站所(办事窗口)暨创建"群众满意基层站所(办事窗口)"工作会议,对活动开展进行思想动员和工作部署。参加评议和创建活动对象为各税务分局(所)、县局计划征收科办税服务厅、税源管理二科、税源管理三科等部门。活动主要内容有加强党风廉政建设、严格依法行政、提高服务质量、优化办税环境、健全长效机制5个方面。创建活动分宣传发动阶段、检查和创建阶段、推荐和考核评定阶段、评议和总结表彰阶段。整项活动从5月开始于年底结束。6月8日,县局召开民主评议基层站所(办事窗口)暨创建群众满意基层站所(办事窗口)工作交流会。县局领导、各相关单位负责人参加会议,县纪委有关领导应邀参加会议。6月12日,省局纪检组长张松青在市局纪检组长夏伟等领导的陪同下到县局考察了解民主评议基层站所(办事窗口)暨创建群众满意基层站所(办事窗口)活动开展情况,先后到县局办税服务大厅和齐贤税务分局,实地踏看评议和创建工作软硬件建设情况,听取县局领导关于评议及创建活动开展情况汇报。张组长对县局工作给予充分肯定,并对下阶段工作提出希望和要求。7月下旬,开展特邀监察员巡视指导民主评议基层站所暨创建活动,深入各评议和创建单位了解评议和创建情况,实地查看、座谈走访。8月,发动全体干部职工开展民主评议基层站所(办事窗口)暨创建"群众满意基层站所(办事窗口)活动"口号征集评选活动,共收到131条应征口号,经初选、网上投票推选及有关专家、领导评选,最终评选出"文明办税、和谐国税"等3条为获奖口号。是年,在全县187个站所创建活动中,县国税局被县人民政府纠风办评为创建群众满意基层站所"十佳示范单位"。至2013年度,国税系统所有参加创建单位,实现创建群众满意站所省、市、县三级"满堂红"。

附创先争优活动中获得市级以上集体、省级以上个人荣誉资料。

表25-1

绍兴县财政地税局获得市级以上先进集体荣誉称号情况一览表(2003~2013)

获奖时间	获奖单位	荣誉称号	颁奖部门
2003	福全征管分局办税服务厅	国家级"巾帼文明示范岗"	全国城镇妇女"巾帼建功"活动协调小组
2003	绍兴县财政局	2003年度财政信息工作先进单位一等奖	浙江省财政厅
2003	绍兴县财政局	市档案系统先进集体	绍兴市人事局、财政局
2003	绍兴县财政局	2003年度市工交企业快报编制优胜单位	绍兴市财政局
2004	绍兴县财政局	2003年《浙江财政年鉴》卷组稿先进单位	省年鉴编辑委员会
2004	绍兴县财政局	2003年度全省耕地占用税工作先进单位	浙江省财政厅
2004	绍兴县财政局	全省财政系统计算机应用先进单位	
2004	绍兴县财政局	2003年度全省财政系统干部教育培训工作先进集体	
2004	绍兴县地税局	2003年度《浙江税务》先进通联组一等奖	浙江省地税局
2004	绍兴县地税局	2003年度全省地税信息工作一等奖	

续表25-1

获奖时间	获奖单位	荣誉称号	颁奖部门
2004	绍兴县地税局	2003年度全省税收新闻宣传工作达标单位	浙江省地税局
2004	绍兴县地税局	2003年度《浙江地税年鉴》资料征集二等奖	浙江省地税局
2004	绍兴县地税局	2003年度全省信息化建设先进单位	浙江省地税局
2004	绍兴县地税局	2003年度全省个体税收“五单”工程考评优胜单位	浙江省地税局
2004	绍兴县地税局	2003年度征管工作目标责任制考核先进单位	浙江省地税局
2004	绍兴县财政局	2003年度会计管理工作先进单位	绍兴市财政局
2004	绍兴县财政局	2003年度基本建设支出预算季报二等奖	绍兴市财政局
2004	绍兴县财政地税局	2003年度人事教育工作先进单位	绍兴市财政、地税局
2004	绍兴县财政地税局	2003年度全市人事教育统计工作三等奖	绍兴市财政、地税局
2004	直属税务分局	2003年度市财政地税系统“行风建设示范窗口”	绍兴市财政、地税局
2004	直属税务分局	2003年度市级基层文明单位	绍兴市财政、地税局
2004	福全税务分局	2003年度市级基层文明单位	绍兴市财政、地税局
2004	钱清税务分局	2003年度市级“青年文明号”	绍兴市财政、地税局
2004	福全税务分局	2003年度市级“青年文明号”	绍兴市财政、地税局
2004	绍兴县地税局	2003年度税收征管质量考核优胜单位	绍兴市地税局
2004	绍兴县地税局	2003年度营业税纳税人税收资料调查工作三等奖	绍兴市地税局
2004	绍兴县财政局	2004年度财政信息工作二等奖	浙江省财政厅
2004	绍兴县地税局	2004年度全省税收宣传月活动优秀项目通报表扬	浙江省地税局
2004	绍兴县地税局	2004年度全省地税信息工作一等奖	浙江省地税局
2004	绍兴县地税局	2004年度全省税收新闻宣传工作优胜单位	浙江省地税局
2004	绍兴县地税局	2004年全省地税系统内部网站表彰单位	浙江省地税局
2005	柯桥税务分局	2003年度全省地税系统省级基层文明单位	浙江省地税局
2005	柯桥税务分局 办税服务大厅	省级“巾帼文明示范岗”	浙江省巾帼建功和 双学双比活动领导小组
2005	局预算会计核算中心	绍兴市级“巾帼文明示范岗”	绍兴市巾帼建功协调小组
2005	绍兴县财政局	2004年度会计决算报表先进单位	浙江省财政厅
2005	绍兴县财政局	2004年度全省农业税收决算先进单位	浙江省财政厅
2005	绍兴县财政局	2004年度契税征管工作先进单位	浙江省财政厅
2005	绍兴县财政局	全省财政系统计算机应用先进单位	浙江省财政厅
2005	绍兴县财政局	2004年度省财政系统干部教育培训省级先进集体	浙江省财政厅
2005	绍兴县财政地税局	2004年度企业所得税税源调查工作先进集体	省财政厅、省地税局
2005	柯桥税务分局	全国税务系统先进集体	人事部、国税总局
2005	绍兴县地税局	2004年度《浙江税务》先进通联站（组）一等奖	浙江省地税局
2005	绍兴县地税局	2004年度《浙江地税年鉴》资料征集先进单位	浙江省地税局

续表 25-1

获奖时间	获奖单位	荣誉称号	颁奖部门
2005	绍兴县地税局	2004年度全省地税征管工作目标责任制考核先进单位	浙江省地税局
2005	柯桥税务分局	2004年度全省地税系统省级基层文明单位	
2005	柯桥税务分局	2004年度全省地税系统省级青年文明号	
2005	绍兴县财政局	2004年度财政经济建设财务管理工作综合先进单位	绍兴市财政局
2005	绍兴县财政局	2004年度会计人员管理创新先进单位	
2005	绍兴县财政局	2004年度基本建设会计决算报表一等奖	
2005	绍兴县财政地税局	2004年度信息工作一等奖、宣传工作优胜奖	
2005	柯桥税务分局	2004年度全市财政地税系统文明单位	绍兴市财政、地税局
2005	福全税务分局	2004年度“行风建设示范窗口”	
2005	绍兴县财政地税局	2004年度纪检监察信息工作二等奖	
2005	齐贤税务分局	2004年度市级“青年文明号”	绍兴市青年文明号青年岗位能手指导委员会
2005	柯桥税务分局办税服务大厅	2004年度市级“青年文明号”	
2005	福全税务分局	2004年度市级“青年文明号”	
2005	钱清税务分局	2004年度市级“青年文明号”	
2005	稽查局	2004年度市级“青年文明号”	
2005	预算会计核算中心	2004年度市级“青年文明号”	
2005	平水税务分局	2004年度浙江省“省级青年文明号”	浙江省青年文明号、岗位能手活动组委会
2005	县地税局稽查局	2004年度全市地税稽查先进集体	绍兴市地税局
2005	绍兴县财政地税局	2004年度财政地税案件查处统计报表二等奖	绍兴市财政、地税局
2005	滨海税务分局	2005年度“行风建设示范窗口”	
2005	绍兴县地税局	2005年度全省地税系统网站建设达标网站	浙江省地税局
2005	绍兴县地税局	2005年度《浙江税务》先进通联站(组)一等奖	
2005	绍兴县地税局	2005年度全省税收新闻宣传工作优胜单位	
2005	绍兴县地税局	2005年度全省地税信息工作先进单位一等奖	
2005	滨海税务分局	2005年度浙江省“省级青年文明号”	浙江省青年文明号、岗位能手活动组委会
2006	绍兴县地税局	2005年省地税局“我与地税”家庭DV大赛优胜奖	浙江省地税局
2006	绍兴县财政局	2005年度《浙江财政年鉴》卷组稿先进单位	《浙江财政年鉴》编辑委员会
2006	绍兴县财政局	2005年度财政信息工作县(市、区)一等奖	浙江省财政厅
2006	绍兴县财政局	2005年度全省财政系统计算机应用先进单位	
2006	绍兴县财政局	2005年度全省农业税收县(市、区)决算先进单位	

续表25-1

获奖时间	获奖单位	荣誉称号	颁奖部门
2006	绍兴县财政局	2005年度契税征管、契税征收额度增长先进单位	浙江省财政厅
2006	绍兴县财政局	2005年度全省干部教育培训工作先进集体	
2006	绍兴县财政局	2005年度地方金融企业财务决算工作先进集体	
2006	绍兴县财政局	2005年度全省政府外债管理工作先进单位	
2006	绍兴县财政局	2005年度企业会计决算报表先进集体	
2006	绍兴县财政局	2001至2005年县级财政部门先进普法办公室	
2006	绍兴县财政地税局	2005年度全省财政地税系统档案工作目标管理省一级认定单位	浙江省财政厅、浙江省地税局、浙江省档案局
2006	绍兴县财政地税局	2005年度企业所得税税源调查工作先进集体	省财政厅、省地税局
2006	绍兴县财政局	2001至2005年浙江省法制宣传教育先进集体	中共浙江省委、省政府
2006	县财政局农发办	2005年度农业综合开发项目统计工作一等奖	浙江省财政厅农发办
2006	绍兴县局稽查局	2005年度全省地税系统稽查工作先进集体	浙江省地税局
2006	绍兴县地税局	2005年度信息化建设先进单位	
2006	绍兴县地税局	2005年度《浙江地税年鉴》资料征集一等奖	
2006	柯桥税务分局	2005年度全省地税系统省级基层文明单位	
2006	绍兴县地税局	2005年度全省地税系统质量管理先进单位	
2006	绍兴县地税局	2005年度基本养老保险费征管先进单位	浙江省地税局、浙江省劳动和社会保障厅
2006	绍兴县财政局	2005年度会计管理工作先进单位	绍兴市财政局
2006	绍兴县财政局	2005年度基建财务管理工作先进单位	
2006	绍兴县财政局	2005年度财政行政事业财务管理综合先进单位	
2006	柯桥税务分局	2005年度"绍兴市基层站所行风优胜单位"	绍兴市行风建设领导小组
2006	柯桥税务分局	2005年度市级基层文明单位	绍兴市财政、地税局
2006	滨海税务分局	2005年度市级基层文明单位	
2006	县地税局信息中心	2005年度市级"青年文明号"	
2006	绍兴县财政地税局	2005年度人事教育统计工作三等奖	
2006	绍兴县财政地税局	2005年度纪检监察信息工作先进单位一等奖	
2006	绍兴县财政地税局	全市财税系统"四五"普法优胜单位	
2006	绍兴县财政地税局	2005年度省财政地税案件查处统计报表二等奖	
2006	绍兴县财政地税局	2005年度人事教育工作考核先进单位	
2006	绍兴县财政局	2005年度全市地方金融企业财务决算工作先进集体	绍兴市财政局
2006	绍兴县财政地税局	重新命名表彰市级文明单位	市委、市政府
2006	绍兴县地税局	2005年度税收计财工作质量考核优胜单位	绍兴市地税局
2006	绍兴县地税局	2005年度营业税纳税人税收资料调查工作三等奖	

续表25-1

获奖时间	获奖单位	荣誉称号	颁奖部门
2006	绍兴县财政地税局	2005年度企业所得税税源调查工作一等奖	绍兴市地税局
2006	绍兴县财政地税局	2005年度"财政普法推进依法理财"征文组织二等奖	绍兴市财政、地税局
2006	绍兴县财政地税局	2005年度办公室工作先进单位	
2006	绍兴县财政地税局	2005年度市财税信息一等奖、宣传工作先进单位	
2006	县财税局团(总)支	2005年度绍兴市先进团(总)支部	共青团绍兴市委
2006	绍兴县地税局	2006年度省税收宣传月最佳创新项目通报表彰	浙江省地税局
2006	绍兴县地税局	2006年度《浙江税务》"情系税收"美术摄影作品大赛优秀组织奖	
2006	绍兴县地税局	2006年度全省地税系统信息工作县(市、区)局先进单位一等奖	
2006	绍兴县地税局	2006年度全省地税系统网站建设优胜单位	
2006	绍兴县地税局	2006年度全省地税系统税收新闻宣传工作优胜单位	
2006	绍兴县地税局	2006年度《浙江税务》先进通联组一等奖	
2006	绍兴县财政局	2006年度财政信息工作县(市、区)组一等奖	浙江省财政厅
2006	预算会计核算中心	省级"巾帼文明示范岗"	浙江省巾帼建功和双学双比活动领导小组
2006	绍兴县地税局	2006年12月税友2006集中开发工作表彰单位	浙江省地税局
2007	柯桥税务分局办税服务厅	国家级"巾帼文明示范岗"	全国妇联"巾帼建功"领导小组
2007	预算会计核算中心	国家级"巾帼文明示范岗"	
2007	绍兴县财政局	2006年度全省农业税收县(市、区)决算先进单位	浙江省财政厅
2007	绍兴县财政局	2006年度全省财政系统县级计算机应用先进单位	
2007	绍兴县财政局	2006年度契税耕地占用税征管工作先进单位、增长(增幅)先进单位	
2007	绍兴县财政局	2006年度会计管理工作县(市、区)级先进单位	
2007	绍兴县财政项目预算审核中心	2006年度财政项目审核工作县(市、区)级先进单位	
2007	绍兴县财政局	2006年度企业会计决算报表先进单位	
2007	绍兴县局稽查局	2006年度全省地税系统稽查先进集体	浙江省地税局
2007	柯桥税务分局	2006年度全省地税系统省级基层文明单位	
2007	绍兴县地税局	2006年度信息化建设先进单位	
2007	绍兴县地税局	2006年度《浙江地税年鉴》资料征集一等奖	
2007	绍兴县地税局	2006年度省地税征管工作目标责任制考核一等奖	
2007	绍兴县地税局	2006年度首次年所得税12万元以上个人所得税自行申报工作先进单位	
2007	滨海税务分局	2006年度"行风建设示范窗口"	绍兴市财政、地税局

续表25-1

获奖时间	获奖单位	荣誉称号	颁奖部门
2007	绍兴县财政地税局	2006年度纪检监察工作先进单位	绍兴市财政、地税局
2007	绍兴县财政地税局	2006年度各县(市、区)工作考核综合评定一等奖	
2007	绍兴县财政地税局	2006年度办公室工作先进单位	
2007	绍兴县财政地税局	2006年度企业所得税税源调查工作优胜单位	
2007	绍兴县财政地税局	2006年度在“四五”普法工作中被评为优胜单位	
2007	绍兴县财政地税局	2006年度市信息工作一等奖、宣传工作优秀单位	
2007	绍兴县财政局	2006年度财政行财事业管理综合先进单位	绍兴市财政局
2007	绍兴县财政局	2006年度财政经济建设财务管理工作综合先进单位	
2007	绍兴县财政局	2006年度社保基金决算工作一等奖	绍兴市财政局、劳动和社会保障局
2007	绍兴县地税局	2006年度税收计财工作质量全面优胜单位	绍兴市地税局
2007	绍兴县地税局	2006年度营业税纳税人资料调查工作三等奖	
2007	柯桥税务分局	2006年度年首次所得12万元以上所得税自行纳税申报先进单位	
2007	绍兴县财政地税局	2006年度获绍兴市纪检检查系统先进集体	市纪委、市人事局、监察局
2007	绍兴县函授站	2006年度省级先进函授站	省中华会计函授学校
2007	福全税务分局	2006年度浙江省“省级青年文明号”	浙江省青年文明号、岗位能手活动组委会
2007	平水税务分局	2006年度“市级青年文明号”	绍兴市青年文明号、岗位能手活动组委会
2007	绍兴县财政局	2007年度财政信息工作县(市、区)组一等奖	浙江省财政厅
2007	绍兴县地税局	2007年度《浙江税务》先进通联组一等奖	浙江省地税局
2007	绍兴县地税局	2007年3月全省地税换发税务登记证工作表彰单位	
2007	绍兴县地税局	2007年度全省税收新闻宣传工作二等奖	
2007	绍兴县地税局	2007年度全省地税信息工作一等奖	
2007	绍兴县财政局	2007年度会计专业技术资格考试管理工作优胜奖	绍兴市财政局
2007	钱清税务分局	2007年绍兴市花园式单位	绍兴市绿化委员会
2007	绍兴县财政地税局	2007年全市财政地税系统健身运动会组织奖	绍兴市财政、地税局
2007	绍兴县财政地税局	2007年度市财政地税系统健身运动会团体一等奖	
2008	绍兴县财政局	2007年度农村综合改革工作县(市、区)级先进单位	省农村综合改革办公室
2008	绍兴县财政局	2007年度全省耕地占用税契税决算先进单位	浙江省财政厅
2008	绍兴县财政局	2007年度《浙江财政年鉴》卷组稿先进单位	
2008	绍兴县财政局	2007年度农业综合开发资金决算先进单位	
2008	绍兴县财政局	2007年度全省财政系统干部教育培训工作先进集体	
2008	绍兴县财政局	2007年度全省财政系统县级计算机应用先进单位	

续表25-1

获奖时间	获奖单位	荣誉称号	颁奖部门
2008	绍兴县地税局	2007年度全省地税系统税政管理工作综合先进单位	浙江省地税局
2008	绍兴县地税局	2007年度依法行政工作考核优秀单位	
2008	绍兴县地税局	2007年度全省地税系统优秀调研报告获三等奖	
2008	绍兴县地税局	2007年度《浙江地税年鉴》资料征集一等奖	浙江省地税局
2008	福全税务分局	省地税系统“群众满意基层站所”创建工作先进单位	
2008	福全税务分局	2007年度全省地税系统省级基层文明单位	
2008	绍兴县地税局	2007年度省地税征管工作目标责任制考核二等奖	
2008	绍兴县地税局	2007年度省地税质量管理先进单位	
2008	绍兴县地税局	2007年全市十佳办案规范化单位	绍兴市政府法制办公室
2008	福全税务分局	2007年度绍兴市行风效能示范窗口	绍兴市行风建设领导小组
2008	绍兴县财政局	2007年度财政行财管理先进单位	绍兴市财政局
2008	绍兴县财政局	2007年度财政支出绩效评价工作考核二等奖	
2008	绍兴县财政局	2007年度外债统计报表工作先进集体	
2008	绍兴县财政局	2007年度全市财税信息工作一等奖	
2008	绍兴县财政局	2007年度企业财务快报工作先进单位	
2008	绍兴县财政地税局	2007年度各县(市、区)局工作考核综合二等奖	绍兴市财政、地税局
2008	柯桥税务分局	2007年度“行风建设示范窗口”	
2008	绍兴县财政地税局	2007年度人事教育工作先进单位	
2008	绍兴县地税稽查局	2007年度全市地税系统稽查工作先进单位	绍兴市地税局
2008	绍兴县地税局	2007年度税收计财工作质量全面优胜单位	
2008	绍兴县地税局	2007年度税收征管质量考核优胜单位	
2008	绍兴县财政局	2008年度全省财政课题成果评选三等奖	浙江省财政厅
2008	绍兴县财政局	2008年度财政信息工作县(市、区)局组一等奖	
2008	绍兴县地税局	2008年度省级地税信息工作一等奖	浙江省地税局
2008	绍兴县地税局	2008年度《浙江地税年鉴》资料征集二等奖	
2008	绍兴县地税局	2008年度《浙江税务》先进通联组二等奖	
2008	平水税务分局	2008年度“绍兴市行风建设示范窗口”	绍兴市行风建设领导小组
2009	滨海税务分局办税服务大厅	国家级“巾帼文明示范岗”	全国妇联“巾帼建功”领导小组
2009	绍兴县地税局	2008年度依法行政工作考核优秀单位	浙江省地税局
2009	绍兴县地税局	2008年度税收计财工作综合优胜单位	
2009	绍兴县地税局	2008年度优秀调研报告获二等奖	
2009	绍兴县地税局	2008年度规费管理工作先进单位	

续表25-1

获奖时间	获奖单位	荣誉称号	颁奖部门
2009	绍兴县财政局	2008年度全省财政系统县级计算机应用先进单位	浙江省财政厅
2009	绍兴县财政局	2008年度部门决算先进集体	
2009	绍兴县财政局	2008年度省级财政法制工作先进集体	
2009	绍兴县财政局	《浙江财政年鉴》(2008)组稿三等奖	
2009	绍兴县财政局	2008年度契税征管工作先进单位	
2009	绍兴县财政地税局	浙江省文明单位	中共浙江省委、省政府
2009	平水税务分局	2008年度省级青年文明号	省青年文明号青年岗位能手活动组委会
2009	绍兴县函授站	2008年度省级先进函授站	省中华会计函授学校
2009	绍兴县地税局	2008年度全省税收新闻宣传二等奖	浙江省地税局
2009	平水税务分局	2008年度全省地税系统省级基层文明单位	
2009	绍兴县地税局	2008年度全省税政管理工作综合先进单位	
2009	绍兴县地税局	2008年度全省地税质量管理先进单位	
2009	绍兴县地税局	2008年度全省地税征管工作目标责任制考核二等奖	
2009	福全税务分局	“两税一费”优秀管理创新项目先进单位	
2009	绍兴县地税局	2008年度税源管理先进单位	
2009	绍兴县国资办	2008年度绍兴市国有资产统计报表先进集体	绍兴市国有资产监管委
2009	绍兴县财政地税局	2008年度全市财政地税系统纪检监察工作先进单位	中共绍兴市财税局委员会
2009	绍兴县财政局	2008年度财政支出绩效评价工作二等奖	绍兴市财政局
2009	绍兴县财政局	2008年度企业快报先进单位	
2009	绍兴县财政局	2008年度绍兴市拥军优属模范单位	市委市政府、军分区
2009	绍兴县地税局	2008年度税收计财工作质量全面优胜单位	绍兴市地税局
2009	福全税务分局	2008年度“两税一费”管理创新项目优胜	
2009	县财税审改办窗口	2008年度市级巾帼文明岗	市“巾帼建功”小组
2009	平水税务分局	2008年度财政地税系统市级基层文明单位	绍兴市财政、地税局
2009	绍兴县财政地税局	2008年度全市财税信息宣传工作一等奖	
2009	绍兴县财政地税局	2008年度县(市、区)局工作考核综合评定一等奖	
2009	滨海税务分局	2008年度财政地税系统市级基层文明单位	
2009	福全税务分局	2008年度市级“青年文明号”	市文明岗位活动指导会
2009	柯桥税务分局	2009年度市级“青年文明号”	共青团绍兴市委
2009	福全税务分局	继续认定2009年度省地税系统“群众满意基层站所”创建先进单位	浙江省地税局
2009	绍兴县地税局	2009年度《浙江税务》先进通联组一等奖	

续表25-1

获奖时间	获奖单位	荣誉称号	颁奖部门
2009	绍兴县地税局	2009年度全省税收新闻宣传工作三等奖	浙江省地税局
2009	绍兴县地税局	2009年度全省地税信息工作一等奖	
2009	局离退休干部党支部	2009年度先进离退休干部党支部	绍兴市委组织部老干部局
2009	绍兴县财政地税局	2009年度全市财税宣传工作先进单位	绍兴市财政、地税局
2009	绍兴县财政地税局	2009年度全市财税信息宣传工作一等奖	
2009	绍兴县地税局	2009年度绍兴市“行风建设十大亮点”	绍兴市行风建设领导小组
2009	绍兴县财政局	2009年度财政信息县(市、区)局一等奖	浙江省财政厅
2009	绍兴县财政局	2009年全省财政监督县(市、区)级组三等奖	
2009	绍兴县财政局	2009年度全省耕地占用税契税决算先进单位	
2010	绍兴县财政局	2009年度全省乡镇财政决算报表工作先进单位	
2010	绍兴县财政地税局	2009年度企业所得税税源调查工作先进集体	省财政厅、省地税局
2010	绍兴县地税局	2009年度全省优秀纳税评估案例鼓励奖	浙江省地税局
2010	绍兴县地税局	2009年度信息化建设先进单位	
2010	绍兴县地税局	2009年度省地税征管工作目标责任制考核二等奖	
2010	绍兴县地税局	“后危机时代的地税工作”专题征文组织单位奖	
2010	绍兴县地税局	2009年度《浙江地税年鉴》资料征集先进单位一等奖	
2010	绍兴县财政地税局	2009年度浙江省廉政文化“六进”示范点	中共省纪委等单位
2010	绍兴县地税局	2009年度全省推进企业分离发展服务业工作先进单位	浙江省地税局
2010	绍兴县地税局	2009年度依法行政工作考核优秀单位	
2010	滨海税务分局	2009年度全省地税系统省级基层文明单位	
2010	绍兴县地税局	2009年度税收管理工作综合考核先进单位	
2010	绍兴县地税局	“同心汇聚优化服务　税企共建生态文明”论坛组织优秀奖	
2010	绍兴县地税局	2007-2009年度“浙江地税质量管理奖”先进单位	
2010	绍兴县地税局	2009年度全省地税质量管理先进单位	
2010	平水税务分局	2009年度市财政地税系统“行风建设示范窗口”	绍兴市财政、地税局
2010	钱清税务分局	2009年度市财政地税系统“行风建设示范窗口”	
2010	绍兴县财政地税局	2009年度县(市、区)局工作考核综合评定一等奖	
2010	绍兴县财政地税局	2009年度市财税系统《学习与研究》联络二等奖	
2010	绍兴县财政地税局	2009年度全市财政地税系统纪检监察工作先进单位	中共绍兴市财税局委员会
2010	绍兴县财政地税局	2009年度绍兴市廉政文化建设示范点	中共绍兴市纪委
2010	绍兴县财政局	2009年度财政社保综合管理工作先进单位	绍兴市财政局
2010	绍兴县财政局	2009年度基建财务管理工作先进单位	
2010	绍兴县财政局	2009年度财政预算执行管理工作先进单位	

续表25-1

获奖时间	获奖单位	荣誉称号	颁奖部门
2010	县局行政审批服务窗口	2009年度省级巾帼文明岗	省“巾帼建功”小组
2010	钱清税务分局	2009年优秀管理创新项目先进单位	绍兴市地税局
2010	绍兴县地税局	2010年度全省地税信息工作一等奖	浙江省地税局
2010	绍兴县财政局	2010年度财政信息工作考核评比一等奖	浙江省财政厅
2010	绍兴县财政局	2010年度全省财政系统先进集体	浙江省人力资源和社会保障厅、省财政厅
2011	绍兴县财政局	2010年度基建财务管理工作先进单位	绍兴市财政局
2011	柯桥税务分局	省级“工人先锋号”	浙江省总工会
2011	绍兴县财政局	2010年度全省财政系统县级计算机应用先进单位	浙江省财政厅
2011	绍兴县财政局	《浙江财政年鉴》2010卷组稿二等奖	
2011	绍兴县财政局	2010年度省财政系统县(市)会计工作先进单位	
2011	绍兴县财政局	2010年度全省财政系统人事教育统计工作先进单位	
2011	绍兴县财政局	2010年度全省财政系统干部教育培训工作先进集体	
2011	绍兴县财政局	2010年度全省财政综合有关业务工作先进单位	
2011	绍兴县财政局	2010年度全省财政总决算工作先进单位	
2011	钱清税务分局	2010年度市财政地税系统“行风建设示范窗口”	绍兴市财政、地税局
2011	绍兴县地税局	2010年度《浙江税务》先进通联组一等奖	浙江省地税局
2011	绍兴县地税局	“十二五规划与浙江地税发展”征文优秀组织单位	
2011	绍兴县地税局	2010年度全省地税“纳税人之家”服务工作单项奖	
2011	绍兴县地税局	2010年度全省地税征管工作目标责任制考核先进单位	
2011	绍兴县地税局	2010年度《浙江地税年鉴》资料征集一等奖	浙江省地税局
2011	平水税务分局	2010年度《浙江税务》先进基层税收宣传联系点	
2011	绍兴县地税局	2010年度全省推进企业分离发展服务业先进单位	
2011	绍兴县地税局	2010年度规费管理工作先进单位	
2011	绍兴县财政地税局	2010年度全省妇女基层组织建设示范妇委会	浙江省妇女联合会
2011	钱清税务分局	2010年度全省地税系统省级基层文明单位	浙江省地税局
2011	绍兴县地税局	2010年度全省地税系统依法行政优秀单位	
2011	县地税局监察科	2010年度浙江地税系统纪检监察先进单位	
2011	绍兴县地税局	2010年度税收管理工作综合考核先进单位	
2011	绍兴县地税局	2010年度全省优秀纳税评估案例三等奖	
2011	绍兴县财政地税局	2010年度全市财税信息宣传工作先进单位一等奖	绍兴市财政、地税局
2011	绍兴县财政地税局	2010年度市级财政地税工作一等奖	
2011	柯桥税务分局	2010年度市财政地税系统“行风建设示范窗口”	

续表 25-1

获奖时间	获奖单位	荣誉称号	颁奖部门
2011	绍兴县财政地税局	2010年度市财政地税系统纪检监察工作先进单位	中共绍兴市财政税务局委员会
2011	绍兴县财政局	2010年度社保综合管理工作先进单位	绍兴市财政局
2011	绍兴县财政局	2010年度全市企财工作一等奖	
2011	绍兴县财政局	2010年度绩效评价工作二等奖	
2011	绍兴县财政局	2010年度全市财政项目审核工作一等奖	
2011	绍兴县财政局	2010年度企业会计快报先进单位	
2011	绍兴县财政局	2010年度部门决算工作先进单位	
2011	绍兴县财政局	2010年度全市数字档案室建设先进单位	绍兴市档案局
2011	绍兴县财政地税局	2006～2010年全市法制宣传教育工作先进单位	中共绍兴市委办公室 绍兴市人民政府办公室
2011	县财政预算审核中心	2010年度全市投标标底审核工作先进单位	绍兴市财政预算审核中心
2011	绍兴县地税局	2010年度税收分析预测优胜单位	绍兴市地税局
2011	钱清税务分局	2010年度省级青年文明号	浙江省地税局共青团浙江省委
2011	钱清分局办税大厅	2010年度市级青年文明号	共青团绍兴市委
2011	福全分局办税大厅	2010年度市级青年文明号	
2011	柯桥分局党总支	2011年市级“五好基层党组织”	中共绍兴市委
2011	绍兴县地税局	2011年度全省地税十佳信息、信息工作县(市、区)先进单位一等奖	浙江省地税局
2011	绍兴县财政局	2011年度财政信息工作县(市、区)局二等奖	浙江省财政厅
2012	绍兴县财政局	2011年度全省地方政府性债务管理先进单位	
2012	绍兴县财政局	2011年度全省农业财政工作良好单位	
2012	绍兴县财政局	2011年度全省财政综合工作先进集体	
2012	绍兴县财政局	2011年度省财政系统县(市)会计管理先进单位	
2012	绍兴县财政局	《浙江财政年鉴》2011卷组稿二等奖	
2012	绍兴县财政局	2011年度企业财务会计决算报表先进单位	浙江省财政厅
2012	绍兴县财政局	浙江省家电“以旧换新”政策实施工作先进单位	浙江省商务厅、财政厅、环保厅
2012	绍兴县地税局稽查局	2011年度全省地税稽查信息工作一等奖	浙江省地税局稽查局
2012	绍兴县地税局	2011年度信息化建设综合先进单位	浙江省地税局
2012	绍兴县地税局	2011年度全省地税稽查综合考核县级优胜单位	
2012	绍兴县地税局	2011年度《浙江税务》先进通联组	
2012	绍兴县地税局	2011年度全省推进企业分离服务业工作先进单位	
2012	绍兴县地税局	2011年度《浙江地税年鉴》资料征集先进单位二等奖	

续表25-1

获奖时间	获奖单位	荣誉称号	颁奖部门
2012	绍兴县地税局	2011年度省地税征管目标责任制考核三等奖	浙江省地税局
2012	绍兴县地税局	2011年度全省优秀纳税评估案例三等奖	
2012	绍兴县地税局人教科	2011年"甬江杯-凡人税事"美术摄影三等奖	
2012	绍兴县地税局	2012年"改革创新与浙江地税发展"征文优秀组织单位	
2012	平水税务分局	2011年度全省地税系统省级文明单位	
2012	绍兴县地税局	浙江地税大集中工程建设通报表扬	
2012	平水税务分局管理股	2011年度省级青年文明号	
2012	平水税务分局	2011年全市"行风建设十大亮点"	绍兴市政府纠风办
2012	福全税务分局	2011年全市"十佳群众满意基层站所"	
2012	平水税务分局	2011年度全市财政地税系统"行风建设示范窗口"	绍兴市财政、地税局
2012	滨海税务分局	2011年度全市财政地税系统"行风建设示范窗口"	
2012	绍兴县财政地税局	2011年度全市财政地税系统先进单位	
2012	绍兴县财政地税局	2011年度市财政地税系统行风建设先进单位	
2012	绍兴县财政地税局	2011年度全市财税系统调研报告二等奖	
2012	绍兴县财政地税局	2011年度市财税《学习与研究》联络一等奖	
2012	绍兴县财政局	2011年度全市企财工作先进单位	绍兴市财政局
2012	绍兴县财政局	2011年度财政预算执行分析、财政总决算先进单位	
2012	绍兴县财政局	2011年度全市绩效管理工作二等奖	
2012	绍兴县财政局	2011年度社保综合管理工作先进单位	
2012	绍兴县财政局	2011年度财政经济建设财务管理工作综合先进单位	
2012	平水税务分局	2011年度市级地税系统基层文明单位	绍兴市地税局
2012	滨海税务分局	2011年度市级地税系统基层文明单位	
2012	滨海分局	市级工人先锋号	绍兴市总工会
2012	钱清税务分局	2012年绍兴市廉政文化建设示范点	中共绍兴市纪委
2012	绍兴县地税局	2012年度全省地税信息工作二等奖	浙江省地税局
2012	县地税局稽查局	2012年全省地税稽查案件评比二等奖	
2012	绍兴县地税局	2012年度省级信息化工作综合先进单位	
2012	绍兴县财政局	2012年度财政信息工作三等奖	浙江省财政厅
2012	绍兴县财政局	2012年度全省地方金融管理工作先进集体	
2013	绍兴县财政局	2012年度一事一议财政奖补工作先进单位	
2013	绍兴县财政局	2012年度企业所得税税源调查工作先进单位	省财政厅、省地税局
2013	绍兴县财政局	2012年度全省乡镇财政资金监管工作先进单位	浙江省财政厅

续表25-1

获奖时间	获奖单位	荣誉称号	颁奖部门
2013	绍兴县财政局	2012年度企业财务快报工作先进单位	浙江省财政厅
2013	绍兴县财政局	2012年度全省农业财政工作考核合格单位	
2013	县农业综合开发办公室	2012年度农业综合开发工作考评良好	浙江省农业综合开发办公室
2013	绍兴县财政局	2012年度外资专项考评三等奖	浙江省商务厅、财政厅
2013	绍兴县地税局	2012年度信息工作综合县(市、区)局先进单位	浙江省地税局
2013	绍兴县地税局	2012年度省地税纳税服务目标责任制考核一等奖	
2013	绍兴县地税局	2012年度全省地税系统税政管理先进单位	
2013	绍兴县地税局	2012年度全省地税征管目标责任制考核三等奖	
2013	绍兴县地税局	2012年度支持浙商创业创新促浙江发展先进单位	
2013	柯桥税务分局	2012年度全省地税系统省级基层文明单位	
2013	绍兴县地税局	省地税系统第三届“以税说事(法)”暨“心系群众”税收动漫三等奖	
2013	钱清税务分局	《省小城市培育与税源结构优化研究》征文一等奖	
2013	柯桥税务分局办税厅	2010年前继续保留全国“巾帼文明岗”荣誉称号	浙江省地税局
2013	滨海税务分局办税厅	2010年前继续保留全国“巾帼文明岗”荣誉称号	
2013	福全税务分局	2010年前继续保留全国“巾帼文明岗”荣誉称号	
2013	平水税务分局	2012年绍兴市“十佳群众满意基层站所”	绍兴市政府纠风办
2013	绍兴县财政地税局	2012年度全市财政地税系统行风建设先进单位	绍兴市财政、地税局
2013	绍兴县财政局	2012年度全市财税系统信息宣传工作一等奖	
2013	柯桥分局	2012年度市财政地税系统“行风建设示范窗口”	
2013	绍兴县财政局	2012年度绍兴市统计工作先进集体	绍兴市统计局
2013	绍兴县财政局	2012年度市政府非税收入收缴先进单位(二等奖)	绍兴市财政局
2013	绍兴县财政局	2012年度市企财工作二等奖、财务报表单项奖	
2013	绍兴县财政局	2012年度全市财政系统会计资格考试组织先进单位	
2013	绍兴县财政局	2012年度全市预算绩效管理工作二等奖	
2013	绍兴县财政局	2012年度财政总决算工作先进单位	
2013	柯桥区财政局	2012年度企业会计快报先进单位	
2013	绍兴县地税局	2012年度浙(越)商创业创新促进绍兴发展优胜单位	绍兴市地税局
2013	绍兴县地税局	2012年度企业分离发展服务业先进单位	
2013	柯桥税务分局	2012年度市级地税系统基层文明单位	绍兴市地税局
2013	钱清税务分局	2012年度市级地税系统基层文明单位	
2012	绍兴县财政地税局	2012年度全市财政地税工作优胜单位	绍兴市财政地税局
2013	绍兴县财政局	2012年度拥军优属模范单位	市委市政府、军分区

续表25-1

获奖时间	获奖单位	荣誉称号	颁奖部门
2013	绍兴县财政局	2013年度省级财政信息工作先进单位	浙江省财政厅
2013	绍兴县地税局	2013年全省“税收·民生”宣传十佳创新栏目奖	浙江省地税局
2013	柯桥分局	2013年获“工人先锋号”荣誉称号	中华全国总工会
2014	绍兴县财政地税局	2013年度省财政地税档案目标管理复查认定单位	省财政厅、省地税局省档案局
2014	柯桥地税局　直属分局	2013年度《浙江税务》通联宣传工作通报表扬	浙江省地税局
2014	柯桥地税局	2013年度省地税系统税政综合管理工作通报表扬	
2014	柯桥地税局	2013年度税收计财工作质量考核通报表扬	
2014	柯桥区财政局	2013年度省财政系统国有资产管理考核先进单位	浙江省财政厅
2014	柯桥区财政局	2013年度省财政预算执行质量综合考核优秀	
2014	柯桥区财政局	2013年度全省农家乐休闲旅游考核三等奖	浙江省农办省财政厅
2014	平水税务分局	2013年绍兴市“行风建设示范窗口”	绍兴市政府纠风办
2014	柯桥区财政地税局	2013年度全市财政地税系统行风建设先进单位	绍兴市财政、地税局
2014	柯桥区财政地税局	2013年度全市依法行政工作先进单位	
2014	平水分局	2013年度基层普法点先进单位	
2014	滨海税务分局	2013年度市财政地税系统“行风建设示范窗口”	
2014	钱清税务分局	2013年度市财政地税系统“行风建设示范窗口”	
2014	柯桥区财政地税局	2013年度全市财税系统调研课题“小微企业税负调查分析及税收政策建议”一文获一等奖	
2014	柯桥区财政地税局	2013年度全市财税系统调研课题“绍兴县公务卡制度改革的实践与思考”一文获优秀奖	
2014	柯桥区财政地税局	2013年度全市财税系统信息工作一等奖	
2014	柯桥区财政局	2013年度预算执行分析工作先进单位	绍兴市财政局
2014	福全税务分局	2013年度市财政地税系统“示范办税服务厅”	绍兴市地税局
2014	柯桥地税局	2013年度市级规费管理工作先进单位	
2014	柯桥地税局	2013年度持续推进浙越商创业创新工作先进单位	
2014	柯桥地税局	2013年度税政管理工作质量综合先进单位	

表25-2

绍兴县国税局获得市级以上集体荣誉称号情况一览表(2003~2013)

获奖时间	获奖单位	荣誉称号	颁奖部门
2003	绍兴县国税局	2003年度全国税务系统信息化建设先进单位	国家税务总局
2003	绍兴县国税局办税服务厅	2003年度国家级“青年文明号”	国家税务总局共青团中央
2003	局综合档案室	2003年省级档案验收一级达标	浙江省国税局
2004	稽查局	2003年度省级文明单位	
2004	绍兴县国税局课题组	2003年度全省税收优秀学术研究成果佳作奖	
2004	绍兴县国税局	2003年度全省国税系统工作目标考核优秀单位	
2004	绍兴县国税局办税服务厅	2003年度省级“青年文明号”	浙江省国税局、共青团浙江省委
2004	绍兴县国税局	2003年度全市国税系统局领导班子考核一等奖	绍兴市国税局
2005	绍兴县国税局办税服务厅	2004年度国家级“青年文明号”	国家税务总局共青团中央
2005	绍兴县国税局稽查局	2004年度省级文明单位	中共浙江省委、浙江省人民政府
2005	绍兴县国税局市场管理科	2004年度市级“青年文明号”	绍兴市青年文明号、青年岗位能手活动指导委员会
2005	绍兴县国税局柯桥税收管理站	2004年度市级“青年文明号”	
2005	绍兴县国税局税政科	2004年度市级“青年文明号”	
2005	绍兴县国税局信息中心	2004年度市级“青年文明号”	
2005	绍兴县国税局办税服务厅	2005年度继续认定为全国税务系统“青年文明号”单位	国家税务总局共青团中央
2005	绍兴县国税局	2005年全市国税系统业务竞赛第一名	绍兴市国税局
2006	绍兴县国税局	2006年度市国税系统乒乓球比赛获女子团体第一名	
2007	绍兴县国税局	2006年度多元化电子申报获全市国税系统一等奖	
2007	绍兴县国税局	2006年异地容灾备份系统、增值税专用发票网上认证系统二个项目被市局评为二等奖	
2007	绍兴县国税局	2006年度私车费用管理制度被市局评为三等奖。	
2007	县局计划征收科	2006年绍兴市国税系统文明单位	
2007	绍兴县国税局	2006年度管理创新工作获省国税局集体嘉奖	浙江省国税局
2007	绍兴县国税局	2006年度市级文明单位	绍兴市人民政府
2007	绍兴县国税局	2006年全市国税系统局领导班子考核一等奖	绍兴市国税局
2007	绍兴县国税局税源管理三科	2006年绍兴市国税系统文明单位	
2007	绍兴县国税局福全税务分局	2006年绍兴市国税系统文明单位	
2007	绍兴县国税局平水税务所	2006年绍兴市国税系统文明单位	
2008	绍兴县国税局	2007年两件评估案例被市局评为优秀评估案例	

续表 25-2

获奖时间	获奖单位	荣誉称号	颁奖部门
2008	绍兴县国税局	2007年度印染行业"承包车间"税收管理评为省局优秀管理创新项目	浙江省国税局
2008	绍兴县国税局	2007年度外资企业出口货物进项发票管理评为市局优秀创新成果一等奖	绍兴市国税局
2008	绍兴县国税局	2007年强化售付汇税务凭证出具管理办法评为全市国税系统二等奖	
2008	绍兴县国税局	2007年度会统资料查询软件获全市国税系统三等奖	
2008	绍兴县国税局	2007年命名为省局文明单位	浙江省国税局
2008	绍兴县国税局	2007年被市人民政府命名为文明单位	中共绍兴市委、市政府
2008	绍兴县国税局	2007年被评为"绍兴市学习型机关"	绍兴市建设学习型城市工作指导委员会
2008	绍兴县国税局	2007年管理创新成绩出色,受省局集体嘉奖	浙江省国税局
2008	县局稽查局	2007年被评为绍兴市国税系统文明单位	绍兴市国税局
2008	县局计划征收科	2007年被评为绍兴市国税系统文明单位	
2008	管理三科	2007年被评为绍兴市国税系统文明单位	
2008	钱清税务分局	2007年被评为绍兴市国税系统文明单位	
2008	福全税务分局	2007年被评为绍兴市国税系统文明单位	
2008	绍兴县国税局钱清税务分局	2007年度"绍兴市行风建设示范窗口"	绍兴市行风建设领导小组
2008	绍兴县国税局齐贤税务分局	2007年度"绍兴市行风建设示范窗口"	
2008	绍兴县国税局柯桥税务分局	2008年度"绍兴市行风建设示范窗口"	
2009	绍兴县国税局	县局继续被省局命名为文明单位	浙江省国税局
2009	绍兴县国税局	2008年税收管理创新获省局集体嘉奖	
2009	钱清税务分局	2008年度全市国税系统文明单位	绍兴市国税局
2009	稽查局	2008年度全市国税系统文明单位	
2009	柯桥税务分局	2008年度全市国税系统文明单位	
2009	绍兴县国税局	2008年度"六员考试"中其中"稽查员"考试列全市第一名	
2009	县局管理三科	2008年度全市国税系统文明单位	
2009	绍兴县国税局	2008年度纺织印染行业监控项目获省国税局管理创新优秀项目	浙江省国税局
2009	绍兴县国税局	2008年度"六员考试""其他五员"考试列全市第二名	绍兴市国税局
2009	县国税局办税服务厅	2009年度"绍兴市行风建设示范窗口"	绍兴市行风建设领导小组办公室

续表 25-2

获奖时间	获奖单位	荣誉称号	颁奖部门
2009	县国税局办税服务厅	2009年度浙江省国税系统"群众满意基层站所(办事窗口)"	浙江省国税局
2009	绍兴县国税局	2009年度"纺织行业综合模型"评为全省国税系统管理创新优秀项目	
2009	绍兴县国税局	2009年度"出口企业征退税一体化管理"评为全省国税系统管理创新优秀项目	
2009	绍兴县国税局	2009年度查处的"浙江某热电有限公司涉外税务审计案例"被省国税局评为优秀案例	
2010	绍兴县国税局	2009年继续评为全省国税系统文明单位	
2010	绍兴县国税局	2009年通过市级文明单位复查	绍兴市精神文明建设委员会
2010	绍兴县国税局	2009年度全市国税系统领导班子考核一等奖	绍兴市国税局
2010	绍兴县国税局稽查局	两个稽查案例评为2009年度全市国税系统优秀案例	
2010	县局稽查局	2009年度全市国税系统文明单位称号	
2010	柯桥税务分局	2009年度全市国税系统文明单位称号	
2010	钱清税务分局	2009年度全市国税系统文明单位称号	
2010	福全税务分局	2009年度全市国税系统文明单位称号	
2010	税源管理三科	2009年度全市国税系统文明单位称号	
2010	县局稽查局	稽查报表优胜单位	绍兴市国税局稽查局
2010	绍兴县国税局	涉外税务审计获省国税局集体嘉奖	浙江省国税局
2010	绍兴县国税局	《新形势下如何做好离退休干部管理工作的思考》一文,获2009年度全省国税系统调研成果三等奖	
2010	绍兴县国税局	2009年度税收管理创新获省局记集体三等功	
2010	县局稽查局	2010年全市国税系统税务稽查案例评比获奖	绍兴市国税局
2011	县局稽查局	2010年度全市国税系统文明单位	
2011	钱清税务分局	2010年度全市国税系统文明单位	
2011	平水税务所	2010年度全市国税系统文明单位	
2011	福全税务分局	2010年度全市国税系统文明单位	
2011	县局管理三科	2010年度全市国税系统文明单位	
2011	绍兴县国税局	"24小时全自助办税售票服务"获得绍兴市"行风建设十大亮点"称号	绍兴市政府纠正行业不正之风办公室
2011	绍兴县国税局齐贤税务分局	《绍兴县某涤纶厂评估案例》被市局评为2010年度优秀纳税评估案例	绍兴市国税局
2011	绍兴县国税局	2010年度市国税系统局领导班子考核一等奖	
2011	绍兴县国税局管理一科	《绍兴县某热电有限公司评估案例》被市局评为2010年度优秀纳税评估案例	

续表25-2

获奖时间	获奖单位	荣誉称号	颁奖部门
2011	绍兴县国税局管理一科	《绍兴县某印染有限公司评估案例》被市局评为2010年度优秀纳税评估案例	绍兴市国税局
2011	绍兴县国税局	2010年度浙江省文明单位	中共浙江省委、浙江省人民政府
2011	绍兴县国税局办税服务厅	被评为2010年度市级“青年文明号”	绍兴市青年文明号、青年岗位能手指导委员会
2011	绍兴县国税局钱清分局办税服务厅	被评为2010年度市级“青年文明号”	
2011	平水所办税服务厅	被评为2010年度市级“青年文明号”	
2011	县国税局平水所工会委员会	授予全市“三级联创”示范基层工会荣誉称号	中共绍兴市委组织部、市总工会
2011	绍兴县国税局	2010年全省国税系统税收管理创新集体三等功	浙江省国税局
2011	绍兴县国税局	《非居民企业税收管理》评为2010年度全省国税系统国际税收优秀案例	
2011	绍兴县国税局稽查局	2011年度《某骗税案》案例获全省国税稽查案例三等奖	
2012	绍兴县国税局	2011年度县局管理创新成绩显著被省局记集体三等功	
2012	绍兴县国税局	《纳税人涉税风险防范机制》评为2011年度全省国税管理创新优秀项目	
2012	绍兴县国税局办税服务厅	2011年度省级“青年文明号”	浙江省青年文明号、岗位能手活动组委会
2012	绍兴县国税局管理一科	《绍兴县某房地产有限公司评估案例》被市局评为2011年度优秀纳税评估案例	绍兴市国税局
2012	绍兴县国税局管理一科	《绍兴县某化纤有限公司评估案例》被市局评为2011年度优秀纳税评估案例	
2013	绍兴县国税局	2012年度市国税系统宣传工作先进集体	
2013	绍兴县国税局	全市国税系统排舞比赛县局代表队获第二名	
2013	局办税服务厅	2012年被命名为全省“示范办税服务厅”	浙江省国税局
2013	绍兴县国税局	《企业纳税遵从行为分析报告》评为2012年度全省国税系统管理创新优秀项目	
2013	绍兴县国税局	2012年度全省国税系统政务信息先进集体	
2013	绍兴县国税局	2012年度管理创新获省国税局集体嘉奖	
2013	绍兴县国税局办税服务厅	2012年度省级“青年文明号”	浙江省青年文明号岗位能手活动组委会
2013	绍兴县国税局办税服务厅	2012年度市级“巾帼文明岗”	绍兴市巾帼建功协调小组
2013	绍兴县国税局办税服务厅	2012年度“绍兴市行风建设示范窗口”	绍兴市政府纠正行业不正之风办公室
2013	绍兴县国税局	浙江省第三届政风行风建设评比，县国税局“24小时自助办税服务”获争优奖	中共浙江省纪委

续表25-2

获奖时间	获奖单位	荣誉称号	颁奖部门
2013	绍兴县国税局	2013年《绍兴某针织有限公司》稽查案例，获全市国税系统稽查案例三等奖	绍兴市国税局
2013	绍兴县国税局	2013年《绍兴某纺织有限公司》稽查案例，获全市国税系统稽查案例一等奖	绍兴市国税局
2013	绍兴县国税局	2013年查处《绍兴某纺织有限公司》稽查案，获全省国税系统稽查案例一等奖	浙江省国税局
2013	绍兴县国税局	2013年度有2件案例评为全省国税系统国际税收优秀案例	
2014	柯桥区国税局	2013年区国税局被命名为浙江省第二批廉政文化“六进”示范点	中共浙江省纪委
2014	柯桥区国税局办税服务厅	2013年被评为浙江省“群众满意基层站所（服务窗口）”创建先进单位	浙江省政府纠正行业不正之风办公室
2014	柯桥区国税局 柯桥税务分局	2013年“绍兴市行风建设示范窗口”	绍兴市政府纠正行业不正之风办公室
2014	柯桥区国税局 稽查局党支部	2013年度全市国税系统“三型”基层党组织建设先进党支部	绍兴市国税局
2014	柯桥区国税局	2013年度全市国税系统税收宣传先进集体	
2014	柯桥区国税局办税服务厅	2013年度评为“浙江省巾帼文明岗”	浙江省巾帼建功和双学双比活动协调小组
2014	柯桥区国税局	2013年度全省国税系统政务信息工作先进集体	浙江省国税局
2014	柯桥区国税局	2013年区国税局网站评为省国税系统评估优秀网站	
2014	柯桥区国税局	2013年“某汽车仪表有限公司”评估，获省局评估优秀案例	
2014	区局稽查局	2013年度打击整治发票违法犯罪活动获省局集体嘉奖	

表25-3

绍兴县财政地税局获得省级以上个人荣誉称号情况一览表(2003~2013)

获奖时间	姓名	荣誉称号	颁奖部门
2003	金铭	2003年度全国税务系统信息化建设先进个人	国家税务总局
2004	来建祥	山西省财政厅(刊物)优秀通讯员	山西省财政厅
2003	倪华丰	2003年度财政信息工作先进个人	浙江省财政厅
2003	沈兆森	2003年度《财政纪检监察简报》先进个人	省监察厅驻省厅办
2004	谢伟光	2003年度会计决算报表先进个人	浙江省财政厅
2004	陈晓伟	2003年度企业所得税税源调查工作先进个人	浙江省地税局 浙江省财政厅
2003	洪志华	全省财政地税系统书画摄影比赛三等奖	
2003	胡吕海	全省财政地税系统书画摄影比赛三等奖	
2003	屠国海	全省财政地税系统书画摄影比赛优秀奖	
2003	方勋	全省财政地税系统书画摄影比赛优秀奖	
2003	陈爱民	全省财政地税系统书画摄影比赛优秀奖	
2004	倪华丰	2003年度《浙江税务》优秀通讯员	浙江省地税局
2004	倪华丰	2003年度全省税收新闻宣传工作先进个人	
2004	倪华丰	2003年度全省地税信息工作先进个人	
2004	俞灵刚	2003年度全省地税系统"查账能手"	浙江省稽查局
2004	倪华丰	2004年度财政信息工作先进个人	浙江省财政厅
2004	倪华丰	2004年度全省地税信息工作先进个人	浙江省地税局
2004	倪华丰	2004年度全省税收新闻宣传工作先进个人	
2005	丁红飞	2004年度会计决算报表先进个人	浙江省财政厅
2005	蒋一平	全省财政系统计算机应用先进个人	
2005	张永华	"关于财政普法中若干问题的思考"获一等奖	
2005	陈晓伟	2004年度企业所得税税源调查工作先进个人	省地税局省财政厅
2005	胡吕海	浙江省中老年绘画、书法、摄影作品大赛优胜奖	省作品赛组委会
2005	倪华丰	2004年度《浙江税务》优秀通讯员	浙江省地税局
2005	倪华丰	2004年度《浙江地税年鉴》优秀联络员	
2005	胡国祥	2004年度全省地税系统稽查工作先进个人	
2005	倪华丰	2005年度全省税收新闻宣传工作先进个人	
2005	孙正祥	2005年《浙江税务》"兰亭杯"读书征文活动二等奖	
2005	倪华丰	2005年《浙江税务》"兰亭杯"读书征文活动二等奖	
2005	周同	2005年《浙江税务》"兰亭杯"读书征文活动三等奖	
2005	董建军	2005年《浙江税务》"兰亭杯"读书征文活动三等奖	
2005	徐燕飞	2005年《浙江税务》"兰亭杯"读书征文活动三等奖	

续表25-3

获奖时间	姓　名	荣誉称号	颁奖部门
2005	张妙娟	2005年《浙江税务》“兰亭杯”读书征文活动鼓励奖	浙江省地税局
2005	严　炜	2005年《浙江税务》“兰亭杯”读书征文活动鼓励奖	
2005	倪华丰	2005年度全省地税信息工作先进个人	
2005	倪华丰	2005年度《浙江税务》优秀通讯员	
2006	潘关仁	2005年度全省财政总决算工作先进个人	浙江省财政厅
2006	倪华丰	2005年度财政信息工作先进个人	
2006	陈晓伟	2005年度企业所得税税源调查工作先进个人	省地税局省财政厅
2006	来建祥	山西省财政厅(刊物)优秀通讯员	山西省财政厅
2006	倪华丰	2005年度《浙江地税年鉴》资料征集先进个人	浙江省地税局
2006	翁小娟	2005年度优秀质量管理员	
2006	张永华	“关于财政普法中若干问题的思考”获入围奖	省司法厅等单位
2006	赵剑勇	2005年度企业会计决算报表先进个人	浙江省财政厅
2006	倪华丰	2006年度财政信息工作先进个人	
2006	孙勇军	2006年《浙江税务》“情系税收　共建和谐”美摄作品三等奖	浙江省地税局
2006	倪华丰	2006年《浙江税务》“情系税收　共建和谐”文学作品三等奖	
2006	倪华丰	2006年度全省地税信息工作先进个人	
2006	叶震海	2006年度全省地税系统网站先进工作者	
2006	倪华丰	2006年度全省税收新闻宣传工作先进个人	
2006	倪华丰	2006年度《浙江税务》优秀通讯员	
2006	孙正祥	“中函”历程三步情二等奖	财政部干部教育中心
2007	华永伟	“党的忠诚卫士当群众的贴心人”主题实践活动先进个人	中共浙江省纪委驻财政厅纪检组
2007	陈晓伟	2006年度企业所得税税源调查工作先进个人	省地税局省财政厅
2007	张永华	2006年度财政法制工作先进个人	浙江省财政厅
2007	毛伟菁	2006年度部门决算报表先进个人	
2007	倪华丰	2007年度财政信息工作先进个人	
2007	赵剑勇	2006年度企业会计决算报表先进个人	
2007	倪华丰	2006年度《浙江地税年鉴》征集资料先进工作者	浙江省地税局
2007	高　坤	2006年度省级优秀发票管理员	
2007	黄东方	税友2006开发人员通报表扬	
2007	陈晓伟	首次年所得12万元以上个人所得税自行纳税申报工作先进个人	
2007	祝建良	2007年度全省税收新闻宣传工作先进个人	
2007	倪华丰	2007年度全省地税信息工作先进个人	

续表25-3

获奖时间	姓　名	荣誉称号	颁奖部门
2007	倪华丰	2007年度《浙江税务》先进通讯员	浙江省地税局
2008	姚敏智	2007年度浙江省"巾帼建功"标兵	省"巾帼建功"和双学双比协调小组
2008	唐伟明	2007年度企业所得税税源调查工作先进个人	省地税局省财政厅
2008	王　璟	2007年度企业会计决算先进个人	浙江省财政厅
2008	张永华	2007年度财政法制工作先进个人	
2008	郑　英	2007年度全省财政系统人事教育统计工作先进个人	
2008	毛伟菁	2007年度部门决算报表先进个人	
2008	祝建良	2008年度财政信息工作先进个人	
2008	倪华丰	2007年度《浙江地税年鉴》资料征集先进工作者	浙江省地税局
2008	唐伟明	2006年度全省税收调查工作先进个人	
2008	何肖芳	2007年度优秀质量管理员	
2008	黄东方	2008年全省税收调查工作先进个人	
2008	祝建良	2008年度全省地税信息工作先进个人	
2008	祝建良	2008年度《浙江税务》优秀通讯员	
2008	祝建良	2008年度《浙江地税年鉴》资料征集先进个人	
2009	吴文龙	2009年全省财政监督工作先进个人	浙江省财政厅
2009	何肖芳	2008年度企业所得税税源调查工作先进个人	省地税局省财政厅
2009	周国庆	2008年度会计管理工作先进个人	浙江省财政厅
2009	沈信利	2008年度全省财政计算机应用先进个人	
2009	郑　英	2008年度全省财政系统人事教育统计工作先进个人	
2009	王　璟	2008年度企业会计决算报表先进个人	
2009	毛伟菁	2008年度部门决算报表先进个人	
2009	祝建良	2009年度财政信息工作先进个人	
2009	祝建良	2008年度全省税收新闻宣传先进个人	浙江省地税局
2009	魏志刚	2008年度计财业务交流平台应用先进个人	
2009	邹国林	2008年度省级稽查先进个人	
2009	洪志华	"庆祝新中国成立60周年"红色江山万代传国画金奖	
2009	孙勇军	"庆祝新中国成立60周年"喜迎60华诞剪纸获铜奖	
2009	祝建良	2009年度全省税收新闻宣传工作先进个人	
2009	曾晓琴	2009年度全省地税信息工作先进个人	
2009	祝建良	2009年度《浙江税务》优秀通讯员	
2009	胡吕海	"中汇杯"书法摄影大赛一省级书法一等奖	大赛组委会

续表25-3

获奖时间	姓 名	荣誉称号	颁奖部门
2010	潘关仁	2009年度全省财政总决算工作先进个人	浙江省财政厅
2010	毛伟菁	2009年度部门决算先进个人	
2010	王 璟	2010年地方金融管理工作先进个人	
2010	王 璟	2009年度企业会计决算报表先进个人	
2010	周雪峰	2009年度获税收学术研究成果佳作奖	浙江省国税局、地税局、省税务学会
2010	沈银峰	2009年度省级优秀发票管理员	浙江省地税局
2010	陈晓伟	2009年度优秀质量管理员	
2010	鲁 勇	“后危机时代的地税工作”专题征文获二等奖	
2010	朱越明	“后危机时代的地税工作”专题征文获二等奖	
2010	沈琴梅	“后危机时代的地税工作”专题征文获二等奖	
2010	陈百仁	“后危机时代的地税工作”专题征文获三等奖	
2010	吴国英	“后危机时代的地税工作”专题征文获三等奖	
2010	陈 飞	“后危机时代的地税工作”专题征文获佳作奖	
2010	汪秋红	“后危机时代的地税工作”专题征文获佳作奖	
2010	祝建良	2009年度《浙江地税年鉴》资料征集先进工作者	
2010	罗紫萍	2009年度省级纳税服务之星	
2010	姚敏智	2009年度全省推进企业分离发展服务业工作先进个人	
2010	马传浩	2009年度优秀调研报告获三等奖	
2010	赵 建	2009年度优秀调研报告获三等奖	
2010	曾晓琴	2010年度全省地税信息工作先进个人	
2010	黄东方	2009年全省税收调查工作先进个人	
2010	孙勇军	“钱江源杯”美术摄影一等奖	
2010	郑 英	“钱江源杯”文学美术比赛三等奖	
2010	徐有林	全省地税系统“五五”普法先进个人	
2010	曾晓琴	2010年度《浙江税务》优秀通讯员	
2011	金国安	全省地税系统先进工作者	浙江省人力资源和社会保障厅、地税局
2011	洪煜锋	2010年全省地税稽查信息工作先进个人	浙江省地方税务局稽查局
2011	徐志方	2010年度全省地税系统优秀调研报告二等奖	浙江省地税局
2011	马传浩	2010年度全省地税系统优秀调研报告二等奖	
2011	屠国海	2010年度全省地税系统优秀调研报告二等奖	
2011	孙勇军	2010年度基层优秀通讯员	
2011	何肖芳	2010年度企业所得税税源调查工作先进个人	

续表25-3

获奖时间	姓 名	荣誉称号	颁奖部门
2011	唐伟明	2010年度全省推进企业分离发展服务业工作先进个人	浙江省地税局
2011	赵 建	2010年度省级优秀发票管理员	
2011	张栋栋	2010年度省级纳税服务之星	
2011	毛伟菁	2010年度部门决算先进个人	浙江省财政厅
2011	张国斌	2010年度省级财政系统县级计算机应用先进个人	
2011	傅楚光	2010年度企业会计决算报表先进个人	
2011	赵忆怀	2011年度浙江省优秀会计论文二等奖	
2011	祁大永	2011年度浙江省优秀会计论文二等奖	
2011	潘国海	2011年度省国库集中支付和公务卡改革工作先进个人	
2012	沈信利	2011年度全省财政系统计算机应用先进个人	
2012	徐有林	2011年度财政法制工作先进个人	
2012	潘关仁	2011年度全省财政总决算工作先进个人	
2012	常云芳	2011年度部门决算先进个人	
2012	钱水清	2012年度全省财政会计管理工作先进个人	
2012	陈琦波	“小金库”专项治理先进工作者	
2012	汪永泉	2011年度企业所得税税源调查工作先进个人	浙江省财政厅浙江省地税局
2012	洪煜锋	2011年度省级地税稽查信息工作先进个人	浙江省地方税务局稽查局
2012	徐志方	2011年度优秀调研报告获二等奖	浙江省地税局
2012	谭耀勤	2011年度优秀调研报告获二等奖	
2012	曾晓琴	2011年度《浙江税务》优秀通讯员	
2012	傅建明	2011年度优秀质量管理员	
2011	祝建良	2011年度《浙江地税年鉴》资料征集先进工作者	
2011	孙正祥	“税收印象”征文摄影活动文学类三等奖	
2011	夏彩利	2011年度全省地税信息工作先进个人	
2012	杨 青	授于浙江省地税系统“我身边的好税官”	
2012	倪 钟	浙江省地税系统“所得税业务能手”	
2012	罗紫萍	2011年度省级纳税服务之星	
2012	曾晓琴	2011年度《浙江地税年鉴》资料征集先进工作者	
2012	包关云	2011年度全省推进企业分离发展服务业工作先进个人	
2012	李鉴荣	浙江地税大集中工程建设中记三等功	
2012	张栋栋	浙江地税大集中工程建设中记三等功	
2012	屠国海	浙江地税大集中工程建设中记三等功	浙江省地税局
2012	李铁峰	浙江地税大集中工程建设中记三等功	

续表25-3

获奖时间	姓　名	荣誉称号	颁奖部门
2012	喻光耀	《从“亩产税收”视角谈如何支持绍兴县印染业集聚升级》获2012年省局“改革创新与浙江地税发展”专题征文优秀论文一等奖	浙江省地税局
2012	严　炜 曾晓琴	《新形势下促进绍兴县转型升级的财税对策思考》获2012年省局“改革创新与浙江地税发展”专题征文优秀论文一等奖	
2012	何东红 应婷婷	《“后房产时代”税源培育思考》获2012年省局“改革创新与浙江地税发展”专题征文优秀论文二等奖	
2012	谢　挺	《营业税起征点提高对税收征管的影响分析》获2012年省局“改革创新与浙江地税发展”专题征文优秀论文二等奖	
2012	钮　勇 孙利洪 沈　俊 王华樑	《关于绍兴县股权转让税收粗浅分析》获2012年省局“改革创新与浙江地税发展”专题征文优秀论文三等奖	
2012	包关云	《合伙制与公司制企业的税负建模分析》获2012年省局“改革创新与浙江地税发展”专题征文优秀论文三等奖	
2012	张永华	《浅谈当前税收执法风险的成因与对策》获2012年省局“改革创新与浙江地税发展”专题征文优秀论文佳作奖	
2012	杜可可	《浅谈如何完善基层税收宣传工作》获2012年省局“改革创新与浙江地税发展”专题征文优秀论文佳作奖	
2012	宋　宁	2012年度全省地税信息工作先进个人	
2012	朱红琴	2012年全省税收调查和减免税调查工作先进个人	
2013	曾晓琴	2013年度财政信息工作先进个人	浙江省财政厅
2013	潘关仁	2012年度部门决算先进个人	
2013	沈信利	2012年度全省财政系统计算机应用先进个人	
2013	李燕青	2012年度全省财政综合工作先进个人	
2013	劳江君	2012年度全省政府非税收入收缴情况报告工作先进个人	
2013	王　璟	2012年度企业财务会计决算报表先进	
2013	包关云	2012年度全省地税系统优秀研究报告获三等奖	浙江省地税局
2013	胡境荫	2012年度全省地税系统优秀研究报告获三等奖	
2013	曾晓琴	2012年度全省地税系统优秀研究报告获三等奖	
2013	夏彩利	2012年度全省地税系统优秀研究报告获三等奖	
2013	吴丹晔	2012年度省级纳税服务之星	
2013	陆海东	2013年全省财税系统“践行财税文化　共铸中国梦”演讲获三等奖	
2013	包关云	2012年度支持浙商创业创新促进浙江发展先进个人	
2014	郑　英	2013年度获省财政系统国有资产管理工作考核先进个人	浙江省财政厅
2014	宋慧芳	2013年度地税服务窗口省级纳税服务之星	浙江省地税局

表25-4

绍兴县国税局获得省级及以上先进个人荣誉称号情况一览表(2003~2013)

获奖时间	姓　名	荣誉称号	颁奖部门
2003	沈铁华	2003年度全省国税系统优秀税收调研三等奖	浙江省国税局
2003	傅云根	2003年度全省国税系统优秀税收调研三等奖	
2006	丁一宾	获全国税务系统综合征管软件2.0版推广应用先进个人	国家税务总局
2008	赵慧芳	获全省国税系统廉政书画摄影大赛中书法作品二等奖	浙江省国税局
2008	徐　霆	获全省国税系统廉政书画摄影大赛中书法作品三等奖	
2008	张　剑	获浙江省国税局记个人一等功	
2009	王永岳	全国税务稽查业务考试被省国税局记三等功	
2009	倪长江	2008年度全省国税系统优秀税务工作者	
2009	魏苗鑫	2008年度全省国税系统优秀税务工作者	
2009	毛　勇	2009年荣获浙江省国税局个人三等功	
2009	倪长江	荣获浙江省国税局嘉奖	
2009	魏苗鑫	荣获浙江省国税局嘉奖	
2010	金建伟	进出口税收管理中,获浙江省国税局个人三等功	
2010	魏苗鑫	行业建模双50%工作目标、新建模型以及模型应用突出表现获浙江省国税局嘉奖	
2010	王永岳	2009年度全省国税系统优秀税务工作者	
2010	丁一宾	2009年度全省国税系统优秀税务工作者	
2010	孙迪飞	全省基层工作先进个人	
2011	谢萍萍	2010年度全省国税系统优秀税务工作者	
2011	丁一宾	2010年度全省国税系统优秀税务工作者	
2012	李建华	2011年度企业所得税清缴审核获省局嘉奖	
2012	季承武	《在岗　在行　在状态》获省国税征文优秀奖	
2012	徐佩兴	《寂寞山谷多清风》获省国税征文优秀奖	
2013	李　涛	“营改增”试点工作中,被省局记三等功	
2013	孟伟巍	“营改增”试点工作中,被省局嘉奖	

学习先进英模活动

财税系统组织的学习先进英模活动,通常由上级所号召学习的先进模范人物,在系统内开展学事迹、找差距、拟措施等活动,也有的是以总结、挖掘、宣扬本单位先进人物事迹,促进财税工作。

财政地税局　2003年,开展向郑培民同志学习活动,并与系统内十六大主题教育的思想政治教育结合起来;与创建“共产党员先锋岗”和文明机关结合起来;与解决各类问题结合起来。

2004年8月，按县委开展“学英雄、树形象、创业绩”活动精神，由局党总支组织实施的学习展良才同志英雄事迹活动，局机关各支部响应学习安排。展良才，男，汉族，初中文化，河南省西华县东夏镇南街村人，1985年2月7日出生，2003年12月入伍到绍兴市消防支队绍兴县消防中队服役。2004年7月28日22时左右，绍兴县钱清镇梅东村的三羊植绒厂突然起火，绍兴县消防大队接到报警后迅速出动。在此次火灾扑救中，年仅19岁的消防战士展良才，在保卫人民财产和掩护战友撤退中，献出年轻的生命。经公安部政治部批准，追授展良才为革命烈士。学习活动中要求党员开展“五学五比”活动（学英雄冲锋在前、舍生忘死的大无畏气概，比自己的奉献精神如何；学英雄刻苦训练成就过硬的军事素质，比自己的岗位技能如何；学英雄的恪尽职守的敬业意识，比自己对工作尽职尽责如何；学英雄一心为民的崇高品质，比自己服务基层、服务群众做得如何；学英雄自强不息、奋发图强的革命精神，比自己的进取精神如何），同时，开展财税形象、财税精神大讨论，概括提炼新时期财税干部的形象要求和精神境界；开展学英雄、创业绩活动，把广大党员干部的注意力集中到开创工作业绩上来，引导到为财税工作献计出力上来，引导到聚精会神干好本职工作上来，完成年度各项工作目标。

2005年，在保持共产党员先进性教育活动中，挖掘总结县财政地税系统自1999年以来曾宣扬的17位党员的先进事迹，编写成《耕耘的足迹》一书。总结宣扬他（她）们的先进事迹，并号召系统全体干部以这些先进典型为榜样，情系财税，心念群众，立足本职，争创一流。以先进人物为榜样，以学习先进为动力，认真思考“向先进学什么、在岗位干什么、创业绩留什么”等现实问题，把个人理想与奋斗同财税事业发展紧密联系起来，在平凡岗位上做出不平凡的业绩。

2007年，在作风建设活动中，县委发出向王宝山同志学习号召，全系统干部职工以听介绍、谈体会、写心得形式开展学习先进典型。王宝山同志是一位从县纪委副书记、监察局长岗位上退下来的老同志，在多个岗位上，展示出立党为公、执政为民的优秀品质，体现了群众之上、事业为重的精神追求。学习王宝山同志，就要学习他爱岗敬业、任劳任怨的思想境界；学习他艰苦奋斗、真抓实干的优良作风；学习他严于律己、不谋私利的高尚品格。全县以“五个一”（下发一个文件、推出一组系列宣传、组织一场报告会、撰写一篇体会文章、编发一本体会文章汇编）安排学习活动。县财政地税局在组织好各项活动同时，向县机关党工委选送15篇个人学习体会文章。

2008年，结合反腐倡廉和作风建设活动，依据县纪委关于在全县党员干部中《组织开展学习周恩来精神风范活动的通知》，组织全系统广大党员干部职工学习周恩来精神风范，引导党员干部努力做到“六个模范”（信仰坚定、理想崇高的模范；热爱人民、勤政为民的模范；顾全大局、光明磊落的模范；实事求是、严谨细致的模范；虚怀若谷、戒骄戒躁的模范；严以律己、廉洁奉公的模范）。整个活动分学习、讨论、写体会三个阶段进行。在学习活动阶段，开展“三个一”活动，即阅读一本书，学习《周恩来精神风范》一书；

上一个网站,学习县局主页上《周恩来精神风范》专栏的内容;观看一部电教片,片名为《周恩来的故事》,在局域网上自行组织收看。专题讨论阶段,组织开展“周恩来精神风范的主要内容是什么”“新时期学习周恩来精神风范有何重要意义”“如何结合本职工作,学习周恩来精神风范”的大讨论。撰写体会文章阶段,在学习、讨论的基础上,组织党员干部撰写学习心得和读书感言,机关支部和各单位至少报送2篇质量较高、结合较好的体会文章,7月20日前送县局监察科,县局将把优秀文章推荐给县纪委参加优秀心得感言评选。学习活动中,要求统一思想,提高认识,把周恩来精神风范当作宝贵财富、精神旗帜、力量源泉;当作贯彻落实党的十七大精神的具体行动,深化“作风建设年”活动的有效载体。要认真组织,科学安排,制定学习计划,设计有效载体,安排时间,认真组织实施,主要领导带头参加学习活动和开展对照检查,全体党员干部要积极撰写体会文章。要注重结合,力求实效,把学习周恩来精神风范与深入学习贯彻党的十七大精神结合起来,与加强作风效能建设结合起来,与深入开展“企业服务年”活动结合起来,以为民、务实、清廉的品行完成全年各项任务的圆满完成。8月20日,全系统开展学习周恩来精神风范心得体会和读书感言征集评选,各单位推荐出23篇文章参加评选,在向县纪委推荐同时,还在刊物上进行刊登。

县国家税务局 2003年,开展向郑培民同志学习的教育活动。要求干部树立正确的权力观、地位观、利益观,坚持立党为公、执政为民、解放思想、实事求是、与时俱进的品行。同时把握5个学习重点,即学习郑培民同志把“做官先做人,万事民为先”作为自己的行为准则,始终保持着对人民群众的深厚感情;学习他不为名,不为利,不怕苦,不怕累,对党和人民事业的无限忠诚;学习他以强烈的事业心和忘我的敬业精神,脚踏实地,开拓创新,干一地、兴一地,对本职工作的严谨态度;学习他一身正气、两袖清风、谦虚谨慎、克己奉公,对自己、对亲属严格要求的自律精神;学习他顾全大局,公道正派,讲学习,讲政治,讲正气,讲团结的模范行为。同年7月,开展向全县国税系统17名先进个人学习,先进事迹先后通过国税信息登载介绍,在全系统干部职工中掀起向先进学习的热潮。

2006年5月,局党组响应省国税局党组关于开展向刘朱法同志学习活动的决定,认真安排部署、采取措施、广泛深入开展学习宣传活动,把开展向刘朱法同志学习活动作为学习贯彻“三个代表”重要思想、贯彻落实科学发展观和树立社会主义荣辱观的重要举措,作为进一步加强领导班子建设、干部队伍建设和税收管理基础的重要抓手,作为深入开展“四项工程”建设和加强思想政治工作的重要内容。全体干部职工以刘朱法同志为榜样,牢固树立科学的世界观、人生观和价值观,正确树立社会主义荣辱观,振奋精神,扎实工作,以旺盛的革命斗志和饱满的工作热情投身国税事业,在开展讨论的基础上,每位干部写出学习体会。

2009年度,县局组织开展向吴大观同志学习活动,并提出4点要求,即要利用中午政治学习时间组织开展学习,用吴大观同志的感人事迹、光辉形象和崇高精神,引领党员干部作时代先锋、为党旗添彩;要把学习任务作为开展深入学习实践科学发展观活动的一项重要内容,对照吴大观同志的先进事迹,查找在党风党纪、创新发展、为民服务意识等方面存在的差距;开展学习吴大观同志活动要与做好当前各项工作结合起来,激励党员干部把对党对人民的热爱转化为做好本职工作、争创一流业绩的实际行动;要对学习吴大观同志先进事迹情况和典型经验进行总结。

2010年,以"找亮点、树典型、学先进"形式,开展向先进人物学习活动。选出10名"省、市、县国税系统优秀税务工作者,作为先进人物的杰出代表予以宣传、学习。有刻苦学习,不断提升稽查本领和水平的省优秀税务工作者王永岳同志的事迹;探索实践,努力提高和改进征管质量的省优秀税务工作者丁一宾同志的事迹;勇于创新,强化落实退税政策和措施的市优秀税务工作者倪长江同志的事迹;立足岗位,在平凡的工作中真情服务的市优秀税务工作者朱杏梅同志的事迹;履职尽责,在基层一线岗位默默奉献的市优秀税务工作者宣锦良同志的事迹;点滴积累,积极做好政策解答工作的县优秀税务工作者沈月美同志的事迹;热情周到,塑造国税良好服务形象的县优秀税务工作者王陶华同志的事迹;尽心尽职,耕耘在税收一线的奋斗者的县优秀税务工作者韩富云同志的事迹;牢记职责,甘愿做无名老黄牛的县优秀税务工作者封志刚同志的事迹;真情奉献,在工作中扮演好各种角色的县优秀税务工作者朱国锋同志的事迹。

第三节 思想政治工作研究

思想政治工作研究,是针对新形势、新情况、新任务开展的思想政治工作探索和研究活动,以多种形式开展实践性总结研究和以政研会活动进行理论性研究总结。

实践性总结研究

是指思想政治工作在提高干部队伍素质上、在开展党务工作、创先争优活动及财政税务业务工作中的应用和经验总结。

财政地税局 2003年8月,举办中层干部"责任与形象"为主题的封闭式读书会。在专题讲座、参观考察的基础上进行讨论交流,着重研究在新形势、新任务情况下怎样当好中层干部,如何认识中层干部的责任与使命,如何更好地履行职责,树立自身的良好形象,做好表率,带好队伍。

2004年,结合干部队伍建设,在开展"共产党员示范岗"活动中,总结和号召干部党员(尤其是中层以上领导),喊响"从我做起,向我看齐,以我为样"的口号,在思想品德、岗位创优中起好5个带头,即带头以德服人,做遵守社会公德、职业道德、家庭美德的模范;带头以能立业,做勤于思考、刻苦学习、精业勤业、真才实学的模范;带头以勤为本,做乐于奉献、忠于事业、勇争一流的模范;带头以俭修身,做干净干事、勤俭节约、淡泊名利的模范;带头以苦励志,做志存高远、吃苦在先、享受在后乐在事业的模范。

2005年,在开展保持共产党员先进性教育中,发动系统干部结合个人岗位、志向、品德,总结、撰写、交流保持党员先进性的座右铭活动,40位同志的座右铭内容在简报上刊登。主要有"立党为公,执政为民,全心全意为人民服务""爱岗敬业,奉献事业";"保赤子之心,尽为民之责""修德为本,尽职为重";"清清白白为人,踏踏实实做事""勤勤恳恳学习,堂堂正正做人,清清白白做事,实实在在奉献";"静心平和,净心干事,尽心敬业""敬业、勤业、精业、净业"。

2006年,开展财税文化建设年研究活动。以座谈会形式,从不同层面、不同角度理解、思考财税文化内含,有10位同志发言谈见识;开展财税文化大家谈,有38位同志撰写的财税文化核心理念作书面交流;开展财税精神大家谈活动,有24位同志对财税精神的论述在信息刊物交流。

2007年,结合创建廉政文化示范点实践活动,总结出融入财税工作而创建成功的做法与体会。主要做法为统一思想,形成氛围,引导干部职工看到重要性,认识必要性;创新形式,活化载体,围绕创建主题,以新颖多样方式、方法推出"十个一"活动;有机融入,注重结合,把廉政文化与财税工作紧密配对,注重抓好"六个结合"(整合资源、注重节约、以俭创建、用钱有度、化小钱办大事、化少钱办多事)。创建体会有领导重视,形成合力,是创建示范点的关键所在;寓教于乐,潜移默化是创建示范点的必要手段;形成机制,持之以恒是创建示范点的重要保证。

2008年,平水税务分局在"服务企业年"背景下,倡导"六个一"(一个目标统领、窗口受理、标准服务、口径取数、平台反馈、机制纠错)基础上,推出以"工作零差错、公务高效率"活动,创建"六个所有"(让所有纳税人享受全新的税收信息服务、让所有纳税人享受全程的税收辅导服务、让所有纳税人享受全面的税收联系服务、让所有纳税人享受公正的税收执法服务、让所有纳税人享受公平的税收优惠服务、让所有纳税人享受公开的税收监督权利)财税服务体系。在半年多创建实践中,对干部队伍素质总结出"三个工程"建设,即德政工程建设。围绕干部勤奋进取意识、爱岗敬业意识、乐于奉献意识,开展以班子更有号召力、干部更有执行力、队伍更有凝聚力为内容的"三力"教育活动,促使分局干部思想不散、干劲不减、工作激情不降,"合心、合力、合拍",推动工作开展。素质工程建设。开展"书香伴我行"活动,打造"教学相长型分局",实现团队学习,知识共享,提高干部"走近矛盾,破解难题"的能力。廉政工程建设。开展廉洁、廉政、廉人生教育,向干部家属发"树立清廉家风,构建平安人生"倡议书等,确保干部零违纪,勤政廉政,干净干事,不断提升干部的综合素质。

2009年,在深化科学发展观理论认识、强化"以人为本"工作理念中,开展对近年来财税系统思想政治工作的实践进行总结探索。着重围绕10个问题展开,即如何在落实科学发展观中,体现以人为本的思想政治工作;如何以财税文化建设为载体,积极有效地开展思想政治工作;如何通过思想政治工作,发挥人的积极性,在严峻的经济形势下确保收入任务完成;如何通过思想政治工作,加强中层干部队伍建设;如何通过思想政治工作,发挥系统内大中专毕业生的积极性和能动性;如何促进思想政治工作和业务工作的有机结合；如何通过思想政治工作，加强财税系统党、团、工、妇组织建设，加强单位的团队协作精神；如何通过思想政治工作，使干部勤于事、善于事、净于事；如何通过思想政治工作，加强制度建设、维护制度严肃性；如何以“木桶原理”，加强一人、一事中的思想政治工作。

调研活动以各单位（局机关以支部为单位）为主选择一个调研课题，组织所在单位人员以个别交流、座谈、问卷调查等形式，开展调研活动，形成“鲜活口味”的调研成果，并在县局政工理论专题研讨会上学习交流。

2010年，结合党组织“创先争优”活动实践，总结出“三抓三提升”的工作经验。即抓基层党建，提升保障度。以“三会一课”制度、党内民主制度、党务公开制度和组织生活制度的到位，实现党建工作有新局面、履行职能有新突破、队伍素质有新提高、服务大局有新成绩。抓先进评选，提升示范度。以“弘扬财税文化、争当岗位先锋”为主题的优秀共产党员评比活动，倡导党员做自觉学习的表率、爱岗敬业的表率、弘扬正气的表率、服务群众的表率和遵纪守法的表率。抓文明创建，提升整体形象。以创建文明单位、文明示范岗、巾帼文明岗、行风效能建设示范单位为载体，发挥党员干部的主体意识、责任意识、进取意识，形成上下联动、全员参与和全面创建的工作格局。

2011年，在贯彻落实中共中央关于《建立健全惩治和预防腐败体系2008~2012年工作规划》和《2011年绍兴县反腐倡廉教育工作要点》中，结合以往廉政教育做法与体会，以新形势要求，构建具有财税特色的廉政教育体系，总结出开展廉政教育的“六建六化”工程。廉政教育“六建六化”工程主要内容为建廉政教育网络平台，推进廉政教育信息化；建廉政学习积分制度，推进廉政教育标准化；建廉政风险提醒机制，推进廉政教育日常化；建廉政文化教育载体，推进廉政教育多样化；建分类施教立体模式，推进廉政教育个性化；建廉政教育活动阵地，推进廉政教育互动化。“六建六化”工程的总结和实践，得到县纪委领导的重视和肯定，并提出指导性意见。“六建六化”教育体系内容，还被中华人民共和国财政部网站刊登。

2012年，结合系统廉政中出现的问题，组织开展“清风税月”的廉政文化月活动，在实际运作中总结出以“三到”丰富廉政文化月的可行性和有效性经验。“文化育廉要眼到”，即参观一钱太守刘宠纪念馆、举行“廉政读书月”活动、开发启用财税系统廉政教育平台、编发系统内部工作管理制度等活动项目，构建大宣教格局。“案例警廉要耳到”，即组织中层干部去法院旁听案件审理、召开规范执法专题会议、深化廉政风险防控工作，对廉政纪律做到节前必提醒、逢会必强调、遇事必谈话，形成警钟长鸣氛围。“谈话思廉要心到”，即举办“廉政建设大家谈”座谈会，表述内心深处感想感受，集聚真能量廉基。

2013年，以近年来财政工作实践，围绕落实科学发展观主题，提出和研究“打造财政速度”理论。财政线78位干部撰写心得体会，6名干部获得奖项。一等奖获得者以《规范业务流程，全力打造财政速度》为题，从三方面作了论述，即打造“财政速度”，关键要在规范财政工作流程上抓落实；打造“财政速度”，关键要在细化财政支出管理上抓落实；打造“财政速度”，关键要在优化财政投入方向上抓落实。二等奖获得者以《保证审核质量，加快审核进度》为题，以“三要”作了阐述，即要用宽广的工作视野来看待“财政速度”；要有科学的工作方法来打造“财政速度”；要用优良的工作作风来保障“财政速度”。三等奖获得者以《构建“四型财政”，提高财政效率》为题，以三个构建进行论述，即打造“财政速度”，要构建规范型财政；打造“财政速度”，要构建效能型财政；打造“财政速度”，要构建信息型财政。是年，以人教科组成的课题组，撰写了《打造财税速度新理念 开创政工工作新局面》，从四方面作了研讨，即“财政速度”理念溯源、“财政速度”理念指导下政工工作的探索与实践、取得成效、进一步深化政工工作的几点建议。

县国家税务局 2003年，开展“十六大”主题思想教育，总结出全系统进行“五观”教育的经验，即抓住发展是第一要务，树立税收经济观；坚持依法治税，树立执法规范观；加快信息化建设，树立管理科技观；深化干部人事制度改革，树立队伍人本观；投入全面建设小康社会，树立工作绩效观。

2004年，召开全系统思想政治工作会议，各科室、分局（所）结合财税工作实际、结合干部队伍建设，总结出五方面经验。即全面加强思想政治工作和干部队伍建设，创新思想政治工作新方法和新手段，推进思想政治工作和国税文化建设；加强大局意识和团队精神的培植，焕发各单位的工作职能，促进税收中心任务完成；坚持思想教育与完善制度、与加强内部管理相结合的工作思路，建立健全各项管理制度，同时，政治学习与业务学习要做到同时、同步、同赢；开展文明窗口建设，内外勤人员互相配合，通力协作，秉公执法，优质服务，展示税务干部的精神风貌；发挥基层党组织的战斗堡垒作用和共产党员的先进模范作用，把思想政治工作贯穿党务活动、税务工作、日常生活的方方面面，做到常抓不懈，常抓常新。

2005年，在开展“清廉文明、平安国税”主题教育活动中，福全、钱清分局等单位，通过解剖永康市国税局罗某违法违纪现象和案件，查根问因，总结出教育干部职工算清“政治账、经济账、良心账、家庭账”，以此提高干部职工拒腐防变免疫力，并围绕人应怎样做、法应怎样执、权应怎样用主题展开讨论，垒实干部职工拒腐防变的“防火墙”。

2006年，落实省、市局四项工程建设座谈会精神，结合县局实际，围绕提高队伍整体素质及“学习型国税机关”创建活动，开展党建、人才、文化、平安“四项工程”建设，从整个工程建设及成效中总结出主要做法和体会。即召开专题会议，传达省、市局四项工程建设座谈会精神，提出总体目标，研究部署步骤及措施；加强领导，成立由局长任组长、其他局领导任副组长的四项工程建设领导小组，下设办公室，分管局领导兼任办公室主任，相关科室负责人为成员；结合县局实际，研究制订四项工程实施意见及具体方案，分项召开专题会议，使四项工程建设落到实处；结合学习型机关创建工作，统筹四项工程建设，以“五项修炼”为主要内容，设计实施创建载体，开辟业务论坛，开展干部文化体育1+1活动，培养一批理论骨干，增强干部的凝聚力和学习自觉性。

2007年，县局召开创建学习型机关工作交流会，各单位汇报交流创建做法及经验，肯定了10个方面工作亮点。即组织开展“读书月”活动；开展岗位练兵竞赛活动；成立学术研究小组，开展学术研讨活动；抓好机关自身组织建设工作；组织编写宣讲使命故事；提炼和完善个人愿景；完善科室单位共同愿景；开展“树标杆、学先进”活动；抓好培训师队伍建设，发挥培训师作用；开展学习型个人评选活动，增进干部学习力。对下步创建形成了三方面指导性的意见，即要再学习，提高对创建学习型机关理念，推动创建工作深入开展；再重视，要高度认识创建工作重要性，使其成为加强内部管理、提高队伍素质的重要抓手；再设计，要创新设计各项创建载体，力求有特色、有成效。

2008年，在多年思想政治工作开展中，总结出以“四个结合”拓展思想政治工作新内涵。即结合税收工作，突出培养干部的敬业精神和责任意识；以创新服务理念、规范服务程序、提升服务效能、开展阳光服务、提升税收服务质量，在实际工作中引导干部树立正确的人生观和价值观，提高干部职工爱岗敬业的工作热情。结合文明创建工作，把思想政治工作寓于创先争优活动之中，开展争创“文明单位”“文明示范窗口”“青年文明号”“群众满意基层站所”“评选十佳国税标兵”等活动，形成崇尚先进、学习先进、争当先进的氛围，激发“创建”的原动力和凝聚力。结合国税文化建设，用丰富的文化生活陶冶干部职工的思想情操，坚持文化促动，组织征文比赛和开展读书月活动，走访纳税人和贫困户，观看警示教育片，开展读书心得交流和作风建设大讨论等文娱活动，活跃干部职工的文化生活，巩固思想政治工作效果。结合行风廉政建设，突出对干部职工法制观念的培养，把“常在河边走，就是不湿鞋”，当作思想政治工作的重要内容，坚持以预防为主线，以反腐倡廉教育为基础，以落实责任制和执法责任追究制为保障，强化对税收执法权和行政管理权的监督制约，增强干部职工的法制意识和自律意识。

2009年，在贯彻落实科学发展观的理论学习和实践中，结合国税工作实际，总结出树立一个理念，即坚持把发展作为开展学习实践活动的出发点和落脚点，把推进经济转型升级、构建和谐国税作为实现科学发展的关键，引导干部群众在学习实践活动中转变观念，提高认识，切实增强党性修养，牢固树立自觉运用科学发展观统领国税工作、服务经济发展的理念。提高两种能力，即提高对科学发展观理论内涵的理解把握能力，与时俱进地理解与把握科学发展观的内涵及其精神实质；提高对科学发展观在国税工作中的实践运用能力，融化为科学的国税征管理念与实践。解决三类问题，即剖析并努力解决局领导班子和党员领导干部在党性党风党纪方面存在的主要问题；挖掘并努力解决影响和制约科学发展的突出问题；研究并努力解决纳税人和干部职工反映最强烈、最迫切的问题。完善四项机制，即创新完善税收征管工作机制，建立起专业化、科学化、精细化的税收征管体系；创新完善税收服务机制，构建纳税人满意的税收服务体系；创新完善干部教育管理，建立轮岗交流、工作考评、人才培训培养、有效激励等长效机制；创新完善内部管理机制，在坚持ISO质量管理体系基本理念和方法的基础上，建立起规范、科学符合国税实际的效能管理体系。构建和谐国税的“五个到位”，即把公正执法要求落实到位，力求让社会更认同；把优质服务的要求落实到位，力求让纳税人更满意；把科学管理的要求落实到位,力求让工作更高效;把以人为本的要求落实到位,力求让国税人更有为;把反腐创廉的要求落实到位,力求让国税事业更平安。

2010年,结合多年来行风建设、基层站所(办事窗口)创建活动,从思想工作的实践及获得的成果中总结出不少创建经验。钱清分局创建的主要做法与经验是,开展纳税人之家活动,创建一流办税环境;创新纳税服务,推行"农民办税方便卡";倡导服务形式多样化,以满足纳税人的需求。推出"三声四准五不让"服务举措,并开展"把办税环境像自己家中一样温馨、办事态度像对待自己亲人一样温和、主动服务使人感受家庭的温暖、真心帮助不求回报"为主要内容的多项活动。

齐贤分局的创建实践活动,主要从建章立制入手,抓组织建设,抓宣传发动,同时强化考核。组织全体干部参与分局提出的"五比五看"评比活动;开展"假如我是纳税人"换位思考大讨论。

福全分局在创建活动中,突出三方面内容。即优化纳税服务,注重干部优质服务的教育和培训,完善服务措施,落实税收优惠政策;全面推行办税公开,运用多种形式进行专项税收政策辅导会强化税收宣传辅导;大厅推行AB岗和3+1制,有针对性地制定应急预案,满足纳税人的需求。同时在贴近"三农",方便办税上,在漓渚镇设立农村税收征管服务网点,向农民发放农民办税方便卡,千余户农民得到实惠。

纳税服务科(办税服务厅),以创建活动为契机,把办税大厅打造成服务质量一流、行政能力一流和办事效率一流的办事窗口。以"一窗统办"和叫号服务的新举措,创新服务手段,丰富服务内容,为纳税人创造舒适有序的纳税环境,为纳税人提供优质高效服务:创新服务理念,简化流程提高效率;优化业务流程,提高服务质量。以干部素质提高拓展服务形式的"全",开设窗口服务、自助服务、网上服务、预约服务、提醒服务、导税服务、延时服务、上门服务、应急服务等服务;在服务流程上求"简",合理设置办税窗口,理顺职能和管理流程,简化办税程序,归并资料报送和单证表格,对纳税人办理涉税事项所需资料,实行"一次性"告知;对资料齐全的涉税事项,予以"一次性"办结;创新办税,提升服务能力,在办税服务厅窗口设置银联POS机,让纳税人在窗口直接"刷卡缴税"。

2011年,围绕党建工作,围绕建设高素质干部队伍,结合历年工作经验和当年工作任务,县局总结和提出立足本职岗位、开展"五项承诺"内容,即:上级布置的工作不在我这里延误;纳税人办理的事项不在我这里积压;税收执法差错不在我这里发生;纳税人来办事不在我这里受到冷落;国税机关的形象不在我这里受到影响。此公开承诺内容体现了对党员干部"遵纪守法、爱岗敬业、弘扬正气、勤政廉政、扎实工作、服务群众"的共性要求,也让社会各界的监督直接明了,透明度高,使纳税人对办税人员的优质服务看得见、摸得着。

2012年,结合"勤政廉政、走在前列"主题教育,开展"实践国税宗旨"大讨论活动,从多数同志的发言中,形成基本理论。主要是要有"三个树立"理念,即要树立正确的人生观，无论何时何地，全心全意为人民服务的宗旨不能丢，实事求是、求真务实的工作作风不能丢；树立正确的权力观，时刻牢记权力是国家和人民给的，做到用权不滥，理财不贪；树立正确的执法观，坚持公平、公正、公开的税收原则，切实保护纳税人的合法权益。实践国税宗旨以“四个意识”和“四个满意”来概括。“四个意识”即政治意识，坚定跟党走的信念，不迷失政治方向；大局意识，个体必须服从整体，局部必须服务全局，不计较个人得失；责任意识，认真做好本职工作，干一行、爱一行、精一行，不三心二意做事；创新意识，充分利用信息化平台创造性开展工作，时刻应对税收工作政策的不断调整，不因循守旧、墨守成规。“四个满意”为让单位满意，每个干部要认真完成各项工作任务，依法行政，严格执行各项规定，自觉遵守各项制度，使单位满意；让纳税人满意，就是每个干部要规范执法、廉洁从税，为纳税人提供优质服务，使广大纳税人满意；让家庭满意，就是每个税务干部做到遵纪守法，遵守道德，做个好儿女、好丈夫、好妻子、好家长，使家庭美满幸福；让社会满意，就是每个干部在执法、服务、廉洁自律、日常生活中社会认可度高，使整个社会对国税部门、国税干部满意。

2013年，围绕建设“学习型、服务型、创新型党组织”工作主题，以争创“领导班子好、党员队伍好、工作机制好、工作业绩好、群众反映好”党组织为目标，总结探索出新时期党建工作新经验。主要有完善管理机制，建设学习型党组织。从建立党支部考核机制，加强党员日常管理；加强思想建设，强化业务学习；丰富党建学习载体，突出学习效果等三方面来实现。以创新地在内网设立“电子党校”专栏，在各栏目里实现党建知识资源共享；举办六届读书节系列活动，成为创建学习型党组织的精品项目；组建党员干部培训师团队，成为创建学习型党组织的先行官、宣传员和教练员等措施抓落实。构建服务体系，建设服务型党组织。从服务中心工作，促进经济社会发展；服务纳税人，构建新型征纳关系；服务干部职工，提升队伍凝聚力三个环节上去把握。以局领导每年到联系点调研，组成党员业务骨干税收服务队；坚持依法征税、应收尽收，坚决不收过头税，坚决防止和制止越权减免税，坚决落实各项税收优惠政策的组织收入原则；树立寓管理于服务中、在服务中体现管理的大服务理念等措施抓优化。创新活动载体，建设创新型党组织。从打造活动亮点，开展创先争优活动；树立品牌形象，开展管理创新工作；创新载体方法，推进党风廉政建设三个着力点下功夫。以创建省级以上文明单位，细化13项工作实施方案；推出“共产党员亮牌上岗”制度，开展“创先争优在行动、平凡岗位在闪光”活动；把管理创新融入支部建设，选荐品牌服务项目等措施抓创新。

政研会理论性研究

是指根据省、市局政治理论研究内容，组织相关干部进行理论性征文撰写的活动。

财政地税局　2003年，向市财税系统第三届思想政治工作研讨会报送征文9篇，全部获奖。孙正祥撰写的《诚述严评立程序，全程管理建机制——增强述廉评廉有效性的探索》获一等奖，陈学昌撰写的《关于建立和健全机关作风建设考核机制的思考》和陶校红撰写的《浅论财税文化》分别获二等奖，沈兆森撰写的《试论干部廉洁从政档案的建立

和运用》、张妙娟撰写的《加入WTO对当前思想政治工作的冲击与以对策》、章小赛撰写的《运用激励机制，发挥干部潜能》、蒋秋明撰写的《浅议干部“四气”》分别获三等奖，其他2篇获鼓励奖。

2005年12月，市财政地税局下发《关于2005年全市财政地税系统征集政研论文的通知》，县局组织有关科室、干部开展政研论文的撰写。陈学昌写的《构建财政地税系统惩治和预防腐败体系我见》一文获一等奖，沈兆森写的《探索廉政文化路子，提升干部廉政理念》一文获二等奖，章小赛写的《构建财税系统“惩防并举，注重预防”机制的思考》、孙利人写的《运用目录稽查，制约稽查权力》文章获三等奖。

2010年6月，绍兴市财政地税系统思想政治工作研究会(财税文化建设分会)组织开展“学有所成、学有所用”财税文化建设理论调研评选、“勤政廉政善政”才艺展示、“学沈浩事迹促财税工作”演讲比赛3项活动。在县局报送的调研文章中有多人获奖，其中局人教科撰写的《弘扬先进文化　塑造优秀团队》获一等奖；金国安撰写的《对于推动地税稽查工作科学发展的思考》、孙勇军撰写的《追求税收执法艺术　构建和谐征纳关系——关于税收执法的几点思考》文章分别获二等奖；严炜撰写的《提升基层地税干部工作激情的几点思考》、张国康撰写的《立足稽查　以人为本　积极有效开展思想政治工作》文章分别获三等奖；金国安撰写的《关于税务干部如何预防职务犯罪的思考》、祝永熠与张波合写的《浅析新时期干部队伍建设》、王霞撰写的《人是最重要的资产——财税系统思想政治工作的调查与思考》文章分别获得优秀奖。在才艺展示中，胡吕海、孙勇军获绘画一等奖；宋雪源获书法三等奖；孙勇军获剪纸类三等奖；洪志华获书法优秀奖；胡丽芬获十字绣优秀奖。演讲比赛中，于莉获一等奖；陈萍获二等奖。

2012年6月，市财政地税局开展“我们的价值观”大讨论演讲征文评选，许燕燕、陈莹获演讲比赛三等奖。马国琴撰写的《论青年财税干部应有的价值》获征文三等奖；顾晶晶撰写的《论财税核心价值观》、陈飞撰写的《赤诚，敬业，追求——财税青年应有的价值观》获优秀奖。7月，开展全市财政地税系统思想政治工作和文化建设活动，总结、交流2010年以来，全市财政地税系统文化建设、学习型组织建设、干部队伍建设、思想作风建设、创先争优及财税价值观研究等方面的经验和成果，由绍兴市财政地税系统思想政治工作研究会(文化建设分会)组织开展的思想政治工作理论调研文章评选活动。章晓燕、李建潮、孙正祥合写的《以“老有所为”活动为契机，做好老干部思想政治工作——绍兴县局老干部“老有所为”情况调查及评析》获一等奖；张国康、杨青、韦烨合写的《提升服务和文化建设新水平，展现创先争优新形象》获二等奖；陈永俊、杜可可撰写的《围绕“三力”深化基层队伍建设》、孙正祥撰写的《实现思想政治工作价值的一些思考》获三等奖；陈飞撰写的《赤诚，敬业，追求——财税青年干部应有的价值观》获优秀奖。

县国家税务局　2003年，县局课题调研组撰写的《浅谈新形势下干部监督工作的几点思考》被评为省局级调研成果。同年，向市局报送冯大良撰写的《浅谈基层国税系统开展贯标工作的几点思考》《浅谈加强国税系统党风廉政建设工作的几点思考》分别获市调研文章三等奖、全市财税论文优秀奖。

2012年，季承武撰写的《在岗　在行　在状态》、徐佩兴撰写的《寂寞山谷多清风》分别获得全省国税系统组织的“清风国税”廉政主题征文活动优秀奖。

2013年，县局在全市国税系统“学习十八大创造新业绩”征文比赛中，有5人在征文中获奖，柯桥分局李清华荣获一等奖，管理三科宋雪洲荣获三等奖，齐贤分局唐滔、福全分局胡关林、平水所陈寒冰等荣获优秀奖。

第二十六章　干部教育培训

进入21世纪后，绍兴县财税队伍结构虽然不断得到优化，但各级领导仍重视财税干部的职业道德教育，重视财政、税收业务的培训，重视多项领域的知识更新，并根据形势任务变化，调整教育培训内容，创新教育培训模式，注重教育培训的应用效果。教育培训主要通过职业道德教育、财税业务培训和学历、职称报考等途径来实现。

第一节　职业道德教育

绍兴县财税系统的职业道德教育，是在开展思想政治教育、法纪教育、廉政教育的同时，突出财税干部从事本职工作中道德行为规范的教育。

县财政地税局

2003年，组织"廉洁自律树形象，艰苦奋斗促跨越"主题教育，全系统通过开展"十佳岗位能手"评选，开展"青年文明号、巾帼示范岗、最佳办税大厅、共产党员先锋岗"等争创活动，优化干部职工的职业道德行为，转变干部工作作风；组织调研组深入县机关部门、镇（街）及部分企业，征询意见、宣传政策、解决企业和群众反映的热点、难点。

2004年，职业道德教育融入行业效能建设中，以提高办事效率、服务好纳税人作为职业道德的检验点。推行"AB"岗工作制度和"一站式"服务试点，提升干部"在岗、在行、在状"的工作形象。是年还改财政逐级拨付为直接拨付，方便和简化征期税收申报办法。

2005年3月14日，召开绍兴县财政局"财政优质服务年"动员大会。

2005年，围绕"财政工作优质服务年"活动开展，在职业道德教育上，倡导"优质服务没有任何借口"的服务理念，明确"四条"服务原则（可办可不办的主动办、好办不好办的依法办、明确可办的即时办、无法办的讲清政策解释到位）。结合全县"企业服务年"活动，深入联系镇及相关税区，走访43家企业，开展问情况、查困难、解难题活动。

此后两年，职业道德思想教育及行为规范，在两个更加（让权力运行更加规范透明，让人民群众更加放心满意）主题教育中深化。把六个坚持原则（坚持制度规范、坚持公开透明、坚持权力制衡、坚持民主监督、坚持改革创新、坚持推进发展）、10项工作（规范科学民主决策程序、规范人事管理制度、规范财政工作依法运行、规范税收依法管理工作、规范行政审批制度改革、规范采购招投标工作、规范岗位目标责任制考核、规范行风效能建设、规范系统内部财务管理、规范内部监督管理工作）作为财税行业行使权力的基本要求。期间，基层服务单位还参与"群众满意基层站所"创建活动。

2008年职业道德教育与依法理财、治税相结合，完善工作制度和业务流程，推进"阳光执法、阳光财政、阳光政务"。在推进"阳光执法"中，修改、完善、整理有关行政自由裁量权方面文件22个，整理行政审批、审核、收费等事项96项，细化行政处罚标准148项；实施"阳光稽查"中，探索文明执法、廉政执法、规范执法的稽查新格局。在推进"阳光财政"中，实行部门预算执行情况通报制度，定期报告有关预算盘子、调整预算和收支执行情况；增强预算执行透明度，增强预算执行的约束力。在推进"阳光政务"中，建立财政、地税工作例会制度，出台《退税管理办法》《省级以上农业财政资金项目申报管理办法》，整理公开2003年以来公开信息400余条。

2009年，以开展"六个月"主题活动，促进干部职工素质提高，实现以先进理念育人、以严格制度管人、以人文关怀聚人的目的。从理财、收税、服务的过程中加固职业道德的含量，用"财税核心价值观"的理论成果，优化财税职业道德。在规范行政自由裁量权中，坚持"五个控制"（源头控制、过程控制、自我控制、社会控制、技术控制），把服务、管理、监督有效地结合起来。在税务工作中，围绕"税企联动谋发展"课题，开展六个服务体系（纳税志愿者进社区、网上地税直通车、百名税干送政策、春风行动谋发展、领导联企谋发展、网上办税一点通）。

2010年，以健全纳税服务机制优化职业道德建设。县局建立纳税服务志愿者大队，各分局（所）建立纳税服务志愿者中队，构成了地税系统纳税服务志愿者网络。滨海分局还成立首家"纳税人之家"，形成纳税人服务社会化、纳税人权益保障民主化的服务载体。

2011年10月15日，局领导带队走访联系结对村。

2011年，结合民主评议行风

工作,把职业道德教育活动融入“听民声、访民情、解民难”大型走访活动。先后对78个机关部门(单位)19个镇(街)、639户企业进行走访,收集意见建议303条。在落实整改措施中,推出“10项特色活动”(开展地税宣传、意见征求、特色服务、投诉畅通、案件回访、明查暗访、政策提升、业务辅导、专题培训、法规整理)。

2012年,职业道德教育活动与加强内控机制相结合,运用本局有关案例,开展“分析案情、吸取教训、查找问题”的规范执法教育和廉政执法教育。对181个规范性文件进行梳理,按要求进行作废、完善。对10大项工作进行行政主职明查暗访,纠正存在问题。结合年度行风评议,优化“始于纳税人需求、基于纳税人满意、终于纳税人遵从”的服务理念,突出提高窗口人员素质重点,解决执法服务质量难点,瞄准加强行风建设机制焦点。

2013年,以全面提升干部“执行力、服务力、担当力”教育,强化职业道德的辐射面;以正面引导启发干部遵守职业道德的自觉性,全系统开展评选“十佳财税干部”和“优秀财税干部”。

2013年6月8日,召开“提三力,促发展”活动推进会。

县国家税务局

2003年,结合“争做学习型干部、争创学习型机关”活动开展,结合向郑培民同志学习活动,引导干部树立正确的世界观、人生观、价值观,树立良好的社会公德、职业道德和家庭美德;树立“廉洁、公正、务实、高效”的机关形象。

2004年,加强一线服务人员的职业道德教育,在办税服务厅岗位人员中提出提高三种能力要求。即提高在被纳税人误解甚至受到纳税人不文明语言对待时的心理承受能力；提高工作中临场应变能力；适时开展税收业务培训和竞赛，提高干部处理涉税事项能力。是年，在提升效能、行风建设、优化纳税服务中，局领导带队分两组与各镇街联合召开税企座谈会，向镇街领导及纳税人通报国税工作情况、宣传解答税收政策、征求意见建议等。

2005年，办税大厅以“四个一”贯彻落实《纳税服务工作规范》，即结合《纳税服务工作规范（试行）》学习，开展一次加强优质服务工作大讨论，对如何有效地开展优化服务提出意见和建议；开展一次岗位技能业务考核（包括大厅征管业务、ISO工作规程及电脑文字、数字录入等）；开展一次计算机个性化培训（对电脑硬件及CTAIS2.0系统软件使用过程中碰到的普遍问题进行归纳和讲解）；开展一次相关工作规程的修订，对照《纳税服务工作规范》，完善工作目标考核内容。

2006年，县局结合职业道德教育，进行窗口文明礼仪知识培训。着重讲解窗口一线人员应注意的仪容仪表仪态、文明举止、文明用语等内容，县局所有窗口工作人员及全体培训师40余人参加此次培训活动。是年，办税大厅开展“四贴近”服务活动，即距离上贴近，变静态管理为动态管理，及时掌握纳税人的需求与期望；方式上贴近，推出网上自助申报服务、“一窗式”服务及礼仪便民服务等活动，突出服务的主动性和延伸性；内容上贴近，对不同类型的纳税人进行有针对性的纳税辅导，制作示范表式、纳税指南等形式方便纳税人；感情上贴近，采取走出去和请进来的方式，虚心征求纳税人的意见和建议，改进工作中的不足之处。同时，办税大厅还把“让纳税人满意”作为服务第一标准，提出“不让工作在我手中延误、不让差错在我身上产生、不让纳税人投诉在我这里发生”的“三不”要求。

2007年，职业道德教育纳入民主评议基层站所（办事窗口）暨创建群众满意基层站所（办事窗口）活动。在各评议和创建单位中开展“优质服务示范岗”评选活动，实行每月一评，评上的岗位授予流动红旗，由各评议和创建单位组织实施。是年，平水所提出“和谐国税，满意办税”的创建活动口号，并开展“四个五活动”，即每位税收管理员联系50户村、厂，定期下村、厂和有关县、镇人大代表等取得沟通与联系；发放500份《征求意见问卷调查表》，找出本单位存在的不正之风和纳税人反映强烈的“热点”问题；印发500份办税方便卡，公布相关税收管理员名字、办税联系电话及监督投诉电话；印制500份办事满意评价表，由纳税人根据税务人员办事的态度、效率、满意度进行评价，评价表投放大厅办事满意评价表投放箱内。是年，县局运用干部遵纪守廉网上评议系统，对一线部门税务人员遵纪守廉情况进行无记名评议。自2006年年底开始投入使用以来，有696户（次）企业通过该系统对各相关科室、单位、税务分局(所)干部遵纪守廉情况进行评议。

2008年，县局办税服务厅，以设立“三区”管理，完善纳税人全程服务功能。设立自助服务区，免费给纳税人提供网上申报、数据查询及各类申报表提供等服务；设立“咨询答疑区”，由两名干部AB岗负责对纳税人进行答疑和辅导纳税人如何办理各类涉税项目;设立"个性服务区",开通涉外税收服务绿色通道,突出个性化类型服务。是年,县局在职业道德建设中,以四项举措为纳税人"减负"。即规范报表报送数量,减少纳税人办理涉税事项时的涉税资料;纳税人办税业务,由办税大厅全程服务台统一受理,实行内部流转,进行"一站式"服务;调整窗口功能,制订配套服务措施;坚持办税公开,开展网上咨询服务、电话服务、"你问我答"等服务,提供个性化税收宣传辅导。

2009年,成立上门服务志愿小组,向纳税人提供公益性、个性化和专业化涉税服务。上门服务志愿小组,宣传、讲解税收政策,对网上申报系统、网上认证系统等进行技术指导,解决疑难问题。上门服务志愿小组共开展上门纳税服务60多次,解决纳税人疑难问题100多个,直接受益的企业32户,受辅导的企业财务人员100多人,发放各类税收宣传材料1000多份。在全省率先实行出口退税"征退税一体化"试点,出口企业单证初审权下放到各税务分局(所),全县2130家进出口企业可以就近选择国税部门办理出口退税。是年,还开展廉政文化活动,把廉政纪律内化为道德标准和行为操守,把廉政文化优化成防患风险、抵制腐蚀的软实肋。是年,结合"服务企业年"活动,开展体现职业道德的6项服务,即推广自助办税服务,在办税服务厅设置纳税人自助办税服务区;在办税窗口设置POS机,让纳税人在窗口直接划卡缴税;推行网上抄报税;完善"农民办税方便卡"的基础上,依托乡镇代征点等农村服务网点,推广"农村税收征管服务系统";开展"送政策上门"活动,对最新税收政策编印小册子分送给企业;落实国家政策,切实减轻纳税人负担。

2010年,职业道德与开展"读书思廉"活动相结合,倡导"读书修德,以德律己"。通过领导干部上廉政党课、作反腐倡廉形势报告和进行廉政、职业道德教育等形式,提高干部廉洁从政意识和职业道德修养。开展廉政文化教育活动,上好廉政知识课、网上法纪教育、观看反腐倡廉警示教育片、播唱廉政主题歌曲、发放廉政书籍、廉政格言征集、廉政书画摄影比赛、设立个人廉政岗位牌等"八方面"活动。抓好《税务纪检监察管理信息系统》实时运行,搞好廉洁自律、案件管理、报表管理、查询统计、系统维护5个模块,促进税务纪检监察管理规范化、标准化、科学化。6月1～22日,还在系统内开展廉政警句和文明用语征集活动,收到廉政警句和文明用语335条,选取88条,编成专辑。

2011年,职业道德教育与行风评议相结合,全系统以五项措施做好评议阶段工作。即运用多措施、多渠道加强行风建设宣传;对年纳税30万元以上企业、正在办理涉税事项、可能产生意见的管理服务对象,作为重点走访对象;组织开展纳税人满意度测评;召开稽查情况通报会、行风建设座谈会、税收政策辅导会、税收管理员述职述廉报告会等各种专题会议,向人大代表、政协委员和纳税人代表汇报工作,倾听意见建议;开展行风自查,对照年初签订的《党风廉政建设责任书》内容进行回头看。创新服务形式,设立自助办税服务区,从6月1日起,各分局(所)自助办税服务正式运行(5月23~31日为试运行期间,纳税人在自助办税服务区共办理各项业务548户次,其中领购各类发票500户次,共32751份;认证发票48户次,共786份)。此举属全省国税系统首家,而且在全国范围内也属领先。是年，钱清分局推行“六公开办税”活动，即公开税收政策法规，让纳税人掌握税收政策、了解税收法规；公开办税流程，让纳税人熟悉办税程序；公开个体税收定额核定数据，让纳税人了解自己应纳税款；公开举报电话，让纳税人对偷税、骗税行为进行举报；公开办税时限，让纳税人在办税时限中完成办税事宜；公开服务标准，实现服务“零缺陷”“零距离”“零投诉”目标。

2012年，职业道德教育融入“勤政廉政、走在前列”主题教育，组织开展“实践国税宗旨”大讨论，就“我穿税装为什么、穿上税装做什么、立足岗位怎么做”等论题展开讨论，并撰写心得体会，其中5篇进行刊登交流。是年，县局在办税服务厅建立窗口人员优质服务考核机制，按季开展，采用扣分因素与加分因素相结合的模式，并以量化考核指标、考评“五大因素”、突出业绩考核、内外部结合考核、兼顾执法与服务评价等方法保障考核机制公正性。是年，在倡导“诚实守信、回报社会、敬业爱岗、自强自立”的道德风尚中，12月份，正式开讲幸福水乡文明人“道德讲堂”。讲堂分为5个部分，即背一段规范、看一段视频、诵一篇经典、听一个报告、谈一番感悟，被县委宣传部列为示范典型。

2012年12月20日，开讲幸福水乡文明人“道德讲堂”。

2013年，注重于执法、服务、督察视角解决职业道德上存在问题。县局借鉴央视《焦点访谈》栏目“证难办　脸难看”节目，以三项措施督促办税服务厅实现“证好办　脸好看”要求，并以思想教育、礼仪培训、行风监督等手段，实现交接工作“零缝隙”、服务效果“零缺陷”、日常工作“零投诉”效应。按市局“发起式”税收执法督察要求，梳理有关疑点问题类型和责任单位，开展督察工作。对三类执法疑点进行分析，查阅相关政策依据，并落实到相应管理单位，按督察责任限时完成任务；对过错单位的人员进行督察内容政策讲解，并要求各相关单位及时查明原因、落实责任；对确属执法过错的进行整改，完善执法行为规范；落实过错责任追究，对确属执法过错的，分清过错责任并落实过错责任人;查找问题根源,对发现的问题完善堵塞执法过错的相关管理办法及意见,确保执法行为“零差错”。该项工作根据市局要求全部圆满完成。

2013年10月27日,绍兴县国家税务局举办“窗口服务礼仪培训”。

第二节 常年性教育培训

常年性干部财税业务教育培训,通常按上级各年度教育培训内容、要求,结合本局工作任务、人员变动状况,由人教科制订计划,经领导同意后付诸实施。

县财政地税局

2003年,培训工作坚持以“统一领导,分级管理,明确分工,密切合作”的管理原则和以“改进培训方式,完善培训机制”的方针。实行“干什么,学什么,缺什么,补什么”的针对性培训办法,采取“以考促训,以考促学”和加强培训证书、培训档案管理的制约措施。全年按计划举办培训班9期,培训干部1131人次。培训人数在50人以上的6期,内容为电子商(政)务培训、依法行政培训、综合素质提高型讲座、ISO质量管理体系培训、新会计制度及征管法实施细则培训、小企业会计制度培训。在“学本职业务,强岗位技能”活动中,举行干部岗位业务主讲。业务主讲活动以介绍岗位业务实务、工作创新经验、财税改革探索、宣传学习钻研业务典型为主要内容,主讲分本单位业务主讲和全局性业务主讲,由人教科组织实施。是年,在借助外力开展高层次培训上进行有益尝试,选派系统内30名业务骨干到浙江财经学院进行短期脱产集中培训,收到良好效果,拓展教育培训工作新领域。

此后三年中(2004～2006年),共开展政治、业务、法制、知识更新、学历、职称类教育培训12项,举办各类培训班93期,培训人数达3516人次,教育培训参加率达到

98.9%，年人均脱产培训达15天。截止2005年3月，全局大专以上学历226人，占全局人数的86.6%，45周岁以下100%取得大专以上学历，本科以上学历132人，占全局人数的50.8%，其中具有硕士、研究生学历7人，在读硕士12人。全系统具有中级以上技术职称124人，占全局人数的47.5%。2004年，还组织干部分财政、税收两类在岗自学，并进行自学结果测试；开展科室“业务主讲活动”，推荐优秀干部参加选拔性和高学历学习深造。2005年，以7种形式加强干部学习，即实施全员轮训、坚持干部主讲制、组织专题式研讨、提倡在岗自学、适当组织外培、抓好业务例会、开辟网上业务园地。2006年，结合干部综合素质提升，实行学分制管理办法。

2006年11月23日，县地税局税务干部参加税收业务考试。

2007年，以“提升学习力”要求，创建学习型组织。全局干部通过在岗自学、全员轮训、分类培训等形式，落实干部教育培训计划，完善干部学习激励机制，构建多层次、全方位学习体系；组织新参加工作的青年干部，结合财税岗位开展课题调研活动，在实际工作中激发干部学习财税业务的能动性和积极性。

此后两年，结合“财税文化”建设，拓宽干部教育培训渠道。开设鉴湖财税大讲坛（2008年举办8期），由各科室领导按计划轮流，主讲当时财税工作的热点、难点，提出破解观点，从理论到实践上开展交流；建立财税网络学校，为干部研讨本职业务提供平台。2009年，运用财税网络学校、大讲坛，开展各项基础型和专题型教育。

2008年3月25日，在局二楼大会议室举办“鉴湖财税大讲坛”。

2010年，围绕干部能力

提高,分层次、分批次组织干部培训,先后赴中南财大、江西财大、东北财大等高校学习,培训面占全系统干部的52%。是年,对财政线、税收线干部职工进行更新知识培训,时间各5天,约60人次;税收线近100名干部职工参加为时半天的预防职务犯罪的集中培训;中层及以上干部进行为时7天的2期行政能力研讨班,对业务骨干及中层后备干部进行为时5天的素质提升培训。

2011年,完善"财税网络学校"资源,开辟网上学习园地,依托高等院校培训基地,先后组织6期干部外出集中培训。是年,税收线、财政线干部职工继续开展为时5天的更新知识培训;举办2期中层以上领导干部行政能力研讨班;在全体干部职工中进行新版FOA培训、TF龙版应用及操作培训。

2012年,采取集中培训和外出调研相结合的方式,组织9批次干部外出学习。对全体干部职工进行4次专家讲坛,增加各类知识面;对税收线干部职工开展契耕两税有关政策和营业税有关政策的培训;此外,对干部职工还开展绩效管理业务和信息系统应用业务培训。

2013年,建立公共、特色、自选、营养四大类学习套餐,分批组织干部参加32场次业务轮训,给干部职工提供集体学习公共课题、按岗位业务学习特色课目、以兴趣选择各自能增进知识课程的平台。是年9月,税收线相关人员,参加市地税局组织的全市税收票证管理业务班,培训内容为国家税务总局实行的新《税收票证管理办法》相关文件,研究解决票证管理实施中可能存在的问题。

县国家税务局

2003年,以"一熟、二懂、三会"目标,开展新会计制度、预审预批系统、ISO办公软件、外资企业财务制度等8次培训,参加人数达1568人次。是年,进行依法行政学习考试、新《税收征管法》及实施细则知识学习考试。全年举办各类教育培训16次,其中全体干部参加的有11期,内容为会计制度、涉外税收差异、税收法制业务、税收管理实务、内外资所得税业务、新财务会计知识、计算机应用等。

企业所得税业务培训

2004年,以市局业务竞赛作为全年业务训练主要内容,由业务对口科室组织平时练习,局进行小规模的竞赛。在全市业务竞赛中,县局参赛队平均分位居全市各县(市)

局第一,其中车购、稽查、人教、进出口和文秘线平均分均居全市第一,有5位干部在全市各线中获前5名。是年,在业务学习中实施“五个一工程”,即每人建立一本业务学习笔记本(每月做业务学习笔记不少于2次);每季开展一次业务考试;召开一次业务学习研讨会,了解干部业务素质状况,对症施教;举办一次计算机技能操作比武;培养一批业务骨干,建立全系统业务骨干库。

2005年,信息中心开展计算机个性化培训。内容包括计算机软硬件基本知识(以前阶段信息中心制作的个性化培训需求调查),对计算机基本知识和操作、业务相关软件、系统开发和编程、高级系统维护四大类80余项进行需求性个体培训,以现场演示、实物讲解方式进行。是年,根据年度ISO贯标工作计划,举行贯标知识测试活动,全体干部再次学习贯标知识,温故知新,并以此改进工作中问题。

2006年,干部业务训练纳入“干部读书活动月”中,全系统以五项措施(学习领会市局年度全员培训通知、科学安排复习时间、把握《财务与会计》重点、搞好考前辅导、明确奖惩措施)促进相关业务训练。在“创建学习型机关主页”中开设国税论坛,下设学习反思、CTAIS2.0及金税工程、纳税申报、硬件相关、软件相关、政策法规等板块。10月份,邀请市职教中心老师,对全系统窗口工作人员及全体培训师(40余人)进行窗口文明礼仪知识培训。是年,稽查局以创建三个平台,提高业务素质。即创建业务学习平台,成立业务学习探讨兴趣小组,为全体干部进行业务讲解;创建案例分析平台,成立税收案例研讨兴趣小组,对查结案件进行分析、总结、讲评,探索稽查新手段;创建税收理论研究平台,成立税收学术研讨兴趣小组,探索解决问题的方式方法。每个小组由7~8名干部组成基本成员,有专人负责,局领导参与,定期开展活动。

2006年12月15日,绍兴县国税局培训师合影。

2007年,从五方面开展干部“四化”教育培训活动。即成立领导小组,确定1名税务网络教育系统管理员和1名网络技术指导员;做好宣传发动工作,学习市局《关于在全市国税系统开展“岗位技能标准规范化、辅导教材系统化、练兵竞赛经常化、达标考核数量化”活动的实施意见》;根据年度干部教育培训计划,抓好具体落实;建立激励机制,确定奖罚标准(凡在全市教育培训考试中成绩取得前3名的、在县组织教育培训考试中成绩取得第1名,在年终岗位目标考核中给所在单位加1～3分,并对个人给予奖励;在市局、县局组织的考试中成绩不合格同时又是最后1名的,按规定扣发奖金)。依据“岗位技能培训年”活动中“干什么、学什么、缺什么、补什么”要求,在全系统组织开展岗位练兵竞赛活动,在县局“四化”活动领导小组指导下开展工作,由计划征收科、税源管理一科、稽查局、税源管理三科分别负责征收、税源管理、稽查、进出口管理线岗位练兵考核事项,其他科室、单位岗位练兵形式有各科室、单位自定。岗位练兵竞赛活动分为宣传、练兵、竞赛等阶段,10月下旬由县局组织四条线开展专业竞赛。县局办税服务厅在培养锻炼新进国税干部岗位业务中,推行“新分配大学生前台10项全能业务操作培训”机制。

2008年,围绕五方面展开干部教育培训工作。即根据干部业务需求,落实教育培训计划,重点是新财务、会计制度的培训和二税合并后新所得税法培训;抓好新进人员初任培训,使新录用人员具备履行岗位工作的基本素质和能力;抓好专业骨干培训,促成高素质、高层次、复合型人才队伍;重视基层干部业务培训,提高一线人员的综合素质、执法水平和岗位工作能力,鼓励干部参加各类相关职称考试和各类注册职业资格考试;提高教育培训信息化水平,利用市局网上教育平台,实现全体干部能在线学习、网上练兵考试。是年,采取多项措施迎接全市国税系统“六员”考试。8月份,在全省“六员”抽考中,19名参考干部取得优异成绩,其中7名参考的稽查人员平均成绩获得绍兴市国税系统第一名;12名参考的“五员”人员平均成绩获得绍兴市国税系统第二名。是年,县局成立由9名研究生组成的学习型组织——“研究生基层税收实践与理论研讨会”,结合基层税收工作实践,研究新时期基层税收征管工作的特点、规律与解决问题办法。

2009年,以集中培训与分类培训相结合、面对面培训与网上培训结合的方式,组织开展增值税暂行条例、企业所得税法、稽查业务、出口退税知识等11大类业务培训及网络岗位练兵测试活动,把培训测试结果纳入工作目标考核内容。组织全体稽查人员参加全国统一考试,集体成绩名列全市第一名,王永岳获得全省个人成绩第一名。11月6～27日,开展网络岗位练兵测试活动,分网络练习和测试阶段,其内容为公共知识、征管类、稽查类、计财类、综合类知识等。是年,稽查局从四方面抓好干部教育培训。即根据稽查干部的业务需求,制订和落实年度计划;邀请县纪委领导上党风廉政教育课;根据国家税收政策调整,做好新税收政策的学习培训;结合全国税务系统稽查人员业务考试,加强对税务稽查工作规程、税收政策业务知识和财务会计知识的培训。

2010年,以集中授课、专业训练、网络演练、实践锻炼、进修学习、学历提升等形式,提高干部的业务技能。以“四个依”抓教育培训促进干部业务素质提升,即依靠本级抓好练兵活动,按年度教育培训计划,以“缺什么补什么”的要求搞好业务培训;依靠上级各类培训班,选派经验丰富、有发展潜力、立志在业务上有所发展的干部参加培训;依靠个人业务进修志愿,注册税务师报考、省局研究生课程班进修等手段,提升干部学历层次、技术职称；依托网络在线学习时机，发挥省局网上教育平台作用，集学习、测试、评分于一体，鞭策干部注重学习。

2011年，创新教育培训方式，组织成立网上税校，实现信息资源共享、推进教育培训。网上税校分政策宣传、业务培训、岗位练兵、理论研究4个功能模块，同时，在全局范围内聘请部分思想好、专业精、作风硬的干部，组建网上税校兼职教师队伍，根据专业性质，分征收服务、税源管理、国际税务、税务稽查、纳税评估、进出口业务和行政综合7个教研小组，组织备课授课工作及分线组织授课和岗位比武。是年，稽查局以三项举措加大教育培训力度，即邀请县检察院同志讲"出口退税相关法律规定"的业务培训，开阔干部的工作视野；学习兄弟单位工作经验，选取2010年度全市优秀稽查案例进行培训，"以案说查"，提高自身的查案水平；开展内部总结与交流，将平时查案过程的体会收获进行交流总结。

2012年11月，举办营业税改征增值税政策业务培训，全系统干部职工参加听讲。省局讲课老师从"营改增"政策背景、政策依据、具体政策内容、会计核算4个方面阐述营业税改征增值税试点政策规定及征收管理的相关内容。县局相关科室人员还从业务操作层面作具体讲解。局领导结合培训内容，对做好"营改增"各项工作作统一部署、统筹谋划、精心组织、把握进度、狠抓落实、有序推进的要求。按市局财务会计知识全员培训要求，60名干部在绍兴财税干校开展为期3天的财务会计知识培训。是年，县局还召开农产品进项税额扣除办法培训会，对纳入农产品增值税进项税额核定扣除办法的企业财务核算人员，及基层税务机关管理人员进行政策辅导。

2013年，以"三紧"加强干部职工教育培训。紧扣干部队伍实际，按"缺什么补什么"原则，科学编排教育培训计划；紧控培训规模，注重培训的针对性与实效性；紧抓学风管理，加强教育培训制度管理，规范学员行为。组织培训、选拔参加市国税系统财务会计知识考试和年轻干部岗位技能竞赛，有2人获得"绍兴市青年岗位能手标兵"称号，3人获得"绍兴市青年岗位能手"称号。业务培训与调查相结合，以"三明确　三及时"开展全国税收调查工作，提高干部业务素质，即明确税收调查对象（省局确定的971户调查户），及时分解落实到分局；明确宣传重点，及时利用内网、外网做好税收调查表填报辅导；明确采集数据审核方式，及时做好催报及疑点、错误数据纠错。

第三节　学历职称教育

学历

2003年前，对处于大专以下学历的干部，单位专门发文，并作出相应的硬性规定，限期提高。随着新进财税系统人员学历的提高，干部中学历结构发生变化，学历报考工作不再作专门要求。

县财政地税局　2003年起，继续执行2002年12月下发《关于在职干部职工参加学历教育的若干意见》,对参加学历教育原则、参加学历教育要求与条件、审批程序、奖励政策、有关要求等方面作出规定。干部学历教育仍列为培训内容,鼓励已具大专以上学历的干部参加第2学历(学位)教育和各类职称考试。2003年,224名干部中,初中以下2人,占干部总数的0.89%;高、中专学历28人,占干部总数的12.5%大专120人,占干部总数的53.6%;本科以上74人,占干部总数的33%。

2005年后,干部学历教育,仅对年纪较轻的、大专以下学历干部作号召性升级要求。干部队伍的学历结构提升变化,主要来源于新招收财税干部的高学历基础和低学历老干部退休因素。

到2006年,干部队伍的学历结构发生较大变化,全系统265名在编人员中,中专及以下的26人,占9.8%;大学专科60人,占22.6%;大学本科179人,占67.5%。大学专科以上学历占90.0%

至2013年,财政地税系统328名在编人员中,中专及以下的4人,占1.2%;大学专科44人,占13.4%;大学本科266人,占81.1%;大学本科以上14人,占4.3%。大学专科以上学历占98.7%。

县国税局 2003年3月,下发继续抓好各层次学历教育意见。全系统对1960年12月31日以后出生的人员要求在2005年底前达到大专学历。鼓励和支持干部职工参加与本系统业务相关的本科及硕士研究生的学历教育及各类国家认可的资格考试、英语等级、计算机等级考试。2003年,238名干部中,初中以下为2人,占干部总数的0.8%,高、中专学历50人,占干部总数的21.%,大专学历116人,占干部总数的48.7%,本科以上学历70人,占干部总数的29.4%。1998年至2003年,共有197人参加大专以上学历教育。

到2005年,干部队伍的学历结构发生较大变化,系统247名在编人员中,中专及以下的30人,占12.1%;大学专科93人,占37.6%;大学本科及以上124人,占50.2%。

至2013年,国税系统253名在编人员中,中专及以下的14人,占5.5%;大学专科69人,占27.3%;大学本科及以上的170人,占67.2%。

职称报考

指干部在完成岗位工作同时,对经济、会计、税务及其他专业技术职称等级的报考。职称报考,通常由县人力资源和社会保障局(2011年前为人事局)负责各类专业技术资格报名、考试、审定和发证通知工作。

县财政地税局 2003～2013年,获得中级以上职称184人,其中经济类78人,会计类53人,税务类12人,其他类41人。

县国税局 2003～2013年,获得中级以上职称37人,其中经济类20人,会计类11人,税务类4人,其他类2人。

表26-1

县财政地税局、县国家税务局中级以上职称报考情况统计表(2003~2013)

单位:人

区分 / 数量 / 年份	绍兴县财政地税局					绍兴县国家税务局					合计
	小计	经济	会计	税务	其他	小计	经济	会计	税务	其他	
2003	18	12	5	0	1	6	6	0	0	0	24
2004	27	9	13	5	0	12	3	5	4	0	39
2005	29	13	12	4	0	10	5	5	0	0	39
2006	18	6	12	0	0	2	2	0	0	0	20
2007	17	6	7	0	4	2	1	1	0	0	19
2008	14	4	0	0	10	0	0	0	0	0	14
2009	6	4	0	0	2	1	1	0	0	0	7
2010	25	3	2	0	20	1	0	0	0	1	26
2011	8	2	0	3	3	0	0	0	0	0	8
2012	6	5	0	0	1	1	1	0	0	0	7
2013	6	4	2	0	0	0	0	0	0	0	6
2014	10	10	0	0	0	2	1	0	0	1	12
合　计	184	78	53	12	41	37	20	11	4	2	221

表26-2

绍兴县财税系统中级以上技术职务人员名单一览表(2003~2013)

会计类

<table>
<tr><th>姓　名</th><th>性　别</th><th>职　称</th><th>单　　位</th><th>批　准　文　号</th></tr>
<tr><td>徐妙娟</td><td>女</td><td>会计师</td><td rowspan="4">绍兴县财政、地税局</td><td rowspan="3">绍县人〔2003〕125号</td></tr>
<tr><td>乐素波</td><td>女</td><td>会计师</td></tr>
<tr><td>朱红琴</td><td>女</td><td>会计师</td></tr>
<tr><td>李　琼</td><td>女</td><td>会计师</td><td>绍柯人社发〔2014〕年43号</td></tr>
<tr><td>张维黎</td><td>女</td><td>会计师</td><td>现绍兴县财政、地税局</td><td>〔2003〕编号03051552</td></tr>
<tr><td>胡传林</td><td>男</td><td>高级会计师</td><td rowspan="2">绍兴县国家税务局</td><td rowspan="6">浙财会字〔2004〕41号</td></tr>
<tr><td>高翔宇</td><td>男</td><td>高级会计师</td></tr>
<tr><td>徐利忠</td><td>男</td><td>高级会计师</td><td rowspan="4">绍兴县财政、地税局</td></tr>
<tr><td>王嘉贤</td><td>男</td><td>高级会计师</td></tr>
<tr><td>夏俊利</td><td>男</td><td>高级会计师</td></tr>
<tr><td>吴文龙</td><td>男</td><td>高级会计师</td></tr>
</table>

续表26-2 会计类

姓　名	性别	职　称	单　　位	批　准　文　号
孙永国	男	高级会计师	绍兴县财政、地税局	浙财会字〔2004〕41号
虞国洪	男	会计师	绍兴县国家税务局	绍县人〔2004〕94号
张迪元	男	会计师		
吴慧丽	女	会计师		
金国民	男	会计师	绍兴县财政、地税局	
金　城	男	会计师		
童　君	男	会计师		
谭耀勤	女	会计师		
陈　良	男	会计师		
叶剑锋	男	会计师		
屠红丽	女	会计师		
周国军	男	会计师		
毛　勇	男	高级会计师	绍兴县国家税务局	浙财会字〔2005〕26号
凌志明	男	高级会计师		
毛国森	男	高级会计师	绍兴县财政、地税局	
徐有林	男	高级会计师		
陈晓伟	女	高级会计师		
周黎明	女	高级会计师		
王建德	男	高级会计师		
黄东方	女	会计师	绍兴县财政、地税局	绍市人职〔2005〕71号 绍县人〔2005〕112号
倪　钟	男	会计师		
叶　龙	男	会计师		
鲁慧良	男	会计师		
曹德祥	男	会计师		
周　同	男	会计师		
陈宙翔	男	会计师	绍兴县国家税务局	
陈兴强	男	会计师		
张国其	男	会计师		
傅雄鹰	女	会计师	现绍兴县财政、地税局	绍市人职〔2005〕130号
魏利红	女	会计师	绍兴县财政、地税局	绍县人〔2006〕132号
盛国强	男	会计师		
陈文芳	女	会计师		
冯国强	男	会计师		

续表 26-2　　会计类

姓　名	性别	职　称	单　　位	批　准　文　号
毛伟菁	女	会计师	绍兴县财政、地税局	绍县人〔2006〕132号
钱　华	女	会计师		
鲁　勇	男	高级会计师		绍市财会〔2006〕7号
张妙娟	女	高级会计师		
包关云	男	高级会计师		
陈春云	男	高级会计师		
娄永泉	男	高级会计师		
陆志媛	女	高级会计师		
周雪峰	男	高级会计师		绍市财会〔2007〕8号 绍县人〔2007〕61号
来建祥	男	高级会计师		
吴国英	女	高级会计师		
范月珍	女	高级会计师		
董志根	男	高级会计师	绍兴县国家税务局	
谢丽娟	女	会计师	绍兴县财政、地税局	绍县人〔2007〕84号
钟　彬	男	会计师		
茅伟君	女	会计师		
赵剑勇	男	高级会计师		浙财会〔2010〕30号
王红锐	男	会计中级		绍兴市职称评审中心 2010.8
王华樑	男	会计师		绍县人社发〔2013〕37号
虞映清	女	会计师		

续表 26-2　　经济类

姓　名	性别	职　称	单　　位	批　准　文　号
倪华丰	男	经济师	绍兴县财政、地税局	绍县人〔2003〕24号
沈春龙	男	经济师		
徐宏彬	男	经济师		
韩　强	男	经济师		
金志伟	男	经济师		
唐伟明	男	经济师		
徐荷英	女	经济师		
许如兴	男	经济师		
赵子良	男	经济师		
沈军飞	男	经济师		

续表26-2 经济类

姓 名	性别	职 称	单 位	批 准 文 号
陶校红	女	经济师	绍兴县财政、地税局	绍县人〔2003〕24号
倪灵东	男	经济师	绍兴县财政、地税局	绍县人〔2003〕24号
韩富云	男	经济师	绍兴县国家税务局	绍县人〔2003〕24号
沈 涛	男	经济师	绍兴县国家税务局	绍县人〔2003〕24号
房永刚	男	经济师	绍兴县国家税务局	绍县人〔2003〕24号
孙勤松	男	经济师	绍兴县国家税务局	绍县人〔2003〕24号
杨国华	男	经济师	绍兴县国家税务局	绍县人〔2003〕24号
洪 达	男	经济师	绍兴县国家税务局	绍县人〔2003〕24号
严 炜	男	经济师	绍兴县财政、地税局	绍县人〔2004〕25号
倪先楚	男	经济师	绍兴县财政、地税局	绍县人〔2004〕25号
韩燮明	男	经济师	绍兴县财政、地税局	绍县人〔2004〕25号
陈琦波	男	经济师	绍兴县财政、地税局	绍县人〔2004〕25号
方 荣	男	经济师	绍兴县财政、地税局	绍县人〔2004〕25号
张永华	男	经济师	绍兴县财政、地税局	绍县人〔2004〕25号
俞灵刚	男	经济师	绍兴县财政、地税局	绍县人〔2004〕25号
黄东方	女	经济师	绍兴县财政、地税局	绍县人〔2004〕25号
郑 英	女	经济师	绍兴县财政、地税局	绍县人〔2004〕25号
李新登	男	经济师	绍兴县国家税务局	绍县人〔2004〕25号
黄泽锋	男	经济师	绍兴县国家税务局	绍县人〔2004〕25号
秋红明	男	经济师	绍兴县国家税务局	绍县人〔2004〕25号
李鲁旗	男	经济师	绍兴县财政、地税局	绍县人〔2005〕22号
沈信利	男	经济师	绍兴县财政、地税局	绍县人〔2005〕22号
魏志刚	男	经济师	绍兴县财政、地税局	绍县人〔2005〕22号
李燕青	女	经济师	绍兴县财政、地税局	绍县人〔2005〕22号
潘国海	男	经济师	绍兴县财政、地税局	绍县人〔2005〕22号
华永伟	男	经济师	绍兴县财政、地税局	绍县人〔2005〕22号
王建新	男	经济师	绍兴县财政、地税局	绍县人〔2005〕22号
张国斌	男	经济师	绍兴县财政、地税局	绍县人〔2005〕22号
徐建会	男	经济师	绍兴县财政、地税局	绍县人〔2005〕22号
杨 青	女	经济师	绍兴县财政、地税局	绍县人〔2005〕22号
胡立明	男	经济师	绍兴县财政、地税局	绍县人〔2005〕22号
屠国海	男	经济师	绍兴县财政、地税局	绍县人〔2005〕22号
郭志英	女	经济师	绍兴县财政、地税局	绍县人〔2005〕22号
许坚强	男	经济师	绍兴县国家税务局	绍县人〔2005〕22号

续表26-2　　经济类

<table>
<tr><th>姓　名</th><th>性　别</th><th>职　称</th><th>单　　位</th><th>批　准　文　号</th></tr>
<tr><td>张国其</td><td>男</td><td>经济师</td><td rowspan="4">绍兴县国家税务局</td><td rowspan="4">绍县人〔2005〕22号</td></tr>
<tr><td>朱国锋</td><td>男</td><td>经济师</td></tr>
<tr><td>徐松祥</td><td>男</td><td>经济师</td></tr>
<tr><td>丁一宾</td><td>男</td><td>经济师</td></tr>
<tr><td>汤叶红</td><td>女</td><td>经济师</td><td rowspan="6">绍兴县财政、地税局</td><td rowspan="8">绍县人〔2006〕39号</td></tr>
<tr><td>孟伟琴</td><td>女</td><td>经济师</td></tr>
<tr><td>崔　燕</td><td>女</td><td>经济师</td></tr>
<tr><td>王灵娣</td><td>女</td><td>经济师</td></tr>
<tr><td>寿彩琴</td><td>女</td><td>经济师</td></tr>
<tr><td>翁小娟</td><td>女</td><td>经济师</td></tr>
<tr><td>张　颖</td><td>女</td><td>经济师</td><td rowspan="2">绍兴县国家税务局</td></tr>
<tr><td>徐　霆</td><td>男</td><td>经济师</td></tr>
<tr><td>徐慧萍</td><td>女</td><td>经济师</td><td rowspan="4">绍兴县财政、地税局</td><td rowspan="7">绍县人〔2007〕20号</td></tr>
<tr><td>潘秋林</td><td>男</td><td>经济师</td></tr>
<tr><td>曾晓琴</td><td>女</td><td>经济师</td></tr>
<tr><td>单金华</td><td>男</td><td>经济师</td></tr>
<tr><td>朱杏梅</td><td>女</td><td>经济师</td><td>绍兴县国家税务局</td></tr>
<tr><td>柏银芳</td><td>女</td><td>经济师</td><td rowspan="5">绍兴县财政、地税局</td></tr>
<tr><td>李　怡</td><td>女</td><td>经济师</td></tr>
<tr><td>张栋栋</td><td>男</td><td>经济师</td><td rowspan="3">绍县人〔2008〕27号</td></tr>
<tr><td>沈庭洋</td><td>男</td><td>经济师</td></tr>
<tr><td>虞映清</td><td>女</td><td>经济师</td></tr>
<tr><td>何肖芳</td><td>男</td><td>经济师</td><td rowspan="4">绍兴县财政、地税局</td><td>绍县人〔2008〕27号</td></tr>
<tr><td>胡境荫</td><td>女</td><td>经济师</td><td rowspan="4">绍县人〔2009〕30号</td></tr>
<tr><td>汪秋红</td><td>女</td><td>经济师</td></tr>
<tr><td>高　洁</td><td>女</td><td>经济师</td></tr>
<tr><td>赵慧芬</td><td>女</td><td>经济师</td><td>绍兴县国家税务局</td></tr>
<tr><td>常云芳</td><td>女</td><td>经济师</td><td rowspan="6">绍兴县财政、地税局</td><td>编号C0911231365〔2009.12〕</td></tr>
<tr><td>宋永慧</td><td>女</td><td>经济师</td><td rowspan="3">绍县人〔2010〕40号</td></tr>
<tr><td>吴丹晔</td><td>女</td><td>经济师</td></tr>
<tr><td>夏彩利</td><td>女</td><td>经济师</td></tr>
<tr><td>夏玲利</td><td>女</td><td>经济师</td><td rowspan="2">绍县人社函〔2011〕62号</td></tr>
<tr><td>沈琴梅</td><td>女</td><td>经济师</td></tr>
</table>

续表26-2 经济类

姓　名	性别	职　称	单　　位	批　准　文　号
俞鼎尔	女	经济师	绍兴县财政、地税局	绍县人社函〔2012〕43号
王　晖	男	经济师		
王华樑	男	经济师		
金兴强	男	经济师		
赵　瑾	女	经济师	绍兴县国家税务局	
詹江标	男	经济师	绍兴县财政、地税局	
沈银峰	男	经济中级	绍兴县财政局	绍县人社发〔2013〕16号
盛燕祥	男	经济中级		
宋　宁	女	经济中级		
尹丽丽	女	经济中级		
俞　琴	女	经济师	绍兴县财政、地税局	绍柯人社发〔2014〕年43号
汪　泱	女	经济师		
于　莉	女	经济师		
章晓燕	女	经济师		
杜可可	女	经济师		
应婷婷	女	经济师		
周　瑜	女	经济师		
任　芳	女	经济师		
郑宏帜	男	经济师		
马国琴	女	经济师		
俞华良	男	经济师	绍兴县国家税务局	

续表26-2 税务类

姓　名	性别	职　称	单　　位	批　准　文　号
倪　钟	男	注册税务师	绍兴县财政、地税局	绍县人〔2004〕17号
吴国英	女	注册税务师		
张迪元	男	注册税务师	绍兴县国家税务局	绍县人〔2004〕87号
孙勤松	男	注册税务师		
王永岳	男	注册税务师		
鲁红英	女	注册税务师		
夏俊利	男	注册税务师	绍兴县财政、地税局	
包关云	男	注册税务师		
戚立伟	男	注册税务师		

续表 26-2　　税务类

姓　名	性别	职　称	单　位	批　准　文　号
蔡慧红	女	注册税务师	绍兴县财政、地税局	绍县人〔2005〕121号
周　同	男	注册税务师	绍兴县财政、地税局	绍县人〔2005〕121号
邵慧娟	女	注册税务师	绍兴县财政、地税局	绍县人〔2005〕121号
许如兴	男	注册税务师	绍兴县财政、地税局	绍县人〔2005〕121号
朱越明	男	注册税务师	绍兴县财政、地税局	绍县人社函〔2011〕160号
陈　萍	女	注册税务师	绍兴县财政、地税局	绍县人社函〔2011〕160号
王华樑	男	注册税务师	绍兴县财政、地税局	绍县人社函〔2011〕160号

续表 26-2　　其他类

姓　名	性别	职　称	单　位	批　准　文　号
潘海平	男	驾驶员二级技师	绍兴县财政、地税局	绍县劳社〔2003〕35号
陈水泉	男	驾驶员技师	绍兴县财政、地税局	绍县劳社〔2007〕104号
倪荣富	男	驾驶员技师	绍兴县财政、地税局	绍县劳社〔2007〕104号
金　妤	女	高级工程师	绍兴县财政、地税局	绍县人〔2007〕27号
金　铭	男	高级工程师	绍兴县财政、地税局	绍县人〔2007〕27号
陈月萍	女	高级工程师	绍兴县财政、地税局	绍县人〔2008〕36号
占金木	男	电工技师	绍兴县财政、地税局	绍县劳社〔2008〕134号
郑良勇	男	驾驶员技师	绍兴县财政、地税局	绍县劳社〔2008〕134号
沈国荣	男	驾驶员技师	绍兴县财政、地税局	绍县劳社〔2008〕134号
徐生强	男	驾驶员技师	绍兴县财政、地税局	绍县劳社〔2008〕134号
徐其荣	男	驾驶员技师	绍兴县财政、地税局	绍县劳社〔2008〕134号
许建钢	男	驾驶员技师	绍兴县财政、地税局	绍县劳社〔2008〕134号
陶　良	男	驾驶员技师	绍兴县财政、地税局	绍县劳社〔2008〕134号
宋冬承	男	驾驶员技师	绍兴县财政、地税局	绍县劳社〔2008〕134号
李　巍	男	驾驶员技师	绍兴县财政、地税局	绍县劳社〔2008〕134号
杨建苗	男	驾驶员技师	绍兴县财政、地税局	绍县劳社〔2009〕137号
沈江平	男	驾驶员技师	绍兴县财政、地税局	绍县劳社〔2009〕137号
薛金根	男	驾驶员技师	绍兴县财政、地税局	绍县劳社〔2010〕129号
缪惠昌	男	驾驶员技师	绍兴县财政、地税局	绍县劳社〔2010〕129号
周　翔	男	驾驶员技师	绍兴县财政、地税局	绍县劳社〔2010〕129号
屠纪祥	男	驾驶员技师	绍兴县财政、地税局	绍县劳社〔2010〕129号
吴岳海	男	驾驶员技师	绍兴县财政、地税局	绍县劳社〔2010〕129号
董乃俊	男	驾驶员技师	绍兴县财政、地税局	绍县劳社〔2010〕129号

续表26-2

其他类

<table>
<tr><th>姓　名</th><th>性别</th><th>职　称</th><th>单　位</th><th>批　准　文　号</th></tr>
<tr><td>桑立明</td><td>男</td><td>驾驶员技师</td><td rowspan="14">绍兴县财政、地税局</td><td rowspan="15">绍县劳社〔2010〕129号</td></tr>
<tr><td>王　强</td><td>男</td><td>驾驶员技师</td></tr>
<tr><td>王海兴</td><td>男</td><td>驾驶员技师</td></tr>
<tr><td>郦　宝</td><td>男</td><td>驾驶员技师</td></tr>
<tr><td>陈　渊</td><td>男</td><td>驾驶员技师</td></tr>
<tr><td>董　雄</td><td>男</td><td>驾驶员技师</td></tr>
<tr><td>叶卫寅</td><td>男</td><td>驾驶员技师</td></tr>
<tr><td>唐永根</td><td>男</td><td>驾驶员技师</td></tr>
<tr><td>叶小峰</td><td>男</td><td>驾驶员技师</td></tr>
<tr><td>张成国</td><td>男</td><td>驾驶员技师</td></tr>
<tr><td>王国伟</td><td>男</td><td>驾驶员技师</td></tr>
<tr><td>单元全</td><td>男</td><td>驾驶员技师</td></tr>
<tr><td>应剑刚</td><td>男</td><td>驾驶员技师</td></tr>
<tr><td>周国强</td><td>男</td><td>驾驶员技师</td></tr>
<tr><td>吕兴良</td><td>男</td><td>驾驶员技师</td><td>绍兴县国家税务局</td></tr>
<tr><td>寿晓雁</td><td>女</td><td>高级工程师</td><td rowspan="4">绍兴县财政、地税局</td><td rowspan="2">绍县人社函〔2011〕59号</td></tr>
<tr><td>王启根</td><td>男</td><td>高级工程师</td></tr>
<tr><td>范栋良</td><td>男</td><td>驾驶员技师</td><td>绍县人社函〔2011〕158号</td></tr>
<tr><td>鲁伟刚</td><td>男</td><td>高级工程师</td><td>绍县人社函〔2012〕36号</td></tr>
<tr><td>胡洪良</td><td>男</td><td>驾驶员技师</td><td>绍兴县国家税务局</td><td>绍柯人社发〔2014〕17号</td></tr>
</table>

第二十七章　纪检监察工作

随着绍兴县财税队伍扩增，收税理财任务日趋规范，纪检监察工作的重点也从应对型教育、治理转向素质型防患、立规。长期来，绍兴县财税系统纪检监察工作，通过对干部进行各类教育活动，内化于心，外优于行，实现“人本”素质形象；通过健全监督管理机制，强化内部纪检监察机构，建立外部纪检监督网络，使财税工作在阳光下运行；通过对干部进行政策法规教育、廉政教育，组织开展行风评议、廉政文化建设、群众满意基层站所创建等专项活动，营造收税理财中的公正执法、公平执法、公开执法氛围；通过及时查处和剖析干部违法违纪案件，使财税干部在警示教育中洁身自好；通过创新纪检监察工作活动的载体、形式，呈现出许多新亮点、新特色、新典型。

第一节　组织机构

监察科(室)

从国、地税机构分设始，县财政、地方税务局设置监察科，县国家税务局设置监察室。

纪检组织

国、地税机构分设起，纪检组织各自建立。

财政地税局　2003年5月20日，县财政、地税局纪工委人员进行调整，纪工委书记桑志康；委员鲁晓舫、孙利人。

2007年11月，吕铁辉任财政(地税)局纪工委书记。

2008年4月，华永伟任财政(地税)局纪工委副书记。

2012年2月，陈鉴任纪工委副书记。

同年3月，徐姗萍任财政(地税)局纪工委书记，同年4月，谢伟光任纪工委副书记。

2013年8起，不再设财政(地税)局纪工委，改为县纪委派驻县财政(地税)局纪律检查组。

国家税务局　绍兴县国税局纪检组织由中共绍兴县国税局机关党委纪律检查委员会和中共绍兴县国税局纪检组组成，分别于2001年8月、2002年5月建立，其中中共绍兴县国税局机关党委纪委，由全系统党员选举产生，并报中共绍兴县直机关党工委批准，中共绍兴县国税局纪检组组长由上级局党组任免。

局纪检组 2002年5月起,绍兴县国税局设中共绍兴县国税局纪律检查组,组长徐董胜,负责全县国税系统纪律检查工作。

2006年5月,董志根任中共绍兴县国家税务局纪律检查组组长。

2011年11月,季承武任中共绍兴县国家税务局纪律检查组组长。

局机关党委纪委 2002年4月30日,中共绍兴县国家税务局机关党委设纪律检查委员会,由赵水友等5人组成,纪委书记赵水友,负责全县国税系统党员纪律检查工作。

2010年5月18日,中共绍兴县国家税务局机关党委纪律检查委员会由孟茂坤等4人组成,孟茂坤任纪委书记。

2013年11月18日,中共绍兴县国家税务局机关党委纪律检查委员会调整,由黄泽锋等4人组成,黄泽锋任纪委书记。

内外部监督网络

根据财税工作特点,针对行风、廉政、纪律等方面内容,在内外部相关的社会各界、企事业单位中,聘请财税特邀监察员、特约监督员、义务监督员和兼职监察员。

财政地税局 2003年,特邀监察员增至22名,义务监督员减少至74名,同时新设10名兼职监察员。

2005年4月,调整和重新聘请特邀监察员20名。同年12月,聘请首届特约财税监督员5名。

2005年4月22日,县财政地税局召开特邀监察员、特约监督员座谈会。

2007年,聘请第七届行风特邀监察员20名。

2009年,聘请第二届特约财税监督员8名,同时聘请第八届特邀监察员17名。

2011年4月，聘请第三届特约监督员8名，同时聘请第九届特邀监察员11名。是年11月，建立财税系统纪检监察员队伍，有11位同志组成，对象为各分局(所)、稽查局及局机关各支部相关领导。

2013年4月，聘请第四届特约监督员8名，聘请第十届特邀监察员13名。

各届特约监督员对象通常为无党派、民革、民盟、九三学社、民建等组织的领导或相关人员，各届特邀监察员对象，通常为镇(街道)领导、县机关部门领导、企业总经理和公司负责人、商会秘书长、新闻媒体等领导或相关人员。

国家税务局　2003年，全系统设立行风特邀监察员17名，义务监督员15名。

2005年，聘请5名民主党派人士作为县局特约税收监督员。

2007年，重新聘请行风特邀监察员23名。

2009年，在人大代表、政协委员、新闻媒体、企业负责人中聘用新一届18名行风特邀监察员和5名特约税收监督员，并组织开展检查活动。

绍兴县国税局召开特邀行风监察员、特约税收监督员座谈会。

2011年4月，县局重新聘任20位行风特邀监察员。

第二节　工作活动

常年性工作活动

常年性工作活动，是指围绕财税工作开展、干部素质提高所开展的廉政建设、行风建设、纪检监察实施等内容，具有针对性、长效性、及时性等特点。

县财政地税局 2003年,开展企业评议部门活动,深入全县36个部门、19个镇(街)上门走访征求意见;贯彻落实“两个务必”的重要讲话精神,开展“廉洁自律树形象,艰苦奋斗促跨越”的主题教育活动,全年组织开展行风督查8次,特邀监察员明查暗访2次,并开展公务活动中奢侈浪费行为专项检查;加强中层干部廉洁自律教育,对中层干部进行“廉政谈话”6次,利用手机发廉政提醒短信7批次,组织去省第四监狱接受特殊教育。是年,在全县机关部门行风测评中,财政地税局从2002年28个部门的第16位,上升到2003年33个部门的第5位。

2004年,纪检监察工作结合机关效能建设专题开展各项活动。贯彻落实《反腐倡廉防范体系》,制定《绍兴县财政地税系统反腐倡廉防范体系》;在党员干部中开展勤政、廉政教育,组织干部观看反腐倡廉电教片,请县检察院同志为干部进行预防职务犯罪教育;邀请效能和行风监察员对贯彻落实四条禁令和“在不在岗、在不在行、在不在状态”及基层窗口工作人员着装、佩证、办事效率、服务态度等进行明查暗访,对群众投诉、市长热线反映的问题进行追踪落实。

2004年3月29日,在稽山宾馆召开绍兴县财政地税局效能建设暨行风建设动员大会。

2005年,贯彻《绍兴县财政地税系统反腐倡廉防范体系实施细则》,结合正反典型开展警示教育,编印《耕耘的足迹》一书,挖掘宣传本系统17位党员的先进事迹,组织干部观看廉政电教片;落实党风廉政责任制,层层签订党风廉政责任状;创新廉政载体,对全系统中层以上干部寄送节前廉政提醒贺卡,开展财税廉政文化建设,组织好“十个一”活动,在干部中倡导唱廉政歌、读廉政书、看廉政片、听廉政课、写廉政文、做廉政人的氛围;加强廉政监督,走访18个机关部门进行系统廉政情况调查,组织行风特邀监察员开展明查暗访10次。

2006年，依据《中国共产党党内监督条例（试行）》要求，对局中层以上领导干部的诺廉评廉工作专门发文，规定16条热点、难点、重点作为承诺内容；在实施方法步骤上，强调“诺廉、示廉、述廉、评廉”4个环节的严格程序。是年，还开展以“九项活动”为内容的思廉崇廉葆本色，勤政优政履本职的主题教育；组织开展行风建设亮点工作、行风建设示范窗口评选活动，基层分局（所）、机关科室、直属单位参评“亮点”，办税服务厅、审改办、结算中心、票据中心9个单位参评“示范窗口”。是年，县局被市纪委、市人事局、市财政地税局分别评为市级纪检监察先进集体，在县机关部门32个单位行风评议中名列第一。

2007年，以“两个更加”主题教育实践活动为载体，落实党风廉政责任制。组织开展为时9个月的“作风建设年”和“创建群众满意基层站所”活动，8月在福全分局专门召开“群众满意基层站所”创建现场会；组织开展行风广播对话，进行税收服务需求问卷调查，征求纳税人服务需求和改进意见，走访60个机关部门、19个镇街、3个开发区和上百家企业，征求意见111条；组织“税收开放日”活动，邀请社会各界人士旁听税务案审例会、了解办税流程等活动；组织系统干部职工开展廉政书画、格言警句征集评选活动，征集书画作品132件，格言警句288条，有35件书画作品获奖，12条格言警句予以通报表扬。是年，财政地税系统成功创建绍兴县廉政文化示范点。

2007年4月18日，组织开展“税收开放日活动”。

2008年，围绕“服务企业年”，抓好党风廉政建设及行风建设各项工作。营造“大宣教”格局,开展廉政专题讲座,组织干部观看廉政电教片、参加县人民法院公开庭审旁听、去看守所接受警示教育等活动。对后备干部进行思想道德教育,开展勤政廉政专题教育,以珍惜岗位、真情投入;珍惜机会、争创一流;珍惜自我、正气立身为教育题意作了宣教,13名干部谈了受教育的心得体会。是年还注重制度规范和责任落实,从源头反腐倡廉着手,对涉及资金审批拨付、经费报销、税务稽查、税费减免等环节进行重点监管。开展行政自由裁量权试点,规范行政自由裁量权工作中有关文件、事项的修改、完善、整理。

2009年,以创建省级“廉政文化示范点”为主题,结合开展好纪检监察工作的各项活动。3月,召开年度党风廉政、行风效能建设动员大会,宣聘第八届特邀监察员和第二届特约财税监督员;5月,组织参加县纠风办行风广播对话活动;10月,邀请行风特邀监察员对系统内行风效能建设、制度落实进行明查暗访,查访重点为“三在”“四条禁令”、上下班时间、文明服务、办事效率等常规性内容。是年,被命名为省级“廉政文化示范点”,在全市的“企业评部门”和“群众评行风”活动中,位列全县36个机关部门第一名,全县基层站所行风评议中,综合得分位列第二名。

2010年,组织中层以上干部到省法纪教育基地接受教育,举办《廉政准则》专题辅导,并组队参加《廉政准则》电视知识竞赛。从8月份起,围绕人、财、物管理权力运行和监督制约,以“一二三四五六”(即一支队伍、两套体系、三个环节、四个阶段、五类风险、六项结合)为主要内容,探索建立廉政风险防控机制,共查找出全局重大廉政风险点23个,科室单位类廉政风险点234个,岗位类廉政风险点870个,共制订系统防控措施1127条(其中全局重大廉政风险防控措施23条)。

2011年,以“一二三四”工作理念和活动特色(党风廉政建设一条主线、队伍和资金二个安全、责任分解、责任考核、责任追究三道环节、电子监察平台、三诫勉制度、行风效能督查、廉政文化月四项工作),开展纪检监察工作。5月,组织新提任中层干部参观法制与责任——全国检察机关惩治和预防渎职侵权犯罪展览;全系统进行为时半年的廉政教育“六建六化”工程活动;按省地税局部署,进行为时4个月的民主评议行风活动,以“三解三评三创”(解读政策、解答咨询、解决问题;评税收、评作风、评执法;创一流业绩、创一流服务、创一流队伍)主题活动,向纳税人开展“10项”服务举措和“10项”服务活动。

2012年,邀请检察院领导上廉政教育课,对人、财、物管理各个环节岗位,开展执法风险和廉政风险排查;落实党风廉政建设责任制,对10大项工作进行行政主职明查暗访,及时纠正存在问题;参观市检察院警示教育基地、开展廉政杂文征集活动、创建市级廉政文化“六进”示范点。

2013年,开展“行风亮剑”专项行动,构建“四道防线”(思想、作风、制度、监督防线)健全“四不为”(不愿为、不敢为、不能为、不易为)防患机制,对重点工作和效能实行督查。落实税友龙版廉政效能风险防控,共排查各类风险1206条;与公检法部门建立行政执法与刑事司法协作机制,清理各类有效文件242件,作废文件9件。

县国家税务局　2003年，开展《廉洁自律树形象、艰苦奋斗促跨越》的主题教育活动。在警示教育中，组织全局干部职工观看《厅(局)、县(处)级领导干部腐败案件警示录》《法不容情》《赌向深渊》等多部违法违纪案件电教片，组织中层以上干部到浙江第四监狱听罪犯现身说法；对全体党员进行党纪条规教育，10月，开展“廉政建设教育月”活动。

2004年，组织开展“树国税新形象、创国税新业绩”教育活动，专门召开作风纪律教育大会，开展向任长霞同志学习和党内“两个条例”学习；举行“艰苦奋斗讲节俭、强化效能创新绩”大讨论；10月，在提升机关效能、行风建设、纳税服务中，由局领导带队，分组到各镇街联合召开税企座谈会，向镇街领导、纳税人通报国税工作有关情况，宣传、解答税收政策及征求对国税工作的意见建议等；制订实施私车费用登记查验制度；组织干部上街开展行风咨询投诉活动；结合机关效能建设，重申有关规章制度，加强对各科室、单位行风督查，并对有关问题实施过错责任追究。

县国税局在柯桥鉴湖路开展行风投诉咨询点活动

2005年，结合行风建设活动，在被服务对象中开展问卷调查。问卷测评内容，以各单位工作性质，设定不同的调查测评事项，由监察室通过邮局直接寄送给各科(室)、单位的具体服务对象，并由监察室回收；调查对象，除县局整体及计划征收科、政策法规科、管理一科、信息中心随5个税务分局(所)调查测评外，其他科室(单位)均为具体工作服务对象；征询对象分别为企业负责人、个体工商业户、当年被实施稽查过的纳税户。回收汇总后，满意率为97%，同时收到51条意见和建议。是年，组织学习省局原教育处处长、永康市国税局干部收受贿赂、触犯刑律，分别受到党纪国法严惩的通报，再次学习总局关于税务人员“十五不准”和“五项禁令”等有关廉政规定，开展“人应如何做”

“权应如何用”“法应如何执”的大讨论,并围绕“反面典型走上违法犯罪道路的危害和根源是什么?”“我们应吸取的教训是什么?”和“算清四本账”等讨论,重申廉洁自律规定,不碰四条“高压线”;严禁收受企业和纳税户有价证券和支付凭证及物品。

2006年,县局作出车辆管理办法。凡未经县局批准,全系统干部无论因公因私,均不得驾驶公车;系统内所有车辆,下班或执行公务结束、节假日,必须在指定停放点停车;干部擅自驾驶公车,专职司机驾驶公车办私事,造成交通事故等后果的经济损失,均由责任人承担,并按规定给予相应的党纪或政纪处分。3月14日,县局邀请县检察院领导对全局干部作涉税职务犯罪专题讲座,讲解《刑法》中涉税职务犯罪的多种表现,并结合实际阐述危害税收征管罪、贪污贿赂罪、渎职罪等职务犯罪案例。是年,县局在全系统开展预防职务犯罪电化教育,播放最高人民检察院拍摄的《职责与犯罪》电视专题片。

2007年,以规范、服务、效率为工作主线,开展作风建设年活动,从加强业务学习、推进“全程服务”品牌、简化程序性服务、弘扬求真务实精神等方面去落实。5月16日,召开民主评议基层站所(办事窗口)暨创建“群众满意基层站所(办事窗口)”工作会议,对开展民主评议基层站所(办事窗口)暨创建“群众满意基层站所(办事窗口)”活动进行部署。活动主体内容为加强党风廉政建设、严格依法行政、提高服务质量、优化办税环境、健全长效机制5个方面。分宣传发动、检查和创建、推荐和考核评定、评议和总结表彰四个阶段,整项活动于年底结束。7月,开展效能行风广播对话活动,县局纪检组长董志根率有关科(室)负责人等7人,在绍兴县调频广播电台与纳税人开展效能行风广播对话,接受纳税人的咨询与投诉,共接听解答纳税人9个电话。开通使用遵纪守廉网上评议系统,该评议系统由纳税人通过县局网站登录该系统,对一线部门税务人员遵纪守廉情况进行无记名评议。自2006年底开始投入使用以来,已有696户(次)企业通过该系统对各相关科室、单位、税务分局(所)干部遵纪守廉情况进行评议。

2008年,从六方面推进廉政文化建设,即开展示范教育、“读书思廉”、警示教育、主题教育、廉政文化进机关和“学习型国税机关”创建活动。组织开展行风效能建设督查活动,以多举措加强廉政文化建设,在国税网站开设“廉政建设之窗”栏目,发布廉政教育有关内容,开展廉文荐读、征集廉政警句格言和廉政书画摄影展,参加全省国税系统廉政书画摄影大赛中,县局徐霆、赵慧芳的书法分别获得二、三等奖。开展税收管理员向纳税人述职述廉等活动,用5天时间对全系统工作人员进行相关情况检查(是否执行“四条禁令”和“三在”要求、是否存在擅自提前下班或就餐和擅自离岗串岗聊天等行为、负有征收管理及稽查职能一线人员,是否按规定着装和考勤、工作日志系统是否按要求进行操作等),同时到宾馆、饭店暗访国税干部就餐情况。是年,福全分局以“5再”(服务再优化、效率再提高、风纪再严整、制度再完善、督查再落实)推进行风建设。齐贤分局以廉政文化推动党风廉政建设,实现分局“人人倡廉、人人促廉”的目标,从加强领导、建设园地、丰富内容入手,增强全体党员干部廉政意识。柯桥分局围绕“让纳税人满意”工作要求,开展“10多10少”服务理念,提高纳税服务水平,提升纳税人满意率。

2009年3月，从四方面着手贯彻市局党风廉政建设会议精神。建立健全党风廉政建设工作机制，纳入目标管理考核中，细化责任内容；落实《建立健全惩治和预防腐败体系2008—2012年工作规划》和《绍兴县国税系统构建惩治和预防腐败体系2008—2012年实施细则》，健全预防预警机制，完善制度建设；加强监督制约，严格“两权”监督，与检察、监察等部门沟通，强化监督管理；加强党风廉政建设同时，开展行风建设，优化纳税服务，设置监督举报箱、公开举报电话、网上举报信箱。5月，由监察室、办公室、机关党办联合编印《绍兴县国税局廉政教育手册》，并发放到每位干部手中，作为干部廉政知识学习资料。7月8日，由胡连华局长带队，组织有关职能科室负责人参加绍兴县广播电台的“民情热线”节目，在25分钟节目时间里，有8位听众打进热线电话，咨询有关税收政策问题。加强廉政文化建设。建立廉政文化长廊，将名言警句悬挂于办公楼走廊、办税服务厅等醒目位置；汇编《税务人员廉政教育手册》，将基层国税工作人员应遵守的有关廉政方面的法律、纪律和职业道德汇编成实用手册；在门户网站设廉政网页，搭建廉政文化建设网络平台。9月，对近3年考入本单位的大学生，召开入门识廉座谈会，组织学习基层国税工作人员应遵守的有关廉政方面的法律、纪律和职业道德知识，通报税务系统内发生的违法违纪情况。纪检组长董志根从如何做人、如何学习、如何尽快适应机关工作、如何做到廉洁自律、拒腐防变等方面，对新进工作人员提出希望，并要求算好政治、经济、家庭、前程、自由5本账。

绍兴县国家税务局廉政教育手册

2010年10月，局领导带领相关科室负责人，用20天时间，对19个镇(街)及200家企业进行走访，了解社会各界和纳税人关注的一些重点、热点、难点问题，并妥善给予解决。是年，县局“24小时全自助办税售票服务”项目获得绍兴市“行风建设十大亮点”称号；县局在全县36个机关部门的行风评议中继续保持优胜单位，并获得第一名的好成绩；县局办税服务厅被县纠风办授予“十佳群众满意基层单位”；县局行政审批服务窗口、管理一科获得全县机关效能示范科室称号，县局稽查局取得执法岗位行风评议第一名；福全分局被绍兴县纪委评为绍兴县第四批廉政文化“六进”示范点等。

2011年，完成2010年度廉政档案的填报、审核、整理等工作，249名干部(职工)廉政档案进行归档。是年6月,督查组对全系统效能行风建设情况进行明查暗访,主要内容为干部对环境卫生、仪容仪表、劳动纪律、中午就餐和下企业(户)登记制度落实情况。组织参加市局"廉政桌面及廉政屏保"设计制作比赛,柯桥分局选送的《廉洁·自律》获廉政桌面类一等奖、平水税务所选送的《清风亮节》获廉政屏保类二等奖。10月开始,进行为时1个月的效能行风建设满意度测评活动,问卷调查分税务分局(所)、稽查局、纳税服务科、管理科四类进行,发出问卷调查表500份,回收166份,回收率33.2%,满意率达99%;行风问卷调查,还收到涉及办事效率、工作作风、廉政建设等方面26条意见和建议。同月份,举办"迎国庆,促廉洁"书画作品比赛活动,向全系统干部职工、家属子女征集毛笔书法、硬笔书法、绘画等廉政文艺作品共112幅,其中60余幅比较优秀的作品在办公楼一楼南大厅展览。是年还抓好梳理权力事项、开展排查风险、完善风险防范体系、加强风险防控四项主要工作,全系统录入风险库的岗位风险2485个(其中:执法风险1605个,廉政风险690个),各科室(单位)完成梳理部门权力事项95项、绘制权力运行流程图95份。是年,县局在全县38个部门参加的"企业评部门、群众评行风"中名列第三名。

2012年6月,召开税收执法(廉政)风险防控教育专题讲座,特邀国家税务总局税务干部进修学院教研一部涉税法律教研室主任郭勇平教授主讲。8月份,组织81名干部到省第六监狱接受现身说法教育,现场听取3名职务犯罪服刑人员的现身说法,县局纪检组长季承武在现场向国税干部作《反腐倡廉形势报告》,对做好反腐倡廉工作提出要求。10月,县局在王坛镇南岸村举办资深工作者廉洁从政培训班,30余名50周岁以上资深工作者参加培训,实地参观南岸村,聆听南岸村党支部先进事迹,围绕"勤政廉政、走在前列"主题进行集体签名;结合创省级"廉政文化进机关"示范点要求,全系统干部家属中开展为时一个月的"爱税助廉"征文活动,共收到征文16篇,在国税信息上选登5篇征文。

2013年9月25日,县国税局举行预防职务犯罪辅导报告会。

2013年9月,采用多种形式开展预防职务犯罪教育,以报告会、接受"特殊教育"等活动,启迪和警示干部的法制观念、道德品行。10月,深入企业,镇街纪委、党、人大代表以及政协委员,村、社区进行上门征言,开门纳谏，敞门评议；强化素质，效能自察，县局及科室、负责人履行好行风效能自查职责；整改落实，以查促改，对评议中的意见、建议进行汇总梳理，落实责任部门，抓好整改的跟踪验证工作。

特色专题活动

是指在廉政建设、行风建设及纪检监察工作中，在一个时段内，开展能体现财税纪检监察工作特色又具创新创优的工作活动。

县财政地税局　按上级要求，以财税工作为实际需要，针对财税队伍实际，有重点地开展机关效能建设、廉政文化建设、"六个所有""六建六化"、群众满意基层站所(办事窗口)创建等活动。

机关效能建设　2004年3月上旬至11月上旬，按照省厅、省局和县委、县府加强机关效能建设的要求，全系统开展了机关效能建设系列活动。整个活动紧扣县委"保强争优、统筹发展"工作主题，围绕依法治税理财，推进全局效能建设，建成学习型、事业型、服务型、效率型的财税机关。工作重点为四个方面和两个突破，即严格依法行政，强化执行财税政策的规范性；规范公正执法，加大查处偷漏税行为力度；深化公开办税，增强纳税额确定的公正性；改进工作作风，优化服务水平和办事效率。在提高群众满意度上要有新突破，在市、县行风评议排名偏后转向明显升位；提高办事效率上要有新突破，从规范内部管理、抓好制度落实、加强监督考核入手促进办事效率。

机关效能建设分宣传发动、组织实施、总结迎考等阶段进行。在各个实施阶段，局机关及各分局(所)和稽查局，在完成规定动作同时设计了许多创新内容，其活动主体，主要从9个方面展开。加强思想教育，开展宗旨观、政绩观、民主观、法制观、勤政观、廉洁观等教育，树立行政必须依法，用权必须监督的理念，树立勤政为民，干净干事的理念，自觉做到情为民系、利为民谋；重视业务建设，组织机关工作人员学习与本专业相关的法律条规和专业知识，以专题讲座、业务培训、岗位练兵、岗位交流等形式，培养"一口清"、AB角、一专多能的业务骨干，提高机关工作人员的业务素质和服务能力；完善各项制度，结合工作职责和业务流程，建立健全适合财税工作实际的岗位责任制、服务承诺制、限时办结制、一次性告知制、否定报备制、首问责任制、AB岗工作制、效能考评制和失职追究制等较为完善的效能建设制度体系，并印制汇编成册；改革审批制度，根据精简、统一、效能原则，学习贯彻《行政许可法》，围绕提高机关效能目标，减少审批、审核事项，规范办事程序，简化审批项目、简化办事程序；推进政务公开，把群众关心、社会关注问题和环节作为政务公开重点，对各项政策、优惠措施、办事程序的解释和指导性服务力求通俗易懂，有效治理收人情税、办人情事现象，并在思想重视、制度规范、监督有力上体现有机结合；加快信息化建设，以足够的技术人员、操作人员和管理人员，积极、稳妥、安全、协作地启动金财工程，提升《浙江省地税信息系统》功能，逐步实现与工商、国税、银行、技监等单位的联网，提高各项数据传输技术指标，发挥12366语音服务系统的咨询功能；落实便民服务措施，普遍建立与服务和管理对象双向互动机制，推行"与企业零距离沟通、为企业零距离服务”程序,拓展、深化税(财)情日记制度,开展以访(企业)、听(民声)、办(实事)为主要内容的“访百家企业”“干部联系企业”等活动,办税大厅深化一窗通服务、预约服务、延时服务和办税绿色通道等举措,开展千家企业评部门和社会各界评财税活动,实现由执法监督型向执法服务型机关转变;建立效能监督机制,严格各项规章制度,强化“两权监督”,聘请效能监督员,加强监督检查,发现问题按制度规定坚决查处,不搞特殊化和变通处理;发扬民主,重视教育、惩防并举、注重预防,开展廉政教育、谈心谈话、劝导告诫,多从主观能动上寻找增强干部自律意识的办法和措施;完善绩效考评制度,修改和完善《岗位目标责任制考核办法》,制定科学的年度考核量化实施细则,在考核评比上,严格依照标准和目标成果进行考核,并积极寻求内部推荐、个人述职、群众评议、领导意见等要素比重的合理配置,促进考核结果的可靠性和公信度。

廉政文化建设　2005年5月下旬至11月中旬,根据县纪委在全县开展以“弘扬廉政文化,奋力跨越新坎”为主题的廉政文化建设活动安排,全系统开展此项工作。县局专门制订《财税廉政文化建设活动实施意见》。活动总则是围绕活动主题,认识廉政文化的价值意义,突出勤政廉政重点,创新活动载体,开展唱廉政歌、读廉政书、看廉政片、听廉政课、写廉政文、做廉政人为主要形式的群众性活动。活动以分月安排廉政文化内容,明确参加人员和组织领导者,分别从10项内容入手。学唱廉政歌,收集勤政廉政有关的歌曲,搞好编印;摆放廉政签,在干部、职工办公桌上放置反映廉政建设的警示台签;常敲廉政钟,对党员干部在逢年过节、出国出境、外出考察时,进行遵纪守法的提醒教育,印发警示资料,发送廉政短讯;读好廉政书,推荐阅读《反腐镜鉴录》一书,汇编身边先进典型、廉政故事等小册子,组织写学习心得体会等;观看廉政片,在全系统巡回播放四部廉政警示片;参加案审旁听,到法院听对违法人员的案审过程;上好廉政课,以“讲案例、析危害、守法纪”为内容,邀请有关领导上一堂廉政教育课;举办书画赛,发动干部职工参与廉政书画比赛,并邀请行家评定,对获奖作品给予奖励;参观反腐展览,组织中层以上干部参观市、县举办的反腐倡廉图片展;把好廉政关,开展“清风进家门”活动,召开中层干部家属座谈会,吹好“枕边风”,当好“廉内助”,同把廉政关。

是年8月,举办廉政文化书画、摄影作品比赛。共收到各类作品165件。其中美术画13件,软笔书法30件,硬笔书法65件,摄影作品57件。经评委评审,有3个单位荣获组织奖,35件作品分获一、二、三等奖。

创建廉政文化示范点活动　2007年7月中旬至12月下旬,按照县纪委《关于开展创建廉政文化示范点活动的实施意见》精神,巩固和发展往年廉政文化进机关活动成果,在全系统开展创建廉政文化示范点活动。创建廉政文化示范点,以廉政建设与文化建设相结合为要求,以反腐倡廉教育为主题、以多种文化活动形式为载体、以促进党员干部廉洁从政为重点等原则开展各项活动。在具体实施中开展好“十个一”活动,即在财税陈列室增设一处“廉政篇”;组织一次全体干部职工参观财税陈列室;组织一次廉政格言警句、书画作品征集;请检察院上一堂预防职务犯罪课;刊登一期优秀纪检监察论文专辑;建立一个廉政文化宣传窗;召开一次中层干部家属(贤内助)座谈会;组织一次以廉政文化为内容的演讲会;树立、宣扬一批勤政廉政典型;制作一套廉政文化示范点创建影像资料。在开展上述活动中,征集廉政书画作品132件,廉政格言警句288条,3个单位获组织奖,47位同志分别获创作奖,选送到全县评比的作品又有3名同志获奖,县局获集体组织奖。县财政地税局被县纪委列为试点单位之一。

2008年1月,县财政地税局被县纪委、县监察局评定为第一批县级廉政文化示范点。2009年12月,县地税稽查局、县预算会计核算中心、钱清税务分局、平水税务分局为第三批县级廉政文化"六进"示范点。2010年2月,县局被省纪委、省教育工委、省文明办等八个部门联合命名为"浙江省廉政文化'六进'示范点",属全县首家获得命名单位。2011年2月,县地税局柯桥分局、县地税局福全分局被县纪委、县监察局评定为第四批廉政文化"六进"示范点。2013年2月,县地税局滨海分局被县纪委、县监察局评定为第六批廉政文化"六进"示范点。

2007年9月25日,全县推进廉政文化示范点创建工作现场会在县财政地税局召开。

群众满意基层站所(办事窗口)创建活动 2007年5月上旬至12月下旬,按照省纪委、省监察厅《关于开展民主评议基层站所暨创建"群众满意基层站所(办事窗口)"活动的实施意见》,围绕"两个更加"和"作风建设年"主题教育活动,全系统开展民主评议基层站所暨创建"群众满意基层站所(办事窗口)"活动。评议暨创建活动的对象为各分局(所)、审改办、预算会计核算中心、财政票据结算中心等单位。

评议暨创建活动,分宣传发动、评议创建、推荐评定、总结表彰四个阶段进行。评议暨创建活动的主要内容为党风廉政建设、严格依法办事、提高服务质量、优化服务环境、建立长效机制五项。加强党风廉政建设,坚持“常教育、严制度、领导作榜样”和“正面抓、抓正面”的办法,加强对干部的监督和管理,建立和完善监督体系;遵守党风廉政建设、廉洁从政各项行为规范,落实党风廉政建设责任制及实施细则;建设艰苦奋斗、勤俭办事的节约型财税机构。严格依法办事,加强执法监察,对税额核定、减免税、退税审批、资金审拨等重点环节开展监督;细化责任分工,完善岗责体系,加大检查考核力度;推进“阳光财税”、文明办事“八公开”;推进行政权力公开透明运行工作,发挥群众监督和社会监督的作用,把政务公开,文明办事工作纳入规范化、制度化、经常化轨道。提高服务质量,抓好办税服务厅和办事窗口服务工作规范化建设,开展包括岗位责任制、首问负责制、服务承诺制、限时办结制、一次性告知制、一站式服务、引领服务、全程服务、预约服务、提醒服务、延时服务等在内的各项服务,简化办事环节、改进办事程序、优化工作流程,服务态度文明礼貌、热情耐心、认真负责,不断提升服务水平;主动参与“民声立交桥”工程建设,健全和完善12366纳税服务热线的纳税咨询、投诉举报、电话申报等服务功能,及时更新语音信息,完善短信平台应用,为服务对象提供“全天候”服务;依托财税网站和税银库联网,拓展网上办事、咨询服务功能,减少办事单位成本,提高办事效率;结合现有的意见簿、投诉电话、12366热线投诉、财税网站投诉专栏等渠道,广开言路,虚心纳谏,立评立改,注重提高群众满意度。优化服务环境,完善方便办事人员的各项服务设施,大厅卫生清洁,工作现场整洁,办公场所设立简便易懂的办事流程图和窗口(柜台)业务标识牌等指示标志;设立咨询机构、宣传栏、公告栏、文明服务岗、服务指南资料、宣传手册等,方便办事人;强化礼仪教育,服务大厅工作人员应着装上岗,挂牌服务,语言文明,举止庄重,提倡讲普通话,提高服务水平。建立长效机制,以评议和创建为契机,建立健全财税系统政风行风建设领导责任制和干部教育、监督、考核、奖惩等各项制度;加强财税干部从政道德教育、职业道德教育和政治业务学习等制度建设,并落到实处。

是年8月22日,在福全分局召开创建“群众满意基层站所”现场会,市局领导、县纪委(监察局)领导、福全镇党委领导、县财税系统特邀监察员、县局领导、创建小组办公室成员、各分局(所)及创建单位

2007年8月22日,在福全分局召开绍兴县财政(地税)系统深化“群众满意基层站所”创建活动现场会。

负责人参加会议。会议期间，实地参观了福全分局创建风貌，播放福全分局创建活动专题片，福全、柯桥、平水分局在会上作交流汇报，到会领导作了讲话。11月，参与创建活动的单位，以书面形式上报“群众满意基层站所”推荐表及汇报材料。

2007年度，福全分局被绍兴市行风建设领导小组办公室评为“行风建设示范窗口”；柯桥分局被评为市财税系统“行风建设示范窗口”。2008年度，福全分局被评为省地税系统“群众满意基层站所（办事窗口）”创建工作先进单位；平水分局被绍兴市行风建设领导小组办公室评为行风建设示范窗口。

2009年，福全分局被省局继续认定省地税系统“群众满意基层站所（办事窗口）”创建工作先进单位。

2010年，平水税务分局、钱清税务分局被评为2009年度全市财政地税系统“行风建设示范窗口”。2010年度，柯桥税务分局、钱清税务分局被评为市级财政地税系统“行风建设示范窗口”。

2011年度，福全税务分局被绍兴市纠风办评为绍兴市十佳群众满意基层站所；平水税务分局被绍兴市纠风办评为绍兴市“行风建设十大亮点”。

2012年度，柯桥税务分局被评为全市财政地税系统“行风建设示范窗口”；县财政地税局被评为全市财政地税系统行风建设先进单位。

2013年度，县财政地税局被评为全市财政地税系统行风建设先进单位；滨海税务分局、钱清税务分局被评为全市财政地税系统“行风建设示范窗口”。

“六个所有”　2008年，平水税务分局在“服务企业年”背景下，在县局倡导“六个一”（目标统领、窗口受理、标准服务、口径取数、平台反馈、机制纠错）基础上，推出以“工作零差错、公务高效率”活动，创建“六个所有”财税服务体系。创建活动自3月开始到11月结束，历经宣传发动、落实提高、总结评定三个阶段。其内容为“让所有纳税人享受全新的税收信息服务、让所有纳税人享受全程的税收辅导服务、让所有纳税人享受全面的税收联系服务、让所有纳税人享受公正的税收执法服务、让所有纳税人享受公平的税收优惠服务、让所有纳税人享受公开的税收监督权利”的“六个所有”服务途径。

2008年11月，县财政局、县地方税务局下发关于转发平水分局《创建“六个所有”财税服务体系意见》通知。要求各分局（所）科室、直属单位结合实际，借鉴其好的做法，探索各具特色的服务举措，推动全局行风效能建设工作。12月中旬，时任绍兴县县长的冯建荣对平水分局“六个所有”的服务体系作出批示：“税收是财政的重要来源，财政应当很好地为纳税人服务，平水地税分局的‘六个所有’是财政税务部门的有益探索。在当前宏观经济形势严峻的情况下，尤其需要倡导和弘扬这种服务精神和探索精神。”2009年3月，监察科专门下发关于对“六个所有”财税服务体系推广情况进行督查的函，要求所有创建单位，将推广“六个所有”中在创新服务载体、探索服务举措等方面的工作计划、做法经验、取得成效等，以书面材料上报。

2010年8月，时任平水分局局长的孙勇军去杭州萧山，在全省财政地税系统队伍建设暨党风廉政建设会议上,汇报平水分局"六个所有"财税服务体系的做法,后又在全省财政地税系统局长培训班上作介绍发言,得到省厅、省局领导和与会领导的充分肯定。

"六建六化"工程 2011年5月下旬到11月底,以贯彻落实中共中央关于《建立健全惩治和预防腐败体系2008~2012年工作规划》和《2011年绍兴县反腐倡廉教育工作要点》精神为背景,以构建和完善具有财税特色的廉政教育体系为目标,全系统开展廉政教育"六建六化"工程,分宣传发动、组织实施、总结提高三个阶段实施。开展廉政教育"六建六化"工程,是当年深化党风廉政建设的重要任务;是完成财税各项任务的重要抓手;是提升全局党风廉政建设整体水平的重要举措。

"六建六化"工程的教育对象为系统全体干部职工,重点是系统中层副职以上领导干部和岗位廉政风险等级为一级的干部职工。

廉政教育"六建六化"工程主要内容为建廉政教育网络平台,推进廉政教育信息化;建廉政学习积分制度,推进廉政教育标准化;建廉政风险提醒机制,推进廉政教育日常化;建廉政文化教育载体,推进廉政教育多样化;建分类施教立体模式,推进廉政教育个性化;建廉政教育活动阵地,推进廉政教育互动化。

"六建六化"工程,按每月计划开展17项活动,其中新创建的有《廉政教育网络平台》《廉政风险电子监察平台》网上党风廉政知识问答、开发廉政屏保系统、制作廉政教育动漫等5项;专题性教育培训的有6项;开展建党90周年"七个一"系列活动、廉政书画摄影、廉政调研论文撰写、举办首届财税文化体育艺术节4项;其他内容2项。

在"六建六化"工程建设中,提出"三个务必"和"四个结合"要求,即务必端正认识、精心组织、创造特色;与创先争优活动、与财税业务工作、与职业道德教育和廉政文化建设、与廉政风险防控机制建设和与规范行政自由裁量权工作相结合。

"六建六化"工程建设,得到县纪委的重视和关注,县委常委纪委书记王浩萍,对财税系统"六建六化"工程的开展表示肯定。

县国家税务局

群众满意基层站所(办事窗口)创建活动 2007年5月16日,县局召开民主评议基层站所(办事窗口)暨创建"群众满意基层站所(办事窗口)"工作会议,部署开展活动的具体安排。评议和创建活动对象为各税务分局(所)、县局计划征收科办税服务厅、税源管理二科、三科等部门。评议和创建活动内容及措施为五方面,即加强党风廉政建设,遵守国家税务总局《税务人员廉洁自律若干规定》"十五个不准"和省纪委"四条禁令"的规定及有关党员干部、国家公务员廉洁自律的各项行为规范,加强学习,不断提高干部职工的思想觉悟和品德修养。依法行政,坚持"聚财为国、执法为民"的工作宗旨,做到依法征税、依法审批、依法处罚、照章办事;严格执行各项税收法规,执法程序、执法行为和各类执法文书都达到规范化的要求;按照依法、便民要求,实行政务公开,落实执法责任制和过错责任追究制;严格税额核定、增值税一般纳税人认定、减免缓税审批、出口退税审批、所得税税前列支审批、税务稽查处罚等方面的审核、审批制度;探索和改进征、管、

查手段，提高执法水平。提高服务质量，落实岗位责任制、服务承诺制、全程服务制、限时办结制、首问责任制、AB岗工作制、责任追究制、预约服务制、一次性告知制等服务机制；服务文明礼貌、态度热情耐心、工作认真负责；改进服务方式，强化服务功能，提高办事效率，推行便民、利民措施，实行弹性工作制，对部分涉税实行免填单服务；杜绝门难进、脸难看、话难听、事难办的“四难”现象，严禁出现刁难纳税人、态度粗暴、办事马虎、效率低下、推诿扯皮等情况。优化办税环境，工作环境整洁，服务设施齐备，办事指南清楚，办税服务大厅无脏、乱、差现象；工作人员仪容仪表端庄，税务服装穿着整齐；办税窗口科学明了，办税指导资料齐全。健全长效机制，建立健全各类制度，按制度办事、用制度管人；政风行风建设领导责任制和教育、监督、考核、奖惩等制度落实；从政道德教育、职业道德教育和政治业务学习经常化、制度化；健全内部监督机制，对纳税人反映的问题及时处理，认真整改。

评议暨创建活动分四个阶段进行。宣传发动阶段，主要是开展对评议暨创建活动的调查研究，制定《开展民主评议基层站所（办事窗口）暨创建活动的实施意见》，确定创建与评议目标要求，成立相应领导小组，制定具体实施办法，采取多种形式搞好宣传发动。检查和创建阶段工作是，各评议和创建单位根据确定的工作目标，组织、安排自查自纠，深入企业听取意见、座谈走访、发放问卷调查表、接受电话投诉等方式，找出本单位存在的不正之风和纳税人反映突出的“热点”问题，及时发现薄弱环节和带有普遍性的问题，针对性地提出整改措施和解决办法，采取有效措施，提出加强行风建设的意见和建议，为评议做好准备。推荐和考核评定阶段工作有，各被评议单位根据县纠风办考评要求，参加当地政府开展的民主评议基层站所的活动，了解评议情况，争取有较多的被评议单位进入“群众满意基层站所（办事窗口）”行列；县局根据考评细则，在各被评议单位自评基础上，再对自荐单位进行考核，符合条件的，向县纠风办和上一级国税机关推荐。评议和总结表彰阶段工作，主要是各被评议单位对评议和创建工作作出自我评估，写出自评报告；在总结同时，深入查找差距和问题，制定巩固、深化、提高的措施。年底，对一年来的评议和创建工作进行总结表彰，宣传基层行风建设先进典型事迹，开展学习基层行风建设先进典型活动，把基层国税的行风建设引向深入。

6月8日，县局召开民主评议基层站所（办事窗口）暨创建群众满意基层站所（办事窗口）工作交流会。县局领导、各相关单位负责人参加会议，县纪委有关领导应邀参加会议。会议在听取各单位前阶段评议暨创建活动开展情况及下阶段工作打算后，纪检组长董志根对下阶段工作提出4个必须要求，即开展民主评议和创建活动必须着眼于“聚财为国、执法为民”的工作宗旨，牢固树立敬业爱岗、为纳税人服务的公仆意识，增进征纳感情；必须着眼于解决一些实际存在的热点问题、难点问题，不断提高纳税服务水平；必须着眼于建立长效工作机制，完善各项工作制度。县纪委常委、办公室主任朱正祥在会上讲话，阐述开展评议暨创建活动的意义，并对县国税局如何抓好这项活动提出“四字”要求，即要在“高”字上做文章，标准要高，起点要高，目标要高；要在“严”字上做文章,制度要严,管理要严,定期开展明查暗访活动;要在“新”字上做文章,创新载体,创造经验,推进国税工作;要在“勤”字上做文章,工作要勤,宣传要勤,使评议和创建活动取得更大成效。金建伟副局长对前阶段各单位活动开展情况作点评,肯定前阶段各单位对开展这项活动中认识高,行动快,措施实;同时要求下一步工作中,要真抓实干,注重实效;要持之以恒,提升形象;要加强宣传,积累资料,确保评议和创建活动取得实效。

6月12日,省局纪检组长张松青在市局纪检组长夏伟等领导的陪同下到县局考察民主评议基层站所(办事窗口)暨创建群众满意基层站所(办事窗口)活动开展情况。先后到县局办税服务大厅和齐贤税务分局,实地踏看评议和创建工作软硬件建设情况,听取县局领导关于评议及创建活动开展情况汇报。在考察中,省局领导对县局工作给予充分肯定。对下阶段工作提出希望和要求,即要软硬结合,抓好评议和创建工作,力争软件和硬件都一流;要内外结合,抓好评议和创建工作,在内部,每位干部都要引起高度重视,把每位办税人员都当作明查暗访者,在外部,加强与镇街、纪委等部门的联系,对纳税人的意见建议要引起高度重视;要取长补短,不断创新,及时学习吸取别人好的做法与措施,不断创新,做好自己独特的工作,做好更深更细的工作,每个细节做到无可挑剔,确保评议和创建工作取得实效。

7月下旬,开展特邀监察员巡视指导民主评议基层站所暨创建活动,深入各评议和创建单位了解评议和创建情况,实地查看、座谈走访。被巡视单位虚心倾听特邀监察员的意见、建议,查找本单位存在的不足和纳税人反映的“热点”问题,针对性地提出整改措施和解决办法。8月,发动全体干部职工开展“民主评议基层站所(办事窗口)暨创建群众满意基层站所(办事窗口)活动”口号征集评选活动,共收到131条应征口号,经初选、网上投票推选及有关专家、领导评选,最终评选出“文明办税、和谐国税”等3条为获奖口号。

是年,在全县187个站所创建活动中,县国税局被县人民政府纠风办评为创建群众满意基层站所“十佳示范单位”;全系统行风评议名列全县第二名;柯桥分局的“请进来、走出去,税企互动促和谐”工作被县纪委评为行风建设“十大亮点”;钱清分局被定为县级“廉政文化示范点”;同时,创建活动助推全系统其他工作的优异成绩,县局被浙江省国家税务局命名为文明单位;被绍兴市人民政府命名为文明单位;被县委县府评为县级优胜单位;被绍兴市建设学习型城市工作指导委员会评为“绍兴市学习型机关”。

“爱税助廉”征文活动 2012年9月起,依托党风廉政建设和国税文化建设背景,结合争创省级“廉政文化机关”示范点目标要求,在全系统国税干部家属中开展为时1个月的“爱税助廉”主题征文活动。共收到征文16篇,内容多为反映对国税干部廉洁从政的认识,如何筑牢反腐倡廉的“家庭防线”,以及如何做保廉洁清正的“廉内助”等。其中《诚信与廉洁》《做女人说女人》《用心呵护我们的家》《我爱我家》《莲花开了》5篇文章,还在县国税信息上作了交流刊登。

附撰写上报征文题目《诚信与廉洁》《做女人说女人》《用心呵护我们的家》《我爱我

家》《莲花开了》《太婆的养老金》《妻儿对话录》《爱税助廉》《吹好风、把好门，廉政管住自家人》《干部家属关于“爱税助廉”的四点共识》《做“三心”内助让“国税”与“爱廉”同行》《国税干部廉洁从政须做到“六慎”》《家庭助廉之我见》《爱税助廉》《爱家爱税收促廉共建和谐税收》《廉政清风吹我来》。

第三节　查处违法违纪

财政地税局

2003年，协助查处3名干部因受贿、赌博等问题受到处理，其中受行政降级2人，开除党籍、行政撤职1人。

2004年，1名干部因犯挪用公款罪、受贿罪，被司法机关判处有期徒刑6年6个月，开除公职，开除党籍；1名干部因赌博问题，被行政记大过。

2006年，1名干部因犯受贿罪，判处有期徒刑4年，并被开除党籍、开除公职。

2012年，3名干部因犯玩忽职守罪、滥用职权罪、受贿罪分别受到判处有期徒刑2年、2年6个月、4年9个月的处理，3名受处理干部均被开除公职，其中1名干部被开除党籍。

2013年，2名干部因犯徇私舞弊罪、受贿罪分别判处有期徒刑3年6个月、9年6个月，并开除公职，开除党籍。

国家税务局

2005年，1名干部因犯受贿罪，被司法机关追究刑事责任，并被中共绍兴县纪律检查委员会开除党籍。

2011年，1名干部因犯徇私舞弊不征、少征应征税款罪、受贿罪，被司法机关追究刑事责任，并被开除公职、开除党籍处理。

2013年，1名干部因犯玩忽职守罪、受贿罪被司法机关追究刑事责任，并被开除公职，开除党籍处理。

第二十八章　内部管理

随着绍兴县财税管理范畴的拓宽和财税机构、财税职能的加强，内部管理已成为各级领导抓好队伍建设、完成各项任务的重要手段。内部管理主要通过ISO质量认证体系管理、建立和完善内部规章制度、加强档案管理等措施来规范财税业务运作，提升干部队伍素质，保证财政税收工作的正常运行。

第一节　ISO质量认证体系管理

2000年以后，绍兴县财政局、地税局、国税局先后导入ISO9000质量管理体系，实行标准执行与年度考核挂钩，随着改革的不断深入，绍兴县财税部门对ISO质量管理体系也不断充实、修订和完善。

管理体系标准

绍兴县财税系统导入的ISO质量管理体系标准，是根据国家财税法律、规章、制度及其他相关法律法规的要求制定，其体系标准覆盖全县全部财税业务，所确定的财政、税务质量方针和质量目标，是直接指导全县财税系统各岗位操作人员进行具体操作的“教科书”。

县地税局　2001年起，县局导入ISO9000质量管理，其体系文件内含1个质量手册（含质量方针、质量目标）、17个程序文件、89个作业指导书、78个职位说明书、362个质量记录表单，约48万字。

2004年，修订ISO9000质量管理体系文件，内含为1个质量手册（含质量方针、质量目标）、17个程序文件、90个作业指导书、78个职位说明书、362个质量记录表单，共约50万字。

2005年4月，修订质量手册、17个程序文件（2个为《管理工作控制程序》的范例）和65个作业指导书。其中新增《质量管理员作业指导书》1个：将原《税务登记换证作业指导书》与《税务登记验证作业指导书》两者合并为一个《税务登记验（换）证作业指导书》；删去《电子（邮寄）申报方式核定作业指导书》《办税员管理作业指导书》《购票特批管理作业指导书》3个作业指导书：修改《开业税务登记作业指导书》等60个作业指导书，同时按ISO质量管理体系要求对业务操作流程也进行清理修订。

2007年11月，县地税局组织相关职能科室，对原B版ISO9000质量管理体系进行全面升级换版，将文件版本由B版升级为C版。2013年5月，县局清理财政、地税规范性文件242件，作废文件9个，修订完善诺廉评廉、个人重大事项报告、行政主职明查暗访检查等制度。

县财政局　2005年12月，县财政局组织人员开展内部财政规程调研，共计制定84个具体业务工作操作流程，为全县财政工作导入ISO质量管理体系打下基础。

2007年5月，县财政局导入财政ISO9001：2000质量管理体系，〔内含《质量手册》(含质量方针、质量目标)、程序文件(含22个程序文件)、132个作业指导书、108个职位说明书〕，其中：绍兴县财政局ISO9001：2000质量管理体系《质量手册》是绍兴县财政局依据QB／T19001—2000 idt ISO9001：2000《质量管理体系要求》，按照国家的法律、法规和政策要求，结合县财政局实际制定。《质量手册》阐明绍兴县财政局的质量方针、质量目标、描述绍兴县财政局的质量管理体系，将依法理财、科学管理、廉洁高效、优质服务作为财政管理的质量方针；质量管理的基本要求是指导绍兴县财政局建立并实施质量管理体系的纲领性文件。《质量手册》于2007年6月1日颁布实施。《质量手册》有前言、目的和范围、引用标准、术语和定义、质量管理体系、管理职责、资源管理、服务实现、测量分析和改进等9部分组成。并附有质量目标展开表、组织机构图、工作职责和权限、绍兴县财政局科室职位分布图、绍兴县财政局质量管理体系过程职责分配表、绍兴县财政局程序文件清单、质量手册更改记录表等7个附录。

绍兴县财政局ISO9001：2000质量管理体系《程序文件》有文件控制程序、记录控制程序、质量目标控制程序、内部沟通控制程序、管理评审控制程序、人力资源控制程序、计算机系统管理控制程序、采购和外包过程控制程序、预算编制控制程序、预算执行控制程序、决算控制程序、政府采购管理程序、财政监督控制程序、国有资产控制程序、会计事务管理程序、服务对象财产控制程序、与服务对象沟通及满意度测量控制程序、内部审核控制程序、服务过程与结果监督检查程序、不合格品控制程序、数据分析控制程序和改进控制程序22个控制程序(程序)组成。

绍兴县财政局ISO9001：2000质量管理体系《作业指导书》有财务管理作业指导书、档案管理作业指导书、公文处理作业指导书、固定资产管理作业指导书等共计132个作业指导书组成。

表28-1

2007年6月1日起实施的绍兴县财政局ISO9001：2000质量管理体系作业指导书一览表

序号	作业指导书名称	序号	作业指导书名称
1	财务管理作业指导书	6	行政后勤作业指导书
2	档案管理作业指导书	7	政务办理作业指导书
3	公文处理作业指导书	8	政务督查作业指导书
4	固定资产管理作业指导书	9	印章管理作业指导书
5	信息宣传作业指导书	10	干部教育培训作业指导书

续表28-1

序号	作业指导书名称	序号	作业指导书名称
11	干部考核作业指导书	52	申报省市补助项目作业指导书
12	干部人事管理作业指导书	53	社会保障基金(资金)预算编制作业指导书
13	财政资金安全监管作业指导书	54	社会保障基金(资金)决算编制作业指导书
14	机关党风廉政建设管理作业指导书	55	社会保障基金(资金)归集作业指导书
15	机关行风效能建设管理作业指导书	56	社会保障基金(资金)专户核算作业指导书
16	纪检监察办案作业指导书	57	社会保障基金(资金)审核拨付作业指导书
17	纪检监察信访举报作业指导书	58	可参照国家公务员医疗补助单位审批作业指导书
18	行政处罚审核作业指导书	59	参照享受城镇医疗保险的审批作业指导书
19	行政处罚听证作业指导书	60	基本养老保险金转移资金证明作业指导书
20	行政复议作业指导书	61	财政票据购领证发放作业指导书
21	行政赔偿作业指导书	62	财政票据购领作业指导书
22	行政应诉作业指导书	63	非税收入政府统筹操作作业指导书
23	部门预算编审作业指导书	64	非税收入项目管理作业指导书
24	部门预算调整(追加)编制作业指导书	65	财政票据结报(核销)操作作业指导书
25	财政收入级次核定作业指导书	66	政府非税收入退付(缴库)审核操作作业指导书
26	财政预算编制作业指导书	67	土地出让金预收款管理核算作业指导书
27	预算指标管理作业指导书	68	土地出让金支出审核作业指导书
28	专项政策财力结算作业指导书	69	小汽车控购作业指导书
29	财政“先征后返”作业指导书	70	预算单位账户管理作业指导书
30	政府性债务管理作业指导书	71	政府采购监管作业指导书
31	镇财政综合预算汇编作业指导书	72	政府采购投诉处理作业指导书
32	县镇财力结算拨付作业指导书	73	基本建设项目竣工财务决算审批作业指导书
33	镇财政预算执行情况汇编作业指导书	74	基本建设项目财务事中审查作业指导书
34	部门决算作业指导书	75	参与政府投资项目管理作业指导书
35	财政收入退库作业指导书	76	基础性公益性国债项目专项资金使用管理作业指导书
36	财政资金拨付作业指导书	77	经济建设专项资金申请作业指导书
37	财政资金核算工作作业指导书	78	基本建设项目标底预算组织审核作业指导书
38	财政总决算作业指导书	79	基本建设项目预算(设计)变更审批作业指导书
39	预算执行情况分析作业指导书	80	基本建设项目资金来源(投资估算)审核作业指导书
40	财政监督选案作业指导书	81	政府投资项目资金支出审核作业指导书
41	财政监督检查作业指导书	82	农业税收票证领发和保管作业指导书
42	财政监督案件复核作业指导书	83	农业税收票证使用核算管理作业指导书
43	财政监督处理处罚作业指导书	84	农业税收票证审核和检查管理作业指导书
44	绩效评价项目计划编制作业指导书	85	农业税收退库审批作业指导书
45	绩效评价专家管理作业指导书	86	农业税收减免审批作业指导书
46	绩效评价作业指导书	87	农业税收会统核算作业指导书
47	参与绩效评价工作中介机构管理作业指导书	88	契税保证金作业指导书
48	绩效评价项目统计作业指导书	89	农业项目专项资金管理作业指导书
49	经常性经费拨付审核作业指导书	90	三农投入报表编审作业指导书
50	专项资金拨付审核作业指导书	91	会计从业资格注册变更调转作业指导书
51	政府采购资金来源审核作业指导书	92	会计继续教育培训机构资格认定作业指导书

续表28-1

序号	作业指导书名称	序号	作业指导书名称
93	会计代理记账许可作业指导书	113	农综项目申批作业指导书
94	会计代理记账机构管理作业指导书	114	计算机系统资产管理作业指导书
95	会计人员考核作业指导书	115	数据备份和安全运行管理作业指导书
96	会计从业资格许可作业指导书	116	计算机软件系统管理作业指导书
97	会计继续教育作业指导书	117	计算机硬件网络系统管理作业指导书
98	企业财务管理作业指导书	118	网站信息发布作业指导书
99	粮食专项资金管理作业指导书	119	票据管理作业指导书
100	涉企政策专项资金支出审核作业指导书	120	契税征收作业指导书
101	外商投资企业财政登记年检作业指导书	121	耕地占用税征收作业指导书
102	外债资金管理作业指导书	122	耕地占用税保证金作业指导书
103	国有资产产权登记指导书	123	住房贷款财政贴息作业指导书
104	国有资产处置审批作业指导书	124	单位财务报账作业指导书
105	国有资产运营机构监管作业指导书	125	核算中心财务档案管理作业指导书
106	国有资产清产核资作业指导书	126	核算中心汇缴项目作业指导书
107	国有资产评估项目管理作业指导书	127	核算中心工资统一发放作业指导书
108	农综开发财政有偿资金管理作业指导书	128	核算中心汽车加油IC卡充值作业指导书
109	农综资金拨款作业指导书	129	核算中心现金(支票)借用作业指导书
110	农综资金管理作业指导书	130	核算中心行政事业单位财务核算作业指导书
111	农综项目验收作业指导书	131	核算中心预算指标控制作业指导书
112	农综项目实施作业指导书	132	核算中心总会计与银行对账作业指导书

绍兴县财政局ISO9001：2000质量管理体系《职位说明书》由办公室、人事教育科、监察科、财政监督科、绩效评价科、预算科、行政事业财务科、社会保障科、国库科、经济建设科、综合科、会计管理科、农业科、企业科、国资科、法制科、农发办、信息中心、审改办、会计核算中心、财政分局等财政局机关科室(分局)的108个职位说明书组成,细化明确各个科室单位的质量目标,使各个科室单位能根据各自职责,相互配合、相互协调。

2008年4月,对财政ISO9001管理体系进行梳理和整合,并对“作业指导书、支持性文件、记录表单、职位说明书”进行清理。鉴于国有资产管理及基本建设相关职能已划入相关部门,县财政局相关业务科室也相应调整职能。次年,深化ISO贯标工作,明确工作规程的修订责任人和适用人,实行绍兴县财政局ISO贯标工作规程动态管理。

2012年,按照机构改革“三定”方案,县财政局对181个规范性文件进行拉网式梳理,及时废止、完善相关文件,使执法依据合法有效、内部控制更加科学。

县国税局　2003年,县局继续2000年导入的ISO9001：2000质量手册标准(内含绍兴县国家税务局质量方针、质量目标,共22个程序文件)。同年,对体系文件做了两次修改,增加全系统执法岗责体系。

2004～2006年,县局落实责任人,全面修订工作规程。其中2005年10月,县局稽查局结合市局在ISO内审中发现的问题,落实专人对工作规程进行全面的修改完善,强化质量意识,形成以ISO质量标准要求的工作理念。

2009年,县局落实工作规程即时修订机制,再次完善工作规程。

2010年10月,根据省局关于"业务重组、流程简化"的要求,严格涉税事项审批流程,对省局规定的涉税事项进行梳理汇总,分别为即办类事项、流转审批类事项、备案类事项。规范纳税人申请事项受理,强调纳税人申请事项由办税服务厅窗口受理并办理,其他部门或人员严禁受理或代办。明确部分涉税事项操作要求,以省局要求为基础,进行统一规范。根据省局操作规程、岗责体系和CTAIS2.1操作流程标准,对全系统30余份涉税文书表单进行清理修改及变动。

2011年,完善税收执法风险防范制度,修订、完善有关工作制度和工作规程,并根据相关文件精神,更新《税务行政执法责任分解表》《岗位风险库》及表单,输入LEP系统,报送市局备案。

2013年10月,县国税局对外网表单证书和审批事项进行集中更新,共更换表单证书6份,删除行政许可审批事项1项。

管理体系考核

全县财税系统ISO9000质量管埋体系考核,是一项长期性、经常性工作,需坚持管理体系考核。考核主要围绕财政、税收征管服务主题开展工作,每年由县局ISO质量管理体系推广应用工作领导小组统一组织,具体考核工作由县局ISO9000质量管理体系应用工作领导小组办公室实施。管理体系考核分内审、评审和第三方审核认证等方法,2003~2013年期间全县财税系统均获得第三方认证通过,历年考核均获得较好成绩。

县地税局 2003年4月起,县局质量管理体系推行工作进入全面运行阶段。6月17~20日,举办系统内32人的内审员培训班,浙江蓝箭质量技术事务所高级咨询师讲解ISO9000标准基础知识、审核方法和技巧。8月4~5日,进行年度第一次内审,内审中发现各单位基本能按ISO9000质量管理体系要求进行操作,但存在对标准理解不深、对新旧体系接轨不及时等问题。县局征管科向有关单位下发不合格报告,要求对不合格项进行纠正。10月29~30日,进行年度第二次内审。内审前,委托咨询师结合ISO质量管理体系文件的标准,对管理现状和征管质量,对各基层单位与稽查局的税收征管、稽查工作流程及内部行政管理过程、组织架构、部门职责及相互关系进行调查,指出管理中存在的问题及根源,找出不合格项,提出纠正和预防措施,进行持续改进,内审没有发现不合格项。11月18~19日,聘请浙江方圆标志认证中心作为认证机构,对县局导入ISO9000质量管理体系的有效性、符合性进行审核认证,除直属、福全、齐贤分局外的所有单位进行审核,确认有2项次不符合,出现在标准条款7.5.1和5.4.1。审核组评价认为,县局体系文件基本符合标准要求,体系运行有效,浙江方圆标志认证中心通过县地税局ISO9000质量管理体系的认证。

2004年,对ISO9000质量管理体系考核。全局纳税人满意率100%,服务承诺兑现率99%、税务登记率99.78%、税务申报率企业96.73%、个体87.37%以上、税费入库率97.72%、滞纳金加收率95%、稽查处罚率110%、养老金征集率98%、医疗金征集率99%、日常征管处罚率98.86%、稽查检查面7%、稽查结案率99.8%、稽查公告率87%、稽查案件复查率9%、文件收发及时率为100%、计算机设备完好率98%、数据备份及时率100%。除个体工商户纳税申报率和滞纳金加收率没有达标外,其余各项指标均超额完成省局规定,综合考核征管质量达优秀档次。

2005年7月,印发《绍兴县地税系统ISO9000质量管理体系考核暂行办法》,考核标准如下表:

表28-2

2005年度绍兴县地税局ISO9000质量管理体系考核评定标准及评分情况一览表

<table>
<tr><th>类别</th><th colspan="2">评定内容</th><th>标准分值</th><th>评分标准</th></tr>
<tr><td rowspan="17">质量管理体系的实施和保持</td><td colspan="2">领导要重视ISO9000质量管理体系工作,要参与体系的整体策划和质量方针、质量目标的研究制定。</td><td>5</td><td>领导不重视的,扣2分;未参与体系策划和质量方针、目标制定的,每项扣1分。</td></tr>
<tr><td colspan="2">要有专人从事质量管理体系</td><td>3</td><td>无专人从事质量管理体系工作的扣3分</td></tr>
<tr><td colspan="2">内审员队伍要满足本单位内审工作的需求,内审员数量不少于2人,具备必要的资格。</td><td>5</td><td>内审员必须兼职本单位的质量管理工作,做好本单位ISO9000质量管理体系文件的持续改进建议工作,做好本单位的内部检查工作,没有相关记录的,每发现一项扣0.5分,扣完为止。</td></tr>
<tr><td colspan="2">要建立起有效的内部沟通制度或方法,发动全员参与,促进ISO9000质量意识的提高,确保质量方针在全体员工中得到充分理解并执行。</td><td>4</td><td>未建立内部沟通制度或方法的,扣2分;未能实施有效沟通,质量方针在全体员工中得不到充分理解和执行的,扣1分。对全体员工实施质量管理培训有记录的,加1分。</td></tr>
<tr><td colspan="2">配备必要的资源,包括人力资源、信息资源、基础设施及环境等。</td><td>3</td><td>资源配备不到位的每有一项扣1分</td></tr>
<tr><td colspan="2">质量管理体系得到正常、有效的运转,满足ISO9001:2000标准要求,不存在系统性或区域性失效等情况。</td><td>4</td><td>出现问题影响县局整个系统性或区域性失效的扣4分</td></tr>
<tr><td colspan="2">质量目标要达到既定要求</td><td>12</td><td>县局大纲规定的基本质量目标未达到既定要求的,各项指标每低于规定要求1个百分点扣0.1分,案件数每超过1宗扣0.5分,每项指标最高扣1分。</td></tr>
<tr><td rowspan="7">日常征管</td><td>税务登记工作要符合要求</td><td>2</td><td>未按作业指导书操作的发现一例扣0.5分</td></tr>
<tr><td>发票的发售、管理、开具和缴销要符合要求</td><td>2</td><td>未按作业指导书操作的每项扣0.5分</td></tr>
<tr><td>定期定额的征收管理要符合要求</td><td>2</td><td>未按作业指导书操作的发现一例扣0.5分</td></tr>
<tr><td>纳税评估和稽查选案工作要符合要求</td><td>2</td><td>未按作业指导书操作的发现一例扣0.5分</td></tr>
<tr><td>受理税费申报、税费的征收及催报催缴工作要符合要求</td><td>2</td><td>未按作业指导书操作的发现一例扣0.5分</td></tr>
<tr><td>社会保险费的征收管理要符合要求</td><td>2</td><td>未按作业指导书操作的发现一例扣0.5分</td></tr>
<tr><td>减免税费、延期申报及税费缓缴的受理、审批要符合要求</td><td>2</td><td>未按作业指导书操作的发现一例扣0.5分</td></tr>
<tr><td rowspan="3">税务稽查</td><td>税务稽查的检查、审理、执行程序要符合要求</td><td>2</td><td>未按作业指导书操作的每项扣0.5分</td></tr>
<tr><td>税务稽查案卷管理要符合要求</td><td>2</td><td>未按作业指导书操作的发现一例扣0.5分</td></tr>
<tr><td>举报案件的受理和处理回复要符合要求</td><td>2</td><td>未按作业指导书操作的发现一例扣0.5分</td></tr>
</table>

续表28-2

类别	评定内容		标准分值	评分标准
质量管理体系的实施和保持	税收法制	税务行政处罚的确定、实施及其程序要符合要求	3	未按作业指导书操作的发现一例扣0.5分
		重大案件审理要符合规定要求	2	未按作业指导书操作的发现一例扣0.5分
		采取税收保全和强制执行措施要符合要求	2	未按作业指导书操作的发现一例扣0.5分
	税收计会统	税收计划的制定、执行和分析工作要符合要求	2	未按作业指导书操作的每项扣0.5分
		税收会统核算工作要符合要求	2	未按作业指导书操作的发现一例扣0.5分
		税款缴库、退税、抵税要符合要求	2	未按作业指导书操作的发现一例扣0.5分
		税源的管理和调研要符合要求	2	未按作业指导书操作的每项扣0.5分
		税收票证的领发、管理和使用要符合要求	2	未按作业指导书操作的每项扣0.5分
	综合	体系实施过程中有必要的质量记录，记录完整，符合要求。	1	无记录的，发现一条扣0.2分；记录不全的，发现一条扣0.1分。
		重要的采购、外包工作要实施采购和外包程序，有供方评价等。	1	未按规定程序实施采购或无供方评价的，每项扣0.2分。
		税收宣传、税务公告等与纳税人的沟通要得到有效执行	1	未按作业指导书操作的每项扣0.5分
		按要求制定落实教育、培训计划并得到执行	1	无计划或未组织教育、培训的扣0.5分，有计划未执行的，扣1分。
		按要求进行公务员的考核	1	未按作业指导书操作的发现一例扣0.5分
		征管信息数据要安全，要有相关管理制度。	2	未按程序文件和作业指导书操作的发现一例扣0.5分
		按规定要求开展纳税人满意度的测量和分析	1	未按程序文件操作的扣1分
	各部门和人员相应的职责和权限要明确，做到职责分明、权限清晰、分工合理、衔接顺畅。		3	出现职责不清，相互推诿的每次扣1分。
	对提供税收征管服务过程中的有关工作要按照PDCA循环的要求，进行了事前策划或制订了质量计划；对工作的实施和完成情况要进行自查、总结或考核。		3	主要工作未进行事前策划且未制订质量计划的，每发现一项扣1分；未按照要求进行自查、总结或考核的，每有一项扣1分。
	通过认证机构的年度监督审核，审核中没有出现严重不合格项。		3	影响全局未通过年度监督审核的，扣3分；出现严重不合格的，每项扣1分。
质量管理体系的持续改进	检查中发现的问题要及时纠正，要采取相应的纠正、预防措施，并得到验证。		3	对发现的问题未及时纠正的，扣4分；应采取而未采取纠正、预防措施的，每一项扣1分；纠正、预防措施采取不完全，每一项扣0.5分；未对措施进行跟踪验证的，每一项扣1分。
	质量目标的确定体现了组织的长远发展目标和不断改进提高的要求		2	制定的质量目标没有长远发展目标的，扣1分；质量目标没有改进和提高的扣1-2分。
纳税人满意程度	要做到以纳税人为关注焦点，确保纳税人正当、合理的要求得到确定和满足；纳税人满意率要达到既定标准。		2	纳税人正当、合理的要求没有得到确定和满足的扣1分；纳税人满意率未达到标准的，扣1分。
	按质量管理体系文件规定开展纳税人满意度的调查，调查的范围、对象、方式（问卷、走访、座谈、设置意见箱簿、接受信访投诉举报等）要全面，合乎要求；对调查中发现的问题或纳税人提出的意见、建议等要采取了相应的改进措施。		3	未开展纳税人满意度调查的，扣1分；开展了调查但范围、对象、方式不全面的，扣1分；对调查中发现的问题或纳税人提出的意见、建议等未采取相应改进措施的，扣1分。
其他加分	在质量管理工作中积极创新，具有取得一定成效的特色工作，加5-15分。以三项为限，每一项以加5分为限。		15	特色工作必须以得到县局推广或在全市（省）相关报道中被肯定的相关记录为准。
合计			115	

说明：每项考核内容的扣分，以扣完本考核内容的标准分为限。

2006年4月,县地税局印发《2006年ISO9000质量目标》,如下表:

表28-3

绍兴县地方税务局《2006年ISO9000质量目标》一览表

指　　标		目　标　值
税务登记率		90%以上
纳税申报率	企业	96%以上
	个体	92%以上
入　库　率		90%以上
滞纳金加收率(以金额计算)		100%
处　罚　率(以金额计算)		50%以上
控制压缩欠税	控制新欠	在10%以内
	压缩陈欠	10%以上
社会保险费征集率		90%以上
税务具体行政行为被撤销(变更)案件数		不超过一宗
行政诉讼败诉案件数		零
检　查　面		3%以上
结　案　率		95%以上
复　查　率		6%以上
公　告　率		60%以上
干部学历程度		45周岁以下干部大专学历占90%以上
网税咨询服务答复率		100%
应急处理中心数据传输正确率		100%
纳税人满意度		90%以上
廉政建设(大要案数量)		无大要案发生
政策执行率		100%

2007年5月7日,印发《2007年ISO9000质量目标》,同上年《2006年ISO9000质量目标》相比,取消"税务具体行政行为被撤销(变更)案件数、行政诉讼败诉案件数、政策执行率"3项考核指标,考核指标从19项改为16项,考核目标值相同。

2008年6月5日,县地税局印发《2008年ISO9000质量目标》,同上年《2007年ISO9000质量目标》相比,取消"综合入库率、稽查查补入库率"2项考核小指标,归类为"入库率",目标值为95%以上、增加"地税业务文档归档率"1项考核指标,目标值为97%以上,考核指标从16项改为17项,考核目标值相同。8~9月,进行ISO9000质量管理体系内审,评审内容为税友2006运行情况,评价质量管理体系的适宜性、充分性和有效性;省局2008年ISO9000质量目标执行情况;纳税人满意度调查情况;讨论2008年质量管理体系实施方案；管理评审改进建议落实情况。

2009年3月31日，印发《2009年ISO9000质量目标》，考核指标改为16项，如下表：

表28-4

绍兴县地方税务局《2009年ISO9000质量目标》一览表

指 标 名 称		目 标 值
税务登记率		95%以上
纳 税 申报率	企业	97%以上
	个体	93%以上
入库率	综合入库率	95%以上
	稽查查补入库率	90%以上
滞纳金加收率(以金额计算)		100%以上
检查案件罚款率		50%以上
控制压缩欠税	新欠控制率	10%以下
	陈欠压缩率	10%以上
社会保险费申报率(企业)		80%以上
社会保险费征集率		90%以上
查结率		90%以上
复查率		6%以上
干部学历程度		干部大专学历占95%以上
网税咨询服务答复率		100%
网络与信息安全信息按时报送率		100%
纳税人满意度		90%以上
廉政建设(大要案数量)		无大要案发生
地税业务文档归档率		97%以上

同年11月，绍兴市地税局对绍兴县地税局进行ISO质量管理体系内审，检查内容为领导重视和全员参与程度、质量管理体系的实施和保持、质量管理体系的持续改进以及纳税人满意程度等情况。内审后提出改进意见，对内审中发现的问题进行总结整改。

2010年4月26日，印发《2010年ISO9000质量目标》，各项指标及目标值与2009年度相同。5月，省地税局考核组到绍兴县地税局开展2009年度ISO质量管理体系建设等工作考核。考核中对绍兴县局相关科室和柯桥、滨海税务分局进行实地核查，听取相关情况汇报。考核组对绍兴县局服务社会经济发展、坚持依法治税、提高税源控管及实现地税可持续性增长等做法予以肯定，对今后税收管理等工作提出要求。

2011年5月11日，印发《2011年ISO9000质量目标》，指标项目减为15项。如下表：

表28-5

绍兴县地方税务局《2011年ISO9000质量目标》一览表

指标名称		目标值
纳　税 申报率	企业	97%以上
	个体	93%以上
入库率	综合入库率	95%以上
	稽查查补入库率	90%以上
滞纳金加收率(以金额计算)		100%
检查案件罚款率		50%以上
控制压缩欠税	新欠控制率	10%以下
	陈欠压缩率	10%以上
社会保险费申报率(企业)		85%以上
社会保险费征缴率		92%以上
查结率		90%以上
复查率		7%以上
干部学历程度		大专以上学历占95%以上
网税咨询服务答复率		100%
网络与信息安全信息按时报送率		100%
纳税人满意度		90%以上
廉政建设(大要案数量)		无大要案发生
地税业务文档归档率		97%以上

同年,绍兴县地税局将岗位职责风险、业务流程风险、防控措施的落实与县局ISO9000质量管理体系的持续改进融合,开展廉政风险防控机制建设。

2012~2013年,县地税局印发《2012年ISO9000质量目标》《2013年ISO9000质量目标》,质量指标及目标值与2011年度基本相同。

2007年1月16日,召开绍兴县财政局ISO质量管理体系贯标动员暨培训大会。

县财政局　2005年12月,县局“内部财政规程”调研以

“依法、规范、高效”为原则，以国家法律、法规和财政部、省财政厅、局等部门规章为依据，对全局“内部财政业务流程”进行系统梳理，奠定全县财政工作导入ISO质量管理体系基础。2006年7月，绍兴县财政ISO9000贯标工作因故延期至2007年实施。

2007年5月，贯标工作历经“推行准备、体系文件编制、体系运行及改进、体系认证”4个阶段，共清理、收集财政法律法规、政策、业务规程、规章制度等各类文件260余份，整理表单340余份。6月1日起，绍兴县财政局颁布实施ISO9001：2000。10月29日至10月30日，杭州万泰认证中心对绍兴县财政局财政ISO9001：2000质量管理体系进行认证，监审结果为合格，在全省财政系统中率先通过ISO9001：2000标准认证，实现以先进的ISO质量管理理念和质量管理标准与履行依法理财职能的结合，建立起新的标准化管理平台。

浙江万泰认证证书

2009年7月，浙江万泰认证有限公司对绍兴县财政局财政ISO质量管理体系运行情况进行外部监审，审核中未发现不合格项，绍兴县财政局质量体系运行正常。

2010年，绍兴县财政局将岗位职责风险、业务流程风险和防控措施落实与财政ISO9001质量管理体系持续改进融合，实施廉政风险防控机制建设。

2013年3月，绍兴市财政地税局依法行政考核组对绍兴县局2012年度依法行政工作情况进行考评，听取县局2012年度ISO依法行政工作情况汇报，审查依法行政相关文件、资料和档案,向县局汇总反馈考核结果,并提出意见和建议。

县国家税务局　2003年,县局开展两次ISO质量管理内审和一次管理评审,并接受市国税局内审。同年,县局贯标工作得到第三方(万泰认证中心)年度监督审核并获得通过。全局有9个科(室)、单位在内审和第三方年度监督审核中未发现不合格项。

2004年,县局在巩固前三年贯标工作成果的基础上,从"组织建设、学习教育、文件管理和质量活动"四方面入手,深化贯标工作。重新成立贯标工作领导小组,建立全系统质量管理员队伍,组织ISO贯标知识学习活动,开展区域内审、管理评审,纠正预防措施等质量活动。是年,接受并顺利通过第三方(万泰认证中心)监督审核。

2005年,深化ISO贯标工作。制订下发《2005年贯标工作意见》和《贯标评估办法》,召开全系统贯标工作会议,重新调整质量管理员队伍;开展内审、管理评审及各项预防纠正措施,开展"贯标深化月"活动;加强对贯标知识的学习,印发贯标知识学习手册、在国税网主页上设置学习专栏、举行贯标知识测试,提高干部贯标意识和水平,改进工作中存在的一些不足和问题。县局办税大厅等科(室)、单位还开展以ISO工作规程等为内容的岗位技能业务考核。

2006年,专题进行工作规程集中案头审核活动,开展管理评审、内审和日常预防纠正措施等各项质量活动,开展ISO贯标知识学习活动。

2007年7月12日,开展ISO管理评审。评审范围为上半年各项重点工作完成情况,包括工作目标及征管质量目标的贯彻实施及完成情况;以上级要求、纳税人的意见建议、年初确定的工作目标及内部审核结果,研究下半年具体工作措施。参加评审人员有县局领导、各科室、单位、各税务分局(所)负责人。县局办公室重点对工作目标(重点工作)完成情况进行讲评,计划征收科重点对上半年税收收入完成情况进行讲评,管理一科重点对全县征管质量情况进行讲评,胡连华局长作总结发言,提出评审结果及改进意见。

同年7月,县局稽查局以自主内审促稽查质量,全面修订稽查工作规程,细化稽查操作规程及案件质量标准。通过ISO9000自主内审,及时纠正检查人员存在的不符合工作规程的缺点。稽查局上半年报经案审委员会审理的案件,未发生退查、补查情况,案卷制作、文书质量统一规范、整洁清晰、符合法定要求,过错责任追究为零。上半年稽查结案率、执行入库率和举报案件回复率均为100%,检查人员未发生违纪违法行为,群众投诉率为零。

2008年7月11日,进行半年度ISO管理评审。评审范围为各项重点工作完成情况,包括工作目标及征管质量目标的贯彻实施及完成情况,以上级要求、纳税人的意见建议、年初确定的工作目标及内部审核的结果,研究下半年具体工作措施。参加评审人员有县局领导、各科室、单位、各税务分局(所)负责人,管理评审由胡连华局长主持,评审会上办公室对重点工作目标完成情况进行讲评,计划征收科对上半年税收收入完成情况进行讲评。

2009年6月,县局各科室、单位相继开展自主内审。在各科室、单位自主内审的基础上,6月23~25日,组织12名内审员,组成3个审核小组,开展全系统ISO区域内审。审核范围为贯标工作学习情况,各科(室)、单位的工作规程是否全履盖,工作规程是否具有可操作性、质量如何及工作规程的运作情况。重点检查工作规程的完整、严密、有效和遵循情况、增值税转型落实政策、执行规范性方面以及日常行政管理工作和税收工作、全程服务方面的贯彻执行情况。对前阶段各科(室)、单位开展自主内审的情况和效果进行审核,对内审中发现的问题和不合格项进行纠正和预防。同年7月13日,开展ISO管理评审,范围为各项工作目标的贯彻实施及完成情况。参加评审人员为全体中层以上干部。管理评审由局长胡连华主持,各单位汇报交流相关的评审内容后,由各分管局领导逐一进行点评。对上半年基本评价为,贯标工作深入推进,以开展自主内审、区域内审及管理评审等活动,实施预防措施,提高贯标工作水平和各项工作质量,同时提出下阶段工作要求。

2010年7月,市国税局对绍兴县国税局税收执法和效能管理体系运行情况进行督查,发现部分单位体系文件未能发布完整、大部分干部未设置密码、未下载"一键通"运行等问题,县局组织各单位对体系文件再次进行自查,重点对个人设置内容作完善落实。11月,开展2010年税收执法与效能管理体系内审,按照税收执法与效能管理体系内审的整体安排,全局组织20名内审员分4个小组,采取"听、看、查、访"等方法,对单位(部门)的岗位责任体系、流程控制体系、风险控制体系、考核评价体系和持续改进体系的文件及运行情况进行全面内审。

2011年,贯彻落实《税收执法风险防范手册》,实施过错责任追究制,规范干部的执法行为。按照《浙江省国税系统税收执法过错责任追究实施细则》要求,对全系统各环节的执法过错都纳入过错责任追究范围。是年,全县国税系统追究执法过错责任19起,扣发直接责任人奖金1700元。

2012年,县局制定管理创新工作方案,明确项目调研、创立、实施、申报等任务,最终确定2个项目上报省国税局,管理创新工作连续6年得到省国税局记功和嘉奖。

2013年,县局建立ISO以事定岗、以岗定责、责任到人的管理模式。制定函调管理办法和预警管理办法,严密防范出口骗税行为;推进专业化纳税评估,探索实施信息采集、审核评析、稽核调查"三分法"评估模式;按照"以查促管、管查互动"原则,完善征管与稽查工作衔接机制,规范相互间业务移送流程;建立"营改增"一般纳税人行业模型,查找薄弱环节加强管理;制定印染、加弹行业和承包承租人税源监控管理办法。

第二节 档案管理

绍兴县财税档案管理工作,随着财税事业的发展而得到加强,随着对财税工作的应用而得到重视。加强财税档案资料的收集、管理,提高档案管理现代化水平,维护档案的完整与安全，是有效保存财税史资、服务财税事业、严守党和国家机密的重要环节。

综合档案室

综合档案室及内存档案，是绍兴县财政税务机关在工作中形成的具有保存价值的文字、图表、声像、计算机磁盘等各种形式的历史纪录，是反映绍兴县财政、国税、地税工作历史真实面貌的重要史料。县局综合档案室，负责档案接收、整理、保管、移交和统计，实行统一管理。

县财政地税局　全局档案管理，以健全组织、硬件建设、软件规范等要求抓好落实。组织机构建有档案管理领导小组、科室兼职档案员队伍、档案鉴定小组；硬件建设按需要投入资金，建成标准化档案室；软件建设以制度实现规范化，严格进档、用档、移档手续，形成系列化管理标准。

档案归集分类　2003年，县局综合档案室有专职档案管理员管理，建有档案管理制度、档案保密制度、档案库房管理制度、档案借阅利用制度、档案统计制度、文书档案立卷归档制度、业务档案立卷归档制度、会计档案立卷归档制度、科技档案立卷归档制度、声像档案立卷归档制度、档案人员岗位责任制等制度。档案按文书类、业务类、会计类、科技类、特种载体类等五大类分类，以件(卷)为单位存档，其中文书档案以件为单位，其他档案以卷(件)为单位。

县局档案的保管期限分永久、长期、短期三种。其中50年以上为永久，16～50年为长期，15年以下为短期。反映县局主要职能活动和基本历史面貌，需长远查考利用的档案列永久保管，包括全县财政地税的法律、条例、细则、决议、指示；县局重要会议文件；全县财政预算、决算，地方税收年报。重要请示、报告，年度工作计划、总结；机构设置、人员编制、干部任免等重要文件；上级党、政、人大领导机关制发、批复、转发的有关财政地税工作的重要文件以及重要指示、批示等。反映县局一般工作活动，在相当长时间内需查考利用的档案列长期保管，包括县局制订的制度、办法，比较重要的请示、报告，上级制发的有关财政地税工作重要文件等；对较短时间内需查考利用的档案，列为短期保管，如县局一般事务性通知、规定和批复文件，各科室计划、工作总结、专业会议材料等。

基建档案和会计档案的归档范围和保管期限按《基建档案管理办法》和《会计档案管理办法》执行。

根据档案保管期限，定期对档案进行鉴定，超出保管期限并失去保存价值的档案，应填写销毁报告，说明理由、原保管期限、数量和简要内容，连同编写的销毁清册送领导审核批准后销毁，并在案卷目录上注销。列为永久、长期保管的档案，在局档案室保存10年后，连同案卷目录和有关检索工具、参考资料，一并向县档案局(馆)移交保存。县局各科室归档资料向局档案室移交时间为文书档案于次年2月底前移交；业务档案于次年6月底前移交；声像档案于每次活动终结一周内移交；基建档案于工程验收后6个月内移交；设备档案于安装调试后移交。照片档案、科技档案按国家颁发的《照片档案管理规范》和《科学技术档案案卷构成的一般要求》管理;会计档案按财政部、国家档案局颁发的《会计档案管理办法》管理;干部档案按中共中央组织部、国家档案局颁发的《干部档案工作条例》管理。不反映财政地税工作情况,没有查考和利用价值的文件材料不归档。

2004年8月,县局印发《绍兴县财政地税局机关档案管理暂行办法》,对财政地税机关档案的归档材料价值鉴定、归档文件整理、档案保管和统计、档案利用、档案鉴定销毁和移交等作出规定。同年,县局档案室对2000年以前文书档案编制案卷目录,全引目录、文号索引等检索工具,对重要文件实行双套制。

2005年4月,县财政地税局印发《关于修订档案管理制度的通知》,对原《绍兴县财政地税局档案管理制度》进行修改,并建立《文书立卷归档制度》《业务档案立卷归档制度》《会计档案立卷归档制度》《科技档案立卷归档制度》《特种载体档案立卷归档制度》《档案保管制度》《档案保密制度》《档案统计制度》《档案借阅利用制度》《档案库房管理制度》《档案人员岗位责任制》《科(室)兼职档案员的岗位责任制》12项制度。

2007年,贯彻实施省财政厅、省地税局印发的《关于做好全省财政地税系统档案类目工作的意见》。

2008年5月,以绍兴县档案局《关于规范〈机关文件材料归档范围和文书档案保管期限〉的实施意见》,制订《绍兴县财政(地税)局文件材料归档范围和档案保管期限规定》。归档范围为凡在财政地税工作活动过程中形成的具有保存价值的各种文字、图表、特种载体等不同形式的历史记录,具有查考价值和利用价值的文件材料均应归档;档案保管期限分为永久和定期两类,其中定期又分为30年和10年两种。基建档案和会计档案的归档范围和保管期限仍按《基建档案管理办法》和《会计档案管理办法》执行。

2011年7月,县财政局新建电子文件和数字档案登记备份中心,即档案信息资源体系的基础性政府信息化建设项目。

2013年11月,县财政地税局启用foa档案管理模块,通过公文管理模块文档转入或数据文件导入进行档案归档,具有档案搜索、档案借阅等功能。

档案归集实绩　2003年12月止,县财政地税局综合档案室库藏档案11970卷(件),其中文书档案2329件、业务档案8576卷、会计档案1014卷、科技档案16卷、声像档案35卷。

2008年11月,县局有关科室对1999~2007年期间的重点建设项目评审资料进行整理,并移交局档案室归档。

2003~2013年,县财政(地税)局综合档案室共计收藏文书档案31577件,其中永久2071件,长期(30年)10940件,短期(10年)18566件。

表28-6

绍兴县财政(地税)局综合档案室文书档案汇总情况统计表(2003~2013)

单位:件

年度	永久	长期	短期	合　计	年度	永久	长期	短期	合　计
2003年	93	496	2217	2806	2009年	230	1176	1518	2924
2004年	90	605	2025	2720	2010年	188	1061	1578	2827
2005年	82	874	1746	2702	2011年	185	1017	1718	2920
2006年	84	1148	1796	3028	2012年	243	908	1384	2535
2007年	415	1402	1464	3281	2013年	231	931	1710	2872
2008年	230	1322	1410	2962	合　计	2071	10940	18566	31577

注:2007年起以长期30年、短期10年区分保管期限。

2001~2005年(档案所属期),县局文书档案已移交县档案馆保管计4047件,其中属永久455件,长期3592件。

2001~2013年(档案所属期),县财政地税局综合档案室存放文书档案共32777件,其中属永久1806件(2006~2013年)、长期8965件(2006~2013年),短期22006件(2001~2013年)。

表28-7

绍兴县财政(地税)局文书档案存放情况统计表

单位:件

所属时期	存放单位	档案总数	其中		
			长　期	永　久	短　期
2001~2005年	县档案局(馆)	4047	3592	455	0
2001~2013年	县财政、地税局综合档案室	32777	8965	1806	22006

2003~2013年,局机关各科室共向县局综合档案室移交档案资料154451卷(件),其中文书类31571件,业务类114382卷(件),会计类10210卷(件),科技类152卷(件),特种载体类371卷(件)。

表28-8

县财政(地税)局各科室移交综合档案室档案资料汇总情况统计表(2003~2013)

单位:卷(件)

年度	文书类				业务类			
	永久	长期	短期	合计	永久	长期	短期	合计
2003	93	496	2217	2806	1347	5	388	1740
2004	86	605	2025	2716	1678	5	468	2151
2005	82	872	1746	2700	764	4	366	1134
2006	84	1148	1796	3028	1011	15	37	1063
2007	415	1402	1464	3281	9266	1310	0	10576
2008	230	1322	1410	2962	10975	1488	0	12463
2009	230	1176	1518	2924	15597	1952	0	17549
2010	188	1061	1578	2827	12377	2647	0	15024
2011	185	1017	1718	2920	18827	4859	0	23686
2012	243	908	1384	2535	9607	2086	0	11693
2013	231	931	1710	2872	13866	3437	0	17303
合计	2067	10938	18566	31571	95315	17808	1259	114382

年度	会计类					科技类	特载类
	凭证	账簿	报表	税票	合计		
2003	527	41	26	843	1437	1	47
2004	526	30	21	329	906	0	27
2005	555	39	24	400	1018	0	46
2006	641	66	29	265	1001	0	33
2007	640	50	21	322	1033	1	37
2008	633	45	22	281	981	149	27
2009	484	47	24	139	694	1	30
2010	534	53	21	132	740	0	37
2011	544	20	26	162	752	0	29
2012	542	32	23	329	926	0	39
2013	509	32	25	156	722	0	19
合计	6135	455	262	3358	10210	152	371

备注:

期间收回各科室印章398枚;表内长期为30年,短期为10年。

综合档案室建设　2003年12月,县局在租用县工商银行办公楼作为局机关临时办公时设有综合档案室,面积有170平方米,办公兼阅览室面积78平方米,新配置密集架23列,计181立方米。2004年4月,县局综合档案室随县局机关从柯桥鉴湖路工商银行办公楼搬迁至柯桥育才路县局新办公大楼，档案室分为库房、查阅室、办公室及存储室，总面积达到330平方米。2005年前后，按省级档案管理达标要求，增配计算机、缝纫机、复印机、打印机、除湿机、防磁柜等设备用具，库房设备具有防盗、防火、防光等条件。2012年，在省级档案管理一级达标复评中，又增添碎纸机、整档用具，改建办公室及阅览室条件。

县国税局　2003年2月起，县国税局根据ISO9001：2000质量管理体系要求，建立和完善档案管理制度、档案保密制度、档案库房管理制度、档案统计制度、档案借阅利用制度、文书立卷归档制度、业务档案立卷归档制度、会计档案立卷归档制度、科技档案立卷归档制度、特种载体档案立卷归档制度、档案管理人员岗位职责11项制度。在硬件设备上，县局综合档案室建筑面积达到800平方米，配有档案密集架37组，新购置除湿机2台；防磁柜1口；缝纫机、打印机、碎纸机各1台；配有空调、灭火器、温湿度计。做到防火、防潮、防尘、防鼠、防虫、防盗、防蛀、防光八防要求。到年底，县局综合档案室库房内收藏各种门类、载体档案案卷总数达到36250卷，其中1994～2003年文书档案1359卷（永久311卷，长期311卷，短期737卷）；1988～2003年税收征管档案29806卷（永久38卷，长期4100卷，短期25668卷）；1997～2003年会计档案4987卷（永久75卷，长期4卷，短期4908卷）；特种载体档案13卷（永久11卷，长期2卷）；科技档案85卷（永久卷）。是年，县国税局安装使用国家税务总局开发的办公自动化系统，其中设有一个档案管理模块，把全系统从1994～2003年文书档案的案卷目录，1997～2003年的税收征收管理档案、会计档案、特种载体、科技档案案卷目录均输入其内，输入的文书档案实现到文件级，查阅户管档案时，只要输入纳税人名称即可查获其档号，查阅文书档案时，只要输入文件名称即可，至此，绍兴县国税局实现计算机查阅档案。

2004年6月，县局综合档案室随县局机关从柯桥鉴湖路财税大楼搬迁至柯北新城群贤路以北、育才路以东的绍兴县国税局新办公大楼内，综合档案室面积和装备设施均比以前有较大提升。

2005年，印发《绍兴县国家税务局综合档案管理办法》，对县国税局综合档案的文件立卷和归档、档案的管理和利用、档案的鉴定销毁和移交、档案的电子化管理等作出规定，并规定归档范围和档案保管期限。

2006年6月起，县局购置档案柜200个，在征收场所设置车辆购置税档案室，做好车辆购置税档案接收、整理工作。

2007年4月起，从绍兴市国税局接收2001年以来绍兴县汽车类车辆购置税档案7万多件（2001至2007年3月，全县汽车类车辆购置税由市级征收）并对其归类整理。同年，县局稽查局、平水税务所对其2006年档案整理工作结束。同年，县局根据省局人才库建设管理办法要求，启动三级人才库建设，全系统设置四类人才库（税收执法类人才库、征收管理类人才库、综合管理类人才库、信息系统应用类人才库）和17类子库，建立系统人才库人员基本档案。

2008年4月,县局加强车购税档案管理。对新版车购税软件制定《车辆购置税档案管理办法》,明确档案采集、使用、保管等规定,并对电子档案管理制度进行探索,调整充实车购税档案管理人员,并明确岗位职责,加强新车档案保管环节的工作衔接,并充分利用信息化手段,提高档案信息的使用率和准确率。对二手车市场加强车购税档案过户、转籍的审核,严防伪造车购税凭证和模糊变更车架号码等手段偷逃车购税行为。8月,县局管理四科完成2007年度档案归档工作,共整理552卷(件)资料归档。齐贤分局2007年征管类户管资料整理归档,共计1427卷(件)。

2009年7月,县局实施车购税档案电子化,推广应用车购税电子档案管理系统,对车购税纸质档案资料进行扫描,形成一整套完整的电子信息,纳税人办理转籍、过户等业务时,可快速准确地找到电子信息,用信息化手段对档案进行快速检索,提高档案信息的使用率、准确率和办税效率。

2013年12月,县国税局综合档案室库房内藏档案案卷总数52681卷(件),其中文书档案527卷(件),包括永久16卷(件),长期126卷(件),短期385卷(件);税收征管档案34243卷(件),包括长期18732卷(件),短期15511卷(件));会计档案9060卷(件)(均为长期);特种载体档案12卷(件)(均为长期);科技档案237卷(件)(均为长期);稽查档案8602卷(件)(均为长期)。

县国税局档案室一角

达标活动

绍兴县财税部门根据上级档案管理要求,先后开展县级、省级档案管理达标工作。各单位按达标条件争创、申报,由上级组成验收考评小组进行验收,公布达标结果。

县财政地税局 2000年1月,县档案局认定县局档案管理为县一级标准单位。同年3月起,县局开展财政、地税系统档案工作目标管理省二级认定工作。其间,专门举办局机关档案业务培训班,按达标标准增加设施和完善管理内容。次年2月,经浙江省财政厅、地方税务局、省档案局验收认定,绍兴县财政、地税局为档案工作目标管理省二级单位。

2005年,贯彻实施省财政厅、省地税局《关于印发〈浙江省财政地税系统档案工作目标管理省级认定办法〉的通知》，开展档案省一级达标工作，同年9月20日，县财政地税局申报档案管理省一级达标验收。经过省档案局、省财政厅、省地税局等组成的专家组检查评审，以98分的高分通过达标验收。

2005年9月20日，绍兴县财政局、绍兴县地方税务局档案管理省一级达标验收会。

2011年至2013年，接受档案管理工作省一级达标复查。根据复查标准，从软、硬件上加以完善。2013年年底通过省财政厅、地税局、省档案局联合评审，被列为2013年度档案工作目标管理复查认定单位。

县国税局　2000年1月，绍兴县档案局认定绍兴县国税局综合档案管理达到县一级标准。同年12月，经省国税局、省档案局验收，绍兴县国税局人事档案达到省一级标准。

2003年5月，经省国税局、省档案局验收，认定绍兴县国税局综合档案达到档案管理省二级标准。

2004年，经省国税局、省档案局验收认定，绍兴县国税局综合档案达到档案管理省一级标准。

2011年12月，县国税局对纳税评估案卷档案开展评查，评查内容为纳税评估程序、纳税评估实体的合法性；纳税评估约谈、下户前是否履行告知义务；纳税评估是否有立案审批表、单位负责人签名等审批手续；评析、约谈、实地核查是否符合规定的程序，通知书、建议书等文书是否按规定方式送达当事人。

档案利用

绍兴县财税档案主要应用于4个方面，即为财税业务工作提供查找政策依据，参阅历年数据服务;干部职称评定工作,提供干部评职所需文件及相关资料服务;外来单位和个人查阅资料工作,提供查考司法、土地、房产权属等资料服务;其它类型需要提供的服务。

2003～2013年,绍兴县财政、地税局综合档案室累计利用档案2295人次,调阅资料7080件(卷)次;绍兴县国税局综合档案室累计利用档案555人次,调阅资料1080件(卷)次。

表28-9

绍兴县财政地税局综合档案室利用档案资料情况统计表(2003~2013)

年　度	利用人次	调阅资料卷(件)	年　度	利用人次	调阅资料卷(件)
2003年	283	766	2009年	122	172
2004年	291	1270	2010年	98	156
2005年	279	1052	2011年	85	136
2006年	267	1127	2012年	172	253
2007年	271	983	2013年	202	386
2008年	225	779	合　计	2295	7080

表28-10

绍兴县国税局综合档案室利用档案资料情况统计表(2003~2013)

年　度	利用人次	调阅资料卷(件)	年　度	利用人次	调阅资料卷(件)
2003年	29	29	2009年	97	128
2004年	76	157	2010年	50	204
2005年	45	87	2011年	23	34
2006年	45	52	2012年	25	40
2007年	37	37	2013年	26	107
2008年	102	205	合　计	555	1080

基层档案

绍兴县财税部门基层档案是指县局派出的基层机构(征管局、所、管理站、分局)所产生的本级档案及所辖企业的相关档案,具有局限性和独立性。

县财政地税局　继续依据1999年制订的《绍兴县地方税收征管档案管理办法》规定,基层税收征管档案是指税收征管过程中形成的、具有利用和保存价值的各种形式的历史记录,包括纸质或非纸质等载体所记录的文件、材料、凭证、报表、账册等。分税务登记、发票管理、纳税申报、税款征收、税务管理、稽查工作档案、税务行政复议和应诉档案、综合征管及其他9类。征管资料平时由征管人员个人保管,年终由所、队、股集中统一管理。每季或半年组织检查考核,限期整理归档。人员工作调动时,其经管资料应整理补齐,方可移交离岗。征管资料超过保管期限,应开列清单,报经批准方可销毁,档案的保管期限从档案所属年份的次年1月1日起计算,实行集中统一管理。局办公室负责全系统档案管理,指导、监督、检查各科室(单位)的档案工作,日常工作由档案室负责。

2001年2月,经省财政厅、省地方税务局、省档案局认定,绍兴县地方税务局柯桥分局为档案工作目标管理省二级。此前,全系统基层单位均通过县级财税综合档案管理一级达标验收和市级档案管理达标单位。

2005年8月,钱清税务分局对1997～2004年期间的企业户管信息、分局历年的内部资料档案进行清理,并分类归档,共整理档案1410多件,输入计算机,实行档案电子化管理。

2006年9月,福全税务分局通过“专人负责、分级管理、各股配合、协调进行”的方法,对2005年度税收征管资料进行归档,共归档入库资料1507件。

2008年2月,轻纺城所对出租房税收实行以小区、楼幢为单位,建立户管档案,做好出租房税收征管工作。

2009年10月,福全税务分局对2008年度档案进行集中整理归档,共整理档案2015件,其中户管档案1817件,分局本级档案198件。

2010年10月,柯桥税务分局对2009年度档案进行集中整理归档,共整理户管资料类5663件、财政会计及税收会计类69件、代开发票类33册和历年契税10781件。

2011年9月,福全税务分局结合档案清理,对超过10年保存期限的超期户管档案3946件,做好造册登记后按规定进行销毁。

此后两年,各分局(所)、稽查局对年度档案进行整理归档。

县国税局　1998年6月,县国税局规定,在税收征管过程中形成的、具有保存价值的各种形式的资料(包括书面文字、录音材料和电子档案)均属基层税收征管资料。各所(分局)、稽查局、稽查分局分别建立资料室或综合档案室,年度的所有税收征管资料在次年5月底前按规定程序和手续归入资料室集中管理,分户管资料、综合征管资料、税务稽查资料和税务行政复议资料4大类。户管资料按户分册立卷,统一编号;综合征管资料按表式种类装订立卷,分类编号;税务稽查资料按稽查对象分别装订立卷,统一编号,做到一案一卷。

2000年10月起,县国税局基层档案室与局机关档案室合并,基层档案资料统一归档于县国税局综合档案室。

第三节　内部规章制度

改革开放以后,绍兴县财税部门根据当时形势任务,重视各类规章制度的建设,并将一定时段内制订的制度汇编成绍兴县财政地税局、绍兴县国家税务局《内部制度汇编》。随着社会不断进步和财税工作的深入开展，制度的制订、执行更加具有时效性，需要结合形势、任务和队伍素质要求不断修改完善，使规章制度更好地适应时代要求，推动财税工作，促进干部职工履行岗位职责能力。

制度特点

是指所订规章制度，依据当时的方针政策，结合财税实际而能体现某些特点，作用于一定时段的制约性分类内容。

县财政地税局内部制度汇编

县财政地税局 2003～2013年，贯彻以人为本和科教兴税战略思想，坚持"严管"和"关爱"相结合，并从教育、制度管理等方面入手，提升全体干部素质，用制度管人，用制度管事，提高制度的执行力。期间，在执行原有规章制度同时，新制订66项制度、规定(通知)，其中涉及班子建设内容7项；涉及基层组织建设内容5项；涉及财税干部管理内容14项；涉及党风廉政建设内容18项；涉及行政、财经管理内容22项。

县国税局 2003～2013年，根据内部机构改革和上级要求，按照满足需要、激励发展、发挥潜能的人本管理理念，坚持教育、制度、机制、监督相结合的管理手段，建立干部激励机制，使干部整体素质得到全面提高。全系统新制订完善各项规章制度66项，其中涉及班子建设内容4项；涉及基层组织建设内容16项；涉及财税干部管理内容19项；涉及党风廉政建设内容15项；涉及行政、财经管理内容的规章制度12项。

制度分类

是指以组织建设、干部管理、党风建设、行政事务、财经管理等内容所区分的规章制度(2003～2013年)。

县国税局内部管理制度汇编

县财政(地税)局

表28-11

班子建设(中层以上)规章制度一览表(2003~2013)

序号	制度名称	制订时期	制度文号	发文单位
1	关于印发《政务督查工作实施办法》的通知	2003.03	绍县财办〔2003〕58号	绍兴县财政局地税局
2	关于印发《局长办公会议例会制度》的通知	2003.03	绍县财办〔2003〕59号	
3	关于印发《中共绍兴县财政税务局工作委员会议事制度》的通知	2004.08	绍县财党工委〔2004〕16号	绍兴县财政地税局党工委
4	关于印发《绍兴县财政地税局中层干部选拔任用管理若干规定》的通知	2004.08	绍县人教〔2004〕112号	绍兴县财政局地税局
5	关于进一步加强中层干部考评工作的意见	2006.12	绍县财人教〔2006〕161号	
6	关于印发《中层后备干部管理办法》的通知	2011.09	绍县财党工委〔2011〕22号	绍兴县财政地税局党工委
7	关于开展提升"执行力、服务力、担当力"主题大讨论的实施意见	2013.05	绍县财人教〔2013〕177号	绍兴县财政局地税局

表28-12

股(科)所(分局)组织建设规章制度一览表(2003~2013)

序号	制度名称	制订时期	制度文号	发文单位
1	关于印发《绍兴县财税系统干部轮岗制度》的通知	2004.08	绍县人教〔2004〕108号	绍兴县财政局地税局
2	关于印发《干部素质提升实行学分制目标管理的试行意见》的通知	2006.06	绍县人教〔2006〕98号	
3	关于干部职工参加系统外各类招考、招聘、选调等活动的管理规定	2008.08	绍县财人教〔2008〕132号	
4	关于印发《绍兴县财税数据中心数据管理实施办法》的通知	2008.06	绍县财信〔2008〕103号	
5	关于进一步完善干部职工参加学习教育的管理意见	2010.08	绍县财人教〔2010〕157号	

表28-13

干部管理规章制度一览表(2003~2013)

序号	制度名称	制订时期	制度文号	发文单位
1	加强代征员队伍管理的意见	2003.05	绍县地税发〔2003〕49号	绍兴县地税局
2	关于进一步规范学习制度的通知	2003.06	绍县财人教〔2003〕109号	绍兴县财政局地税局
3	关于印发《绍兴县财政地税局请销假制度》的通知	2004.08	绍县人教〔2004〕107号	
4	关于推行AB岗工作制度的实施意见	2004.06	绍县人教〔2004〕77号	
5	关于印发《绍兴县财政地税局工作规则》的通知	2004.08	绍县人教〔2004〕102号	
6	关于转发浙江省地方税务局关于印发首问责任制、窗口一次性告知制等制度的通知	2004.08	绍县地税函〔2004〕8号	
7	关于印发《国家公务员(工作人员)平时考核实施意见(试行)》的通知	2004.04	绍县财人教〔2004〕51号	
8	关于印发《税收执法监督目录实施方案》的通知	2005.10	绍县地税发〔2005〕54号	绍兴县地税局
9	关于印发财税工作人员服务礼仪规范的通知	2005.05	绍县财人教〔2005〕77号	绍兴县财政局地税局
10	《绍兴县财政局绩效评价内部协调工作制度》	2007.04	绍县财绩效〔2007〕62号	绍兴县财政局
11	关于进一步加强代征员队伍管理的意见	2007.07	绍县地税发〔2007〕56号	绍兴县地税局
12	《关于建立"财政工作例会制度"的通知》	2008.09	绍县财预〔2005〕154号	绍兴县财政局
13	关于进一步完善干部外出请销假制度的通知	2010.08	绍县财人教〔2010〕138号	
14	关于开展财政资金安全检查的通知	2013.01	绍县财预执〔2013〕9号	绍兴县财政局

表28-14

党风廉政建设规章制度一览表(2003~2013)

序号	制度名称	制订日期	制度文号	发文单位
1	关于印发《关于进一步加强财税系统党风廉政建设工作的意见》的通知	2003.08	绍县财党工委〔2003〕17号	县财政地税局党工委
2	关于印发《绍兴县财税系统效能告诫制暂行办法》的通知	2004.08	绍县财监〔2004〕99号	县财政局地税局
3	关于印发《绍兴县财税系统工作人员违纪违规经济处罚暂行办法》的通知	2004.08	绍县财监〔2004〕100号	
4	关于印发《绍兴县财税系统否定报备制度(试行)》的通知	2004.08	绍县财法〔2004〕117号	
5	关于进一步加强内部沟通协调工作的意见	2005.09	绍县财信〔2005〕126号	
6	关于建立财税法制员队伍的通知	2006.08	绍县财法〔2006〕116号	
7	关于干部职工个人重大事项报告的补充意见	2006.07	绍县财监〔2006〕106号	
8	关于建立"财税开放日"制度的通知	2007.11	绍县财党工委〔2007〕13号	县财政地税局党工委
9	关于转发重申严禁机关工作人员在工作期间网上炒股的通知	2007.05	绍县财监〔2007〕87号	县财政局地税局
10	转发《关于规范公务用餐的通知》的通知	2007.10	绍县财监〔2007〕182号	
11	关于行政处罚自由裁量权工作的通知	2008.12	绍县财监〔2008〕247号	
12	关于印发《绍兴县财税系统廉政教育积分管理办法》的通知	2011.09	绍县财党工委〔2011〕21号	县财政地税局党工委
13	关于重申计算机网络工作纪律的通知	2011.07	绍县财监〔2007〕178号	县财政局地税局
14	关于建立健全"局领导接访日"制度及相关工作的通知	2011.07	绍县财监〔2011〕180号	
15	关于重新明确财税系统廉政风险防控员的通知	2011.11	绍县财监〔2011〕296号	
16	关于建立财税系统纪检监察员队伍的通知	2011.11	绍县财监〔2011〕297号	
17	关于成立财税系统内部审计工作领导小组及办公室的通知	2012.02	绍县财监〔2012〕164号	
18	关于切实加强和改进新形势下作风建设的通知	2013.01	绍县财监〔2013〕11号	

表28-15

行政、财经管理规章制度一览表(2003~2013)

序号	制度名称	制订日期	制度文号	发文单位
1	关于印发《绍兴县财政地税机关公文处理办法》的通知	2003.01	绍县财办〔2003〕23号	绍兴县财政局地税局
2	绍兴县财政地税局紧急重大情况汇报制度	2003.	2004年内部制度汇编	
3	关于印发《国家公务员(工作人员)平时考核实施意见(试行)》的通知	2004.04	绍县财办〔2004〕51号	
4	关于经费、物品管理补充规定的通知	2004.07	绍县财办〔2004〕97号	
5	关于印发《加强内部资金和银行账户管理的若干规定》的通知	2004.08	绍县财监〔2004〕115号	绍兴县财政局
6	关于印发财政性资金内部控制与流转规程的通知	2004.09	绍县财库〔2004〕137号	
7	关于印发《绍兴县财政地税局机动车辆使用管理的规定》的通知	2004.08	绍县财办〔2004〕104号	绍兴县财政局地税局
8	关于印发计算机设备及网络安全管理制度的通知	2004.10	绍县财信〔2004〕143号	
9	关于印发《绍兴县财政地税局机关档案管理暂行办法》的通知	2004.08	绍县财办〔2004〕123号	
10	关于进一步规范印章使用的补充意见	2005.06	绍县财办〔2005〕84号	
11	关于印发《绍兴县财政局　绍兴县地税局固定资产管理办法》的通知	2005.12	绍县财办〔2005〕158号	
12	关于修订档案管理制度的通知	2005.04	绍县财办〔2005〕46号	
13	关于进一步规范定期存款管理的通知	2006.12	绍县财库〔2006〕125号	
14	关于进一步规范公务接待和会务管理的若干规定	2007.04	绍县财办〔2007〕70号	
15	关于进一步简化和规范公文审批的通知	2007.04	绍县财办〔2007〕71号	
16	关于规范财务报销制度的规定	2007.04	绍县财办〔2007〕72号	
17	关于印发政府信息公开系列文件的通知	2008.05	绍县财办〔2008〕98号	
18	关于印发保密工作管理制度的通知	2009.08	绍县财办〔2009〕146号	
19	关于印发《网络与信息安全综合应急预案》及《网络与信息安全综合应急预案操作办法》的通知	2010.09	绍县地税发〔2010〕45号	
20	关于加强舆情信息管理工作的意见	2011.10	绍县财办〔2011〕273号	
21	媒体采访接待暂行办法	2011.10	绍县财办〔2011〕274号	
22	关于进一步"深化财税服务、优化发展环境"的意见	2012.06	绍县财党工委〔2012〕13号	县财政地税局党工委

县国家税务局

表28-16

内部行政管理规章制度一览表(2003~2013)

序号	制度名称	制订时间	制度文号	发文单位
1	绍兴县国家税务局关于修订《档案管理制度》的通知	2003.02	绍县国税办〔2003〕30号	绍兴县国家税务局
2	绍兴县国家税务局关于修订《档案保密制度》的通知	2003.02		
3	绍兴县国家税务局关于修订《档案库房管理制度》的通知	2003.02		
4	绍兴县国家税务局关于修订《档案统计制度》的通知	2003.02		
5	绍兴县国家税务局关于修订《档案借阅利用制度》的通知	2003.02		
6	绍兴县国家税务局关于修订《文书立卷归档制度》的通知	2003.02		
7	绍兴县国家税务局关于修订《业务档案立卷归档制度》的通知	2003.02		
8	绍兴县国家税务局关于修订《会计档案立卷归档制度》的通知	2003.02		
9	绍兴县国家税务局关于修订《科技档案立卷归档制度》的通知	2003.02		
10	绍兴县国家税务局关于修订《特种载体档案立卷归档制度》的通知	2003.02		
11	绍兴县国家税务局关于修订《档案管理人员岗位职责》的通知	2003.02		
12	《绍兴县国家税务局税收征管资料查阅规定》	2005.05	《县国税局内部制度汇编》(2005年)	
13	《绍兴县国家税务局综合档案管理办法》	2005年		
14	《绍兴县国家税务局保密制度》	2005年		
15	《绍兴县国家税务局网络与信息安全应急预案》	2008.08	绍县国税信〔2008〕108号	
16	关于印发《高危企业防范内部管理办法》	2009.03	绍县国税管一〔2009〕33号	

表28−17

干部管理规章制度一览表(2003~2013)

序号	制度名称	制订日期	制度文号	发文单位
1	绍兴县国家税务局关于印发《优秀税务工作者评选工作规程》的通知	2003.05	绍县国税办〔2003〕82号	绍兴县国家税务局
2	《纳税服务工作规范(试行)》	2005.12	绍县国税管一〔2005〕264号	
3	《关于在全系统施行(考勤及工作日志管理系统)》的通知	2005.04	《县国税局内部制度汇编》(2005年)	
4	《绍兴县国税系统税收执法过错责任追究实施办法》	2005.06		
5	《绍兴县国家税务局计算机系统管理制度》	2005年		
6	《绍兴县国家税务局干部请(休)假规定》	2005年		
7	《绍兴县国家税务局机关公文处理办法》	2005年		
8	《绍兴县国家税务局行政管理过错责任追究实施办法》	2005.06		
9	《绍兴县国家税务局干部学习制度》	2005年		
10	《绍兴县国家税务局社会承诺服务制度》	2005.06		
11	《绍兴县国家税务局首问责任制》	2005.06		
12	《绍兴县国家税务局工作人员服务守则》	2005.06		
13	《绍兴县国家税务局着装风纪管理规定》	2005.09	绍县国税办〔2005〕156号	
14	《绍兴县国家税务局　干部岗位轮换暂行办法》	2007.05	绍县国税人教〔2007〕131号	
15	《关于进一步推行办税公开制度》	2007.09	绍县国税管一〔2007〕190号	
16	《绍兴县国家税务局征退税一体化管理工作目标考核办法》	2009.03	绍县国税管三〔2007〕36号	
17	《纳税服务投诉管理办法(试行)》	2010.05	绍县国税纳〔2010〕64号	
18	《首问责任制度》	2013.04	绍县国税发〔2013〕17号	
19	《社会服务承诺制度》	2013.05	绍县国税发〔2013〕28号	

表28-18

党风廉政建设规章制度一览表(2003~2013)

序号	制度名称	制订日期	制度文号	发文单位
1	绍兴县国家税务局关于印发《干部廉政档案管理工作规程》的通知	2003.05	绍县国税办〔2003〕82号	绍兴县国家税务局
2	绍兴县国家税务局关于印发《作风纪律督查工作规程》的通知	2003.05		
3	《绍兴县国家税务局私车费用登记查验制度》	2004年	年度总结	
4	《绍兴县国家税务局关于对工作人员私车购置费用管理的有关规定》	2005.09	绍县国税监〔2005〕150号	
5	《绍兴县国家税务局纪检监察信访案件查处规定》	2005年	《县国税局内部制度汇编》(2005年)	
6	《绍兴县国家税务局会议及来宾接待办法》	2005年		
7	《绍兴县国家税务局关于实行告诫的规定》	2005年		
8	《绍兴县国家税务局工作人员个人重大事项报告制度》	2005年		
9	《绍兴县国家税务局劳动纪律若干规定》	2005年		
10	《绍兴县国税系统税务人员廉洁自律若干规定》	2005.06		
11	《党风廉政建设和行风建设责任制考核办法》	2007.07	绍县国税监〔2007〕136号	
12	《绍兴县国税局关于实施党风廉政建设"三书两报告"制度》的通知	2008.04	绍县国税监〔2008〕46号	
13	《绍兴县国税系统构建惩治和预防腐败体系2008~2012年实施计划》	2008.12	绍县国税党〔2008〕16号	
14	《绍兴县国家税务局税收执法与效能管理体系实施方案》	2010.01	绍县国税办〔2010〕1号	
15	《绍兴县国税局关于进一步加强国税系统廉政文化建设工作的实施意见》	2010.05	绍县国税监〔2010〕66号	

表28-19

行政、财经管理规章制度一览表(2003~2013)

<table>
<tr><th>序号</th><th>制 度 名 称</th><th>制订日期</th><th>制度文号</th><th>发文单位</th></tr>
<tr><td>1</td><td>绍兴县国家税务局关于印发《值班管理工作规程》的通知</td><td>2003.05</td><td rowspan="3">绍县国税办〔2003〕82号</td><td rowspan="12">绍兴县
国家税务局</td></tr>
<tr><td>2</td><td>绍兴县国家税务局关于印发《计算机设备损坏责任认定及处罚》的通知</td><td>2003.05</td></tr>
<tr><td>3</td><td>绍兴县国家税务局关于印发《职工食堂管理工作规程》的通知</td><td>2003.05</td></tr>
<tr><td>4</td><td>《绍兴县国税系统基本建设和大宗物品采购管理办法》</td><td>2005年</td><td rowspan="8">《县国税局内部制度汇编》(2005年)</td></tr>
<tr><td>5</td><td>《绍兴县国家税务局办公楼综合管理制度》</td><td>2005.06</td></tr>
<tr><td>6</td><td>《绍兴县国家税务局印刷品管理办法》</td><td>2005年</td></tr>
<tr><td>7</td><td>《绍兴县国家税务局办公用品管理办法》</td><td>2005年</td></tr>
<tr><td>8</td><td>《绍兴县国家税务局车辆管理使用暂行规定》</td><td>2005.06</td></tr>
<tr><td>9</td><td>《绍兴县国家税务局固定资产管理办法》</td><td>2005.06</td></tr>
<tr><td>10</td><td>《绍兴县国家税务局财务管理暂行办法》</td><td>2005年</td></tr>
<tr><td>11</td><td>《绍兴县国家税务局突发事件处置工作预案》</td><td>2005年</td></tr>
<tr><td>12</td><td>《计算机安全管理制度》</td><td>2005.06</td><td>《县国税局内部制度汇编》(2005年)</td></tr>
</table>

表28-20

班子建设(中层以上)规章制度情况一览表(2003~2013)

<table>
<tr><th>序号</th><th>制 度 名 称</th><th>制订日期</th><th>制度文号</th><th>发文单位</th></tr>
<tr><td>1</td><td>《绍兴县国家税务局工作报告制度》</td><td>2005年</td><td rowspan="3">《县国税局内部制度汇编》(2005年)</td><td rowspan="4">绍兴县
国家税务局</td></tr>
<tr><td>2</td><td>《绍兴县国家税务局局务会议制度》</td><td>2005年</td></tr>
<tr><td>3</td><td>《绍兴县国家税务局局长办公会议制度》</td><td>2005年</td></tr>
<tr><td>4</td><td>《关于做好中秋、国庆两节期间廉洁自律的通知》</td><td>2008.09</td><td>绍县国税监〔2008〕61号</td></tr>
</table>

附　录

一、文件选录

绍兴县人民政府
关于明确县对镇(街道)、开发区财政管理体制的通知

绍县政〔2011〕17号

各镇人民政府(街道办事处、开发区管委会),县政府各部门:

为充分调动镇(街道)、开发区聚财理财的积极性,壮大地方财政收入盘子,推进公共财政建设,促进全县经济社会又好又快发展,结合省对县财政体制改革完善的相关要求,现就县对镇(街道)、开发区财政管理体制明确如下:

一、基本原则

(一)财权与事权相对等原则。根据镇(街道)、开发区事权范围,合理界定镇(街道)、开发区财权,进一步实现权、责、利相统一。

(二)自主与统筹相协调原则。在严格执行国家统一的政策法规和财经纪律前提下,实行"分灶吃饭",确保镇(街道)、开发区按事权自主安排预算、自求平衡;同时加强县级统筹平衡和调控能力。

(三)需要与可能相结合原则。在经济社会发展和可用财力允许与可能的情况下,充分调动镇(街道)、开发区其当家理财的积极性,坚持科学管理、因地制宜,满足区域内基本公共服务均等化目标的利益需求。

(四)服务与监管相促进原则。切实加强基础管理工作和基层财政建设,进一步提高财政科学化、精细化管理水平。建立健全覆盖所有政府性资金和财政运行全过程的监督机制,充分发挥镇(街道)、开发区财政就地、就近实施监管的优势。

二、主要内容

(一)镇(街道)、开发区分类

除滨海工业区(马鞍镇)和杨汛桥镇实行全收全支财政体制、柯桥街道和华舍街道实行城区街道财政体制外,其余16个镇(街道)、开发区按以下类别进行划分:

第一类:柯桥开发区、钱清镇、福全镇、兰亭镇、平水镇、安昌镇、齐贤镇、柯岩街道、湖塘街道;

第二类:孙端镇、夏履镇、漓渚镇、陶堰镇;

第三类:富盛镇、王坛镇、稽东镇。

(二)划分收入范围

镇(街道)、开发区收入。按照属地原则确定,在镇(街道)、开发区区域内的各类税收和教育费附加(指扣除10%上缴省后其余90%部分,下同)纳入镇(街道)、开发区财政总收入和地方财政收入。

镇(街道)、开发区收入参与体制分成收入。包括增值税、企业所得税、个人所得税、营业税(建筑房地产营业税除外)、城市维护建设税、房产税、印花税、车船使用税、城镇土地使用税、土地增值税、资源税、房产契税等税种的县留成部分;建筑房地产营业税仍按县与镇(街道)、开发区各半分成;土地契税、耕地占用税不纳入参与体制分成收入,实行专项分成;解困企业、印染行业集聚企业产生的税收收入不纳入参与体制分成收入。

(三)明确支出责任

根据财权事权对等原则,镇(街道)、开发区应承担本级机关运转以及辖区内经济和社会事务发展所需的支出。主要包括以下几个方面:

1. 机关行政事业人员开支和日常办公等确保政权正常运作的支出。

2. 新型农村合作医疗统筹基金、农民健康体检、公共卫生服务专项资金、公共卫生人员经费、城镇居民医疗保障、城镇老年居民生活保障等社会保障支出。

3. 计划生育、社会安全、文化体育、节能环保、住房保障、农村新社区建设及农林水等事关各项社会事业发展的民生支出及法定支出。

4. 各镇(街道)要量力而行搞好镇(街道)属学校基本建设,除幼教、成教经费由镇(街道)负担外,义务教育经费由县级财政承担。

5. 当年可用财力在确保前述支出前提下,按照"量力而行、轻重缓急、择优遴选"原则安排公益性、基础性建设。

(四)完善分成政策

1. 固定财力

固定财力由人员办公经费、民生支出经费和基本发展资金三块内容组成,一定三年固定不变。

①人员、办公经费。根据镇(街道)、开发区机关行政事业人员实际在编在岗人数和离退休人数及相关定额标准确定。

②民生支出经费。根据镇(街道)、开发区2010年社会保障民生支出实际负担额加其他民生支出经费确定;其他民生支出经费按各镇(街道)、开发区2010年年末常住人口人均60元的标准确定。

③基本发展资金。根据镇(街道)、开发区2009~2010年两年地方财政收入实绩平均县留成部分的16%进行分成,其中富盛镇、王坛镇、稽东镇的分成比例为32%。

柯桥街道、华舍街道的基本发展资金,统一按2500万元予以固定。

2. 超收分成

根据镇(街道)、开发区2009~2010年两年参与体制分成收入实绩平均额为基准数,从2011年起逐年递增作为当年收入基数。收入基数年递增率按以下比例确定:第一类镇(街道)、开发区为15%,第二类镇为12%,第三类镇为0%。

镇(街道)、开发区当年参与体制分成收入实绩超过当年收入基数部分给予100%分成;未达到当年收入基数但超过上年收入基数部分给予16%分成;当年参与体制分成收入实绩未超过上年收入基数的,不予扣减,按固定财力予以保证。

柯桥街道、华舍街道当年分成收入以2000万元为基数乘以当年地方财政收入实绩比2010年地方财政收入实绩的增长率确定。

3. 专项分成

①土地契税、耕地占用税专项分成。对镇(街道)、开发区当年土地契税、耕地占用税收入实绩的县留成部分,分别按以下比例进行专项分成:第一类镇(街道)、开发区为20%,第二类镇为30%,第三类镇为50%。

②省级中心镇建设培育定额补助。为进一步促进省级中心镇的壮大发展和辐射效应,对省级中心镇(不包括杨汛桥镇)给予每年500万元的建设培育定额补助。

③解困企业、印染行业集聚企业专项分成。解困企业、印染行业集聚企业当年税收收入不参与体制分成,不纳入当年收入基数,具体根据县委、县政府相关政策另行专项结算分成。

4. 其他政策

①调整柯桥街道、华舍街道经济政策扶持资金兑现负担比例。为激励街道鼓励企业做大做强,切实减轻街道财政资金困难,确保其财政收支平衡,对街道负担县级经济政策扶持资金的兑现比例调整为10%,并对其当年负担额度控制在1000万元内,超过部分由县级承担。

②滨海工业区(马鞍镇)、杨汛桥镇实行地方财政收入全收全支财政体制。即在出口退税地方负担自行承担的前提下,对其当年地方财政收入实绩减除教育费附加90%后的县留成部分实行全额分成;并根据财权与事权相对等原则,滨海工业区(马鞍镇)、杨汛桥镇内所有的事权支出,包括教育支出、民生支出、医改支出、社会发展事业支出、解困企业及各类经济政策扶持资金的兑现支出等都由其自行承担,自求平衡,统筹安排。

③土地出让金净收益分成办法,仍按县委、县政府有关文件执行。

三、其他事项

(一)完善转移支付制度。县财政要加大对重点基础设施建设、公共服务、节能环保等事关民生支出和基本公共服务方面的专项转移支付;要根据镇域面积、财政供养人口、产业结构、社会经济发展水平和财力状况等因素,逐步提高县镇(街道)基本公共支出服务能力;按照“增量优方向,存量调结构,增量调存量”的原则,合理整合专项资金,优化支出结构,有效解决目前项目过多,用途交叉,使用分散和重分配、轻绩效等问题,切实提高资金使用效益。

(二)切实加强政府性债务管理。根据国务院《关于加强地方政府融资平台公司管理有关问题的通知》(国发〔2010〕19号)、省人民政府《关于加强地方政府债务管理的通知》(浙政发〔2005〕5号)和县政府《关于进一步加强政府性债务管理的通知》(绍县政发〔2005〕78号)等文件精神,健全地方债务规模管理和风险预警机制,完善负债率、债务率、偿债率等风险监测指标体系,逐步形成“总额控制、逐年消化、计划管理、运转高效”的地方政府举债融资机制。

(三)加强财政资金监管。贯彻《浙江省财政厅关于印发切实加强乡镇财政资金监管工作的实施意见的通知》(浙财基〔2010〕16号)文件精神,将镇(街道)、开发区所有财政资金纳入监管范围,切实提高财政资金使用绩效;镇(街道)、开发区要完善财政财务管理机构设置,配强财务人员,保障镇(街道)、开发区财政实施监管工作必要的人力、经费和工作条件;加强财务内控制度,规范银行账户开立,严格执行财务审批“一支笔”制度和公共物品政府采购制度,严禁私设“小金库”。县财政要加强对镇(街道)、开发区财政财务管理和业务指导。

(四)镇(街道)、开发区收入基数每年由县财政局根据本体制办法规定发文确定。

(五)本体制自2011年1月1日起执行,暂定三年。由县财政局负责解释。以前出台的有关县对镇(街道)、开发区财政管理体制的政策意见相应废止。执行过程中如遇重大政策调整,相应的调整办法另行制定。

绍兴县人民政府

二〇一一年三月十日

绍兴县人民政府
关于印发绍兴县预算绩效管理办法(试行)的通知

绍县政发〔2013〕27号

各镇人民政府(街道办事处、开发区管委会),县政府各部门:

《绍兴县预算绩效管理办法(试行)》已经县政府同意,现印发给你们,请认真贯彻执行。

绍兴县人民政府

2013年7月20日

绍兴县预算绩效管理办法(试行)

第一章　总　则

第一条　根据《中华人民共和国预算法》、财政部《关于推进预算绩效管理的指导意见》《浙江省人民政府关于全面推进预算绩效管理的意见》等规定,结合本县实际,制定本办法。

第二条　预算绩效管理的指导思想是深入贯彻落实科学发展观,按照党中央、国务院和省委、省政府关于加强政府绩效和预算绩效管理以及财政"三位一体"组织体系改革的总体要求,以预算绩效目标为导向,建立健全贯穿预算管理全过程的预算绩效管理制度,强化部门和预算单位的主体责任,更好地发挥公共财政职能作用,不断提高财政资金配置绩效、使用绩效和成果绩效,切实提升财政科学化、精细化管理水平和政府公共服务水平。

第三条　预算绩效管理的目标是到"十二五"期末,全县预算绩效管理体制更加健全,预算绩效管理运行机制更加顺畅,预算绩效管理制度更加完备,将预算绩效管理覆盖到所有部门、所有预算单位和主要预算管理领域。

第四条　预算绩效管理包括预算绩效目标设立管理、预算绩效跟踪管理、预算绩效监督管理和预算绩效监督成果的应用。

第五条　预算绩效管理应当遵循以下原则:

1. 统一领导,分级管理。预算绩效管理工作在县委县政府领导下,财政部门牵头,各部门分工负责。财政部门负责制订具体工作制度和实施办法,组织、指导全县开展预算绩效管理工作。县级各部门是预算绩效管理的责任主体,负责组织、指导、检查本部门及所属单位和行业开展预算绩效管理工作。

2. 程序规范,有序推进。建立科学规范、符合实际、便于操作的预算绩效管理工作流程,着力加强预算绩效目标设立管理,完善预算绩效目标申报、评审、批复机制;优先选择重点民生支出和社会公益性较强的项目实施预算绩效管理,由点及面,逐步扩大实施范围,有序推进预算绩效管理工作。

3. 公正透明,强化责任。预算绩效管理要符合真实、客观、公平、公正的要求,充分借助各级人大、纪检监察、审计、社会中介等各方力量,做到标准统一、数据准确、指标科学、程序透明、结果公正、依法公开相关信息,接受监督。同时,要建立有效的绩效问责机制和激励机制,督促各部门及其预算单位切实承担起预算绩效管理的责任。

第六条 预算绩效管理应与预算管理同步进行。在预算管理中加强预算绩效管理,以预算绩效管理推进预算管理科学化、精细化水平的提升。

第二章 预算绩效的目标设立管理

第七条 预算绩效目标申报。预算绩效目标是预算绩效管理的基础,是整个预算绩效管理系统的前提,包括绩效内容、绩效指标和绩效标准。预算绩效目标申报与预算申报同时进行。部门和预算单位在编制下一年度预算时,要根据县委县政府和财政部门的具体部署、全县国民经济和社会发展规划、部门职能及事业发展规划,依据政策法规、财力可能和资金需求测算,科学、合理地编制预算绩效目标。编制的预算绩效目标应与部门工作职责、任务紧密相关,并做到方向明确、具体细化、积极合理可行。

第八条 预算绩效目标评审。在预算编审中要加强预算绩效目标评审。财政部门应加强对部门及其所属预算单位预算绩效目标的审核,加强对重点项目预算绩效目标的评审论证。

预算绩效目标申报不符合规定要求的,财政部门应要求报送单位进行调整、修改,符合要求的方可进入预算编制的下一步流程。对预算绩效目标不明确或预算绩效目标设立评审不合格的项目,不得安排预算。

第九条 预算绩效目标批复。财政预算经依法批准后,财政部门应在预算批复中同时逐步实行预算绩效目标批复。批复的预算绩效目标应清晰、量化,以便于执行和监督。预算绩效目标一经批复,一般不得随意调整。

第三章 预算绩效的跟踪管理

第十条 预算绩效目标实施跟踪管理。预算执行过程中,要加强预算绩效的跟踪管理。建立财政部门、主管部门和预算单位联动的绩效动态跟踪监控机制,及时采集绩效信息并汇总分析,当发现绩效运行情况与预算绩效目标发生偏离时,应当及时分析偏离原因,及时采取措施,纠正或解决影响预算绩效目标实现的各类问题。

第十一条 调整预算绩效目标。预算执行过程中,确因政策变化、突发事件、客观情况发生重大变化等因素影响预算绩效目标实现需要调整的,要及时按照预算绩效目标设立管理的要求和流程进行申报、评审，评审合格后才能调整预算绩效目标或者追加预算。

政策性等预列预算项目，待政策等要求明确后，主管部门或预算单位应及时补报完善预算绩效目标及相关内容。

第十二条　在预算执行过程中，对预算绩效低下的项目，财政部门可以暂缓或减少财政资金的拨付。

第四章　预算绩效的监督管理

第十三条　切实加强预算绩效的全过程监督。加强预算绩效事前监督，即加强预算绩效的目标设立监督。加强预算绩效事中监督，即加强预算绩效的跟踪监督。加强预算绩效事后监督，即加强年度预算执行完毕后年度预算绩效目标完成情况监督和跨年项目最终完成后项目预算绩效目标完成情况监督。

第十四条　财政部门要按照财政部颁发的《财政部门监督办法》的要求，切实加强预算绩效的日常监督和重点监督。

第十五条　预算绩效的监督管理可以采取审核、检查和绩效评价等方式，可以采取全面监督、专项监督、抽样监督等方法。县级部门要按照有关规定，及时组织本级及所属预算单位做好自查自评工作，并将结果和整改落实情况及时报告财政部门。财政部门可以根据需要，进行重点监督。必要时，可委托中介机构参加，所需费用列入财政预算。

第十六条　预算绩效事后监督可与年度财政决(结)算和项目财务决(结)算同步进行。在决(结)算批复的同时逐步试行出具预算绩效监督意见。

年度预算执行完毕或者跨年度项目完成后，各部门要及时组织本级及所属预算单位进行绩效目标完成情况的自查自评。对社会影响较广、与民生保障和经济社会发展密切相关的重大项目，财政部门要组织实施重点监督。

在此基础上，稳步推进部门和预算单位整体收支预算绩效监督、基本支出绩效监督、支出整体绩效监督和综合绩效监督，积极探索财政扶持政策项目申报和资金兑付的绩效监督。

第五章　预算绩效的监督成果应用

第十七条　完善反馈整改制度。财政部门要根据绩效监督中发现的问题，及时将具体情况反馈给预算单位及其主管部门。主管部门要指导预算单位根据财政部门的监督意见，进一步完善工作制度，落实工作责任，改进管理措施，提高管理水平，提升预算绩效，并在规定时限内完成整改，及时将整改落实情况反馈给财政部门。

第十八条　完善与预算管理结合制度。财政部门要将预算绩效监督的工作成果应用于预算管理，并作为以后编制预算和安排资金的重要依据，不断提升预算管理的科学化、精细化水平。

第十九条　完善绩效总结报告制度。各部门要定期向财政部门提交预算绩效管理工作总结，说明预算绩效管理工作情况、绩效状况、存在问题、纠正措施和下一步工作重点并作为下一年度预算安排的依据。财政部门要及时向县委、县政府报告全县预算绩效管理工作情况。

第二十条 健全信息公开制度。按照政府信息公开的有关规定,对一些社会关注度高、影响力大的民生和重点项目支出预算绩效情况,在一定范围内依法公开,接受社会监督。

第二十一条 健全绩效问责和激励制度。逐步建立健全绩效问责机制,对在预算编制和执行过程中,违反国家财政收支管理规定、预算绩效管理未达到相关要求、预算绩效目标未实现且形成财政资金损失浪费的,财政部门要进行通报批评,并按《财政违法行为处罚处分条例》等规定加强处理,构成犯罪的,应移送司法机关追究法律责任。逐步建立健全绩效激励机制,对在预算绩效管理工作中成绩突出的部门、单位和个人,要予以通报表彰和奖励。

第六章 保障措施

第二十二条 加强组织保障。在县委、县政府的统一领导下,成立预算绩效管理工作领导小组,强化对全县预算绩效管理工作的领导。各成员单位要发挥职能优势,理顺工作机制,落实具体措施,形成工作合力,不断提升我县的预算绩效管理水平。财政部门要认真履行职责,把加强预算绩效管理作为深化财政预算改革的重要手段,并具体负责做好全县预算绩效管理的组织、指导、协调和监督工作。县审计局要把预算绩效情况列入审计内容,健全绩效审计监督机制,加大绩效审计监督力度。县监察局要积极发挥监察职能,发现工作人员违规违纪问题应及时查处。

第二十三条 完善制度体系。财政部门和各部门及预算单位要注重制度体系建设,抓紧制定和完善科学、规范的绩效管理制度,对全过程预算绩效管理工作进行规范,确保预算绩效管理工作有序开展。同时,不断探索建立相关配套制度办法,完善预算绩效管理制度体系,推动预算绩效管理工作水平的提高。

第二十四条 建立长效机制。将预算绩效管理工作列入县对部门的年度工作岗位目标责任制考核。财政部门要明确部门年度预算绩效管理工作任务,具体负责做好预算绩效管理工作的考评。

第二十五条 加强宣传培训。要充分利用各种新闻媒体、政府网络平台等,积极宣传预算绩效管理理念,培育预算绩效管理文化,强化预算绩效管理意识,为预算绩效管理创造良好的舆论环境;要加强预算绩效管理专业知识培训,增强预算绩效管理工作人员的业务素质,提高预算绩效管理的工作水平。

第七章 附 则

第二十六条 本办法由绍兴县财政局负责解释并组织实施。

第二十七条 各镇(街道、开发区)可参照本办法制定预算绩效管理实施办法。

第二十八条 本办法自发布之日起试行。原《绍兴县财政支出绩效评价管理办法(试行)》(绍县政发〔2008〕177号)自行废止。

绍兴县地方税务局关于印发《“服务纳税人　效能再提升”专项行动实施方案》的通知

绍县地税发〔2013〕66号

各税务分局，轻纺城所、稽查局，各涉税科室：

现将《绍兴县地方税务局“服务纳税人　效能再提升”专项行动实施方案》印发给你们，请认真贯彻实施。

绍兴县地方税务局

2013年10月22日

绍兴县地方税务局
“服务纳税人　效能再提升”专项行动实施方案

为认真贯彻落实关于转变职能、改进作风以及深化行政审批制度改革的各项要求，更好为广大纳税人服务，切实方便纳税人履行纳税义务，根据《浙江省地方税务局关于开展“服务纳税人　效能再提升”专项行动的通知》（浙地税函〔2013〕366号），特制订本实施方案。

一、工作目的

积极主动应对当前经济运行面临的挑战，把帮扶企业作为当前地税工作的重要任务，以转变作风、提速增效、优化服务、落实政策、减轻负担为重点，以便企惠民、解决难题、和谐税企为落脚点，不断深化地税干部作风建设，及时、高效地将税收政策落实到位，全面提升各项涉税事项办事效率，着力帮助企业解决实际问题，进一步提升纳税人满意度。

二、行动主题

“服务纳税人　效能再提升”

三、具体举措

（一）提速增效，全面落实涉税行政审批制度改革

认真贯彻落实省局《关于深化审批制度改革工作的公告》（〔2013〕12号）、《关于涉税管理事项提速增效的公告》（〔2013〕13号）的各项要求，进一步减少审批事项，精简报送资料,缩短办税时限,下放审批权限,优化办税流程。各单位在抓好内部培训的基础上,要通过办税服务厅、QQ群、税收博客、网送税法以及上门辅导等途径,及时将涉税事项的办理条件、办理要求及提速情况告知纳税人,并对纳税人开展有针对性的辅导解读。着力推进“网上审批”“阳光审批”及实行目录化管理,自觉接受纳税人和社会各界的监督。

(二)深入实践,切实提高走访调研质效

坚持问需于纳税人,拜群众为师,向群众求教,沉下身子,走出机关,积极主动、经常深入地开展调研。既要到涉税诉求多的税源重点企业去听取建议,又要到困难较多、情况复杂、矛盾突出的小微企业帮助解决问题。要将走访调研活动与省级纳税人满意度调查、民主评议行风、浙商创业创新、个转企、规下转规上、股权投资税收、集约节约利用土地以及规范税收执法等重点工作进行有机结合,按照“三访三问三解”活动要求,深入开展“送政策上门、送服务到家”活动,要认真解剖“麻雀”,把事情弄清楚,把问题搞准确,综合分析、科学研判,提出管用有效的对策,由点及面,举一反三,增强工作的预见性。坚持依法科学民主决策,广泛听取、认真吸收各方面的意见建议,使出台的各项制度措施贴近实际、操作性强,能够解决实际问题。

(三)狠抓落实,切实提高窗口单位服务水平

进一步落实各项服务和管理制度。要切实抓好包括导税服务、全程服务、限时服务、延时服务、预约服务、提醒服务等制度,确保纳税人缴明白税、便利税、满意税、诚信税。加强办税服务厅日常管理。要充分利用“大厅综合管理系统”,加强办税服务厅绩效考核。不断完善纳税人接待流程和办税服务厅领导值班制度,细化办税服务厅应急预案,排查隐患,确保各项工作安全运行。进一步优化办税服务厅环境建设,要按照涉税办件数量及纳税人流量,合理开设办税服务窗口数量,切实减少纳税人等待时间。对纳税人办税必需的服务设施要完善到位,日常维护要及时跟进,环境卫生要实时督查落实。

(四)注重效率,有效减轻纳税人办税负担

一是要根据“两个减负”的要求,进一步优化办税流程。按照一次性告知和“窗口受理、内部流转、限时办结、窗口出件”的要求,切实解决“多头跑”和“重复报”的问题,有效缩短办税时间。

二是要不断改进办税方法。要充分利用税友龙版网税系统,积极引导纳税人利用“网上办税服务厅”进行涉税事项(包括纳税申报、税务登记、发票管理等)的网上申请与办理,逐步使纳税人可以“足不出户,轻松办税”,全面落实“免填单”“先批后审”等提速增效措施。

三是依法认真落实税收优惠政策。充分认识到不落实税收优惠政策也是收过头税。近阶段,要着重落实小微企业、集约节约利用土地以及受灾等税收优惠政策。要结合省局审批制改革的有利时机,全面梳理优惠政策,并及时公告税收优惠政策的具体内

容、资格条件、程序步骤,方便纳税人充分享受税收优惠,坚决防止和制止应抵不抵、应退不退、应减不减、应免不免等现象发生。

(五)健全机制,切实维护纳税人合法权益

认真落实《国家税务总局关于纳税人权利与义务的公告》(国家税务总局公告〔2009〕1号),切实维护纳税人各项合法权益。依法严格保守纳税人商业秘密和个人隐私。坚决防止指定、强制税务代理。按照客观公正的原则和法定程序、时限和要求向纳税人提供税务行政救济。依托信息平台及时受理、妥善处理纳税人投诉事项,建立纳税服务投诉定期抽查回访制度,强化投诉处理质量监督。

(六)多措并举,着力提升纳税人满意度

一是强化税法咨询服务。各单位要充分依托税务网站、新闻媒体、纳税服务QQ群等加大税收政策宣传解读力度,统一纳税咨询答复口径,提供权威、规范、及时的咨询服务,提高税收政策的透明度和确定性。

二是强化短信提醒服务。在进一步核对纳税人的基础信息,确保每一个纳税人都能收到提醒信息的前提下,做好以下三个方面的提醒服务工作:一是对重要新政的主要内容及执行时间的提醒;二是对纳税申报的提醒。要求在纳税申报截止前1天及申报期结束后1天对仍未申报的纳税人进行申报提醒;三是对欠缴税费(包括社会保险费)的提醒,每月至少一次。

三是加强对纳税人的办税辅导。各分局(所)应从以下三个层面加强对纳税人的办税辅导:一是要根据近期发布的税收政策及年底年初即将开展的所得税汇算清缴工作,及时召开有关政策发布解读会,提高纳税人办税能力;二是要加强对新办企业的办税指导,不折不扣落实"新办企业辅导日"制度,切实杜绝由于新办企业不知晓税法而带来的税收违法行为;三是加强对重点企业的送政策上门工作。要指派精兵强将,实行重点企业纳税辅导专人联系制度,严格实施定点联系、定期走访和定向服务的"三定"服务制度。

四是创新服务方式,满足纳税人个性化需求。各单位要建立起纳税人需求快速反应机制,开展贴身式结对服务及会诊式专家服务;对纳税人有新建项目、重大投资、资产重组等行为时,要根据需要及时联动工商、国税、房管等部门,进行上门一对一专题辅导,帮助纳税人决策。

五是深入推进"服务型稽查"。建立稽查全程服务机制,查前提供稽查告知卡,明确告知稽查程序、时限、纳税人权益等,尊重纳税人合法权益;查中提供税收政策辅导,特别是税法规定与会计处理的异同点,让纳税人真正明白问题出在哪个环节;查后回访,听取纳税人意见与建议,实现和谐稽查的目的。

四、行动时间

实施时间:10~12月。

五、总体要求

各单位要高度重视本次“服务纳税人 效能再提升”专项行动，实行“一把手”负总责。要将本次行动与行风建设、行风评议及纳税人满意度调查紧密结合，要精心策划，周密组织，扎实有序推进各项工作。

一是访实情问实需要突出“真”。扎扎实实、真情实意地开展服务企业活动，切忌“蜻蜓点水”式走访，通过深入“一线”送政策、送服务，真实了解企业的实际经营状况以及对财税部门的政策诉求与服务诉求，及时掌握企业面临的实际困难，了解企业反映的突出问题，吸收企业提出的合理意见。

二是采取措施要突出“效”。对于活动中发现的企业普遍关注的热点、难点问题，要认真有效地进行梳理分类，深入分析原因，及时采取有效措施加以整改，切实做到急企业之所急、帮企业之所需、解企业之所难。要明确工作内容，细化工作指标，硬化工作措施，量化工作进度。

三是工作成效要突出“实”。要立足本职，服务大局，将服务企业行动与全局中心工作相结合，通过活动来促进中心工作的落实。并通过专项行动来进一步推进系统行风建设，积极为纳税人提供舒适的办税环境、高效的办税服务、优质的办税体验，切切实实提升纳税人满意度。确保行动取得实效，防止出现形式主义和走过场等不良倾向。

绍兴县国家税务局关于印发《中小企业行业税源管理暂行办法》的通知

绍县国税发〔2011〕43号

机关各科(室)、单位、各税务分局(所):

现将《中小企业行业税源管理暂行办法》印发给你们,请认真贯彻执行。

绍兴县国家税务局

二〇一一年七月二十九日

绍兴县中小企业行业税源管理暂行办法

第一章　总　则

第一条　为进一步加强中小企业的税源管理,规范税源管理行为,堵塞税收征管漏洞,实现应收尽收,根据《中华人民共和国税收征收管理法》及其实施细则、国税总局下发的《纳税评估管理办法(试行)》等法律法规和制度,特制定本管理办法。

第二条　本《办法》的管理对象为绍兴县境内除列入大企业管理范围的企业外的所有增值税一般纳税人。列入大企业管理范围的企业包括:年纳税(增值税及企业所得税)50万元以上的企业,或年销售额5000万元以上的企业。

第三条　本《办法》以县局开发的行业模型分析程序为依托,实施中小企业的增值税行业税源管理,企业所得税暂按《绍兴县国家税务局企业所得税预警管理暂行办法》实行管理。

第二章　行业分类及行业监控指标

第四条　中小企业的行业划分以行业建模中的行业划分为准,按照行业模型分析程序中设置的模型分类作为行业分类。

第五条　中小企业行业监控指标有:折算增值税税负率、每千度电税额、每吨汽税额、主营业务利润率。

第三章　异常企业筛选

第六条　各分局(所)、税源管理二科(以下简称税源管理单位)应由专人负责,利用行业模型分析程序对所辖企业进行监控分析,并于每季度申报结束之日起的10个工作日内,开展异常企业的筛选。

第七条 凡有下列情形之一的,应筛选为异常企业。

(一)所有监控指标当年的申报值均低于行业平均值;

(二)所有监控指标当年的申报值均低于上年度的申报值;

(三)税源管理单位根据自身的管理经验所确定的异常企业;

(四)上级局确定的异常企业。

第四章 行业税源管理措施

第八条 除异常企业以外的企业原则上为正常企业,一般不列入评估、日常检查范围(上级统一安排的评估、日常检查除外),除另有规定外,对税源监控中为正常的中小企业,管理员一般不再下户。

第九条 异常企业告知告诫。告知告诫工作每季度开展一次,税源管理单位应根据企业的异常程度,从异常企业中选择部分企业实行告知告诫,告知告诫名单须经税源管理单位领导书面审批(审批表式见附件),未经批准,不得实施告知告诫。各税源管理单位全年应实施告知告诫企业的户数不得低于辖区内模型监控中小企业总户数的10%(按模型分别计算)。告知告诫工作按《绍兴县行业税源动态分析监控系统运行操作办法》(绍县国税管一〔2009〕6号)规定的流程实施,每季度告知告诫工作结束之日起1个工作日内,各税源管理单位应向县局征收管理科上报告知告诫工作的相关资料(含告知告诫名单的审批资料)。

第十条 同一年度内,同一企业不得以相同的理由实行两次或两次以上的告知告诫,应由各税源管理单位移送县局征收管理科作为纳税评估选案对象或移送税务稽查。

第十一条 纳税评估或税务稽查。告知告诫后企业进行纳税调整,如果调整后监控指标恢复正常的,或未进行纳税调整但有正当理由的,可列入正常企业管理;如纳税调整后监控指标仍异常且没有正当理由的或未进行纳税调整又没有正当理由的由各税源管理单位在次月月底前移送县局征收管理科作为纳税评估选案对象或移送税务稽查。

第十二条 异常企业经评估或稽查后,疑点解除且又未发现其他问题的,可列入正常企业管理。

第十三条 纳税信用等级评定期内,企业年度的所有监控指标值均低于行业平均值,且无正当理由的,原则上不得列入信用等级A类企业评选范围。

第十四条 中小企业行业税源管理县局将列入工作目标考核内容进行考核,各税源管理单位可根据本《办法》的规定,制订本单位具体的考核制度。

第五章 附 则

第十五条 本办法的数据以行业模型、行业模型分析程序产生数据为准。

第十六条 本办法由绍兴县局征收管理科负责解释。

第十七条 本办法从2011年7月1日起执行。

二、重要报告

解放思想　服务中心　锐意改革　奋发有为 努力促进全县财政地税事业又好又快发展(摘要)

王炳豪

(2011年2月12日)

一、团结奋斗、创先争优，2010年及“十一五”时期财政地税工作成绩显著

回顾2010年工作，我们主要取得了以下成绩：

(一)组织收入取得规模与质量齐增长

一年来，全年完成财政总收入93.5亿元，比上年增长15.1%；完成地方财政收入51.76亿元，比上年增长18.8%，完成考核指标的109%。收入结构进一步优化，全年地方财政收入占财政总收入比重为55.4%，比上年提高1.7个百分点，税收收入占财政总收入的比重为97.1%，比上年提高0.6个百分点，来自税收的地方财政收入占全部地方财政收入的比重为94.7%，比上年提高1.2个百分点；财政总收入占GDP的比重为12.0%，高于GDP增幅2.5个百分点。

在组织收入上，主要体现了三个加强：一是有序入库能力加强。强化了税源专题调研分析，先后开展房地产业、纺织业等税收专题调研，提高预测判断的准确性，在此基础上加强收入计划与进度管理，较好实现了有序入库。二是挖潜堵漏能力加强。切实加强税源管理，建立了以“土地税收”为核心的税种管理机制，开展房产税、城镇土地使用税税源清查和土地增值税清算工作，增加税收入库5580万元，将二手房计税价格体系调整为“实时评价机制”，计税价格整体提高了40%，增收效果明显；加强股权转让个人所得税征管，全年征收入库2000余万元，有效堵塞了税款流失漏洞；加强委托代征工作，绍诸高速、杭甬铁路客运专线代征入库税款达6000多万元；坚持“抓大不放小”，全年地方小税种共入库12.1亿元，比上年增长23.9%，拉动地方财政收入5.4个百分点，体现了“小税种有大作为”。三是依法治税能力加强。积极推进中小企业所得税预警率征收，贯彻落实营业税差额征税管理办法，进一步理顺了房地产项目属地管理，加强对非居民企业的企业所得税征管，做好年所得12万元以上个人所得税申报、个人所得税全员全额扣缴申报管理工作，实现了契税、耕地占用税征管的平稳划转，依法征管基础进一步夯实；征管查互动机制逐步完善，开展了房地产业、建筑业税收专项检查，突出大要

案查处,全年共检查纳税人486户,查补合计8239万元。

(二)财税支持突出经济与民生共发展

2010年全县完成一般预算支出51.87亿元,同比增长23.3%,主要突出支持经济转型升级和保障社会民生,全县一般预算中用于与经济转型升级关系密切的支出达到5.92亿元,同比增长36.8%,重点用于支持工业结构调整优化、印染产业集聚升级、清水工程建设、支持做大现代服务业、做优现代农业等;全年一般预算中用于民生支出35.33亿元,同比增长21.7%,占财政支出的三分之二以上,主要是围绕公共服务均等化行动计划要求,重点保障就业、教育、住房等十方面重点实事工程建设的配套资金,促进了民生工程的顺利实施。二是资金筹措力度加大。争取到地方政府债券2.3亿元,通过预算安排、资金调度、平台融资等多种方式筹集重点建设投入9.2亿元,保障了杭甬客运专线、口门治江围涂、防洪排涝河道整治等县内重大工程建设;切实加强非税收入征管,实现政府性基金收入113.05亿元,同比增长170.7%,其中土地出让金入库104亿元,还对上年非税收入结余3468万元进行统筹,增强了政府可用财力;同时还会同有关部门向上争取补助项目389个,补助资金达5.36亿元。三是对重点工作支持到位。积极参与医药卫生体制改革,全年财政用于医疗卫生的一般预算支出达3.2亿元,比上年增长16.0%;大力支持"清水工程"建设,2010年已拨付专项资金7050万元;配合支持世博会、世合赛等重大活动,除年初安排2550万元科技强警专项外,单独追加了1400万元用于世博会安保工作,追加2735万元专项用于保障世合赛顺利举行。四是支持发展措施得力。深入推进分离发展服务业工作,已有87户企业成功实施了分离,分离企业2010年产生营业收入8亿元,入库地方税费3500万元,优化了地方财源结构;开展社会保险费临时性减免工作,集中减征金额达7508万元,为企业减轻了负担,审核审批各类税费减免298户次,合计3518万元,体现了产业发展导向;全年征收五项社会保险基金14.8亿元,比上年增长23.9%,社会保障基金滚存积余达66.03亿元,基本养老金支付能力提高到107个月,有力保障了社会和谐发展;积极开展"家电下乡"工作,共计拨付补贴资金3300余万元,拉动了农村消费,发放种粮农民综合直补资金1602万元,开展农业综合开发项目5个,投入财政资金1975万元,促进了农业增产增效,农民增收致富。

(三)财税监管体现务实与创新相结合

在财税改革上,主要实现了"四个突破":一是国库集中支付改革有突破,确定县府办、财政局、民政局、交通局、林业局5个部门及民政局下属3个二级单位,从7月1日起开展国库集中支付制度改革试点,逐步实现了会计集中核算向国库集中支付的转型。二是综合预算改革有突破,拓展编制了社会保障基金预算、国有资本经营收益预算,实现所有政府性基金的全面预算管理,并将预算外资金纳入预算管理,试行绩效预算编制,对100万元以上预算申报项目,实行绩效目标管理。三是非税收入征管改革有突破,对各征收职能单位实行征管绩效考核,进一步调动了征收积极性,同时,新版政府非税收入征管信息系统已在105个部门单位推广应用。四是绩效评价覆盖面有突破,共对104个项目进行了财政支出绩效评价，其中财政部门重点评价16个，对54个项目开展了财政检查，其中“小金库”重点检查项目16个，绩效评价体系进一步完善，实行内部联系单制度，加强对评价结果的应用。

在精细管理上，主要体现了“三个实”：一是管理基础“实”。政府投资项目审核监督办法、村级公益事业建设一事一议专项资金使用管理办法等一批制度相继制订出台，规范化程度不断提高；信息化建设稳步推进，国库集中支付系统、非税收入征管系统、国有资产管理系统、不动产项目管理系统、契税耕地占用税征管系统等软件相继推广应用，强化了信息支撑，提高了工作效率。二是管理措施“实”。严格预算执行，对项目支出用款计划进行科学管理，实现了项目早落实、预算早下达，财政支出进度有所加快；研究起草了新一轮县对镇街（开发区）财政体制，进一步加强对乡镇预算执行和转移支付资金的监督管理，实行全县乡镇财务核算联网，进行实时查询和监控；切实加强政府投资项目审核，全年共审核拆迁项目评估、搬迁补偿103项，审核政府工程标底预算191项，核减金额达到1.1亿元；加强涉农、涉企资金监管，开展了强农惠农专项资金检查和绩效评价；同时较好完成了地方政府债务及融资平台清理工作，对全县政府性债务进行了分析，并切实加强管理，有效防范了财政风险。三是管理效果“实”。将管理与服务相结合，建立了绍兴县会计网，开展会计法宣传月活动，强化会计继续教育，举办高层次会计讲座，近500名重点骨干企业财会人员参加了“会计论坛”；举办了7期支农政策培训，490余名农村基层财务人员参加培训，对促进支农资金管理起到了积极作用。

（四）干部队伍实现素质与形象同提升

主要体现了“四个更”：一是运行机制更顺畅。政府性投资项目审核中心成建制划转我局，实现机构、人员、职能顺利运转，“三位一体”财政机构改革框架初步设立，按照改革需要，新设立了国库集中支付中心。二是财税文化更丰富。围绕干部能力，实施全员培训计划，分层次分批次组织干部赴中南财大、江西财大、西南财大、东北财大等高校学习，培训面占全系统干部的52%，干部素质能力得到了提升；组织开展以“弘扬财税文化，争当岗位先锋”为主题的创先争优活动，各基层单位积极参与文明单位、文明窗口、文明示范岗的创建活动，有效激发了干部工作活力；建立干部职工重大疾病互助保障计划，完善慰问探望制度，还组织开展了登山、演讲等文体活动，培养干部健康、文明、向上的生活方式，切实增强了干部团队合力。三是纳税服务更优化。建立了完整的纳税服务志愿者网络，开展主题宣传咨询活动6个，参加活动志愿者248人次，发放宣传资料2000多份，全方位架起网上互动平台，与纳税人互动交流更加快捷；行政审批服务实现“多证联办”模式，办税大厅全面推行POS机刷卡缴纳地方税费，累计业务近6000笔，方便了纳税人。四是廉政防范更有效。组织中层以上干部到省法纪教育基地接受教育，举办了《廉政准则》专题辅导，并组队参加了《廉政准则》电视知识竞赛；围绕“人、财、物”管理的权力运行和监督制约，探索建立廉政风险防控机制，共查找出全局重大廉政风险点23个，科室单位类廉政风险点234个，岗位类廉政风险点870个，均制订了防控措施。

值得一提的是,2010年我局被授予“全省财政系统先进集体”,被省纪委等8个部门联合命名为“浙江省廉政文化‘六进’示范点”,这是全县首家获得命名的单位;系统妇委会被命名为“首批浙江省机关事业单位示范妇委会”;平水分局财税文化建设的经验在全省财政地税会议上作了交流,得到了省厅省局的充分肯定;滨海分局获得了“地税系统省级基层文明单位”称号,行政审批服务窗口获得了“浙江省巾帼文明岗”称号;钱清分局的廉政文化示范点创建也有声有色,达到了以廉政文化感召人、教育人的效果。

“十一五”期间全县财政总收入和地方财政收入分别达到369.55亿元和192.3亿元,年均增长17.2%和20.8%;2010年全县财政总收入、地方财政收入分别为2005年的2.2倍和2.6倍,税收收入占地方财政收入的比重、地方财政收入占财政总收入的比重分别比2005年提高10个和7.8个百分点。过去五年,我们统筹全县财力,积极优化财政支出结构,充分利用财税政策引导和财政资金支持,全力以赴促发展,千方百计惠民生,“十一五”期间预算内用于扶持经济发展资金达17.4亿元,落实减免税(费)4.2亿元;五年来全县用于民生事业的财政支出累计达123.5亿元,用于青川县凉水镇灾后援建的财政投入达1.1亿元。过去五年,县镇财政体制逐步完善,财税运行机制进一步健全,按照“收入一个笼子、预算一个盘子、支出一个口子”要求,基本实现了所有政府性资金全部纳入财政统管,所有政府性资金支出全面纳入预算管理,部门预算、非税收入、绩效管理等改革逐步深入,国库集中支付改革顺利启动;五年来,征管查互动机制不断完善,持续改进和深化应用税友2006,信息化征管水平大幅提升。过去五年,我们深入开展财税文化建设,坚持不懈抓好党风廉政建设,推出了“六个所有”财税服务体系,积极开展“省级文明单位”“群众满意基层站所”“廉政文化示范点”等创建活动,财税形象进一步提升,五年来,获得的国家级荣誉有4项,在县机关部门行风评议中连续4年位居前三位,连续5年获得县委县政府岗位目标责任制考核一等奖。

回顾五年来的工作,我们对做好新形势下的财政地税工作有了更深的体会:一是必须找准位置,紧紧依靠县委、县政府的坚强领导。这是前提。作为党委政府的综合职能部门,必须在党委政府的工作全局中找准位置,必须在经济社会发展的大局中找准位置,坚定不移地贯彻党委政府的决策部署,以出色的工作实绩赢得党委政府的信任和支持,才能打开工作新局面,才能推动事业发展。二是必须求真务实,坚持以科学发展观为统领。这是关键。我们坚持以科学发展观统领财税改革发展全局,紧紧围绕发展壮大财政实力这一中心任务,立足促进经济发展和社会和谐两大重要职责,理清思路,明确目标,统筹规划,推动了全县财政地税工作迈上新的起点。三是必须锐意改革,着力夯实公共财政基础。这是动力。这几年,我们改革的力度很大,在推动改革过程中,我们主动汇报,积极建议,得到了县委、县政府的高度重视和大力支持,使改革取得较大突破,县委、县政府也充分肯定了我们的工作,为下一步深化改革打好了基础。四是必须以人为本,始终抓紧队伍建设。这是基础。我们以创先争优为龙头,把队伍建设放在十分重要的位置上,始终坚持素质和形象“两手抓”,不断提高队伍建设的标准要求,不断提升财税队伍形象，赢得了良好的声誉。

在肯定成绩的同时，我们也清醒地看到，财政地税工作中还存在一些不足和差距，主要表现在：一是收入增长绝对有限与支出需求相对无限的矛盾比较突出，地方财力过于依赖房地产业，增长空间受到制约，收入和财力形势更趋严峻，而财政支出呈刚性、硬性、惯性增长趋势，财政收支平衡难度加大；二是资金管理存在薄弱环节，如涉农、涉企专项资金整合力度还不够，项目多、部门多、资金散，在一定程度上监管不够到位，存在资金浪费和效益不佳的现象；三是财税改革任重道远，部门预算支出标准和实物配备标准体系尚未完整建立，预算编制仍需进一步细化；绩效评价结果的应用尚处在探索阶段，如何体现评价的效果，如何在应用上取得突破尚需大胆尝试；税收社会化征管工作尚未取得实质性进展；四是信息化建设亟需大力推进，当前财政、税收各项工作对信息技术的需求越来越大，技术支撑能力跟不上财税事业的飞速发展，业务和技术复合型人才紧缺；五是工作机制有待完善，内部协调需进一步加强，科室对分局的指导与服务，以及分局对科室部署工作的执行与制约不足；六是干部业务能力仍需提升，钻研具体业务政策的氛围有所淡化。等等。对这些问题，在今后工作中，我们要引起高度重视，采取扎实有效的措施认真加以解决。

二、解放思想、坚定信心，认清2011年及今后一个时期财税工作形势

(一)关于财政收入形势分析

从2011年组织收入形势来看，既是机遇，又有挑战。一是人民币升值、原材料上涨、劳动力成本上升、融资紧缩等预期企业经营环境不容乐观；二是国家对房地产再次调控的信号不断释放，房地产市场观望氛围浓厚，预计房地产税收持续出现增长的局面难以延续。而我县地方财政收入对房地产业的依赖度很高，2010年全县入库房地产税收12.24亿元(含国税数)，同比增长41.2%，占财政总收入比重为13.1%，比去年同期提高2.43个百分点，对财政总收入的增收贡献率为29%，拉动财政总收入增幅4.4个百分点；构成地方财政收入的房地产税收收入占地方财政收入的比重为19.9%，比去年同期提高2.77个百分点，对地方财政收入的增收贡献率达34.66%，拉动地方财政收入增幅6.5个百分点。受房地产形势回落影响，土地出让形势亦不容乐观，2011年预计可拍土地持续下降，且存在土地流拍或降价拍卖的风险，因此房地产影响可谓“牵一发而动全局”；三是我县转型升级正处于阵痛期，企业节能降耗、印染企业集聚升级对税收将会有一定影响；四是建筑业、交通运输业营业税转型为增值税等政策调整预期，可能会对2011年地方财政收入带来较大影响。

我们在看到不利因素的同时，更应该看到有利因素：一是我县国民经济稳步发展，工业经济企稳态势基本确立，部分重点企业保持较好效益，2010年全县规模以上工业产值增长23.7%，利润增长51.5%，31个行业大类中，有26个行业利润总额实现正增长；二是经济运行质量进一步提升，2010年全县第三产业增加值增长15.1%，增速位居全市第一，三产增加值占比达35.1%，同比提高0.9个百分点，规模以上非纺产业产值占规模以上工业总产值的比重,同比提高1.5个百分点,税源结构进一步优化;三是持续发展潜力增强,2010年全县完成固定资产投资312亿元,同比增长14.7%,“三个一批”项目完成投资217.5亿元,新兴产业投资占工业投资的53.08%,投资占比提高了6.08个百分点,增速较为明显,一大批项目顺利建成和推进,为今后税源增长打下了较好的基础;四是政策性因素将带来增收,如外资企业征收城建税、土地增值税预征税率提高等;五是通过我们自身的加强征管,可以挖潜堵漏增收,主要是通过土地增值税的全面清算,加强对个人股权转让个人所得税收管理,以及重点税源、重点行业的税源管理,挖掘税收潜力,努力增加税收。

(二)关于财政支出形势分析

从2011年及今后一个时期的财政支出形势来看,既有压力,更有动力。支出的压力来自于:一是推动经济发展的需求,“十二五”期间每年要安排8亿元,5年总计40亿元用于转型升级;二是社会事业发展的需求,保障和改善民生是加快发展、转型升级的最终落脚点,按照一般预算三分之二以上用于民生的要求,今年需要筹措近36亿元;以“清水工程”为重点的生态文明建设,需要按照五年投入22亿～25亿元的要求进行筹集落实;三是财政刚性支出的需求,在近两年开展义务教育教师绩效工资改革、医药卫生体制改革而大幅增加投入的基础上,支出还将进一步增加,主要包括企业退休人员补贴、60岁以上城乡老年人一次性补贴、城乡医疗卫生资源统筹改革、事业单位绩效工资改革,以及离退休体检补贴等,新增支出2.5亿元;四是政府投资项目建设的需求,柯桥县城的功能完善和品位提升,城乡一体化统筹发展,需要进一步加强基础设施和公共配套建设,2011年重点项目建设财政需要筹措10亿元资金切实加以保障,而在当前清理规范地方政府融资平台这一大背景下,将对后期地方基础设施建设融资带来较大压力。

面对压力,我们有信心和动力来做好支出保障工作:一是来自于对财政收入持续增长的信心,这是确保财政投入的根本;二是来自于理财水平的不断提高,我们多渠道筹措资金,积极盘活存量,科学调度所有政府性资金,通过调整和优化支出结构,基本可以满足经济社会发展需求,同时能够实现财政收支平衡;三是来自于我们理财观念的更新,今天财政的大投入,是为明天经济的大发展,社会的大繁荣,税收最终来源于经济,所以我们要进一步解放思想,用发展的眼光重新审视财政的扶持作用,以更大的动力来做好支出保障工作。

(三)关于财税工作形势分析

当前我县财税工作有三大问题需要我们去探索:一是对全县中心工作的服务如何更加到位。这几年,财税扶持政策经历了“清理、规范、完善”几个阶段,政策导向意图更加明显,但在财力承受、执法风险、政策效应上需要进一步把握。当前,破解发展要素的重点在加大拆迁和拓展融资力度上,向拆迁要发展空间,向融资要建设资金,向人才要创新支撑,财税如何在做好传统服务工作的同时,围绕全县中心工作提升服务水平,为拆迁、融资、人才等工作开展提供必要的服务和支持,值得我们研究,也大有潜力可挖。

二是财税改革如何进一步深入。去年全系统不少方面的工作都有新的举措、新的动作，取得了较好成效，但是我们在改革上有不少工作还只是在探索中刚刚起步，有的甚至还没有很好的“破题”，即使一些已经走上正轨的工作，也还需要进一步规范和完善，而且随着改革的不断推进，新情况，新问题、新矛盾也在不断出现，考验我们在新形势下如何扎实有效地推进工作。三是队伍建设如何更加有利于推动财税工作。队伍建设是近年来我们财税事业取得巨大成就的根本保证，但新的形势、新的工作对队伍建设提出了新的要求，对干部而言，思想观念要进一步更新，作风纪律要进一步加强，能力素质要进一步提升；对组织人事工作而言，要丰富财税文化活动载体，理顺协作共事机制，增强财税队伍凝聚力，更好地推动财税事业持续健康发展。

重点是要把握好三对关系：

一要处理好“刚”与“柔”的关系。“刚”就是依法治税理财，要切实维护税法严肃性和税收刚性，既不能因为减轻企业负担而突破税法“红线”随意减免税费，也不能因为税收任务压力而“寅吃卯粮”收过头税；“柔”就是优化服务，要把履行财税职能与优化服务相统一，优化企业成长环境，按照县委、县政府的统一部署，落实好支持转型升级的一系列政策措施，在财政扶持、税费优惠、纳税服务等方面给企业提供有利的发展空间，从根本上解决收入可持续增长问题。

二要处理好“统”与“分”的关系。“统”就是财政统揽政府资金、资源、资产，这既是财政职责，更是政府集中财力办大事的需要。当前我们要在巩固“统”的同时，更加关注财力分配，把“统”的重点放在统筹重点支出上，着重支持民生事业发展、建设基础设施和提供公共服务；把“分”的重点放在建立事权与财权对等的用财机制上，通过县镇财政体制分成激励等措施，切实提高镇街基层对发展经济的关切度，充分调动方方面面发展经济、共同理财的积极性。

三要处理好“内”与“外”的关系。“内”就是财税自身建设，通过财税改革、队伍建设，进一步健全机制，增强活力，这是财税事业持续健康发展的内在动力；“外”就是外部环境和外部协调，在加强内部建设的同时，要为财税事业发展营造良好的外部环境，树立良好的外部形象，发挥出应有的外部影响。要主动为县委、县政府决策做好参谋，为镇街发展经济提供帮助，为企业发展创造条件，通过内外联动进一步增强服务经济发展的能力。

三、着眼全局、服务中心，切实做好2011年财政地税工作

2011年我县财政地税工作的指导思想是：以科学发展观为统领，紧扣“突出转型升级、致力科学发展”主题，按照“支撑、保障、引导，持续、健康、平稳”的要求和“依法治税、为民理财、务实创新、廉洁高效”的总体工作思路，坚持解放思想，服务中心，锐意改革，奋发有为，积极组织财政收入，不断优化收支结构，大力支持转型升级，切实保障改善民生，深入推进财税改革，着力强化队伍建设，为全县经济社会科学发展率先发展作出新的更大的贡献。

按照上述指导思想,初步确定2011年全县财政收支目标为:

1. 必保指标:确保完成财政总收入104.7亿元,增长12%,地方财政收入58亿元,增长12%;考核指标:分解考核财政总收入任务115亿元,增长23%,地方财政收入62.65亿元,增长21%;争取指标:力争完成财政总收入130亿元,增长39%,地方财政收入69亿元,增长33%。

2. 完成财政支出52亿元,同比增长5.1%,其中筹措经济转型升级扶持资金8亿元、重点建设专项资金10亿元,一般预算支出三分之二以上要用于民生支出,确保财政收支平衡。

2011年财政地税工作的总体要求是做到"四个坚持":

1. 坚持解放思想。我县财政收入要继续保持全省前列的形势十分严峻,我们与"标兵"的距离在进一步拉大,而后面的"追兵"正在快速赶上。因此,我们必须清醒认识,切实增强紧迫感,进一步解放思想,提升工作标准,要把组织收入放到全省,乃至整个"长三角"地区去审视定位,正视"不进则退、小进也是退"的区域竞争格局,克服"不可比""跟不上""上不去"等错误倾向,树立起组织收入大目标,努力完成县委、县政府下达的收入目标任务。

2. 坚持服务中心。2011年是"十二五"发展的起步开局之年,做好新一年工作,意义重大,影响深远。全县财政地税工作要始终放在县委、县政府的大局中来把握和定位,把促进全县经济社会事业又好又快发展作为检验财税工作的根本标准,围绕"突出转型升级、致力科学发展"工作主题,进一步增强服务中心工作的责任感、紧迫感和使命感,主动思考、积极作为,致力推动经济、城乡、社会全面转型升级。

3. 坚持锐意改革。在经济社会转型升级的背景下,财税工作面临着新的困难、问题和矛盾,面对新的挑战和历史机遇,我们要大胆开拓,锐意改革,创造性地开展工作,在生财、聚财、用财、理财、管财的各个方面、各个环节,研究新思路,探索新举措,力求新突破,进一步健全公共财政运行机制,提升财税管理的科学化精细化水平。

4. 坚持奋发有为。我县未来五年发展的宏伟蓝图已经绘就,对财税工作提出了更加艰巨而光荣的任务,如何化蓝图为现实,就需要我们更加振作精神,始终保持奋发有为的精神状态。"奋发",就是要坚定信心,鼓足干劲,朝着确定的工作目标,全力以赴,勇挑重担,一抓到底;"有为",就是要立足岗位,着眼发展,在促进全县经济社会事业发展上体现更大的作为。

开拓创新　锐意进取
不断开创绍兴县国税事业科学发展新局面（摘要）

胡连华

（2011年2月14日）

一、务实创新，锐意进取，“十一五”时期全县国税工作实现新的跨越

（一）“十一五”是税收收入增长最快的五年

“十一五”期间，全系统共组织国税收入223.97亿元，年均增长幅度18.57%，并保持连续7年无新欠。尤其是2010年，全县完成国税收入55.58亿元，首次冲上50亿大关，取得了历史性的突破。

（二）“十一五”是支持经济发展最给力的五年

五年来，全局共办理各类退减税216.58亿元，年均增长23.45%，2010年更是达到了62.35亿元的历史新高。五年中各类减免退税占到了同期国税收入的96.70%，其中：办理出口退税200.41亿元；民政福利企业退税1.74亿元；增值税转型固定资产进项抵扣减税、高新技术企业减税等14.43亿元，有力地促进了绍兴县经济的良性发展。

（三）“十一五”是征收管理工作最有特色的五年

五年来，全县国税系统始终以依法治税为工作灵魂，以管理创新为工作抓手，不断提高干部依法行政和税收精细化、专业化、科学化管理水平，取得了明显成效。一是税收管理创新工作成效明显。县局紧紧围绕省局管理创新的工作要求，建立健全管理创新的长效机制，创新项目不断涌现。五年来，全县共计10个项目入选省局管理创新项目库，其中印染行业承包车间税收管理、出口企业征退税一体化管理，24小时自助办税服务区等六个项目被评为优秀项目。县局的管理创新工作在2006～2008年获得省局集体嘉奖，2009年、2010年获得省局集体三等功的荣誉，得到了省局的充分肯定。二是扎实推进行业建模工作，强化行业税源监控。五年来县局共建立了纺织印染行业模型、商贸企业综合模型等18个监控模型，把全县所有一般纳税人全部纳入模型监控；同时，针对每个监控模型的特点，逐步开发出行业模型分析系统，使征管、稽查、评估线的干部都能通过系统的分析，及时了解掌握企业生产、经营和纳税情况，有效提高了征管效能。按省局考核口径，模型监控企业2010年入库的增值税款已达34.17亿元，占同期考核口径税款的比例为93.93%，双双提前超过省局“双八十”的考核要求。三是实行出口企业征退税一体化管理。将出口退税单证审核环节直接放到各分局（所），各分局（所）既负责对出口企业的日常税收征管，又负责对出口货物的退（免）税管理，解决了企业在

征税部门和退税部门来回跑的问题,有效降低了出口企业办税成本,加快了出口退税审核进度;同时,管理力量的加强也进一步提升了出口退税的管理质量。四是推行"管户"与"管事"相结合的税收管理机制。根据"管户与管事相结合"原则,将税收管理员由"管户"为主的管理方式,向"管户"与"管事"相结合转变。把纳税人申请事项的受理和办理从税收管理员中剥离出来,由办税服务厅或综合岗人员负责;税务机关依照职权进行主动管理的行为由税收管理员负责,形成了"纳税人到国税机关办理的事项,全部由办税大厅受理;国税机关布置给纳税人的事项,由税收管理员负责落实"的税收管理机制。五是初步建立起社会化服务平台。逐步形成政府统一领导,税务部门强化管理,镇(街)协税护税组织代征税款,纳税人依法纳税的个体税收社会化管理新格局,进一步提升了个体税收管理质量和服务效率,减轻了基层税务干部的工作量,也为个体税收征管水平的不断提高打下了坚实的基础。

(四)"十一五"是纳税服务意识显著提高的五年

五年来,全县国税系统认真贯彻落实省局纳税服务工作会议精神,深入查找纳税服务需求,不断改进服务手段,着力提高纳税人满意度。一是从简化办税程序、减少审批环节、提高办事效率入手,将审批类项目减少了66项,即办类事项增加了30项,初步形成了"自助式取号、一站式办理、全程式服务"的办税服务特色,有效提高了纳税人的办税效率。二是发挥现代信息技术对优化纳税服务的支撑作用,开展"网上办税厅"建设。开通银联POS机刷卡缴税系统;积极推广应用增值税普通发票的网上开票系统,实际开票户数从最初的13户,上升到目前的2014户,累计开具防伪税控普通发票105000份。进一步做好网上抄报税督促检查工作,通过网上抄报税成功户数已达10665户,占到全局一般纳税人户数的91.47%。三是建立了以发票认证、发票验旧购新、纳税申报、一般纳税人IC卡报税,缴税银行信息录入以及涉税查询等为内容的、不受时间限制的24小时自助服务区,大大方便了广大纳税人。

(五)"十一五"是干部队伍素质进一步提升的五年

五年来,全县国税系统牢牢抓住干部队伍这一根本,以"党建工程、人才工程、文化工程和平安工程"建设为抓手,不断提升干部队伍素质。一是抓好各项活动的开展和创建工作。扎实开展"学习型国税机关"和"五型党支部"的创建活动,通过各类专题教育和绍兴国税核心价值观的提炼,使干部的思想观念不断改变,执法和服务意识不断提高;通过建立培训师队伍、开展"读书节""国税文化月"和干部文化体育"1+1"等活动,有效提高了国税队伍的凝聚力和向心力。县局分别被绍兴市建设学习型城市指导委员会和县委宣传部评为"学习型机关"称号;在"五型党支部"创建活动中被市局评为先进单位。同时,扎实开展了各级文明创建活动,县局在2006年被绍兴市人民政府命名为"市级文明单位",并在2010年底顺利通过省级文明单位验收;2006~2009年县局均被省局命名为系统文明单位;稽查局、柯桥分局、钱清分局、福全分局、平水税务所、管理三科等五年里一次或多次被评为市局系统文明单位。二是抓好干部教育培训工作。以岗位需求为导向，积极开展复合型人才、专业型人才，业务骨干等的各种业务培训，着力提升干部的综合素质、执法水平和岗位工作能力。积极鼓励干部参加各类学历、教育培训，不断提升业务素质。到2010年年底，县局共有15人进入省级人才库，5人进入市级人才库，大专学历以上干部达到92.03%；稽查局在全市组织的业务考试中取得了集体第一名，王永岳在全省组织的业务考试中取得了个人第一名的好成绩。三是抓好党风廉政建设和行风建设。围绕“廉政建设不违纪、税收执法不渎职、工作生活无事故”的目标，坚持制度规范权力运行，完善惩治和预防腐败体系，全面推进党风廉政建设和反腐败工作，并初步构建了岗位廉政风险防范机制；以局域网廉政建设之窗、绍兴市国税局廉政网为教育平台，积极开展廉政教育活动；全面开展廉政文化建设活动，提高干部思想基础。县局2007～2009年连续三年被评为行风建设优胜单位（每年评选五名），2010年县机关部门行风评议更是获得了第一名的好成绩。2008～2009年稽查局连续两年在全县23个部门下属重点单位行风评议中获得第一名。24小时自助办税服务区被评为市行风建设十大亮点，征退税一体化管理模式被评为县行风建设十大亮点。办税服务厅、钱清分局、齐贤分局、柯桥分局、福全分局和平水税务所等分别被省、市、县评为“群众满意基层站所”和“行风建设示范窗口”。

二、认清形势，理清思路，准确把握“十二五”时期国税工作方向

（一）“十二五”时期绍兴县国税工作指导思想

高举中国特色社会主义伟大旗帜，以邓小平理论和“三个代表”重要思想为指导，深入贯彻落实科学发展观，紧紧围绕“服务科学发展，共建和谐税收”工作主题，按照为国聚财、为民收税的工作使命，落实“五个坚持”、实现“五个发展”，不断开创绍兴县国税事业科学发展新局面，为绍兴县经济社会发展作出新的贡献。

（二）“十二五”时期绍兴县国税工作基本要求

一是坚持把科学发展观作为国税工作的根本指针。以科学发展观统领国税工作全局，妥善处理税收与经济、局部与全局、继承与创新、当前与长远，重点突破与整体推进等方面关系，凝聚发展合力。二是坚持以促进转型升级为国税工作的着力点。始终站在全局的高度把握形势、分析问题、谋划发展，充分发挥税收筹集收入和调控经济分配的职能作用，为经济社会可持续发展提供可靠的财力保障和有效的政策支持。三是坚持以依法行政为国税工作的基本准则。认真落实《全面推进依法行政实施纲要》，把法治的要求融入各项国税工作中，做到规范、公正、文明执法，为社会主义市场经济发展营造公平公正的税收法治环境。四是坚持把改革创新作为国税工作的强大动力。坚持以理念创新推动体制机制和管理方式方法创新，充分尊重基层首创精神，把服务理念、信息管税、风险受理、专业化的要求贯彻于国税工作各个方面。五是坚持把造就高素质专业化干部队伍作为国税工作的重要保障。坚持以人为本，加强对干部教育管理，充分调动国税工作人员的积极性、主动性和创造性，努力造就高素质、专业化干部队伍。

（三）“十二五”时期绍兴县国税主要目标和任务

1. 服务经济发展。贯彻"十二五"时期税制改革的相关政策,不折不扣落实好加快转变经济发展方式、调整经济结构、促进区域经济协调发展和改善民生等方面税收政策;开展政策效应分析评估工作,及时发现和改进税收政策及执行中的问题;及时向当地党委政府汇报,充分发挥国税职能作用。

2. 组织税收收入。始终坚持组织收入原则,进一步健全收入分析预测体系,力争今后五年全县国税收入平均增幅保持在12%以上,到"十二五"末实现收入超100亿的目标。同时,努力实现税收收入与经济的协调增长,使收入结构进一步趋于合理,收入质量稳步提升。

3. 规范税收执法。税收执法环境明显优化,依法行政观念明显增强,依法行政能力显著提高,行政监督机制进一步完善,税收执法风险防范能力进一步加强,努力争取无行政败诉案件发生。

4. 优化纳税服务。基本形成以纳税人合理需求为导向,以提高纳税人满意度和税法遵从度为目标的纳税服务新格局。进一步健全第三方评价机制,纳税人综合满意度保持在90%以上。加强办税服务厅标准化建设,大力推进自助办税服务,积极探索国地税联合办税,更加快捷地为纳税人提供服务。

5. 强化税收征管。建立以风险管理为导向的税源管理新模式,推行税源分类分级专业化管理;大力实施信息管税,开展纳税申报信息与第三方信息的分析对比,深化申报缴税信息应用,不断提高税收征收率和纳税遵从度。

6. 加强队伍建设。干部队伍凝聚力、战斗力明显增强,国税文化全面发展,激励机制更加完善,创先争优工作进一步深化,力争跨入全国文明单位行列。

7. 抓好廉政建设。建立健全思想道德教育的长效机制、反腐倡廉的制度体系、权力运行的监控机制和行风建设的自转机制,切实推进政风行风建设,力争行风民主评议综合满意度保持在90%以上,行风评议确保优胜单位;力争做到不发生干部职务和非职务的违法犯罪案件,确保队伍平安。

三、突出重点,落实措施,全面完成2011年各项国税工作任务

2011年全县国税工作的指导思想是:全面贯彻党的十七大、十七届五中全会精神,深入贯彻落实科学发展观,牢牢把握为国聚财、为民收税的工作宗旨,认真落实省、市国税工作会议和县委十二届十次全体(扩大)会议精神的各项部署,全力服务经济发展,大力组织国税收入、深入推进规范执法、切实强化税收征管、持续优化纳税服务、全面加强队伍建设,努力推动绍兴国税事业又好又快发展,为"十二五"时期绍兴国税科学发展奠定坚实基础。

(一)牢固树立经济税收观,着力推进经济发展方式转变

1. 落实各项税收优惠政策。一是继续实施结构减税政策;二是重点落实好支持高新技术企业、软件企业的优惠政策,严格实施研究开发费用加计扣除政策;三是落实好小型微利企业优惠政策、促进就业再就业的税收政策;四是优化退税流程,加快出口退税审核进度和退税速度,引导出口企业加快培育核心竞争力,推进外贸经济的健康发展。

2. 深入调查研究,发挥国税职能作用。一是要做好“走出去”企业的服务工作。充分认识加强“走出去”企业税收服务的重要性,建立健全支持“走出去”企业的服务体系。深入调查研究,及时掌握情况,共同维护国家和“走出去”企业的税收权益;加强宣传辅导,帮助企业了解、掌握境外投资及税收信息;落实税收政策,强化对“走出去”企业的税收激励;维护企业境外权益,及时帮助解决跨境涉税争议;加强境外所得申报纳税、境外所得税收抵免等工作。二是做好大企业服务工作。对重点企业实行上门服务,帮助解决实际问题,寓管理于服务之中。三是积极向当地党委政府汇报工作情况,建立良好的互动关系,不断提高国税服务地方经济的水平。

(二)大力组织国税收入,确保税收持续稳定增长

今年,省局分配给我县国税收入计划为60.8636亿元,比上年实绩增长9.5%。根据县委十二届十次全体(扩大)会议建议目标和县人大十三届五次会议的财政预算指标,今年全县地方财政收入将增长12%以上。为此,我们要认真分析经济形势变化情况,进一步坚定信心,切实做好组织收入工作。一是进一步完善组织收入工作联动机制,及时把任务分解落实到各基层单位和各镇街。二是进一步完善税收分析预测体系。在内部实行按月收入分析预测例会制度和税源分析按月报告制度;在外部建立与财政(地税)、经贸、发改、统计等部门的经济税收分析网络,定期召开分析例会。建立税收分析模型,切实提高税源分析预测科学性和准确性。三是进一步完善税收目标考核办法,加大收入目标的考核力度。通过加强分析、加大考核力度、强化征管措施,进一步提高税收管理的针对性和有效性,同时充分运用好税款调库指标,努力完成收入任务。

(三)坚持依法行政,努力营造公正公平的税收环境

1. 规范税收执法行为　加强规范性文件的审查,严格遵守税收规范性文件的施行规则,严格执行规范性文件的制定程序。以纠正造成税款流失的违规执法行为为目标,有针对性地开展税收执法检查。强化税务行政处罚标准和执行刚性,进一步明确自由裁量权适用规则和裁量基准,规范自由裁量权。做好重大税务案件的审理工作。

2. 建立健全税收执法预警管理体系　贯彻落实《浙江省国税系统基层单位税收执法风险防范手册》,从体系文件的有效性和文件发布的时效性、体系运行等方面入手,扎实推进LEP体系建设,建立健全机制完善、职责明确、程序严密、运行科学、管理有效的税收执法风险控制机制。严格执行税收执法责任制,建立人机结合的税收执法责任考核机制,严格执法过错责任追究工作,增强干部自觉守法、严格执法的能力。

3. 严厉打击涉税违法行为　准确把握稽查工作重心,强化税务稽查的监督、惩处、教育、促管职能,坚持以整顿和规范经济秩序为目标,有力打击涉税违法行为,提升纳税遵从度,促进诚信纳税。一是加大稽查工作制度执行情况的督查力度,不断规范稽查执法行为,确保稽查的深度和力度。二是利用稽查选案软件和案头分析软件,提高案件查处的针对性和准确率，提升信息化条件下各种新型税收违法行为的查处能力。三是要加快对“8·11”专案的查处工作，坚决查处利用虚开和接受虚开增值税专用发票及其它抵扣凭证的骗取出口退税违法犯罪案件。四是开展各类专项检查和专项整治，对征管基础比较薄弱、税收秩序比较混乱、发案率较高和案件线索指向较为集中、宏观税负较为偏低的行业和地区，组织力量开展专项检查和专项整治。

（四）以精细化、专业化、科学化为目标，大力加强征收管理

1. 完善税源专业化管理模式　以加强税收风险管理为导向，以实施信息管税为依托，以实行税源分类管理为重点，全面推行税源专业化管理。一是加强大企业税收管理。完善定点企业管理与服务制度，强化遵从引导和遵从管控机制，健全风险评价、监控的应对体系。二是实行中小企业行业税收管理，强化税源监控。三是充分发挥个体税收社会化管理平台的作用，切实加强个体税收征管。重点是加强行业经营户、市场经营户、城区及中心集镇的所在地经营户、漏征漏管户的税收管理，切实改变目前个体税收起征点面不高的状况，进一步提高个体税收征管水平。

2. 探索推进信息管税　进一步树立信息管税理念，以涉税信息的采集、应用为主线，解决征纳双方信息不对称的问题。重点是加强对第三方信息的收集利用，建立健全信息收集机制。要进一步扩大与相关部门的数据交换，深化国、地税信息共享，推进与银行、工商、电力等部门的信息共享。拓展第三方信息应用范围，建立自动对比平台，深化第三方信息验证比对，努力构建具有绍兴县国税特色的信息管税体系。

3. 提高行业建模效果　优化行业建模，修正和完善应用效果不佳的模型，着重抓好重点税源行业和管理薄弱、税负偏低行业的模型深化和应用作用。要按照“服务正常的、监管异常的、强化偏低的”管理思路，对税源实施科学分类管理，发挥行业建模的税收征管优势。要深化和完善行业模型分析系统，加强对干部模型使用的业务培训，最大限度地发挥行业监控模型在税源管理、出口退税管理、纳税评估、税务稽查工作中的作用。

4. 加强出口货物退税管理工作　深入分析企业骗取出口退税和违规申请退税的各种因素，进一步完善出口企业分类监管制度，强化对出口企业的日常管理，严格出口退税的审核审批，加强出口退税预警评估，加强出口货物函调管理和单证备案检查。优化征退税一体化工作机制，把出口退（免）税情况纳入评估的必评内容和稽查的必查内容。进一步完善单证审核指南。加强与海关、外汇管理等部门的沟通协作，形成合力，防范和打击出口骗税。

5. 完善纳税评估工作　进一步规范纳税评估工作程序，特别要在评估选案、补税依据、约谈举证、评估资料的完善和归档、评估结论六个方面加以完善，既要建立科学的评估体系，又要防患评估风险，充分发挥纳税评估的管理作用。

6. 加强各税种管理　一是要切实加强增值税一般纳税人管理，积极探索一般纳税人分类管理办法。二是要做好企业所得税汇算清缴工作。要做好政策辅导、申报管理及减免税、税前扣除的审批与备案管理工作，切实提高纳税人所得税汇算清缴自行申报质量；要协同稽查与纳税评估部门，按照企业所得税汇算清缴“分类审核、二级复核、重点复查”的申报复审检查监督体系要求，做好汇算清缴审核（复核）工作。三是要加大反避税调查审计力度，抓好关联交易申报质量，全面掌握纳税人关联交易情况，提高反避税选案的科学性和准确性，争取在反避税工作中有新的突破。继续深入开展涉外税务审计工作，确保这项工作在新的一年继续走在全省全市的前列。四是要加大对非居民纳税人的征管力度。进一步加强与绍兴县涉外管理服务中心沟通协作，以信息共享为平台，逐步完善非居民企业的登记、备案、申报、征收、管理等责任和制度。

（五）健全税收服务体系，持续提升纳税服务水平

1. 强化税法宣传咨询　把促进纳税遵从作为国税机关的基本任务和目标。结合“六五”普法，以社会理解、政府支持和纳税人遵从为目标，进一步探索符合时代发展和当地特色的税法宣传方式（如视频、图片等），使广大纳税人能以喜闻乐见的形式接受税收遵从的教育。针对当前企业法人代表、业务员税收法律意识淡薄的现状，大力加强防范骗税的法律宣传、业务培训和信息沟通，多渠道提醒和教育出口企业。同时整合咨询渠道，通过电话、网站、短信等方式，为纳税人提供多种咨询选择。完善咨询知识库，实现税法宣传内容的统一规范，提升税法宣传的权威性和准确性。

2. 持续优化办税服务　一是建立纳税人涉税风险防范机制，重点抓好对新办企业、较大规模企业和总分机构等的税收辅导，降低纳税人涉税风险。二是充分发挥税法援助体系作用，着力抓好对纳税人的权益性服务。三是抓好办税服务厅的标准化建设。从减少纳税人办事环节，提高纳税人办事效率的角度出发，在进一步整合基层工作流程，大力推行“免填单”服务，充分利用信息技术的基础上，完善各项服务举措，努力把县局办税大厅建成标准示范厅。四是大力推行自助服务。在县局办税服务大厅再增加自助办税服务机，减少纳税人自助办税排队情况；在农村分局（所），撤销现有办税服务厅，配备自助办税服务机，建立自助办税服务区，培养纳税人的自助办税意识。

（六）加强“四项工程”建设，不断提升干部整体素质

1. 加强党建和政治思想工作　以深入贯彻落实科学发展观活动为主线，以“学习型支部”建设为平台，加强党员干部思想教育，进一步提高党员干部服务科学发展的本领，着力建设一支“三有一守”（有激情、有能力、有实绩、守纪律）的高素质干部队伍。继续抓好各类文明创建活动；组织开展干部文化体育“1+1”活动，丰富干部业余文化生活，陶冶干部思想情操。

2. 加强内部制度建设　一是继续完善工作人员岗位目标考核体系，形成一套比较完善的奖励体系。二是建立和完善人才培养和使用机制，通过选拔、培养，把优秀人才充实到重要岗位工作，在全系统营造一个“想干事有机会、会干事有平台、干成事有地位”的良好氛围。三是加强干部管理制度化，进一步完善干部学历教育、日常考核及干部学习教育考试奖惩等制度。

3. 抓好干部业务培训工作　坚持把提高干部业务素质作为业务培训重要内容,以增强依法行政能力作为培训核心,认真开展“大培训、大练兵”活动,有针对地加强专业培训和实践锻炼。要抓好专业骨干培训,建立起一支兼职教师队伍。使其成为既是业务尖子,又是业务辅导员,着力培养高素质、高层次、复合型的人才队伍。要创新培训平台,建立网上税校,提倡在线学习,实行业务学习、素能教育、岗位实践多管齐下,不断增强国税干部的业务素质、岗位技能和执法水平。

4. 抓好党风廉政建设和行风建设　全面贯彻落实党风廉政建设责任制,重点在教育、制度和监督等方面开展工作,努力建设国税系统廉洁从政的清洁环境,继续巩固政风行风建设成果。一要继续强化廉政教育,着重抓好廉政法纪教育和风险意识教育,着力抓好《中国共产党党员领导干部廉洁从政若干准则》和总局《税务系统领导干部廉洁从政八不准》等三个配套管理办法的贯彻落实,继续做好廉政文化建设和群众满意基层站所创建工作。二要继续优化和完善内控制度建设,加强廉政风险防范工作,力求从源头上减少风险,在过程中控制风险。纪检监察部门要积极主动地开展调研,及时、全面地掌握本系统行风效能和廉洁方面的基本情况,要建立健全面向管理服务对象的经常性调查走访制度,要进一步完善税收管理员述职述廉制度和税务人员下户廉洁监督办法。三要提高制度的执行力,加强日常效能监察,重点对制度执行情况进行监督检查,确保政令畅通。

5. 继续开展学习型机关创建活动　广泛开展学习交流活动,进一步完善创建工作机制;继续组织开展“读书节”活动;以行政组织为主,发动各单位深入开展党组织建设;抓好培训师队伍建设;继续组织开展创建学习型机关优秀载体、先进党组织和“学习之星”评选活动,激发各单位的创建工作热情。

关于绍兴县2012年财政预算执行情况和2013年财政预算(草案)的报告(摘要)

在绍兴县第十四届人民代表大会第二次会议上报告

绍兴县财政局局长 喻光耀

2013年2月27日

一、关于2012年财政预算执行情况

(一)公共财政年初预算及预算调整情况

根据县十四届人大第一次会议审议通过的《关于绍兴县2012年财政预算的决议》,2012年全县公共财政收入预算为70.15亿元,公共财政支出预算为60.5亿元。同时按照财政部《关于做好发行2012年地方政府债券有关问题的通知》(国预〔2012〕27号)和浙江省财政厅《关于下达2012年地方政府债券规模的通知》(浙财预〔2012〕12号)精神,2012年浙江省财政厅核定我县地方政府债券发行规模1.5亿元,此次发行的地方政府债券使用期限为5年,年利率为3.30%,利息按年支付,本息由县专项上缴省级财政,由省级财政统一偿还。据此调整2012年公共财政预算支出1.5亿元,主要是用于城镇生活污水收集工程0.3亿元、城乡公路改造升级工程0.5亿元、用于绍兴孙端至曹娥公路绍兴县段建设工程0.5亿元。

同时在执行过程中,省级补助及镇级在支出预算科目间进行了调整。

综上,2012年公共财政收入预算为70.15亿元,公共财政支出预算调整为62亿元(含省转贷我县的1.5亿元地方政府债券)。

(二)2012年公共财政预算收支执行及情况

1. 收入预算执行情况

2012年全县公共财政预算收入完成704424万元,完成年度预算的100.4%,同比增长10.5%。按财政部口径计算,经常性财政收入增幅为9.4%。

按收入分类,分别为:税收收入668125万元,同比增长9.8%,占地方财政收入比重为94.9%;非税收入42799万元;根据省有关精神改革退库6500万元(全部用于社会保障)。

2. 支出预算执行情况

2012年全县公共财政预算支出完成626082万元,完成年度调整预算的103.5%,同比增长6.8%。

公共财政支出预算中用于民生的支出总额为452289万元,完成年度预算的

104.5%,同比增长10.7%,其中:新增财力安排用于民生支出26280万元,占当年新增财力的比重为78.3%;

各项法定支出增幅均高于经常性财政收入增幅(2012年为9.4%),其中:教育支出为120952万元,同比增长9.6%,科技支出33300万元,同比增长9.44%;农林水支出71085万元,同比增长9.43%;文化支出12564万元,同比增长9.47%。

公共财政预算支出中用于经济转型升级密切相关等支出86901万元(包括科技、资源勘探电力信息等事务、商业服务业等事务支出),同比增长4.4%。

3. 收支平衡情况

按照省对县财政体制测算,2012年全县公共财政预算收入加上中央税收返还、省级各项补助,以及通过清理整合历年专项结余资金,再减去上解省级财政相关资金后,预计全年财政收支基本平衡,略有结余。由于2012年省与县财政体制结算尚在进行中,县级财政最后平衡结果待决算编审完成后再向县人大常委会专题报告。

(三)2012年预算执行中的主要工作及特点

1. 以拓展税源为核心,大力组织财政收入

针对今年复杂严峻的收入形势,我们把“稳收入增长”摆在更加突出的位置,坚持依法征收、应收尽收。主要体现“四个强化”:一是税源掌控力度进一步强化。贯彻“抓大、评中、定小”征管思路,稳步扩大重点税源监控面,纳入县级以上重点税源企业930户企业,占全县企业税收比重达83.5%;确定61户企业、84个对外投资项目为股权投资税收重点税源,积极推行“考核+激励”的工作办法,实时掌控税源变动情况,入库税款4.2亿元;将全县5212名高收入人群纳入监管范围,补缴税款1080万元。二是税收征管力度进一步强化。加强重点行业、重点企业的税收征管,积极推行建筑、房地产等行业营业税项目管理办法;汇算清缴企业所得税同比增长25.9%,清缴个人所得税同比增长31%,建立评估数据系统,实时采集存量房交易数据,开展房产税和土地使用税税源信息比对,使两税合计增收1.3亿元,同比增长17.9%;对转让土地、厂房等涉税行为一律实行土地增值税按实清算,土地增值税清算增收1.7亿元,同比增长53.2%。三是稽查评估力度进一步强化。国地税联合对全县201户印染企业开展专项行动,增加各项税费2300多万元;对行业税负异常的企业进行重点评估,新增申报税款636万元;加强征管查互动,开展税收专项检查,全年稽查检查纳税人452户,其中责成自查263户,重点检查189户,各项查补入库合计3836万元,维护了良好的税收秩序。四是非税收入征管力度进一步强化。对非税收入征收计划改按前三年平均数结合预计增长率进行核定,提高计划的科学性和合理性;对执收金额大、范围广的重点单位开展非税收入专项稽查,规范和完善镇(街)、开发区财政票据使用管理制度,进一步促进非税收入应收尽收。

2. 以转型升级为重点,进一步加大扶持力度

紧紧围绕全县中心工作,将突出转型升级、加大财政扶持力度作为当年财政工作的重要内容。一是资金投入力度不断加大。全年兑现转型升级政策资金7.92亿元,重点

用于支持传统优势产业改造提升、战略性新兴产业加快培育和生产性服务业加快发展；落实各类税费优惠政策减免共计4.24亿元，其中减免小微企业税费、高新技术企业减免达3151万元；2012年新取消行政事业性收费3个，减免5940万元。对187家困难中小企业补助社会保险补贴和岗位补贴1813万元;减免社会保险费54020万元，临时性下浮养老保险企业部分缴费比例，为中小微企业减免养老保险费12303万元。二是服务发展力度不断加大。建立起“优惠政策重点服务对象库”，成立引进重大项目服务推进工作组，与多部门联合开展招商政策宣传，及时解决项目引进过程中遇到的困难，促进浙商、越商和轻纺城布商创业创新和回乡投资。全年引进浙商回归项目32个，当年到位资金46.2亿元，入库税款4.7亿元。三是服务企业力度进一步加大。开展“进村入企大走访”活动，建立“定点联系、定期走访、定向服务”制度，通过“送”政策、“听”意见、“解”难题，为企业提供优质高效的纳税服务。在国家税务总局开展的2012年全国纳税人满意度调查中，我县地税局作为浙江省3个调查县局之一，并列获得了全国第一名的好成绩。

3. 以公共财政为导向，着力保障民生事业

2012年公共财政预算用于民生支出的总额达到45.23亿元，同比增长10.7%，高于支出平均增幅3.9个百分点，占总支出的72.2%。一是支持社会事业发展。2012年公共财政预算投入教育支出12.1亿元，占财政支出比重达到18.5%，超过省确定18%的考核要求；2012年投入1.9亿元，在全省范围内率先完成了公立医院、基层社区卫生服务机构、村卫生室的公共卫生医疗体制改革工作;设立文化产业发展专项资金支持文化产业跨越式发展；加大基层文化事业财政投入力度，落实公共文化设施免费开放政策，支持“文化低保工程”及“广电低保工程”等；率先实施孕前免费遗传基因筛查，完善农村计划生育奖励扶持制度。二是支持城乡统筹发展。全年投入12.52亿元用于公益性、基础性项目建设；投入2.52亿元用于现代农业发展、平原绿化、清水工程和城区活水工程；投入2.3亿元，用于美丽乡村和城乡环境卫生整治工程；投入0.4亿元用于城镇污水处理和热电企业炉外脱硫改造。争取中央基建投资项目9个，获取中央补助资金2861万元。三是支持就业和社会保障事业。投入2.7亿元用于城乡老年人生活补贴和节日慰问；投入2.5亿元用于新型农村合作医疗，其中当年新增投入0.7亿元将财政补助标准从人均350元提高到490元，增幅40%；全年拨付0.53亿元用于失业保险和就业保障；加大临时救助力度，完善困难群众基本生活补贴机制，累计发放基本生活补贴0.42亿元；筹集0.38亿元用于积极推进社会养老服务体系建设，社会养老服务水平不断提高。

4. 以规范透明为方向，稳步推进财政改革

按照“收入一个笼子、预算一个盘子、支出一个口子”的要求，进一步强化财政管理，突出科学理财、精细管财，着力提升财政资金绩效。一是预算管理日益精细。按照“三个子”预算管理模式，深化综合预算改革，正式启用预算基础动态管理系统，规范财政供养人员和基础信息管理，对预算单位基本支出及预算调整进行了实时监控；明确行政事业会议费、培训费和差旅费支出标准，严格控制部门单位一般性支出；在全县276家预

算单位推行国库集中支付改革,启动个人公务卡改革,使公务支出更加透明。加快镇街规范化建设步伐,各镇街全部挂牌成立财政所。按照大稳定、小调整的要求,适度调整了东部三镇财政体制,进一步调动东部乡镇聚财理财的积极性;二是资金监管日益规范。首次聘请中介机构参与财政扶持资金的兑现审核,对163个项目核减了设备投资申报金额11.59亿元,节减财政资金1808万元,核减率为18.1%。切实加强政府性投资项目资金监管,进一步规范基本建设财务核算,参与审核项目203个,核减1.97亿元。三是绩效监督日益到位。探索财政监督科学选案办法,实施财政监督检查调查项目12个,会计监督检查6户,范围涵盖全县重点工作和热点领域;选择16个部门的39个项目开展财政支出绩效目标评审工作,将绩效目标管理、绩效跟踪监控、绩效自评三者有机结合起来。

二、关于2013年财政预算(草案)

我县2013年财政预算安排的指导思想是:认真贯彻落实党的十八大精神、按照县委十三届三次全会要求,紧扣"突出转型升级、致力科学发展"主题,以打造"财税速度"为理念,优化资源配置,加快经济发展方式转变;遵循"积极稳妥、统筹兼顾、突出重点、收支平衡"总体要求,按照"保基本、重民生、促发展、搞建设"理财原则,优化收支结构,强化民生保障;深化财税监管,提高财税管理绩效;为我县经济社会又好又快发展提供强有力的财力保障。

(一)公共财政预算收入安排情况

2013年拟安排公共财政预算收入760775万元,比2012年执行数增长8%。经常性财政收入增幅为7.6%。

其中:税收收入723075万元,比2012年执行数增长8.2%;非税收入44200万元,比2012年执行数增长3.3%;安排改革退库6500万元,与上年持平。

完成上述收入任务,按照现行省对县财政体制计算,加上省对县各类转移支付和专项补助,以及清理整合各类专项资金,2013年公共财政预算可用财力预计为650000万元。

(二)公共财政预算支出安排情况

2013年拟安排公共财政预算支出650000万元,比2012年预算的605000万元(不包括省转贷我县的15000万元地方政府债券,下同)增长7.4%。

2013年支出预算安排重点为:

一是确保法定支出。安排教育支出127986万元,比上年调整预算增长7.8%;2013年安排科技支出35381万元,比上年调整预算增长7.8%;农林水事务支出74237万元,比上年调整预算增长7.9%;文化体育与传媒支出13541万元,比上年调整预算增长7.7%。均高于2013年经常性财政收入增幅。

二是加大民生投入。安排民生支出465620万元,比上年调整预算增长7.6%,占公共财政预算支出的比重为71.6%。

三是扶持经济发展。安排与科学技术、战略性新兴产业、经济转型升级等密切相关的各类支出90130万元，比上年调整预算增长7.0%。

三、其他报告事项

（一）关于2012年政府性基金预算执行情况和2013年政府性基金预算（草案）

1. 2012年政府性基金预算执行情况

2012年政府性基金收入为560395万元，完成年度预算584870万元的95.8%，比2011年实绩减少29.9%。其中：国有土地出让金、国有土地收益基金及农业土地开发资金等与土地相关的收入486798万元，完成年度计划的95.6%，同比减少31.6%。

2012年政府性基金支出564916万元，完成年度预算645670万元的87.5%，比2011年实绩减少28.1%。其中与土地出让相关的支出500746万元，同比减少29.7%，包括：征地、拆迁补偿等支出294054万元，补助被征地农民支出25480万元，提留廉租住房保障资金支出35000万元，耕地开发和农田保护支出2009万元，农村基础设施建设支出68957万元，城市建设支出40462万元，计提教育资金支出21192万元，土地开发及征地业务等其他支出13592万元。

2012年政府性基金收入加上省级转移支付和结算补助收入，减去支出，预计收支平衡，略有结余。由于省与县财政体制结算尚在进行中，县级财政最后平衡结果待决算编审完成后再向县人大常委会专题报告。

2. 2013年政府性基金预算（草案）

2013年安排政府性基金收入570518万元，同比增长1.8%，主要收入项目包括：国有土地出让金、国有土地收益基金及农业土地开发资金收入500000万元，同比增长2.7%。前述政府性基金收入计划，加上预计争取上级专项补助和历年待安排支出的结转资金，预计可安排政府性基金支出583644万元。

2013年安排政府性基金支出583644万元，同比增长3.3%。主要支出项目为：

与土地出让相关的支出500000万元，与上年基本持平，其中：用于县本级政府投资重点建设项目支出10000万元，计提教育资金支出安排22200万元用于教育基础设施建设，计提农田水利建设资金支出安排7500万元用于中小河流域治理。

用地方教育附加安排的教育支出25105万元，主要用于教育校舍安全工程、学校基建匹配和幼儿免费教育补助。

用地方水利建设基金和森林植被恢复费安排的农林水事务支出30586万元，其中：用于清水工程、城区活水工程及水利重点建设30056万元；森林防火、林业病虫害防治及平原绿化匹配等支出530万元。

用残疾人保障金安排的支出6840万元，主要用于残疾人基本生活保障救助、康复工程、创业就业等残疾人事业。

（二）关于2012年社会保险基金预算执行情况和2013年社会保险基金预算（草案）

1. 2012年社会保险基金预算执行情况

2012年地税部门征收社会保险基金35.53亿元，比2011年实绩增长86.9%，剔除实施基本养老保险基金新政一次性补缴收入13亿元，同比增长18.5%，其中：基本养老保险基金27.56亿元，失业保险基金1.38亿元，基本医疗保险基金4.45亿元，工伤保险基金1.04亿元，生育保险基金0.34亿元，其他社会保险基金0.76亿元。按规定全额列支，纳入相应社会保险基金专户。

2012年社会保险基金专户收入总计45.7亿元，其中：地税征收转入35.53亿元，社保部门征缴收入1.49亿元，县财政补助2.95亿元，镇级财政补助1.73亿元，省级财政补助0.49亿元，利息收入3.51亿元。

2012年社会保险基金专户支出总计27.91亿元，其中：基本养老保险基金12.49亿元，城乡居民养老保险基金5.09亿元，医疗保险基金3.96亿元，新型农村合作医疗资金3.67亿元，被征地农民社会保障基金0.87亿元，工伤保险基金0.68亿元，失业保险基金0.45亿元，生育保险基金0.32亿元，其他社会保险基金0.38亿元。

2. 2013年社会保险基金预算(草案)

2013年社会保险基金专户收入预算41.28亿元，其中：地税征收转入30.91亿元，比2012年实绩35.53亿元减少4.62亿元，剔除一次性补缴实施基本养老保险基金新政因素，同比增长18.1%。社保部门征缴收入2.25亿元，县财政补助2.41亿元，镇级财政补助1.86亿元，省级财政补助0.31亿元，利息收入3.54亿元。

2013年社会保险基金专户支出预算32.65亿元，其中：基本养老保险基金15.21亿元，城乡居民养老保险基金5.89亿元，医疗保险基金4.17亿元，新型农村合作医疗资金4.4亿元，被征地农民社会保障基金1.05亿元，工伤保险基金0.67亿元，失业保险基金0.55亿元，生育保险基金0.32亿元，其他社会保险基金0.39亿元。

(三)关于2012年社保风险金执行情况和2013年收支情况

2012年社保风险金总可用资金11.92亿元，其中当年收入2.16亿元。

根据社会保险风险基金使用的相关规定，2012年动用社保风险金补充相关社会保险基金支出3.83亿元，其中：补充城乡居民养老保险基金2.63亿元，补充医疗保险1亿元，补充其他社会保险基金0.2亿元。动用后，2012年年末社保风险金结余为8.09亿元。

2013年当年预计收入0.6亿元，加上上年结余8.09亿元，预计社保风险金总可用资金8.69亿元。可用于补充相关社保基金。

(四)关于2012年国有资本经营预算执行情况和2013年国有资本经营预算(草案)

2012年国有资本经营收益收入1868万元。支出560万元(为按相应规定提取30%的社会保险风险基金)。

2013年国有资本经营收益收入预计800万元。支出安排：用于补充社保风险金240万元，其余统筹用于县有关重点支出。

四、2013年财政工作主要任务

1. 稳中求进，健全财政收入持续增长机制。一是从精细化管理上“挖”财源。关注实体经济发展、税收新政等影响税收增长的因素，准确研判收入形势；以“金财工程”“金税工程”深化应用为主线，通过加强数据分析，研究税收风险防范策略，实行税源分类分级监控和行业税负预警制度，建立纳税评估模型，加大税务稽查查处和欠税清理力度，构建现代化税收征管体系，防止和减少税款流失；认真研究“营改增”税改政策，做好国地税之间试点纳税人的税收征管业务衔接，确保税源不流失、确保优惠政策到实处。二是从部门协作上“聚”财源。深化部门信息共享机制，制定专门管理办法，国地税联合开展税收征管、定额评定、税源监控以及稽查执法。探索出租房管理和“个转企”税收跟踪管理工作，重点开展房产税和土地使用税信息比对，拓展涉税信息渠道，提高对纳税人的源头控管能力。与国土部门、镇街开发区建立联动机制，密切关注全县土地出让动态信息，加强土地出让金的监管。三是从优质服务上“增”财源。树立“人人是财源，事事是财源”理念，发动全体干部力量，进村入企，深入一线，走访和了解基层实际情况，服务企业、服务民生、服务经济发展，营造良好税收环境；积极落实支持浙商回归创业创新、扶持中小微企业发展、结构性减税、临时性下浮养老保险缴费比例等支持经济发展的税费优惠政策，充分发展亩产税收杠杆调节作用，进一步促进经济与税收协调发展；坚决不收过头税，涵养好税源。四是从非税收入征管“积”财源。以“收入法治化、资金预算化、运行数字化”为目标，严格执行“收支两条线”规定，加强非税收入稽查，规范执收监管，完善收入激励考核制度，不断增强政府可用财力。

2. 突出重点，健全公共财政支出保障机制。一是增加民生保障力度。按照公共财政要求，把新增财力三分之二以上用于民生需求，健全城乡居民社会养老、社会救助和劳动就业体系，逐步扩大保障范围，提高保障标准；深入推进医疗卫生体制改革，完善切实可行的财政补偿机制和绩效考核体系；完善城乡环境卫生整治、节能减排和生态建设财政引导机制，支持生态文明建设、城区活水工程，促进经济和自然环境协调发展；继续增强教育、文化、农业等社会事业投入，全面推进基本公共服务均等化进程，加快公共服务由城市向农村延伸。二是积极支持重点项目建设。重点保障战略性新兴产业、清水工程、节能环保以及基础性公益性设施建设等，促进县域经济社会转型升级。同时着手研究近年来财政支持县域经济发展的政策资金投入绩效，进一步增强经济政策导向作用，提高政策资金使用效益。三是合理调度财政资金。坚持量入为出，量力而行，做到“该花的钱一定要花、不该花的钱一定不花，该少花的钱不多花”，用好纳税人的每一分钱；严格执行公务会议、接待、培训等政府采购政策和标准、严格控制行政开支，从严控制预算追加，在预算执行中充分体现“过紧日子”的理念，提高财税资源配置效率，确保财政收支平衡。

3. 深化改革，健全科学化精细化管理机制。一是深化预算管理改革。预算管理中，严格控制新增专项，取消、归并、整合现有专项资金，清理历年结余，统筹安排财政资金；强化行政成本和“三公”经费控制，对增长快的单位及时预警，落实节支措施。在此基础上，按照省政府确定的预算信息公开“三年行动”计划，稳妥推进部门预算及“三公”

经费公开工作。二是深化国库集中支付改革。进一步扩大国库集中支付资金涵盖面,逐步将重点建设项目资金纳入集中支付范围;引导和督促公务人员逐步扩大刷卡消费范围,减少现金流量,提高财政资金支出的透明度;完善预算执行动态监控体系,加强预算执行分析,及时掌控预算执行进度。三是深化预算绩效管理。以提高财政资金配置绩效为目标,注重绩效评价结果的运用,将项目绩效目标作为部门预算申报的前置条件和预算安排的重要依据,强化预算管理、绩效评价以及审计监督的协调配合,健全绩效报告、通报制度和绩效问责机制。四是深化财税信息化改革。加快收入分析系统、基本信息动态管理系统和财政项目管理系统等三大系统的完善升级和应用,构建财税信息化基础支撑框架,切实加强财政资金管理的科学化、规范化、精细化管理。

4. 加强监督,健全财政运行风险防范机制。一是推进镇街财政规范化建设。抓好乡镇财政机构建设、队伍建设和业务建设等工作,推进镇街国库集中支付,加强镇街财政资金监管,统一平台软件,归并使用一张卡,对镇级民生服务事项实行提速增效。二是推进财政“大监督”。加大对涉及民生的项目资金及重点建设项目资金的监督,实行国有企业和融资平台派驻财务总监制度。研究健全公务用车配备使用长效管理制度。三是加强政府性债务管理。正式编制政府性债务收支计划,严格落实债务管理责任,对全县政府性债务实行规模控制,积极防范债务风险。四是规范执法行为。制定执法责任制考核方案,应用信息化手段,对执法行为全过程实行流程控制;建立风险预警防范机制,进行执法风险和廉政风险点梳理确定,制定相应的防范措施。五是加强业务能力建设。不断深化机关效能建设和作风建设,及时收集和应对舆情信息,提升财税部门社会形象;探索干部教育新形式,组建重点课题研究组,注重成果转化,提升财政管理能力;建立常态化的轮岗交流工作机制,优化人力资源配置,激发干部创业创新的激情;搭建年轻干部成长平台,弘扬财税文化,提高队伍整体核心竞争力。

三、调研论文

推行“亩产税收”机制　倒迫土地双赢“效益”

绍兴县财政地税局

2013年7月30日

2012年8月，绍兴县作为浙江省开展调整城镇土地使用税政策、促进土地节约集约利用工作试点县之一。2011年以来，按照省政府部署，制订实施方案，强化政策执行，大力推进以“亩产税收”为核心的调整城镇土地使用税政策改革工作，取得了较好成效。2011年，全县规模以上工业企业亩均税收12.16万元，比上年提高17.9%；并以此带动60余个低效利用建设用地项目实施土地“二次开发”，涉及土地1000多亩，其中12个项目将通过“自主创新”“并购重组”等方式新上战略性新兴产业项目，土地“亩产”预计提高25%以上，实现了税收增收与土地节约集约利用的双赢。

试点工作中主要做法与基本经验是三个结合：

1. **提标与激励相结合，发挥税收杠杆作用**。首先，提高了城镇土地使用税税额标准，平均税额标准从试点前的7.3元/平方米提高到试点后的9.83元/平方米，增幅达到34.7%。税额提标后，企业单位用地成本增加，从而促进企业自主转变发展方式或加大内部挖潜力度，提高了单位用地产出及用地效益。2012年，全县盘活存量土地2413亩，其中转而未供、供而未用的工业存量用地1300亩左右；截至2013年7月，已有60余个低效利用建设用地二次土地开发意向项目，涉及土地1000多亩。通过盘活茶浜村存量土块，吸引了浙商企业投资80亿元打造金沙·东方山水国际商务休闲中心，建成后年营业额将达60亿元。其次，对单位用地产出高的企业即“亩产税收”多的企业，进行分档奖励，激励企业提升节约集约利用土地水平。根据行业、产业特色，全县将试点企业分为纺织、印染、五金机械等六大行业，对达到行业亩产税收平均值一半以上、但未达到1.5倍的企业，且符合产业导向的企业不增加税负；对达到行业亩产税收平均值1.5～3.5倍的企业，给予应缴土地使用税和房产税30%～60%三档减免优惠；对亩产税收达到行业平均值3.5倍以上的企业，给予80%的减免优惠；对达到行业平均值4倍及以上的，则给予全额减免；对于符合产业导向或属于战略性新兴产业的企业，也给予一定扶持。截至2013年7月，全县对245家企业按“亩产税收”减免政策减免土地使用税5700万元，其中纺织业108户，印染业34户，五金机械业33户，商贸三产业33户。

2. **扩面与严管相结合,倒逼节约集约用地**。一是在按"亩产税收"对优异企业进行减免优惠的同时,将原城镇土地使用税二级区域(土地使用税8元/平方米)的柯桥街道、柯岩街道、华舍街道、钱清镇、滨海工业区等划入一级区域(土地使用税10元/平方米),扩大了一级区域的范围,促动原属二级区域的企业提高单位用地产出与效益。恒远纺织公司初期建造的1.23万平方米厂房拆除,原地重建4层厂房,面积扩大到3.1万平方米,后又通过加层加密,总建筑面积达到6.13万平方米,建筑密度达到42.7%,容积率提高到1.88,节省了约80亩土地。公司的亩均税收也从改建前的21万/亩提高到改建后的31.79万元/亩,达到纺织行业平均值400%以上。二是对占地多、能耗大、排污高、未达到行业亩产税收平均值一半的企业进行严格管理,促进企业淘汰落后产能,加快转型升级步伐。实行环保重点监管,一经发现有偷漏排等违法行为,一律予以罚款及停产;实行工业差别电价、差别水价、差别排污费制度,对列入高耗能行业限制类、淘汰类企业目录的企业或生产设备,在原相应电价的基础上分别提高每千瓦时0.10元和0.3元,工业用水每吨加收0.5元,超过额定排污量按全额排放量每吨收取超排费0.4元。与此同时,为从源头上杜绝高能耗、高用地、低产出的"二高一低"项目落户,还不断完善全县工业项目集体会审制度,对亩产投资强度、亩产税收达不到标准要求的企业一律不予落户。2012年,全县共淘汰落后印染产能13.29亿米、化纤产能9.02万吨、织造产能6.37亿米,关停落后砖瓦窑2家,关停电镀企业4家,共有120多家企业开展了淘汰落后产能工作。如赐富集团拆除价值8亿元、年产11万吨的落后纺丝生产线及加弹机项目,取而代之的是新兴的熔体直接拉膜项目,腾出了300多亩土地。

3. **引导与服务相结合,政企合力抓好落实**。试点以来,专门成立由县长任组长的县试点工作实施小组,出台《绍兴县开展调整城镇土地使用税政策　促进土地集约节约利用试点工作实施方案》,召开调研座谈会、动员大会和专题会议等20余次,对试点工作进行深入动员和部署。为方便企业及时了解试点政策,调整经营策略,各相关部门通力合作,成立专项服务组,开展"千企走访""百组调研"等活动,将"亩产税收"新政宣传、解释到位。全县还按季在媒体上公布工业企业"亩产效益"情况,引导企业相互竞争、集约发展。与此同时,税务部门转变工作作风,切实优化服务。在资料齐全、数据准确、政策合法的前提下,对符合条件的企业开辟减免退税的"绿色通道",在办税大厅设置专门窗口,减少审批流程,并将享受优惠政策的纳税人进行公示,方便企业申报,加快政策兑现。据统计,至2013年7月享受亩产税收减免的企业户数从试点前的80户增加到试点后的245户,工作量增了2倍,但每户企业办理减免税手续时间却平均缩减了15天。

打造财税速度新理念　开创政工工作新局面

吕铁辉　周卓楠　金兴祥

2013年11月15日

政工，即思想政治工作，是统一思想，凝聚人心，调解矛盾，振奋精神的一项基本工作，是搞好各项工作的关键，也是队伍建设的一项重要内容。在当前“重实干、求实效、创实绩”的主流思想指导下，财税部门“务实”作风不断加强，业务工作的好坏已经成为考核单位和干部工作质量的首要标准，但这在一定程度上也导致了“重业务、轻政治”现象的出现。目前主要存在干部思想政治工作逐渐被淡化、内容与实际脱节、形式因循守旧和作用效果不明显等几大障碍，如何破解这些难题，实现政工工作和业务工作同步推进，是摆在我们面前的重要课题。

一、“财税速度”理念溯源

近年来，我局按照“依法治税、为民理财、务实创新、廉洁高效”的工作理念，以服务转型升级为主线，以组织收入为中心，加强税收征管，优化纳税服务，推进依法治税和科学理财，有力地促进了全县经济、城乡、社会转型升级。但是面对日渐紧张的经济形势和日趋多元的社会环境，无论是在组织收入、保持收支平衡上，还是在规范执法行为、提升服务水平上都面临着不小的压力。同时新形势下财税系统干部结构不断发生变化，一定程度上也给财税整体工作的推进带来了新的挑战。根据统计，目前县财税系统277名干部的平均年龄为41.6岁，其中30周岁及以下干部有42人，占干部总人数的15%；31～44岁干部120人，占干部总人数的43%；45周岁及以上干部115人，占干部总人数的42%。

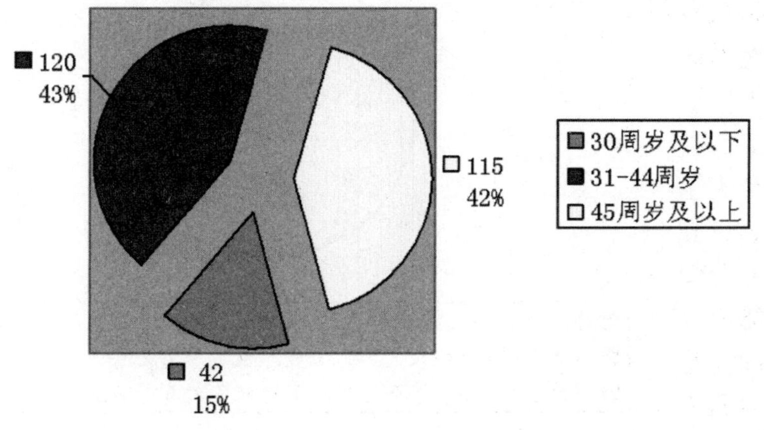

为了进一步激发干部的积极性、主动性和创造性,积极应对新形势挑战,保证各项工作的有效开展,2012年我局提出了“财税速度”这一理念,并通过理念打造,进一步增强团队的凝聚力、向心力和战斗力,推动财税各项事业的加速发展。所谓“财税速度”是指财税部门及其工作人员在财税核心价值的指导下,切实围绕中心工作,充分利用现有人力、物力、财力、信息等资源,有效提高履行职责、服务大局的能力。在实际工作中,“财税速度”主要体现在三个方面,首先突出一个“快”字,做到“高效履职”,着重围绕税收征管、财政资金拨付等关键环节,优化业务流程,精简工作环节,有效减少审批环节和审批时间,提高工作效率;其次是把握一个“优”字,做到“以优促绩”,通过优化管理拓展征收渠道,通过优化服务增加税源,通过优化收支结构管好、分好“蛋糕”,努力实现增收与节支的双赢,确保全年财政收支平衡;第三是抓好一个“精”字,做到“精益求精”,切实做到精细化管理,对重点工作、重点项目逐项分解,明确责任领导、责任单位,确保各项工作层层有人管,事事有着落,件件有成效。

这一新理念提出以来,我局将“财税速度”有效融入思想政治工作中,促进工作“提速”,管理“提质”、干部“提劲”,使政工工作的内容更丰富、基础更扎实、格局更完善、作用更显现。

二、“财税速度”理念指导下政工工作的探索与实践

(一)把握落脚点,发挥政工引领作用,推动干部队伍建设有效开展

“财税速度”最终是靠人来实现,政工工作说到底是人的工作,两者具有共同的出发点和落脚点。我局将“财税速度”对于人的要求结合到政工工作当中,进一步明确了政工工作的推进方向,促使政工工作教育人、引导人、鼓舞人、塑造人的作用能够更加有效地发挥。一是创新学习教育形式,在严格执行“三会一课”等党内政治生活各项制度的基础上,有效融合“财税速度”理念,通过深入分析干部的年龄结构、学历状况、兴趣爱好、专业特长,针对不同干部群体,推出以思想教育、道德教育、廉政教育为主要内容的“公共”套餐、以财税专业知识、职业技能教育为主要内容的“特色”套餐、以社科人

2013年度绍兴县财税局干部教育培训“套餐”分布

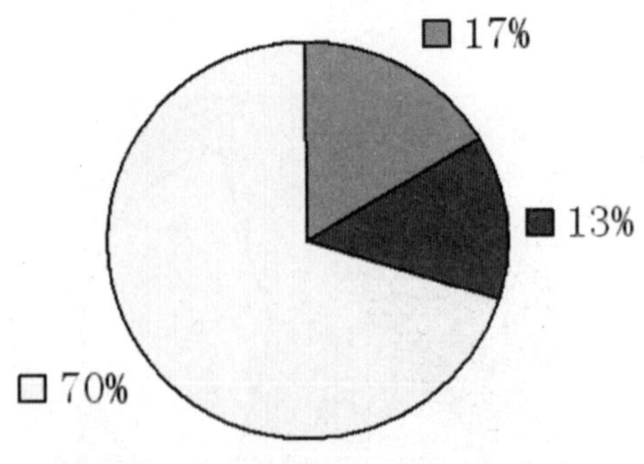

■ 公共套餐(思想政治教育、廉政教育、职业道德教育等为主要内容)
■ 自选套餐(社科人文、身心健康教育等为主要内容)
□ 特色套餐(财税专业知识、职业技能教育等为主要内容)

文知识、身心健康教育为主要内容的“自选”套餐，并根据财税工作实际，合理安排培训套餐的数量和形式，确保既满足干部个性化需求，又满足财税工作对于干部专业业务学习的要求，既让干部乐在其中，又实现队伍整体素质的有效提升；二是建立干部成长机制，开展“青蓝结对，互帮互学”活动，在系统内结成42个青蓝对子，发挥资深干部的“传帮带”作用，加强对年轻干部的思想政治教育和业务技能锻炼，促进年青干部的成长，同时采取“阶梯型人才成长计划”“拔尖人才库选拔”等人才培养使用新举措，营造了“人尽其才、使人成才”的人文环境；三是丰富干部培养方式，倡导一线工作法，积极开展干部驻村(企)帮扶活动，严格落实源头干部“三联系”制度，鼓励干部主动下基层了解群众需求，接好底气，接准前沿；四是巩固主题教育平台，严格按照上级要求，开展好学习实践科学发展观、价值观大讨论、“提三力、促发展”等主题教育活动，注重活动内容和形式的“本土化”，促使活动内容与财税工作实际紧密结合，确保活动有重点、有特色、有成效。

(二)抓住共同点，发挥政工导向作用，实现与财税文化建设优势互补

“财税速度”所体现的是一种整体的“速度”，它要求财税工作的各个方面、各项内容有机结合，互为映衬，共同进步，财税文化建设和思想政治工作作为财税日常工作的两个重要组成部分具有源头上的一致性，我局深刻把握两者的共同点，同步推进，实现了优势互补，使思想政治工作在以文载道和以文化人的财税文化环境中作用更加显现。一是以先进创建为载体，激励干部争先。创建是思想政治工作的重要抓手，是财税文化建设的重要内容。我局扎实开展“先进党组织”“优秀共产党员”“文明单位”“党员示范岗”“青年文明号”“巾帼文明岗”等创建活动，在系统内形成了“重事业、讲团结、比业绩”的浓厚氛围，使思想政治工作有目标、有依托；二是以弘扬典型为重点，发挥先进人物的引领作用。在系统内广泛开展优秀财税干部评选、“闪光言行”评选、“微故事”征集等活动，将思想品德高尚、政治素质过硬、作风优良、工作扎实的先进典型在系统内外广泛宣传，从而进一步弘扬爱岗敬业、创新实干、甘于奉献的财税精神，传递财税正能量；三是以提升服务水平为抓手，提高宗旨意识。有效开展关注民生、服务发展的各类实践活动，在做好日常服务工作的基础上，进一步深化服务理念、拓展服务外延，通过开展“千企走访”“服务型”稽查、税收宣传月、财税互动日等活动，帮助企业破解发展难题，提高财税部门办事效率，助推地方经济发展；四是以开展文体活动为途径，提升干部文化品味。以干部的兴趣爱好和个性需求为导向，结合党建、国庆、团建等主题，广泛开展演讲、朗诵、登山、读书会、运动会、文艺汇演等活动，在广大干部中倡导了文明的生活方式，丰富了干部的业余文化生活。

(三)抓准结合点，发挥政工思想保障作用，提升行风效能建设水平

内强素质、外树形象、提高效率、提升效能是“财税速度”理念的重要内容之一，也是机关效能建设目的所在，在开展机关效能建设的各项工作中，我局始终把干部职工的思想政治工作摆在突出位置，将其贯穿于机关效能建设的始终，通过积极开展思想政治工作充分调动干部工作积极性、主动性和创造性，为机关效能建设的稳步推进提供了重要思想保障。一是政工与“行风亮剑”专项行动相结合,在推行行政主职明查暗访检查制度和作风效能问责制度的基础上配以干部职工全覆盖的思想政治教育,实行检查通报为主,教育引导为辅的行风督查机制,促进干部职工转变作风提升效能;二是政工与“窗口”服务改革相结合,在各基层窗口推进“一窗式”服务之际,加大对窗口工作人员的思想政治教育力度,增强服务意识,提升服务水平,确保办税服务厅“一窗式”改革的顺利推进;三是政工与落实各项规章制度相结合,通过思想教育提高干部对“首问负责制”“限时办结制”“一次性告知制”等的制度的认识,强化干部主动落实制度的意识,促进机关行政行为的制度化;四是政工与规范管理相结合,加强干部思想政治教育,强化干部对于规范管理重要性的认识,提高干部的积极性和主动性,稳步推进规范性文件清理,行政审批制度改革、预算编制、执行、监督业务流程梳理等规范管理工作,确保工作实效。

三、取得成效

(一)推动了中心工作的开展

通过深入开展干部思想政治工作,进一步增强了干部的凝聚力和战斗力,促使广大财税干部将思想和认识统一到财税中心工作上来,将智慧和力量凝聚到“生财、聚财、用财、理财、管财”的工作职能上来,将行为和行动体现到“促进发展、保障民生、科学理财、加强监管”工作原则上来,为财税中心工作的稳步推进奠定了扎实的基础,

实现了财税事业持续、平稳、健康发展,今年1～8月,全县累计完成财政总收入98.51亿元,同比增长8.8%,完成预算指标的71.5%;其中地方财政收入57.82亿元,同比增长11.6%,完成预算指标的76.0%,较上年同期进度快2.8个百分点,圆满完成了阶段工作目标。

(二)促进了干部队伍素质的提升

思想政治工作的有效开展,为提升干部整体素质提供了强大精神动力,队伍活力进一步增强,广大财税干部的业务能力、管理能力、服务能力、执法能力普遍提高。通过政

2013年度绍兴县财政地税局半年度收入完成情况

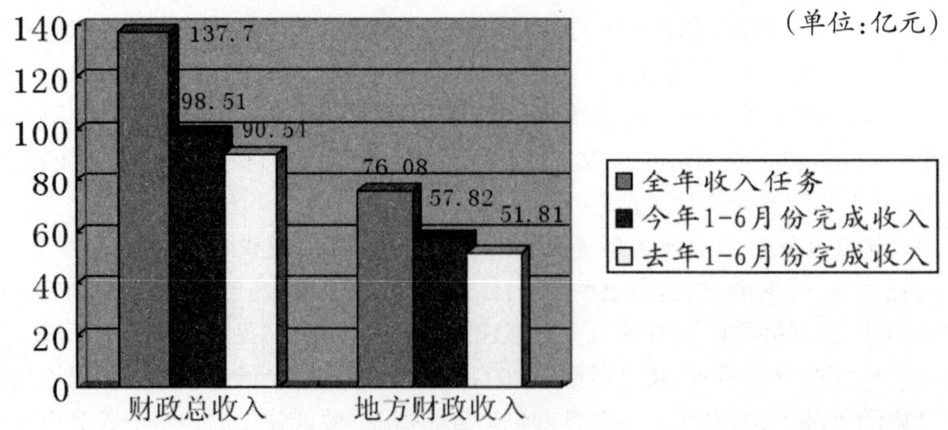

治理论教育，干部对社会发展规律和社会主义建设规律有了更深刻的认识，聚财为国、执法为民的意识进一步增强，立足本职扎实工作的热情不断提高，一批开拓型、服务型、学习型的优秀财税干部脱颖而出，成为系统先进典型，2012年以来共有6名干部被提拔为副科级领导干部，5名干部被选调到重要部门任职，10名干部走上系统中层领导岗位，27名干部荣获市级以上荣誉称号，4名干部入选省、市级专业人才库。

(三)树立了财税部门良好的社会形象

通过充分发挥思想政治工作的教育引导作用，促使广大干部不断更新管理理念，增强服务意识，提升服务水平，提高服务效率，税企关系进一步融洽，群众对于财税部门的认可度进一步提高。2012年在国家税务总局委托第三方开展的全国地税系统满意度调查中，我局荣获纳税人满意度全国第一的好成绩。截至2012年，在上级组织的行风评议活动中，我局已连续5年综合评分位居前三名。

2012年度全国纳税人满意度调查结果

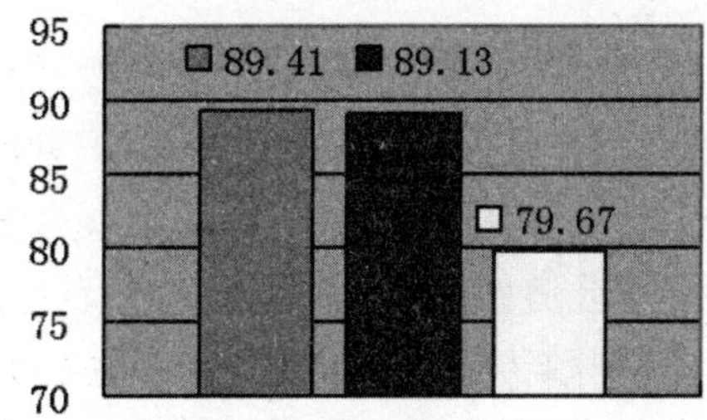

四、进一步深化政工工作的几点建议

在肯定以往成绩的同时，我们也要清醒地看到工作中存在的问题和不足：部分干部不重视思想政治工作，存在业务工作和思想政治工作“一手硬、一手软”的现象；思想政治工作的内容、形式、方法、手段、机制等不适应形势发展需要，存在覆盖不到位、实效性和针对性不强等问题；部分基层单位、科室之间在政工工作上缺乏必要的互动，全局政工“一盘棋”的观念没有深入人心。对于这些问题，我们必须高度重视，采取有效措施加以解决。

(一)加大创新力度，提高政工工作的实效性

创新是政工工作有效开展的主要动力源之一，在实际工作中需以个性化、形象化、长效化为方向进一步创新实践，确保思想政治工作的质量与效益。一是要做到方式个性化，要依据不同基层单位、不同业务线的特点和年度工作重点，制定不同的思想政治工作方法，因人施教、有的放矢；二是做到内容形象化，避免单一的抽象理论灌输，从干部的兴趣点、困惑点入手，结合“提三力、促发展”、党的群众路线教育实践、创先争优等活动，整合案例分析、实地调研、基层实践等内容，通过形象的内容促进政工工作的生动

性;三是做到过程长效化,切实转变突击式、阶段式的工作方式,把思想教育和指导工作融入到干部的日常生活、工作和学习中,保证思想政治教育工作的持续性和长效性。

(二)丰富活动载体,扩大政工工作的影响面

在新形势下,要提高政工工作的覆盖面,就必须不断丰富载体,通过利用好各种参与度广、影响力大的活动,紧密各基层单位之间的联系,有效融合各种资源,实现各基层单位之间良性互动,彰显政工工作的独特魅力。一是要依托各类先进创建活动,继续大力开展创建文明单位、青年文明号、群众满意基层站所、"五好"基层党组织等活动,鼓励干部积极参加各类岗位能手、岗位先进评选,明确各基层单位的努力方向和奋斗目标,促进思想政治工作水平在各类创建的基础上不断提升;二是要抢占新的媒体高地,要进一步加强财税内网建设,丰富网站内容,利用好网络信息传播优势,使之成为开展政治思想教育的重要阵地;三是要发掘财税优秀文化资源,善于运用文化活动载体,改变思想政治工作固定模式,通过开展体育、文化、书画、才艺等主题文化活动,培养系统干部主动参与意识,增强政工工作的互动性和吸引力。

(三)加强制度建设,促进政工工作机制长效化

加强和改进政工工作是一项长期的系统工程,必须完善各项配套制度,保证思想政治工作始终沿着制度化、规范化的方向健康发展。首先要建立完善的组织管理制度,将思想政治工作目标和要求落实到具体单位和个人,做到层层有目标,人人有责任;其次要建立科学的思想教育机制,实现廉政教育、职业道德教育、形势任务教育经常化,变事后教育为事前教育,变被动教育为主动教育,把政工工作的触角伸向系统的每一个角落、每一名干部;第三是要建立科学的激励机制,依据干部在日常政治理论学习、宣传教育、文明创建的工作能力和表现,进行适当的精神和物质奖励,以激发广大干部的工作热情。

绍兴县企业分离发展服务业的理论探究与实践

徐志方　周雪峰　唐伟明

2009年10月21日

以服务业与服务贸易为主要内容的服务经济迅速崛起,成为20世纪中叶以后世界经济发展的显著特征。绍兴县依靠从计划经济到市场经济体制转轨过程中改革的先发优势及民间活跃的制度创新,形成了以乡镇企业、个体私营经济、专业市场和块状经济为特色的区域经济发展模式。这种模式对于规模经济显著、对人才及信息技术依赖性强并主要由城市化带动的现代服务业,其优势不复存在。虽然近年来绍兴县产业结构调整力度加大,2003~2008年,全县服务业增加值由原来的78.86万元增加到198.01万元,占GDP比重由2003年的28.97%上升到32.55%(见下表),但工业仍是绍兴县经济增长的主要推动力量。本文将从分离发展服务业的重要性出发,结合当前分离发展服务的做法成效,对出现的问题进行探讨,并就下一步分离工作提出相应的对策建议。

绍兴县2003~2008年服务业增加值一览表

单位:万元

指　　标	2003年	2004年	2005年	2006年	2007年	2008年
生产总值(亿元)	272.24	331.42	386.82	451.99	541.55	608.27
第三产业增加值(亿元)	78.86	101.55	119.22	141.17	170.63	198.01
生产性服务业增加值(亿元)	30.14	39.95	47.77	57.57	70.20	★
生产性服务业增加值占生产总值比重(%)	11.1	12.1	12.3	12.7	13.0	★
第三产业占生产总值的比重(%)	28.97	30.64	30.82	31.23	31.51	32.55

一、发展服务业是绍兴县经济转型升级的必然选择

(一)加快发展服务业是绍兴县经济转型的必经之路

近年来,绍兴县经济发展势头强劲。2008年,全县GDP达到608.27亿元,但作为一个以工业为主导产业的县域,绍兴县第三产业(服务业)比重仅为32.55%,比全省平均水平的41%还低8.45个百分比。而从世界产业发展的一般规律来看,当工业化进程由中期向后期迈进的时候,服务业占GDP比重会超过制造业,成为国民经济的主导产业。在发达国家或地区中,生产性服务业普遍要占到GDP的70%左右,占整个服务业的一

半以上。从这个点来看,当前绍兴县第三产业(服务业)的发展速度缓慢,严重阻碍了县域经济的发展。

(二)加快发展服务业是绍兴县经济转型升级的必然选择

改革开放三十年来,绍兴县制造业得到了快速增长。但在制造业规模不断增长的同时,效益却一直徘徊在较低水平。绍兴县制造业以纺织业为主,走的是以客户委托、或仿制、或在仿制的基础上进行翻新的“加工型”道路,以自主研发、自有品牌、自主创新为特点的“创新型”制造业很少。而按照著名的“微笑曲线”,这种“加工型”制造业处于工业品产业链中价值最低的环节,而研发、设计等上游环节与市场营销、品牌、售后服务等下游环节,才是工业品的主要价值增值环节。为此,绍兴县经济要实现跨越式发展必须走加快发展服务业这条路。

(三)分离发展服务业是加快绍兴县经济发展的有效途径

发展服务业,特别是发展生产性服务业,其实质是社会分工的进一步细化,产品制造流程的重新塑造。而企业分离发展服务指的就是企业根据产业发展规律及产业分工将其生产流程中的一个或几个具有生产性的服务环节从原企业中分离出来,设立独立的法人企业,以促进本企业及相关行业的工业技术进步、产业升级和生产效率提高。因此,企业分离发展服务业不仅有利于促进企业的治理结构、经营环节、人力资源配备等合理化,有利于提高企业市场竞争力,还有利于缓解社会稳定和再就业的压力,推动县域经济快速发展。

二、我局开展企业分离发展服务业的主要做法

(一)思想重视是前提

我局推进企业分离发展服务业工作的首要工作就是在全局范围内统一思想、提高认识。去年全省财税推进工业企业分离发展服务业经验交流会以及今年3月17日省局部分县市地税局长会议后,立即召开了局长办公会议在班子内传达学习陈敏尔常务副省长和单局长的讲话精神,对省局的精神进行传达。通过学习,使广大干部认识到,地税部门不仅有组织收入的天职,而且还要把培育地方税源,促进三产发展作为新时期地税工作的重要职责。同时,为加强企业分离发展服务业工作领导,成立了推进企业分离发展服务业工作领导小组,并实行领导小组成员定点联系制度及科室联系制度,促使全局上下共同推进该项工作。

(二)明确任务是关键

绍兴市局明确今年绍兴县企业分离发展服务业的任务是35户,增加地方税费2500万元,经县政府常务会议和县委常委会最后确定的任务为50户。同时,相关部门要求分离发展服务业的领域要求覆盖物流业、仓储业、中介服务、建筑安装、销售中心、研发中心等,并要求各镇(街)及13个相关局办参与该项工作,将该工作列入各乡镇(街道)及相关局办的年度岗位责任制考核。为此,我局结合实际制定了《绍兴县地方税务局关于进一步推进企业分离发展服务业工作的意见》及《企业分离服务业工作专项考核办法》,进一步明确了目标,加大了考核。

(三)扎实工作是保障

为顺利完成分离发展服务业工作目标,我局先后组织开展了调研摸排、政策辅导、营造氛围等一系列活动。通过调研摸排了解企业的实际情况,掌握哪些企业有实施分离的意向与可能,明确了实施分离的方向与重点环节;通过政策辅导,帮助企业算好账,积极化解企业的思想负担,增强其开展主辅分离积极性;通过报纸和简报等多种形式宣传工作动态以及成功典型,营造浓厚的氛围。目前已在《绍兴县报》上作了2次专版宣传,向省局、市局多次报送信息,自行编发简讯8期。同时,对已经分离成功的企业进行跟踪服务,收集企业遇到的新情况、新问题,帮助企业解决实际困难,使企业“分得开,站得稳”。我局既重视分离的数量,不断扩大实施分离的户数,同时又十分注重分离的质量,深化企业分离发展服务业的内涵,为由单个企业实施分离逐步向块状经济分离发展而不懈努力。

三、我局开展企业分离发展服务业的主要成效

今年1~9月份,我县已有45户企业成功地实施了分离,预计产生税费2000多万元。

(一)以柯桥轻纺城为平台,积极推进了纺织业研发中心建设

强化产业集群效应,通过轻纺行业的技术革命来推动轻纺产业的转型升级。通过加强企业分离发展服务工作,目前已分离成立了10户科技服务公司,如浙江永通集团分离成立了浙江万通染织资源研发有限公司,该研发机构通过对传统印染行业进行技术革命,研究生产微波染整机械。目前,微波染整技术处于国内外领先水平,具有较高的经济效益和社会效益。经初步测算,该项目实施后每年可达到产能129600万元,年销售税金可达11700万元,每年可实现利润18680万元,具有可观的企业经济效益。

(二)以轻纺原料交易为切入点,积极打造了网上交易平台

打造网上交易平台,既节约了实物交易费用,又能吸引外地轻纺企业加入,增强了轻纺城的吸引力。例如,钱清原料市场占地500亩、总建筑面积28万平方米,市场总成交额度由初期的30亿元增大到2008年的281.79亿元,被誉为“亚洲最大的轻纺原料集散地”。通过我局的积极辅导分离成立了浙江钱清轻纺原料电子商务有限公司,利用先进的网络信息技术,以发展服务业为目的,实施“网上市场反推实体市场、实体市场带动网上市场”的发展战略,初期的目标实行年成交金额10亿元。

(三)以柯桥纺博会、药博会为平台,积极打造了会展业的发展

在我局干部多次走访、税收辅导和积极鼓励下,绍兴华通医药公司根据自身发展的需要,在2008年8月,以原39次药品会展为基础,组建了绍兴县华通会展有限公司。把发展药品会展业和组建专业的会展公司作为公司拓展现代医药商贸服务业的新内容,吸引了全省各地的1000多家医院、药店及诊所参加,全国500多家药厂参展,交流会的交易量达到数千万元。

(四)以搭建主辅分离为平台,积极培育了重点物流企业

在实际工作中,我局将制造业企业的主辅分离作为重中之重抓实抓好,积极引导制造业企业实施主辅分离,将原材料采购、产品研发和设计等上游环节以及产品销售、运输、仓储等下游环节分离出来,新设服务企业。这样做的好处在于能做大、做强生产性服务业,从而能更好地服务于制造业企业的主业发展。如绍兴华威化工有限公司、绍兴永盛建材有限公司、绍兴化工民爆器材专营有限公司、绍兴兰亭高科有限公司等企业均已成功分离出物流企业。

四、分离发展服务业工作过程面临几个问题

(一)联合推进的工作机制还未真正形成

目前,绍兴县对加快发展现代服务业已经出台了一整套扶持政策,并建立了联合工作机制,但从实践情况来看,工作的着力点却只在财政地税局,其他部门往往是旁观者,很少参与其中,部门合力还未真正形成。

(二)财税政策支持不够有力

绍兴县相继出台了一系列加快发展服务业的若干财税优惠政策,但真正涉及推进企业分离发展服务业的相关税费优惠政策极少,无论在支持力度上还是落实程度上,与服务业相比都处于弱势,不利于通过税收杠杆作用来有力推动企业分离发展服务业。部分有条件分离企业存在着对分离创新工作的保守思想和畏难情绪,以及担心分离后会因税收、经营和管理成本的增加而得不偿失的顾虑。

(三)企业分离扩张速度相对较慢

由于受国际金融危机的影响,绍兴县的经济发展受到严峻的考验,2009年经济发展不容乐观,特别是纺织品出口企业更是受到较为严重的打击。一些大、中型企业资金链断裂,处于停产或半停产状态,对企业分离发展服务业的工作推进影响较大。

五、下一步推进企业分离发展服务业的建议

(一)明确职责,落实措施

企业是分离工作的主体,应进一步明确职责定位,坚持“有所为、有所不为”,重点是做好引导工作,激发企业开展分离工作的积极性。一是要进一步加强宣传,尤其是宣传企业分离发展服务业的目的、意义、内容、对象及相关扶持政策,使这项工作得到企业的支持和配合,特别是企业负责人的理解和支持;二是要继续加强调研,摸清企业实情,掌握企业发展动态,在调研的基础上,本着“突出重点、分步推进”的原则,有重点、有计划地推进企业分离发展服务业,特别是对已经具备条件的企业,要开展一对一的辅导,促使其尽快实施分离;三是要实施有效的后续管理,为已完成分离的企业提供后续服务,定期回访,提供辅导,实现企业主业和辅业的可持续健康发展。同时,应充分利用县推进企业分离发展服务业工作领导小组这一工作机制,积极主动与相关局办、乡镇(街道)进行协调与联系,共同推进企业分离发展服务业工作。

(二)拓宽思路,创新模式

加快推进分离发展服务业工作步伐,重点在以下四个方面下功夫:一是从“产业链”上下功夫。鼓励企业分离具有自身经营特色的第三方物流公司,积极培育3~5家市(或省)级物流龙头企业,打造物流信息服务平台;二是从“附加值”上下功夫。鼓励生产制造企业将技术中心、重大产业技术平台组建成专业化的具有科技研发、技术推广、工业设计和节能环保功能的服务型企业,形成为企业技术创新提供社会化有偿服务的体系。2009年将结合县政府实施的“创意产业”工程,加快从工业企业分离中纺织面料、服装设计服务、科研技术服务等三产企业;三是从“会展业”上下功夫。鼓励企业分离相应的会展服务业,形成纺织面料、家纺、服装服饰、轻纺原料、纺织机械、汽博会、房交会、药品交易会等专业会展共同发展的会展业新格局,大力发展“会展品牌”工程;四是从“规模化”上下功夫。具有较大规模企业和集团公司,一般在业务上采取多元化经营,鼓励其三产及服务业务进行分离。

(三)把握原则,确保质量

在推进企业分离发展服务业工作的过程中,既要重视任务,要将任务转化成工作的动力和压力,但又不能唯任务观念,要认清“可分离而分离”与“为分离而分离”的区别,要以实现“企业成长、政府得利”的双赢局面为目标,确保分离工作的质量。同时,下阶段开展分离工作仍将严格在法律规定的范围内操作,无论是企业分离的过程,还是分离后的发展,都不违反有关法律法规的规定。

设立“24小时自助办税服务区”

绍兴县国家税务局

2010年7月5日

2010年夏,绍兴县国家税务局,秉承多年来“始于纳税人需求、基于纳税人满意、终于纳税人遵从”的目标,创新纳税服务手段,拓展自助服务功能,实现“全天候办税”“全自动售票”的自助办税服务。24小时自助服务区的建设,建立以发票认证、发票验旧购新、纳税申报、一般纳税人IC卡报税、缴税银行信息录入以及涉税查询等内容,同时,不受时间限制的自助服务,极大方便税区纳税人办税。

一、主要做法

1. *领导重视抓项目立项*。为从根本上减少纳税人办税等待时间长及非工作时间领购发票难等问题,同时,使窗口工作人员从简单重复、非人工审核、机械性的劳动中解脱出来,寻求提高办事效率、降低征纳成本、优化自动化服务程度平台,经多方调研论证,确立了“24小时自助办税服务区”项目。为确保项目的目标要求和计划实施,县国税局专门成立以分管局长为组长的项目领导小组,负责该项目的组织协调,使该项目自始至终能得以健康发展。

2. *确立工作思路与方法*。按照因地制宜、确保安全的原则,利用原有资源及软件功能,研讨论证了自助服务的各项办税功能。首先是集成整合综合征管软件防伪税控、货运发票税控系统等软件功能。其次是引进全国领先技术的自动办税的终端设备。以“以人为本”的理念、安全性的设计、人性化的布局、便捷的操作流程,为纳税人提供简单方便的办税服务。再次是召集业务单位及政策法规、信息中心、监察室等相关部门,研讨业务操作流程及风险评估。

3. *拓展自助服务区功能*。24小时服务区功能拓展应涵盖纳税人日常办税事项,主要有:一是发票领购,包括增值税专用发票和增值税普通发票。纳税人可直接在自动办税系统领取增值税专用发票和普通发票,也可在自动办税系统领取发票“提货单”,然后去大厅发票窗口直接领取相应的发票。二是发票认证,包括增值税专用发票认证、货物运输发票及机动车销售发票认证。三是发票验旧,把增值税防伪税控系统中提取的纳税人已抄报税信息,自动赋值到CTIS系统进行发票验旧。四是纳税申报,包括企业所得税、消费税、小规模纳税人增值税申报。五是IC卡报税。六是涉税政策、通知通告、办税进程查询等。

4. *强化技术支持与辅导*。通过后台管理系统,实现售票、认证和报税信息与综合征管软件系统、防伪税控系统和货运发票税控系统对接，积极探索在保障服务方面的信息化技术。同时，广泛开展办税服务厅人员培训，利用媒体进行公告宣传，辅导纳税人通过自助办税服务平台办理涉税事宜，实现服务需求与服务能力的同步提升。

二、主要成效

1. **突破服务时间，方便了纳税人办税。**自助办税系统的开发运用，为纳税人提供了一条24小时、全天候开放的绿色服务通道，尤其是“自动售票”的实现，解决了纳税人只能在窗口上班时间领购发票的局限性，突破了服务时间和空间的界限，“随到随办理”，受到了纳税人的普遍欢迎。

2. **突破技术瓶颈，实现了全自动售票。**随着网上申报、网上抄税认证等信息化技术的运用，使纳税人享受到高科技办税服务带来的便利。但发票发售环节由于专用发票的特殊性，成了全面推进自助办税的瓶颈。而自助办税系统“自动售票”功能的实现，正是利用了专用发票的特殊性及灵活运用防伪税控系统和综合征管辅助系统中发票信息对接的逻辑关系，破解了技术瓶颈。

3. **突破窗口限制，体现了办税人自主。**24小时自助办税系统硬件设施，类似银行系统的自动存取款机。以往纳税人需要到办税大厅前台窗口办理的日常涉税业务，现在只要领用“自助办税服务卡”，便可在自助服务区的“机器窗口”，根据界面及语音、画面提示操作，自主选择办税模式，突破了窗口数量限制。

4. **突破人员限制，达到了基层减负目的。**自助服务区作为窗口的延伸，将窗口简单重复、非人工审核等多项业务进行分流，所产生的效益，相当于目前办税服务厅的岗位工作，却不增加人员而增设了全天候的办税窗口。缓解了窗口的工作负荷，节约了窗口的人力资源，降低了征税成本，实现了为基层税务机关“减负”目的。

三、主要反响

绍兴县24小时自助服务区建设，受到了上级领导和系统内外人士的肯定和好评。2010年6月23日，省国税局党组书记、局长钱宝荣及省局其他领导，现场观看了纳税人自助认证发票、自助领购增值税专用发票全过程，对“24小时自助办税服务”项目给予充分肯定，并在浙江省《国税信息》第44期上专注批示：绍兴县在“深化作风建设年”活动中，推出了“全天候办税、全自动售票”新举措，进一步拓展了自动服务区功能，实现了增值税专用发票和普通发票的24小时自动发售，突破了服务时间和服务空间的界限，为纳税人提供了更多的便利。这一管理创新的积极探索，可供各地学习借鉴。2011年1月10日，省局金星总经济师率纳税服务处负责人一行，到县国税局就“24小时自助办税服务”区建设作专题调研，充分肯定了此项目在“减人增效”方便纳税人等方面的作用。

后 记

《绍兴县财政税务志(2003~2013)》编纂,时逢《绍兴县志(1990~2013)》修编时机,顺应接轨县志下限时段要求,基于撤绍兴县设绍兴市柯桥区分段历史记述之需。编志期两任局领导以对财税历史高度负责之心,指导和督促修编部门志书。

续版绍兴县财政税务志,起因于2013年11月县志续修的财税长编编写,2015年6月完稿后,局主要领导审时度势、顺势而为,于7月1日起正式启动编写,半年后辑成初稿,并请专业人员审稿。此后又历经统稿、修改、总审及付印定稿,选录图照及匹配文字。修志始至毕,历时两年余,修志历程,苦乐相伴,志书出版,如释重负。

修志,实属承历史责任之举;志书,归于地方文献之列。故修志人员勤于资料来源之真实,勤于记述要素之规范,勤于图文匹配之完美。编纂中曾采集一百余万字数资料,四次写、改初稿,三次开展审稿、统稿。又以志书质量所需,确立“纵述不留时间空白,横记不留内容差错,全志不留历史遗憾”理念,并一以贯之。在章节编纂中,又紧扣财政、税收、队伍等亮点,纲举目张,融合于志书经纬。全志以《绍兴县志(1990~2013)》中财政税务长篇资料作为编写财税内容的基础,并对其进行全面的补充、完善;财政信用与投融资、税收计会统、信息管理、国有资产管理、机构队伍、党群组织、思想政治工作、干部教育培训、纪检监察、内部管理等章节为新采编内容。为体现续志格律,章次名称不变,仍为财政、财务、税务、基金、综合5大类内容,设28章;部分章内因时段性、变革性原因而内容减少,共列104节。

记述中,虽主笔续志时段内容,也力求衔接事物变革因果,放宽时限;既注意编年记事的详今明古,又重笔要事,以显其典;志中或以事系人,或以人明史;既讲究文字翔实,又合理录用图照,以现图文并茂之愿。记述时既正确定位续志规格,又显现时段内的财税特色,同时也妥善处理编志时段与编志期间的多种关系,旨在不亏前人,启悟后者。章前设相关图照,概述,大事记。章后设附录,后记。章节文字中夹插相应图照。全志80余万字,比较完整、集中、清晰地记载绍兴县财税的重大史实,秉笔勾勒绍兴县财税发展轨迹。

编修财税续志,所历时段虽短,但顺全县修志时势,更显领导鉴赏明智。财税续志编修终毕之功,归于编志期财政、国税、地税局领导的重视,得于全系统干部职工的大力支持,依于全系统“众手成志”之为,也含编纂人员之辛勤耕耘。编志期间,得到史志办及科室领导的指导帮助，给以统稿修改，供给相关照片，在此诚恳致谢。志存财税史资，益溢千秋事业，择优选录之典，泽惠千秋万代，今修志之艰辛，当受后人点赞。

编纂财税专业志书，是财税文化建设工程之一，更是财政、国税、地税系统干部体现历史思维的一项合作之举。全系统干部职工及修编人员，虽肩载历史责任，尽心尽力于修志过程，但因诸多因素而难言志书之全；志书虽经反复修改、多次校勘、层层审核把关，终因章节内容较多，编者水平所至，难免有疏漏谬误。敬请方志行家和热心读者赐教、批评指正，更待实践验证，诚听贤人评说。

编　者

2017年12月20日